KB046355

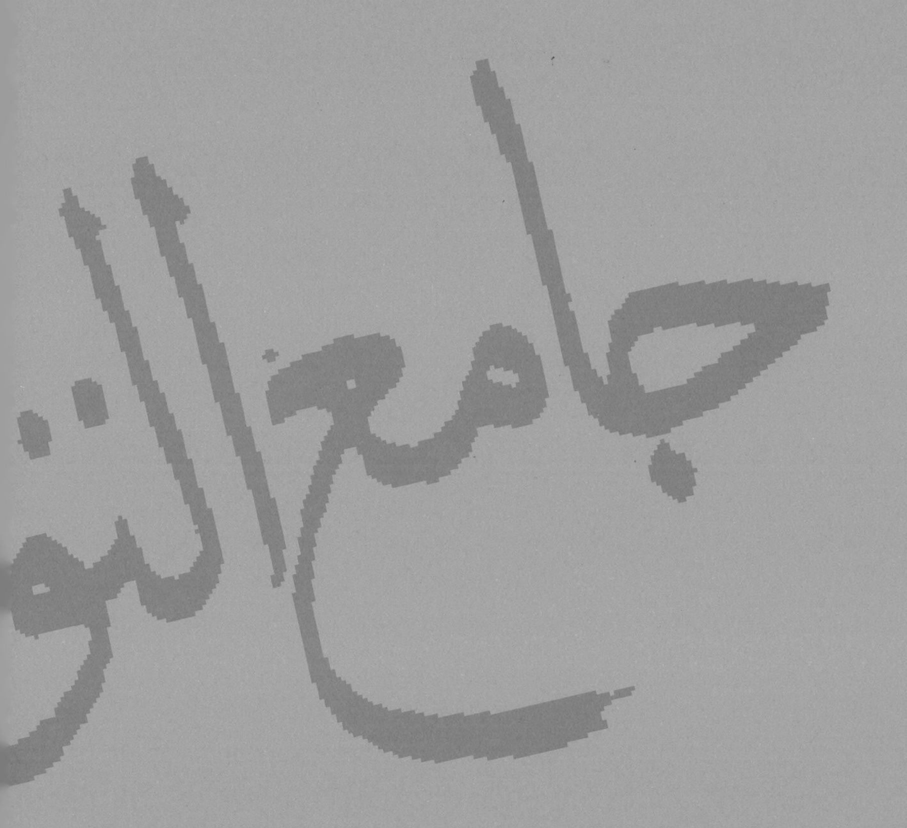

라시드 앗 딘의 집사 2

# 칭기스 칸 기

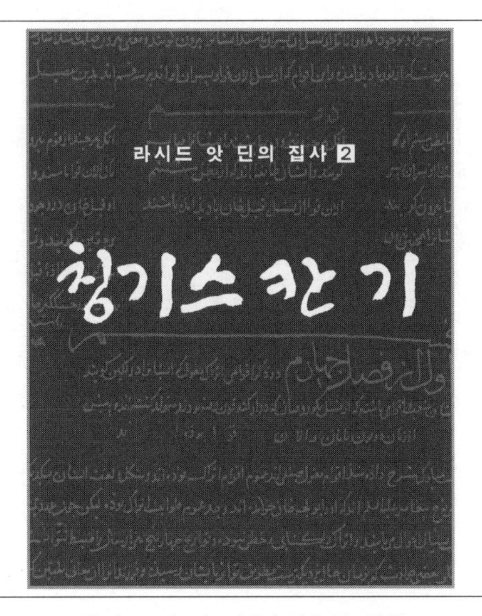


라시드 앗 딘 지음 | 김호동 역주

# 이 책을 내면서

『집사』 제1권이라고 할 수 있는 「부족지」가 출간된 지 꼭 1년이 지났다. 이미 「부족지」가 출간되기 전에 「칭기스 칸 기」의 상당 부분을 번역해 놓은 상태였기 때문에, 2002년 가을 학기와 겨울 방학을 이용하여 나머지 부분의 번역과 필요한 주석에 집중적으로 시간을 들여 금년 늦은 봄 원고를 완성할 수 있었다. 기왕에 외국에서 출판된 번역본과의 대조를 통해 가능하면 오역을 최소한으로 줄이고, 나아가 역자가 입수한 여러 사본들과 대조하는 데에 의외로 많은 시간이 소요되긴 했지만, 그래도 비교적 빠른 시일 내에 완결할 수 있었던 것은 「부족지」가 나온 뒤 유라시아 초원의 유목민족사, 특히 몽골제국사에 관심을 갖는 많은 분들께서 후속편이 조속히 출간되도록 격려해 주신 덕분이다.

「부족지」는 『집사』에 등장하는 수많은 인물들을 그들이 속한 씨족·부족별로 나누어 서술한, 말하자면 족보를 겸한 일종의 '인명록'이었기 때문에, 몽골제국사를 연구하는 전문가가 아니라면 페이지를 넘기기 힘들 정도로 빡빡한 내용이고, 일반 독자들은 그것을 읽는다고 하더라도 시간적 흐름에 따른 사건의 추이를 파악하기란 무척 어려웠을 것이다. 그럼에도 불구하고 적지 않은 수의 독자들이 관심을 가져주었고 또 역자나 출판사 측에 여러 가지 질의를 해준 것은 뜻밖이었다. 생각건대 이러한 의외의 관심은 이슬람권을 대표하는 역사적 고전 『집사』에 대한 지적 호기심, 우리의 역사·문화와도 밀접한 관련을 갖고 있는 유라시아 초원 세계를 보다 깊이 있게 알고자 하는 욕구에서 비롯된 것 같다. 「칭기스 칸 기」가 그러한 욕구를 조금 더 시원스럽게 충족시켜 주었으면 하는 바람이다.

「칭기스 칸 기」는 분량이 다른 세 부분으로 구성되어 있다. 하나는 칭기스 칸의 조상들의 계보와 역사를 다룬 비교적 짧은 분량의 「열조기」이고, 또 하나는 몽골제국의 토대를 놓은 불세출의 영웅 칭기스 칸의 일대기를 다룬 것으로 본서의 대종을 이루고 있다. 마지막 부분은 칭기스 칸이 생전에 자식들이나 주위 사람들에게 남긴 성훈과 덕담, 그리고 그가 사망하기 직전에 자제들에게 유산으로 남겨준 몽골제국의 군대의 숫자를 일일이 기록한 「천호일람」으로 되어 있다. 따라서 본서는 칭기스 칸의 조상들의 사적, 칭기스 칸 자신의 일대기, 그가 남긴 유무형의 유산들을 정리함으로써, 몽골제국 건설의 전 과정을 주도면밀하면서도 포괄적으로 서술한 책이라고 할 수 있다.

칭기스 칸의 일생을 기록한 자료로는 당시 몽골인들 자신의 직접적인 체험과 회고담을 기초로 만들어진 『몽골비사』가 있고, 그와 유사한 내용들을 한문으로 옮긴 『元史·太祖本紀』, 『聖武親征錄』 등이 있다. 우리는 이러한 자료들과 「칭기스 칸 기」에 기록된 내용들을 비교함으로써, 또한 다른 자료에는 보이지 않는 새로운 사실들을 확인함으로써, 몽골제국의 건설 과정에 대해서 보다 정확한 역사상을 재구성할 수 있다. 라시드 앗 딘은 몽골리아와는 지리적으로 먼 이란에서, 그것도 칭기스 칸 사후 여러 세대가 지난 뒤에야 『집사』를 완성했지만, 단순히 구전이나 소문에 의거하지 않고, 지금은 전해지지 않는 『금책』과 같은 원자료를 활용했기 때문에 그 사료적 가치는 지금도 높이 평가받고 있다. 몽골제국사를 연구하는 사람들에게 『집사』는 그야말로 빼놓을 수 없는 필독의 자료인 것이다.

「칭기스 칸 기」의 서술 체제를 보면 『집사』가 무엇 때문에 '최초의 세계사'라고 불리게 되었는지를 이해할 수 있다. 라시드 앗 딘은 칭기스 칸의 일생을 크게 여섯 시기로 구분하여 설명하면서, 각 시기마다 세계 각지에서 어떠한 일들이 벌어졌는가를 병렬적으로 서술하였다. 즉 중국에서부터 중앙아시아를 거쳐 서아시아와 이집트에 이르기까지 어떤 왕조가 존재했고, 누가 통치했으며, 어떠한 주요 사건들이 일어났는가를 각 장별로 첨부·서술하였다. 이러한 서술 방식은 자기가 속한 지역이야말로 세계의 중심이자 전부라고 인식했던 과거의 역사관에서는 불가능한 것이었고, 세계사를 하나의 단위로 파악하는 몽골제국의 시대였기 때문에 가능한 것이었다.

「부족지」의 뒤를 이어 출간된 「칭기스 칸 기」는 역자가 기획하고 있는 『집사』 국역본 전3권 가운데 제2권에 해당된다. 제3권은 「칭기스 칸의 후계자들」로서 칭기스 칸 사망 이후 그의 뒤를 이어 제국을 통치했던 군주들의 역사에 대한 기록이다. 역자의 능력이 미치지 못해 적지 않은 오류가 있겠지만, 그나마 부족한대로 우리 학계의 지평이 유라시아로 넓혀지는 데에 작은 기여를 했으면 하는 바람을 가지고 이 같은 만용을 계속 부려본다. 독자들의 질정과 격려에 기댈 뿐이다.

마지막으로 타슈켄트 사본의 복사본을 보내준 일본의 杉山正明 교수, 테헤란 사본의 CD를 입수하는 데 애써 준 주한 이란대사관 공보과에 깊은 감사를 표시하고 싶다. 또한 『집사』의 중요성을 인식하여 어려움을 마다 않고 출간을 맡아주신 사계절출판사의 강맑실 사장과, 편집과 교정에 많은 공을 들인 강현주 씨에게도 고마운 마음을 전하고자 한다.

2003년 10월 역자

# 일러두기

- 본서는 페르시아의 역사가 라시드 앗 딘(Rashîd ad-Dîn, 1319년 경 사망)이 저술한 『집사』(*Jâmi' at-tavârîkh*)의 제1부 제2권 가운데 제1편인 「열조기(列祖紀)」와 제2편의 일부분인 「칭기스 칸 기」를 번역한 것이다.

- 번역의 저본은 이스탄불 톱카프 도서관에 소장된 Revan Köşkü 1518로 하였고, 타슈켄트 사본(우즈베키스탄 공화국 동방사본부 no. 1620)과 대조하였으며, 전자를 A본으로 후자를 B본으로 칭한다. 번역 본문 가운데 표기된 사본의 엽수(葉數) 가운데 〔 〕는 A본을, 「 」은 B본을 나타내며, r은 recto(前面)를, v는 verso(背面)를 가리킨다. 이 밖에 테헤란에 있는 이란 국민의회도서관에 소장된 no. 2294 사본(T로 약칭), 대영박물관에 소장된 Add. 7628 사본(L2로 약칭), 톱카프 도서관의 Bağdat Köşkü 282, 파리 국립도서관에 소장된 Supplément Persan 1113 사본(P로 약칭) 등, 모두 6종의 상이한 사본들을 대조·검토하였다.

- 아랍 문자의 영문 표기는 다음과 같이 하였다.
  â, a, b, p, t, th, j, ch, ḥ, kh, d, dh, r, z, zh,
  s, sh, ṣ, ḍ, ṭ, ẓ, ' , ğ, f, q, k, g, l, m, n, w/v, h, i/y

- 사본에 표기된 몽골·투르크식 고유명사나 어휘를 영문으로 표기할 때 채택한 가장 중요한 원칙은 영문 전사(轉寫)만으로도 원문의 철자를 재구성할 수 있어야 한다는 점이었다. 그렇지 않을 경우, 전문적인 독자들이 역자의 자의적인 독음 여부를 판단하기란 불가능하기 때문이다. 따라서 장모음은 ^표시를 통해 모두 나타내되, 단모음은 몽골·투르크어의 원음을 고려해 첨가했다. 다만 자음 j와 ch, g와 k는 점 표시가 불분명한 경우 원음에 가까운 선택을 했다.
  예_ ôtögû boğôl(우투구 보골; ötögü boğol) → WTGW BGWL
  Möngkû (뭉케; Möngke) → MNGKW
  Mông kâ(뭉케; Möngke) → MWNGKA

- 아랍, 페르시아, 투르크, 몽골 등 다양한 민족과 언어에 속하는 이름과 용어들을 한글로 표기할 때 예외 없는 통일된 원칙에 따라 옮긴다는 것은 실제로 불가능에 가까운 일이다.
  그렇지만 기본적인 원칙이 필요하다는 점은 분명하며, 본서에서는 『유라시아 유목제국사』(사계절출판사, 1998)에 제시된 원칙을 따랐다는 사실을 밝혀둔다.

# 차례

# 『집사』의 구성표

## 제1부: 몽골사(일명 『축복받은 가잔의 역사』)

제1권 부족지

제2권 칭기스 칸기 — 제1편 · 열조기 / 제2편 · 칭기스 칸기

제3권 칸의 후예들

제4권 일 칸들의 역사

제5권 이슬람의 제왕 – 가잔 칸과 그의 시대

## 제2부: 세계 각 민족들의 역사*

제1권 울제이투 칸기

제2권 — 제1편 · 아담 이후 사도와 칼리프들의 역사 및 지구상 각 종족들의 역사 / 제2편 · 본서 완성 이후 전개될 역사

## 제3부: 세계 각 지역의 경역 · 도로 · 하천

_현존하는 부분은 제1부 전체와 제2부의 제2권 제1편뿐이다.

_본서의 내용은 [음영] 로 표시된 부분이다.

* 저자 라시드 앗 딘이 이 책의 말미(제5권 『이슬람의 제왕』 447쪽)에 적었듯이, 그는 가잔 칸의 이름으로 완성한 본서를 새로 즉위한 울제이투 칸에게 헌정한 뒤, 그의 명령에 따라 제2부와 제3부를 집필할 계획이었다. 그가 과연 원래의 이 목적을 모두 달성했는지 확인하기는 어렵다. 현재 제2부 제2권 제1편의 사본은 전해지고 있지만, 다른 부분들의 존재는 확인되지 않고 있기 때문이다.

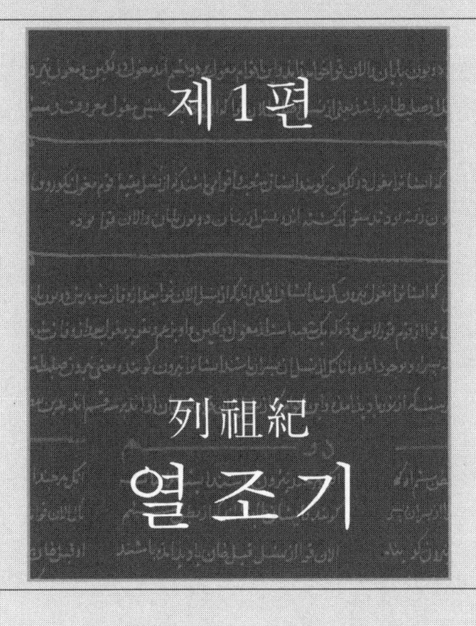


모두 열 개의 本紀(dâstân)[1]로 구성된, 칭기스 칸의 조상들 특히 그와 그들 친족에 관한 일화.
먼저 서언에서 그들의 흥기 과정을 설명하고, 이어 열 개로 이루어진 본기가 서술될 것이다.
고귀하신 신께서 뜻하신다면!

## 【序 言】

칭기스 칸의 조상들에 관한 정황 및
그들의 행운이 언제 어디서 흥륭했는가에 관한 설명

이미 설명했던[2] 몽골과 투르크의 여러 종족에게는 그들 모두를 통치할 만큼 강력하고 위엄 있는 군주가 없었기 때문에, 각 종족에게 별도의 군주와 수령이 있었고, 서로 전쟁하고 대립하느라고 대부분의 시간을 보냈다는 사실을 알아두어야 할 것이다. 그것은 마치 이 지방에 사는 아랍인들이 저마다 독자적인 수령들을 갖고 상대방에게 예속되지 않는 것과 비슷하다.

키타이 사람들은 이 종족들과 그 지방과 牧地에 이웃해 있기 때문에 키타이 지방에서 유목 생활을 하던 이들 종족 가운데 일부에 대해서 언제나 誅戮을 가했고, 그들도 마찬가지로 키타이 지방에 대한 약탈을 거리낌없이 해오곤 했다. 키타이의 군주들은 항상 이 몽골 유목민에 대해서 걱정했기 때문에 각별한 경계와 통제를 했다. 그래서 키타이 지방과 이 종족들 사이에 알렉산더의 성벽과 같은 것을 세웠는데, 몽골어로는 그것을 옹구(ôngûh)[3]라고 부르고 투르크어로는 요쿠르카(yôqûrqa)[4]라고 부른다. 그 한쪽 끝은 너무나 넓어서 건너는 것조차 불가능한 카라무렌 강에 닿아 있고, 다른 쪽 끝은 주르체 지방의 끝인 바다에 접해 있다. 키타이의 군주들은 옹구트 종족을 자기의 군대로, 또 헌신적인 예속민

---

1) 페르시아어에서 dâstân은 단순히 '일화'를 뜻하는 말이지만, 여기서는 칭기스 칸 祖先의 事蹟을 기록한 것이기 때문에 중국의 正史체제에 준하여 '本紀'라고 옮겼다.

2) 『集史』 제1부 제1권, 즉 『부족지』를 가리킨다.

3) A·B·T: WTGWH. 이것은 WNGWH의 誤寫이다. 몽골어 *öngü를 옮긴 말로 '界壕'를 뜻하며, Öngüt는 어원상 그 복수형으로 보인다.

4) A: BWQWRQH; B·T·L2: ?WQWRQH. 몽골어 yoqurqa/yo'urqa는 '城壁'을 의미.

으로 여겨서 옹구의 關門을 그들에게 맡겨 항상 수비토록 했다. 칭기스 칸의 시대에 알라쿠시 티긴(Alâqûsh Tîgîn)이라는 이름을 지닌 그들의 수령이 그와 한편이 되었기에 〔45r〕「45v」〔칭기스 칸은〕 관문을 그에게 위탁했다. 이것은 이미 옹구트에 관한 부분에서 설명한 바이지만, 더 자세한 이야기는 적절한 곳에서 설명할 것이다.

앞에서 말한 이 종족들에 관해서는 수많은 일화들이 있지만 이 지방에는 전해지지 않았으며, 그 조상들의 정황에 관해서도 사실대로 자세히 알려지지 않았다. 각각의 종족은 자기들에 관한 일화를 어느 정도 알고 있지만, 그들에게는 지난 세기나 먼 옛날의 정황을 확인시켜 주어 진실을 알게 할 만한 역사서가 존재하지 않았다. 지고하신 신께서 칭기스 칸의 조상들에게 행운과 통치권을 주시어, 칭기스 칸과 그의 친족이 속한 도분 바얀(Dôbûn Bâyân)과 알란 코아(Alân Qôâ)의 지파를 몽골의 모든 지파들 가운데 존귀하고 특별한 존재가 되도록 하신 후 최근에 이를 때까지, 확실히 정해진 연대는 없지만 대략 400년 정도의 시간이 흘렀다. 왜냐하면 왕실 서고에 보존된 그들의 역사서 篇篇의 내용과 경험 많은 장로들의 증언에 따르면, 그것은 압바스조의 초기와 사만조(Sâmâniyân)[5] 군주들의 치세 때부터 지금 이 시점까지가 앞서 말한 그 기간에 해당하기 때문이다. 그들에게서 생겨난 종족들의 숫자가 얼마나 많은지 그것을 하나씩 헤아리는 것은 불가능하며, 그것을 글 속에 적는다는 것 또한 어렵다. 이 지파와 계보들에 대해서는 비록 자세한 사정은 알려져 있지 않지만, 만일 알려지고 기억되는 것이 있다면 그것을 기록하여 진실을 밝히도록 하겠다.

이제 칭기스 칸과 그의 친족들의 지파에 관한 일화와 역사와 계보에

---

5) 부하라에 수도를 둔 이란계 왕조(819~999)로, 중앙 아시아와 후라산 지방을 지배했다.

대한 설명을 도분 바얀과 알란 코아에서부터 시작해 보도록 하자. 각각의 지파에 대해서 개별적으로 설명하고, 그 지파들의 도표를 제시하도록 하겠다. 지고하신 신의 도움과 유일하신 신의 뜻에 따라!

# 【紀 一】[1]

도분 바얀[2]과 그의 부인 알란 코아 紀
특히 다른 곳에서 기록할 내용을 제외한 그들에 관한 역사
두 章(qism)으로 구성

## 제1장 그들의 초기 정황

투르크인에 관한 믿을 만한 역사가들이 진술하는 바에 따르면, 모든 몽골 종족들은 에르게네 쿤(Ergene Qûn)[3]으로 갔던 두 사람의 후손들이라고 한다. 거기서 밖으로 나온 무리들 가운데 중요한 수령이 하나 있었는데, 그는 몇몇 종족의 지도자였고 부르테 치나(Bôrte Chîna)라는 이름을 갖고 있었다. 알란 코아의 남편인 도분 바얀과 일부 종족들이 그에게서 나왔으며, 그에게는 많은 부인과 자식들이 있었다.

그의 첫째 부인은 코아이 마랄(Qôî Marâl)[4]이었다. 그의 자식들 가운데 가장 뛰어나고 군주의 지위에 이른 아들이 하나 있었는데, 그 이름은 바타치칸(Batachîqân)[5]이었다. 그에게 아들이 하나 있어 후계자가 되었으니, 그의 이름은 타마치(Tamâch)[6]였다. 이 타마치에게 다섯 명의 아들이 있었는데, 큰아들이 카이주 메르겐(Qayjû Mergân)[7]이었고, 그의 후계자가 되었다. 전하는 바에 따르면 다른 네 아들이 다른 곳으로 자신들의 거처를 옮기고자 했지만, 강의 지류 하나가 가로막고 있어 마른 똥

1) 원문에는 10개의 紀에 번호가 없으나 독자들의 이해를 돕기 위해서 【 】안에 숫자를 넣었다.

2) 『秘史』와 『元史』에는 Dobun Mergen, 脫奔咩哩犍으로 표기되었다. '바얀'(bayan)이란 '富者'를 뜻한다.

3) 에르게네는 아무르 강 상류에 있는 아르군을 가리키며, '쿤'은 몽골어로 '협곡, 절벽'을 뜻한다.

4) A·B·T·L2: QWY MRAL.

5) A: YTJY QYAN; B: BTJY QAAN; T: BTJY QAN.

6) 『秘史』의 Tamacha.

7) A·B·T·L2: QYJW MRGAN. 『秘史』의 Qorichar Mergen.

을 잔뜩 모아 그것으로 뗏목—이 지방에서는 그것을 '켈렉'(kelek)[8]이라 부른다—과 같은 것을 만들어, 그것을 타고 강을 건너 다른 지방으로 갔다고 한다. 사람들은 두르벤(Dôrbân) 종족이 그들의 후손이라고 하는데, 그것은 '두르벤'이 '넷'[9]을 뜻하고 그들이 네 부분으로 이루어진 연합체이기 때문이다.[10] 그들 가운데 막냇동생의 후손 중에 쿨룬 사칼(Qûlûn Saqal)[11]이라는 사람이 있었다. 하루는 그가 야생 소를 죽였는데, 바야우트 바발릭(Bâyâût Bâbâlîq)[12]이라는 사람이 자기 아들을 데리고 와서 약간의 소고기를 받고 〔아들을〕 그에게 팔았다. 그〔=쿨룬 사칼〕는 알란 코아 친족의 남편이었기 때문에 그 아이를 알란 코아에게 주었다. 칭기스 칸 일족의 노비였던 바야우트 종족의 대부분은 그 아이의 후손이다.

〔45v〕「46r」 카이주 메르겐에게 아들이 하나 있었는데, 이름은 쿠잠 보코룰(Qûjam Boqorûl)[13]이었고, 그의 후계자가 되었다. 그의 뒤를 이은 아들이 하나 있었고, 이름은 예케 니둔(Îke Nîdûn)[14]이었다. 그의 뒤를 이은 아들이 하나 있었는데, 이름은 셈 사우치(Sem Sâûchî)[15]였다. 그의 뒤를 이은 아들이 있었는데, 칼리 카추(Qâlî Qâchû)[16]라는 이름을 가졌

---

8) 투르크어에서 온 말로, Steingass의 설명에 따르면 "渡江할 때 사용하는 일종의 浮揚物로, 갈대단이나 공기를 불어넣은 가죽 등으로 만든 것"이라고 한다(*A Comprehensive Persian-English Dictionary*, 1043a). 이 밖에도 Budagov, *Sravnitel'nyi slovar'*, p.134; Zenker, *Türkisch-Arabisch-Persisches Handwörterbuch*, p.757 참고.

9) 몽골어의 dörben.

10) B: TWLWN. 『秘史』 11절에 따르면 두르벤 씨족은 도분 메르겐의 형인 두아 소호르(Du'a Soqor)의 四子의 후손들이다.

11) A·T·P·L2: QWLWN SQL; B: TWLWN SQL.

12) A·B·L2: BAYAWT BA?ALYQ; T: BAYA'WT BAYALYQ. 『秘史』의 Ma'aliq Baya'ut.

13) 『秘史』의 A'ujam Boro'ul.

14) 『秘史』의 Yeke Nidün.

15) 『秘史』의 Sem Sochi.

다. 그에게서 도분 바얀이 태어났는데, 그의 목지는 오난과 켈루렌과 톨라(Ṭôğlâ) 〔강가〕에 있었다. 이 세 강은 부르가두(Burğâdû)[17] 산에서 흘러나온다.

## 제2장 도분 바얀과 그의 부인 알란 코아의 모습과 그들의 자손들의 지파와 계보에 관한 설명

앞에서 말한 도분 바얀은 알란 코아라는 이름을 가진 매우 정결한 부인을 얻었는데, 코룰라스 종족 출신이었다. 그녀에게서 두 아들이 태어났는데, 하나는 벨구누트(Belgünût)였고 또 하나는 부구누트(Bûgûnût)였으며,[18] 몽골의 두 종족이 그들의 후손에서 나왔다. 어떤 사람들은 그들의 어머니가 알란 코아였기 때문에 니르운 종족으로 여기지만, 다른 사람들은 그들을 두릴리킨 종족[19]이라고 한다. 왜냐하면 알란 코아가 남편이 죽은 뒤에 낳은 세 아들의 후손들만을 온전한 의미에서의 니르운이라고 생각하기 때문이다. 이에 관해서는 의견이 분분하지만, 더 널리 받아들여지고 진실에 가까운 쪽은 두 번째 견해이다. 앞서 말한 두 아들의 지파 출신으로 이 나라에는 어떤 천호에 속해 있는 한 사람을 제외하고는 아무도 없고, 몽골리아(Moğûlistân)에도 소수만이 존재한다고 한다. 알란 코아의 남편인 도분 바얀은 젊어서 죽었는데, 그의 모습과 앞에서 말한 두 아들들의 지파는 다음과 같다.

---

16) 『秘史』의 Qarchu.

17) 三河의 발원지는 몽골 시대에 부르칸 칼둔(Burqan Qaldun) 산으로 알려졌고, 『集史』의 다른 곳에서도 이 산에 대해 언급한 것이 나온다. 여기서 '부르가두'가 '부르칸' 또는 '부르칸 칼둔'의 誤記일지도 모르나, 원음 그대로 옮겨 두었다.

18) 『秘史』에서 이 두 형제는 Belgünütei와 Bügünütei로 나와 있다.

19) '니르운'과 '두릴리킨'의 어원과 그 의미에 대한 자세한 논의는 『부족지』, p.93과 p.99를 참조하시오.

**도분 바얀과 그 부인의 초상과 계보도**

어떤 사람들은 이 두 아들의 일족에 대해 그 어머니가 알란 코아[23]라고 하여 니르운이라고 여기지만, 그러한 주장은 과장된 것이다.

---

20) A본에는 이 부분이 공백으로 남아 있으나, B본에는 실제로 이 두 사람의 초상이 그려져 있고, P본에도 중간 중간에 관련된 삽화들이 실려 있다.

21) T본은 BWGWNWTY(Bûgûnûtey)로 표기하여 원음에 더 가깝다.

22) A · B · T: BLGNWTY. Belgünûtey로 음독할 수 있다.

23) A본에는 '코아'라는 말이 빠져 있다.

## 〔46r〕[1]【紀 二】

알란 코아, 그리고 그녀의 남편이 죽은 뒤 그녀가 낳은 諸子 紀의 서언

지고하고 신성한 하나님의 지혜는 자신의 힘을 드러내기 위해 시대마다 생성과 소멸하는 이 세상에 기이하고 놀라운 일들을 이루어 놓으시며, 그러한 일이 나타나는 곳은 비할 데 없이 고귀한 어떤 사람의 존재, 즉 주님의 은혜로운 눈에 자랑스러워 보이고 신성한 자비의 은총에 미쁘게 비치는 사람이니, 그렇게 함으로써 그 같은 의미가 명민한 사람들에게 교훈이 되고 세상이 신의 완벽한 힘을 증거할 수 있도록 하려는 것이며, 신의 영원한 은총에 대한 감사함으로 지속적인 주의를 기울이도록 하려는 것이다. 그리하여 창조 과정이 전체적으로나 부분적으로나 모두 "있으라! 하니 있도다!" 하신 것처럼 無比의 창조주의 뜻과 조물주의 의지에 달려 있다는 것을 분명히 깨닫게 하시려는 것이다. 그분은 무엇이든 뜻하신 바를 이루셨고, 또 뜻하는 바를 이루신다. "알라께서는 뜻하시는 바, 또 명령하시는 바를 이루시도다!"[2]

이 같은 말씀의 신실함은 알란 코아의 경이롭고 신기한 일로써 입증된다. 몽골인들의 주장—그 책임은 화자에게 있지만—에 따르면 혼인이나 교합도 없이 그녀의 순결한 배에서 세 명의 총명한 아이들이 태어났으니, 그들의 출생은 놀라운 이적이요 진기한 사건이라는 것이다. 그리고 "자손들은 끊임없이 이어진다"[3]는 말처럼 그들의 후손은 무수한 지파와 부족을 이루었다. 그들에 관한 아름다운 이야기는 그 혈통의 정화이자 그 가문의 대표인 존귀하신 분, 즉 이슬람의 제왕이며 알라 신앙

---

1) B본은 여기서부터 「카불 칸 紀」 중간—A본의 55r에 해당하는 부분—까지 缺落되어 있다.

2) 『코란』 22:19, 5:1.

3) 『코란』 3:30.

의 보호자인 술탄 마흐무드 가잔[4]—신께서 그의 제위를 영원케 하시고 그 자리를 드높여 주시기를!—덕분에 세상의 종말과 인류의 멸망에 이를 때까지 영원히 남을 것이다. 지고하신 신께서 뜻하신다면!

## 알란 코아와 그 남편 사후에 태어난 三子 紀

—몽골인들의 주장과 진술에 근거. 두 장으로 구성

### 제1장 그녀와 자식들의 지파에 대한 서언

사람들의 이야기에 따르면, 알란 코아의 남편인 도분 바얀은 젊은 나이에 사망했다고 한다. 비할 데 없는 창조주의 뜻은 강력하고 축복받은 지배자를 세상에 출현시켜 지상의 모든 강역을 다스리게 하고, 반항하는 폭군들의 목덜미를 예속과 복종의 굴레에 묶어 두는 것이다. 아울러 그에게 강력한 힘을 주어 지상의 제왕이자 인류의 지도자가 되도록 하고, 또 그 뒤를 이어서 온 세상을 다스릴 모든 군주와 통치자들이 그의 후손에게서 나오도록 하는 것이다. 그것은 마치 조개가 비할 데 없는 진주를 자기 안에 몇 년씩 품고 있어도 누구 하나 그것이 어떤 조개인지 모르는 것과 마찬가지이다. 잠수부들은 그것을 찾기 위해 바닷속에 뛰어들어 수많은 조개를 건져 올리고 무수한 진주를 찾아낸다. 비록 그 진주들이 각각 쓰임새가 다를지라도 모두 보석임에는 틀림없고, 상인들은 그것을 목걸이로 꿰어 각 종족과 개인의 용도에 맞추어 판매하고, 또 그것으로 교역을 한다. 그러나 모두가 바라는 것은 바로 아주 특별한 진주일지니, 창조주는 알란 코아의 배를 칭기스 칸이라는 귀중한 진주를 머금은 조

4) 일 칸국의 군주 Sulṭân Maḥmûd Ğazân(1295~1304).

개로 삼아, 그의 존재의 본체를 순수한 빛을 통해 창조한 것이다.

알란 코아의 후손들에게서 수많은 지파와 종족들이 나왔는데, 그 숫자가 얼마나 많은지 사람들의 수를 헤아린다면 백만도 넘을 것이다. 그러나 그들 모두는 계보를 분명하고 명료하게 알고 있다. 왜냐하면 몽골인들은 조상들의 계보를 잘 보전하고 있고, 〔46v〕 그 무리(millat)[5]에 속하는 다른 사람들[6]이 그렇게 하듯이 자식이 태어나면 그에게 계보를 가르쳐 주는 관습을 갖고 있기 때문이다. 그런 이유로 그들 가운데 자신의 계보와 부족을 모르는 사람은 아무도 없다. 몽골인들을 제외한 다른 종족들에게는 이러한 관습이 없지만, 다만 아랍인들은 자신의 계보를 잘 기억한다. 〔다른 사람들은〕 말하자면 그 고귀한 진주를 찾기 위해 신령한 잠수부들이 창조의 깊은 바닷속에서 건져 올린 앞서 말한 조개들 안에 만들어진 〔평범한〕 진주들에 비견될 수 있다. 그 무리 가운데 정수는 칭기스 칸이고, 특히 그 명망 높은 일족의 정화는 바로 세상의 보호자이며 알라를 신봉하는 종교의 조력자인 술탄 마흐무드 가잔 칸—신께서 그의 왕국을 영원케 하소서!—이니, 그는 이슬람 종교를 강하게 만들고 무슬림들을 보호하셨다. 세월이 흐르면서 느슨해져 버리고 이교도와 다신교도들이 조롱하며 방해하던 律法(sharî'at)과 道法(ṭarîqat)[7]의 모든 명령들에 새 생명을 불어넣고, 쓸모 없는 규약과 관습들을 완전히 철폐하여 이슬람의 기초를 똑바로 세우셨다.

---

5) millat는 현재 '민족'의 의미로 사용되지만, 과거에는 동일한 신앙을 공유하는 집단, 즉 '교파'를 의미했다. 단, 여기서는 몽골인들을 하나의 '교파'라고 하기 어려우므로, 문맥에 맞게 '무리'라고 옮겼다.

6) A본은 dhikrân으로 되어 있으나, T·L2본처럼 dîgarân이 되어야 옳을 것이다.

7) 율법은 무슬림들의 외면적 생활을 규율하는 법령이고, 도법은 내면적·종교적 수련을 지도하는 규범이라고 할 수 있다.

詩

오, 중국과 호탄에서 얼마나 많은 나무 뿌리를 캐냈는가!

너 같은 미흐르기야(mihr-giyâ)[8]를 후라산으로 가져오기 위하여!

이 같은 전제에 따라, 믿을 만한 사람들이 전하는 바에 의하면, 알란 코아는 과부가 된 지 얼마 지나지 않은 어느 날 집 안에서 잠이 들었는데, 천막 틈새(rawzan)로 한 줄기 빛이 들어와 그녀의 뱃속으로 들어갔다. 이에 놀라 두려워진 그녀는 그것을 누구에게도 이야기하지 않았는데, 얼마 뒤 자신이 임신했다는 사실을 깨달았다. 출산할 때가 가까워지자 남편의 형제와 친족들이 모여 말하기를, "남편도 없는 부인이 어떻게 은밀히 남자를 구해서 임신까지 할 수 있단 말인가?"라고 했다.

알란 코아는 이렇게 말했다. "남편이 없는 내가 아이를 가졌으니 당신들의 상상도 확실히 무리는 아니고 의심하는 것도 마땅하다. 그러나 분명코 '어떤 의심들은 죄악이로다.' 내가 어떻게 창피를 당해야 마땅할 그런 부정한 행동을 했겠는가? 사실 나는 매일 밤 잠들었을 때 밝은 얼굴[9]에 회색 눈을 한 어떤 사람이 조용조용 내게 다가왔다가 천천히 되돌아가는 것을 보았다. 나는 그것을 내 눈으로 분명히 목격했다. 당신들이 나에 대해서 품는 어떠한 의심도 옳지 못하다. 내가 밴 이 자식들은 특별한 부류에 속한다. 그들이 장성하면 모든 사람들을 지배하는 군주와 칸이 될 것이다. 그때가 되면 내게 생긴 일이 어떤 것이었는지, 당신들과 평민(qarâchû) 종족들에게 확실해질 것이다."

알란 코아가 이렇게 설명을 마치자 모든 점에서 그녀의 순결함과 정

---

8) 마취제의 재료로 쓰는 식물의 한 종류(mandrake).

9) 뒤에서는(58r) '황색 피부'라고 했다.

숙함이 분명해졌기 때문에 더 이상 그녀를 비난하거나 괴롭히지 않았다. 그들은 그녀의 이야기가 진실하고 옳다는 사실을 알았다.

알란 코아에게서 세 아들이 태어났다. 큰아들은 부쿤 카타키(Bûqûn Qataqî)였고, 카타킨 종족 모두가 그의 후손들이다. 가운데 아들의 이름은 부스킨 살지(Bûsqîn Sâljî)[10]였는데, 살지우트 종족의 조상이다. 막내의 이름은 보돈차르 카안(Bộdonchar Qân)으로, 그 나무에서 맺은 열매의 정수였다.[11] 수많은 종족들—이들의 지파에 대해서는 뒤에서 설명할 것이다—이 그의 후손에게서 나왔으며, 칭기스 칸의 계보는 그에게로 거슬러 올라간다.

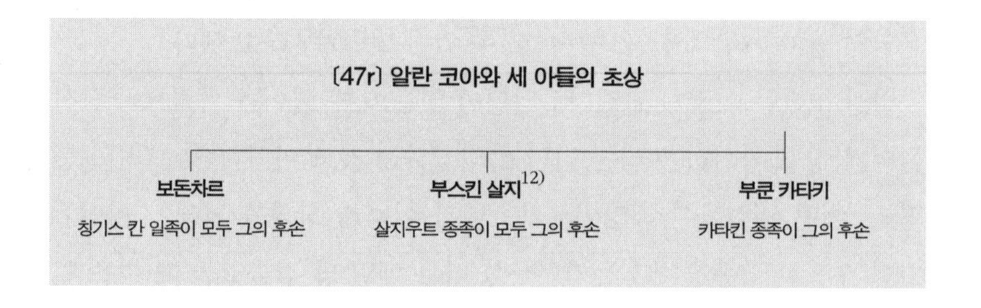


이 세 아들의 일족을 예외 없이 모두 '니르운'이라고 부르는데, 이는 알란 코아의 순결한 허리와 연관되었다는 사실을 나타내기 위한 것이다. 이 종족들은 몽골인들 사이에서 극도의 존경을 받았다.

---

10) A·T: BWSQYN SALJY; P·L2: BWSQY SALJY.

11) 『秘史』에는 이 세 형제의 이름이 Buğu Qatagi, Buğatu Salji, Bodonchar로 기록되어 있고, 『元史』에는 博寒葛〔答黑〕, 博合覩撒里吉, 孛端叉兒로 되어 있다.

12) A·T: BWSWN SALJY.

### 제2장 알란 코아의 이 세 아들의 지파에 관한 설명

이 세 아들에게서 생겨 나와 모두 '니르운'이라고 불리는—즉, 순결한 허리에서 태어났기 때문에 알란 코아의 정결한 배와 허리를 가리킨다—수많은 지파와 부족들은 극도의 존경을 받았고, 그들은 다른 부족들 사이에서 말하자면 조개 안에 든 진주요 나무에 달린 열매와 같다는 사실을 알아야 할 것이다. 몽골의 종족들 가운데 니르운이 아닌 것들은 「서론」에서 말했듯이[13] 모두 다 '두릴리킨'이라고 부른다. 벨구누트와 부구누트의 종족은 비록 그 계보에서 나왔지만, 그들의 아버지가 도분 바얀이기 때문에 그들 또한 '두릴리킨'이라고 부른다. 오늘날 '우테구 보골'(ôtegû bôğôl), 〔즉 세습 노비〕[14]라 불리는 몽골의 한 종족이 있는데, 칭기스 칸의 시대에는 이 같은 이름을 전적으로 그들에 대해서만 불렀다. '우테구 보골'의 뜻은 칭기스 칸의 조상 때부터 종(bande)[15]이었으며, 그 종의 자식이라는 것이다. 〔이들 가운데에는〕 칭기스 칸 시대에 훌륭한 공을 세워 확고한 권리를 부여받은 일부 사람들이 있었는데, 그런 까닭으로 그들도 '우테구 보골'이라 불린다. '우테구 보골'의 지위를 갖는 사람들에 대해서는 각자 적절한 곳에서 설명할 것이다. 지금 여기에서는 이 명칭이 무엇을 의미하는가 정도에 대해서만 설명하는 것으로 족하다.

이 많은 지파들이 비록 니르운이라 불리고 칭기스 칸의 친족이며 그들 일족 가운데에서 위대한 수령과 칸들이 나오긴 했지만, 칭기스 칸이야말로 행운의 칸이요 온 세상의 군주였기 때문에, 몽골의 부족과 종족들은 친족이든 이족이든 모두 그의 종이 되었다. 특히 그가 고난을 겪으

---

13) 『부족지』, pp.98~100 참조.

14) ötegü boğol에 대해서는 『부족지』, p.128의 주를 참조하시오.

15) 페르시아어 bande는 뒤에도 몇 번 사용되는데, 본 역문에서는 '종' 또는 '예속민' 등으로 옮겼다.

며 적과 전쟁할 때 적과 한편이 되어 싸웠던 〔47v〕 그의 친족이나 삼촌·사촌들은 다른 친족에 비해 더 낮은 지위를 가졌고, 세습적인 종이 된 사람들이 많다. 그들이 언제 무슨 이유로 종이 되었는지에 대해서는 각기 적절한 곳에서 설명할 것이다. 신께서 뜻하신다면!

# 【紀 三】

보돈차르, 그의 부인과 자식들과 그들 계보의 특징에 관한 紀
두 장으로 구성

## 제1장 그의 자식들의 정황에 대한 서언

보돈차르는 알란 코아의 셋째 아들이며, 그 당시 수많은 몽골 종족들의 지휘자이자 군주였다. 매우 용맹하며 출중했다. 두 아들을 두었는데, 큰 아들은 부카(Bûqâ)이고 작은아들은 부카타이(Bûqatâî)였다. 칭기스 칸과 다수의 니르운 종족들의 계보는 부카에 연결되어 있는데, 그는 아버지의 후계자로서 아버지의 뒤를 이어 그 자리를 차지했다.[1] 그에게는 아들이 하나 있었는데 두툼 메넨(Dûtûm Menen)이라는 이름을 가졌고, 부카타이에게도 아들이 하나 있었는데 나친(Nâchîn)이었다.[2] 이 나친은 몽골 종족 출신의 딸과 결혼하여 〔그들의〕 사위로서 그곳을 왕래했다. 타이치우트 종족들 가운데 일부가 그에게서 나왔다고 말하는데, 이 이야기는 결코 믿을 만하지 못하다. 왜냐하면 황실 창고에 보관되어 있고 대아미르들이 간수하는 역사서들 가운데 『金冊』이라는 책에 따르면, 타이치우트는 카이두 칸의 아들이자 두툼 메넨의 손자들 가운데 하나인 차라카 링쿰(Charaqa Lînqûm)[3]의 후손에서 나왔다고 한다.

나친에 관해 전해 오는 이야기라고는 그가 자기 조카인 카이두 칸을 잘라이르의 손아귀에서 빼내어 보살피고, 그와 함께 밖으로 나와 오난

---

1) 『秘史』에는 부카라는 인물에 관한 언급이 없다. 보돈차르의 아들이자, 메넨 두툼(『集史』의 두툼 메넨)의 아버지는 Barin Shi'iratu Qabichi로 되어 있다. 『元史』에도 孛端叉兒의 아들이자 咩麻篤敦의 아버지로 八林昔黑剌禿合必畜가 기록되어 있다.

2) 『秘史』에는 나친이 메넨 두툼의 막내아들로 되어 있다. 『元史』에도 納眞이 막내아들이고, 큰아들로는 旣拏篤兒罕이라는 인물이 적혀 있다.

3) T · L2 : JRQH LYNGQWM. 『元史』 권107의 察剌哈寧昆.

과 켈루렌 지방에서 서로 가까이에 살았다는 정도뿐이다. 타이치우트 종족이 많았고, 나친의 자식들도 그들과 하나가 되어 뒤섞여서 그 같은 〔타이치우트라는〕 이름으로 불렸을 가능성은 있다. 특히 그들이 사촌간이었기 때문에 그러한 까닭으로 이 같은 오류가 생겨났으며, 대다수의 사람들은 그러했으리라고 추측한다. 그렇지 않다면 그의 후손들에 관한 별도의 이야기가 있었을 것이다. 그의 일족도 또한 니르운에 속하지만, 이미 설명한 니르운 종족들 가운데 어떤 지파가 그의 후손들인지는 정확하게 알려져 있지 않다.

### 제2장 보돈차르와 그 부인의 초상, 그리고 후손들의 지파

보돈차르는 앞서 언급한 것처럼 부카와 부카타이라는 두 아들을 두었다. 부카의 아들이 두툼 메넨이고, 칭기스 칸의 지파가 그에게로 소급된다. 그에 관한 이야기와 紀는 뒤이어 나올 것이다. 부카타이의 아들은 나친인데, 그의 지파에 관한 내용은 확실하게 알려져 있지는 않다. 그들의 초상은 다음과 같다.

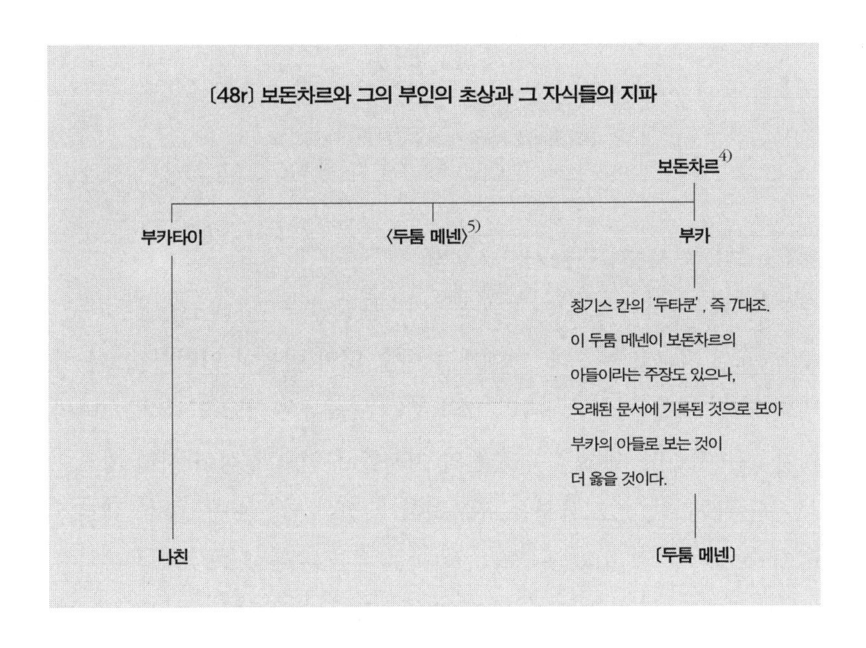


4) '보돈차르'라는 이름은 A본에는 없고 T본에 보인다.

5) A본에는 두툼 메넨이 보돈차르의 아들인 것처럼 그려져 있다. 그러나 T본에는 본문의 설명에 맞게 부카의 아들로 되어 있다.

## 【紀 四】

보돈차르의 아들인 부카의 아들 두툼 메넨,
그의 부인인 모놀룬과 그 諸子의 지파에 관한 紀
두 장으로 구성

### 제1장 그들의 정황에 관한 서언과 설명

두툼 메넨은 칭기스 칸의 7대조였다. 몽골인들은 7대조를 '두타쿤'(dûtâqûn)[1]이라고 부른다. 그에게는 아홉 명의 아들이 있었다. 그가 사망할 때 이 아들들의 어머니인 그의 부인 모놀룬은 살아 있었다. 그녀의 아들들은 저마다 다른 종족 출신의 여자를 부인으로 삼아 사위 자격으로 그들에게 갔다. 모놀룬은 부유하여 재산이 많았으며, 누쉬 에르기(Nûsh Ergî)[2]와 黑山(Kûh-i Sîyâh)이라고 부르는 곳에 거주지와 목지를 갖고 있었다. 그녀는 며칠에 한 번씩 가축들을 집합시키도록 했는데, 말과 가축들이 어찌나 많았는지 수를 헤아릴 수 없을 정도였다. 그런데도 그녀가 머물던 산꼭대기에서부터 커다란 강이 있던 산밑에 이르기까지 가축들이 그 발굽으로 땅을 모두 덮을 정도가 되어야 "모두 모였구나!"라고 말하지, 그렇지 않으면 가축을 찾으러 가라고 말하곤 했다.

그 당시 잘라이르라는 이름을 가진 일부 몽골인들—이들은 두릴리킨에 속하고, 이 종족들의 지파와 부류에 관해서는 이미 설명한 바이다—가운데 몇몇 종족이 켈루렌 지방에 살았으며, 70개의 〔48v〕'쿠리엔'(kûrân)[3]을 이루고 있었다. 많은 가구들이 초원에 빙 둘러서 원형으로 둔영을 칠 때 그것을 쿠리엔이라 불렀는데, 그 당시에는 1천 개의 가구가 이러한 방식으로 둔영을 이루는 것을 하나의 쿠리엔이라고 말했다.

---

1) 다른 자료에서는 확인되지 않는 어휘이다.

2) ergi는 『秘史』에도 사용된 단어로 '岸', 즉 강 언덕이나 강가의 가파른 언덕을 가리키는 말이다.

3) 이에 대해서는 『부족지』, p.199의 주 참조.

이렇게 볼 때 그 종족은 7만 호가 되는 셈이다. 이 켈루렌은 키타이 지방에 가깝기 때문에 키타이인들은 항상 그들과 또는 몽골의 다른 종족들과 전쟁을 했다. 당시 키타이에서 많은 병사들이 그들을 습격, 공격하러 왔다. 잘라이르 종족이 그 군대를 보았을 때 그들 사이에는 켈루렌 강이 가로막고 있었고, 그 근처에는 어디에도 강을 건널 곳이 없었기 때문에 키타이인들이 그 강을 건너지 못하리라고 믿고, 그들을 약 올리기 위해 모자와 소매(âstîn)를 흔들며 "이리로 와서 우리 가축을 빼앗아 봐라!" 하고 소리치면서 비웃었다. 키타이 군대는 굉장히 많았기 때문에 장작과 나뭇가지를 모두 모아, 바로 그날 밤 그것으로 〔물에 뜨는〕 묶음(bandî)[4]을 만들어 그것을 타고 강을 건넜다. 그들은 말채찍 정도의 키인 아이들까지 죽일 정도로 잘라이르 종족들을 완전히 몰살시키고 물건과 가축을 약탈했다.

그 잘라이르 무리들 가운데 적군이 미치지 못하는 구석에 따로 떨어져 있던 한 족속 중 70개의 가구가 궁지에 몰려 도망을 쳤다. 그들은 여자와 아이들을 데리고 이동해서 두툼 메넨의 부인인 모놀룬의 집 근처로 왔다. 그들은 배고픔을 참을 수 없어 그 지방에서는 식량으로 쓰는 수두순(sûdûsûn)[5]이라 불리는 풀뿌리를 땅에서 캐내어 먹었다. 그곳은 모놀룬의 아들들이 말을 달리곤 하던 곳이었는데, 이렇게 해서 구덩이가 파이고 평평한 지면이 울퉁불퉁해졌다. 모놀룬이 "너희들은 〔이곳을〕 왜 이렇게 울퉁불퉁하게 만드느냐? 내 아이들이 뛰노는 곳을 왜 망쳐 놓

---

4) 앞에서는 이를 투르크어로 '켈렉'이라 불렀다.

5) 아마 『秘史』 74절에 나오는 südün('草根名')과 같은 것이 아닌가 생각된다. 『秘史』에 나오는 과일·초목의 명칭은 -sün이라는 접미사와 함께 자주 사용된다(예: ölirsün, moyilsun, chigörsün). 유원수는 이 말을 '원추리'로 옮겼다(『몽골비사』, 혜안, 1994, p.53). 이 草根에 대한 설명은 小澤重男의 『元朝秘史全釋』(東京: 風間書房, 1984~1986) 中, pp.47~48 참조.

느냐?"고 말하자, 그들은 모놀룬을 잡아서 죽여 버렸다.

그녀의 자식들은 각자 다른 부족과 결맹했을 뿐만 아니라 그들의 친족도 많았기 때문에, 〔잘라이르 사람들은〕 그들에게서 마음을 놓을 수 없을 것이라고 걱정했다. 그래서 그들이 다니는 길목을 가로막았다가 그 여덟 명의 아들을 살해했다. 카이두(Qâîdû)[6]라는 이름을 가진 막내 아들은 켄베우트(Kenbe'ût)[7] 종족의 사위였고, 그의 숙부인 나친도 그보다 먼저 그 종족의 사위로 갔었다. 이에 관해서는 이미 앞에 나온 紀에서 언급한 바이다.

잘라이르가 저지른 사건과 자기 형제의 아들들에 관한 이야기를 알게 된 〔나친은〕 몽골인들이 쿠미즈를 담아 두는 항아리처럼 생긴 커다란 독 속에 그를 숨기고 보호했다. 그 잘라이르 족속이 이 같은 일을 저지르자 아직 남아 있던 다른 잘라이르 종족들은 그 70명을 붙잡아 와서, "너희들은 형과 아우들 누구와도 상의하지 않고 감히 이런 짓을 저질렀느냐?"라고 말했다. 이에 대한 응징으로 그들 모두를 죽였고, 그들의 부인과 아이들 모두를 모놀룬의 자식인 카이두의 종으로 만들었다. 그리고 그들 가운데 몇몇 아이들을 포로로 붙잡아 두고 자기네 가족의 종으로 삼았다. 그때부터 지금까지 잘라이르 종족은 '우테구 보골'이었고, 유산으로 칭기스 칸과 그의 일족에게 전해진다. 그들 중에서 대아미르들이 나왔는데, 이에 대해서는 그들 지파에 관한 부분에서 설명한 바이다.

나친과 카이두는 함께 이동하여 그곳에서 밖으로 나왔다. 카이두는 몽골리아의 변경에 있는 바르쿠진 투쿰(Barqûjîn Tôkûm)[8]이라는 곳에

---

6) 『元史』의 海都.

7) A·T: KNBWT. P·L2본도 표점이 명확하지 않으나 KNBWT로 보인다. 『元史』 권1 「태조본기」에는 나친(納眞)이 바르구트(八剌忽)部에 가 있었다고 기록되어 있다. '켄베우트'가 어떤 부족인지 다른 사료에서는 확인되지 않는다.

자리를 잡았다. 물을 끌어들이고 강을 건너기 위해 그 강 위에 여울목을 만들었는데, 그 여울목의 이름을 카이두진 울룸(Qâîdûjin Ûlûm)[9]이라 붙였다. 나친은 오난 강 하류에 자리를 잡았다. 나친의 자식들은 독립된 지파를 이루었지만, 앞에 나온 紀에서 언급했듯이 그것에 관해 알려진 바는 없다. 신께서 가장 잘 아신다!

### 제2장 두툼 메넨과 그의 부인 모놀룬의 초상과 그 자식들의 지파

〔49r〕 이미 설명한 것처럼 두툼 메넨에게는 아홉 명의 아들이 있었는데 여덟 명이 살해되었고, 그들의 이름은 알려져 있지 않다. 생존한 한 사람이 카이두 칸이었고, 칭기스 칸의 위대한 계보는 그에게로 소급된다. 그들의 지파를 그려 보면 다음과 같은 모양이다.

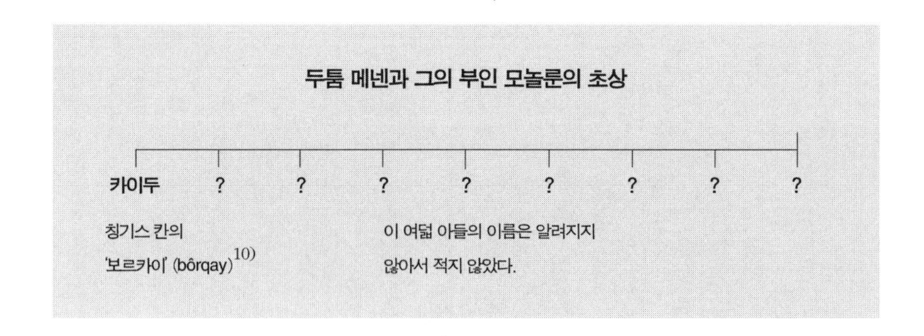


---

8) BWRQWJIN TWKWM. 바르쿠진은 몽골 북방 바이칼 호로 흘러 들어가는 현재의 Bargujin 강을 가리키는 것으로 보이며, töküm은 '盆地'를 뜻하는 몽골어이다.

9) A·T·L2: QAYDWJ? AWLWM. 몽골어로 Qaidu-yin ülüm('카이두의 여울목')을 나타낸 것으로 추측된다.

10) T: BWRTY. 몽골어로 6대조.

이 아홉 명의 아들의 어머니 이름은 모놀룬 카툰이었고, '모놀룬 타르군'(Mônôlûn Tarğûn), 즉 '뚱보'[11]라고도 불렸다. 〔앞의〕 역사에서 기술했듯이 잘라이르 종족이 그녀와 여덟 명의 아들을 죽였을 때, 막내였던 카이두 칸은 자기 아버지와 사촌간이었던 나친이 쿠미즈 항아리 속에 숨겨 주는 바람에 목숨을 구했다. 그런 까닭으로 잘라이르 종족의 일부는 그들의 종이 되었다.

---

11) 몽골어 tarğun은 '뚱뚱한'을 의미한다. Cf. 『秘史』 190 · 194절에는 tarğun의 복수형 tarğud가 나오며, 『華夷譯語』도 塔魯渾(tarğun)을 '肥'라고 풀이했다.

## 【紀 五】

카이두 칸 紀 서언

많은 사람들은 실현되기 힘든 큰 희망들을 품지만, 그 희망은 갑자기 한 꺼번에 무너지고 깨져 버린다. 오! 지고한 신께서는 또 실의에 빠진 얼마나 많은 사람들에게 기적을 행하시어 그들을 드높고 찬양받는 지위에 올려 놓는가. 또 어떤 사람들에게는 처음에 여러 가지 고난을 겪게 하여, 고통과 실의를 경험케 한 뒤에 평안과 안락을 주시는가. "고난 뒤에 안락이, 어려움 뒤에 편안함이 오나니!"[1] 짧은 시간 안에 그를 종족의 지도자로 세우시고, 대인의 지위에 적합하게 올려 놓으신다. 지고하신 신의 의도는 그 어떤 경우든 분명히 온 세상이 그분의 완벽한 권능을 깨닫고 알아서 그것으로 귀감을 삼을 수 있도록 하려는 것이며, "신의 은총에 절망하지 말라!"[2]는 명령대로, 〔49v〕 실망에 빠지지 말고 신실한 마음으로 자비가 충만하신 그의 궁전에 나오도록 하는 것이다.

이러한 뜻의 진실은 카이두 칸의 정황에서도 드러난다. 얼마간의 고난과 어려움이 있은 뒤, 지고한 신께서는 그에게 여러 가지 은총과 도움, 또 특별한 기적을 베푸셨다. "신께서는 기뻐하는 사람에게 도움을 주시니, 이를 보고 깨닫는 자에게 교훈이 있으리라."[3] 이를 따르는 사람에게 평안이 있기를!

---

1) 원문은 아랍어.

2) 『코란』 12:87.

3) 『코란』 3:13.

## 두툼 메넨의 아들 카이두 칸과 그 諸子 紀

—두 장으로 구성

### 제1장 그와 그 자식들에 관한 정황

카이두 칸은 칭기스 칸의 6대조였다. 몽골어로 6대조는 '보르카이'[4]라고 부른다. 앞에서 나왔던 紀에서 설명했던 것처럼 카이두 칸의 형제들이 잘라이르인들에 의해 죽음을 당하자, 그와 그의 숙부 나친은 그곳에서 빠져 나와 앞에서 언급했던 바와 같이 몽골리아의 한 지방에 자리를 잡았다. 지고한 주님의 뜻은 칭기스 칸이라는 진주를, 세월의 흐름 속에서 그 조상들의 혈통이라는 조개 속에 양육하는 것이었다. 그래서 칭기스 칸의 선조인 카이두 칸에게 행운과 축복을 주시고 그에게 보살핌과 힘을 더해 주셔서, 그가 헤아릴 수 없이 많은 부인과 추종자와 가축들을 갖도록 하셨다. 그에게서 세 명의 축복받은 아들들이 태어났는데, 첫째의 이름은 바이 싱코르(Bâî Singqôr)이며 칭기스 칸의 계보는 그에게로 연결된다. 둘째는 차라카 링쿰[5]이다. 막내는 차우진(Châûjîn)[6]이며, 아르티간(Artigân)과 시지우트(Sîjîût)라는 두 종족이 그의 후손들이다.

'링쿰'이라는 말은 키타이어로 '대아미르'를 뜻한다.[7] 그들은 키타이 지방과 그곳 군주들의 나라 가까이에 살았기 때문에 키타이인의 표현과 칭호들이 그들 사이에 유행하며 사용되었다. 그러나 몽골의 평민들은 '링쿰'[8]이라는 말의 뜻을 이해할 수 없어, '차라카 링쿠'(Charaqa Lînqû)라 불렀다.[9] 『金冊』에 기재된 바에 따르면 그는 모든 타이치우트 종족의

---

4) T: BWRTY. 『華夷譯語』에서 孛舌羅孩(borqai)는 高祖로 풀이되어 있다.

5) A: LYNQWM; T: LYNKWM.

6) 『元史』 권107의 獠忽眞兀兒迭葛(Chaqurjin Örtegei).

7) 사실 '링쿰'은 중국의 관직명 令公(링쿵)을 옮긴 말이다.

8) A: LYNGQWM; T: LYNKWM.

조상이라고 하는데, 그것이 아마 더 진실에 가깝고 신빙성 있는 이야기일 것이다. 타이치우트는 수도 많고 강력한 종족이었다. 그들 가운데 유명한 군주들이 등장했고, 수도 없이 많은 군대를 보유했다. 그들에게 속한 각각의 종족은 독자적으로 수령을 갖고 있었으며, 모두 서로 연합했다. 시대마다 자기들 가운데 한 사람을 군주나 칸으로 지명하고 그 〔군주〕에게 복속했었다.

칭기스 칸이 어려서 아버지를 여의었을 때, 아버지 휘하에 있던 대부분의 추종자와 병사들은 타이치우트 쪽으로 기울어 그들에게로 갔고, 그런 까닭으로 그와 타이치우트 사이에는 전투와 분쟁이 벌어졌는데, 이에 관한 설명은 그의 紀에 나올 것이다. 그러나 아무리 칭기스 칸이 어리고 적은 병사들을 갖고 있었다고 하더라도, 이 모든 부족과 지파를 만들어 낸 창조주의 의도는 칭기스 칸의 영광을 顯彰하기 위한 것이었으니, 1천 명의 용사라 할지라도 어떻게 그러한 행운의 소유자를 당할 수 있었겠는가? 만일 타이치우트 종족이 그 지혜의 비밀을 알았더라면, 칭기스 칸이 성장하던 젊은 시절에 일찍부터 그에게 복속했으리라. 그러나 인간의 지성은 신의 깊은 지혜를 추량하기에는 부족하기 때문에 〔일찍 복속하지 않았던 것을〕 비난할 수는 없을 것이다. 그들은 혼신의 힘을 다하고 힘껏 애썼지만, 올바른 길은 그들에게 가로막혀 있었다. 잔뜩 헛된 생각만 갖고 칭기스 칸에게 대항하여 싸웠지만, 칭기스 칸의 행운의 나무 뿌리가 충분한 물을 만나 잎과 열매를 맺을 때에 이르러, 타이치

---

9) 차라카 링쿰이라는 이름에서 '링쿰'이라는 단어에 대한 라시드 앗 딘의 설명은 독자들에게 약간의 혼동을 줄지도 모르지만, 그의 논지를 정리하면 다음과 같다. 즉, 중국의 관 칭호로 '대아미르'(高官)를 뜻하는 '링쿰'(A본의 lîngqûm, B본의 lînkûm)의 뜻을 당시의 몽골인들이 잘 알지 못해 '링쿠'(lînqû)라고 발음했고, 그의 이름 뒤에 이를 붙여서 불렀다는 것이다. 『秘史』 47절에 그의 이름은 '차라카이 링쿠'(Charaqai Lingqu)로 표기되었다. 카이두의 아들 차라카가 金朝에서 '令公'이라는 칭호를 받았다는 기록은 다른 자료에서는 찾아볼 수 없다.

우트 사람 모두와 그들의 군주들, 그리고 그들과 연합했던 다른 종족들은 〔50r〕 위대한 주님의 힘에 의해 그에게 패배하고 짓밟혔다. 뒤에서 내가 자세히 설명하듯이, 그들 모두는 자신의 의지와 상관없이 강제에 의해 복속의 길로 들어서 〔칭기스 칸의〕 예속민과 병사와 백성이 되었다.

차라카 링쿰과 차우진의 지파에 대해서도 이 紀에서 그들의 정황에 관해 설명할 필요가 있는 정도만 이야기하도록 하겠는데, 그것은 그들 각각에 대해 따로 별도의 紀를 두지 않아도 되도록 하기 위함이다. 그들의 지파를 보여 주는 계보도 또한 이 紀에서 보여 주려고 한다.

차라카 링쿰의 지파에 관한 이야기는 다음과 같다.

그에게는 몇 명의 아들이 있었는데, 큰아들이 그의 후계자가 되었다. 그의 이름은 소르카두쿠 치나(Sôrqadûkû Chîna)[10]였고, 툼비나 칸의 '同輩'(qa'dûd)[11]였다. 그에게는 함바카이 카안(Hambaqâî Qân)이라는 아들이 하나 있었는데, 〔함바카이는〕 한동안 군주의 지위에 있었고 카불 칸의 동배였다. 그에 관한 이야기는 널리 알려져 있어 유명하다. 한번은 타타르 종족이 갑자기 그를 붙잡아 키타이의 알탄 칸에게로 보냈는데, 〔알탄 칸은〕 그들을 극도로 증오했기 때문에 그를 나무 나귀에 쇠못을 박아서 죽였다. 함바카이 카안의 아들은 카단 타이시(Qadân Tâîshî)였다. 그는 바르탄 바하두르의 동배였고, 그의 아들은 토다(Tôdâ')였다.

그런데 그가 타타르 종족에게 붙잡힌 까닭은 다음과 같다.[12]

〔함바카이 칸은〕 티무르 유르키(Tîmûr Yûrkî)라는 셋째 아들에게 차간 타타르[13] 종족의 수령인 카이르쿠트 부이루쿠트(Qâîrqût Bûîrûqût)의 딸

---

10) 『부족지』(p.308)에는 Sôrqadû Chîna로 표기되어 있다.

11) 아랍어 qa'ada(앉다)를 어근으로 하는 단어. 계보상으로 동일한 行列에 속하는 사람들을 가리킨다.

12) 이 문장부터 시작되는 네 문단은 A본에만 보인다. 기존의 다른 인쇄본·번역본에서는 이 부분이 제외되었고, 다만 노역본에서만 번역되었다.

을 부인으로 삼아 주었다. 그런데 얼마 지나서 그는 그 딸을 데리고 오고, 또 가축을 가지러 가자고 마음먹으면서 자기 일족에게 연락을 하여 자기와 함께 가축을 가지러 가자고 제의했다. 그는 카불 칸의 여섯째 아들인 토단 옷치긴(Tôdân Ôtchigîn)—이수게이 바하두르의 숙부이자 함바카이 카안의 사촌—을 불러서 함께 갔다. 토단 옷치긴의 시종 가운데 키타이 키얀(Khîtâî Qîân)이라는 총명한 사람이 있었다. 그가 그들과 상의하고 있는데, 갑자기 함바카이 카안의 붉은 색[14] 말이 쓰러져 죽었다. 키타이 키얀이 토단 옷치긴에게 말하기를, "이 말이 쓰러져 죽은 것은 〔하늘이〕 호의를 베풀어 〔경고하기 위해〕 나타낸 징조라고 생각합니다. 〔말을 뺏으러〕 가지 않는 것이 좋겠습니다"라고 했다. 〔토단은〕 함바카이 카안에게 말했지만, 이에 귀기울이지 않아서 〔모두들〕 출발했다. 그 다음날 밤 바바트 도콜라트(Bâbât[15] Dôqolât) 종족이 있는 곳에 도착했다. 그들은 수척한[16] 양을 잡아 죽인 뒤 삶으려고 했는데, 갑자기 가마솥이 깨져 버렸다. 키타이 키얀은 다시 한번 똑같은 말을 토단 옷치긴에게 하면서, 함바카이 카안에게도 이야기하라고 했다. 〔토단이〕 그에게 말해 주자 함바카이 카안은 듣지 않고 "왜 매일 이렇게 불길한 징조를 갖고 기분 나쁜 말만 하느냐?"고 말하면서 출발해 버렸다.

그들은 타타르 종족이 있는 곳에 이르러 어떤 집에 머물며, 연회(ṭôî)를 흠뻑 즐겼다. 그 부근에 있던 한 종족의 수령인 뭉케 자우우트 쿠리

---

13) 차간 타타르는 타타르부를 구성했던 여러 지파 가운데 하나이다.

14) 원문은 jîrde. 이는 몽골어 jegerde/je'erde를 옮긴 말로 'red, chestnut'을 뜻한다.

15) 원문의 표점이 불명확하나(?ABAT), 아래에서는 BABAT로 분명히 표기되어 있다. 그러나 '바바트'라는 종족명은 다른 어디에서도 찾아볼 수 없고, 露譯本에서 이를 '바야우트'로 이해한 것도 그 때문인 듯하다. 역자의 추측으로는 바바트가 도콜라드 종족의 한 지파의 명칭일 가능성이 높다.

16) 원문은 ARK. 아마 투르크어의 aruq를 옮긴 것이 아닌가 추측된다. Clauson에 따르면 aruq는 "수척한, 식량이 없어 기진한" 등의 뜻을 갖고 있고(*An Etymological Dictionary of pre-Thirteenth-Century Turkish*, Oxford: Clarendon Press, 1972, p.214), 露譯本은 이를 頭瘦羊이라 옮겼다.

(Mônkâ Jâûût Qûrî)[17]라는 사람이 토단 옷치긴을 초청하여 열흘 동안 연회를 베풀어 주었다. 열흘째 되던 날 한낮에 타타르 종족의 수령이 보낸 사신이 연회장에 도착하여 뭉케 자우우트 쿠리의 귀에 대고 몇 마디를 속삭이고는 밖으로 나갔다. 키타이 키얀이 낌새를 알아차리고 울면서 토단 옷치긴에게 말하기를, "우리 집에 가축 떼나 음식이 없었습니까? 무엇 때문에 여기 왔습니까? 이제 곧 당신의 생명도 끝장났습니다"라고 했다. [그가 이렇게 말한 것은] 사신이 와서 "우리는 함바카이 카안을 잡았으니 당신네들도 토단 옷치긴을 잡으시오. [그러니] 군대를 출동시켜야 하오"라는 전갈을 했고, 사신이 바로 그 일로 이곳에 왔다는 사실을 눈치챘기 때문이다. 토단 옷치긴은 어떻게 할지 곰곰이 생각했다.

바로 그때 몇 명의 아미르들이 천막 문 앞에 와서 뭉케 자우우트 쿠리에게 말하기를, "그런 일을 한다면 좋지 못한 영향이 미칠 것입니다. 우리 자식들에게 적을 만드는 것은 비단 옷치긴 한 사람에게만 그치지 않습니다. 그의 종족은 매우 많으니, 양쪽에 분쟁과 반목이 끊이지 않을 것입니다. 차간 타타르의 아미르들은 자기 종족[의 일]을 알아서 할 것이니, 우리는 이 토단을 괴롭히지 말고 돌려보냅시다"라고 했다. 이 말을 듣고 뭉케 자우우트 쿠리는 수긍하면서 토단을 그가 머물던 천막에서 불러냈다. [토단은] 키타이[18] 키얀의 말에 겁을 먹고, 경계심이 생겨 소매 안에 칼을 넣어 두었다. 그곳에 도착하자 뭉케 자우우트 쿠리는 "사돈(qûda) 토단이여! 즉시 돌아가시오. 나중에 안전해지면 가축은 내가 갖고 가리다"라고 말했다. [뭉케는] 그를 말에 앉히고 소리쳐 말하기를, "돌아가면서 딴전 피우지 말고 신속히 가시오. 가장 좋은 방법은 당신이

---

17) '자우우트 쿠리'는 아마 百人長(ja'ud quri)을 뜻하는 칭호일 것이다. 『秘史』 134절에 보이듯이 칭기스 칸도 일찍이 金國을 도와 타타르를 격파한 뒤 이 칭호를 받은 바 있다.

18) 원문은 XYTATAY.

몸에 지닌 것이 있다면 무엇이든 적에게 던져 주는 것이오!"라고 충고하고 돌려보냈다. 그리고는 앞서서 토단 옷치긴을 부르러 보냈던 두 명의 누케르를 멈춰 세운 뒤, "어제 사자가 와서 말하기를 '함바카이 카안을 우리가 잡았소. 〔50v〕 당신도 토단 옷치긴을 잡으시오!' 라고 했는데, ……[19]가 이를 만류했소. 지금은 말〔馬〕을 아깝게 생각하지 말고 전력을 다해 질주해서 목숨을 구하도록 하시오!"라고 말했다.

그들은 정오부터 시작해서 한밤중이 될 때까지, 또 밤의 반이 지나갈 때까지 계속 말을 달려 바바트 도콜라트 종족이 있는 곳에 이르니, 그들은 "함바카이 카안과 토단 옷치긴을 잡았다고 하는데, 이것이 어찌된 일인가?"라고 물었다. 토단이 대답해 말하기를, "만일 그랬다면 어떻게 이곳에 올 수 있었겠는가?"라고 했다. 그 뒤 그는 자기 말들을 남겨 둔 채 그들의 말로 갈아타고 질주하여 자기 집에 무사히 도착했다. 벌써 출병했던 타타르 군대는 이 사실을 알고, 도콜라트 종족이 자기네 말들을 옷치긴에게 주어 도망치게 했다면서, 이를 빌미로 그들을 죽이고 약탈했다. 타타르 종족은 함바카이 카안을 '수세'(Sûse)[20] 황제에게로 보내 그를 처형하도록 했다. 이 소식이 토단 옷치긴과 그의 일족들에게 전해지자 모두 모여 '수세'에게 원수를 갚기로 결의했다. 쿠툴라[21] 카안이 출병하여 키타이 사람들을 격파했는데, 이 이야기는 적절한 곳에서 자세히 서술할 것이니, 이제 원래의 주제로 돌아가도록 하자.

---

19) 原缺.

20) 『秘史』 273절에는 우구데이가 "알탄 칸을 주살하고 Se'üse라는 이름을 주었다"는 기사가 있고, Se'üse에는 '小厮'라는 방역이 붙어 있다. 아마 이는 金 哀宗의 諱인 守緖의 音과 비슷하면서 '하인'이라는 뜻을 지닌 卑稱으로 보인다. Igor de Rachewiltz, "The Secret History of the Mongols", *Papers on Far Eastern History*, no. 31(1985), p.66; 유원수, 『몽골비사』, p.249; 小澤重男, 『元朝秘史全釋續攷』(東京: 風間書房, 1987~1989) 下, p.470.

21) 원문은 QWTYLAY.

이 토다는 칭기스 칸의 시대에 살았으며, 바로 타이치우트의 수령들 가운데 한 사람이었다. 그러나 칭기스 칸 시대에 그들의 군주는 아달 칸의 아들인 타르쿠타이 키릴툭(Târqûtâî[22] Qîrîltûq)이었다. 그들은 토다의 사촌들이었다. 그 시대에 역시 그의 사촌이며 타이치우트의 수령이었던 사람들 가운데 쿠릴 바하두르(Qûrîl Bahâdur), 앙쿠 후쿠추(Angqû Hûqûchû)[23] 등이 있었다.

차라카 링쿰에게는 또 다른 아들이 있었다. 그는 자기 형인 바이 싱코르가 죽자 그 부인을 '옝게'(yenge)[24]로 취했다. 그녀에게서 두 아들이 태어났는데, 한 아들의 이름은 겐두 치나(Gendû Chîna)이고 또 다른 아들의 이름은 울렉친 치나(Ûlekchîn Chîna)였다. 이로 말미암아 그의 후손들에게서 두 개의 상이한 종족이 갈라져 나왔는데, 바로 이 두 아들에게서 나온 것이며, 그들을 치나스(Chînas) 종족이라 부른다. '치나스'란 '치나'의 복수형이며, 겐두 치나의 뜻은 수늑대이고 울렉친 치나는 암늑대이다. 그들은 칭기스 칸과 연합했었다.

치나스 종족을 '네쿠즈'라고도 부르는데, 이 종족은 오래된 네쿠즈와는 다른 것이다. 이름[이 같다는 것]을 제외하고는 아무런 공통성도 혈연 관계도 없다. 이수게이 바하두르의 시대에 이를 때까지 타이치우트 종족은 그[=이수게이]와 그의 조상들에게 복속했으나, 그가 죽자 반목과 적개심을 드러냈고, 치나스 종족은 칭기스 칸의 편을 들었다. 카이두

---

22) A: TARQWDAY; T: TARQWTAY.

23) A·T·L2·P본 모두 Âjû wa Hûqûchû로 되어 있어 '아주와 후쿠추' 두 사람으로 읽어야 마땅할 것이나, A본 51r 및 『부족지』(p.312)에는 쿠릴 바하두르의 동생 '앙쿠 후쿠추'라는 한 인물이 나오기 때문에, 여기서는 그것에 따라 고쳐서 옮겼다.

24) YNKH. Clauson(*Etymological Dictionary*, p.950)에 따르면, yenge라는 투르크어는 'the wife of one's father's younger brother, or one's own elder brother; junior aunt-in-law, senior sister-in-law'라고 했는데, 이른바 收繼婚의 대상이 되는 여자를 총칭하는 말로 이해할 수 있다.

의 셋째 아들인 차우진은 여러 아이들을 가졌고, 그에게서 생겨난 지파들도 매우 많다. 아르티간과 시지우트는 그의 후손들에게서 생겨났다. 이 종족들은 타이치우트와 칭기스 칸이 대립할 때 그와 연합했다. 그들에 관해서 알려진 이야기들은 그 종족의 지파에 관한 부분에서 언급했다. 이 종족들은 모두 니르운 집단에 속한다.

### 제2장 카이두 칸과 카툰의 초상과 그 자식들의 지파도

설명했던 바와 같이 카이두 칸에게는 세 아들, 즉 바이 싱코르, 차라카 링쿰, 차우진이 있었다. 칭기스 칸의 조상들의 계보는 바이 싱코르에게로 연결되기 때문에, 그에 관해서는 그의 紀에서 별도로 설명하도록 하겠다. 카이두 칸과 그의 카툰의 초상, 그리고 세 아들과 손자들의 지파를 보여 주는 표—뒤에서 따로 설명할 바이 싱코르의 자식들을 제외하고—〔는 다음과 같다〕. 카이두 칸의 아들인 차라카 링쿰의 아들·손자들 및 타이치우트 종족 가운데에는 아미르들이 대단히 많았는데, 일부는 칭기스 칸의 시대 이전에 또 더러는 그의 시대에 그와 불화했었다. 그들의 이름은 갖가지 서책에 기록된 이야기 속에 나오고, 이는 우리의 사서에도 기록한 바이며 모두 적절한 곳에서 나올 것이다. 그러나 그 아들들이 누구인지 이미 확인되었기 때문에, 순서에 따라 계보를 그리고 다음과 같이 그들의 이름을 자세히 적어 타이치우트의 수령이 누구인지를 알게 했다. 〔51r〕

○ 주치(Jôchî): 그는 휘하의 병사들과 함께 칭기스 칸과 연합했다.

○ 쿠릴 바하두르: 칭기스 칸의 시대에 있었다.

○ 카치운 베키(Qâchîûn Bîkî): 옹 칸과 연합했고, 칭기스 칸과 적대했다.

○ 우두르 바얀(Ûdûr Bâyân): 칭기스 칸의 시대에 있었다.

○ 바가치(Bağâchî): 칭기스 칸의 시대에 있었다.

○ 아달 칸(Adâl Khân): 칭기스 칸 이전 시대에 있었다. 그에게는 아들이 하나 있었는데 이름은 타르쿠타이[25] 키릴툭이었고, 칭기스 칸의 시대에 그와 적대하며 반란을 일으켰고 나쁜 사람이었다. '키릴툭'이라는 뜻은 '질투하는 자'(ḥasûd)일 것이다.[26] 그는 자기 친족들과도 심하게 반목했다.

○ 앙쿠 후쿠추: 칭기스 칸의 시대에 있었다.

○ 함바카이 카안: 이 함바카이 카안에게는 카단 타이시와 토다라는 두 아들이 있었다. 또 다른 전승에 따르면 그에게는 열 명의 아들이 있었는데, 그 이름은 알려져 있지 않다. 카단 타이시가 그의 자리를 계승했다. 함바카이에게 〔앞서 말한〕 그런 일이 일어났을 때, 그는 아직 군주〔의 직책〕을 수행할 수 없었다. 그의 사촌들이 연합하니 그가 군주〔의 직책〕을 수행할 가망이 없었던 것이다. 타이치우트인들 사이에서는 항상 반목이 일어나 군주나 수령이 나올 수 없었고, 그런 이유로 그들은 무너지고 말았다.

이 외에도 타이치우트에 속하는 다른 종족들에게 많은 아미르들이 있었으나, 지금까지 알려진 것과 여러 사본들에 기록되어 있는 것은 앞에서 설명한 이런 사람들뿐이다.

---

25) A: TARQWY. T본에 따랐다.

26) 『부족지』, pp.310~311의 주 참조.

## 카이두 칸과 카툰의 초상 및 그 자식들의 지파[27)]

**차라카 링쿰** **차우진 후쿠르** **바이 싱코르**

차라카 링쿰에 관해서 일부 사본들에는 그가 나친의 자식들 가운데 하나였다고 기록되어 있지만, 카이두 칸의 아들이었다는 것이 더 정확할 것이다. 그 까닭은 다음과 같다. 그들의 계보에 따르면 차라카는 자기의 형수(bîrîgân),[28)] 즉 바이 싱코르의 부인을 취하여 그녀에게서 두 아들을 두었는데, 하나는 겐두 치나이고 또 하나는 울렉친 치나였다. 바이 싱코르가 〔차라카 링쿰의〕 형이었음은 분명하다. 왜냐하면 〔차라카 링쿰이〕 나친의 아들이었다면 〔바이 싱코르는〕 그〔=나친〕의 조카가 되고, 바이 싱코르의 부인은 차라카의 질부가 되며, 몽골인들의 관습에 따른다면 그녀를 취할 수 없기 때문이다. 그렇기 때문에 〔차라카 링쿰은〕 카이두 칸의 아들이며, 그는 타이치우트에 속한 종족이라고 하는 것이 정확하다. 그런데 나친의 자식과 후손들도 또한 타이치우트이기 때문에 이 같은 사실이 모호해져 버린 것이다. 현재 차라카의 후손들만을 타이치우트라고 부를 필요는 없다. 왜냐하면 그들이 그 종족의 지도자이자 군주였기 때문에, 그들의 친족과 속민들 가운데 타이치우트와 함께 있으며 연합했던 사람들도 모두 타이치우트라고 부른다. 이것은 마치 오늘날 몽골과 섞여 그들의 특징을 취하고 그들과 연합해 있는 모든 종족에 대해, 비록 그들이 몽골이 아닌데도 몽골이라고 부르는 것과 같다.

어떤 사본에는 바이 싱코르〔와 차우진〕 후쿠르(Hûkûr)의 이름이 없고, 대신 툼비나 칸이 카이두의 아들이라고 되어 있다. 그러나 또 다른 옛 사본들에서 바이 싱코르와 차우진 후쿠르가 카이두의 아들이며 툼비나 칸은 바이 싱코르의 아들이라고 한 것을 보았는데, 이것이 더 정확하다. 따라서 여기서는 바이 싱코르를 기록해 넣었다.

**울렉친 치나** **겐두 치나** **소르카두쿠 치나**[29)]

**함바카이 카안**

**토다** **카단 타이시**

---

27) 이 지파도는 A본에만 실려 있다.

28) 몽골어 bergen.

29) A: SWRQWQTWKW CYNH.

## 【紀 六】

알[51v] 카이두 칸의 아들 바이 싱코르 紀
그와 그의 자식들의 정황 및 그들의 계보
두 장으로 구성

### 제1장 그와 그의 자식들의 정황에 관한 서언

바이 싱코르[1]는 칭기스 칸의 5대조이고, 몽골어로 5대조는 '부다우쿠우'(Bûdaûkûû)[2]라고 부른다. 툼비나 카안은 그의 아들이다. 반드시 다른 아들들이 있었겠지만 그들에 관한 설명은 전해지지 않으며, 사람들에게 알려져 있지 않다. 그의 자식들 가운데 알려진 유명한 사람이 툼비나 카안이다.

### 제2장 바이 싱코르와 그의 카툰의 초상 및 자식들의 지파도

[바이 싱코르]

이 바이 싱코르에게는 또 다른 자식들이 있었을 것이다.
그러나 칭기스 칸의 지파는 툼비나 카안에게로 올라간다.

툼비나 칸[3]

일부 전승에 따르면 툼비나 칸은 칭기스 칸의 '부다투', 즉 4대조이다.

1) 『元史』의 拜姓忽兒.
2) A: BWDH AWKWWW; T: BWDH AWKWWKW; L2: NWDH AWKWW; P: BWDH AWKWR. 다른 자료에서 확인되지 않는 어휘이며, 여기서는 A본에 따라 音寫했다.
3) T본에서는 '툼비나 카안'이라고 했다.

## 【紀 七】

툼비나 칸 紀의 시작

주님의 은총과 창조주의 자비가 종들 가운데 한 사람에게 운명적으로 주어지면, 그가 하는 조그만 일도 창성하고 〔52r〕 그의 상태는 다른 사람들에 비해 천 배나 더 나아질 것이다. 그분의 도움으로 그는 순간마다 무의 은신처에서 존재의 광야로 나오고, 그의 연결된 계보는 정연한 모습을 갖춘다. 그것은 마치 뽕나무의 씨앗과 양귀비의 씨앗과도 같아서 비록 그 크기와 모양과 무게가 비슷할지라도, 양귀비의 씨앗은 자라나면 그 가지가 연약하여 한 철 이상 살지 못하지만, 뽕나무의 씨앗은 한 나무의 근원이 되어 백 개 천 개의 가지와 열매가 거기에서 자라나 크고 아름다운 나무로 성장하는 법이다. 그 뿌리는 튼튼하고 곧바르며 그 줄기는 드높다. 여러 해 동안 생존하면서 거기에서 사람들이 탐내는 열매도 열리니, 비록 가지는 많아도 열매가 달리지 않아 별다른 효용이 없는 다른 나무들과는 대조적이다.

이와 마찬가지로 지고한 신께서 한 종에게 은총을 내려 주시면, 그의 인생의 페이지에 그 같은 징표를 나타내시고 그에게 기품 있는 자식들을 은사해 주신다. 그리고 그 은총이 극에 달하면 그의 자식들은 능력 있고 탁월한 지도자가 될 것이다. 그들은 동시대 사람들 사이에서 종족들의 지도자가 되고, 그의 후손들은 천계에 빛나는 별자리가 되며, 유명한 후손들 덕택에 그와 그의 수많은 후손들의 이름이 영원히 남을 것이다. 툼비나 카안[1]의 경우가 바로 그러해서 그의 찬란한 후손들 가운데 영광스런 칸들과 위엄 있는 군주들이 출현했고, 그들은 모두 행운의 천공에

1) 여기서는 Qân이라고 표기했다.

있는 태양이요 축복의 원 안에 있는 중심점이었다. 그들에 관한 이야기는 축복받은 이슬람의 군주이자 그 가문의 하늘의 태양이요 그 일족들의 등불인 술탄 마흐무드 가잔 칸—신께서 그의 제위를 영원케 하시기를!—을 통해서 영원토록 남을 것이다. 지고한 신께서 뜻하신다면!

## 툼비나 칸 紀

— 두 장으로 구성

### 제1장 그와 그의 자식들의 정황에 관한 서언, 그들의 계보와 지파에 관한 이야기

툼비나 칸[2]은 칭기스 칸의 4대조이며, 그것을 몽골어로는 '부다투'(Bûdâtû)[3]라고 부른다. 아홉 명의 총명하고 용감한 아들을 두었는데, 그 각각에서 이름난 종족과 지파가 생겨 나왔다. 그래서 오늘날 그 종족민의 숫자는 2~3만 호이고, 남녀의 숫자를 헤아리면 10만 명에 이를 것이다. 이것에 대해 황당하고 모순이라고 여겨서는 안 되는데, 그 이유는 이러하다.

몽골인들은 예부터 자신의 근원과 계보를 간직하는 관습을 지녀 왔다. 다른 민족들처럼 아이들이 태어나면 그들에게 가르침을 줄 교파나 종교 같은 것이 없었기 때문에, 부모는 아이들에게 종족과 계보를 가르쳐 주었다. 그들은 이러한 관습을 항상 지켜 왔고, 오늘날에도 여전히 이 관습은 마치 아랍인들에게서 그러하듯이 그들에게는 중요한 것이다. 따라서 이 9개의 지파가 각각 어떠한 이름과 칭호를 취했는지 잘 알려져

---

2) 『元史』의 敦必乃.

3) A·T: BWDATW. 다른 자료에서 확인되지 않는 어휘. A본 63v에서는 BWDWTW로 표기했다.

있으며, 현재도 그 자식과 손자들은 그러한 이름으로 불린다. 이 아홉 명의 아들 가운데 위로 다섯 명은 한 어머니에게서 태어났고, 네 명은 또 다른 한 어머니에게서 태어났다. 각 지파에 속하는 이 아들과 손자들의 이름은 다음에서 상술하는 바와 같다.[4]

한 어머니에게서 태어난 위의 〔다섯〕 아들 〔52v〕

○ 첫째 아들: 차크수(Châqsû). 그를 '박시'(bakhshî)[5]라고도 불렀으며, 노야킨 종족과 우루우트·망쿠트 종족이 그의 후손이다. 그에게 아들들이 있었다. 후계자가 된 그의 큰아들은 부룩(Bûrûq)이었고, 그의 큰아들은 주치네(Jôchine),[6] 그의 아들은 메르키타이(Merkitay),[7] 그의 큰아들은 후케 베키(Hûkâ Bîkî)였으며 칭기스 칸 아들들의 동배였다.

○ 둘째 아들: 바림 시라투카 바이주(Bârîm Shîratûqâ[8] Baijû)이며, ……[9] 종족이 그의 후손이다. 그에게 아들이 하나 있었는데 이름은 우룸(Ûrûm)이었고, 그도 또한 자단차르(Jâdanchar)라는 이름을 가진 아들을 하나 두었다. 자단차르의 큰아들은 바이주(Bâîjû)이고,[10] 그의 아들 시바이(Shîbâî)는 칭기스 칸 아들들의 동배였다.

○ 셋째 아들: 카출리(Qâchûlî)이며, 바룰라스 종족이 그의 후손이다.

---

4) 『元史』 권107에는 敦必乃에게 葛朮虎, 葛忽剌急哩担, 合産, 哈剌歹, 葛赤渾, 葛不律寒 등 여섯 명의 아들이 기록되어 있다. 이 가운데에서 다섯 번째 葛赤渾(Qachi'un)과 여섯 번째 葛不律寒(Qabul Khan)만 『集史』에서 확인된다.

5) 한자어 '博士'에서 기원한 말로, 『華夷譯語』에서 baqshi는 '師傅'의 뜻으로 새겨졌다.

6) A: JWJH; T: JWJYH. 뒤에 나오는 표기에 따라 '주치네'로 바꾸었다.

7) A본에는 메르키타이가 빠져 있으나 T본에 의거하여 삽입했다.

8) T: ŠYRBWQA.

9) 原缺.

10) A본에는 '자단차르 바이주'를 마치 한 사람의 이름인 것처럼 기록했으나, 여기서는 T본에 의거해서 번역했다.

그의 큰아들은 우르뎀추 바룰라(Ûrdemchû[11] Barûla)였고, 그의 큰아들은 토단(Tôdan)이었으며,[12] 그의 큰아들은 주치에(Jûchîe), 그의 큰아들은 불루칸 칼라치(Bûlûqân Khalach)였고 칭기스 칸 아들들의 동배였다.

○ 넷째 아들: 셈 카치운(Sem Qâchîûn)이며, 하다르킨 종족이 그의 후손이다. 그의 아들은 아다르 메르겐(Adâr Mergân)이었고, 그의 큰아들 이름은 나우쿤(Nâûqûn), 나우쿤의 아들은 후쿠(Hûqû), 그의 큰아들은 보르추(Bôrchû)이며 칭기스 칸 아들들의 동배였다.

○ 다섯째 아들: 바트 켈게이(Bât Kelgeî)이며, 부다트 종족이 그의 후손이다. 그의 큰아들은 쿨겐 메르겐(Kôlgân Mergân)이고, 그의 큰아들은 타르쿠타이(Târqûtâî), 타르쿠타이[13]의 큰아들은 코리다이(Qôrîdâî)〔, 그의 아들은〕 지르키다이(Jîrqîdâî)였으며, 칭기스 칸 아들들의 동배였다.

다른 한 어머니에게서 태어난 〔네〕 아들

○ 여섯째 아들: 카불 칸(Qabul Khân)이며, 칭기스 칸의 계보는 그에게로 올라간다. 그에게서 다른 몇 개의 지파가 갈라져 나왔으니, 그 각각에 대한 설명은 뒤에서 나올 것이기 때문에 여기서는 길게 설명하지 않겠다.

○ 일곱째 아들: 우두르 바얀(Ûdûr Bâyân)이며, ……[14] 종족이 그에게서 나왔다.

○ 여덟째 아들: 부울자르 도콜란(Bûûljâr Dôqolân)이며, 도콜라트

---

11) T: AWARDMJW.

12) 토단의 이름은 A본에는 빠져 있으나 T본에 의거해서 삽입했다.

13) T: TWQWTAY.

14) 原缺. 『부족지』(p.328)에 따르면 툼비나 카안의 일곱째 아들인 Durbâyân의 후손들이 주리야트 종족이 되었다고 한다. Durbâyân이 곧 여기의 Ûdûr Bâyân과 동일인인 것은 분명하다.

(Dôqolât) 종족이 모두 그의 후손이다.

○ 아홉째 아들: 키타타이(Khîtâtâî)이며, 그를 주치 나쿠(Jôchî Nâqû)라고도 부른다. 베수트 종족이 그의 후손이다. 그는 옷치긴(ôtchigîn)이었는데, '옷치긴'은 막내아들이라는 뜻이다.

상술한 이 아들들에게는 수많은 형제와 조카가 있었으며, 종족도 많아졌다. 모두 다 용맹하고 중요한 인물이었으나 큰아들로서 후계자가 된 사람들의 이름만 기재되었고, 그 밖에 다른 사람들은 알려져 있지 않다. 툼비나 칸의 큰 손자들은 각자 자기 아버지의 후계자가 되었다. 그 때문에 그들에 관한 기록이 남아서 그들 가운데 누가 카불 칸의 어떤 아들·손자의 동배였는지, 그의 다섯째 세대, 즉 칭기스 칸 아들들의 세대에 이를 때까지 알려져 있다. 그래서 쉽게 이해할 수 있도록 그들의 이름을 자세하게 다음과 같이 표로 만들었다.

| **카불 칸** | **바르탄 바하두르** | **이수게이 바하두르** | **칭기스 칸** | **칭기스 칸의 아들들**[15] |
|---|---|---|---|---|
| 차크수 → | 부룩[16] → | 주치네 → | 메르키타이 → | 후케 베키 |
| 바림 시라투카 바이주 → | 우룸 → | 자단차르 → | 바이주 → | 시바이 |
| 카출리 → | 우르뎀추 바룰라 → | 토단[17] → | 주치에 → | 불루칸 칼라치 |
| 셈 카치운 → | 아다르 메르겐 → | 나우쿤 → | 후쿠 → | 보르추[18] |
| 바트 켈게이 → | 쿨겐 메르겐 → | 타르쿠타이 → | 코리다이 → | 지르키다이 |
| 우두르 바얀 | | | | |
| 부울자르 도콜란 | | | | |
| 키타타이 | | | | |

15) 괄호 안의 이름은 칭기스 칸 가문과의 同輩 관계를 보여 주기 위한 것이며, 원문에 기록된 대로이다.

16) A: BWZWN; T: BWRWN.

17) A: TWDAN.

18) A·T: BWRAJW.

상술한 종족과 지파들은 모두 칭기스 칸의 예속민이 되었고, 오늘날까지 예속민의 지위에 머물러 있다. 그들 가운데 일부는 훌륭한 노고를 바쳤다. 또 다른 일부는 그의 적과 한편이 되었지만, 결국 그 대가를 치러 대부분은 죽음을 당했고 살아남은 사람들은 예속민의 무리에 속했다. 이에 관해서는 「칭기스 칸 紀」에서 설명할 것이고, 그들 가운데 일부에 대한 이야기는 이미 각 지파에서 언급했으니 더 알고자 한다면 그곳을 읽어 보아야 할 것이다.

## 〔53r〕 제2장 툼비나 칸과 그의 카툰의 초상 및 그의 자식들의 지파도

앞 장에서 말했듯이 툼비나 칸에게는 아홉 명의 아들이 있었고, 그들의 이름에 대해서는 자세하게 설명했다. 칭기스 칸의 선조인 카불 칸의 자식들—그들에 관해서는 별도의 紀를 둘 것이다—을 제외하고, 현재 그들과 그들의 자식들의 지파는 다음과 같은 모양이다.

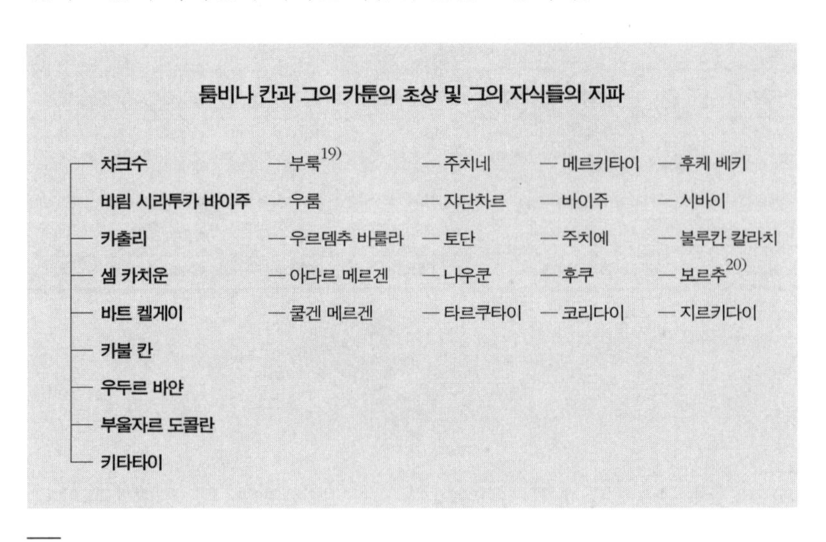


---

19) A·T: BWRWN.

20) A·T: BWRAJW.

# 【紀 八】

〔53v〕 툼비나 칸의 아들 카불 칸 紀
두 장으로 구성

## 제1장 그와 그의 자식들 및 그들의 지파에 관한 서언

카불 칸은 칭기스 칸의 증조부이며, 몽골인들은 증조부를 '엘린칙'(elînchîk)[1]이라고 부른다. 그에게서 수많은 부족과 지파가 생겨나 갈라졌으며, 그의 자식과 손자들을 '키야트'(Qîyât)라고 부른다.

그의 큰아들은 오킨 바르칵(Ôkîn Barqâq)[2]이었다. '오킨'[3]은 '딸'이라는 뜻인데, 그의 얼굴이 매우 아름답고 깨끗해서 그의 용모를 본 사람들은 놀라움을 금치 못했기 때문이다. 그의 얼굴은 크고 넓고 아주 둥글었으며, 완전히 턱이 두 개였다. 그래서 그를 오킨 바르칵이라고 불렀다. 그는 젊어서 죽었고, 아들이 하나 있었는데 이름은 소르칵투 유르키(Sôrqâqtû Yûrkî)였다. 그의 아들이 세체 베키(Seche Bîkî)였다. 키야트 유르킨 〔종족〕 전체가 그의 후손이다. 그들이 칭기스 칸을 적대시한 이야기는 적절한 곳에서 서술할 것이다.

타타르 종족들은 키타이 군주, 즉 알탄 칸에게 복속한 예속민이었기 때문에, 카불 칸은 그의 사신들을 죽였고 그래서 그들 사이에는 깊은 반목이 생겼다. 카불 칸의 자식들도 타타르 종족과 반목하며 전투를 벌였는데, 그 이유에 대해서는 뒤에서 설명할 것이다. 이 때문에 그들은 항상 매복하며 기회를 엿보았는데, 갑자기 그런 기회가 찾아와서 오킨 바르칵을 붙잡아 알탄 칸에게로 보냈고, 그는 나무로 된 나귀에 못박혀 죽음

---

1) 『華夷譯語』에도 曾祖를 額鄰觸克(elincheg)이라고 했다.

2) 『元史』 권107의 窠斤八剌哈哈.

3) 몽골어의 ökin. '딸, 여자아이'를 의미.

을 당했다.

둘째 아들은 바르탄 바하두르(Bartân Bahâdur)[4]였고, 칭기스 칸의 조부였다. 그의 자식들의 지파와 정황에 관한 이야기는 뒤이은 별도의 紀에서 나올 것이다.

셋째 아들은 쿠툭투 뭉케(Qûtûqtû Mônkû)였는데, 그에게서 많은 종족들이 나왔다. 아들이 하나 있었는데 이름은 타이추(Tâîchû)였고, 키야트의 일부는 그의 후손들이다.

넷째 아들은 카단[5] 바하두르(Qadân Bahâdur)[6]였고, 많은 종족들과 아미르들이 그에게서 나왔으며, 그들에 관한 이야기는 〔매우 많다.

다섯째 아들은 쿠툴라 카안(Qûtûla Qân)[7]이었다. 그에게는 형제들이 있었지만, 아버지가 죽은 뒤 그가 군주가 되었고, 그에 관한 이야기는 길다.〕[8] 그는 비록 처음에는 칭기스 칸과 연합했지만 그 뒤 옹 칸과 한편이 되었다. 이 이야기는 칭기스 칸 紀의 적절한 곳에서 나올 것이다. 그의 큰아들이 후계자가 되었는데, 이름은 주치 칸(Jôchî Khân)이었다. 자기 휘하의 천 호와 함께 칭기스 칸과 연합하여 그의 군대에 포함되었다. 또 다른 아들이 있었는데, 이름은 알탄(Altân)이었다. 초기에는 칭기스 칸과 연합했지만, 후에 칭기스 칸과 타타르 종족이 전투를 벌일 때 전리품에 정신을 팔지 않기로 결의했는데도 그는 약속을 지키지 않아 칭기스 칸이 그에게서 전리품을 회수했다. 그런 까닭으로 그는 화가 나서 옹 칸

---

4) 『元史』 권107의 八里丹.

5) A본에는 Qadân 중간에 있는 alif가 장모음 표시가 있는 alif madda로 표기되어 '카다안'이라는 발음을 표시하고 있다. 『秘史』에도 그의 이름은 Qada'an으로 표기되었다. 그러나 여기서는 『부족지』의 용례에 따라 '카단'으로 통일했다.

6) 『元史』 권107의 合丹八都兒.

7) 『元史』 권107의 忽都剌罕.

8) A본 결락. T·L2·P 사본에 의거해서 보충.

에게로 가버렸고, 결국 칭기스 칸의 군대에 의해 죽음을 당했다.

여섯째 아들은 토단 옷치긴(Tôdân Ôtchigîn)[9]이었다.

카불 칸과 그의 카툰 및 그들의 자식들의 지파를 보여 주는 표는 다음과 같다.[10] 신께서 가장 잘 아신다!

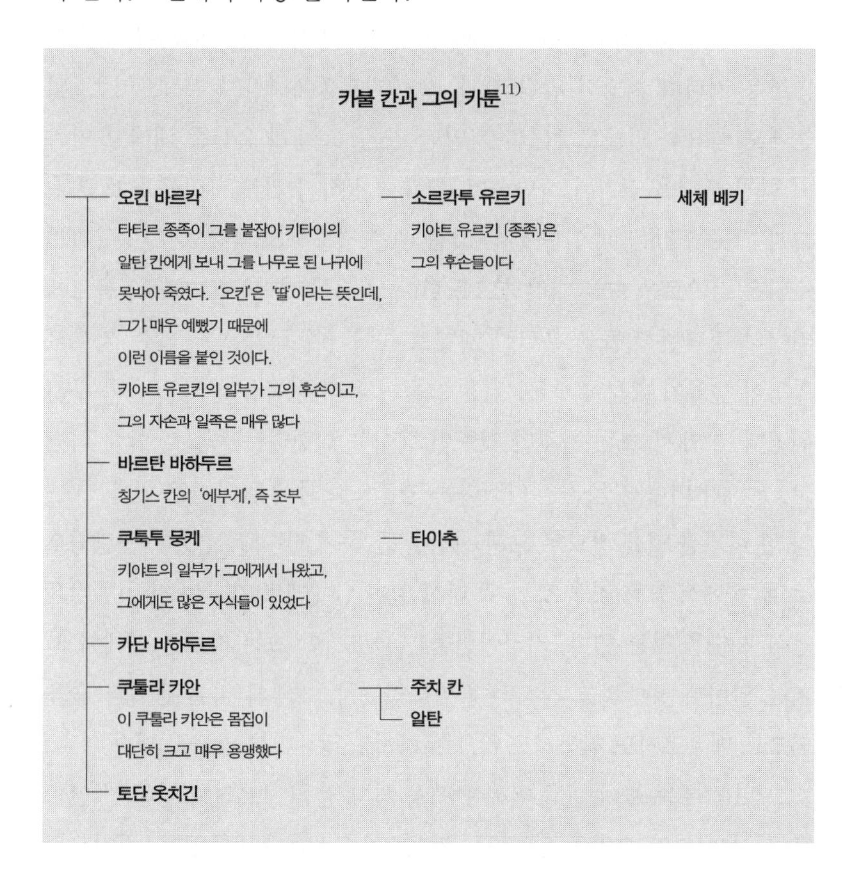


9) 『元史』 권107의 掇端斡赤斤. 이상 여섯 명의 아들들 가운데 『元史』 권107에서 확인할 수 있는 인물은 네 명이고, 그 밖에 忽都魯咩聶兒와 忽蘭八都兒에 대응되는 인물은 없다.

10) A본에는 표가 제시되지 않았다.

11) 이 표는 T본에만 보인다.

**〔54r〕 제2장 카불 칸과 그의 자식들 및 그들이 벌였던 전투와 관련하여 알려진 부분에 대한 일화들**

카불 칸에 관해서는 일화들이 무척 많다. 그의 명성은 몽골 종족들 사이에서 매우 높았고, 자기 휘하에 있던 종족과 추종자들의 지도자요 군주였다. 그와 그의 자식들은 모두 매우 용맹하고 유능했기 때문에, 그들의 명성은 키타이 지방의 알탄 칸과 그 아미르들에게까지 미쳤으며, 그의 눈에도 중요한 인물로 비쳤다. 〔알탄 칸은〕 그에게 은사를 내리고 양측이 화친의 길을 열기를 희망하여, 그를 초청하기 위해 사신들을 보냈다. 그가 그곳에 갔을 때 알탄 칸은 그를 매우 정중하게 맞았고, 진수성찬과 수많은 감미로운 술을 대접하도록 했다. 키타이 사람들은 기만과 음모에 뛰어나 강력한 적들을 은밀한 계교로 죽이거나 독약을 타 넣는 것으로 악명이 높았기 때문에, 카불 칸은 그들이 음식에 독을 넣지 않을까 두려워했다. 그래서 그는 기회만 있으면 휴식을 취한다는 구실로 밖에 나갔고, 날씨가 더우면 몸을 식히겠다는 명분으로 물에 들어가곤 했다. 그는 양 한 마리를 먹을 정도로 오랜 시간을 물 속에 잠수해 있었고, 습관적으로 물 속에서 모든 것을 토한 뒤 다시 알탄 칸에게로 가서는 전처럼 많은 음식과 술을 먹곤 했다. 키타이인들은 놀랐지만 그는 지고한 신께서 자기를 얼마나 용맹하고 강건하게 만들었는지, 그렇게 많은 음식과 술을 먹고도 배부르지도 취하지도 않고 토하지도 않는다고 말하곤 했다.

그 뒤 하루는 술이 잔뜩 취해 손뼉을 치고 발을 구르면서 알탄 칸 앞으로 가서는 그의 수염을 잡는 등 〔칸을〕 곤혹스럽게 만들었다. 아미르들과 친위병들(kezîktân)은 그가 그같이 술에 취해 겁없이 행동하는 것을 보고는, "우리 군주에게 어떻게 이러한 수모를 줄 수 있는가?"라고 하면서 카불 칸을 없애려고 마음먹었다. 그는 알탄 칸이 기뻐하며 웃는 것을 보고 그 앞으로 와서 이렇게 말했다. "내가 오만하고 대담하게 행동했으니, 칸께서 나에게 죄를 묻든 아니면 살려 두든 알아서 하십시오. 나로서는 어찌할 수 없는 처지이고, 이미 엎질러진 물이군요."

알탄 칸은 참을성 있고 현명한 군주였다. 그는 카불 칸에게 수많은 부족과 추종자들이 있다는 것을 알았고, 따라서 만일 그를 이렇게 사소한 일로 죽일 경우 후일 그의 형과 아우들이 적개심에 가득 차 복수하기 위해 들고 일어나 적대와 증오가 오랫동안 계속될 것임을 알았다. 그래서 그것〔=카불 칸의 행동〕을 장난과 익살로 여기고 분노를 삭인 채 그의 목숨을 살려 주었다. 그리고 그에게 하사할, 그의 키만큼 될 금과 보석과 의복을 창고에서 가져오도록 하여 모두 그에게 준 뒤, 최대한으로 그를 깍듯하게 대하여 돌려보냈다.

아미르들은 은밀히 알탄 칸에게 "그를 돌려보내고 그의 행동을 없던 일로 하는 것은 좋은 방책이 아닙니다"라고 말했다. 그리고는 즉시 그를 되돌려 오도록 뒤따라 사신을 파견했다. 카불 칸은 "우리와 그들 사이에 있었던 대화와 협의는 모두 끝났고, 나는 허락을 받고 떠났다. 그런데 이렇게 나를 찾는 것은 무슨 뜻인가!"라고 하면서 동의하지 않고 거칠게 대답하자, 사신들은 돌아가고 말았다. 알탄 칸은 다시 한번 사신을 보내 그에게 오라고 했다. 카불 칸은 출타중이었고, 카툰들이 사신들에게 "그는 아들들과 며느리들을 부르러 갔다"고 말하여 사신들은 돌아갔다. 그런데 도중에 그들은 카불 칸이 몇 명의 누케르들과 서둘러 가는 것을 알아보고는 붙잡아서 끌고 갔다. 그는 도중에 자신의 의형제인 살지우타이(Sâljîûtâî)의 집에 이르렀다. 그가 살지우타이에게 상황을 〔54v〕 알려주자, 살지우타이는 "너를 좋은 일로 부르는 것이 아니라 반드시 너를 죽이려는 것이다"라고 말했다. 그에게는 잘 달리는 회색 준마가 하나 있었는데, 그것을 카불 칸에게 주면서 "기회가 오면 그들이 너를 쫓아올 수 없도록 채찍을 휘둘러 떠나라!"고 말했다.

사신들은 밤에는 그의 발을 등자에 묶어 두었다. 하루는 그가 기회를 포착하여 고삐를 잡고는 말을 달려 도망쳤다. 그들은 그가 집에 다 갈 때까지 따라잡지 못했다. 사신들이 그의 뒤를 쫓아왔다. 코룰라스 종족에게서 데리고 온 마타이(Matay)라는 이름을 가진 며느리가 있었고, 그녀에게는 새로 단장한 천막이 하나 있었다. 그는 그것을 사신들을 위해서 쳐주고 그곳에 머물도록 했다. 그리고 난 뒤 아들들이 거기 없었기 때문에 며느리들과 종들에게 말하기를, "내가 너희를 데려오고 또 종들을 데리고 있는 까닭은 바로 이렇게 생명이 위험한 때를 위해서이다. 모두 나와 합심하여 사신을 죽이자! 만일 구실을 대어 〔못하겠다고 한다면〕 너희를 죽이겠다. 키타이인들이 나를 죽이려고 하니 나는 살지 못하겠지만, 너희들은 내가 먼저 없앨 것이다"라고 했다. 그러나 그들은 "함께 죽는 것은 좋은 일입니다"라고 대답했기 때문에, 모두 합심하여 그와 함께 사신들을 습격해서 죽였고, 이렇게 함으로써 그 상황에서 생명을 구하고 무사할 수 있었다. 카불 칸은 그 뒤 얼마 있다가 병이 들어 사망했다.

### 그의 아들들에 관한 일화

그들은 어찌나 용맹하고 대담했는지, 어느 누구도 강력한 군대와 맞서 얼굴을 돌리지 않고 어떤 적도 힘으로는 그들과 대적할 수 없을 정도였다. 그들의 용맹함에 관한 일화는 무척 많다. 그들에 관한 일화 가운데 하나는 다음과 같다.

그들이 얼마나 용감했는지 적과 전투할 때는 〔자기네〕 누케르들과 떨어져 어느 한 지점에서 기다리다가, 그들의 누케르들을 쫓아온 사람들을 공격하여 무찌르고 그 재물을 노략하여 자기 집으로 가지고 가곤 했다. 그 대부분의 경우, 그들이 집에 도착하기 전까지 부인들은 하도 울어서 눈물도 남지 않을 정도였는데, 그것은 그들이 너무 용감하고 대담하여 위험에 빠지지 않을까 걱정했기 때문이다.

[12]그러나 그들의 사이가 벌어졌다. 바룰라스 종족 출신의 투카(Tûqâ)와 사이가 벌어졌고, 그 뒤에 카단 바하두르와 쿠툴라 카안이 각자 따로 자기 목지가 있는 코룰라스 지방으로 가버렸다. 〔당시〕 투룩 킬탕(Tûrûk Qiltâng)[13]과 부르탁 바하두르(Bûrtâq[14] Bahâdur)는 항상 바바트[15] 코룰라스 종족을 공격하여 승리를 거두곤 했는데, 그때 갑자기 그들〔=카단 바하두르와 쿠툴라 카안〕이 도착하여 싸움이 벌어지기 시작했다. 카단 바하두르가 암말을 타고 그들을 쫓기 시작하여 그들 가운데 한 사람을 거꾸러뜨리고 그의 말을 끌고 왔다. 그들은 이 광경을 보고 이렇게 말했다. "이들이 바야트 코룰라스 종족 출신이 아니라면 도대체 어떤 종족인데 이런 일을 할 수 있단 말인가? 그 부인들도 달려와 병사들과 맞서고, 양치기들도 머뭇거리지 않고 전투에 뛰어든다." 그는 사람들이 집합한 뒤에 군대를 정비하라고 지시했다. 병사들을 추격하여 달려온 한 부인에게 "이 사람들은 어떤 종족인가?" 하고 물어보자, "우리는 우글라트(Ûglât) 종족이다"라고 대답했다. 그들은 놀라면서 "우글라트가 도대체 어떤 종족이길래!"라고 말했다.

그 뒤 쿠툴라 카안과 카단 바하두르는 휘하에 있던 20명의 누케르들과 함께 창을 바로 들고는 적군을 향해 돌진했다. 적군들은 "이들이 도대체 누구인데 이렇게 용맹하게 달려오는가? 그들이 하는 것은 장난이 아니다"라고 서로에게 말했다. 그 가운데 일부는 "이들은 혼자서도 우리

---

12) T·L2본은 여기서부터 A본 55v 하단의 "일화. 여섯 명의 아들들이……"까지 부분이 보이지 않는다.

13) A: TWRWNG ?LTANG. 그러나 밑에서는 TWRWG QYLTANG으로 표기되고 있어 '투룩 킬탕'으로 옮긴다.

14) A: ?WRTAQ.

15) A: BAYAT. 앞에서는 BABAT로 표기했다.

를 내몰아 장정을 쓰러뜨리고 말을 빼앗아 갈 만한 그런 사람들이다. 보라! 저기 바로 그 사람이 온다"고 말했다. 투룩 킬탕과 부르탁 바하두르는 "여기 있는 1천 명의 장정들 가운데 용사라면 마땅히 그를 맞아 싸워야 하지 않겠는가"라고 하면서, 고삐를 돌려 전투하러 왔다. 쿠툴라 카안은 투룩 킬탕을 향해 창을 얼마나 강하게 찔렀는지, 그것이 갑옷을 뚫고 팔을 통과하여 다시 갑옷과 어깨뼈를 지나 다리 아랫부분에 꽂힐 정도였다. 그가 받은 상처가 얼마나 심했는지, 굴러 떨어지지 않기 위해 고삐를 너무 잡아당겨서 말의 입이 고삐의 구멍이 있는 곳까지 찢어져 버렸고, 그는 말에서 굴러 떨어졌다. 그 뒤를 이어 카단 바하두르는 부르탁을 말에서 떨어뜨렸다.

그들과 함께 있던 전우와 아이들까지도 용맹하여, 두 사람 모두 무사히 적진에서 빠져 나올 수 있었다. 투룩 킬탕은 "나는 쿠툴라 카안의 소매를 유심히 쳐다보다가 〔55r〕「46v」[16] 창졸간에 내 백마 아래로 떨어진 것이다"라고 변명했다. 그래서 그의 말은 '자칵친'(jâqâqchîn)[17]이라고 불렸다.

### 또 다른 일화

카단 타이시는 메르키트 종족의 투두우르 빌게 치긴(Tûdûûr Bîlge Chîgîn)에게 사신들을 보내어 "우리 서로 연합(îl)하자. 높고 넓은 언덕을 함께 밟고 넘어서, 큰 길을 함께 여행하자. 서로 연합하자"는 전갈을 보냈다. 사신들이 이 전갈을 전해 주자 그는 대답을 하지 않은 채 칼을 가

---

16) B본은 여기서부터 다시 이어진다.

17) 몽골어로 '소매'를 뜻하는 jaqa에 암동물의 이름을 만드는 데 사용되는 -qchin이라는 접미사를 붙인 형태. Cf. N. Poppe, *Grammar of Written Mongolian*(Wiesbaden: Otto Harrassowitz, 3rd printing, 1973), p.41.

는 데 열중했다. 사신들은 "어이, 의형제 노얀이여! 네가 우리에게 대답하지 않고 칼을 가는 것은 무엇을 뜻하는가?"라고 물었다. 투두우르는 "내가 카단 타이시의 눈 하나를 뽑기 위해 이 칼을 가는 것이다"라고 대답했다.

그들은 돌아가서 카단 타이시에게 그 말을 전했다. 카단은 "험악한 말은 분쟁의 시작이 되리라. 우리는 끝내 전쟁을 원하지 않았다. 〔이 전쟁은〕 그들이 시작한 것이다"라고 말한 뒤, "만일 네가 멍에에서 벗어나도록 내버려둔다면 내가 어떤 사람이 되겠는가?"라고 했다. 그리고 나서 자신의 느림보 시쿨란(shîqûlân) 말의 갈기를 잘라서 내팽개쳤다. 우익에 있는 자기 형 쿠툴라 카안에게 사람을 보내고, 좌익에 있는 자신의 사돈 아릭 치나(Arîğ Chîna)에게 전갈을 띄웠다. 셋째 날 병사를 소집하여 출정했다. 투두우르 빌게 치긴은 생포되었고, 그의 아들 톡타이(Tôqtâî)[18]는 그 전투에서 아홉 군데에 상처를 입어 자기 우익 군대와 함께 도망쳐 버렸다. 카단 타이시가 투두우르에게 말하기를 "어이, 의형제여! 너는 그저께 네 입으로 내 눈을 뽑았으니, 오늘은 내가 손으로 너의 눈을 뽑으리라"라고 하고는, 그의 눈을 뽑아서 죽여 버렸다. 그리고는 그의 좌익 군대를 취한 뒤 원정에서 돌아왔다.

톡타이는 3년 뒤 상처가 치유되자 자기 군대를 정비하고 카단에게 사신을 보냈다. 왜냐하면 몽골인들은 과거에 전투할 지점과 날짜를 정하고 싸웠기 때문이며, 오늘날 우리도 전투할 때 동일한 관습을 지킨다. 사신들이 도착하자 카단 타이시는 자신의 아미르들을 모두 소집하고 많은 쿠미즈를 준비시켰다. 그 쿠릴타이에서 그는 "오, 아미르들이여. 여러 생각을 하고 상의해서 사신들에게 회답을 주시오"라고 말했지만, 어느

---

18) B: TWQTA'.

누구도 대답하지 않았다. 카단은 "〔쿠릴타이를 위해서〕 내 망아지들을 떼어놓고 그 어미 말들의 젖을 모두 짜서 그대들에게 가져왔소. 〔그러니〕 사신들에게 회답을 해 주시오"라고 했는데, 역시 아무도 말하지 않았다. 그는 다른 말로 설명하기를, "〔톡타이의〕 울루스(ûlûs) 사신들이 왔는데도 그대들은 분명하게 대답하지 않으니, 방책을 강구하기 위한 것이 아니라면 내가 왜 이 집회를 소집했겠는가?"라고 했다. 〔그들이〕 역시 아무 대답도 하지 않자, 이를 본 카단 타이시는 사신들에게 "나는 이러한 집회를 열었소. 나는 온 사방의(dalâî)[19] 아미르들을 소집했소. 그들이 대답을 하지 않으니 〔어쩌겠소.〕 당신들은 다시 돌아가시오"라고 말했다.

그때 그의 형인 아달 카안(Adâl Qân)이 말하기를 "오, 카단 타이시여! 왜 네가 대답하지 않고 다른 사람에게 미루는가?"라고 했다. 그 뒤 우루우트 〔종족〕 사람(mard-i Ûrğûtâî)[20]인 사브라다르 세첸(Sabrâdâr Sâchân)이 말하기를 "오, 여우(dimna) 같은 성품을 지닌 아첨꾼(châplûs)이여! 얼마나 여우 같은 짓을 하고 아첨꾼처럼 행동하는가. 네가 열세 살이었을 때 너는 타타르—그들의 수령은 케리텐 바이르칸(Kerîtân

---

19) dalai라는 말은 『秘史』 199절에서도 확인되듯이 '바다'를 뜻하지만, 더 나아가 '사방, 온 세상' 등을 의미하기도 한다. 몽골제국 시대의 자료에는 dalai-yin qan이라는 표현이 보이는데, 예를 들어 『비사』 280절에 dalai-yin qahan('海內的皇帝')라든가, 구육 칸이 교황 이노센트 4세에게 보낸 서한에 찍힌 도장에 dalai-yin khan이라는 문구가 그러하다. 이에 관해서는 A. Mostaert & F. W. Cleaves, "Trois documents mongols des Archives Secrètes Vaticanes", *Harvard Journal of Asiatic Studies*, vol. 15, no. 3~4(1952), pp.491~492; I. de Rachewiltz, "Qan, Qa'an and the Seal of Güyüg", *Documenta Barbarorum: Festschrift für Walther Heissig zum 70. Geburstag* (Wiesbaden: Otto Harrassowitz, 1983), pp.274~277 참조.

20) 일단 露譯本에 따라 '우루우트 사람'이라고 옮겼다. Uru'ut 〈 Uruğut일 가능성을 생각해서이다. 그러나 어느 종족에 속하는 사람이라고 말할 때 mard-i Ûrğûtâî라는 표현은 매우 어색하다. 차라리 kasî az qawm-i Ûrğût와 같은 표현이 더 자연스러울 것이다. 또한 『集史』에서 우루우트라는 종족명은 대체로 Ûrût로 표기했기 때문에, 여기서만 왜 굳이 Ûrğût라고 표기했을까 하는 의문도 지울 수 없다.

Bâîrqân)과 발리 부카(Bâlî Bûqâ)였다—와 아홉 번 싸웠다. 지금도 상황은 마찬가지이다. 너는 형들과 대인들에게 〔결정을〕 미루어 자신이 좋은 사람이라는 것을 보이려고 하는가? 왜가리는 아무리 몸집이 커도 풀과 진흙을 같이 먹고, 매는 그 작은 몸집으로도 고기와 기름을 먹는 것을 그대는 보지 못하는가? 소용도 없는 이야기에 무슨 방책이 있겠는가. 오직 살륙과 공격과 약탈이 있을 뿐이다"라고 했다.

카단은 이 말을 듣고 사신들에게 말하기를, "톡타이에게 가서 말하라! 두 마리의 수사슴은 어느 하나가 상처받고 패배할 때까지 떨어지지 않고 서로 싸운다. 만일 〔그 뒤에〕 또 맞붙으면 하나가 패배할 때까지 다시 머리를 받으며 싸운다. 너의 처지가 꼭 그러하니, 아버지의 원수를 네가 갚으려고 하는구나. 그러나 네가 무엇을 할 수 있겠는가? 내게는 우익에 쿠툴라 카안이라는 이름을 가진 용맹한 형이 있다. 그는 마귀(dîv)들의 거처인 고르코나스 주부르(Ǧôrqônâs Jûbûr)[21] 지방 출신이고, 위엄에 찬 그의 목소리는 그곳에 있는 거대한 산들의 메아리를 무색케 하며, 그의 손아귀 힘은 세 살짜리 곰의 손아귀 힘을 오히려 무안하게 할 정도이다. 그의 맹렬한 공격에는 三河의 물이 요동치며, 그가 가하는 타격과 상처로 말미암아 세 어머니에게서 태어난 자식들이 울음을 터뜨릴 정도이다. 또한 좌익에는 아릭 치나라는 이름을 가진 사돈이 있다. 그가 울창한 숲에서 사냥을 하면 푸른 빛(kabûd) 늑대를 잡아 〔55v〕「47r」 땅바닥에 메치고, 표범과 뒤엉켜 그 머리와 손을 물어뜯으며, 사자와 맞붙어 그 머리와 목을 부러뜨린다. 그의 고향도 마귀들의 거처인 아다르 주부르

---

21) 『秘史』에는 Qorqonaq Jubur로 나온다. jubur는 '川'으로 傍譯되어 있지만 실은 '삼림'을 뜻한다. 현재 이 지점의 정확한 위치는 알 수 없으나, 『秘史』 57절에는 "Onan의 Qorqonaq Jubur"라는 표현이 보이고, 또한 쿠툴라를 '칸'으로 추대했던 곳이기도 한 것으로 보아, 칭기스 칸의 선조들이 자리를 잡았던 오난 강 상류의 어느 계곡으로 여겨진다.

(Adâr Jûbûr) 지방이다. 또한 군대의 중앙에는 〔나〕 카단 타이시가 있어, 내가 산꼭대기나 산허리를 공격하면 내 손이나 발은 헛된 실수를 하는 법이 없다. 만일 우리 세 사람이 연합하여 그를 친다면, 그를 자기 고장에서 몰아내고 그의 재산과 속민들에게서 떼어놓을 수 있을 것이다. 비록 내 이야기가 길어지기는 했지만, 그가 너희를 사신으로 보낸 것은 너희가 〔그의〕 울루스의 모든 사람들 가운데 가장 명석하고 출중하기 때문이니, 너희는 나의 이 말을 잊지 말고 그에게 전하라. 이제 우리는 그렇게 할 것이며, 전투하러 나갈 것이다"라고 했다.

그는 사신들을 말에 태워 보낸 뒤 이렇게 말했다.

"오, 아미르들이여! 수많은 자네들을 믿고 내가 이렇게 거창한 말을 했다. 내가 회답으로 한 말이 옳은지 그른지 말해 보라!"

그러자 우루우트 출신[22]의 사브라다르[23] 세첸이 다시 한번 말하기를, "마치 어떤 사람이 길도 없는 험로에서 길을 찾아내고, 깊고 커다란 강물에서 건널 곳을 찾아낸 것처럼, 그대의 말은 잘못이 아니라 아주 정곡을 찌른 것이오"라고 했다. 그러자 카단 타이시가 말했다.

"적이 쳐들어와서 우리들 집 문 앞을 가로막기 전에 우리가 먼저 가서 적들의 집 문 앞을 가로막자."

이 말에 대해서 젊은 바우르치들과 잔 받드는 사람들이 말하기를, "그들이 자기 본거지인 카라 셀렝게(Qarâ Selenge)에서 우리들의 본거지인 카라 오난(Qarâ Ônân)[24]으로 올 때, 그들을 공격하여 몰살시킵시다"라

---

22) A · B: AWRWRĞWTAY.

23) A: ?BRDAY; B: ?YRDAY.

24) '카라 셀렝게'와 '카라 오난'은 각각 셀렝게 강과 오난 강을 가리킨다. '카라'는 원래 '검다'를 뜻하는 형용사이지만, '순수한' 또는 '강한'의 뜻으로 연용되기도 한다. '카라'의 의미와 용례에 대해서는 O. Pritsak의 "Qara. Studie zur türkischen Rechtssymbolik"(*Zeki Velidi Togan'a Armağan*. Istanbul,

고 했다.

그러자 카단 타이시는 이렇게 말했다.

"그들이 아무리 힘이 약하다고 할지라도 전투에서 큰소리를 쳐서는 안 되며, 주제넘는 짓을 해서도 안 된다는 말이 있다. 너희들은 큰소리를 쳤다. 그러나 손발이 없어 마치 혁대처럼 생긴 뱀의 머리조차 〔쉽게〕 쳐 죽일 수 없을진대, 손발을 갖고 있는 적이라면 누가 남이 자기 머리를 치도록 가만히 있겠는가? 너희들은 그들이 이곳에 올 때까지 기다렸다가 공격하자고 말하지만, 음식으로 배가 잔뜩 부른 사람은 강력한 일격을 가할 수 없으니 종이 한 장도 뚫지 못할 것이며, 살찐 말은 언덕 주변만 맴돌 뿐 그 정상으로 뛰어 올라가지는 못하는 법이다. 〔이제〕 우리가 취해야 할 방책은 이러하다. 우리의 말에게 그들의 신선한 목초를 먹이러 내보내고, 우리의 젊은이들에게 그들의 고기를 먹이러 내보내자. 왜냐하면 만일 그들이 이곳으로 와서 전투가 벌어진다면, 너희들은 재산과 가족을 걱정하여 주저하고 망설일 것이기 때문이다. 모두 다 알다시피 나의 아버지 함바카이 카안은 너희들을 나에게 맡기고 다스리도록 했다. 따라서 내가 말을 타고 적을 향해 달려갈 때 너희들은 뒤에 떨어지거나 이의를 제기하지 말아야 한다. 만일 이의를 제기한다면 나 카단 타이시에게 얼마나 큰 화를 입히겠는가. 그것은 타이치우트 모든 종족에게 미칠 화이기도 한다."

그리고 그는 바로 그날 사방에서 군대를 소집하여 출정했다.

톡타이의 사신들이 카단 타이시의 전갈을 전해 주자, 그도 또한 관례에 따라 깃발에 기름을 바르고(yâğlâmîshî kard)[25] 군대를 출정시켜 전군

---

1955, pp.239~263; *Studies in Medieval Eurasian History*, London: Variorum, 1981, repr); 최형원, 「튀르크어와 몽골어에 있어서의 色彩의 상징적 의미」, 『알타이학보』 제9호(1999), pp.290~292 등 참조.

을 데리고 적을 향했다. 전투가 벌어져 톡타이 베키가 일곱 군데에 상처를 입고 자신의 우익군과 함께 셀렝게 강의 상류로 도망가자, 카단 타이시는 그를 추격했다. 그러나 그를 따라잡지 못하자 되돌아와, 그의 좌익과 중군을 빼앗은 뒤에 원정에서 돌아왔다.

일화

여섯 명의 아들들이 모두 한 어머니에게서 태어났는데, 그녀의 이름은 코아 쿨루쿠(Qôâ Qûlûqû)[26]였다. '코아'는 순결하다는 뜻이고, '쿨루쿠'는 이름이다. 이 부인은 쿵크라트 출신으로 오빠가 하나 있었는데, 이름은 사인 테킨(Sâîn Tekîn)이었다. 그로 말미암아 카단 타이시는 타타르족과 수없이 많은 전투를 벌였는데, 그 사연은 다음과 같다.[27]

언젠가 사인 테킨이 병에 걸렸다. 그래서 그를 치료하기 위해 타타르 종족 출신의 차라칼 누디(Charaqal Nûdî)[28]라는 무당을 불렀는데, 무당이 와서 굿을 했지만 그는 죽고 말았다. 사람들은 그 무당에게 무엇인가를 주어 집으로 되돌려보냈다. 그 뒤 사인 테킨의 형제들이 가서 그 무당을 죽여 버렸다. 그런 까닭으로 사인 테킨과 사돈 관계를 맺었던 카불 칸의 아들들은 할 수 없이 타타르 종족과 싸움을 벌이고 대립하게 되었다.

그들은 상단(Sangdân)이라고 불리는 곳에서 전열을 갖추었다. 카단 바하두르와 타타르 출신의 마타르 바하두르(Matar Bahâdur)가 큰 코탈리(qôtâlî)[29] 화살촉이 다다를 정도의 거리를 두고 서로 마주서서 큰 소

---

25) 本田實信, 「モンゴル・トルコ語起源の術語」, 『モンゴル時代史研究』(東京: 東京大學出版會, 1991), pp.405~456.

26) T: QWA QWLQW.

27) 동일한 일화가 『부족지』, p.153에 소개되어 있다.

28) A·B·T: CRQL NWDY. 『부족지』(p.153)에서는 '차라칼 누두이'로 표기했다.

리로 외치며 전투를 청했다. 카단 바하두르는 창을 〔56r〕「47v」 움켜잡고 마타르를 향해서 갔다. 창이 그의 안장잡이에 강하게 꽂히면서 그것이 갈라져 말의 몸에 박혀 상처를 입혔고, 사람과 말은 나뒹굴었다. 마타르는 그 상처로 말미암아 1년 동안 고통을 받았다. 건강을 회복하자 그는 다시 욜라 일기트(Yôla Îlgît)라는 곳으로 왔다. 이 두 사람은 거기서 다시 한번 전투를 벌였는데, 카단 바하두르가 창으로 마타르의 등을 찌르고 배를 관통하여 그를 죽였다. 그 전투 때는 후순 에부겐(Hûsûn Ebûgân)의 아버지인 타인 메넨(Tâîn Menen)[30]이 있었는데, 카단 바하두르 편이었다. 화살이 날아와 그의 말의 입에 박혀서 말은 죽고 그는 걷게 되었다. 열 명의 기병이 창을 들고 다가오자 그는 칼을 휘둘러 그들을 모두 쫓아내고 승리를 거두었다. 이 사건이 있은 뒤 카불 칸의 자식들과 타타르는 여러 번 전투를 벌였다. 그에 관한 이야기와 그들이 보여 준 용맹함에 관한 일화들은 뒤이어 나올 것이다.

카불 칸의 여섯 아들 가운데 쿠툴라 카안이 군주가 되어 얼마 동안 칸의 지위에 있었다. 비록 그의 형제들이 모두 용사들이었으나 힘과 용맹함에서 그가 그들보다 더 뛰어났다. 몽골의 시인들은 그를 칭송하는 시를 많이 지어, 그의 용기와 대담함을 묘사했다. 전해지는 바에 따르면, 그의 목소리가 어찌나 컸는지 그의 고함은 7개의 산을 넘어서 들릴 정도였고 산에서 울리는 메아리와 비슷했다고 한다. 그의 손은 마치 곰의 손과도 같아서, 아무리 크고 힘센 사람이라도 그가 두 손으로 움켜잡으면 마치 나무로 만든 화살처럼 힘들이지도 않고 허리를 두 동강내곤 했다. 또한 겨울 밤에는 나무를 불에다 올려 놓고 그 옆에서 맨몸으로 잠이 들

---

29) 『秘史』(112, 116절)의 ǧodoli. 화살촉의 한 종류로 끝이 뾰족하지 않아 상대방에게 치명적인 상처를 주지 않도록 만든 것. 『秘史』에는 髏頭라는 傍譯이 붙어 있다.

30) B: TAYN MTN; T: TAYN.

곤 했는데, 활활 타는 불에서 불똥이 튀어 그의 몸에 떨어져 살을 태워도, 그는 신경도 쓰지 않았다. 그러다 잠에서 깨어나면 벼룩이 깨문 것 정도로 생각하고, 살을 긁적거리고는 다시 잠에 빠져 들곤 했다. 그는 식사 때마다 세 살짜리 큰 양 한 마리와 큰 가죽 포대[31]에 든 쿠미즈를 먹었지만, 여전히 포만감을 느끼지 못했다.

타타르 종족이 그의 형제인 오킨 바르칵과 아버지의 사촌인 함바카이 카안—차라카 링쿰의 손자—을 붙잡아 알탄 칸에게로 보내어 앞에서 묘사한 것과 같은 방식으로 죽였기 때문에, (쿠툴라 카안은) 군대를 이끌고 키타이로 가서 알탄 칸의 군대와 종족들에 대항하여 전투를 벌였고, 그 지방의 일부를 약탈하기도 했다. 칭기스 칸이 키타이를 정복하려고 알탄 칸과 전쟁을 시작할 때, 그는 주님에게 탄원하여 말하기를, "키타이의 군주들이 함바카이 카안과 오킨 바르칵과 카단 바하두르, 즉 나의 형들(âqâyân)을 죽이고 그들에게 잔혹하게 했습니다. 그들의 복수를 하기 위해서 내가 떠나는 것이니, 위대한 주님께 가호와 도움을 청합니다"라고 했다. 그리고는 원정에 나섰던 것이다.

쿠툴라 카안이 함바카이 카안의 복수를 하기 위해 키타이의 군주인 알탄 칸을 향해 출정하여 키타이 군대를 격파하고 수많은 전리품을 약탈한 일, 그리고 그가 귀환하는 도중에 두르벤 종족에게 잡혀 포로가 되었다가 풀려 나서 막 자신의 장례를 치르려던 집으로 돌아온 이야기

함바카이 카안은 차라카 링쿰의 손자이고 소르카두쿠[32] 치나의 아들이

---

31) A: AWQWT; B: ARQWT; T·L2: ARĞWT; P: AZĞWT 등 다양하게 표기되었으나, 이는 투르크어의 arqut/arğut를 옮긴 것으로 보는 쪽이 맞을 것이다. G. Doerfer(*Türkische und mongolische Elemente im Neupersischen*, Wiesbaden: F. Steiner, 1963~1975, II, p.43)에 따르면, 이는 "쿠미즈를 준비하거나 보존하기 위한 큰 가죽 포대"를 뜻한다.

었다. 그는 당시 타이치우트 종족의 군주였는데, 타타르 종족의 딸 가운데 하나를 부인으로 고르기 위해 그들에게로 갔다. 그들은 "무슨 까닭으로 우리의 딸들을 취하려 하는가?" 하면서 화를 냈고, 그와 몇 명의 누케르를 붙잡았다. 그들은 알탄 칸에게 종속했기 때문에 그를 〔알탄 칸에게〕 보냈다. 알탄 칸은 명령을 내려 그를 당시 통용되던 관례대로 나무로 만든 나귀에 못박아 죽여 버렸다. 그가 처형장으로 끌려 왔을 때, 자기 누케르 가운데 하나인 욜가치(Yôlğachî)[33]라는 사람을 알탄 칸에게 보내 다음과 같은 전갈을 전해 주었다.

"너는 너 자신의 용맹과 지혜와 군대로써 나를 붙잡은 것이 아니다. 다른 자들이 나를 잡아 너에게 데리고 온 것이다. 네가 나를 이렇게 비참하고 졸렬한 방식으로 죽인다면, 너는 카단 타이시와 쿠툴라 카안과 〔56v〕「48r」 토다와 이수게이 바하두르의 자식들, 그리고 몽골 울루스· 종족에 속하는 형제와 기병들을 적으로 만들고 분쟁을 일으킬 것이다. 그들은 반드시 나의 피를 복수하기 위해 일어설 것이니, 〔이렇게 나를 처형하는 것은〕 너에게 좋은 방책이 아니다."

알탄 칸은 이에 대해 전혀 관심을 두지 않고 그를 비웃으며, "이 전갈을 갖고 온 너는 가서 그들에게 소식을 알려 주어라"라고 말했다. 함바카이 카안을 처형한 〔알탄 칸은〕 앞에서 말한 욜가치에게 말을 챙겨 주고 그의 처형 소식을 종족들에게 전할 수 있도록 보냈다. 그는 도중에 두르벤 종족이 있는 곳에 이르러 말을 요청했다. 그들이 주지 않자 "만일 내가 내일 크고 무거운 산과 같고 흐르는 물과 같은 군대를 데리고 이곳에 오지 않는다면 나는 사람도 아니다! 그때 '왜 우리가 욜가치의 말을 듣

---

32) A · B · T: SWRQAQDWKW. 그러나 앞의 용례에 따라 소르카두쿠로 통일했다.

33) A · B: YWLĞACY; T · L2: BWLĞACY; B: ?WLĞACY.

지 않았을까' 하며 후회하지 말라!"고까지 말했지만, 그들은 그의 말에 관심을 두지 않았다. 그는 키타이인들의 말을 타고 갔으나 말들이 지쳐, 도중에 그들을 버려 두고 걸어서 갔다. 그는 함바카이 카안이 어떻게 처형되었는가에 대해서 그의 아들인 카단 타이시, 그[=카단]의 아들인 토다와 그 종족의 군주였던 쿠툴라 카안, 그리고 함바카이 카안 아버지의 사촌[34]인 이수게이 바하두르에게 자세히 설명했다. 앞서 말한 이들의 계보는 다음과 같다.[35]

| | | | | | |
|---|---|---|---|---|---|
| 카이두 칸→ | 차라카 링쿰→ | 소르카두쿠 치나→ | 함바카이 카안→ | | |
| | | | 함바카이 카안→ | 카단 타이시 | |
| | | | 함바카이 카안→ | 카단 타이시→ | 토다 |
| 카이두 칸→ | (바이 싱코르)→ | 툼비나 칸→ | 카불 칸→ | 쿠툴라 카안 | |
| 카이두 칸→ | (바이 싱코르)→ | 툼비나 칸→ | 카불 칸→ | 바르탄 바하두르→ | 이수게이 바하두르 |

이 소식이 그들에게 전해지자 카단 타이시, 토다, 이수게이 바하두르 등은 수많은 몽골의 울루스·종족들과 상의하여 함바카이 카안의 피에 대한 복수를 하기 위해 출정하기로 했다. 그리고 쿠툴라 카안을 '칸'으로 정했다. 모든 군대가 그와 함께 키타이 방면으로 향했다. 그곳에 도착하여 전투를 벌였고, 그들은 알탄 칸의 군대를 격파했으며 수많은 키타이 사람들을 죽이고 약탈했다. 또한 셀 수 없을 정도로 많은 전리품을 취하여 군인들에게 나누어 주었다.

---

34) 아래 표에서 보듯이 이수게이는 함바카이의 '사촌'('amm-zâda)이 될 수 없다.

35) 원문에는 여기에 제시된 표와 같은 모양으로 적혀 있지 않지만, 각각의 인물들이 속한 行列를 쉽게 알 수 있도록 꾸몄다.

쿠툴라 카안은 귀환하는 도중에 홀로 사냥(qûshlâmîshî)을 하며 돌아왔는데, 두르벤 종족이 그가 혼자 있는 것을 보고 그 기회를 이용해 군대를 동원하여 그를 길에서 공격했다. 그의 병사와 누케르들은 흩어졌고, 그는 도망쳐서 거대한 진창이 있는 어떤 지점까지 왔다. 그가 그곳으로 말을 달리자 말은 진창에 빠져 버렸다. 그는 한 발을 안장 위에 올리고 진창 옆으로 펄쩍 뛰었다. 그를 따르던 적들이 다가와 진창 건너편에 이르러서는 소리쳐 말하기를, "몽골 사람이 말에서 떨어져 무엇을 하겠단 말이냐? 걱정하지 말고 돌아오라!"고 했다. 그러나 그는 그 말에 개의치 않고 그들에게 몇 발의 화살을 쏘아 쫓아 버렸다. 그는 다시 진창 옆으로 와서 말의 갈기를 잡고는 어렵지 않게 〔말을〕 진창에서 끌어내어 바닥에 던졌다. 그리고는 말에 올라타 달려갔다. 적들은 진창 건너편에 머물러 있었다.

그가 집으로 돌아오기 전에 도망쳤던 그의 병사와 누케르들은 이미 집에 도착해 있었다. 그가 뒤이어 오지 않았기 때문에 그들은 그가 살해된 것이 분명하다고 생각했다. 이수게이 바하두르는 이 소식을 전해 주기 위해 음식을 준비하여 함바카이 카안 휘하의 사람들, 카단 타이시, 토다, 쿠툴라 카안의 부인이 있는 곳으로 가지고 가서 술잔을 들려고 했다. 그가 소식을 전해 주자 카단 타이시와 토다는 큰 소리로 울었고, 쿠툴라 카안의 부인은 "아우들이 같이 왔다가 같이 갔고 흩어졌는데, 그들에게 무슨 일이 생겼다는 것이 놀랍기만 하다. 이제 이런 소식을 들으니 나는 믿을 수가 없다.

내게는 이 말이 도저히 믿기지 않노라,
내가 잠들었거나 꿈에서 본 것이 아니라면.

쿠툴라 카안이 어떤 사람인고 하니, 그의 목소리는 마치 하늘을 찌를 듯하고 그의 손아귀는 세 살짜리 곰의 손과 같다고 말할 정도이다. 그는 (두르벤) 종족의 손에 운명을 마감할 그런 사람이 결코 아니다. 아마 신의 뜻으로 그는 다른 일을 하고 있을 것이니, 곧 불현듯 나타날 것이다"라고 말했다.

쿠툴라 카안은 〔57r〕「48v」 진창에서 말을 끌어내어 돌아오다가 스스로에게 말하기를, "그 비겁한 사람들이 내게 그런 짓을 했는데 내가 어찌 그들에게서 아무것도 빼앗지 않고 빈손으로 집에 돌아갈 수 있단 말인가?"라고 하고는 되돌아갔다. 부근에는 그들의 말 떼가 있었는데, 그는 준마(aîğir)[36] 한 마리를 낚아채 한 무리의 암말들을 앞쪽으로 내몰면서 말을 달렸다. 그때는 마침 봄이어서 평지에는 오리알이 무척 많았지만 그것을 담아 넣을 것이 없었다. 그는 양말을 벗어서 오리알로 가득 채우고 그것을 안장끈에 매단 뒤, 준마의 맨등에 올라타 자신의 말을 끌고 암말 떼를 몰면서 집으로 돌아왔다.

그때 이수게이 바하두르는 음식을 가지고 와서 장례를 치르느라 바쁘게 움직이고 있었다. 그들은 그를 보자 모두 기뻐하며 즐거워했다. 장례식은 축하연으로 바뀌었다. 그의 부인은 "아무도 이 사람을 죽일 수 없을 것이라고 내가 말하지 않았더냐?"라고 했다.

詩

천하의 용사, 삼(Sâm)의 〔아들〕 다스탄(Dâstân)조차

장난이라도 자기 머리를 올가미에 넣지는 않노라.

---

36) adğir/ayğir에 대해서는 Clauson의 *Etymological Dictionary*, p.47 참조.

일화: 함바카이 카안 사후 타이치우트 종족의 논의

앞서 설명한 것처럼 타타르 종족이 함바카이 카안을 붙잡아 알탄 칸에게로 끌고 와서 그를 죽였으며, 얼마 후 그 뒤를 이어 한 사람을 군주로 정하기 위해 그의 일족과 자식들 및 타이치우트의 아미르들이 모였다. 그들은 한동안 논의를 했지만, 아무런 결정을 이루어 내지 못했다.

〔한편〕 카단 타이시는 쿠이 케헤르(Kûî Keher) 평원으로 가서 진영을 치고 옹 칸의 숙부이자 케레이트 종족의 군주인 구르 칸(Gûr Khân) 근처로 갔다. 구르 칸은 쿠케바시 쿠카바시(Kûkâbâsh Qûqâbâsh)에 있었다. 열흘간 그곳에 머물다가 돌아갈 시간이 되자, 구르 칸의 바우르치들이 건배를 하기 위해 한 사발의 타라순(tarâsûn)[37]을 가지고 왔다. 카단 타이시는 자기 누케르들에게 모두 다 한 모금씩 마시도록 명령하고, 나머지는 자신이 다 마셨다. 누케르들은 토해 버렸기 때문에 아무런 영향을 받지 않았으나, 그는 토하지 않았다. 그는 "아마 내게 독을 먹인 것 같다"고 말했고, 병에 걸려 봄에 사망했다.

가을이 왔고, 마침내 하루는 사람들이 다 모였다. 그들의 사촌 가운데 종족의 지도자요 대인이었던 투두우르 벨기시(Tûdûûr Belgishî)에게 말했다. "이 문제에 관해서 너의 의견은 어떠한가? 이 지위를 맡기에 누가 적당하다고 생각하는가?" 이에 대해 그는 "타르쿠타이 키릴툭에게 말하도록 하라!"고 했다. 그도 또한 그들의 사촌 가운데 하나였고, 아달 칸의

---

37) 『秘史』 281절에 darasun으로 표기되며, '米酒'를 의미한다. 明代에 편찬된 『華夷譯語』에도 荅舌剌孫(酒)이 적혀 있다(cf. M. Lewicki, *La Langue mongole des transcriptions chinoises du XIVe siècle*, Wroclaw, 1949, p.160). 프란체스코파 수도사 Rubruck은 자신의 여행기에서 이를 terracina라고 불렀다. Cf. C. Dawson tr., *Mission to Asia*(1955; Toronto: Toronto University Press, 1980), p.154; P. Jackson tr., *The Mission of Friar William of Rubruck*(London: The Hakluyt Society, 1990), p.178. Cf. 那木吉拉, 『中國元代習俗史』(北京: 人民出版社, 1994), pp.73~76; 小林高四郎, 『モンゴル史論考』(東京: 雄山閣, 1982), pp.160~162.

아들이었다. 그러나 그도 역시 "내가 무엇을 말하겠는가. 무투겐 세첸(Mötûgân Sâchân)에게 말하도록 하라!"고 했다. 그러자 무투겐 세첸은 이렇게 말했다.

"내가 무엇을 말하겠소? 나보고 마치 그물로 뛰어들어 다리가 걸리는 한 마리 참새처럼 되란 말이오? 검은 제비는 카라카나(qarâqana)[38] 나무 꼭대기로 날아도 그물에 걸리지 않소. 보잘것없는 못난 평민(qarâchu)인 내가 무슨 자격으로 말할 수 있겠소? 당신네 같은 높으신 분들이 좋은 말과 덕담(bîlig)을 나누어 망아지 같은 우리 평민들로 하여금 두 마리 암말의 젖을 배불리 먹고 살찌게 한다면, 우리는 복락(jîrğâmîshî)을 누릴 것이오. 만일 당신들이 상의해서 서로 하나의 의견으로 합치된다면 당신들이 하려는 모든 일과 모든 사람들이 당신들이 바라는 대로 될 것이오. 만일 합의하지 못한다면 온갖 분란과 낭패가 당신들의 울루스에 일어날 것이오."

그는 이러한 취지로 운율이 맞는 많은 이야기와 예화와 충고를 해준 뒤 울면서 좌중에서 벗어나 밖으로 나갔다.

그 회합에서 그들은 어느 한 사람을 군주로 정하지 못했다. 그 뒤 어떠한 결정을 내렸는지에 대해서는 비록 아무것도 알려지지 않았지만, 역사상으로는 이수게이 바하두르가 젊어서 사망하자 칭기스 칸과 타이치우트 종족 사이에 반목이 일어났을 때, 누구보다도 아달 칸의 아들인 타르쿠타이 키릴툭과의 대립이 심했다. 〔이렇게 볼 때〕 토다, 쿠릴 바하두르, 앙쿠 후쿠추[39] —이들에 관해서는 뒤에서 설명할 것이다—를 비롯

---

38) 『秘史』 195절에 qarağana로 표기되며, '叢草'라는 傍譯이 붙어 있다. 유원수는 "몽골 전역에 자생하는, 꽃이 피고 가지나 잎에 가시가 돋친, 키 작은 황갈색 밀생 잡목"이라고 설명했다(『몽골비사』, p.160).

39) A·B: AWJW W HWQW; T: AWJW W HWQWJW.

한 몇몇 아미르들은 앞서 서술했듯이 타르쿠타이 키릴툭에게 지도자의 자리를 위임한 것으로 보인다. 그러나 쿠툴라 칸이 죽은 뒤 그의 조카인 이수게이 바하두르—바르탄 바하두르의 아들이자 〔57v〕「49r」 칭기스 칸의 아버지—가 다스린 것은 분명하다. 비록 카불 칸의 자식들 가운데 바르탄 바하두르를 제외한 다른 사람들에 관해서는 여러 일화들이 있지만 이 역사서에서는 이 정도로 줄였고, 바르탄 바하두르와 그의 자식들에 관한 일화는 별도로 기술할 것이다. 신께서 도우시기를!

# 【紀 九】

카불 칸의 아들 바르탄 바하두르 紀
두 장으로 구성

## 제1장 그와 그의 자식들의 정황에 관한 서언과 그들에게서 갈라져 나온 지파들에 관한 설명

바르탄 바하두르는 칭기스 칸의 조부였다. 몽골어로는 조부를 '에부게'(ebûge)[1]라고 부른다. 큰부인이 있었는데 이름은 수니겔 푸진(Sûnîgel Fûjîn)이었고, 타르쿠트 종족 출신이었다. 그에게 네 아들이 있었다.

첫째의 이름은 뭉게두 키얀(Môngedû Qîyân)[2]이고, 그에게는 아들이 여러 명 있었지만 그의 후계자는 창슈트(Changshût)였다. 그는 칭기스 칸의 시대에 뭉게두 키얀의 군대와 종족과 속민들을 지휘했으며, 자기 휘하의 타이치우트 군사들과 함께 칭기스 칸을 모셨다. 이들의 뒤를 이은 자식들로는 게우기 노얀(Geûgî Nôyân)과 무게투 바하두르(Môgetû Bahâdur)가 있었다. 〔무게투 바하두르는〕 천호장이었고, 뭉게두 키얀 종족의 지휘관이었다. 그들의 지파는 출산과 번식을 했기 때문에, 오늘날 그 숫자는 1만 호의 몽골보다 더 많다. 그 종족의 대부분은 킵착 초원의 톡타(Tôqtâ)[3] 휘하에 있다. 그들 가운데 아미르는 여럿이고 중요하며, 카안의 어전에도 몇 명 있다. 키야트 종족의 숫자는 많은데, 이들 키야트는 〔본래의 키야트와는〕 별도의 것이다. 키야트 지파에 속한 사람들 가운데 알려진 일부 사람들에 관한 이야기는 개별적인 것이어서, 그들에 관해서는 본서 곳곳에서 일화들을 설명하면서 언급할 것이다.

---

1) 몽골어의 ebüge(n).
2) 『元史』 권107의 蒙哥睹黑顔.
3) 주치 울루스의 군주(1291~1312).

둘째 아들은 네쿤 타이시(Nekûn Tâîshî)[4]이고 호인(Hôîn)[5] 종족이 그에게서 비롯되었는데, 그들을 '호인 이르겐'(hôîn irgân)[6]이라고 부른다. 그 이유는 칭기스 칸의 시대에 그들이 변심하여 그에게서 떨어져 나가, 타이치우트 종족에 연합하여 삼림으로 가버렸기 때문에, 일종의 멸시하는 뜻으로 '삼림'이 그들의 별명이 된 것이다. 타이치우트를 비롯한 몇몇 종족들에 대해서도 이와 같은 이름이 붙었는데, 그 까닭은 삼림 가까운 곳에 목지를 둔 종족은 모두 삼림의 종족에 속하는 것으로 여겼기 때문이다. 삼림은 서로에게서 멀리 떨어진 지방에 있기 때문에 그들 각 종족·부족·지파들은 서로 연합하지 못했다. 그들 모두를 삼림의 종족이라는 이름으로 부르기는 했지만, 그들은 삼림의 위치를 밝힘으로써 어느 종족인지 분명히 알았다. 이 네쿤 타이시에게는 아들이 많았는데, 그의 후계자가 된 장남은 쿠차르(Qûchar)라는 이름을 가졌고, 매우 멀리 또 정확하게 활을 쏘는 궁사였으며 그것으로 유명해졌다. 그가 활을 얼마나 멀리까지 쏘았는지 몽골인들은 그의 궁술을 칭찬하여 말하기를, "쿠차르의 화살이 날아가 보이지 않는다"고 과장할 정도였다. 칭기스 칸이 어려서 아버지를 여의고 그를 따르던 종족들이 타이치우트 쪽으로 가버렸을 때, 이 쿠차르는 자기 군대를 데리고 칭기스 칸과 연합하여 한동안 그를 위해 일하고 헌신적으로 애썼다.

칭기스 칸이 타타르 종족과 전쟁을 벌일 때 조건을 정하기를, "우리 함께 합심하여 전투에 열중하고 전리품을 빼앗자. 그런 뒤에 우리가 빼앗은 것을 똑같이 분배하자. 그래서 전투가 소홀해(ôsâl)[7]지지 않도록 하

---

4) 『元史』 권107의 聶昆大司.

5) A: NYRWN; B: NYR HWYN; T·L2: HWYN.

6) 몽골어로 '삼림민'(hoi-yin irgen)이라는 뜻.

7) Cf. Doerfer, II, pp.149~150. 투르크어의 osal은 '소홀함, 경솔함'을 의미한다.

자"라고 말했다. 그런데 카불 칸의 아들인 알탄, 쿠틀라 칸의 아들, 그리고 이 쿠차르, 칭기스 칸의 숙부인 다리타이 옷치긴(Dârîtay[8] Ôtchigîn) 등이 그 약속을 지키지 않고 약탈물을 취했다. 칭기스 칸은 그들에게서 다시 그것을 빼앗으라고 명령했고, 그런 이유로 그들은 변심했다. 칭기스 칸이 옹 칸과 대립했을 때 그들은 옹 칸의 편을 들었고, 그의 군대의 일부가 되어 〔58r〕「49v」 적을 돕고 분란과 전쟁을 일으켰다. 옹 칸은 패배하고 도망쳐서 나이만에게로 갔다가 다시 한번 칭기스 칸과 전쟁을 벌였다. 결국 신께서 그에게 승리를 가져다 주었고, 쿠차르와 알탄도 죽음을 맞았다. 이런 까닭으로 그의 종족과 자식들 가운데 현재까지 남아 있는 사람들도 유명하거나 중요한 사람은 없다. 칭기스 칸의 다른 일족들과 연관된 사람들의 숫자도 적다. 네쿤 타이시에게는 손자가 하나 있었는데, 그의 이름은 부군 자우카트(Bûgûn Jâûqât)였다. 칭기스 칸은 그를 차가타이에게 주었고, 그는 (차가타이와) 함께 다녔다. 그들의 자식과 종족은 차가타이 일족과 하나가 되었지만, 높은 명망을 지니지는 못한다.

셋째 아들은 이수게이 바하두르였으니 칭기스 칸의 아버지이며, 키야트 보르지킨(Qîyat Bôrjîqîn[9])이 그에게서 비롯되었다. 보르지킨은 '회색빛 눈'이라는 뜻을 지녔다. 사실 이수게이 바하두르에게서 태어난 자식들과 오늘날까지 태어나는 그 일족의 자식들의 대부분은 회색빛 눈에 황색 피부를 지니고 있다. 이러한 이유는 알란 코아가 회임할 때 "사람의 모습을 한 빛이 밤에 내 눈 앞에 나타났다가 가버리는데, 그의 피부는 황색이고 눈은 회색이다"라고 말한 것으로 소급된다. 그녀의 8대손인 이수게이 바하두르에게서 그 같은 징표가 다시 나타나자, 그들은 자기 자

---

8) A·B: DRATY; T: DARYTY; L2: DARYT?Y.

9) A·T: BWRJWQYN; B: BWRJQYN.

식들이 군주의 징표를 지녔다고 한 알란 코아의 말이 바로 이것이라고 했고, 그러한 모습이야말로 그녀의 말이 옳다는 증거이며 그런 일이 조만간 벌어질 것이라고 했다. 이수게이 바하두르의 지파들에 관한 이야기는 다른 紀에서 별도로 나올 것이기 때문에, 여기서는 더 이상 길게 서술하지 않겠다.

넷째 아들은 다리타이 옷치긴[10]이었다. 칭기스 칸과 심하게 반목하고 대립했기 때문에 결국 그의 일족은 예속민으로 전락하고 말았다. 비록 처음에 칭기스 칸의 종족과 군인들이 타이치우트 쪽으로 옮겨 갔을 때 그는 자기 군대와 함께 (칭기스 칸과) 연합했지만, 여러 차례 타이치우트와 한편이 되었다가 다시 칭기스 칸에게 오기도 했다. 그러다가 앞에서 설명한 것처럼 전리품을 취하면서 변심하여 옹 칸에게로 갔다가 다시 나이만에게로 갔고, 그 뒤 두르벤 종족과 연합하여 여러 번 칭기스 칸과 전쟁을 벌였다. 그리고 다시 그의 휘하로 들어왔으나 알탄 칸, 쿠차르와 함께 죽음을 당했고, 그의 일족과 종족들 다수도 처형되었다. 그에게 아들이 하나 있었는데 그의 계승자였으며, 이름은 타이날 예베(Tâînâl Yebe)[11]였다. 칭기스 칸은 그에게 속했던 200명과 함께 그를 자기 조카인 알치다이 노얀(Alchîdâî Nôyân)에게 주었다. 그들은 그의 예속민이 되었고, 오늘날까지 그러하다. 그의 일족은 알치다이의 일족과 함께 있었다. 그의 일족과 종족 출신으로 훌레구 칸과 함께 (이곳으로) 온 부르간(Bûrğân)이 있다. 비록 그가 왕자들과 같은 열석에 앉을 자격은 없었지만, 훌레구 칸은 열석에 앉을 왕자들의 숫자가 적기 때문에 부르간[12]에게 왕자들과 함께 앉도록 허락을 내렸다. 그의 자식들 가운데 케루

---

10) 『元史』 권107의 答里眞.

11) A·B·T: TAYNAL YYH.

12) A·B·T: BWRQAN.

(Kerûh)는 천호장이었고, 부르간의 자리를 그에게 넘겨주었다. 그의 친족 가운데에는 부랄기 키야타이(Bûrâlğî Qîyâtay)가 있었다. 그는 아르군 칸의 슈쿠르치(shûkûrchî)이자 親臣(înâq)이었지만, 아르군 칸에 대해 음모를 꾀한 아미르들과 하나가 되었다.

## 제2장 바르탄 바하두르와 그의 부인의 초상, 그리고 자식들의 지파를 나타낸 도표

바르탄 바하두르는 이미 자세하게 설명한 것처럼 네 아들을 두었다. 그와 그의 부인인 수니겔 푸진의 초상 및 그의 자식·손자들의 지파는 다음과 같다. 칭기스 칸의 아버지인 이수게이 바하두르의 자식들—별도의 紀에서 설명할 것이다—을 제외한 그들의 모습은 다음과 같다. 〔58v〕「50r」

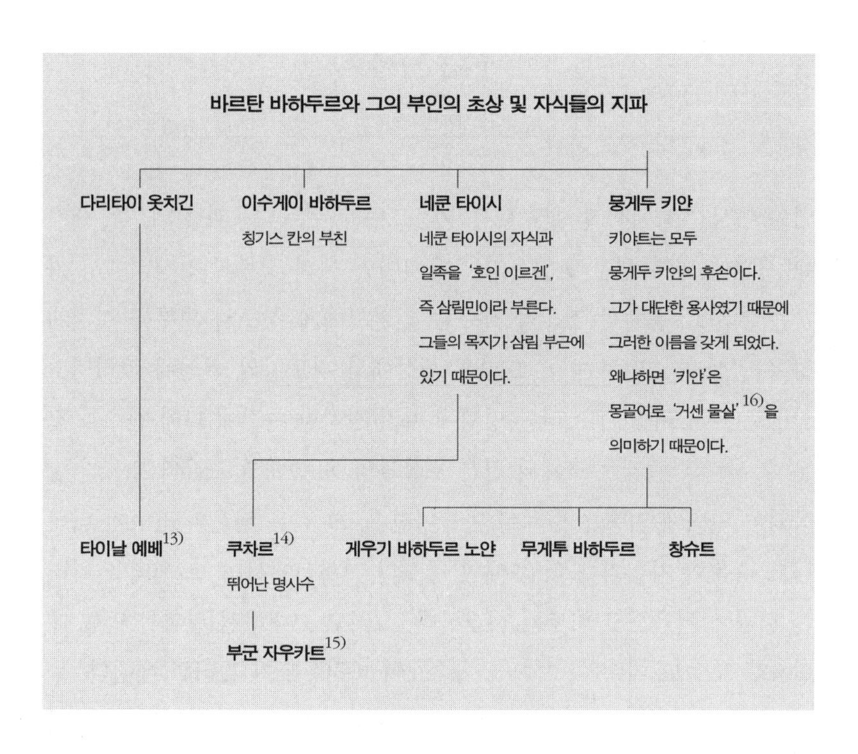


13) 타이날 예베의 이름은 A본에는 빠졌으나, B·T본에는 보인다.

14) 쿠차르의 이름은 A본에 빠져 있다.

15) B·T본에서 부군 자우카트는 네쿤 타이시의 아들인 것처럼 그려져 있으나, 본문에는 손자라고 되어 있다.

16) 라시드 앗 딘은 『부족지』(30v)에서는 '키얀'이라는 말을 "산 위에서 땅 아래로 흘러내리는 가파르고 빠르며 거센 격류"라고 설명했다.

## 【紀 十】

이수게이 바하두르 紀

영원한 시간 속에서 정해진 드높은 창조주의 뜻은 다음과 같다. 즉, 예정된 시간이 되어 행운과 위용의 소유자이며 세계 정복의 전쟁터에서 싸우는 기사요 통치할 건물을 세우는 건설자에게 창조의 외투를 걸치게 하여 생성과 소멸하는 이 드넓은 세상에서 지도자의 권좌에 앉히려고 할 때는, 창조주의 성스러운 명령에 따라 강력한 손길에 의해 진주와 같은 그 사람의 존재는 조개와 같은 조상들의 몸 속에서 조금씩 조금씩 양육되어 완벽에 가까운 단계로 만들어진다. 그 같은 행운의 징표가 나타나고 축복의 자취가 드러날 때면 창조의 지평선에서는 그 새벽을 알리는 흰빛이 처음으로 비추기 시작한다. 그리고 고대하던 결과를 얻는 데 필요한 도움도 계속 나타나니, 이수게이 바하두르가 그러한 예이다. 누구와도 견줄 수 없는 그의 존재는 세계 지배라는 진주를 머금은 조개이자, 그의 행운의 별이 상승하는 것은 곧 칭기스 칸의 국가를 빛낸 유명한 인물들의 출현을 나타내는 서막이었기 때문이다. 그러한 그의 자식들과 이름난 일족들과 위대한 후손들 가운데에서도 특히 세상의 군주요 이슬람의 제왕이자 종교의 보호자인 술탄 마흐무드 가잔 칸이 있으니, 그의 통치의 천막 끈이 영원의 말뚝에 단단히 묶이기를, 또한 그의 행운을 위해 힘껏 돕는 사람들의 숫자가 무수하기를! 예언자와 그의 가족의 이름으로!

## 〔59r〕「50v」 바르탄 바하두르의 아들 이수게이 바하두르 紀

### 제1장 그에 관한 서언과 그의 자식의 지파들에 관한 설명 및 그들에 관한 약간의 일화들

이수게이 바하두르는 칭기스 칸의 아버지였다. 몽골어로는 아버지를 '에치게'(îchige)[1]라고 부른다. 그는 몽골의 여러 종족들의 군주였고, 그의 형과 아우들, 즉 그의 숙부와 사촌들 모두가 그에게 복속했으며, 합의에 의해 그를 자기들의 군주로 지명했다. 그는 용맹하다고 널리 알려져서 몽골의 다른 종족들과 여러 번 전투를 벌였고, 특히 타타르 종족과 싸웠으며, 키타이의 군대 및 아미르들과도 그러했다. 그래서 그의 명성과 이름은 주변에 널리 알려졌고, 여러 사람들에게 외경의 대상이었다. 여러 종족에게서 많은 부인을 취했는데, 그들 가운데 가장 큰부인이자 중요한 아들들의 어머니는 우엘룬 푸진(Ûlâûn Fûjîn)이었다. 그녀는 우엘룬 에케(Ûâlûn Îke)라고도 불렸는데, 올쿠누트 종족 출신이었다. '푸진'은 키타이 말로 부인을 뜻한다.[2] 그들은 그 지방 가까운 곳에 살고 있었기 때문에 〔키타이의〕 용어들을 사용했다. 그리고 칭기스 칸이 자기 막내딸인 알탈룬(Altâlûn)을 시집보낸 타추 쿠레겐(Tâchû[3] Kûregân)은 우엘룬 에케의 형제였다. 이 큰부인에게서 네 명의 아들이 태어났고, 딸은 하나도 없었다.[4] 다른 부인에게서 나이가 가장 어린 또 다른 아들이 하나 태어났는데, 그의 이름은 벨구테이 노얀(Belgûtay Nôyân)이었다. 그

---

1) 몽골어의 echige.

2) 『秘史』에서 그녀의 이름은 후엘룬(Hö'elün)으로 나온다. '푸진'은 물론 夫人을 옮긴 것이고, '에케'는 몽골어에서 어머니(eke)를 뜻한다.

3) A·B·T·L2: MAJW. TAJW의 誤寫임이 분명하다.

4) 그러나 『秘史』 60절에 따르면 Temülün이라는 딸이 하나 있었다.

러나 이 네 아들의 중요함에는 미치지 못했다.

나이도 가장 많고 탁월한 큰아들이 테무진(Temûjîn)이었다. 그가 쉰한 살에 나이만의 지배자를 죽이고 군주가 되었을 때, 그의 칭호를 칭기스 칸이라고 불렀다. 그에 관한 일화는 헤아릴 수 없을 정도로 많으며, 그 가운데 일부는 그의 紀에 나올 것이다.

둘째 아들은 주치 카사르(Jôchî Qasâr)였다. 주치는 이름이고, '카사르'는 맹수를 의미한다. 왜냐하면 그는 몸집이 크고 힘이 세며 거친 성격을 가졌기 때문에 그렇게 불렀다. 전하는 말에 따르면 그의 어깨와 가슴이 어찌나 넓고 허리는 얼마나 잘록했는지, 옆으로 누워서 잘 때는 한 마리의 개가 그의 허리 밑으로 빠져 나갈 정도였다고 한다. 또한 힘은 얼마나 센지 사람 하나를 두 손으로 잡아서 그 허리를 마치 나무로 만든 화살처럼 부러뜨릴 정도였다고 한다. 그는 대부분 자기 형인 칭기스 칸과 연합했으며, 한마음이었다. 비록 옹 칸과 전투할 때 그와 떨어지기도 했고, 여러 차례 그가 잘못을 범했다는 비난을 받는 일이 생기기도 했지만, 칭기스 칸은 나이만의 군주 타양 칸과 벌인 커다란 전투에서 카사르에게 중군을 지휘하라고 지시했다. 그는 그 전투에서 혼신의 힘을 다했고, 그런 까닭으로 칭기스 칸은 그에게 은사를 내렸다. (칭기스 칸은) 여러 형제들과 조카들 중에서도 특히 그와 그의 자식들에게 형제와 왕자의 지위에 걸맞는 직책과 자리를 정해 주었다. 그래서 칭기스 칸의 일족에 속하는 모든 숙부와 사촌들 가운데 오로지 주치 카사르의 일족만이 왕자들의 반열에 앉는 것이 지금까지 관례로 되어 있다. 다른 사람들은 아미르들의 반열에 앉는다. 주치 카사르와 그의 자식들에 관한 다른 일화들은 칭기스 칸 紀와 연대기에 나올 것이다.

그에게는 자식들이 많았다. 전하는 바에 따르면 거의 40명에 가까웠다고 하지만 널리 알려진 것은 세 아들인데, 예쿠(Yîkû),[5] 토쿠(Tôqû),[6] 이숭게(Yîsûngge)[7]였다. 그런데 칭기스 칸의 칙령 속에는 예쿠와 이숭게의 이름은 나오지만 토쿠의 이름은 나오지 않는다. 예쿠는 키가 작았고, 토쿠는 그보다 더 작았다. 이숭게는 키가 크고 붉은 혈색이었으며 수염을 길렀다. 주치 카사르가 사망하자 큰아들인 예쿠가 그의 자리에 앉았고, 예쿠가 죽자 그의 아들인 하르카순(Harqâsûn)이 계승했다. 그 다음에는 그의 숙부인 이숭게가 뒤를 이었다. 뭉케 카안과 쿠빌라이 카안의 시대에 주치 카사르의 계승자는 이숭게였고, 그의 명성은 자자했다. 그는 중요한 문제나 국사를 〔59v〕「51r」 논의할 때 참여했고, 대단한 존경을 받았다. 그는 관례에 따라 자기 부친의 모든 군대와 종족, 그리고 형과 아우들을 관할했다. 쿠빌라이 카안과 아릭 부케 사이에 반목이 생겼을 때, 이숭게는 쿠빌라이 카안의 휘하에 있었고 그 군대에 편성되었으니, 이는 쿠빌라이 카안 紀에서 설명할 것이다. 전하는 바에 따르면 그는 일흔다섯 살에 쿠릴타이에 참석차 쿠빌라이 카안에게 왔을 때도 여전히 한 오라기의 흰 머리도 보이지 않았다고 한다. 칭기스 칸이 자식들에게 군대를 배분할 때 1천 명을 주치 카사르의 자식들, 즉 이미 장성한 예쿠, 토쿠, 이숭게 등에게 주었는데, 〔이 숫자는〕 여러 군대에서 100명씩을 뽑아낸 것이다. 그 뒤 그의 일족 중에 누구라도 그의 지위를 계승한 사람은 이 군대를 모두 지휘했는데, 현재 여러 세대가 지나면서 그 숫자는 대단히 많아졌다. 뭉케 카안의 시대에도 주치 카사르의 큰부인들 중 몇 명은 여전히 생존해 있었고, 그는 그들을 정중히 대했다.

주치 카사르의 일족과 이숭게의 목지와 거처는 몽골리아 경계 안에서 동북방에 있다. 그곳은 에르게네(Ergûne), 쿠케 나우르(Kûke Nâûûr), 카

---

5) 『元史』 권107의 也古.

6) 『元史』 권107의 脫忽.

7) 『元史』 권107의 移相哥.

일라르(Qaylâr)[8] 부근에 있으며, 근처에는 옷치 노얀(Ôtchî[9] Nôyân)의 아들인 지부(Jîbû)와 손자인 타가차르(Ṭaǧâchâr)의 묵지가 있다. 예쿠의 아들로는 타이탁(Tâîtâq)이 있고, 또 다른 아들로는 하르카순[10]이 있다. 그들은 한 개의 호를 관할했다. 토쿠의 아들인 에부겐(Ebûgân) 또한 백호를 관할했으며, 이숭게의 아들인 에메겐(Emegân)은 쿠빌라이 카안 시대에 주치 카사르의 지위와 그의 울루스를 관할했다. 에메겐의 아들인 식투르(Shîktûr)[11]도 역시 쿠빌라이 카안 시대에 아버지의 후계자가 되었다. 결국 옷치 노얀의 일족이었던 타가차르의 손자들과 연합하여 쿠빌라이 카안에게 반역을 도모했다가 고발(aîǧâq)당하여 쿠빌라이 카안은 그들을 처형하고 그 군대들을 분배해 버렸다. 주치 카사르의 일족에 속하는 한 지파가 이 나라에 와서 아바카 칸의 시대에 이곳에 있었고, 지금도 일부가 살고 있다.

주치 카사르에게는 또 다른 아들이 있었는데, 그 이름은 마쿨다르(Mâqûldâr)였다. 그는 몸에 약간의 병이 있었던 것으로 알려졌다. 그의 어머니는 알탄 카툰(Âltân Khâtûn)으로 코룰라스 종족 출신이었다. 이 마쿨다르에게 두 아들이 있었는데, 하나는 지르키다이(Jîrqîdâî)였고, 그에게는 다음의 다섯 아들이 있었다.

○ 킵착(Qibchâq): 첩의 소생. 타이추(Ṭâîchû)와 훌라다이(Hûlâdâî)라

---

8) 에르게네는 훌룬(Hulun) 호수에서 흘러나와 아무르 강으로 연결되는 강의 이름이고, 카일라르(현재의 Hailar)는 興安嶺 산맥의 서북록에서 흘러나와 에르게네 강으로 합류하는 강이다. 쿠케 나우르(Köke Na'ur, '靑湖')라는 이름을 가진 호수는 몽골리아 여러 곳에 있지만, 여기서는 에르게네와 카일라르 강 부근에 있는 호수의 이름임이 분명하다.

9) A: AWTAJY; T: AWTJY. 칭기스 칸의 막냇동생 옷치긴 노얀을 가리킨다.

10) A·T본에는 ARQASWN(아르카순)으로 표기되어 있으나, 뒤의 용례에 따라 고쳤다.

11) 『元史』 권107의 勢都兒.

는 두 아들을 두었다.

○ 수투(Sûtû): 카툰의 소생. 자식은 없었다.

○ 쿠케(Kûkâ): 카툰의 소생. 자식은 없다.

○ 투다야 톡타이(Tûdâyâ Tôqtâî): 카툰의 소생.

○ 툴렉(Tülek)[12]: 카툰의 소생. 바바(Bâbâ), 부랄기(Bûrâlğî), 풀라드(Pûlâd)라는 세 아들을 두었다.

마쿨다르에게서 태어난 또 다른 아들은 어려서 사망했고, 이름은 알려지지 않는다.

주치 카사르에게는 카랄주(Qarâljû)라는 이름을 가진 또 다른 아들이 있었는데, 그의 출생에 관한 정황은 다음과 같다.

주치 카사르의 노예 가운데 톡타이(Tôqtâî)라는 사람이 매우 아름다운 부인—그녀의 이름은 쿠체킨(Kûchekîn)—을 갖고 있었는데, 하루는 주치 카사르가 들판에서 그녀를 보고, 그 자태가 마음에 들어 그녀와 동침을 했다. 그 뒤에 그는 그녀가 임신을 했을지도 모른다고 생각하여, 그녀를 홀로 두고 보살피도록 지시했다. 아홉 달 뒤 그녀에게서 아들이 하나 태어났다. 그에게 카랄주라는 이름을 지어 주고 자기 부인인 알탄 카툰에게 그를 주면서, "너에게는 아들이 하나뿐이니, 이 녀석도 너의 아들로 삼아라"라고 말했다. 알탄 카툰은 그를 길렀다. 이 카랄주에게서 일곱 명의 아들이 태어났으니, 그 이름과 손자들의 이름은 다음과 같다.

○ 티무르(Tîmûr): 그에게는 아들이 없었다.

○ 살리(Sâlî): 역시 아들이 없었다.

---

12) T: TWKL.

○ 무게두(Môgedû): 부케리(Bûkerî), 쿠룸시(Qûrumshî)라는 두 아들을 두었다.

○ 쿠투쿠(Qûtuqû): 아르슬란(Arslân)이라는 아들이 하나 있었는데, 훌레구 칸과 함께 있었다.

○ 살리 투카(Sâlî Tûqâ): 쿠르잔(Qûrjân), 자무치(Jâmûchî)라는 두 아들을 두었다.

○ 무이다르(Mûîdar): 우룩 티무르(Ûruk Tîmûr)라는 아들 하나를 두었다.

○ 쿠르트카(Qûrtqa): 아들이 없었다.

전하는 바에 따르면 우구데이 카안 재위시 차가타이가 그와 떨어져 자신의 울루스에 머물 때, 〔차가타이가〕 우구데이 카안에게 사람을 보내 이렇게 청원했다고 한다. "〔내게는〕 가까이 지내면서 같이 음식도 먹고 술도 마실 수 있는 사람들이 많지 않습니다. 만일 카안께서 은사를 내려 이 종족 가운데 몇 사람을 보내도록 명령하시면 어떨지요?" 이에 우구데이는 주치 카사르의 일족 가운데 몇 명을 선발해서 보내도록 지시했고, 그들 중 하나가 카랄주였다. 그를 키운 알탄 카툰은 "어떻게 그를 혼자 보낼 수 있단 말인가?"라고 하면서 그와 함께 왔다. 〔60r〕[13] 아직 강보에 쌓여 있던 자신의 손자 지르키다이도 같이 데려가서 차가타이를 모셨다. 〔차가타이의 손자인 바락이〕 아바카 칸과 전쟁을 할 때, 카랄주의 자식들과 지르키다이는 앞에서 말했던 바와 같이 그와 함께 와서 전투를 벌였다. 바락이 도주하고 그의 군대가 흩어지자, 그들은 그 다음해에 상의하여 "과거에 카안은 우리를 파견했었다. 이제 우리 아바카에게로 가

13) B본은 여기서부터 A본의 70v에 해당하는 부분까지가 결락되었다.

서 그를 위해 헌신하고 복락을 누리자"라고 합의한 뒤 모두 〔이곳으로〕 왔다. 수구를룩(Sûğûrlûq[14])이라는 곳에서 아바카 칸을 알현하고 특별한 은사를 받았다. 〔아바카 칸은〕 쿠케에게 아르군을 모시도록 지시했고, 그 뒤에 수투도 그를 모시라고 보냈다. 토칸(Tôqân)을 이데치(îdâchî)[15]로 임명하여 기레이(Girâî)와 힌두(Hindû)와 함께 다니도록 했다. 툴렉 또한 이데치로 임명했는데, 그가 직무를 잘 수행하지 못하자 그를 옮겨서 자신의 近侍로 만들고, 〔대신〕 톡타이를 임명했다. 티무르, 살리, 무게두,[16] 쿠투쿠는 시레문 노얀(Shîrâmûn Nôyân)의 만호인 탐마(tamma)〔軍〕[17]에 배속되었다. 살리 투카, 무이다르, 쿠르트카는 아바카 칸을 모시며 왕자와 같은 신분으로 다녔다.

〔이수게이의〕 셋째 아들은 카치운(Qâchîûn)[18]이었다. 그는 수많은 부인과 아들을 두었지만, 그의 후계자는 알치다이[19]였고, 매우 중요한 인물이었다. 우구데이와 뭉케 카안과 쿠빌라이 카안은 항상 그를 정중히 대했고, 중요한 일은 그와 상의했다. 그의 목지와 울루스는 동방에 위치하며 몽골리아 안에서 곧바로 동쪽에 있고, 키타이인들이 카라무렌에서부터 주르체 바다까지 세워 놓은 성벽 부근에 있어, 주르체 지방에 가깝다. 그 근처에 있는 지점들로는 이키레스 종족의 옛 목지, 칼랄진 엘레트

---

14) A: SBWĞWRLWQ; T: SWQWRLWQ.

15) 몽골어에서 ide'e(n)은 '음식, 식사'를 뜻한다. îdâchî는 몽골어의 ide'echi를 옮긴 것이며, 군주의 식사·요리 등을 관장하는 직책을 맡은 사람을 의미한다. Doerfer, I, pp.188~189.

16) A·T: MWNGDW.

17) '탐마군'에 대해서는 라시드 앗 딘 자신이 이미 『부족지』(p.143)에서 "천호와 백호의 군대에 〔일정한 수의 군인을〕 배정하여 차출한 뒤 어느 지방에 주둔하도록 파견한 군대"라고 설명했듯이, 징발해서 파견한 鎭戍軍을 의미한다.

18) 『元史』 권107의 哈赤溫.

19) A: YLJYDAY: T: ALJYDAY. 『元史』 권107의 按只吉歹. 그의 이름은 Alchidai/Elchidei 또는 Eljigidei/Aljigidai 등 다양하게 표기되었는데, 여기서는 알치다이로 통일해서 사용한다.

(Qalâljîn Elet) 지방,[20] 알쿠이(Alqûî)[21] 강 연안이다. 지금까지 그의 자식들과 군대는 카안 휘하에 있고, 그의 일족 가운데 이 나라에 있는 사람은 아무도 없다. 칭기스 칸이 아들들에게 군대를 배분할 때 3천 명을 알치다이 노얀에게 주었다. 그들의 지휘관은 욱사우다이 우츠카쉬 구양(Ûqsâûdâî Ûchqâsh Gûyâng)인데, 욱사우다이는 지파의 이름이고, 우츠카쉬는 사람의 이름이며, 구양은 칭호이다. 이 아미르는 나이만 종족 출신이다. 우량카트와 타타르 출신의 또 다른 아미르들도 있었다. 왜냐하면 이 3천 명은 나이만, 우량카트, 타타르의 군대로 이루어졌기 때문이다. 오늘날까지 여러 세대가 지나면서 그 숫자는 많아졌다. 알치다이에게는 아들이 많았는데, 그의 후계자는 차쿨라(Châqûla)[22]였다. 그에게도 역시 아들이 많았지만, 후계자는 쿨라우르[23]였다. 그에게도 아들이 많았는데, 후계자는 카단(Qadân)이었다. 그 역시 많은 자식을 두었고, 후계자는 싱라카르(Shînglaqar)[24]였다. 쿠빌라이 카안은 시험 삼아 알치다이의 지파 사람들을 헤아려 보도록 했더니 모두 600명이었다. 이 마지막 아들은 옷치 노얀의 일족인 나야(Nâyâ) 및 다른 왕자들과 연합하여 쿠빌라이 카안에게 반란을 꾀했다. 쿠빌라이 카안은 그들을 처형시키고 그 군대를 분배해 버렸다.

〔이수게이의〕 넷째 아들은 테무게 옷치긴(Temûge Ôtchigîn)[25]이었다. 테무게는 이름이고 옷치긴은 '불〔火〕과 목지의 주인'을 뜻하며, 막내아

---

20) 이곳의 위치에 대해서는 『부족지』, p.92 주 20) 참조.

21) Perlee는 이곳을 에르게네 유역으로 추정했지만 받아들이기 어렵다(小澤重男 譯, 「元朝秘史に現われる地·水名を探る」, 『元朝秘史全釋 下』, p.591). 칼랄진 엘레트 부근이라면 에르게네 강보다 훨씬 남쪽으로 보아야 할 것이다.

22) 『元史』 권107의 察忽剌.

23) A: QLAWZ; T·L2: QLAWR. 『元史』 권107의 忽列虎兒.

24) 『元史』 권107의 勝納哈兒.

25) 『元史』 권107의 鐵木哥斡赤斤.

들을 옷치긴이라 부른다. 그는 옷치 노얀이라고도 불렸고, 그 이름으로 널리 알려졌다. 큰부인의 이름은 산닥친(Sandaqchîn)이고, 올쿠누트 종족 출신으로 칭기스 칸 모친의 친족 가운데 하나였다. 그런 이유로 그녀는 커다란 존경을 받았다. 옷치 노얀은 몽골인들 중에서도 건물 짓는 것을 매우 좋아하여, 가는 곳마다 궁전(sarâî)과 전각(kôshek)과 정원을 건설했다. 칭기스 칸은 다른 형제들보다 특히 그를 더 아껴서 그 형들보다 더 높은 자리에 앉혔고, 지금도 그의 자식들은 다른 두 형제의 자식들보다 더 높은 곳에 앉는다. 칭기스 칸이 자식들에게 군대를 분배할 때 그에게 5천 명을 주었는데, 그 가운데 2천 명은 킬키누트 종족에 속하는 오로나르 종족에서 충원되었고, 1천 명은 베수트 종족에게서, 그리고 2천 명은 여러 종족들에게서 소집되었다. 그에게는 자식들이 많았지만 후계자는 타가차르 노얀이었고, 그가 울루스와 많은 군대를 관할했다. 세대가 흐르면서 이 5천 명은 더 많은 수의 중요한 군대가 되었다. 그가 있는 지방과 목지는 동북방으로 몽골리아의 가장 변두리에 있어 그 너머에는 어떠한 몽골 종족도 살지 않았다. 그는 쿠빌라이 카안 휘하에서 항상 쿠릴타이에 참석하여 중대한 국사를 〔60v〕 논의함으로써 매우 존경을 받았고 중요한 인물이었다. 아릭 부케와 쿠빌라이 카안이 대립할 때 쿠빌라이 카안은 그를 군대의 지휘관으로 임명하여 전투에 보냈고, 그는 아릭 부케의 군대를 격파했다. 그 뒤 그는 쿠빌라이 카안의 칙령에 따라 항상 원정에 나섰고, 훌륭한 삶을 살다가 천수를 다했다. 그가 사망했을 때 아들이 여럿 있었는데, 지부(Jîbû)가 후계자가 되었다. 그에게도 자식들이 많았고, 타가차르(Ṭaǧâchâr)[26]가 그의 후계자가 되었다. 그에게도 자식들이 많았고 수많은 군대가 그와 함께 있었으며, 쿠빌라이 카안을 위

---

26) 『元史』 권107의 塔察兒.

해 열심을 다해 봉사했다. 아들들이 많았고, 아줄(Ajûl)[27]이라는 사람이 그의 후계자가 되었다. 그에게도 자식들이 많았고, 나야(Nâyâ')가 후계자가 되었다. 쿠빌라이는 그들의 숫자를 헤아리라는 칙령을 내렸는데, 옷치 노얀의 일족은 700명에 이르렀다. 앞에서 말한 나야는 쿠빌라이 카안의 치세 말기에 그의 사촌들이었던 왕자들, 예를 들어 주치 카사르의 일족인 식투르(Shîktûr), 알치다이 노얀의 일족인 싱라카르, 쿨겐의 일족인 에부겐(Ebûgân), 우구데이 카안의 아들인 쿠텐의 일족, 기타 쿠빌라이 카안 휘하에 있던 다른 왕자들과 함께 밀통하여, 카이두와 연합해 카안에게 반란을 일으키려고 생각했다. 그런데 음모가 탄로나서 카안은 군대를 이끌고 가 그들을 붙잡았다. 그 일부는 처형시키고, 그들 휘하의 군대는 분배해 버렸다. 오늘날 그들의 울루스에 남아 있는 사람은 아무도 없다.

〔이수게이의〕 다섯 번째 아들은 벨구테이 노얀(Bîlgûtay Nôyân)이었다. 그는 다른 부인에게서 태어났고, 다른 형제들과 같이 여기지 않았다. 항상 칭기스 칸을 모셨다. 칭기스 칸이 키야트 유르킨 종족—그들의 수령은 세체 베키와 타이추였다—의 연회를 즐기고 있을 때 서로간에 싸움이 벌어졌다. 그 싸움이 벌어지는 동안 벨구테이 노얀은 키리에스(kirîâs)[28]를 관장(yâsâmîshî)했는데, 그들이 그의 어깨를 칼로 내리쳤다. 이 이야기는 칭기스 칸 紀에서 설명할 것이다. 그에게는 자식들이 매우 많았는데, 그들 가운데 자우투(Jâûtû)[29]가 후계자가 되었다. 그를 '자우투'라고 부른 이유는 그에게 100명의 부인과 100명의 아들이 있었기 때문이다.[30] 그는 자기 부인과 자식들을 알아보지도 못할 정도로 연로했

---

27) 『元史』 권107의 阿朮魯.

28) 『秘史』 131절의 kirü'es. 말을 묶어 두는 곳.

29) 『元史』 권107의 爪都.

다. 쿠빌라이 카안이 자신의 아들인 노무간(Nômûğân)을 다른 왕자들과 함께 카이두와의 전쟁을 위해 파견했을 때, 그 왕자들이 모의하여 노무간을 해칠 생각으로 그를 붙잡았다. 자우투는 그 모의에 가담했고, 그들에게 동의했다. 그가 돌아올 때 아미르들 가운데 타차르 노얀(Tâchâr Nôyân)—알치다이 노얀의 일족—이라는 사람이 있었는데, 카안에게 "자우투가 이런 행동을 했으니 그를 처형해야 마땅합니다"라는 내용의 전갈을 보냈다. 카안은 "나는 그에게 확실한 빚이 있으니 그를 죽이지 않겠다"고 말했다. 그 빚이란 카안이 아릭 부케와 전투를 벌일 때 자우투가 카안을 도운 일을 말한다. 그런 까닭으로 그를 죽이지 않았지만, 그의 군대를 거두어들인 뒤 그를 친(Chîn)[31]의 해안에 있는 더운 지방으로 보내 감시인들을 붙여 두었다. 그 당시 자우투는 키타이인들의 슬리퍼(kafsh)와 신발(chârûq)을 신고 다녔고, 음식을 하기 위해 스스로 땔감을 구하러 다니곤 했다. 감시인들이 "우리가 가지고 오겠다"고 말하면, 그는 "내가 이렇게 하는 것이 마땅하다. 나는 처음에는 봉사를 잘했으나 마지막에 해를 끼쳐 죄를 범했다. 그런데도 나의 목숨을 살려 주었다"고 말했다. 어찌되었든 그는 이런 말로를 맞아 죽을 때까지 그렇게 살았다.

쿠빌라이 카안은 시험 삼아 그의 일족을 헤아리도록 했는데, 그 숫자가 800명이었다. 그는 "어떻게 주치 카사르의 아들 40명에게서 800명이 태어났는데, 벨구테이와 자우투의 아들들 100명에게서는 800명밖에 태어나지 않았단 말인가?"라고 말했다. 그 뒤 그는 "주치 카사르의 일족은 부유하고 풍족했지만 벨구테이의 일족은 가난했다. 그런 이유로 그들의 후손은 더 적었다"라고 말했다. 현재 그의 일족은 카안을 위해 봉사한다.

---

30) '자우투'라는 이름은 몽골어로 100을 뜻하는 ja'un/ja'ud에서 연원한 말이기 때문이다.

31) 남송 치하의 남중국을 가리킴.

칭기스 칸을 제외하고 이수게이 바하두르의 자식들의 지파에 관한 설명은 이상에서 언급한 바와 같다.

### 그의 전투에 관한 일화

〔61r〕 이수게이 바하두르가 치른 전투의 대부분은 타타르 종족과 벌인 것이었다. 그들은 당시 투르크 종족들 가운데 가장 유명했고, 다른 종족에 비해 더 많은 군대를 보유하고 있었다. 카불 칸 부인의 형제였던 사인 테킨이 사망하고 그의 일족이 타타르의 무당 차라칼을 살해한 사건이 있은 뒤부터 카불 칸의 자식들과 타타르 종족 사이에 불화가 생겨났고, 이에 관해서는 카불 칸 紀에서 설명한 바이다. 양측에서 끊임없이 분란이 일어나 항상 서로 전투를 벌이며 싸웠다. 마침내 이수게이 바하두르가 그들에 대해 우위를 점하고 패배시켰다. 그 뒤 칭기스 칸이 그 종족 전체와 일부 다른 종족들을 자신의 예속민과 포로로 삼았다. 이는 오늘날 투르크 종족들 전부가 칭기스 칸 일족의 속민이자 군대가 된 것에서도 알 수 있다.

특히 칭기스 칸이 태어날 때 이수게이 바하두르는 타타르에 대항해 출정하여 그들의 군주였던 테무진 우게(Temûjîn Ûge)와 코리 부카(Qôrî[32] Bûqâ)[33]를 죽이고 그들의 재산과 말 떼를 약탈했다. 그가 돌아왔을 때 칭기스 칸께서 태어나셨다. 그는 이 일을 상서로운 조짐으로 여겨 그의 이름을 테무진이라고 지었다. 이에 관한 정황은 칭기스 칸 紀에서 자세히 설명할 것이다. 고귀하신 신께서 뜻하신다면!

---

32) A·T: QWR.

33) 이 두 사람에 대해서는 『秘史』 59절 참조.

## 제2장 이수게이 바하두르와 그의 부인의 초상과 그들의 자식들의 지파도

이수게이 바하두르에게는 앞 장에서 상술한 것처럼 다섯 명의 아들이 있었고, 그들의 일족과 자식들은 많았다. 칭기스 칸의 일족을 제외하고 나머지 사람들 가운데 유명하고 중요한 사람에 관해서는 서술했다. 이 장에서는 그와 그 부인의 초상을 싣고, 앞에서 말한 그의 자식과 손자들의 이름을 각 지파의 도표에 표시하도록 하겠다. 온 세상의 군주인 칭기스 칸에 관한 것은 뒤이어 나오는 별도의 紀에서 서술할 것이다. 지고하신 알라는 은총의 주님이시다!

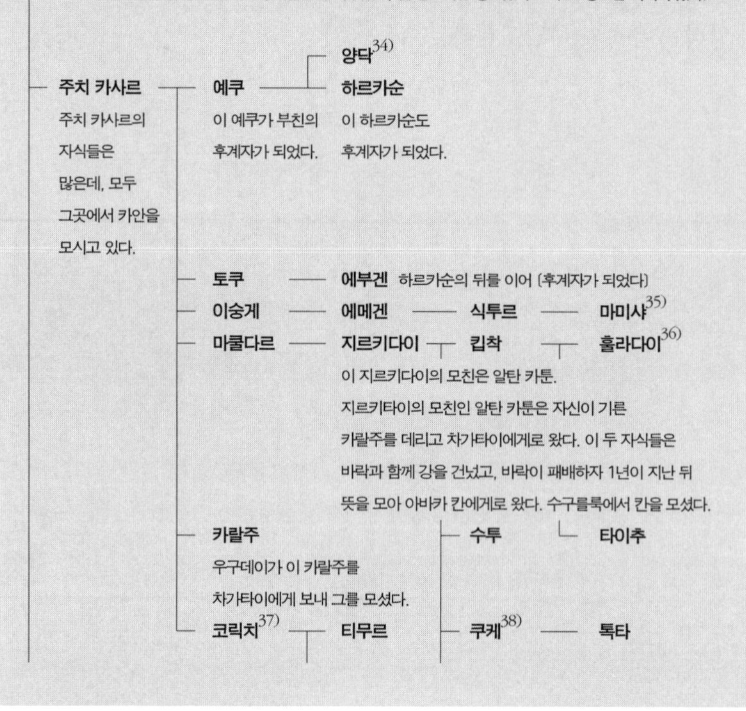


34) A: YANGDAQ.

35) 『元史』 권107의 八不沙.

36) A·T: HWLQWTW. 앞의 용례에 따라 훌라다이로 고쳤다.

37) 그러나 본문에서는 티무르 이하 일곱 명의 자식들이 코릭치가 아니라 카랄주의 아들로 되어 있다.

38) 앞에서는 아들이 없다고 했다.

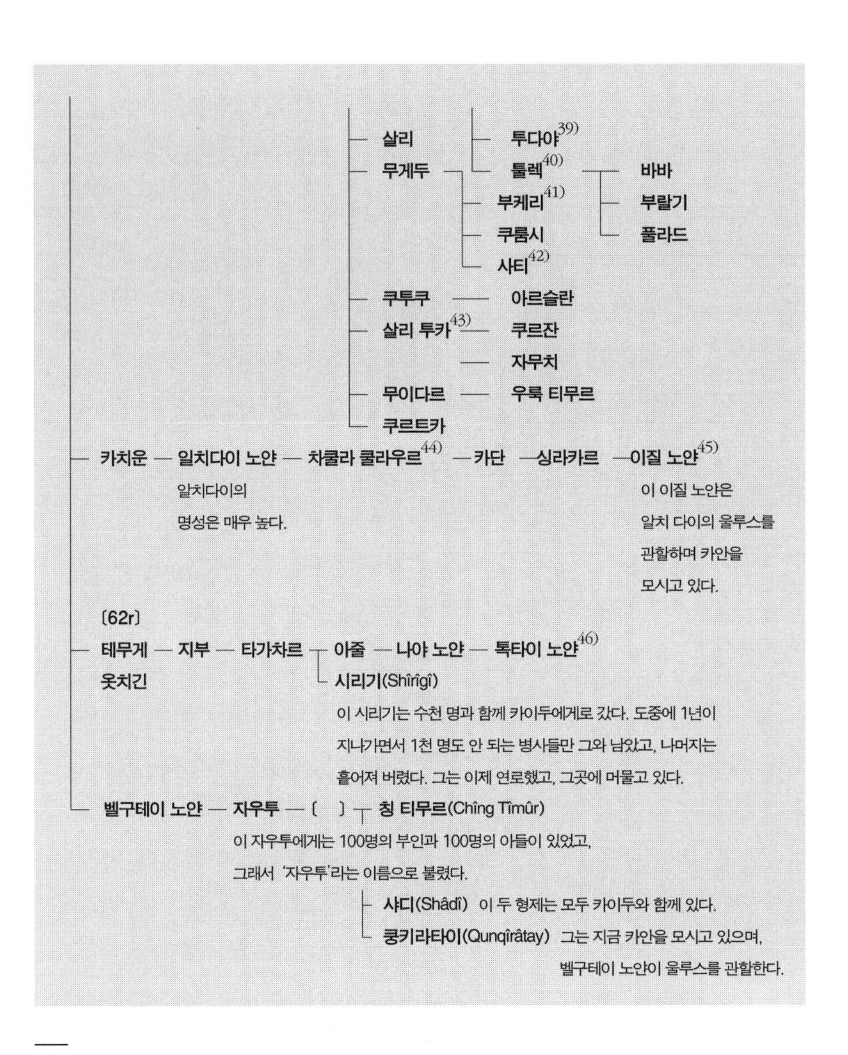


---

39) A·T: TWDKAN.

40) T: TWKL.

41) A·T: BWGRTAY.

42) A·T: SATY.

43) A·T: SALYNTWQ.

44) A: AWKALAQWR.

45) 『元史』 권107의 也只里.

46) A: TWQTAY NWYAN; T: TWQTA NWYAN.

# 제 2편

# 칭기스 칸 기

## 【紀 一】

칭기스 칸 紀의 시작

사려 깊고 현명한 심성을 가진 분들은, 생성과 소멸로 가득 찬 이 세상에서 강역의 파괴나 민족들의 분산 또는 상황의 격변을 거치면서 일어나는 모든 현상들이 주님의 정의와 은총의 결과요 창조주의 위대한 명령의 표현일 따름이라는 사실을 분명히 알리라. 시간의 흐름과 함께 규범이 무너지고 낮과 밤이 지나가면서 나라와 민족들은 혼란에 빠질 수밖에 없기 때문에, 영원한 창조 과정 속에서 신성한 율법이 실현되기 위해서는 각 세대마다 용기와 위엄을 갖춘 위대한 지복의 군주를 내세워, 그를 하늘의 성스러운 축복과 막강한 외투로 덧입힌 뒤 그 같은 퇴락과 혼란을 없애지 않으면 안 된다. 그는 이 같은 작업에 필요한 기초를 다지고 기둥을 세우는 데 지고의 노력을 기울이고, 위험의 땅으로 변해 버린 왕국들의 영토에서 갖가지 더러운 것들과 거만한 자들을 제거하며, 온갖 타락과 부패가 일으킨 혼란을 시퍼런 칼로써 제거해 버린다.

앞의 문장에서 말하려는 요체는 이러하다.

과거에 각 나라에서 갖가지 주장들이 제기되었고, 각지에서는 여러 반도들이 출현했었다. 대립과 반목으로 말미암아 세상을 통치하는 질서가 무너지고 정치의 근본이 동요했다. 그래서 영원한 의지와 불멸의 지혜에 의해, 세계 정복의 전쟁터를 제패한 용맹한 기사, 즉 세상의 군주인 칭기스 칸이 행운의 등자에 위용의 발을 올려 놓고 위엄에 찬 손으로 오만한 무리들을 내리쳤다. 그의 예리한 창 끝에서 튀는 불꽃은 마치 바람처럼 반역자들의 땅에서 흙먼지를 불러일으켰고, 성채를 부수는 철퇴를 휘두르고 피를 뿌리는 칼을 내리쳐서 반도의 무리들을 거꾸러뜨렸다. 그의 칼은 숙명적인 것이었기 때문에 그의 얼굴이 향하는 곳은 어디든 정복될 수밖에 없었고, 그의 지시를 받는 사람은 누구나 순종할 수밖에 없었다. 적대와 반항의 길을 걸은 사람들은 생명과 재산을 모두 잃어버렸다.

이렇게 해서 그는 짧은 시간에 수많은 왕국들을 장악한 뒤 엄정한 관례와 야삭법령(qawânîn-i yâsâq)과 규범을 정비·편찬하고, 정의를 구현하며 백성을 보살피는 관례들을 실행에 옮겼다. 그는 왕국의 기초와 지주를 강화하기 위해 각 민족의 명망가들을 사면해 주었고, 각 계층의 사람들에게 은사의 문을 열어 주었다. 세계를 정복하는 과정에서 그의 군대가 몰고 온 파괴는 이슬람권 각 지방에 미쳤기 때문에, 그 같은 상처를 치유하기 위해 창조주의 지혜는 파괴를 가져온 바로 그 종족들로 하여금 이슬람을 받아들이도록 했고, 그래서 세상 사람들에게 주님의 완벽한 위력과 명령이 분명히 드러날 수 있도록 하신 것이다. 이 같은 의도는 관용의 체현자, 이슬람의 제왕, 인류의 군주, 신의 그림자, 종교의 구원자이신 술탄 마흐무드 가잔 칸—그의 왕국을 영원케 하시라! —, 즉 모든 사람들이 목격하듯이 칭기스 칸 가문의 진주요 통치자 일족의 태양이신 그분에게서 분명히 드러났다. 또한 지혜와 진리의 세계를 드러내는 술잔인 그분의 빛나는 심성의 거울에는 영원한 은총에 힘입어 신앙의 진리가 반영되었고, 신성한 빛이 내려오는 지점인 그분의 평온한 가슴판에는 이슬람의 위력의 토대가 확고하게 자리잡았다. 위구르와 몽골의 종족들과 배화교도와 불교도들 모두가 이슬람 종교의 권역 안으로 들어왔고, 우상을 숭배하는 절들과 율법에 어긋나는 사원들을 완전히 뿌리뽑아, 다신교도와 종교의 적대자들을 지상에서 모두 없애 버렸다.

그는 이렇게 무슬림들의 교파들을 강건케 하고 이슬람 율법을 촉진하고 〔63r〕 학정을 제거하며 불의를 억압함으로써, 사도의 시대 이후 어느 시대에도 지금 그가 지배하는 이 시대처럼 이슬람이 번영하고 인류가 평안을 누린 적이 없을 정도였다. 이 위대한 행운의 시대를 사는 축복받은 우리들이 이 크나큰 은총과 드넓은 은사에 어떻게 감사를 표할 수 있을까. 우리의 아버지들이 고대하고 바라던 것, 즉 고통과 불안의 원인 제거, 이슬람 시장의 번영이 모두 우리에게 실현되었고, 안전과 평안의 대문은 제왕의 은총과 자비로 우리에게 활짝 열렸다. "그것이 알라의 은총이니, 그가 원하시는 자에게 베푸는도다. 알라의 크나큰 은총을 찬미하라!"[1] 지고한 진리가 영원하기를! 이슬람의 제왕, 세상을 보호하는 군주, 알라 종교의 보호자, 즉 술탄 마흐무드 가잔 칸께서 은총을 입으시기를! 그의 치세가 영원히 지속되기를! 우리의 사도 무함마드와 그의 고귀한 가족에게 축복이 있기를!

## 이수게이 바하두르의 아들 칭기스 칸 紀

— 세 장으로 구성

제1장__그의 계보, 그리고 현재 여러 지파들로 나누어진 그의 아들·딸·손자들에 관한 설명. 그의 부인과 사위들, 그 자식들의 지파를 나타내는 도표.

제2장__그가 통치하던 시기의 일화와 연대기. 그가 칸으로 즉위할 때 〔앉았던〕 보좌, 부인과 왕자들, 아미르들의 모습. 아미르들의 계보. 그가 치렀던 전투와 승리에 관한 설명. 그의 재위 기간.

제3장__그의 생전에 또는 통치기에 일어난 사건과 일화들. 그가 남긴 성훈(bîlîg)과 담화 및 지혜로운 말들. 그 밖에 그의 찬양할 만한 성품과 덕성 가운데, 앞의 두 장에 포함되지는 않았지만 구전이나 서적을 통해 알려진 단편적인 것들.

---

1) 『코란』 57:21.

# 제1장

# 칭기스 칸의 계보

칭기스 칸의 계보와 그의 부인·아들·딸·사위들에 관한 설명.
그의 초상화 및 자식들의 지파도.

알란 코아에 이르기까지 그의 조상들에 관해 비록 별도의 紀에서 기록했지만, 이 본기에서는 알란 코아로 연결되는 그의 계보를 더 분명하게 자세히 설명하도록 하겠다. 그 까닭은 독자들이 즉시 〔그 계보를〕 알기를 희망한다면, 다른 紀들을 뒤져보지 않고도 바로 여기서 알 수 있도록 하기 위함이다. 또한 몽골인들이 조상들에 대해서 자기들 나름의 호칭으로 어떻게 부르는지에 대해서도 설명하겠다. 칭기스 칸의 계보와 조상들의 호칭은 다음과 같다.

칭기스 칸의 부친: 이수게이 바하두르.
몽골어로는 '에치게'(îchige)라고 부른다.
칭기스 칸의 조부: 바르탄 바하두르. 몽골어로는 '에부게'(ebûge)라고 부른다.
칭기스 칸의 증조: 카불 칸. 몽골어로는 '엘린칙'(elînchîk)이라 부른다. 〔63v〕
칭기스 칸의 고조: 툼비나 카안. 몽골어로는 '부다투'(bûdâtû)[1]라고 부른다.
칭기스 칸의 5대조: 바이 싱코르.
몽골어로는 '부다우쿠우'(bûdâûkûû)라고 부른다.
칭기스 칸의 6대조: 카이두 칸. 몽골어로는 '보르카이'(bôrqay)라고 부른다.
칭기스 칸의 7대조: 두툼 메넨. 몽골어로는 '두타쿤'(dûtâqûn)이라고 부른다.
칭기스 칸의 8대조: 보돈차르. 7대조 위로는 호칭이 없고,
통틀어서 '에치긴 에부게'(îchigîn ebûge)라고 부른다.

이들 모두의 족모는 알란 코아이다. 그러나 또 다른 전승에 따르면 알란 코아는 〔9대조가 아니라〕 10대조라고 한다. 왜냐하면 보돈차르에게 부카(Bûqâ)와 나친(Nâchîn)이라는 두 아들이 있었고, 부카의 아들이 두

---

1) A: BWDWTW; T: BWDTW.

툼 메넨이기 때문이라는 것이다. 〔이처럼〕 전승이 서로 엇갈리기 때문에 앞에 나온 紀들에서는 한 가지 전승만으로 서술했으나, 조금의 소홀함도 없게 하기 위해 여기에 〔다른〕 전승을 기록해 둔 것이다.

앞서 나왔던 紀들과 일화들 가운데에서 설명했듯이, 칭기스 칸은 알란 코아에게서 나온 모든 니르운 종족들의 정화였다. 그가 등장한 뒤, 세상 사람들은 그가 하늘의 갖가지 도움으로 특별한 인물로 선택되어 그의 탁월한 위력과 용맹으로 투르크와 몽골의 종족들, 그리고 기타 여러 집단들을 복속시키고 예속민으로 만든 것을 목격했다. 그는 마치 여러 보석들 가운데 가장 빛나는 진주와 같아서, 그의 고귀한 본성과 정결한 품성은 여러 족속들 사이에서도 단연 으뜸이었다. 그는 세상의 여러 왕국들을 장악했고, 그의 위대한 자손들과 유명한 일족들은 지상의 일곱 강역 가운데 여섯 군데에서 왕관과 보좌를 차지하고 행운의 군주가 되었다. 마침내 이슬람 종교는 온 세상의 제왕이요 종교의 후원자인 술탄 마흐무드 가잔 칸—신께서 그의 왕국을 영원케 하시고 영광스럽게 하소서!—, 즉 그 모든 종족들의 존재의 궁극적인 원인이신 그분의 지지에 힘입어, 원근 각지의 사람들과 투르크와 타직인들이 모두 목격하듯이 그처럼 확고한 기둥과 강력한 토대를 갖춘 것이다. 신께서 뜻하신다면 이 존엄한 시대의 축복은 영원토록 연장될 것이다.

이 책의 제2장에서 칭기스 칸에 관한 일화와 정황은 모두 적절한 장소에서 자세히 서술하겠지만, 여기서는 독자들이 그 개요를 알 수 있도록 일종의 서론 형태로 그 일부를 간략하게 언급하고자 한다. 〔이렇게 하면〕 앞으로 설명할 그의 자식들의 지파와 부인들에 관해서도 더 쉽게 이해할 수 있을 것이다. 그래서 〔개요를〕 말하건대,—신의 도움으로!—칭기스 칸은 열세 살의 어린 나이에 아버지를 여의었다. 아버지 이수게이 바하두르가 통치할 때 모여들어 그에게 복속했던 수많은 종족들은 칭기스 칸이 어렸기 때문에 그에게서 떠나갔다. 그의 어머니 우엘룬 에케는 매우 유능하고 현명했기 때문에 그녀의 힘이 닿는 데까지 그를 보호하고, 이수게이 바하두르가 남기고 간 재산과 속민과 군대와 추종자들을 지키고 간수했다.

칭기스 칸은 여러 차례 곤경에 처했고, 타이치우트 종족은 몇 번이나 그를 습격하여 포로로 잡기도 했으나, 지고한 신은 그가 파멸의 구렁텅이에서 벗어날 수 있도록 도왔다. 지고한 주님께서는 이미 영원 이전부터 그를 세상의 군주로 만들기로 의지하셨기 때문에, 조금씩 그를 단련시켜 고통과 고난을 인내함으로써 어려운 일을 견뎌 낼 수 있도록 했다. 그것은 그가 권력과 평안의 단맛을 보았을 때 신의 은총이 얼마나 위대한지를 알고 그것에 감사할 수 있도록 하기 위해서였으며, 또 그가 정상의 단계에 이르렀을 때 세상 사람들을 올바로 統御할 수 있도록 하기 위해서였다.

그는 어려운 처지와 수많은 곤경과 갖가지 고통에도 〔64r〕 불구하고 매우 용맹하고 대담했으며, 대단히 지혜롭고 능란했고 이지적이었다. 그의 아량과 호의는 그의 명성을 주변에 널리 퍼지게 했고, 모든 사람들이 그를 사랑했다. 여러 종족들은 그에게 기울어 같은 편이 되려 했고, 결국 그는 강력한 힘을 갖추어 친구들을 승리자로, 적들을 패배자로 만들었다.

그의 친족과 사촌들과 부형들, 특히 이웃에 있었기 때문에 목지도 서로 가까이 있던 타이치우트 종족이 그에게 적개심을 품었고, 따라서 이족이거나 또는 멀리 떨어져 있는 사람들보다도 그들을 처리하는 일이 무엇보다 중요했다. 그런 까닭으로 그는 그들과 싸웠고, 여러 어려움 끝에 그 종족의 대부분을 격살하고 나머지 살아남은 사람들은 예속민으로 편입했다. 이에 관한 이야기는 뒤에서 서술할 것이다. 그 뒤 그와 비교적 가까운 관계였던 몽골의 친족·종족들 가운데 일부를 복속했고, 그런 뒤에 그와 친족간이던 한 종족이 케레이트의 군주인 옹 칸—그와 칭기스 칸 사이에는 오랜 우정과 부자 관계가 맺어져 있었다—과 연합하여 그를 공격하려고 했다. 그들이 머물던 지점과 목지가 〔칭기스 칸과〕 가깝게 이웃해 있었기 때문에 그는 그들을 처리하지 않으면 안 되었다. 수차례에 걸친 전투가 벌어졌고, 마침내 칭기스 칸이 승리를 거두어 그들 모두를 절멸시켜 버렸다. 그 뒤 그의 목지와 접한 곳에 살던 몽골계 이웃 종족들이 그에게 악의와 적개심을 품었기 때문에 그는 그들을 처리했다.

〔과거에〕 그는 나이만의 군주들과 전투를 벌인 적이 있었는데, 그것은 칭기스 칸이 그들과 적대하던 케레이트의 군주 옹 칸과 우호 관계를 맺고 있었기 때문이다. 〔그런데 이제 이들 사이에〕 적의와 증오가 생겨났고 가슴에는 분노가 강하게 자리잡았다. 뿐만 아니라 칭기스 칸과 가까운 지방에서는 그의 적들이 완전히 제거되어 나이만의 변경과 서로 맞닿았고, 칭기스 칸의 친족과 몽골의 종족들 가운데 적이 된 일부 사람들이 그들에게 넘어가서는 그에 대해 적대 행위를 하기 시작했다. 이러한 이유들로 말미암아 그들과의 전쟁이 불가피했고, 그들 모두를 격파하고 정복한 것이다.

키타이의 군주인 알탄 칸은 매우 막강한 권위를 지녔는데, 대부분의 몽골·투르크 종족들은 키타이 지방의 변경에 살았기 때문에 줄곧 그에게 복속했다. 그래서 그는 거만해져 칭기스 칸에게도 동일한 방식으로 복속할 것을 기대했다. 뿐만 아니라 키타이의 군주들은 이미 앞에서 이야기했듯이 칭기스 칸의 조상과 숙부들 가운데 몇 명을 죽인 적이 있었기 때문에 그들 사이에는 적대와 분쟁이 자주 벌어졌다. 지고한 신께서 칭기스 칸에게 힘을 주시고 수많은 군대가 모이게 하자, 그는 오랜 원한을 갚는 일이 반드시 필요하다고 생각했고, 수많은 군대를 이끌고 알탄 칸에 대한 전쟁에 나서 키타이 지방 대부분을 정복했다. 그곳의 군주들과 반도들을 절멸시키고, 칼에 베이지 않고 살아난 나머지 사람들은 모두 복속시켰다. 5년 후 그는 그곳 변경에 일부 군대를 남겨 둔 뒤 자신의 오르두로 귀환했다.

그 뒤 그는 역시 자신의 강역 안에 있던 티베트와 탕구트 왕국을 정복했다. 그리고 키타이 방면으로 다시 한번 원정하여 그곳을 완전히 정복하고, 나아가 키타이와 이웃해 있고 몽골리아와도 가까운 카라장 지방―힌두(Hind)[2]인들과 카라장인들은 그곳을 칸다르(Kandar)라고 부르며 타직인들은 칸다하르(Qandahâr)라고 부른다―을 정복하려고 생각했다. 그가 그 일에 착수하려고 결심했을 때, 나이만 군주의 아들 쿠쉴룩칸은 자기 아버지가 살해되자 투르키스탄 지방으로 도망쳐 칭기스 칸과 적대하던 일부 몽골 종족들과 연합하여 카라 키타이의 구르 칸이 통치하던 투르키스탄 왕국을 장악했다. 구르 칸이 죽고, 그곳의 정황에 관한 소문을 접한 칭기스 칸은 키타이 방면과 그 지방으로 가려던 자신의 의도를 취소하고, 쿠쉴룩의 반란을 막는 데 몰두했다. 그는 제베에게 군대를 붙여 파견해서 그도 또한 절멸시켰다.

투르키스탄은 광대한 지역이기 때문에 쿠쉴룩은 〔64v〕 술탄 호라즘 샤의 충고에 따라 그곳을 구르 칸의 손에서 빼앗았고, 쿠쉴룩은 그 중 일부를, 호라즘 샤는 또 다른 일부를 지배했었다. 칭기스 칸의 군대가 쿠쉴룩을 제거하자 호라즘 샤는 투르키스탄 전역을, 그 가장 변경 지역인 오트라르(Otrâr)에 이르기까지 빼앗았다. 칭기스 칸은 그로 말미암아 자존심이 상했을 뿐만 아니라, 우호와 단합을 맺기 위해 그가 술탄에게로 보

---

2) Hind는 일반적으로 印度를 가리키지만, 라시드 앗 딘은 Hind와 Sind를 구분해서 사용하기 때문에, 여기서는 '힌두'라는 譯語로 통일해 사용하기로 한다.

냈던 무슬림 상인단을 술탄의 외삼촌인 이날축(Înâlchûq)—가이르 칸(Ğâîr Khân)이라고도 불렸다—이 사려 분별도 없이 오트라르에서 살해하고 말았다. 이 때문에 칭기스 칸의 분노가 극에 달해 그는 키타이와 친과 카라장 지방의 일을 잊어버리고 즉시 투르키스탄 지방과 이란 땅에 대한 원정을 감행하여 왕자들과 함께, 그리고 자신의 아미르들의 도움으로 이 두 나라를 정복한 것이다. 그 뒤 그는 우구데이 카안을 동생 톨루이와 함께 키타이 지방으로 보내 그곳 모두를 장악케 했다. 또한 조카들과 함께 키랄(Kiral),[3] 바쉬기르드, 불라르, 킵착 초원, 러시아, 체르케스, 아스를 비롯하여 북쪽 끝까지, 또 남쪽으로는 아비시니아(Ḥabshe)에 이르기까지 점령했다. 솔랑카(Sôlangqa)[4] 지방도 마찬가지로 점령했다.

뭉케 카안 시대에 그의 동생인 쿠빌라이 카안이 키타이의 나머지 지방을 장악했고, 그들의 형제인 훌레구 칸은 바그다드, 이단자들[5]의 고장과 성채, 시리아, 이란의 나머지 지방을 비롯하여 룸 지방의 가장 먼 곳까지 모두 점령했다. 그리고 쿠빌라이 카안은 자신의 치세 기간 중에 친과 카라장 지방 및 힌두스탄의 일부를 장악했다. 오늘에 이르기까지, 해마다 또 날마다, 칭기스 칸의 자식들과 일족은 그들 나라 주변에 있는 지방들을 정복하고 있다. 이처럼 엄청난 일은 칭기스 칸과 그 일족의 행운 때문에 가능했고, 또 지금도 그러하다.

---

3) 원문은 KRK이나 KRL의 誤寫로 보인다. 『秘史』 270절의 Kerel과 동일하며, 때로는 자음 도치(metathesis)에 의해 keler로 표기되기도 한다. 이것은 '왕'을 의미하며, 당시 헝가리의 왕을 부르던 호칭이기도 했는데, 왕의 칭호를 지방의 이름과 동일시하여 헝가리를 가리키는 단어로 사용했다. 이에 대한 자세한 논의로는 P. Pelliot, *Note sur l'histoire de la Horde d'Or*(Paris: Librairie d'Amérique et d'Orient, 1949), 115ff를 참조하시오.

4) 『秘史』 274절에는 Solangğas로 표기. 오늘날 몽골인들은 한국을 가리켜 Solongğos라고 부르지만, 이 말은 몽골제국 시기에 한반도 전체가 아니라 압록강을 중심으로 한 한반도 북부 지방을 가리키는 말로 사용되었다.

5) 즉, 시어파에 속하는 이스마일리 교단.

이러한 이야기에 관한 설명은 뒤에 나오는 본기의 적절한 곳에서 이루어질 것이며, 여기서는 서론 형식으로 간략하게만 서술했다. 지고한 신의 도움과 그의 은총에 기대어, 이제 이야기를 시작해서 칭기스 칸의 부인들과 각 부인들에게서 어떤 자식들이 태어났는지, 또 그들 각각에 관한 정황을 자세히 설명하도록 하겠다.

### 칭기스 칸의 부인들과 자식들

칭기스 칸에게는 거의 500명에 이르는 부인과 후궁들이 있었는데, 각 종족에게서 취한 사람들이었다. 그 가운데 일부는 몽골식으로 혼인했지만, 대부분은 여러 나라와 지방을 정복했을 때 전리품으로 데리고 온 사람들이었다. 그러나 매우 중요한 위치를 점했던 큰부인들은 다음 다섯 명이다.

첫째 부인__부르테 푸진은 쿵크라트 종족의 군주요 수령인 데이 노얀이었다. 그녀는 모든 부인들 가운데 첫째이며 가장 중요했고, 명망 높은 네 명의 아들과 다섯 명의 딸들의 어머니였다.

〔그녀의〕 큰아들은 주치였다. 킵착 초원에 있는 모든 군주와 왕자들은 그의 후손이다. 전해지는 바에 따르면, 메르키트 종족이 칭기스 칸과 전쟁을 하여 승리를 거두었을 때 부르테 푸진은 주치를 임신하고 있었다고 한다. 메르키트 종족은 그녀를 약탈하여 데리고 갔는데, 당시 메르키트와 옹 칸 사이에 평화를 맺었기 때문에, 그녀를 옹 칸에게로 보냈다. 옹 칸은 그녀를 존경과 경의로써 대했다. 또한 그는 칭기스 칸의 부친과 유지했던 오랜 우정 때문에 칭기스 칸을 '자식'이라고 불렀고, 그녀를 며느리로 생각하며 돌보았다. 그의 아미르들은 "왜 그녀를 취하지 않습니까?"라고 했지만, 그는 "그녀는 내 며느리이다. 사심을 품고 그녀를 바라보는 것은 남자답지 않은 일이다"라고 대답했다. 칭기스 칸은 그 소식을

듣고 사르탁 노얀의 조부인 잘라이르 종족 출신의 사파[6]를 옹 칸에게로 보내어 이 부인을 달라고 요청했다. 옹 칸은 이를 받아들여 그에게 그녀를 맡겼는데, 〔65r〕 그들이 칭기스 칸에게 가던 도중에 주치가 태어났다. 도로는 위험했고 머물 장소도 요람도 없었기 때문에 사파는 부드러운 밀가루 반죽을 조금 만들어 그 안에 그를 감싼 뒤, 자기 품에 넣어 그의 사지가 아프지 않도록 안정되게 데리고 왔다. 이처럼 그는 갑자기 태어났기 때문에 이름이 '주치'[7]가 되었다.

둘째 아들은 차가타이였다. 투르키스탄 지방의 처음부터 아무 다리야 강 끝까지의 지배권을 그에게 주었다. 그의 울루스를 알구(Alğû)[8]와 무바락 샤(Mubârak Shâh)와 바락(Barâq)이 〔차례로〕 관할했고, 지금은 그의 아들인 두아(Dûâ)와 쿠틀룩 호자(Qutluğ Khwâja)가 관할한다. 그에 관한 일화와 자식들의 지파에 관해서는 각기 적절한 곳에서 설명할 것이다.

셋째 아들은 우구데이였다. 칭기스 칸이 사망한 후에 카안이 되어 13년간 카안의 자리에 있었다. 구육 칸은 그의 큰아들이며, 카이두와 그 부근에 있는 몇몇 왕자들은 그의 후손이다. 그들에 관한 일화는 적절한 곳에서 나올 것이다.

넷째 아들은 톨루이였다. 그의 호칭은 예케 노얀(Îke Nôyan)과 울룩 노얀(Uluğ Nôyan)이었다. 칭기스 칸은 그를 '누케르'(nôker)라고 부르곤 했다. 대부분의 시간을 아버지를 모시며 지냈고, 전쟁을 할 때도 그와 함께 있었다. 톨루이는 몽골어로 '거울'을 뜻한다. 그가 사망한 뒤 지금까지 거울〔을 뜻하는 '톨루이'〕라는 말은 避諱가 되었다. 거울은 투르크어

---

6) A·T: SBA.

7) 이 말의 뜻에 대해서는 『부족지』, p.141의 주를 참조하시오.

8) A·T: ALĞWY.

로 '쿠즈구'(kûzgû)[9]인데, 오늘날 몽골인들이 거울을 '쿠즈구'라고 부르는 까닭도 이 때문이다. 뭉케 카안과 쿠빌라이 카안과 훌레구 칸과 아릭 부케는 그의 자식들이며, 현재 이들의 후손과 손자들 가운데 티무르 카안과 이슬람의 제왕인 가잔 칸—신께서 그의 왕국을 영원케 하시라!—이 카안이요 군주이다. 그의 순결한 계보에 속하는 다른 지파와 후손들도 세계 각지의 카안이요 군주이며, 이들 각각에 관한 열전은 별도로 나올 것이다.

칭기스 칸의 이 네 아들들은 모두 총명하고 유능하며 완벽하고 용맹하며, 아버지와 군대와 백성들의 사랑을 받았다. 그들은 칭기스 칸의 국가에 네 기둥과 같은 존재였다. 그는 그들 하나하나를 군주처럼 여겼고, 네 마리의 '쿨룩'(kûlûg)[10]이라고 부르곤 했다. 사람이나 말 또는 다른 것들 가운데 더 탁월하거나 앞서는 것을 '쿨룩'이라고 부른다. 이 네 아들에 관한 일화들 가운데 각자의 紀에서 서술되는 것을 제외하고도 이 칭기스 칸 紀에서 언급할 것들이 매우 많을 듯하다. 또한 〔칭기스 칸이〕 각각의 아들들에게 챙겨 준 아미르와 군대에 관한 이야기도 이 본기에 나올 것이며, 거기서 아미르들에 관한 자세한 설명을 하도록 하겠다. 지고한 신께서 뜻하신다면!

이 부인에게서 태어난 다섯 명의 딸들의 이름과 그들이 누구에게 시집갔는지에 대해서 설명하면 다음과 같다.

큰딸은 코친 베키이다. 처음에 옹 칸의 손자이자 셍군의 아들인 투스 부카(Tûs Bûqâ)에게 시집보내려 했으나 성사되지 않았고, 그 때문에 그들 사이가 틀어졌다. 그 뒤 그녀를 이키레스 종족 출신으로 네쿤(Nekûn)

---

9) 투르크어의 küzgü. Cf, Doerfer, IV, pp.637~639.

10) 몽골어에서 駿馬를 뜻하는 külüg.

의 아들인 보투 쿠레겐에게 주었다.[11]

둘째 딸은 치체겐(Chichegân)이다. 그녀를 오이라트 종족의 군주인 쿠투카 베키의 아들 투랄치 쿠레겐에게 주었다.

셋째 딸은 알라카이 베키이다. 그녀를 옹구트 군주의 아들인 셴구이[12]에게 주었다.

넷째 딸은 투말룬이다. 그녀를 쿵크라트 군주의 아들에게 주었는데, 그의 이름은 쿠레겐이다. 쿠레겐이라는 말은 사위를 뜻하지만, 그의 이름 또한 쿠레겐이었다.[13]

다섯째 딸은 알탈룬이며, 알탈루칸이라고도 불렀다. 그녀를 올쿠누트 종족 출신인 타추 쿠레겐의 아들에게 주었는데, 그의 이름은 차우르 세첸(Châûr Sâchân)이었다.[14] 타추 쿠레겐은 칭기스 칸 어머니의 형제였다. 칭기스 칸은 다른 딸들보다 이 딸을 가장 아꼈는데, 그녀에 관한 일화는 대단히 많아 뒤에서 서술할 것이다.

이 다섯 딸과 그들의 남편들에 관해서는 많은 일화가 있다. 이들 각각의 계보는 각 지파에 대한 설명에서 나올 것이고, 그 일부는 칭기스 칸의 연대기와 우구데이 카안이나 구육 칸의 본기에 나올 것이기 때문에, 그것들을 잘 살펴보면 모두 다 이해할 수 있을 것이다. 가장 큰부인인 부르테 푸진에게서 태어난 자식들에 대해서는 이 정도로 서술했다.

둘째 부인__ 우하즈 메르키트 종족의 수령인 다이르 우순의 딸 쿨란 카툰이었다. 그는 〔칭기스 칸의〕 명령에 따라 복속했고, 이 딸을 데리고

---

11) 라시드 앗 딘은 『부족지』(p.209)에서 보투 쿠레겐을 코룰라스 종족이라고 잘못 적은바 있는데, 여기서 이키레스 종족으로 바로잡았다.

12) A · T: JYNGWY.

13) 『부족지』(p.269)에는 그의 이름이 싱쿠 쿠레겐(Shingkû Kûregân)으로 표기되었다.

14) 『부족지』(p.272)에는 그녀가 타추 쿠레겐에게 시집간 것으로 기록되어 있고, 앞에서도(59r) 그렇게 기술했다. 그러나 129r에는 알탈룬의 별명이 차우르 세첸이었다는 기사가 보인다.

와서 칭기스 칸에게 바쳤다. 그녀에게서 아들 하나가 태어났는데, 이름은 쿨겐이었다. 이 아들에게는 앞에서 말한 네 아들의 지위가 주어지지 않았다. 쿨겐과 그의 자식들의 지파에 관한 이야기는 다음과 같다.

그는 네 아들을 두었는데, 큰아들의 이름은 코자(Qôja)[15]였다. 그의 부친이 사망하자 〔65v〕 그에게 6천 명이 주어졌고, 부친의 자리를 위임했다. 이 코자에게 아들이 하나 있었는데 이름은 우루다이(Ûrûday)였고, 그 또한 아버지의 지위와 군대를 관할했다. 그는 쿠빌라이 카안을 모셨으며, 아들을 하나 두었다. 이름은 에부겐(Ebûgân)이며, 부친의 지위와 군대를 관할했다. 그러나 타가차르 노얀(Tağâchâr Nôyân)의 일족인 나야(Ṇâyâ)와 다른 왕자들이 쿠빌라이 카안을 배신하고 카이두와 연합하려고 생각하여 이 사실이 쿠빌라이 카안에게 보고되었을 때, 〔카안은〕 그를 다른 사람들과 함께 처형시켰다.

셋째 부인__타타르 종족 출신의 이수겐. 그녀에게서 아들이 하나 태어났고, 이름은 차우르(Châûûr)였다. 그는 젊어서 사망했다.

넷째 부인__키타이의 군주인 알탄 칸의 딸 공주 카툰(Gônjû Khâtûn)이었다. 얼굴이 못생긴 것으로 유명했으나 그의 부친이 아주 막강한 군주였기 때문에, 그녀를 경의와 예우로써 대했다. 칭기스 칸은 그녀에게서 아무런 자식을 얻지 못했고, 아릭 부케의 시대에 이를 때까지 살아 있었으나 그 뒤에 사망했다. 이 카툰의 오르두에 그녀의 바우르치였던 아르묵(Armûk)의 딸이 하나 있었는데, 〔그녀의〕 이름은 후쿠타이(Huqûtâî)였고 매우 유명하며 중요한 인물이었다.

다섯째 부인__앞에서 말한 이수겐의 자매 이술룬이고, 타타르 종족 출신이다.

---

15) A: FWJH; T: QWCH.

지금 설명한 이 부인들 외에도 칭기스 칸에게는 존경받던 부인들이 몇몇 있었으나 가장 존귀한 이 다섯 부인들의 반열에 들지는 못했다. 그 중의 하나가 케레이트의 군주 옹 칸의 형제인 자아 감보의 딸 이바카 카툰이었다. 그녀에게는 벡투트미쉬 푸진이라는 이름을 가진 자매가 있었는데, 칭기스 칸은 그녀를 주치 칸에게 시집보냈다. 소르칵타니 베키라는 이름〔을 가진 자매〕는 4개의 고귀한 진주를 머금은 조개처럼, 선망의 대상이자 위풍당당한 네 명의 유명한 아들들의 어머니가 되었다. 〔칭기스 칸은 처음에〕 이 이바카 카툰을 자신이 취했었는데, 어느 날 밤 갑자기 꿈을 꾼 뒤 그녀를 그날 밤에 숙위(kezîk)를 서던 한 아미르에게 주었다. 그는 우루우트 종족 출신의 케흐티 노얀이었다. 〔칭기스 칸은〕 그녀가 갖고 있던 모든 말과 노비와 속민과 가복들, 그리고 가축과 재산을 그에게 주었는데, 다만 바우르치 한 명과 자신이 쿠미즈를 담아 마시던 황금 잔 하나, 이 두 가지만은 그가 기념으로 차지하고, 나머지는 모두 앞서 말한 아미르에게 하사했다. 이것은 이미 우루우트 종족에 관한 부분에서 설명한 바이다.

또 다른 부인으로는 구르베수 카툰이 있었다. 그녀는 처음에 나이만의 군주 타양 칸의 부인이었다. 그의 가장 큰부인이었고 깊은 총애를 받았었는데, 타양 칸이 살해된 뒤 얼마 있다가 그녀를 칭기스 칸에게로 데리고 왔고, 그는 몽골의 관습에 따라 그녀를 부인으로 취했다.

또 다른 부인은 탕구트 군주의 딸이다. 칭기스 칸이 그녀를 선물(sauqât)[16]로 원했기 때문에 그에게 주었다.

또한 군주들의 부인과 아미르들의 딸들 가운데 다수가 칭기스 칸의

---

16) 『秘史』 22·29·30절 등에서 보이듯이 sa'uğa는 몽골어에서 '선물'을 뜻한다. sauqât는 sa'uğa의 복수형 sau'ğad를 옮긴 말로 보인다. Cf. Doerfer, I, pp.345~347.

부인이었지만, 큰부인들의 반열에 들지는 못했다. 칭기스 칸은 나이만 종족 출신의 한 후궁에게서 난 아들 하나를 두었는데, 이름은 주르체테이(Jûrchetay)였다. 이 아들은 다른 어느 아들들보다 먼저 사망했고, 그의 모친의 이름은 알려져 있지 않다. 또 다른 아들이 하나 있었는데, 그의 이름은 우르차칸(Ûrchaqân)이었다. 그 또한 갓난아이 때 죽었고, 그의 모친은 타타르 종족 출신의 후궁이었으며 이름은 알려져 있지 않다. 이상이 칭기스 칸의 중요한 부인들과 자식들에 관한 설명이다.

4마리의 준마, 즉 네 기둥이라 불렸던 〔칭기스 칸의〕 네 명의 중요한 아들들은 저마다 독자적인 군주가 되었기 때문에, 다음에 제시하는 칭기스 칸의 자식들의 지파도는 그들의 자식들의 지파는 제외하고 작성되었다. 왜냐하면 그들 각자의 본기에서 그 후손들의 지파를 별도로 서술할 것이기 때문이다. 그러나 독자적인 기전을 두지 않은 쿨겐에 관해서는 여기서 그의 지파와 후손들을 적었다. 〔칭기스 칸의〕 외손자들에 관해서는 그들의 부친이 여러 종족 출신이고 그 종족의 지파에 관한 설명에서 언급했기 때문에, 여기서 그들의 지파를 적는 것은 적절치 않을 듯하다. 칭기스 칸의 초상과 그 후손들의 지파도는 다음과 같다.

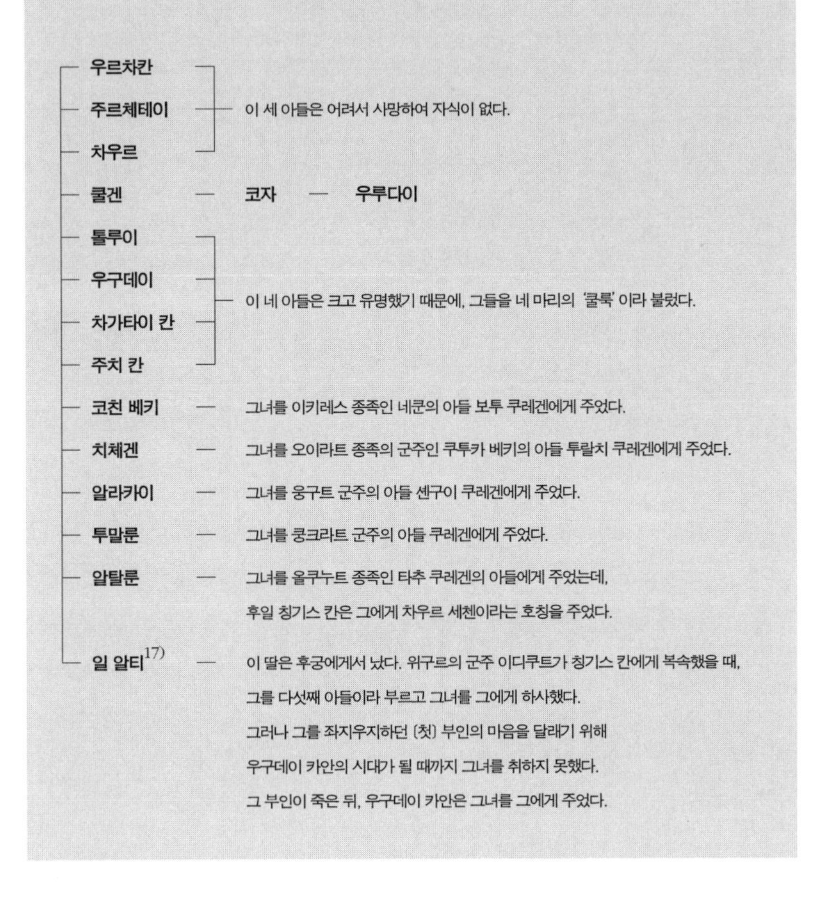
〔66r〕 칭기스 칸과 부친들의 초상과 그 자식들의 지파
우르차칸
주르체테이
차우르
이 세 아들은 어려서 사망하여 자식이 없다.
쿨겐 — 코자 — 우루다이
톨루이
우구데이
차가타이 칸
주치 칸
이 네 아들은 크고 유명했기 때문에, 그들을 네 마리의 '쿨룩'이라 불렀다.
코친 베키 — 그녀를 이키레스 종족인 네쿤의 아들 보투 쿠레겐에게 주었다.
치체겐 — 그녀를 오이라트 종족의 군주인 쿠투카 베키의 아들 투랄치 쿠레겐에게 주었다.
알라카이 — 그녀를 옹구트 군주의 아들 센구이 쿠레겐에게 주었다.
투말룬 — 그녀를 쿵크라트 군주의 아들 쿠레겐에게 주었다.
알탈룬 — 그녀를 올쿠누트 종족인 타추 쿠레겐의 아들에게 주었는데,
후일 칭기스 칸은 그에게 차우르 세첸이라는 호칭을 주었다.
일 알티[17] — 이 딸은 후궁에게서 났다. 위구르의 군주 이디쿠트가 칭기스 칸에게 복속했을 때,
그를 다섯째 아들이라 부르고 그녀를 그에게 하사했다.
그러나 그를 좌지우지하던 〔첫〕 부인의 마음을 달래기 위해
우구데이 카안의 시대가 될 때까지 그녀를 취하지 못했다.
그 부인이 죽은 뒤, 우구데이 카안은 그녀를 그에게 주었다.

17) A: YL ALTY.

# 제 2 장

# 칭기스 칸 일대기

칭기스 칸이 태어날 때부터 칸과 군주가 될 때까지의 연대기와 일화들.
그가 칸에 즉위할 때 〔앉았던〕 보좌와 부인 왕자 아미르들의 초상.
아미르들의 계보와 그가 치른 전투와 그가 거둔 승리에 관한 설명.
치세 말기에 이르기까지 그의 통치 기간과 그의 죽음에 관한 설명.

이 책의 구성은 먼저 각 종족과 군주의 자식들의 지파를 설명하고 그 후에 연대기와 일화들을 서술하는 것이기 때문에, 이 글의 제1장에서 칭기스 칸의 유명한 부인들을 열거하고 그의 아들과 딸들에 관해 자세히 설명했다. 이제 칭기스 칸이 처음 태어날 때의 이야기부터 시작하여 얼마 동안의 기간에 대해서 〔66v〕 개괄적으로 서술하기로 한다. 왜냐하면 그의 생애 초반에 관해서는 해마다 무슨 일이 있었는지 자세히 알려져 있지 않기 때문이다. 그 후에는 해마다 무슨 일이 있었는지 몽골의 연대기와 서적에 나오기 때문에 자세하게 기술하도록 하겠다.

과거의 역사를 아는 식자나 작자들이 비록 각종 서적을 저술하고 여러 시대의 일화들을 기록했지만, 독자들은 그것을 충분히 활용할 수 없었다. 또한 故 이븐 알 아씨르(Ibn al-Athîr)[1)]의 편년체 역사서도 비록 매우 많은 노력을 기울인 것이긴 하지만 각 군주들의 일화는 정리하지 못했고, 또한 그것이 어느 정도 연속적으로 〔기술되긴 했으나〕 그 순서는 알기 어렵게 되어 있다. 이 같은 사실은 그 책을 꼼꼼히 읽는 독자들에게는 분명할 것이다. 상술한 이러한 점 때문에 본 역사서의 저자는 몇 년간의 칭기스 칸 연대기를 서술하면서, 그와 동시대를 살았던 주변의 다른 군주들의 연대기도 연속적이고 정렬된 방식으로 덧붙임으로써, 같은 시대에 존재했던 군주들의 정황도 전반적으로 알 수 있도록 하는 것이 마땅하다고 판단했다.

이 책을 저술하고 일화들을 집성하는 저자의 목적은 가잔 칸의 축복받은 역사서를 쓰는 것이다. 그런데 옛날의 역사서들에서는 이러한 원칙이 지켜지지 않았을 뿐만 아니라, 앞에서 말한 원칙에 따라 칭기스 칸

---

1) 이라크 북부의 모술에서 태어난 아랍의 역사가(1160~1233). 아담 이후 그가 생존할 당시까지의 역사를 기록한 『全史』(*al-Kamîl fî at-târîkh*)라는 역사서를 저술했고, 몽골군의 이슬람권 침입으로 말미암은 참상을 구체적으로 전해 유명하다.

의 출생부터 그의 생애 마지막까지, 그리고 그 후 현재에 이르기까지를 서술하기에는 너무 오랜 시간이 흘렀기 때문에, 칭기스 칸과 그의 자식들의 역사 및 그들의 시대에 벌어진 일들을 몇 년씩 적절한 단위로 나누어 서술할 것이다. 또한 이 광휘롭고 축복받은 시대에 이르기까지 그 시대에 존재했던 〔다른〕 군주들의 역사도 확인되고 알려져 있으며 서술할 필요가 있다고 판단될 때는 거기에 첨부함으로써 독자들이 그 모든 정황을 알 수 있도록 했다. 〔이 책은〕 이러한 원칙과 배열에 따라서 서술할 것이다. 신께서 도우시기를!

## 【제 1 절】[1)]

그의 출생, 돼지해, 즉 '카카이 일'(Qâqâî Yîl)―〔회력〕 549년 둘 카다〔/1155년 1~2〕월에 시작[2)]―에서부터 역시 돼지해 '카카이 일'―562년 라비 알 아히르〔/1166년 1~2〕월에 시작―에 이르기까지 칭기스 칸의 역사. 이 기간에는 그의 아버지 이수게이 바하두르가 생존했고, 13년째 되던 마지막 해에 이수게이 바하두르가 사망하여 열세 살이던 칭기스 칸이 홀로 남았다.

칭기스 칸과 그의 부친 시대에 점성사들은 천문을 관측하여 시간을 기록하지 않았고 역사가들도 일월을 기재하지 않았기 때문에, 그가 태어난 날짜와 시간은 정확하게 알려져 있지 않다. 그러나 몽골의 여러 왕자들과 아미르와 귀족들에게는 그의 생애가 72년이었고, 일흔세 살에 사망했다는 사실이 널리 알려져 있다. 믿을 만한 점성사들은 그가 워낙 위대한 통치자였기 때문에 그의 사망 연도를 기록했고, 돼지해, 즉 '카카이 일'의 가을 보름날에 사망했다고 전했다. 그러나 이것이 그가 태어난

---

1) 『集史』「칭기스 칸 紀」의 제2장에는 먼저 ①1155년 출생부터 1167년 13세가 될 때까지, ②1168년부터 41세 되던 1194년까지, ③1195년부터 49세 되던 1203년까지, ④1204년부터 56세 되던 1210년까지, ⑤1211년부터 64세 되던 1218년까지, ⑥1219년부터 그가 73세로 사망하던 1227년까지의 여섯 부분이 나오는데, 라시드 앗 딘은 앞의 두 부분에서 자세한 정보를 갖지 못하기 때문에 총괄적으로 서술하고, 뒤의 세 부분에서는 해마다 일어난 사건을 자세하게 기록했다. 그리고 나서 ⑦이 여섯 부분을 다시 총괄하여 편년체로 간략하게 서술함으로써 전체적으로 정리했다. 라시드 앗 딘은 이들 각 부분에 대해서 번호를 달지는 않았으나, 여기서는 독자들의 이해를 돕기 위해 節로 분류하고 번호를 붙였다.

2) 중세 몽골·투르크인들의 曆法은 12종류의 동물 이름을 따라 編年을 하며, 그 배열은 우리가 아는 12支의 순서와 같다. 즉 子(quluqana yil), 丑(hüker yil), 寅(bars yil), 卯(taulai yil), 辰(lu yil), 巳(moğay yil), 午(morin yil), 未(qonin yil), 申(bichin yil), 酉(taqiqu yil), 戌(noqay yil), 亥(qaqay yil)이다. 陰曆을 원칙으로 하면서 동시에 閏달을 채택했다. 반면 回曆은 太陰曆으로 1년이 354일로 고정되어 있어, 태양력과는 3년에 한 달 정도가 부족하다. 따라서 라시드 앗 딘은 몽골측 원자료에 나타난 12支에 따라 편년체로 서술하면서, 각각의 해가 회력으로 언제 시작되는지를 밝혔다. 예를 들어 그는 칭기스 칸이 태어난 돼지해('카카이 일')가 회력 549년 둘 카다월(1155년 1월 7일부터 2월 6일까지)에 시작된다고 했다. 따라서 칭기스 칸이 태어난 돼지해는 서력으로 1155년인 셈이다. 투르크인들의 曆法에 대해서는 L. Bazin의 *Les systémes chronologiques dans le monde turc ancien*(Budapest: Akadémiai Kiadó, 1991)을 참조하시오.

해부터 73번째 해라고 할지라도 그의 출생은 한 해의 중간에 해당했을 것이기 때문에, 이런 전제를 놓고 보면 그의 생애는 만 72년이 될 것이다. 또한 그의 생애에서 〔출생부터〕 마흔한 살이 될 때까지의 일부는 유년기로, 또 일부는 곤경 속에서 보냈기 때문에 역사가들은 그의 경력을 매년 단위로 기록하지 않고 41년간의 역사를 요약적인 방법으로 서술했다. 그 후부터 그의 생애의 마지막에 이르기까지는 매년 단위로 자세하게 기록했다. 우리도 또한 이와 똑같은 방법으로 서술할 것이다. 이러한 원칙을 정했으므로 이제 13년간에 걸친 칭기스 칸의 역사를 그의 출생부터 부친의 사망에 이르기까지 〔우리가〕 정한 방식에 따라 서술해 보면 다음과 같다.

그의 아버지 이수게이 바하두르가 행운과 권력의 정점에 있을 때 〔67r〕 그는 자신의 父輩들과 伯叔들에게 속해 있던 모든 종족들의 통치자요 수령이었고, 모두 그에게 복속했다. 타타르를 비롯한 다른 종족들은 이미 타타르 지파에서 설명했듯이 그와 적대했고, 그들 사이에는 많은 전쟁이 일어났다. 칭기스 칸이 태어난 '카카이 일', 즉 〔회력〕 549〔/1155〕년 그가 타타르 원정에 나섰을 때, 그의 부인 우엘룬 에케가 칭기스 칸을 임신했다. 이수게이 바하두르는 타타르의 군주인 테무진 우게, 코리[3] 부카와 전투를 벌여 그들을 패배시키고 절멸한 뒤 승리하고 돌아왔다. 그들의 재산과 가축을 약탈하고, 델리운 볼닥(Dîlûn Bôldâq)[4] 이라고 부르는 곳에 진영을 쳤다. 그 후 얼마가 지난 뒤 칭기스 칸은 상술한 그해 행운의 시각에 태어났다. 그는 손에 마치 肝처럼 생긴 복사뼈

---

3) A·T: QWRW.

4) Perlee에 따르면 칭기스 칸이 태어난 지점이기도 한 이곳의 정확한 위치는 오논 강과 발지(Balzh) 강이 합류하는 지점(東經 111도, 北緯 49도)이며, 지금도 옛날의 이름을 그대로 갖고 있다고 한다. Cf. 「元朝秘史に現われる地·水名」, p.590.

만한 응혈을 움켜잡고 있었고, 그의 이마에는 세계 정복자의 징표가 분명히 보였으며, 행운과 번영의 빛이 그의 얼굴에 나타났다. 바로 얼마 전에 이수게이 바하두르가 타타르와 그 군주인 테무진 우게에게 승리를 거두고 적을 눌렀기 때문에, 그것을 상서로운 징표라고 생각하여 그 타타르 군주의 이름을 따서 영광스런 자식에게 테무진(Temûjîn)이라는 이름을 지어 주었다.

이수게이 바하두르는 자신의 시대에 니르운 종족들, 그리고 자신의 형과 아우들 및 친족들의 지도자였는데, 그와 다른 종족들, 특히 타타르의 군주와 아미르들 사이에 적대와 증오가 생겨났다. 오늘날 그 종족들은 몽골과 뒤섞였기 때문에, 또 그들의 외모와 호칭이 연관되어 있기 때문에 그들을 모두 몽골이라고 부르지만, 과거에는 각 종족이 상이한 이름과 칭호를 갖고 있었고 몽골과는 구별되었다. 이수게이 바하두르는 그 대부분의 종족들과 전투를 벌였고, 일부를 복속시켰다. 그들 대부분은 적이든 벗이든, 그의 권위와 세력에 대한 두려움 때문에, 또 자신의 생명을 보존하기 위해 그에게 복속했다. 그의 상황은 매우 안정되었고 번영을 누렸다.

칭기스 칸 뒤로 몇 명의 다른 자식들이 태어났고, 이는 그의 본기에서 언급한 바이다. 이 13년 동안 〔이수게이는〕 자기 종족들에 대한 통치권을 확고히 다졌다. 그는 몇 개월에 한 번씩은 자기 울루스 주변에 있던 투르크 종족들에 대한 공격과 방어를 하기 위해 원정을 나갔고, 대부분의 전투에서 승리를 거두었다. 그러나 그의 친족 집단들은 "친족은 마치 전갈과 같다"[5]는 말처럼, 그들 마음속에 새겼던 적개심과 원한 때문에 그를 미워했지만, 대항할 만한 힘이 없었기 때문에 그의 생애 마지막까

---

5) 원문은 아랍어.

지 증오의 씨앗을 마음속에 뿌리고만 있었다.

이수게이 바하두르가 젊어서 사망하자, 칭기스 칸 조상들의 본기에서 분명히 서술한 것처럼 그의 부배의 친족이자 사촌들의 무리였던 타이치우트 종족이 더욱 강력해져서 많은 추종자와 군인들을 가졌고, 그들의 수령은 강력한 군주가 되었다. 이수게이 바하두르의 시대에 비록 그들은 그에게 복속하고 우호적이었으나, 그의 생애 말기에 또 그가 죽었을 때 적대와 적의를 나타냈다. 아버지가 사망했을 때 칭기스 칸은 열세 살이었고, 형제들의 나이 또한 어렸다. 그들의 어머니인 올쿠누트 종족 출신의 우엘룬 에케는 매우 현명하고 유능한 사람이었지만, 이수게이 바하두르의 죽음으로 말미암아 그들은 곤경에 빠졌고, 그 기간 동안 그들의 정황에 관한 자세한 내용은 알려지지 않고 있다.

칭기스 칸의 출생 연도인 '카카이 일'—549년 둘 카다[/1155년 1~2]월에 시작—에서부터 13번째 해인 또 다른 '카카이 일'—562년 라비 알 아히르[/1166년 1~2]월에 시작—에 이르기까지의 그의 역사에 관해서 요약 방식으로 기술했기 때문에, 이제 이 13년 동안 칭기스 칸과 동시대에 있던 여러 지방의 다른 군주들과 술탄들의 역사를 서술해 보도록 하자. 그 뒤 다시 칭기스 칸의 역사에 대해 열세 살부터 시작하여 기록하기로 하겠다. 신이 도움과 은총을 주시기를! [67v]

**547년 둘 카다[/1155년 1~2]월에 시작되는 '카카이 일'에서부터, 562년 라비 알 아히르[/1166년 1~2]월에 시작되는 또 다른 '카카이 일'에 이르기까지, 만 13년 동안 칭기스 칸과 동시대였던 군주들—즉 키타이, 친, 케레이트, 나이만, 몽골, 위구르, 투르키스탄, 키랄, 바쉬기르드, 킵착, 러시아, 체르케스, 아스, 마와라안나흐르의 칸과 군주들, 칼리프들,**

**이란, 룸, 시리아, 이집트, 기타 지방의 술탄들—의 역사. 또 이 기간 동안 벌어진 기이한 사건들과 현재 알려진 사실들**

### 이 기간 동안 키타이, 카라키타이,[6] 주르체 군주들의 역사

그 당시 이 지방을 통치하던 사람들은 그 나라를 지배하던 과거 제왕들의 후손이 아니었다. 289[/901~902]년에 키타이와 카라키타이와 주르체와 만지—친과 마친, 또는 낭기야스라고 부르기도 한다—의 군주는 과거 제왕의 후손이었고, 그의 이름은 량 타이주(Lîâng Tâizû)[7]였다. 그의 시대에 유목민 출신의 아미르 가운데 하나였던 줄룬치 아바키(Jûlunchî Abâkî)[8]라는 사람이 등장하여, 키타이와 카라키타이와 주르체의 나라들을 수중에 넣었다. 그로부터 9대째가 지난 뒤에 주르체의 군주가 등장하여 그 왕국을 카라키타이인들에게서 빼앗고 그들을 정복했다.

519[/1125~1126]년[9]과 522[/1128~1129]년 [사이에] 상술한 이 주르체의 군주는 키타이 왕국 전부를 장악했고, 키타이의 군주 카우준(Kâûzûn)[10]은 마친 왕국으로 피신하여 그 시대의 마지막까지 그와 그의 자식들은 마친 왕국 안에서 만족하며 살았다. 카라키타이와 주르체 지방을 정복한 이 군주는 자신의 이름을 '다이류'(Dâilîû)[11]라 지었으니, 즉

---

6) 『集史』에서 '카라키타이'는 契丹을 가리키는 의미로 사용되고 있다. 물론 契丹은 Qitan을 옮긴 말이지만, '키타이'라는 말이 당시 북중국에 대한 명칭으로 널리 통용되었기 때문에, 둘을 구별하기 위해 다른 명칭을 사용한 것이다.

7) 後梁의 太祖(907~912).

8) 遼의 건국자 耶律阿保機를 가리킨다. 『遼史』 권1 「太祖 上」(p.1)에 따르면 그의 小字(兒名)는 啜里只였다고 하는데, '줄룬치'는 이를 옮긴 것으로 보인다. '아바키'는 물론 阿保機를 옮긴 말이 분명하다.

9) 원문에는 419년으로 되어 있으나 519년이어야 옳을 것이다. 북송이 무너지고 南遷한 것은 1127년의 일이기 때문이다.

10) 南宋의 초대 황제인 高宗(1127~1162).

11) 음성상으로는 '大遼'와 비슷하지만, 여진(주르체)의 군주가 자신을 가리켜 부르는 이름이었다는 라시드 앗 딘의 설명으로 볼 때 '大遼'라고 하기는 어렵다.

'세상의 군주'라는 뜻이다. 칭기스 칸이 여러 나라를 정복했을 때 키타이 사람들이 그의 이름을 '다이완'(Dâîwan)[12]—온 세상에 두루 미치는 명령을 내리는 위대한 군주라는 뜻—이라고 부른 것도 바로 이 칭호를 따른 것이다.

옛날부터 〔지금까지〕 키타이와 마친의 군주들의 역사와 일화에 대해서는 그들의 서적에 기록된 것에 따라 해마다 또 군주마다 자세하게 기록하여 이 『축복의 가잔사』(*Târîkh-i mubârak-i Ğâzânî*)에 첨부했다.[13] 독자들이 그 전체 역사를 알기를 원한다면 그 부분을 참조하면 될 것이다. 여기서는 칭기스 칸과 동시대의 상술한 이 13년 동안 그 나라에 있던 군주들—이미 언급한 주르체 군주의 후손이고, 그들 모두 '알탄 칸'이라는 칭호로 통칭되었지만 각각 키타이 말로 개별적인 이름과 칭호를 갖고 있었다—의 이름을 다음과 같이 기록하도록 한다.

히준(Hîzûn)[14]: 〔재위〕 14년, 〔위의 13년 중〕 5년.[15]

량 타이주(Lîâng Tâîzû): 〔재위〕 12년, 〔위의 13년 중〕 8년.[16]

---

12) T: TYWN. '다이완'도 음성상으로는 '大元'과 비슷하다. T본의 모음 표시를 따르면 Taywen으로 읽을 수도 있다. 그러나 라시드 앗 딘의 설명이 사실이라면 '다이완'은 칭기스 칸을 가리키는 군주 칭호이고, 따라서 '大王'을 옮긴 것으로 보는 쪽이 더 타당하지 않을까 싶다.

13) 이는 『集史』 제2부의 제2권에 실린 세계 각국사에 포함된 이른바 '중국사' 부분을 가리킨다. 그 내용에 관해서는 本田實信의 「ラシード・ウッディーンの中國史」, 『モンゴル時代史研究』, pp.387~404 참조.

14) 金의 3대 황제 熙宗(1135~1148).

15) 이 햇수는 앞서 설명한 칭기스 칸의 유년기 13년(1155~1167)과 겹치는 기간을 나타낸다. 그러나 金 熙宗의 재위는 1148년에 끝나므로 사실 겹치는 기간은 없는 셈이다. 이러한 결과가 생겨난 것은 라시드 앗 딘이 熙宗의 재위년을 1146~1159년으로 보았기 때문이라고 생각할 수밖에 없다. 이하 그가 열거하는 여러 중국 황제들의 재위 연도 역시 우리가 아는 것과 약간씩의 차이를 보이는데, 이 책에서는 그 차이를 일일이 계산하여 기록하지 않겠다.

16) 음운상으로 이것은 '梁 太祖'를 옮겼다고 보아야겠지만, 熙宗의 뒤를 이어 金의 4대 황제가 된 海陵王(1149~1160)의 誤寫로 보는 쪽이 옳을 듯하다.

**이 기간 동안 칭기스 칸과 동시대에 해당하는 마친—키타이인들은 만지라고 부르고, 몽골인들은 낭기야스라고 부른다—의 군주들**

이 군주들은 이미 언급했던 것처럼 키타이, 카라키타이, 주르체, 마친 등의 모든 지방을 옛날부터 통치해 온 원래 군주들의 후예이다. ……[17] 년에 줄룬치 아바키는 〔그들에게서〕 키타이, 카라키타이, 주르체 등의 왕국을 정복하여 〔68r〕 수중에 넣었다. 앞에서 말한 주르체의 군주들이 등장한 뒤 이 군주들의 조상인 카우준은 키타이에서 마친으로 가버렸다. 그들에 관한 역사는 부록에서 자세히 나올 것이기 때문에 〔여기서는〕 부연하지 않겠다. 이 13년 동안 있던 군주의 이름과 그의 치세는 다음과 같다.

남순(Namsûn)[18]의 카우준: 40년.[19] 〔이 기간 중〕 25년은 〔상술한〕 13년 이전이고, 2년은 이후이다.[20]

**상술한 기간 동안 투르키스탄과 하중 지방의 군주들의 역사**

설명한 것처럼 주르체의 군주가 카라키타이 군주를 누르고 등장하여 그를 파멸시켰을 때, 카라키타이의 중요한 아미르들 가운데 투시 타이푸(Tûshî Ṭâifû)[21]라는 사람이 그곳에서 도망쳐 키르키즈,[22] 위구르, 투르키스탄 〔지방〕으로 나왔다. 그는 매우 지혜롭고 유능한 사람이었으므로

---

17) 原文 缺落.

18) 南宋을 옮긴 말이다.

19) A본에는 '41년'으로 되어 있으나, T·L2본처럼 '40년'이 되어야 맞다.

20) 칭기스 칸의 유년기 13년을 전후로, 앞의 25년과 뒤의 2년을 합하면 모두 40년이다. 즉, 라시드 앗딘은 南宋 高宗의 치세를 1230~1269년으로 생각(실제로는 1227~1262년)한 것이다.

21) 여진족이 遼를 멸망시키자 西走하여 西遼(카라키타이)를 건국한 耶律大石을 가리킨다. '투시'는 大石을, '타이푸'는 그의 관칭호인 太傅를 옮긴 것으로 보인다.

22) A·T: ĞRĞR.

뛰어난 계략으로 그 지방 사람들을 자기 주변으로 모았고, 투르키스탄 지방 전부를 수중에 넣었다. 그의 칭호는 '구르 칸'이라 불렸는데, '위대한 군주'라는 뜻이다. 이 일은 522~523[/1128~1129]년에 일어났다. 상술한 구르 칸이 사망했을 때 여덟 살 난 아들이 하나 있었는데, 그를 부친의 자리에 앉혔고, 그 또한 구르 칸이라 불렸다. 그는 매우 장수하여 투르크력으로는 92년, 회력으로는 95년을 살다가 610[/1213~1214]년경에 사망했다.[23] 칭기스 칸의 출생 연도는 이 구르 칸이 서른네 살 때였으니, 그가 통치한 지 25년 정도 지난 셈이었다. 앞에서 말한 이 13년 동안 투르키스탄과 마와라안나흐르에서 칭기스 칸과 동시대인은 바로 그였다.

**상술한 기간 동안 이란 땅, 룸, 이집트 및 기타 지방에서 칭기스 칸과 동시대인이었던 칼리프, 술탄, 말릭, 아타벡들의 역사[24]**

바그다드의 칼리프들의 역사

칭기스 칸이 태어났을 때 압바스조의 칼리프는 무크타피(Muqtafî)였다. 그는 556[/1160~1161]년까지 생존했고, 그해에 사망했다. 그의 아들 무스탄지드(Mustanjid)가 뒤를 이어 칼리프의 자리에 앉았다. 칭기스 칸이 태어나던 해에 [이집트에서] 이스마일파의 칼리프는 자피르(Ẓâfir)[25]

---

23) 앞에서도 설명했듯이 회력으로 1년은 354일이며, 투르크력에 비해 1년에 10여 일 적다. 따라서 그의 생애가 90여 년이라면 900여 일이기 때문에 대략 3년 정도의 차이가 발생한다.

24) 당시 이슬람권의 명목적인 수장은 바그다드에 있던 압바스조의 칼리프였으나, 그의 실질적인 통치권은 극히 약화되어 각지에서 토착 정권이 세력을 휘둘렀다. 이러한 정권들은 칼리프의 상징적인 권한을 인정하면서 각자 술탄(sulṭân), 말릭(malik), 아타벡(atâbeg) 등의 칭호를 취하며 독립·대립하였다.

25) 원문의 Ẓâhir는 잘못된 것이다. aẓ-Ẓâfir의 치세는 544/1149~1150년부터 549/1154~1155년까지이다.

였고, 그해 무하람월에 살해되었다. 뒤이어 그의 아들인 파이즈(Fâîz)를 칼리프의 자리에 앉혔다. 그는 무크타피가 사망한 556년에 타계했고, 사람들은 그의 사촌인 아디드('Âḍid)를 칼리프의 자리에 앉혔다.

### 후라산의 술탄의 역사

셀주크족인 말릭 샤(Malik Shâh)의 아들 술탄 산자르(Sulṭân Sanjar)가 통치했다. 칭기스 칸이 태어나기 2년 전에 오구즈 종족이 그를 사냥터로 끌고 가 감금해 버렸다. [칭기스 칸이] 태어나던 해의 라마단월에 [산자르는] 탈출하여 테르메즈(Termeḍ)로 도망쳤고, 카를룩 종족의 장로로서 술탄의 숙적이었던 알리 벡('Alî Bîk)이 죽자 카를룩인들은 술탄에게 복속했다. 그 뒤 그는 복통(qûlinj)에 걸려 설사를 하다가 552년 라비 알 아발[/1157년 3~4]월에 [68v] 사망했고, 오구즈인들은 니샤푸르를 습격하여 살육과 약탈과 노략을 거리낌없이 했다.

호라즘__아트시즈 이븐 무함마드 이븐 빌게 테킨(Atsiz b. Muḥammad b. Bîlgâ Tekîn)은 셀주크 국가의 지주였고 정권을 장악했는데, 투르키스탄과 킵착 초원의 일부를 수중에 넣었다. 551[/1156~1157]년 그는 마비 증세에 걸려 사망했다. 그의 생애는 61년이었다. 그 뒤에는 그의 아들인 일 아르슬란(Îl Arslân)이 호라즘 샤가 되어 정권을 장악했다.

이라키 아잠[26]__셀주크의 술탄 무함마드 이븐 무함마드 이븐 말릭 샤(Sulṭân Muḥammad b. Muḥammad b. Malik Shâh)가 이스파한 지방을 통치했다. 이 기간 동안 그는 주위에서 군대를 모아 바그다드를 포위했고, 양측의 전투가 벌어졌다. 그러는 사이에 그는 자기 형제인 말릭 샤와 타

26) 당시 이슬람권에서는 오늘날 이라크 지방을 '이라키 아랍'('Irâq-i A'rab)이라 불렀고, 이란 지방을 '이라키 아잠'('Irâq-i A'zam)이라 불렀으며, 이 둘을 합해 '두 개의 이라크'라고 했다.

브리즈의 아타벡 일디기즈(Atâbeg Îldigiz)—아르슬란 이븐 토그릴(Arslân b. Ṭoğril) 모친의 남편—와 상술한 아르슬란이 함께 하마단(Hamâdân)[27]을 포위했다는 소식을 접했다. 그런 이유로 그는 자기 형제에 대해 극도로 분노하여 그들을 쫓아내기 위해 돌아갔으나, 〔도중에〕 그의 군대는 흩어지고 말았다. 그는 하마단에 도착하여 일디기즈가 있는 지방으로 향하려고 했지만 폐병에 걸려 죽고 말았다. 임종하는 순간 그는 군대의 아미르들에게 말에 타도록 지시하고, 보석과 금을 비롯한 모든 재화, 군주의 창고 안에 있던 모든 재물들, 준수한 용모의 노예들을 자기 앞에 내놓으라고 명령했다. 그는 그것들을 바라보고 눈물을 흘리면서 이렇게 말했다.

"이 모든 아미르와 군대들, 추종자와 노예들, 직물과 면포, 보석과 진주, 각종 귀중한 것들은 나의 비통함을 티끌만큼도 덜어 주지 못하고 나의 생명을 한 순간도 연장시켜 주지 못하는구나! 속세의 물건들을 모으려고 애쓰는 사람이야말로 불행한 자로다."

그리고는 그 모든 물건들을 거기에 있는 사람들에게 나누어 주었다. 그에게는 어린 아들이 하나 있었는데, "군대가 그에게 복종하지 않을 것은 뻔하다. 그를 마라게(Marâğe)[28]의 태수(walî)인 악크 송코르 아흐마딜리(Âq Songqôr Aḥmadîlî)에게 맡겨서 그의 고장으로 데려가 키우라!"고 말했다.

그가 죽자 아미르들은 서로 싸우기 시작했고 일부는 그의 형제인 말릭 샤에게, 또 다른 일부는 그들의 숙부인 술레이만 샤(Sulaymân Shâh)에게 기울었다. 술레이만 샤가 이스파한에 도착하자 파르스(Fars)[29]의

---

27) 이란 중서부 지방. 고대의 Ecbatana에 해당하는 지역이다.

28) 이란 서북부 아제르바이잔 지방의 타브리즈 남방 75km 되는 지점에 있는 도시. 우르미야 호수 동쪽에 있으며, 일 칸국 시대에 수도를 두었던 곳이기도 하다.

아타벡 데글레(Atâbeg Degle), 후지스탄(Khûzistân)[30]의 태수인 슘라 투르코만(Shumla Turkomân)[31]과 다른 일군의 아미르들이 그에게 동조했다. 판관인 사드르 앗 딘 호젠디(Ṣadr ad-Dîn Khojendî)는 이스파한을 그에게 위탁했다. 술레이만 샤는 하마단 지방에 있던 군대를 소집했으나 그들은 이에 응하지 않았다. 555[/1160]년 술레이만 샤가 하마단으로 가자 [그곳의] 군대가 모여서 그를 붙잡았고, 556[/1161]년 라비 알 아히르월에는 그를 교살했다. 그리고 토그릴의 아들이자 아타벡 일디기즈 부인의 아들인 아르슬란을 하마단의 군주로 앉혔다.

룸[32]__ 술탄 마수드 이븐 킬리치 아르슬란(Sulṭân Mas'ûd b. Qilich Arslân)이 군주였다. 558[/1163]년에 코냐(Qônya)에서 사망했고, 그 아들인 킬리치 아르슬란을 술탄으로 앉혔다.

키르만.[33]__ 아불 파와리스 무함마드 이븐 아르슬란 샤 이븐 키르만 샤 [이븐] 카우루드 [이븐] 차그리 벡 이븐 다우드 이븐 미카일 이븐 셀주크(Abû al-Fawâris b. Muḥammad b. Arslân Shâh b. Kirmân Shâh b. Qâûrud b. Chağrî Bîk b. Dâûd b. Mîkâîîl b. Seljûq)가 군주였다. 551[/1156~1157]년에 사망했고, 그의 아들인 토그릴 샤(Ṭoğril Shâh)를 군주의 자리에 앉혔다.

[가즈나__술탄 호스로우 샤 이븐 바흐람 샤 이븐 마수드 이븐 이브라힘 이븐 마수드 이븐 마흐무드 이븐 사북테킨(Sulṭân Khosraw Shâh b.

---

29) 이란의 중남부 지방. 고대 아케메네스 제국(기원전 559~330년)의 근거지가 있던 곳으로, Pars라고도 불리며 Persia라는 말도 여기서 기원했다.

30) 이란 서남부 지방을 가리키는 명칭.

31) 원문에는 "슘라 투르코만과 후지스탄의 태수"라고 되어 있으나, 실제로는 같은 사람으로 보아야 할 것이다.

32) 오늘날 소아시아 지방을 가리킨다.

33) 이란 동남부 지방.

Bahrâm Shâh b. Mas'ûd b. Ibrâhîm b. Mas'ûd b. Maḥmûd b. Saboktekîn)이 있었는데 556[/1161]년에 사망했고, 그의 아들 말릭 샤(Malik Shâh)가 뒤를 이었다.][34)]

구르[35)]__술탄 알라 앗 딘 후세인 이븐 알 하산(Sulṭân 'Alâ ad-Dîn b. al-Ḥusayn)이 있었는데 역시 상술한 해에 사망했고, 그의 아들 세이프 앗 딘 무함마드(Sayf ad-Dîn Muḥammad)를 그의 자리에 앉혔다. 558[/1163]년 오구즈인들의 손에 죽음을 당했다. 술탄 기야쓰 앗 딘(Sulṭân Giyâth ad-Dîn)과 술탄 시합 앗 딘 구르(Sulṭân Shihâb ad-Dîn Ğûr)는 형제간이었고 시리아의 말릭의 아들들이었으며 상술한 말릭 후세인의 조카들이었는데, 이들은 구르와 가즈나에서 술탄이 되었다.

말릭과 아타벡들의 역사

시스탄(Sîstân)[36)]__말릭 나시르 이븐 할라프(Malik Nâṣir b. Khalaf)가 있었는데, 558[/1163]년에 사망했다. 그의 생애는 100살을 넘었고, 그의 아들이 뒤를 이었다.

마잔다란(Mâzandarân)[37)]__샤 루스탐 이븐 알리 이븐 샤흐리야르 이븐 카룬(Shâh Rustam b. 'Alî b. Shahriyâr b. Qârun)이 있었고, 558[/1163]년에 사망했다. 그의 자리에는 아들인 [69r] 알라 앗 딘 하산('Ala ad-Dîn Ḥasan)이 앉았다.

이라키 아잠__아타벡 일디기즈가 있었다.

아제르바이잔__악크 송코르 아흐마딜리가 있었다.

---

34) [ ] 부분은 A · L2본에 缺落되어 있으나, T본에 의거하여 보충.
35) 현재 아프가니스탄의 Herat와 Hellmand 계곡 사이의 산간 지역을 가리키는 명칭.
36) 이란 동부와 아프가니스탄 서남부에 해당하는 지역.
37) 카스피 해에 연접해 있는 이란 북부 지방의 명칭.

시리아__ 아타벡 누르 앗 딘(Nûr ad-Dîn)이 있었는데, 이마드 앗 딘 젱기('Imad ad-Dîn Zengî)의 아들이었다. 악크 송코르가 다마스쿠스를 장악하고, 아시('Âṣî) 江가의 하마(Ḥama) 부근에 있던 샤이자르(Shayzar) 성채와 바알벡(Ba'albek)을 빼앗았다.

디야르바크르(Diyârbakr)[38]__ 모술의 아타벡들의 아버지인 아타벡 쿠틉 앗 딘 마우두드 이븐 이마드 앗 딘 이븐 악크 송코르(Atâbeg Quṭb ad-Dîn Mawdûd b. 'Imad ad-Dîn b. Âq Songqôr)가 있었는데, 그는 자지라(Jajîra)를 장악했다.

마그리브(Mağrib)[39]__ 압둘 무민('Abd al-Mû'min)이 말릭이었다. 556[/1161]년에 자신의 아들인 무함마드(Muḥammad)를 후계자로 정하고 이를 위한 서약을 받아낸 뒤, 다른 자식들에게 각각 지방을 주었다. 그는 안달루스(Andâlûs) 지방 전부를 점령했고, 200년 이상 군주가 있던 무라비트 왕국은 사라져 버렸다. 554[/1159]년에는 마흐디야(Mahdiyya) 시를 프랑크인들에게서 빼앗았다. 그는 558[/1163]년에 사망했고, 그의 아들인 무함마드가 뒤를 이었다.

파르스__ 살구르(Salğur) 왕조의 아타벡 데글레가 군주였는데, 그는 매우 탁월하고 지혜로운 사람이었으며 극히 공정한 인물이었다.

**상술한 기간 동안 벌어진 기이한 사건들**

553[/1158~1159]년에 바그다드가 물에 잠겨 그 대부분의 街區들이 파괴되었다. 예를 들어 카라흐 앗 자파르(Qarâḥ aẓ-Ẓafar), 무흐타라(Mukhtâra), 무크타디야(Muqtadiyya), 다르브 알 카바르(Darb al-

38) 현재 터키 동부 산간 지방의 명칭.
39) 아프리카 서북부와 스페인 남부를 가리키던 명칭.

Qabbâr), 라얀(Rayan), 히르바드 이븐 주라다(Khirbad ibn Jurada), 카라흐 알 카디(Qarâḥ al-Qâḍî), 카티아(Qaṭi'a) 일부, 밥 알 아자즈(Bâb al-Azâj) 일부, 마무니야(Ma'mûniyya) 일부, 카라흐 아부 샤흠(Qarâḥ Abû Shaḥm), 카라흐 이븐 자린(Qarâḥ ibn Zarîn), 자파리야(Ẓafariyya) 일부 및 성벽이 모두 무너졌다. 남쪽으로는 이맘 아흐마드 한발(Imâm Aḥmad Ḥanbal)의 묘소와 다른 묘지들이 물에 잠겨, 시신들이 물 위에 떠다닐 정도였다. 557[/1162]년 샤반월에 그루지아 사람 3만 명이 아제르바이잔 지방의 두인(Dûîn) 시로 와서 1만 명 이상의 사람들을 죽이고 많은 포로를 끌고 갔으며, 그 도시의 모스크를 불태웠다.

타브리즈의 아타벡 샴스 앗 딘 일디기즈(Atâbeg Shams ad-Dîn Îldigiz)가 이 소식을 듣고 많은 군대를 모아, 수크만 쿠트비(Sukmân Quṭbî)의 아들이자 할라트의 장관인 샤 아르만(Shâh Arman), 마라게의 지배자인 악크 송코르의 아들 등의 도움을 받아 그들에게 복수하기 위해 출정했다. 5만 명의 기병이 558년 사파르[/1163년 1~2]월에 그루지스탄에 도착하여 한 달 동안 전투를 벌였다. 마침내 이슬람의 군대가 승리를 거두어 많은 사람들을 죽이고 엄청난 전리품을 갖고 왔다. 바로 그 사파르월에 이스파한의 판관들 사이에 교파상의 충돌이 벌어져 7일간 전투가 있었는데, 양측 모두 사람들이 죽었고 가옥들이 파괴되었다. '이단자'들은 카즈빈을 포위했다.

549년 '카카이 일'[/1155년]의 처음부터 562년인 그 다음 '카카이 일'[/1166년]의 마지막에 이르는 13년 동안 칭기스 칸과 동시대에 존재했던 여러 왕국의 군주들의 역사, 이 기간에 일어난 기이한 사건들에 관해서 기록했다. 앞에서 서술한 원칙에 의거하여 이 13년 이후에 대해서 다시 이야기를 시작하기로 하자. 지고한 신께서 뜻하신다면!

## 【제2절】

열세 살 때 아버지를 여읜 뒤, 563년 라비 알 아발(/1167년 12~1168년 1)월에 시작되는 쥐해,
즉 '쿨루카나 일' 초부터 590년 사파르(/1194년 1~2)월에 시작되는 호랑이해,
즉 '파르스 일' 말까지, 이 27년 동안 칭기스 칸의 역사

[이 기간의] 마지막 해에 칭기스 칸의 나이는 마흔한 살이었다. 이 기간 동안 그의 활동이 해마다 어떠했는지는 잘 알려져 있지 않기 때문에 요약해서 기술할 것이다. 그 동안 그는 타이치우트 종족과 전투를 벌였고 몇 차례 붙잡혀 포로가 되기도 했으나, 지고한 신의 도움으로 도망쳤다. [이러한] 역경을 겪다가 [69v] 마침내 상술한 이 28년이 지난 뒤 지고한 신이 그에게 힘과 축복을 주어 그의 사정은 욱일승천했다.

칭기스 칸이 열세 살의 어린 나이에 아버지를 여의였을 때, 부친 생전에 그를 미워했고 은밀히 적개심을 품었던 타이치우트 종족의 수령들, 즉 그의 친족들은 오랜 원한을 드러냈다. 카불 칸의 손자이자 아달 칸의 아들인 타르쿠타이 키릴툭과 그의 사촌인 쿠릴 바하두르, 즉 타이치우트 종족의 수령이요 군주였던 이 두 사람은 이수게이 바하두르의 시대부터 속으로 품었던 원한 때문에 오만하고 불손한 행동을 하기 시작했다. 타이치우트는 가장 막강한 지파였기 때문에, 이수게이에게 복속하던 다른 친족과 군대가 그의 자식들에게서 등을 돌리고 타이치우트 쪽으로 기울어 점차 그들과 연합하는 지경에 이르렀고, 그래서 그 종족은 강력한 세력을 지녔다. 그들 가운데 일부는 목지가 삼림 안에 있었기 때문에 '호인 이르겐' 종족, 즉 삼림의 종족에 속했다. 그 당시 이수게이 바하두르와 자식들의 목지는 오난과 켈루렌 지역에 있었다.

이수게이 바하두르의 추종자들 대부분이 이동하여 타이치우트와 연합할 때, 모두의 '형'(âqâ)이었던 토단 쿠후르치(Tôdân Quhûrchî)[1]도 이동하기 시작했다. 당시 테무진이라는 이름으로 불리던 칭기스 칸은 몸

소 그에게로 가서 떠나지 말라고 공손하게 말했다. 그는 듣지 않고 다음과 같은 뜻의 속담을 몽골어로 말했다. "나는 결심했다. 선택의 여지는 없다. 더 이상 남을 수 없다."[2] 그리고는 말을 타고 가버렸다. 칭기스 칸의 어머니 우엘룬 에케는 스스로 말에 올라타 깃발을 치켜세우고 병사들로 하여금 말에 올라타게 한 뒤, 도망간 사람들을 되돌리기 위해 그들을 추격했다. 서로 맞부딪쳤을 때 양측은 전열을 차리고 전투에 들어갔다. 마침내 그녀는 그 종족과 자기 울루스에 속하는 사람들 일부를 되돌아오게 했다.

〔70r〕 그 전투에서 대아미르들 가운데 하나이며 노인이었던 차라카 에부겐(Charaqa Ebûgân)[3]은 목덜미에 활을 맞아 부상을 입었다. 그가 전투에서 돌아왔을 때 칭기스 칸은 안부를 확인하기 위해 그에게로 가서 상태를 물어보았다. 차라카는 말하기를, "너의 좋은 부친이 돌아가신 뒤 우리의 종족과 군대가 적대하며 너에게서 등을 돌렸다. 나는 그들을 막으려고 했지만, 하늘의 운명이 나를 해치려고 숨어 있다가 갑자기 나에게 상처를 입혔도다"라고 했다. 칭기스 칸은 그의 상처가 심하고 상태가 나쁜 것을 보고 울었다. 그가 밖으로 나오자 차라카는 즉시 사망하고 말았다. 훌레구 칸과 아바카 칸의 시대에 엘 티무르(El Tîmûr), 부르쿠트(Bûrkût), 이텔구(Îtelgû) 등의 아미르는 그의 후손이었다.

---

1) 『秘史』 72절의 Tödöyen Girte, 『親征錄』의 脫端火兒眞.

2) 『秘史』 72절에 따르면, 그가 "깊은 물이 말랐다. 흰 돌이 부서졌다!"라고 말했다고 한다. 『親征錄』에도 "今淸潭已涸, 堅石已碎, 留復何爲"라는 구절이 인용되어 있다.

3) 『秘史』 73절의 Charaqa Ebügen, 『親征錄』의 察剌海.

**자무카 세첸과의 적대 시작. 그와 타이치우트 종족과의 연합. 타이치우트 종족과 이키레스 종족, 기타 다른 종족들이 그에 반대하여 결성한 연합.**

**이를 깨달은 그가 13개 쿠리엔의 군대를 정비하여 적들을 패배시킨 이야기**

바로 그 시기에 니르운 지파에 속하고 자지라트 종족의 아미르이자 지도자였던 자무카 세첸에게는 테구 다차르(Tegû Dachar)[4]라는 이름을 가진 친족이 있었다. 그가 몇 명의 기병과 함께 울레게이 불락(Ûlâgâî Bûlâq)[5]이라고 부르는 곳—칭기스 칸의 목지가 있던 사리 케헤르(Sârî Keher)[6] 부근—으로 도둑질을 하러 갔는데, 주치 타르말라의 집이 그 근처에 있었다. 그는 잘라이르 종족 출신으로, 그의 조상들은 잘라이르 족속이 두툼 메넨의 부인인 모놀룬과 그녀의 아들들을 살해했기 때문에 칭기스 칸 선조들의 포로와 노예가 되었다. 그의 후손들 가운데에는 아미르들이 무척 많았고, 일루게이 노얀도 그 중 하나였다. 테구 다차르가 그의 가축들을 훔치기 위해 그곳에 갔다. 이를 눈치챈 주치 타르말라는 가재도구를 다른 곳으로 옮기고 자신은 말과 가축들 가운데 숨었다. 테구 다차르가 오자 주치 타르말라는 그를 활로 쏘아 죽였다.

이런 까닭으로 자무카 세첸이 칭기스 칸에게 적개심을 품었고, 분란을 일으키기 시작했다. 그는 자신의 종족과 군대를 데리고 타이치우트 종족에게로 가서 연합했는데, 그 외에도 다른 종족과 지파들이 타이치우트와 연합했었다. 그 가운데 하나가 쿵크라트의 한 지파인 이키레스

---

4) 『秘史』에는 Taichar로 나오지만, A · T · L2본은 모두 TGW DJR로 표기했다. 『親征錄』의 禿台察兒는 『集史』의 표기에 더 가깝다. 이 인물의 이름에 관해서는 『부족지』, p.331의 주석을 참조하시오.

5) 아마 Ülegei를 옮긴 것이 아닐까 추측되며, 『親征錄』의 玉律哥泉에 해당된다. 그러나 『秘史』 141절에 나오는 '알쿠이 샘'(Alqui Bulaq)이 이것과 동일한 지점을 가리키는지에 대해서는 단정하기 어렵다.

6) 『秘史』의 Sa'ari Keher, 『親征錄』의 薩里河. Perlee는 셀렝게 강과 하누이 강이 합류하는 지점(東經 101도, 北緯 49도)에 있다고 주장했지만(cf. 「元朝秘史に現われる地 · 水名」, p.590), 받아들이기 힘든 주장이다. Pelliot의 추정에 따라 켈루렌 강이 남류하는 곳의 서쪽 어딘가에 있는 초원으로 보는 것이 타당할 듯하다(*Notes on Marco Polo*, I, pp.319~323).

종족이었고, 또 하나는 코룰라스 종족이었다. 그들은 몽골-두릴리킨이지만, 〔이때 연합한〕 또 다른 종족 우루우트와 노야킨은 니르운이다.

이들 무리는 서로 도우면서 단합하여 칭기스 칸을 공격하러 나섰다. 꽤 오랜 기간 그와 적대하면서 분쟁이 일어났고, 칭기스 칸은 그들을 제압할 수 없었다. 그래서 그의 모든 추종자들이 떨어져 나가는 지경에까지 이르렀다. 한번은 칭기스 칸이 그들의 손에 붙잡혔는데, 이미 설명했듯이 술두스 종족의 소르칸 시라(Sôrqân Shîra)가 그를 구출해 주었다. 몇 년 동안 갖가지 일이 벌어졌고, 다시 한번 지고한 신이 축복과 힘을 주어 칭기스 칸을 강력하게 만들었으며, 그의 종족이 무리를 이루게 만들었다. 마침내 타이치우트 종족과 그들과 연합했던 다른 종족들이 3만 명의 기병으로 출정하여 칭기스 칸을 공격해 왔다. 그는 그들의 책략과 술책을 알지 못했다.

다행스럽게도 이키레스 종족에 속하는 네쿤(Nekûn)이라는 사람이 타이치우트 종족과 함께 있었는데, 보투(Bôtû)[7]라는 이름을 가진 그의 아들이 칭기스 칸을 모셨기 때문에 그〔=칭기스 칸〕에게 경도되었다. 그 종족은 구렐구(Gûrelgûû)[8]라는 곳—이곳은 후일 칭기스 칸의 목지가 되었다—에 있었는데, 상술한 이 네쿤이 어떤 중요한 일로 당시 그곳을 방문했다가 돌아가는 바룰라스 종족의 물케(Mûlke)와 투탁(Tûtâq)이라는 두 사람의 입을 통해 칭기스 칸에게 그들의 의도와 계략을 전해 주었다.[9]

---

7) A·T: BWTWN; L2: LWTWN은 誤寫이다. 『親征錄』에는 "捏群의 아들 孛徒"라고 되어 있다.

8) A·T·L2: GWRLWW. 이는 GWRGWW의 誤寫이다. 즉, 『秘史』 89절 등의 Gürelgü, 『親征錄』의 曲鄰居가 이에 해당하며, 부르칸 칼둔 산 남쪽에 있는 지명이다. 亦隣眞과 같은 학자는 몽골 황제들의 시신이 묻힌 곳으로 『元史』에 기록된 起輦谷이 Gürelgü를 音寫한 것이라고 본다. Cf. Y. Irinchin, 「起輦谷與古連勒古」(小澤重男 譯), 『內陸アジア史研究』 제5호(1989), pp.45~54.

9) 『秘史』에는 '물케 투탁'(Mülke Tutaq)이 한 사람의 이름으로 기록되어 있고, 『親征錄』에는 "卜欒台(Boraldai), 慕哥(Möge)二人"이라고 되어 있다. 이에 관해서는 『부족지』, pp.274~275의 주 85)를 참조하시오.

칭기스 칸은 달란 발주스[10]라는 곳에 있었다. 이 두 사람은 알라우트(Âlâûût)와 투라우트(Tûrâût)라고 부르는 두 산[11] 사이에 난 길을 통해 몰래 와서 칭기스 칸에게 적의 출현을 알려 주었다.

그러한 상황을 알게 된 칭기스 칸은 즉시 군대를 정비하고, 그를 지지하며 우호적이던 종족과 족속들 모두에게 소식을 알렸다. 그들이 다 모여서 만인대, 천인대, 백인대, 십인대로 나누니 모두 13쿠리엔이었다. 쿠리엔이라는 말의 뜻은 '고리'(khalqa)인데, 옛날에 한 종족이 어떤 지점에 진영을 칠 때 고리 같은 모양을 이루고 그들의 지도자는 마치 그 원 안의 점처럼 위치했기 때문에 그것을 쿠리엔이라 불렀다. 지금도 적군이 가까운 곳에 있을 때는 적이나 외래인이 그 안으로 들어오지 못하도록 이러한 모양으로 진영을 친다. 이 13쿠리엔〔의 구성〕을 자세하게 설명하면 다음과 같다.[12] 〔70v〕

제1__칭기스 칸의 모친 우엘룬 에케, 그녀의 친족에 속하는 종족들과 추종자들, 그녀의 오르두에 있는 가복들, 그녀에게 속해 있는 노비와 사람들, 〔기타〕 개별적인 사람들.

제2__칭기스 칸, 그의 자식과 누케르들, 아미르와 아미르의 자식들, 그에게 특별히 속해서 그를 모시던 시위들(kezîktân).

제3__카불 칸의 형 셈 카출리(Sem Qâchûlî)의 후손인 불테추 바하두

---

10) 『秘史』의 Dalan Baljud. Perlee는 이곳이 Aga Buriat 지방에 있는 Baljin 호수 부근(東經 111도, 北緯 51도)이라고 추정한다. Cf. 「元朝秘史に現われる地·水名」, p.590.

11) 『秘史』 129절에는 이 두 산의 이름이 '알라우드'(Ala'u'ud)와 '투르가우드'(Turğa'ud)로 나오고, 『親征錄』(p.19)에는 '알라우'(阿剌烏)와 '툴라우'(禿剌烏)로 기록되어 있다. Perlee는 이곳을 투바 공화국 영내의 Erheg Tarxagh라는 곳에 해당한다고 보았다. Cf. 「元朝秘史に現われる地·水名」, p.579.

12) 이 13翼을 구성한 사람들에 대한 구체적인 내용은 『聖武親征錄』에도 자세하게 나와 있고, 『集史』의 기사와 거의 일치한다. 여러 사료들을 비교하여 칭기스 칸의 13익 구성을 분석한 本田實信의 「チンギス·ハンの十三翼」, 『モンゴル時代史研究』, pp.1~16을 참조하시오.

르(Bûltâchû Bahâdur). 그는 케레이트의 한 지파에 속했다. 〔이 밖에〕 니르운 계통의 하다르킨 종족과 그 지도자 무쿠르 쿠란(Mûqûr Qûrân)—후라산에 있는 부케레이(Bûkerâî)는 그의 후손이다 —, 두릴리킨에 속하는 코룰라스 종족과 그 지도자 차우르카(Châûrqâ).

제4_ 소르카두 노얀(Sôrqadû Nôyân)의 아들들인 데렝기(Derengî)와 그의 형제 코리다이(Qôrîdâî). 그들은 니르운 종족이고 키야트에 속한다. 니르운에 속하는 부다트(Bûdât) 종족도 함께 있었다.

제5와 제6_ 소르칵투 유르키(Sôrqâqtû[13] Yûrkî)의 아들들인 세체 베키와 그의 사촌 타이추(Ṭâîchû), 잘라이르 종족. '소르칵투'란 몸에 점이 있는 것을 의미하며, 키야트 유르킨 〔종족〕은 그의 후손이다. 아미르 노린(Nôrîn)은 그의 일족이었다.

제7_ 우투추(Ûtûchû)의 아들들인 쿠두(Qûdû)와 아르당기(Ardangî), 즉 키야트 종족의 무리들 가운데 일부와 그들에게 속하는 사람들.[14]

제8_ 뭉게두 키얀(Môngedû Qîyan)의 자식들인 창슈트와 그 형제들—칭기스 칸의 사촌들—, 두릴리킨에 속하며 옹구르(Ônggûr)를 지도자로 하는 바야우트 종족.

제9_ 칭기스 칸의 숙부인 다리타이 옷치긴, 그의 사촌이자 네쿤 타이시의 아들인 쿠차르(Qûchar), 그들의 친족인 달루(Dâlû), 니르운에 속하는 도콜라트 종족, 두릴리킨에 속하는 네쿠즈, 쿠리칸, 사카이트, 눈친[15] 등의 종족들.

제10_ 쿠툴라 카안의 아들이며 칭기스 칸의 사촌인 주치 칸, 그의 추

---

13) A·T: SWRQWQTW.

14) 本田實信은 "Qiyât에 속하는 Ûtûjûqû-Dûârdânkî의 諸子 및 그들에게 속하는 사람들"이라고 번역했다.

15) A: ?NJYN; T: TNJYN. 그러나 『親征錄』의 "朶忽蘭·捏古思·火魯罕·撒合夷·嫩眞諸部"라는 기사에 비추어 NNJYN(Nunchîn)으로 읽는 것이 타당하다.

종자와 동료들, 또 그와 연합한 무리. 〔71r〕「51v」[16]

제11__ 쿠툴라 카안의 또 다른 아들 알탄.

제12__ 니르운에 속하는 콩코탄 종족의 다카이 바하두르(Dâqay Bahâdur), 역시 니르운 종족에 속하는 수켄 종족.

제13__ 차라카 링쿰의 자식들인 겐두 치나와 울렉친 치나. 그들을 네쿠즈라고 부르지만, 타이치우트 지파에 관한 부분에서 자세히 설명했듯이 그들은 니르운이기 때문에 원래의 네쿠즈는 아니다.[17]

상술한 바와 같은 13쿠리엔의 군대를 이상과 같은 대열로 원의 형태를 지으며 진영을 쳤다. 쿠리엔의 모양은 〔아래〕 그림과 같은 형태를 취했다.[18] 이런 모양을 한 13쿠리엔의 군대가 칭기스 칸 쪽에 집결하자,

---

16) B본은 여기서부터 다시 시작된다.

17) 『親征錄』에 기록된 13翼의 구성은 다음과 같다(cf. 本田實信, 「チンギス・ハンの十三翼」, pp.4~5).

(1) 月倫(Ö'elün) 太后가 이끄는 一翼

(2) 主上과 그의 昆弟들이 이끄는 一翼

(3) 三合初來(Sem Qachuli)의 아들 奔塔出拔都(Bültechü Bâtur)와 禿不哥逸敦(Tübegen Kereid), 木忽兒好蘭(Muqur Quran)이 통솔하는 阿兒荅斤(Adarkin), 察忽蘭(Chaqula)이 통솔하는 火魯剌(Qorulas) 등의 諸部로 이루어진 一翼

(4) 鮮明昆那顔(?Sorqadu Noyan)의 아들 迭良(Derengi)가 통솔하는 火力台(Qoritai)와 不荅安(Buda'an) 등의 一翼

(5~6) 札剌兒(Jalair)와 阿哈(Aqa) 등의 部로 이루어진 一翼

(7) 荅里台(Daritai)와 火察兒(Quchar) 二人, 朶忽蘭(Doqolan)·揑古思(Neküs)·火魯罕(Quriqan)·撒合夷(Saqait)·嫩眞(Nunchin) 등의 諸部로 이루어진 一翼

(8) 忽都圖忙納兒(?Qutuqtu Münggür)의 아들 蒙哥怯只兒哥(?Mönggedü Kiyan)이 이끄는 一翼

(9) 忽都剌可汗(Qutula Qa'an)의 아들 搠只可汗(Jöchi Qa'an)이 이끄는 一翼

(10) 按壇(Altan)이 이끄는 一翼,

(11) 忽蘭(Qulan)과 脫端(Toda'an) 二人이 이끄는 一翼

(12) 共吉牙(Qonggiyat; Qongqotan?)部의 塔降吉拔都(Taqanqi Bâtur; Daqay Bâtur?)가 통솔하는 雪干(Süken)·札剌吾思(Jala'us) 등의 부족으로 이루어진 一翼

(13) 建都赤納(Gendü China)와 玉烈貞赤納(Ülekchin China) 二部로 이루어진 一翼

타이치우트 군대가 이동하여 알라우트·투라우트 산을 지나 달란 발주스로 와서 칭기스 칸과 대치하며 멈추었다. 양측의 전투가 벌어졌고 지고한 신이 칭기스 칸에게 도움을 주어, 그 13쿠리엔으로 〔적군〕 3만 명의 기병을 격파했다. 칭기스 칸의 행운의 태양이 발하는 열기로 말미암아 적들은 마치 먼지처럼 공중으로 흩어져 버렸고, 우두트(Ûdût)와 부르두트(Bûrdût) 종족의 수령인 우두트와 부르두트[19]가 그에게로 와서 복속했다.

그 지점에는 강가에 커다란 숲이 하나 있었는데, 칭기스 칸이 그곳에 진영을 쳤다. 그리고는 70개의 가마솥에 불을 지피라고 한 뒤 반란을 일으켰다가 포로가 된 적의 무리를 모두 거기에 넣어 끓이라고 명령했다. 이로 말미암아 공포에 질린 주리야트 종족도 바로 그때 복속하여 가옥들을 칭기스 칸의 목지 근처로 옮겨 왔다. 그러나 〔후일〕 그들 가운데 일부는 다시 반란을 일으켰다. 숫자도 매우 많고 세력과 용기와 장비를 갖추었던 타이치우트 종족은 그 전투에서 흩어져 각자 여러 곳으로 가버렸다.[20]

---

18) A·B 사본에는 그림이 들어갈 자리만 있을 뿐 삽도는 그려져 있지 않다.

19) 필사자는 여기서 무엇인가 오류를 범한 것으로 보인다. 『부족지』(p.313)에는 '우두트(와) 부르두트'가 우루우트-망쿠트 종족의 수령이라고 되어 있다. 『秘史』 130절에 따르면 칭기스 칸이 자무카와 벌였던 Dalan Baljud에서의 13翼의 전투에서 패배하여 오난 강가의 Jerene라는 협곡으로 피신했을 때, Uru'ud족의 Jürchedei와 Mangqut족의 Quyuldar가 자무카의 진영에서 이탈하여 칭기스 칸에게로 왔다고 한다.

20) 이른바 '달란 발주스의 전투' 결과에 대해서 『集史』는 이처럼 칭기스 칸이 승리를 거두었고, 적장들을 70개의 가마솥에 넣어 끓여서 죽인 것으로 기록했다. 그러나 『秘史』(129절)에는 칭기스 칸이 패배했고 승리한 자무카가 치노스족에 속하는 왕자들(Chinos-un kö'üd)을 70개의 솥에 넣고 끓였다는 기록이 보이고, 『親征錄』은 전투에서 패배한 쪽은 자무카였으며 그가 도망치다가 도중에 72개의 가마솥에 늑대〔狼〕를 넣고 끓여서 먹었다고 했다. 사료에 보이는 이러한 차이에 대한 논의는 라츠네프스키, 『칭기스 칸』(지식산업사, 1992), pp.49~51을 참고하시오.

**울룩 바하두르(Ôlûg Bahâdur)[21]와 타가이 달루(Ṭağâî Dâlû)[22]가 휘하에 있던 주리야트 종족과 함께 칭기스 칸에게 투항했다가 약속을 지키지 않고 배신하여 다시 반란을 일으킨 이야기 〔71v〕「52r」**

그 내용은 다음과 같다.

그들의 집은 칭기스 칸의 목지와 가까운 곳에 있었는데, 하루는 모두가 사냥하러 나갔다. 그들이 초원 한가운데 있던 우찰 잘라막(Ûchal Jalamaq)[23]이라는 산에서 圈狩(jerge)를 하는데, 그것이 칭기스 칸의 '우투'(ûtû), 즉 사냥터의 중앙(qalb-i shikârgâh)[24]과 서로 맞닿았다. 그들은 함께 권수를 했고 사냥감을 무척 많이 잡았다. 그들은 칭기스 칸에게 "여기서 함께 잡시다!"라고 말했다. 그들은 모두 400명이었는데 솥도 사료도 갖지 못했기 때문에, 200명은 집으로 가고 〔나머지〕 200명만 그곳에 남아 칭기스 칸과 함께 숙박했다. 칭기스 칸은 그들이 필요로 하는 솥과 사료를 주라고 지시했다. 다음날 그들은 사냥을 했고, 〔칭기스 칸은〕 그들의 몫보다 더 많은 사냥감을 주었다. 헤어져 각자 집으로 돌아갈 때가 되었을 때 그들은 칭기스 칸에게 깊은 감사를 표시하며 말하기를, "타이치우트 종족은 우리를 버려 두고 떠나가서 보살펴 주지도 않았다. 그런데 칭기스 칸은 전에 교분이 없었는데도 우리에게 은혜를 베풀어 주었으니, 그는 백성을 돌보고 군대를 지휘할 줄 아는 군주이다"라고 했

---

21) 『親征錄』의 玉烈拔都(Ölüg Bâtur).

22) 『親征錄』의 塔海荅魯.

23) A·B: AWJL JLMQ; T: AWCL JLMN. 『親征錄』에는 그가 수렵하던 평원의 이름으로 "斡禪札剌馬思"가 언급되어 있고, 『秘史』 128절에도 Jalama라는 山名이 기록되어 있다. Perlee는 이곳이 칭기스 칸의 목지가 있던 Sa'ari Keher와 동일한 곳으로, 셀렝게 강과 Hanui 강이 합류하는 지점이라고 보았다. Cf. 「元朝秘史に現われる地·水名」, p.593.

24) 그러나 utu는 몽골어에서 '사냥터의 가장자리'를 뜻한다. Cf. J. É. Kowalewski, *Dictionnaire Mongol-Russe-Français*(3 vols., Kasan: Imp. de l'UniversitÈ, 1844~1849), p.384; Doerfer, I, p.162.

다. 그들은 돌아가는 도중에 내내 이런 식으로 칭기스 칸에게 감사했고, 모든 종족들에게 그의 명성을 퍼뜨렸다.

집으로 돌아온 뒤 종족의 수령들 가운데 울룩[25] 바하두르는 감사하는 마음 끝에 마쿠이 야다나(Mâqûî Yâdânâ)[26]에게 상의하여 말하기를, "칭기스 칸을 위해 봉사하고 그의 명령에 복종하도록 하자"고 했다. 그러나 마쿠이 야다나는 동의하지 않으며 "타이치우트 종족이 우리에게 무슨 나쁜 짓을 했단 말인가? 그들은 그래도 〔우리의〕 형과 아우인데, 어떻게 아무런 이유도 없이 그들을 배신하고 칭기스 칸에게로 갈 수 있단 말인가?"라고 말했다. 그가 승락하지 않자 울룩 바하두르는 타가이 달루와 그들에게 복속하던 주리야트 종족과 함께 칭기스 칸에게로 가서, "우리는 남편이 없는 부인들처럼, 주인이 없는 말 떼처럼, 목동이 없는 양 떼처럼 되었습니다. 큰부인에게서 난 아들들이 우리를 죽일 것입니다. 우리는 당신과의 우정을 위해 칼을 휘둘러 당신의 적들을 벨 것입니다"라고 말했다. 칭기스 칸은 울룩 바하두르에게 대답하여 "나는 네가 앞머리털(kâgül)[27]을 잡아당겨 잠에서 깨워 준 사람과 같았고, 네가 아래턱을 잡아당겨 앉은자리에서 일으켜 준 사람과 같았다. 나는 너의 신뢰에 보답하기 위해 어떤 일이라도 하겠다"고 말하며, 그들을 크게 위로하고 어루만졌다.

얼마 후 그들이 완전히 자리를 잡자, 주리야트의 그 아미르들은 다시

---

25) A·T: ALWG; B: AWLWG.

26) A: MAQWY YDNH; B: MAQWDAY YDNH; T: MAQWY YDANH. 『親征錄』의 馬兀牙荅納(Ma'u Yadana).

27) 『秘史』 56절에는 kegül로 표기되었다. 당시 몽골인들은 머리를 삭발할 때 중앙을 깎고 앞머리에 약간의 머리카락을 남겼는데, 이것을 kegül(怯仇兒)이라고 불렀다. Cf. Doerfer, I, pp.452~455. 『高麗史』 世家 忠烈王 즉위년 10월 辛酉條에는 "蒙古之俗, 剃頂至額, 方其形, 留髮其中, 謂之怯仇兒"라는 기록이 보인다. 당시 몽골인들의 두발 양식에 대해서는 Carpini의 여행기에 나오는 설명을 참조하시오(C. Dawson tr., *Mission to Asia*, Toronto: University of Toronto Press, 1966, pp.6~7).

한번 자신의 말을 어기고 반란을 일으켰다. 타가이 달루는 여러 지방을 돌아다니다가 마침내 메르키트 종족 출신의 쿠둔 오르창(Qûdûn Ôrchâng)이라는 사람에게 죽임을 당했고, 주리야트 종족은 힘을 완전히 잃고 흩어져 버렸다. 그 뒤 주리야트 종족의 대인은 자무카 세첸이었는데, 그는 총명하고 유능하고 교활했으며 매우 간사한 인물이었다. 칭기스 칸은 그를 '의형제'라고 불렀는데, 〔자무카는〕 비록 의형제 관계를 맺고 겉으로는 우정과 애정을 가지고 대했으나 속으로는 적의를 품었고, 마음속으로 그에게 대적하며 지위를 장악하려는 생각을 갖고 있었다. 주리야트 종족이 세력을 가졌을 때, 그리고 그들이 약화된 뒤에도 그는 항상 칭기스 칸을 질투했으나, 겉으로는 우의를 속으로는 적의를 품었다. 여러 차례 그의 적과 연합했으니, 이에 관한 일화들은 모두 적절한 곳에서 서술할 것이다.

얼마 후 상술한 종족은 일치하여 "타이치우트의 아미르들은 이유 없이 우리를 해코지하고 고통을 준다. 이 테무진 왕자는 입고 있던 옷을 벗어 주고 타고 있던 말을 내준다. 그 사람이야말로 나라를 다스리고 군대를 지휘하며 울루스를 잘 관리해 줄 분이다"라고 말했다. 그들은 여러모로 상의하고 숙고한 뒤 모두 다 칭기스 칸의 어전으로 왔다. 그들은 스스로의 선택에 의해 그에게 복속했고, 그의 통치의 그림자 아래에서 만족과 평온을 누렸다.

**술두스 종족인 소르칸 시라의 아들 칠라우칸 바하두르, 베수트 종족인 제베 등이 타이치우트 종족을 떠나 칭기스 칸의 어전으로 온 이야기**

술두스 종족인 소르칸 시라의 아들 칠라우칸 바하두르와 니르운 지파에 속하는 베수트 종족인 제베, 이 둘은 모두 토다(Tôdâ)와 〔72r〕「52v」 그의 속민(khawâṣṣ)이었고, 이 토다는 타이치우트의 한 지파의 수령이던 카단 타이시의 아들이었다. 그들 두 사람은 그를 버리고 칭기스 칸의 어전으로 왔다. 칠라우칸 바하두르가 타이치우트 종족에서 이탈해 온 이유는 다음과 같다. 즉, 타이치우트가 칭기스 칸과 서로 적대하던 시기에 한번은 갑자기 칭기스 칸을 포로로 잡았는데, 칠라우칸 바하두르가 좋은 계책을 써서 그를 살려 주었다. 이에 관해서는 술두스 지파에 관한 부분에서 설명한 바이다.[28] 제베가 타이치우트에서 이탈한 이유는 다음과 같다. 타이치우트 종족의 힘이 쇠진해 제베는 혼자 산간과 삼림에서 돌아다니다가 더 이상 방도가 없음을 깨닫고는, 곤경과 궁지에 처해 칭기스 칸의 어전으로 와서 그에게 복속했다. 이 이야기는 베수트 지파에 관한 부분에서 자세히 설명했으니, 그것을 살펴보면 전부 알 수 있을 것이다.[29]

**바아린 종족의 시르게투 에부겐(Sîrgetû Ebûgân)[30]이 자기 아들인 나야·알락과 함께 칭기스 칸의 어전으로 온 이야기**

타이치우트 종족 대부분이 칭기스 칸의 어전으로 왔을 때, 바아린 종족의 대아미르 한 명이 있었는데 그의 이름은 시르게투 에부겐이었다. 이곳에서 쿠빌라이 카안을 위해 봉사하러 보낸 바얀은 그의 후손이다. 상술한 이 아미르는 자기 아들인 나야와 알락을 모두 데리고 왔다. 나야는 칭기스 칸의 시대에, 또 그 후 우구데이 카안과 뭉케 카안의 시대에까지 생존하여 백스무 살의 수명을 누렸다. 그는 뭉케 카안의 치세에 "칭기스 칸이 태어났을 때 나는 그 잔치의 고기를 먹었다"고 말할 정도였다. 이 이야기는 바아린 종족에 관한 부분에서 나왔다.

---

28) 『부족지』, pp.290~292 참조.

29) 『부족지』, p.335 참조.

30) 『秘史』의 Shirgü'etü Ebügen, 『親征錄』의 失力哥也不干.

간략하게 말해서 두 아들을 데리고 온 이 시르게투 에부겐은 ……[31] 종족의 후쿠추 바하두르[32]와 타이치우트 종족의 수령인 타르쿠타이 키릴툭을 포로로 붙잡아 ……[33]라는 곳으로 데리고 와서, 한동안 그곳에 머물다가 그들을 석방시켜 주자 그들은 다시 도망쳤다. 바로 그때 잘라이르의 한 지파인 툴랑키트 종족의 수령 주치 차우르카(Jôchî Châûrqa)가 투라쿠트 싱쿠트(Ṭûrâqût Sînkût)라는 곳으로 와 칭기스 칸에게 복속했다.[34]

**칭기스 칸과 그의 모친 우엘룬 에케, 오킨 바르칵의 일족과 자식들, 칭기스 칸의 사촌인 키야트 유르킨의 수령 세체 베키와 타이추 및 그들의 모친 등이 연 잔치. 그 잔치에서 그들 사이에 벌어진 싸움, 칭기스 칸이 그들을 제압한 일, 그로 말미암아 발생한 분란 등에 관한 이야기**

하루는 칭기스 칸의 모친인 우엘룬 에케와 칭기스 칸, 그의 동생들인 주치 카사르와 옷치긴 노얀 등이 키야트 종족에 속하는 유르킨 지파의 수령 세체 베키, 타이추와 함께 오난 강가의 숲 속에 모여, 쿠미즈를 담은 운두르(ündûr)[35]와 암말 등을 준비하고 잔치를 열었다. 바우르치들은 칭기스 칸의 모친 우엘룬 에케, 세체 베키, 세체 베키의 '큰어머니'—즉,

---

31) 原缺. 그러나 『秘史』 149절에 따르면 그는 Nichügüd Ba'arin部 출신의 인물이다.

32) 타이치우트 종족에 속하는 앙쿠 후쿠추. 『부족지』, p.323에는 Hâqûchû로 표기되었다.

33) 原缺. 『秘史』 149절에 따르면 Shirgü'etü Ebügen은 타르쿠타이를 붙잡아 데리고 오다가 쿠투쿨 누우(Qutuqul Nu'u)라는 곳에서 그를 놓아 주었다고 한다. 『親征錄』에도 "忽都渾(Qutuqul)野"라는 지명이 보인다.

34) 『親征錄』에는 이 부분이 "後搠只魯鈔罕二人率朵郎吉札剌兒部, 及葵葉勝和率忙兀部亦來歸"라고 씌어 있다. 이를 옮기면 "그 뒤에 주치와 차우르칸(魯鈔罕은 鈔魯罕의 誤記) 두 사람이 돌랑기트와 잘라이르部를 이끌고, 葵葉勝和에 이르러 망우트部도 이끌고 來歸했다"가 되는데, 葵葉勝和는 『集史』의 Ṭûrâqût Sînkût와 같은 지명을 가리키는 것이 아닐까 추측된다. Cf. 『부족지』, pp.129~130의 주 15).

35) 라시드 앗 딘은 『부족지』(p.203)에서 쿠미즈를 담는 큰 가죽 포대라고 설명했다.

자기 아버지의 부인들 가운데 자기 어머니보다 더 연장자—인 쿠후르친 카툰(Quhûrchîn Khâtûn)[36]에게 쿠미즈가 담긴 나무 통을 바쳤다. 또한 세체 베키의 '작은어머니'—즉, 자기 아버지의 부인들 가운데 연소자—인 네무이(Nemûyî)[37]부터 시작하여 쿠미즈 통을 하나 바쳤다. 쿠후르친 카툰은 네무이부터 시작해서 두 번째 쿠미즈 통을 돌리는 것을 보고, 자기는 〔다른 사람과 쿠미즈 통 하나를〕 같이 배정받았다고 매우 화를 내면서 흥분했다. 그래서 그녀는 칭기스 칸의 바우르치들 가운데 우두머리였던 시우체르(Sîûcher)[38] 바우르치를 때렸다. 시우체르는 큰 소리로 울면서 "네쿤 타이시와 이수게이 바하두르가 죽었다고 나를 이렇게 때렸다"고 말했다.

칭기스 칸과 그의 모친은 이런 일에도 불구하고 꾹 참았고, 그것에 대해 아무 말도 하지 않았다. 그 잔치에서 칭기스 칸과 세체 베키 및 그들의 모친들이 말을 매는 곳(kirîâs)은 칭기스 칸의 동생인 벨구테이 노얀이 〔72v〕「53r」 관장했다. 그는 칭기스 칸의 말과 마부(jîlâû-dârân)를 관장했는데, 카타킨 종족에 속하는 카타키타이(Qataqîtâî)라는 사람[39]이 말을 매어 두는 밧줄을 훔쳐 갔다. 그는 타이치우트 〔종족〕의 아미르였던 부리(Bôrî)의 누케르였다. 이 부리가 세체 베키와 연합해서 그 카타키 사람을 감싸자, 그로 말미암아 그와 벨구테이 노얀 사이에 말다툼이 벌어졌고, 급기야 부리가 칼로 벨구테이의 어깨를 내리쳐 살이 잘리는 지경에까지 이르렀다. 이렇게 되자 칭기스 칸의 누케르들이 〔덤벼들어 상대방을〕 압도하기 시작했다. 〔그때〕 벨구테이 노얀이 "이 정도 상처는 내

---

36) 『親征錄』의 忽兒眞哈敦, 『秘史』 130절의 Qu'urjin Qatun.

37) 『親征錄』의 野別該, 『秘史』(130절)의 Ebegei.

38) 『親征錄』의 失邱兒, 『秘史』(130절)의 Siki'ür.

39) 『秘史』(131절)에도 Qadagidai kü'ün, 즉 "Qadagin〔씨〕에 속한 사람"이라고 되어 있다.

게 아무것도 아니다. 나로 말미암아 서로 사이가 나빠져서는 안 되니 보복하기 위해 서두를 필요는 없다"고 말하면서 적개심을 보이지 않도록 극구 만류했다.

그러나 그가 상처를 입고 또 시우체르 바우르치가 얻어맞은 것을 본 사람들이 달려들어 나뭇가지로 상대방을 쳤다. 칭기스 칸의 누케르들이 우세해져, 쿠후르친 카툰을 붙잡았다. 이렇게 되자 세체 베키는 그에게 예속된 유르킨 종족 전부를 이끌고 칭기스 칸에게서 떨어져 나갔다. 그 뒤 서로 화해하기로 결정하여 그 두 카툰[40]을 그들에게 돌려보냈다. 양측 사신들이 평화를 맺기 위해 왔는데, 그때 키타이의 알탄 칸 휘하에 있던 대아미르인 칭상이 군대를 이끌고 타타르의 아미르인 무진 술투와 그의 종족을 치러 온다는 소식이 도착했다. 칭기스 칸은 그를 도와 타타르 종족과 전투를 하기 위해 출정했다.

**타타르 종족의 무진 술투와 그의 부하들이 칭상의 무리에게서 도망쳐 부인과 아이들을 데리고 이동하다가 곤경에 처했다는 소식을 듣고, 칭기스 칸이 그들을 공격하러 출정하여 포로로 잡은 일. 칭기스 칸이 칭상에게서 서훈을 받은 것 등에 관한 이야기**

칭기스 칸에게 다음과 같은 소식이 전해졌다. 즉, 타타르 종족이 알탄 칸의 명령을 받들지 않고 그에게 복속을 표하지 않았는데, 그를 대적할 만한 힘이 없어 극심한 궁지에 빠지자, 부인과 아이들과 말 떼와 가축과 노복들을 데리고 이동하여 어려움을 겪는다는 것이었다. 타타르 종족은 강력하고 많은 인축을 보유했으며, 옛날부터 칭기스 칸의 조상과 백숙들은 그들과 전투를 벌여 왔으니, 이에 관해서는 이후 적절한 곳에서 상

40) 『秘史』 130절에 보이는 코리진 카툰과 쿠우르친 카툰.

술할 예정이다.

칭기스 칸이 그러한 기회를 잡고 즉시 가까운 이웃에 있던 병사들을 소집하여, 그들을 공격하기 위해 오난이라는 곳에서 출정했다. 유르킨 종족도 함께 출정할 수 있도록 그들에게도 전령을 보냈는데, 엿새를 기다렸으나 그들은 도착하지 않았다. 칭기스 칸은 쿠리엔으로 이루어진 휘하 소수의 군대를 이끌고 진군했다. 울자(Ûljâ)[41]라는 곳에서 무진 술투를 가로막고 그의 군대를 공격했다. 그를 붙잡아 죽이고, 그들이 갖고 있던 모든 말 떼와 가축과 물자를 노략했다. 그렇게 약탈하는 도중에 은으로 만든 요람과 금실로 짠 이불을 빼앗았는데, 그 당시 몽골인들 사이에서 그 같은 사치품은 매우 드물었기 때문에, 이 성과는 대단한 것으로 여겨져 널리 알려졌다.

이 같은 일이 알탄 칸과 그의 아미르들의 희망에 들어맞는 것이었기 때문에, 앞서 말한 칭상은 매우 기분이 좋아서 칭기스 칸을 칭찬하고 그에게 '자우우트 쿠리'(Jâûût Qûrî)[42]라는 칭호—키타이 말로 대아미르라는 뜻—를 주었다. 그와 동시에 칭상은 케레이트의 군주인 토그릴에게 '옹 칸'(Ông Khân)[43]—한 나라의 군주라는 뜻—이라는 칭호를 주었다.

**칭기스 칸이 타타르 원정 때 자신의 지시를 어긴 유르킨 종족에게 타타르인들에게서 빼앗은 약탈물의 일부를 분배해 주었으나, 그들 중 일부가 또 반란을 일으켜 칭기스 칸이 그들을 공격하여 그 대부분을 죽인 것에 관한 이야기**

〔73r〕[44] 칭기스 칸이 타타르에게 승리를 거두고 그의 군사와 속민들이

41) 현재 몽골 공화국의 동북부에 있는 Ulzh 강과 동일한 지명.

42) 『親征錄』에서는 札兀忽魯(ja'u quru), 『秘史』(134절)에서는 ja'ud quri. 모두 '百人長'을 뜻한다.

43) 케레이트의 토그릴이 받은 칭호는 '王' 또는 ong이었다. 여기에 '칸'을 연칭하여 '옹 칸'이라고 한 것이다.

많은 보상을 받았을 때, 그는 유르킨 종족을 회유하기 위해 약탈물 가운데 일부를 그들에게 나누어 주려고 생각했다. 그래서 그는 그들에게 가려고 마음을 먹었는데, 도중에 유르킨 종족 가운데 일부가 반도들과 연합하여, 칭기스 칸 휘하의 군인 두 명을 살해하고 50명의 말을 빼앗은 뒤 그들의 옷도 벗겨 버렸다. 그러한 보고를 받은 칭기스 칸은 "그들은 내 동생 벨구테이의 어깨를 칼로 베고 내가 화평하자고 말했는데도 듣지 않았다. 이제 다시 반도들과 연합했으니 나도 방도를 강구할 수밖에 없다"고 말했다. 그는 분노하며 출정하여 초원을 지나 그들에게 향했다. 돌란 볼닥(Ṭôlân Bôldâq)[45]이라는 곳에서 그들을 공격하여 많은 사람을 죽이고 약탈했다. 세체 베키와 타이추는 부인과 자식과 몇 사람을 데리고 도망쳐, 포위망을 뚫고 달아났다.

**옹 칸의 동생인 자아 감보가 옹 칸에게서 도망치고 케레이트에 속하는 퉁카이트라는 이름을 가진 한 종족이 그와 합류한 일, 칭기스 칸이 그 종족과 전투를 벌여 복속시킨 일에 관한 이야기**

칭기스 칸은 유르킨 종족의 일을 처리하고 난 뒤, 케레이트의 군주이자 자신의 형인 옹 칸에게서 離反해 나온 자아 감보와 전투를 하기로 마음먹고, 그를 향해 출정하여 격파했다. 케레이트 종족의 한 지파인 퉁카이트—케레이트 군주들의 속민이자 군대였으며, 케레이트 지파에 관한 부분에서 설명한 것처럼 이 나라에 있던 아야치 투트가울(Ayâchî Tutqâûl)과 그의 자식들은 이 뼈에 속했고, 다른 많은 아미르들도 그러했다—도 한동안 흩어졌다가 모두 칭기스 칸에게로 왔다. 칭기스 칸은 옹

---

44) B본은 다시 여기부터 缺落되어 A본의 82r에 해당하는 부분부터 다시 시작된다.

45) 『親征錄』에는 朶蘭盤陀으로 표기되어 있고, 『秘史』 136절에는 Deli'ün Boldaq이라고 되어 있다. 라시드 앗 딘은 앞에서 Dîlûn Bôldâq이라고 썼다.

칸과 친밀했기 때문에 자아 감보와 퉁카이트 종족을 다시 그에게로 돌려보냈다. 그 후 자아 감보는 옹 칸과 연합했으나, 그러다가 다시 그와 틀어져서 나이만의 군주인 타양 칸에게 기울였는데, 이에 관해서는 뒤에서 설명할 것이다. 신께서 뜻하신다면!

이 27년 동안 칭기스 칸의 일화와 역사를 개괄적으로 설명했으니, 이제 그 기간에 칭기스 칸과 동시대를 살았던 키타이와 카라키타이, 친과 마친, 칼리프와 술탄들, 이란 땅의 군주들에 관해서 자세하게 설명한 뒤에 다시 칭기스 칸의 역사로 되돌아가도록 하자. 지고하신 신의 도움과 은총으로!

## 회력 563년 라비 알 아발〔/1167년 12~1168년 1〕월에 시작되는 '쿨루카나 일', 즉 쥐해의 처음부터 590년 사파르〔/1194년 1~2〕월에 시작되는 '파르스 일', 즉 칭기스 칸이 마흔 살이 되던 호랑이해의 마지막까지 27년간, 그와 동시대에 살았던 키타이와 카라키타이, 친과 투르키스탄, 칼리프와 술탄들, 이란 땅의 군주들의 역사, 그리고 이 기간 동안 일어난 기이한 사건들에 대한 자세한 기록

### 이 기간 동안 키타이와 카라키타이와 주르체 군주들의 역사

〔73v〕 량 타이주(Lîâng Tâîzû)[46]: 〔재위〕 12년 가운데 8년은 〔이 기간〕 이전이고 〔겹치는 기간은〕 4년.

시준(Shîzûn)[47]: 〔재위〕 29년 가운데 〔겹치는 기간은〕 23년.[48]

---

46) 앞에서도 지적했듯이 이는 '梁 太祖'를 옮긴 말이지만, 金의 4대 황제 海陵王이 되어야 옳을 것이다.
47) 金의 5대 황제 世宗(1161~1189).
48) A본은 '3년'이라고 했으나 T·L2본의 경우처럼 '23년'이라고 해야 옳을 것이다.

**이 기간 동안 마친의 군주들의 역사**

남순 카우준(Namsûn Kâûzûn)[49]: 〔재위〕 40년 가운데 38년[50]은 〔이 기간〕 이전이고, 〔겹치는 기간은〕 2년.

사우준(Sâûzûn)[51]: 〔겹치는 기간은 재위〕 22년 전부.

광준(Gûangzûn)[52]: 〔재위〕 4년 가운데 〔겹치는 기간은〕 3년.

**이 기간 동안 투르키스탄과 하중 지방 군주들〔의 역사〕**

투르키스탄과 하중 지방에는 앞서 언급한 구르 칸이 있었다.

**이 기간 동안 이란 땅과 룸과 시리아와 이집트 등지에 있었던 칼리프, 술탄, 말릭, 아타벡들〔의 역사〕**

바그다드의 칼리프들의 역사

상술한 기간의 처음에는 칼리프 알 무스탄지드 빌라(al-Mustanjid Bi'llâh)가 있었는데 566[/1170]년에 사망했고, 무스타디(Mustaḍî)가 칼리프로 즉위했지만 576[/1180]년에 사망했다. 안 나시르 리딘 알라(an-Nâṣir li-Dîn Allâh)가 칼리프로 즉위했다.

〔이집트에서는〕 아디드('Âḍid)가 이스마일리파의 칼리프였는데, 565년 무하람월 아슈라('Âshûrâ)[/1169년 10월 4일][53]에 사망했다. 아사드 앗 딘 시르쿠흐(Asad ad-Dîn Shîrkûh)의 조카인 살라흐 앗 딘 유수프

---

49) 南宋 高宗(1127~1162)을 옮긴 말.

50) A본에는 '8년'이라고 되어 있으나 T · L2본처럼 '38년'이 되어야 옳다.

51) 南宋 2대 황제 孝宗(1163~1189).

52) 南宋 3대 황제 光宗(1190~1194).

53) 알리의 손자인 후세인의 죽음을 기리는 '아슈라' 祭日은 무하람월 제10일에 해당한다.

(Ṣalâḥ ad-Dîn Yûsuf)[54]가 숙부를 대신하여 이집트의 통치자가 되었는데, 이에 대해서는 뒤에서 설명할 것이다. 그는 아디드가 사망한 뒤 첫 번째 금요일 〔예배에서〕 바그다드에 있던 압바스 왕조 칼리프의 이름으로 설교(khuṭba)를 했고, 〔이로써〕 이집트에 있던 이스마일리파의 칼리프들은 종료되고 말았다. 마그리브와 이집트〔를 지배하던〕 그 칼리프들은 모두 열네 명이었고, 그들의 치세는 272년이었다.[55]

〔호라즘의〕[56] 술탄들의 역사

아트시즈의 아들인 일 아르슬란이 술탄의 자리에 있었는데 567년 라잡월 19〔/1172년 3월 17〕일에 사망하여, 그의 치세는 거의 17년에 이르렀다. 그의 막내아들이자 후계자였던 술탄 샤(Sulṭân Shâh)가 부친의 자리에 앉았지만, 그의 모친 말리카 테르켄(Malîka Terkân)이 섭정했다. 그의 형 테키시(Tekish)는 잔드(Jand)에 있었는데, 그를 부르러 사신을 보냈지만 그는 거부했다. 〔술탄 샤는〕 그를 공격하기 위해 군대를 준비했는데, 테키시는 이 소식을 듣고 카라키타이의 구르 칸에게로 가서, 그에게 호라즘의 재고와 재화를 〔주기로〕 약속하고, 〔자신이〕 자유로워지면 매년 정해진 물자를 보내 주기로 합의했다.

구르 칸은 자기 사위인 푸마(Fûmâ)[57]에게 많은 군대를 주어 테키시와 함께 보냈다. 그들이 호라즘에 가까이 오자 술탄 샤와 그의 모친은 후라

---

54) 1187년 기독교도들에게서 예루살렘을 탈환하고 아유브 왕조를 건설한 인물(1137/38~1193). 제3차 십자군 전쟁에서 사자왕 리차드와 대결을 벌여 유럽에서도 Saladin이라는 이름으로 널리 알려졌다.

55) 라시드 앗 딘이 272년이라고 한 것은 이스마일리파가 세운 파티마 왕조의 건국을 293/905년, 멸망을 565/1169년으로 보았기 때문이다. 통상적으로는 이 왕조의 통치 기간을 297/909년부터 567/1171년으로 본다.

56) T본에서 보충.

57) A·T본에는 FRMA로 기록되어 있으나 FWMA의 誤寫가 분명하다. 이는 '駙馬'를 옮긴 것이지만 라시드는 마치 사람의 이름처럼 여긴다. 뒤에서 '아미르 푸마'라고 표현한 것도 이 때문일 것이다.

산의 군주인 말릭 무아이드(Malik Mû'ayyid)에게로 피신했다. 테키시는 568년 라비 알 아발월 22[/1172년 12월 11]일[58]에 호라즘의 왕좌에 앉았고, [74r] 아미르 푸마에게 빚을 갚고 극진하게 대접하여 돌려보냈다. 술탄 샤의 모친은 말릭 무아이드에게 진귀한 보석과 물자를 선물로 보내고, 호라즘 왕국의 영토를 그에게 바치겠다[고 제의했다]. 이를 탐낸 그는 군대를 모아서 술탄 샤와 그 모친을 돕기 위해 호라즘을 향해 출정했다.

그가 지금은 물에 잠긴 수바르니(Sûbarnî)[59]라는 도시에 도착했을 때, 테키시는 그곳에 진을 치고 있었다. 그들의 군대는 여러 무리로 나뉘어 사막에서 밖으로 나와 그곳에 이를 수 있었다. 말릭 무아이드는 선두 무리에 있었는데, 테키시가 그 무리를 공격하여 대부분을 죽였다. 포로가 된 말릭 무아이드가 그의 앞으로 끌려 왔는데, 그는 [말릭 무아이드의 몸을] 성문 앞에서 반으로 동강내 버리라고 명령했다. 569년 아라파('Arafa)[/1174년 7월 11]일[60]에 생긴 일이었다. 술탄 샤와 그의 모친은 데히스탄(Dehistân)[61]으로 도주했고, 테키시는 그들을 뒤쫓아 그 나라를 차지한 뒤, 말리카 테르켄을 살해하고 돌아왔다. 술탄 샤는 샤드야흐(Shâdyâkh)[62]로 도망쳐 와서 말릭 무아이드를 대신하여 그 자리에 앉은

58) 원문은 "라비 알 아히르월"이라고 되어 있으나, 라시드 앗 딘이 이 부분을 주베이니의 『征服者史』에서 발췌했기 때문에 주베이니의 기록에 따라 "라비 알 아발월"로 바꾼다. Cf. Juvayni/Boyle, p.290.

59) A: SWBRLY; T: SWNRNY. Juvaynî의 『征服者史』에도 SWBRLY로 표기되었는데, 여기서는 T본을 따랐다. Cf. *Genghis Khan: The History of the World Conqueror*(tr. by J. A. Boyle, Manchester: Manchester University Press, 1997; 이하 Juvayni/Boyle로 약칭), p.291. Barthold는 Yâqût의 기록에 근거하여 Suburnâ 또는 Sûbarna가 구르간지에서 샤흐리스탄(후라산 지방) 방향으로 20farsakh 거리에 있는 지명이라고 했다(*Turkestan down to the Mongol Invasion*, Philadelphia: E. J. Gibb Memorial Trust, 4th ed., 1977, p.153).

60) 'Arafa(t) 祭日은 둘 히자월 9일.

61) 카스피 해 동부 연안의 Atrek 강 북부, 즉 현재 투르크메니스탄 영내에 있는 지방을 가리키는 명칭이다.

그의 아들 토간 샤(Ṭoğân Shâh)에게로 갔다. 그는 얼마 동안 그곳에 머물다가 구르의 술탄들에게 갔고, 그들에게서 극진한 대우를 받았다.

술탄 테키시[63]는 호라즘에 머물렀는데, 구르 칸이 사신들을 계속 보내어 〔양측이 서로〕 합의했던 조건에 만족하지 않고 도저히 받아들일 수 없는 요청을 하면서 정중한 예의를 지키지 않자, 그는 그 사신들 가운데 한 사람을 죽이라고 명령했고, 이로써 그와 구르 칸이 서로 적대하게 되었다. 이것을 좋은 기회로 여긴 술탄 샤는 구르 칸에게로 향했고, 구르의 술탄 기야쓰 앗 딘(Ğiyâth ad-Dîn)은 그에게 장비와 물자를 챙겨 주어 보냈다. 그가 구르 칸에게로 향하자 〔칸도〕 푸마에게 군대를 주어 〔술탄을 공격하러〕 되돌려보냈다. 그들이 아무 다리야를 건널 때 술탄 테키시는 〔강둑을〕 터뜨린 뒤, 〔자신은 호라즘〕 시내에 머물며 전투 준비에 몰두했다. 호라즘의 주민들이 술탄 샤를 달갑게 생각하지 않는 것을 본 푸마는 되돌아가 버렸다. 술탄 샤는 〔푸마의 군대 가운데〕 한 무리를 빼앗아 갑자기 사락스(Sarakhs)[64]에 있던 말릭 디나르(Malik Dînâr)—오구즈 〔종족〕의 아미르들 가운데 하나—를 공격했다. 말릭 〔디나르〕는 해자로 뛰어들었는데, 〔군인들이〕 그의 머리카락을 잡아 끌어올려 성채로 데리고 갔다. 술탄 샤는 메르브로 돌아간 뒤에도 그곳에 주둔하면서 카라키타이의 아미르들을 보내어 사락스를 공격했다. 그래서 대부분의 오구즈 사람들은 흩어져 버렸고, 말릭 디나르는 錢袋 바닥에 있는 불량 '금화'와 같은 신세가 되고 말았다.[65] 그는 오구즈 〔종족〕의 수령인 토간 샤에게

---

62) A: Kûîshâdyâkh; T·L2: Shâdyâkh. 니샤푸르 근교의 지명.

63) A본에는 Sulṭân Shâh Tekish라고 되어 있으나, Sulṭân Tekish의 誤寫로 보아야 할 것이다. T·L2본에는 올바르게 표기되어 있다.

64) 이란 동북부의 니샤푸르에서 동쪽으로 직선 거리 140km 정도 떨어져 있으며, Har-i Rud 강가에 위치(北緯 36도 32분, 東經 61도 10분). Cf. Ḥamd Allâh Mustawfî, *Nuzhat al-qulûb*(G. Le Strange tr., Leyden: E. J. Brill, 1919; 이하 Mustawfi/Strange로 略稱함), p.155 · p.169.

사신을 보내 사락스 대신 비스탐(Bisṭâm)[66]을 〔사여해 달라고〕 요청했다. 〔토간 샤는〕 아미르 우마르 피루즈쿠히(Amîr 'Umar Fîrûzkûhî)를 보내 디나르로 하여금 〔사락스〕 성채를 그에게 맡기고 비스탐으로 가도록 했다.

술탄 테키시가 이라크로 출정하여 자자름(Jâjarm)[67]에 도착했을 때, 말릭 디나르는 토간 샤와 합류했다. 토간 샤는 자기 아버지의 노예였던 카라쿠시(Qarâqûsh)를 사락스로 보내고 아미르 우마르를 불러들였다. 술탄 샤는 3천 명의 기병을 데리고 사락스를 치러 갔는데, 토간 샤도 니샤푸르에서 1만 명을 이끌고 그곳으로 향했다. 576년 둘 히자〔/1181년 4~5〕월에 전투가 벌어져 술탄 샤가 승리를 거두고 수많은 노략물을 취했다. 그는 후라산의 영역들 가운데 사락스와 투스(Ṭûs)[68] 등 그 부근을 장악했다. 그는 토간 샤를 계속 공격했고, 마침내 토간 샤의 군대가 소진하자 그의 지휘관들은 술탄 샤와 연합했다. 〔토간 샤는〕 하는 수 없이 술탄 테키시와 구르의 술탄에게로 가서 도움을 청했다. 한번은 자신이 직접 헤라트로 출정했지만 아무런 소득도 거두지 못했고, 그러한 절망적인 상황 속에서 581년 무하람월 12〔/1185년 4월 15〕일에 사망했다. 그의 아들 산자르 샤(Sanjar Shâh)를 권좌에 앉혔고, 〔산자르의〕 아타벡인 멩글리 벡(Menglî Beg)이 권력을 장악했다. 〔그러나〕 그가 가렴주구를 행하자 토간 샤 휘하에 있던 아미르들 대부분은 그의 학정을 견디지 못해 술탄 샤와 연합하고 말았다.

---

65) 말릭 디나르의 이름—'디나르'(dinâr)는 金貨라는 뜻—을 이용한 비유이다.

66) 이란 북부 엘부르즈 산맥 남쪽의 도시로 Bostam 또는 Bustam이라고도 표기한다. 수피이자 시인인 Abû Yazîd al-Bisṭâmî(874년 사망)의 聖墓가 있는 곳으로도 유명하다.

67) 비스탐에서 니샤푸르로 가는 도중에 있는 지명(北緯 36도 58분, 東經 56도 27분). Cf. Mustawfi/Strange, pp.168~169.

68) 이란 동북부의 마슈하드 서북방에 있는 지명.

말릭 디나르는 술탄 샤를 두려워하여 키르만으로 갔고, 각지에 흩어져 있던 오구즈 〔계통의〕 투르크인들이 그와 연합했다. 582〔/1186〕년 초 술탄 테키시는 호라즘을 출발하여 후라산으로 왔는데, 술탄 샤는 그 기회를 이용하여 호라즘으로 갔지만 〔사람들은〕 그에게 길을 열어 주지 않았다. 테키시가 〔후라산에서 돌아와〕 메르브에 주둔하자 술탄 샤는 귀환했는데, 〔술탄 샤는 도중에〕 50명의 용사들과 함께 아무 다리야를 건너 테키시의 군대를 향해 야습을 감행하고 〔메르브〕 시내로 들어갔다. 테키시는 되돌아갔고, 〔술탄 샤는〕 582년 라비 알 아발〔/1186년 5~6〕월에 샤드야흐 시에 나타나 진을 치면서 두 달 동안 산자르 샤와 멩글리 벡을 포위하다가 협약을 맺고 돌아갔다. 그는 侍從長(ḥâjib-i buzurg) 시합 앗 딘(Shihâb ad-Dîn), 執事長(khwânsâlâr) 사이프 앗 딘 마르단시르(Sayf ad-Dîn Mardânshîr), 書記(kâtib) 바하 앗 딘 무함마드 바그다디(Bahâ' ad-Dîn Muḥammad Bağdâdî) 등을 보내 협약을 완결 짓고 貢物을 확정 짓기 위해 멩글리 벡에게 파견했다. 멩글리 벡은 술탄의 〔다른〕 일행이 없는 것을 보고는 〔74v〕 그들을 붙잡아 술탄 샤에게로 보내 버렸다. 그들은 〔테키시와 술탄 샤〕 형제 사이에 협정을 맺을 때까지 감금되어 있었다. 술탄 샤는 다시 한번 샤드야흐로 와서 그곳을 포위했지만 샤드야흐 시의 주민들에게 패배하여, 사브제와르(Sabzewar)[69]로 가서 투석기(manjânîq)를 설치했다. 사브제와르 주민들이 그에게 저주의 말을 퍼붓자, 이를 분하게 여긴 그는 〔성을〕 함락하기 위해 모든 힘을 다 기울였다. 궁지에 몰린 시민들은 술탄 샤가 존경해 마지않는 '성자' 셰이흐 아흐마드 바딜리(Shaykh Aḥmad Badîlî)에게 도움을 청했고, 그의 중재로 그들은 잘못을 용서받았다. 그는 〔자신이〕 약속한 말에 따라 사브제와르

69) 니샤푸르에서 서쪽으로 직선 거리 약 130km 지점에 있는 도시. 北緯 36도 13분, 東經 57도 40분.

시내로 들어가 잠시만 머물다가 메르브로 떠났다.

술탄 테키시는 583년 무하람월 14[/1187년 3월 27]일, 즉 금요일에 샤드야흐에 나타나 진을 치고 투석기를 배치했다. 멩글리 벡은 궁지에 몰리자 聖裔들과 이맘들에게 중재를 부탁했고, 술탄은 그에게 안전을 보장하며 그런 내용의 서약을 했다. 멩글리 벡이 그에게로 왔고, 술탄은 상술한 해 라비 알 아발월 7[/1187년 5월 17]일, 즉 화요일[70]에 성 안으로 들어가 정의의 카펫을 펼쳤다. 그는 자신의 대리인을 멩글리 벡에게로 보내서, 그가 부정한 방법으로 취한 것은 모두 반환하도록 했다. 그리고 이맘들의 의견서에 근거하여 판관 부르한 앗 딘(Burhân ad-Dîn)의 핏값을 치르기 위해 그를 처형하라고 명령했다.

니샤푸르가 호라즘 샤에게 복속하자, 그는 큰아들 나시르 앗 딘 말릭 샤(Nâṣir ad-Dîn Malik Shâh)를 자신의 대리인으로 그곳에 임명하여 남겨 둔 채, 상술한 해의 라잡[/1187년 9~10]월에 호라즘으로 돌아갔다. 그러자 술탄 샤가 다시 니샤푸르로 와서 성을 포위했고, 양측에 전투가 벌어져 대부분의 성벽이 파괴되었다. 말릭 샤는 상황을 알리기 위해 전령들을 자기 아버지에게 계속 보냈고, 술탄 테키시는 대군을 이끌고 왔다. 그는 니사(Nisâ)[71] 출신의 屬人에게 지시하기를, 술탄 샤에게로 가서 자신은 목숨을 건지기 위해 도망쳤다고 말하면서 [술탄 테키시의] 도착을 알리라고 했다. [이에 술탄 샤는] 투석기를 불태우고 돌아가 버렸다. 술탄 테키시는 니샤푸르로 와서 파괴된 것을 [다시] 건설하라고 명령했

---

70) 회력 583년 라비 알 아발월 7일은 화요일이 아니라 일요일이다. 보일 교수는 Barthold의 지적에 따라 이를 라비 알 아발월 17일의 誤寫로 보았다(Juvayni/Boyle, p.296, note 48). 그러나 17일 역시 화요일이 아니라 수요일이므로, 정확하게 일치한다고 볼 수는 없다. 여기서는 일단 원문 그대로 번역했다.

71) Nasâ라고도 불린다. 투르크메니스탄의 수도 아슈하바드 서쪽에 있는 Bâgîr村 부근에 위치.

다. 그해 겨울 그는 마잔다란에 있었다. 후라산에 있는 아미르들이 모두 그에게 복속했고, 그의 따뜻한 환대를 받았다. 〔그 다음해〕 봄 그는 라다칸(Râdhakân) 초원[72]으로 왔고, 대인들은 그와 그의 동생 술탄 샤 사이에 평화를 맺도록 했다. 술탄 〔테키시〕는 잠(Jâm), 바하르즈(Bakharz),[73] 지리 풀(Zîr-i Pul) 등의 지방을 술탄 샤에게 주었고, 〔술탄 샤〕 역시 멩글리 벡을 붙잡아 보냈던 자신의 대신들을 우대한 뒤 되돌려보냈다. 술탄 테키시는 585년 주마다 알 아발월 18〔/1189년 7월 4〕일, 즉 화요일에 라다칸에서 보좌에 올랐다. 그의 명성은 주변에 널리 퍼졌고, 모든 사람들이 은사와 선물을 받았다. 그해 가을 그는 호라즘으로 돌아갔다.

구르의 술탄들과 술탄 샤 사이에 반목이 불거졌고, 〔술탄 샤는〕 자기 형 테키시와 몇 차례 더 전투를 벌였다. 〔두 형제는〕 메르브 루드(Merv Rûd)에서 다시 전투를 벌였고, 술탄 샤가 패배했다. 양측 모두 평화를 맺는 것이 좋다고 보고 〔일단〕 겉으로는 협정을 맺었다. 술탄 〔테키시〕는 술탄 샤가 형에게 군림하려 하고 또 약속을 어기는 행동을 했다는 이유를 들어, 586〔/1190〕년 그를 치기 위해 호라즘에서 출정하여 술탄 샤 휘하의 사람들이 장악하고 있던 사락스 성채를 점령하여 파괴한 뒤 여름에 라다칸으로 귀환했다. 두 형제의 대인들은 다시 협약을 체결했고, 술탄도 겉으로는 이에 동의했다.

588〔/1192〕년 아타벡 무함마드 이븐 일디기즈(Muḥammad b. Îldigiz)의 아들인 쿠틀룩 이난치(Qutluğ Înânch)의 모친 쿠타이바 카툰(Qutayba Khâtûn)[74]이 술탄 토그릴―셀주크 출신인 말릭 샤의 아들 무함마드, 그

72) 이란 동북부에 위치한 마슈하드 북방의 Tus 부근에 있는 초원.

73) Jâm은 이란 동북부에 있으며, 아프가니스탄 경계 지방에 있다. 현재는 Turbat-e Jam으로 불리며, 위치는 北緯 35도 14분, 東經 60도 36분이다. Jâm과 Bakharz에 대해서는 Mustawfi/Strange, pp.151~152 · p.171 등 참조.

의 아들 토그릴, 그의 아들인 아르슬란 샤의 아들—을 독살하려 했으나 하녀가 그에게 귀띔해 주자, 술탄은 그녀에게 "네가 마셔라!"라고 했고, 그녀는 그것을 마시고 죽었다. 이로 말미암아 술탄 쿠틀룩은 감금되었지만, 석방된 후 사신들을 술탄 테키시에게 보내어 그에게 이라크 지방을 〔주겠다고〕 약속하면서, 자신이 술탄 토그릴을 공격할 수 있도록 도움을 달라고 청했다. 술탄은 곧바로 이라크를 향해서 출정했다. 쿠틀룩 이난치는 〔자기가 한 일을〕 후회하며 성채〔의 수비〕를 강화하려고 했다. 술탄은 라이(Rayy)[75]에 도착하여 하루 이틀 만에 타바라크(Ṭabarak) 성을 점령했고, 그의 병사들은 많은 전리품을 얻었다. 그해 여름 그는 라이 부근에 머물렀는데, 나쁜 공기로 말미암아 병사들 다수가 사망했다. 술탄 테키시와 이난치 사이에 반목이 생겼다는 소식을 들은 술탄 토그릴은 〔그들에게〕 선물을 보냈고, 양측은 화해와 우호를 되찾았다.[76] 술탄 테키시는 투르크계 아미르들 가운데 한 사람인 아미르 탐가치(Amîr Tamğâch)를 군대와 함께 라이에 남겨 두고 돌아갔다. 〔75r〕 도중에 전령이 도착하여 술탄 샤가 호라즘을 포위했다는 소식을 전하자, 그는 전속력으로 호라즘으로 돌아갔다. 그가 데히스탄에 도착했을 때, 술탄 샤가 퇴각했다는 좋은 소식이 전해졌다. 술탄은 호라즘으로 가서 겨울을 즐기며 보낸 뒤, 〔다음해〕 봄 동생을 치기 위해 후라산으로 향했다. 그가 아비바르드(Abîvard)[77]에 이르렀을 때, 대인들은 그들 〔형제〕가 和約을

---

74) A·T본의 표기는 QBTBH로 되어 있고 露譯本도 이를 Kubtuba로 옮겼으나, Rawshan처럼 QTYBH로 읽는 것이 옳을 듯하다.

75) 테헤란 남쪽의 도시.

76) 露譯本은 양측이 開戰했다고 誤譯했다.

77) Bâvard라고도 불린다. Transcaspian 철도에 있는 Qahqa역에서 서쪽으로 8km 떨어진 곳에 위치. Cf. V. Minorsky, *Ḥudûd al-'Alam: The Region of the World*(London: Luzac, 2nd ed, 1970), p.326.

맺기를 원했지만 성사시키지 못했다.

이러는 사이에 사락스 성채의 총관(kûtwâl)인 차기르(Chağir)라는 사람이 성채의 영주들을 포박하고, 술탄을 부르러 急使를 아비바르드로 보냈다. 술탄은 서둘러 그곳으로 갔고, 총관은 성채와 창고와 재물을 그에게 바쳤다. 비통함에 젖은 술탄 샤는 〔그로부터〕 이틀 뒤인 589년 라마단월 말 수요일〔/1193년 9월 29일〕[78] 밤에 사망했다. 술탄은 술탄 샤의 나라와 재화를 장악하고 자신의 아들인 쿠틉 앗 딘 무함마드(Quṭb ad-Dîn Muḥammad)를 부르러 호라즘으로 급사를 파견했으며, 그에게 니샤푸르를 주었다. 전에 니샤푸르의 태수였던 큰아들 나시르 앗 딘 말릭 샤(Nâṣir ad-Dîn Malik Shâh)에게는 메르브를 주었다. 〔이렇게 해서〕 그 지방에서 두 아들의 권력을 확고히 해주었다.

그 즈음, 술탄 토그릴이 협약을 깨고 〔아미르〕 탐가치를 라이에서 쫓아냈으며, 타바라크 성을 다시 빼앗았다는 소식이 들어왔다. 술탄은 그에게 복수하기 위해 590〔/1194〕년 〔초〕 이라크로 출정했다. 쿠틀룩 이난치는 이라크의 아미르들과 함께 심난(Simnân)[79]까지 그를 마중하러 나왔다. 술탄은 이라크에 있던 군대와 함께 그를 선봉으로 삼아 되돌려보냈다. 술탄 토그릴은 라이에서 3파르상(farsang)[80] 떨어진 곳에 군영을 치고 주둔하면서 적대의 깃발을 올렸다. 이난치가 가까이 오자 그 또한 말에 올라, 자신이 늘 자랑스럽게 여기던 육중한 철퇴를 손에 거머쥐고, 미친 듯이 적군을 향해 달리며 『帝王史記』(*Shâh-nâma*)에 나오는 다음과 같은 구절들을 읊었다.

---

78) 보일 교수(Juvayni/Boyle, p.301)는 9월 22일이라고 했으나, 9월 29일이 되어야 옳다.

79) 테헤란 동쪽으로 직선 거리 175km에 있는 도시. 北緯 36도 10분, 東經 54도 21분.

80) 고대 페르시아의 거리 단위인 parasang에서 기원한 용어로, farsakh라고도 불린다. 1파르상은 일반적으로 말〔馬〕이 한 시간에 걸을 정도의 거리이며, 대략 3mile=4.83km에 해당한다.

대군이 몰려와 흙먼지 뽀얗게 일어날 때,
우리의 유명한 용사들 낯빛이 노래졌도다.
저 철퇴를 움켜잡은 나,
군사들을 바로 그곳에 배치했노라.
말 안장 위에서 사자후를 질렀더니
대지가 맷돌처럼 그들을 갈아 버렸노라.

마치 용맹한 사자처럼 그는 〔끝이〕 소머리처럼 생긴 철퇴로 몇 명의 기병을 쓰러뜨렸다. 〔그러나〕 너무 흥분한 나머지 철퇴가 자신의 말 정강이에 맞아 바닥에 거꾸러지고 말았다. 바로 그때 쿠틀룩 이난치가 그에게 달려와, 그가 누구인지 모른 채 공격을 하려고 했다. 술탄 〔토그릴〕은 자신이 누구인지 알리기 위해 투구를 벗어 올리자, 이난치는 "내가 찾던 네가 바로 여기 있구나!"라고 하면서, 일격에 그를 죽여 그의 시신을 낙타에 싣고 술탄 테키시에게로 가지고 갔다. 테키시는 무릎을 꿇고 〔신께〕 감사를 올린 뒤, 나시르 할리파(Nâșir Khalîfa)와 〔경쟁하며〕 칼리프 〔체제〕를 농단했던 그의 머리를 바그다드로 보내고, 그의 몸은 〔590년 라비 알 아발월 29일 목요일(/1194년 3월 24일)에〕[81] 라이의 시장에서 〔형틀에〕 내걸었다. 술탄 토그릴의 종자들 가운데 한 사람이 재상인 니잠 알 물크 마수드(Niẓâm al-Mulk Mas'ûd)에게로 끌려 왔다. 〔재상은〕 그에게 "잘난 토그릴의 그 모든 명성이 고작 이슬람 제왕의 투르크인 선봉대조차 당하지 못할 정도였단 말이냐?"라고 하자, 그 종자는 곧 이렇게 대답했다.

81) A본에는 날짜가 빠져 있으나, T·L2본에는 적혀 있다.

후만의 힘은 비잔보다 강했지만

태양이 등을 돌리니 재주도 흠이 되는구나.[82]

술탄 테키시는 라이에서 하마단으로 향했고, 이라크 대부분의 성채들을 장악했다. 나시르 할리파는 술탄이 이라크의 일부를 존귀한 디반(dîvân-i 'azîz)[83]에게 넘겨줄 것으로 기대했으나 술탄이 동의하지 않자, 칼리프는 자신의 재상인 무아이드 앗 딘 이븐 알 카삽(Mû'ayyid ad-Dîn b. al-Qaṣṣâb)을 술탄 〔책봉〕 칙서와 예복과 예물들과 함께 술탄에게로 보냈다. 그가 아사다바드(Asadâbâd)[84]에 도착했을 때 1만 명이 넘는 아랍인·쿠르드인들이 그의 주위에 모였고, 어리석게도 술탄에게 전령을 보내 이렇게 말했다.

"존귀한 디반이 그대를 술탄으로 봉하는 칙서와 예물을 하사하여 한 나라의 재상이 이 일을 위해 이곳까지 왔다. 그 같은 은사를 집행하기 위해 〔디반은〕 술탄에게 소수의 인원을 데리고 아주 공손한 태도로 영접을 나와, 걸어서 재상을 맞으라고 명령하는 바이다."

술탄은 이 말에 간계가 숨어 있다고 생각하고, 군대를 보내어 그들을 공격토록 했다. 재상은 도망쳤고, 칼리프의 권위는 땅에 떨어졌다. 군대는 그들을 추격하여 디나바르(Dinavar)[85]까지 갔다. 술탄은 하마단으로 와 이라크 지방의 세금을 거두기 위해 세리들을 파견했다. 이스파한을 쿠틀룩 이난치에게 하사해 주고, 그를 이라크의 사령관으로 임명했다. 라이를 그의 아들인 유누스 칸(Yûnus Khân)에게 주고, 미얀축(Miyânchûq)

---

82) 동일한 시구가 『부족지』(p.294)에도 나온 바 있다.

83) 칼리프 체제의 중앙 행정 관청을 가리킨다.

84) 하마단에서 서쪽으로 35km 떨어진 지점에 위치.

85) 하마단 서남방으로 Kangâvar와 Kirmânshâh 사이에 있다 (Juvayni/Boyle, p.304, note 65).

을 〔75v〕 그의 아타벡으로 임명하여 군대의 지휘권을 준 뒤, 위풍당당하게 후라산으로 귀환했다. 그는 도중에 아들인 말릭 샤가 메르브의 기후가 나빠 병이 났다는 소식을 듣고 그를 소환했다. 투스에 도착했을 때 〔그의 병이〕 쾌유되어 그의 부친은 다시 그에게 니샤푸르의 통치를 맡겼다. 술탄 무함마드에게는 후라산의 봉읍(iqṭâ')를 지정해 주고, 그를 자기의 근신으로 삼았다.

이라키 아잠__술탄 토그릴이 재위했고, 그의 아타벡은 자한 파흘라반(Jahân Pahlavân)의 아들 일디기즈였다. 그가 사망하자 키질 아르슬란(Qizil Arslân)은 아타벡이 되기를 희망했지만, 이루지 못했다. 술탄의 최후에 대해서는 술탄 테키시 호라즘 샤의 연대기에 관한 前章에서 설명한 바 있다.

룸__술탄 이즈 앗 딘 킬리치 아르슬란 이븐 마수드 이븐 킬리치 아르슬란(Sulṭân 'Izz ad-Dîn Qilich Arslân b. Mas'ûd b. Qilich Arslân)이 코냐(Qônya)와 시바스(Sivâs)와 악크사라(Aqsarâ)[86] 왕국의 사무를 관장했다. 그와 말라티아(Malaṭiya)[87]의 군주인 둔 눈 이븐 다니시만드(Dhû an-Nûn b. Dânishmand) 사이에 불화가 생겨, 킬리치 아르슬란이 그가 관할하는 지방을 점령하자, 그는 알레포(Ḥalab)에 있는 아타벡 누르 앗 딘(Atâbeg Nûr ad-Dîn)에게로 도망쳤다. 누르 앗 딘은 그를 돕기 위해 군대를 모아 시바스, 마라시(Mar'ash)[88] 성채를 비롯하여 여러 곳을 빼앗았다. 킬리치는 사신들을 보내어 협약을 맺으려 했으나, 누르 앗 딘은 듣지 않았다. 그런데 갑자기 프랑크인들이 들고 일어났다는 소식이 전해져 누르 앗 딘은 협약을 맺기로 했고, 일부 군대를 둔 눈과 함께 있도록 남

---

86) A: AQRA; T·L2: AQSRA. 코냐, 악크사라, 시바스는 모두 터키 중부의 지명.

87) 터키 중남부의 도시로 유프라테스 강 상류에 위치.

88) 터키 중남부의 지명. 오늘날에는 Kahramanmaraş로 알려져 있다.

겨 두었다. 누르 앗 딘이 사망할 때까지 시바스는 그의 지배 아래에 있었지만, 그 뒤 킬리치 아르슬란이 다시 〔그곳을〕 장악했다.

키르만__ 토그릴 샤 이븐 무함마드 아비 알 파와리스(Ṭoğril Shâh b. Muḥammad Abî al-Fawâris)가 군주였는데, 563년 초〔/1167년 10월〕에 사망했다. 네 명의 아들이 있었으니, 아르슬란 샤(Arslân Shâh), 테르켄 샤(Terken Shâh), 투란 샤(Tûrân Shâh), 바흐람 샤(Bahrâm Shâh)가 그들이다. 오구즈인들이 흘러 들어옴으로써 그 지방이 혼란에 빠졌고, 말릭 디나르—오구즈족의 아미르들 가운데 한 사람이자 니샤푸르의 태수였던 토간 샤 이븐 무아이드(Ṭoğân Shâh b. Mû'ayyid)의 사위—가 키르만에 오기 전까지는 살육과 약탈이 자행되었다. 583년 라잡〔/1187년 9〕월에 키르만 왕국의 수도인 가바시르(Gavâshîr)[89] 시가 그에게 복속했고, 그는 나라의 사무를 정비했다.

구르, 가즈나__ 술탄 기야쓰 앗 딘과 술탄 시합 앗 딘이 있었는데, 590〔/1193~1194〕년에 술탄 시합 앗 딘 구르와 힌두의 군주 사이에 전투가 벌어져, 힌두 사람들이 패배하고 그 군주는 죽음을 당했다. 전해지는 바에 따르면, 700마리의 전투용 코끼리와 100만 명의 군사가 그와 함께 있었다고 한다.

#### 말릭들과 아타벡들의 역사

마잔다란__ 샤 알라 앗 딘 하산 이븐 알리 이븐 루스탐 이븐 알리 이븐 샤흐르야르(Shâh 'Alâ' ad-Dîn Ḥasan b. 'Alî b. Rustam b. 'Alî b. Shahryâr)가 있었다.

이라크, 아제르바이잔__ 아타벡 일디기즈가 있었다. 563년에 악크 송

---

89) 가바시르는 사산조 시대에 키르만 시를 가리키던 이름. 오늘날의 키르만이 이에 해당한다.

코르가 마라게의 영주로 있었는데, 영내에서의 說敎(khuṭba)와 鑄錢(sikka)을 자신의 주군인 셀주크의 술탄 무함마드 샤 이븐 마흐무드의 아들 이름으로 해 달라고 칼리프의 궁정에 청원했다. 이 소식이 하마단에 있던 아타벡 일디기즈에게 전해졌는데, 그는 자기 부인의 아들인 아르슬란 이븐 토그릴 이븐 무함마드 이븐 말릭 샤의 아타벡이었고, [아르슬란 지배하의] 전 영역에 대한 막강한 지배자였다. 이 소식에 분노한 일디기즈는 아들인 자한 파흘라반 무함마드(Jahân Pahlavân Muḥammad)를 군대와 함께 악크 송코르에게 보내어 전투를 벌였다. 악크 송코르는 패배하여 마라게 변경에 있던 루인디즈(Rûîîndiz)[90]로 갔다. 자한 파흘라반은 그곳을 포위했다. 그리고는 마침내 협약을 체결한 뒤 아버지가 있는 하마단으로 돌아갔다. 이 사건은 563[/1167~ 1168]년에 일어났다. 567[/1171~1172]년 아타벡 일디기즈는 하마단에서 사망했고, 그의 아들 자한 파흘라반 무함마드가 아타벡이 되어 어찌나 막대한 권력을 누렸는지, 술탄 토그릴 이븐 아르슬란이 술탄의 자리에 앉았을 때도 그의 이름은 설교와 주전에만 술탄으로 언급되었을 뿐, 전권은 아타벡인 자한 파흘라반의 수중에 있었다.

악크 송코르가 마라게에서 사망하자 그의 아들 팔라크 앗 딘(Falak ad-Dîn)이 그 자리에 앉았다. 그가 타브리즈를 점령했기 때문에, 자한 파흘라반은 군대를 이끌고 루인디즈에 가서 팔라크 앗 딘을 포위한 다음, 자기 동생인 키질 아르슬란에게 타브리즈를 포위하러 가라고 했다. 마라게의 군대는 그 휘하에 있던 두 사람을 붙잡아 시내로 끌고 갔는데, 판관 사드르 앗 딘(Ṣadr ad-Dîn)이 그들에게 예복을 준 뒤 자한 파흘라반에게로 보내 주었다. [자한 파흘라반은] 매우 만족하여 판관의 말에

90) A: RWYYN; T: RWYYNDZ. A본도 몇 행 뒤에서는 RWYYNDZ로 올바로 표기했다.

따라 협약을 체결한 뒤 〔76r〕 타브리즈를 그들에게 내주고, 마라게는 팔라크 앗 딘에게 주었다. 자한 파흘라반은 키질 아르슬란을 타브리즈에 주둔시키고 이라크로 돌아갔다. 그 뒤 그가 사망하자 키질 아르슬란이 이라크로 와서, 자기 형이 했던 것처럼 전권을 지닌 아타벡이 되고 싶어 했다. 술탄 토그릴이 장성해서 독립했는데, 그에게는 조금도 경의를 표하지 않았다. 이 때문에 그들 사이에 전쟁이 벌어졌고, 키질 아르슬란이 패배하여 그의 군대 대부분이 술탄에게로 왔다. 그는 한동안 곤경에 처했지만 그 뒤 힘을 회복하여 군대를 모으고, 술탄을 붙잡아 사슬에 묶었다. 그는 자기 집 문 앞에서 〔매일〕 다섯 차례 〔북을〕 치게 하며 〔자신이〕 술탄임을 공포했다. 587년 샤반〔/1191년 8~9〕월, 그는 하마단에 있는 자기 집에서 잠들었을 때 어떤 사람에 의해 살해되고 말았는데, 〔암살자가〕 누구인지는 알려지지 않았다. 사람들은 〔이 일이 있기〕 얼마 전 그가 종교적 광신에 빠져 샤피이(Shâfi'î)파의 대이맘인 무탈리비(Muṭṭalibî) — 신께서 기뻐하시기를! — 의 교우들 가운데 여러 명의 대인들을 이스파한의 시장에서 처형시킨 일과 관계가 있는 것으로 생각했다. "신께서는 신도들을 전쟁에서 구원해 주신다!"[91)]

모술, 디야르바크르__아타벡 쿠틉 앗 딘 마우두드 이븐 젱기 이븐 악크 송코르가 모술과 일부 디야르바크르의 통치자였고, 그는 시리아에 있던 아타벡 누르 앗 딘 마흐무드의 형제였다. 565〔/1169~1170〕년에 사망했고, 막내아들인 사이프 앗 딘 가지(Sayf ad-Dîn Ğâzî)가 계승했다. 571〔/1175~1176〕년에 그와 이집트의 통치자 살라흐 앗 딘 사이에 전투가 벌어져 사이프 앗 딘이 도망쳤다. 그는 576년 사파르〔/1180년 6~7〕월에 사망했고, 그의 동생 이즈 앗 딘 마수드('Izz ad-Dîn Mas'ûd)가 후임

91) 원문은 아랍어.

으로 정해졌다. 그는 589년 샤반월 말[/1193년 8월 30일]에 사망했다.

무지르 앗 딘 카라 아르슬란 이븐 다우드 이븐 수크만 이븐 아르툭(Mujîr ad-Dîn Qarâ Arslân b. Dâûd b. Suqmân b. Artuq)은 카이파(Kayfâ) 성채와 대부분의 디야르바크르 지방의 군주였다. 그가 죽자 아들 누르 앗 딘 무함마드(Nûr ad-Dîn Muḥammad)를 후계자로 앉혔다. 그는 581[/1185~1186]년에 사망했고, 그의 아들 쿠툽 앗 딘 수크만(Quṭb ad-Dîn Suqmân)이 계승했다.

시리아_ 아타벡 누르 앗 딘이 있었다. 그는 567[/1171~1172]년에 바그다드路를 따라 비둘기를 날려 통신하는 제도를 실시했는데, [이러한 제도는] 지금까지도 사용된다. 568년 샤발[/1173년 5~6]월, 이집트의 군주 살라흐 앗 딘이 프랑크인들과 성전하러 오지 않았기 때문에 그는 이집트로 출정했으나, [도중에] 병이 들어 상술한 달에 사망했다. 열한 살이었던 아들 이스마일(Ismâ'îl)이 아버지의 자리에 앉아 말릭 살리흐(Malik Ṣâliḥ)라는 [칭호로] 불렸다. 그가 사망한 뒤 그의 사촌인 사이프 앗 딘 가지(Sayf ad-Dîn Ğâzî), 즉 모술의 지배자 쿠툽 앗 딘 마우두드의 아들이 그 나라를 차지했다.

이집트_ 샤디 이븐 마르완 쿠르드(Shâdî b. Marwân Kurd)—일찍이 티크리트(Tikrît)[92] [지방]의 징세리였다—의 아들인 아사드 앗 딘 시르쿠흐가 군주요 지배자가 되었다. 이스마일리파의 칼리프인 아디드가 약해졌기 때문에 그의 재상이던 샤우르(Shâwûr)가 권력을 장악하려고 했다. 아디드는 시리아의 아타벡 누르 앗 딘에게 사람을 보내 [자신을] 재상에게서 보호해 달라고 지원을 요청했다. 누르 앗 딘은 시르쿠흐에게 2천 명을 붙여서 파견했다. 재상은 만일 그가 도착하면 왕국의 권력을 빼앗

92) 바그다드 서북방의 도시.

을지도 모른다고 두려워하여 프랑크인들에게 도움을 청했다. 시르쿠흐가 나일 강을 건너 그 서안에 주둔하자 양측에 전투가 벌어졌다. 이집트와 프랑크의 군대[93]가 패배하여 바닷가로 피신했다. 시르쿠흐는 알렉산드리아(Iskandariya)를 점령하고 자신의 조카인 살라흐 앗 딘 유수프를 그곳에 주둔시킨 뒤, 자신은 上이집트로 가서 그곳을 점령했다. [한편] 프랑크인들은 이집트와 카이로를 장악했다.

재상 샤우르의 아들인 카밀 슈자(Kâmil Shujâ')는 아타벡 누르 앗 딘에게 전령을 보내 우호를 청하면서 매년 그의 이름으로 공물을 보내겠다고 제안했다. 누르 앗 딘도 이를 받아들였다. 그는 564[/1168~1169]년에 이집트를 점령했고, 두 달 반 동안 그곳을 지배했다. 상술한 해 주마다 알 아히르월 22[/1169년 3월 23]일에 사망했다. 그의 사촌인 살라흐 앗 딘 유수프가 뒤를 이어 이집트 지방의 통치자가 되었다. 그는 자기 동생인 샴스 앗 딘 투란샤(Shams ad-Dîn Tûrânshâh)를 누비아 지방으로 보내 그곳을 정복하고 수많은 전리품을 가져오도록 했다. 그리고 나서 그를 예멘 지방을 정복하러 보냈다.

565년 무하람월 두 번째 금요일[/1169년 10월 3일]에 아디드가 사망하자, 바그다드에 있는 칼리프의 이름으로 설교를 낭독했다. 또한 그해에 이집트 왕국의 문제로 말미암아 그와 누르 앗 딘 사이에 적대가 생겨났다. 571[/1175~1176]년에는 모술과 일부 디야르바크르의 통치자인 사이프 앗 딘 가지 사이에 전투가 벌어져 사이프 앗 딘이 [76v] 패주했고, 살라흐 앗 딘 유수프는 아타벡 누르 앗 딘의 아들인 말릭 살리흐에게 속했던 지방들, 예를 들어 만비즈(Manbij)[94]와 그 부근의 지방을 차지했다.

93) A: lashkar wa Farang; T: lashkar Miṣr wa Farang.

94) 현재 시리아 북부의 지명. 알레포에서 동북방으로 직선 거리 80km 되는 지점에 위치.

또한 말릭 살리흐가 머물던 알레포 성을 포위했으나, 함락하는 것이 어려워 철수하고 말았다. 581[/1185~1186]년 마야파르킨(Mayâfârqîn)[95]을 점령하고 모술을 빼앗으려 했으나 성공하지 못했다. 그 뒤 그는 사망할 때까지 큰일들을 성취하여 프랑크인들에게서 많은 지방을 빼앗고, 디야르바크르와 다른 지방들을 점령했다. 그의 자제들과 친족들은 저마다 그를 대신하여 그 지방들을 하나씩 통치했다.

589[/1193]년 그는 다마스쿠스에서 사망했다. 막내아들인 누르 앗 딘 알리(Nûr ad-Dîn 'Alî)를 후계자로 정하고, 다마스쿠스에서 그의 보좌에 앉혔다. 그를 말릭 아프달(Malik Afḍal)이라고 했다. 시리아 지방을 통치하던 일부 친족들은 그에게 복속하지 않았다. 우쓰만('Uthmân)이라는 이름을 가진 다른 형제가 이집트에 있었고 말릭 알 아지즈(Malik al-'Azîz)[96]라는 칭호로 불렸는데, 독립을 추구했다. 그는 590[/1194]년에 [군대를 몰고 와서] 다마스쿠스를 포위했다. 말릭 아프달은 숙부인 말릭 아딜(Malik 'Âdil)에게 도움을 요청했다. 그와 함께 알레포의 군주인 말릭 자히르 가지(Malik Ẓâhir Ğâzî), 하마의 영주이자 타키 앗 딘(Taqî ad-Dîn)의 아들 나시르 앗 딘 무함마드(Nâṣir ad-Dîn Muḥammad), 힘스(Ḥims)[97]의 영주이자 大시르쿠흐의 손자인 아사드 앗 딘 시르쿠흐 그리고 모술과 디야르바크르의 군대들이 모두 말릭 아프달을 지원하기 위해 도착했다. 말릭 아지즈는 그의 세력이 강한 것을 보고 협약을 체결하기로 했다. 이에 따라 예루살렘(Bayt al-Maqdis)과 이집트에 속하는 팔레스타인 지방은 말릭 아지즈에게 귀속되고, 다마스쿠스와 타바리야

95) 터키 동남부 디야르바크르 지방에서, Van 호수와 티그리스 강 상류 중간에 위치한 지명.
96) 뒤에서는 '말릭 아지즈'(Malik 'Azîz)라고만 부른다.
97) Ḥoms라고도 발음한다. 시리아 중서부의 Orontes 강 유역에 있는 도시로, 시리아 내륙 지방과 지중해를 연결하는 전략적인 통로.

(Ṭabariya)[98]와 고르(Ğôr) 지방[99]은 [말릭] 아프달에게 귀속되었다. 자발라(Jabala), 라다키야(Lâdaqiya),[100] 해안 등지는 말릭 자히르에게 속했고, 말릭 아딜이 처음부터 이집트에 갖고 있던 봉읍은 그대로 지켰다. 그리고 이들 군주들은 각자 자기 지방으로 돌아갔다.

마그리브_ 유수프 이븐 압둘 무민(Yûsuf b. 'Abd al-Mû'min)이 군주였다. 그는 이프리키야(Ifrîqiya)에 속하는 카파사(Qafaṣa)[101] 지방을 장악했다.

파르스_ 처음에는 아타벡 데글레가 있었으나 그가 사망하자 아타벡 무자파르 앗 딘 사아드 이븐 젱기(Atâbeg Muẓaffar ad-Dîn Sa'd b. Zengî)가 즉위했다. 그는 매우 용맹한 사람이었다.

**상술한 기간 동안 벌어진 기이한 사건들**

565[/1169~1170]년 시리아와 디야르바크르와 프랑크인들의 지방에서 거대한 지진이 일어나, 그 지방 대부분의 도시들이 파괴되었다. 신께서 가장 잘 아신다!

563년 라비 알 아발[/1167년 12~1168년 1]월에 시작되는 쥐해인 '쿨루카나 일'의 처음부터 590년 사파르[/1194년 1]월에 시작되는 파르스 일 마지막까지의 27년간, 칭기스 칸과 동시대에 있던 군주, 칼리프, 술탄, 말릭들에 대해서 기록했다. 상술한 이 기간 이후 칭기스 칸의 역사에 대해서 이제 다시 서술해 보도록 하자. 신의 도움과 은총에 힘입어!

---

98) A·T본 모두 Baṭariya로 되어 있으나 Ṭabariya가 되어야 옳을 것이다. 갈릴리 호수를 중심으로 하는 지방을 가리킨다.

99) 예루살렘과 다마스쿠스 사이에 있는 요르단 강 유역의 지방.

100) A: DLAQYH; T: LADAQYH. 자발라는 Jablah라고도 표기되고, 라다키야는 Lâdhiqîyah로도 표기된다. 두 도시 모두 시리아 서부 지중해 연안에 있다.

101) 현재 튀니지아 중서부에 있는 도시 Gafsa.

## 【제 3 절】

〔회력 591년 라비 알 아발〔/1195년 2~3〕월에 시작되는 '타울라이 일', 즉 토끼해의 처음부터 돼지해인 '통쿠즈 일'의 마지막〕[1] —즉 599년 주마다 알 아히르〔/1203년 2~3〕월에 시작—까지의 9년 동안 칭기스 칸의 역사

칭기스 칸은 이 〔기간 중〕 마지막 해에 마흔아홉 살이었다. 이 9년 동안 그와 옹 칸은 우호를 맺었다. 그는 메르키트의 군주인 톡토아, 나이만 군주의 형제인 부이룩 칸과 전쟁을 했고, 타이치우트·코룰라스·이키레스·두르벤·타타르 등의 종족, 그리고 카타킨과 살지우트 종족과의 전쟁에도 몰두하여, 그들을 모두 정복했다. 마찬가지로 케레이트[2]의 군주 옹 칸과 나이만의 군주인 타양 칸도 소멸시켜, 그는 '칭기스 칸'이라는 칭호로 불렸다. 〔77r〕

### 칭기스 칸과 옹 칸 사이의 우호 관계의 시작

그 정황은 다음과 같다. 칭기스 칸의 부친 이수게이 바하두르와 옹 칸은 서로 이웃한 곳에 살았기 때문에 오래 전부터 매우 우애 있고 화목한 관계를 유지했다. 이수게이 바하두르는 옹 칸이 어려움을 당했을 때 그에게 도움을 주었고, 깊은 나락에서 그를 구해 주었다. 그들은 서로를 '의형제'라고 불렀고, "애정은 세습된다"[3]는 속담처럼 칭기스 칸도 우호의 길을 따라 걸으며 그를 '아버지'라고 불렀다. 옹 칸은 케레이트, 통카이트,[4] 그리고 케레이트에 속한 다른 종족들의 군주였다. 그들은 매우 많

---

1) A본에는 이 부분이 빠져 있으나 T본에 근거하여 보충했다.

2) A본에서는 '메르키트'(MRKYT)라고 했지만 이는 분명히 필사자의 실수이고, T본은 '케레이트'(KRAYT)라고 올바로 적었다. 露譯本은 '메르키트'를 그대로 받아들여 '옹 칸과 메르키트의 군주'라고 옮겼지만, 바로 앞 행에서 메르키트의 군주 톡토아를 절멸시켰다는 기사가 나왔기 때문에, 라시드 앗 딘이 다시 반복해서 그 사실을 적을 필요는 없었을 것이다.

3) 원문은 아랍어.

은 종족과 군대를 보유했고, 지난날의 군주들은 유명한 사람들이었다. 그들은 몽골 종족들과 유사성을 지녔으며, 관행과 풍습과 방언과 언어도 서로 닮았다.

옹 칸은 처음에 이름이 토그릴(Ṭoğril)[5]이었다. 토그릴이란 투르크어와 케레이트어에서는 통그룰(Tôngrûl)이라고 하는데, 이것은 마치 서방에서의 안카('anqâ)[6]처럼 비록 아무도 본 적은 없지만 사람들 사이에서 널리 알려진 어떤 새의 이름이다. 전해지는 바에 따르면 매처럼 생긴 새가 있는데, 그 부리와 발톱은 쇠처럼 단단해서 한 번의 공격으로 200~300마리의 새를 쳐서 죽인다고 한다. 사람들이 비록 보지 않았어도 그 〔존재를〕 믿는 까닭은 이러하다. 즉, 사냥꾼이나 유목민들은 어떤 경우에는 한 곳에서 100, 200, 300마리를 헤아릴 정도로 〔많은〕 각종 새들이 목이 몸에서 잘리거나 날개와 발이 부러진 상태로 공중에서 떨어지는 것을 여러 차례 목격했다고 전하기 때문이다. 이것을 놓고 유추해 볼 때, 그것들을 죽인 것은 사나운 힘을 갖고 단단한 발톱을 지닌 새라고 생각할 수밖에 없다. 그것을 '동그룰'(Dôngrûl)[7]이라는 이름으로 불렀다. 몽골인들도 그 뜻을 잘 알고 있으며, 그것을 〔토그릴〕[8]이라고 부른다. 〔옹 칸의〕 원래 이름이었던 토그릴의 뜻은 이러하다. 그 뒤 후술하듯이 키타이의 알탄 칸의 재상인 칭상이 그에게 '옹 칸'이라는 칭호를 주었는데, 그것은 한 지방의 군주라는 뜻이다.

그의 조부의 이름은 마르구즈(Marğûz)였는데, 마르구즈에게는 두 아

---

4) A: FWTKĞAYT로; L·T: TWNKQAYT.

5) ṬĞRL 또는 ṬĞRYL로 표기됨.

6) 목이 긴 환상의 새.

7) A·T: DWNGRWL. L2본의 TWNGRWN은 TWNGRWL의 誤寫일 것이다.

8) A·T본 원문에는 빠져 있으나, L2본에는 ṬĞRYL이라고 적혀 있다.

들이 있었다. 큰아들은 쿠르차쿠스[9] 부이룩 칸이었는데, 부이룩이라는 말의 뜻은 '명령'이다. 나이만의 군주인 타양 칸[10]에게도 형제가 한 명 있었는데, 그의 이름도 부이룩 칸이며 그에 대한 이야기는 뒤에서 나올 것이다. 여기서 그를 언급한 까닭은 〔케레이트의 부이룩 칸과〕 혼동하지 않도록 하기 위함이다. 마르구즈의 또 다른 아들의 이름은 구르 칸이었다. 투르키스탄과 마와라안나흐르에 있는 카라키타이의 군주도 구르 칸이라 불렸는데, 구르 칸은 '강대함'이라는 뜻이다.

쿠르차쿠스 부이룩에게는 몇 명의 아들들이 있었다. 한 명은 토그릴인데, '옹 칸'이 그의 칭호가 되었다. 또 한 명은 에르케 카라(Erke Qarâ)이다. 셋째는 자아 감보(Jâ' Gambô)인데, 원래 그의 이름은 케레이테이(Kerâitey)[11]였다. 그들에게는 몇 명의 형제들이 더 있었으나, 부친의 후계자는 토그릴이었다. 케레이테이는 어렸을 때 탕구트 족속에 붙잡혀 한동안 그들과 함께 있었는데, 〔거기서〕 강력하고 중요한 〔인물이〕 되었다. 또한 그가 총명하고 유능했기 때문에 그를 '자아 감보'라는 칭호로 불렀다. '자아'는 '나라'라는 뜻이고 '감보'는 '대아미르'라는 뜻이니, 곧 '나라의 대아미르'를 뜻한다. 뒤에 적절한 곳에서 더 자세히 서술하듯이, 그는 처음에 자기 형 옹 칸과 연합했지만 후일 한두 차례 그를 배신했다. 에르케 카라는 자신이 지도자와 군주가 되려는 마음을 품었고, 그래서 옹 칸과 다투곤 했다. 옹 칸은 먼저 에르케 카라와 연합했던 다른 형제들을 살해한 뒤 그를 없애려고 했는데, 이에 대해서는 뒤에서 설명

9) A·T본에는 QWJAQWZ로 되어 있으나 QWRJAQWZ가 되어야 옳다. 뒤에서도 이러한 誤寫가 반복된다. 또한 그의 이름은 『부족지』의 용례에 따라, '쿠르자쿠즈'가 아니라 '쿠르차쿠스'로 일관되게 옮겼다.

10) A본에는 XAN이 아니라 CNAN처럼 보이나, T·L2본에는 올바로 표기되어 있다.

11) A: KRATY; L2·T: KRAY

할 것이다.

옹 칸이 칭기스 칸과 우호하고 연합하던 당시 자아 감보는 칭기스 칸과 의형제였다. 칭기스 칸은 자아 감보의 딸들 가운데 하나를 자신이 취했는데, 이름은 이바카 베키(Îbaqa Bîkî)였고 〔후일〕 그녀를 케흐티 노얀에게 주어 버렸다. 또 다른 하나는 벡투트미시 푸진(Bîktûtmîsh Fûjîn)이라는 이름을 갖고 있었는데, 자신의 큰아들인 주치에게 취해 주었다. 또 다른 하나는 소르칵타니 베키(Sôrqaqtanî Bîkî)[12]라는 이름을 갖고 있었는데, 톨루이 칸에게 취해 주었다. 그에게는 딸이 또 하나 있었는데, 그녀를 탕구트 군주의 아들에게 주었다. 그녀는 매우 아름답고 순결했다. 칭기스 칸이 탕구트를 정복하고 그들의 군주를 〔77v〕 죽였을 때, 온갖 노력을 기울여 그 딸을 찾으려고 했지만 성공하지 못했다.

옹 칸에게는 두 아들이 있었다. 큰아들은 셍군(Sengûn)으로, 키타이 말로는 '주군의 아들'(khudâwand-zâda)을 의미한다. 작은아들은 아바쿠(Abaqû)[13]였고, 그의 딸은 토쿠즈 카툰(Tôqûz Khâtûn)[14]이었는데, 칭기스 칸은 그녀도 톨루이 칸에게 취해 주었다. 톨루이가 사망한 뒤 훌레구 칸이 유산으로 그녀를 취했다.

옹 칸과 이수게이 바하두르가 우애를 맺고 서로 '의형제'라고 부른 까닭은 다음과 같다.

옹 칸은 자신의 아버지 부이룩 칸이 사망한 뒤 쿠르차쿠스〔의 계승권을 두고〕 나라 안에서 서로 다투었던 관계로[15] 자신의 형제들과 조카들

---

12) A: SYWRQWQTNY; T: SWRQWQTNY.

13) A·T: AYQW. '아이쿠'로 읽어야 하겠지만, 『부족지』(p.208)에 따라 ABQW로 읽었다.

14) A본에는 Tôqûz Khâtûn이라는 이름이 없으나, L2·T본에는 적혀 있다.

15) 원문은 "be-sibab-i tamâchâmîshî-yi Qûrchâqûz dar mulk……"라고 애매하게 표현되어 있다. 이는 색스턴 교수처럼 옹 칸이 계승권을 두고 쿠르차쿠스와 다툰 것처럼 해석할 수도 있으나, 라시드

몇 명을 살해했으니, 구체적으로 말하면 다음과 같다.

형제들: 타이 티무르 타이시, 부카 티무르.[16)]

조카들: …….[17)]

이로 말미암아 그의 숙부인 구르 칸이 그를 공격했고, 옹 칸은 패배하여 한동안 떠돌이 신세가 되었는데, 그때 이수게이 바하두르가 은신처를 제공해 주었다. 이수게이 바하두르는 그를 도와 출정해서 구르 칸을 공격하여 〔구르 칸으로 하여금〕 카신(Qâshîn)[18)] 쪽으로 도망가게 만들고, 그에게서 나라를 빼앗아 옹 칸에게 맡겼다. 그 같은 빚으로 말미암아 〔두 사람은〕 의형제가 되었다.

그 뒤 옹 칸의 동생인 에르케 카라가 옹 칸이 형과 아우들을 죽이고 〔권력을〕 장악한 것을 보고는 도주하여 나이만 지방의 이난치 칸에게로 갔다. 〔이난치 칸은〕 한동안 그를 보호하다가 얼마 지난 뒤 그를 지원하여 군대를 보내, 케레이트 종족과 군대를 옹 칸에게서 빼앗고 〔옹 칸을〕 쫓아냈다. 그때 이수게이 바하두르가 사망했다. 옹 칸은 세 지방을 지나서 투르키스탄의 군주, 즉 카라키타이의 구르 칸에게 피신했다. 그런데 그 지방에 있는 위구르와 탕구트의 도시들에서 반란(bûlğâq)이 일어나 그는 곤란한 처지에 빠졌다. 그의 상황은 겨우 다섯 마리의 염소만 남아 그 젖으로 연명하고, 두세 마리의 낙타로 끼니를 때울 정도의 지경에 이

---

앗 딘 자신이 서술했듯이 옹 칸 부친의 칭호가 '쿠르차쿠스 부이룩 칸'이었다는 점을 생각하면 받아들이기 어려운 견해이다. Cf. W. M. Thackston, *Rashiduddin Fazlullah's Jami'u't-tawarikh: Compendium of chronicles*(3 vols., Cambridge, Mass.: Harvard University, Dept. of Near Eastern Languages and Civilizations, 1998~1999), vol. 1, p.175. 이하 Rashid/Thackston으로 약칭.

16) Thackston과 Rawshan은 부카 티무르를 옹 칸의 조카로 보았지만, 『부족지』(p.206)에 기록되었듯이 그의 동생이다. 露譯本은 올바로 번역했다.

17) 모든 사본에 缺落.

18) 당시 몽골인들이 '河西'를 일러 이렇게 불렀고, 西夏 방면을 가리킨다.

르렀다. 그렇게 어려운 상황 속에서 얼마간 지내다가 칭기스 칸이 강성하고 위세를 떨친다는 소식을 듣고, 그의 부친인 이수게이 바하두르와 맺었던 우호에 기대어, '루(lû) 일', 즉 용해—592[/1196]년에 시작된다—봄에 구세우르 나우르[19]로 왔다. 그곳은 칭기스 칸의 목지와 가까웠고, [과거에] 이수게이 바하두르와 함께 있었던 곳이다. 그는 자신의 누케르 두 명, 즉 타가이(Ṭaǧâî)와 수에게이(Sûâgay)[20]를 켈루렌 강 상류에 있는 칭기스 칸에게로 보내어 자신이 도착했다는 것을 알렸다.

칭기스 칸은 발에 올라 그를 영접하러 나섰다. 그들이 서로 만나자 옹 칸은 "나는 배고프고 수척해졌다"고 말했다. 그를 본 칭기스 칸은 측은한 마음이 들어 그를 위해 몽골인들에게서 징발(qûbchûr)을 거두어, 그를 자신의 쿠리엔과 오르두들 중앙에 머물게 하면서 보살폈다. 가을에 두 사람은 함께 ……[21] 강에 있는 카라운 캅찰(Qarâ'ûn Qabchâl)—'검은 숲'이라는 뜻[22]—이라는 계곡에 둔영을 치고, [옹 칸과] 이수게이 바하두르가 의형제였기 때문에 [그와] 칭기스 칸은 아버지와 자식이 되어 연회를 열었다. 그들은 서로 상의를 마친 뒤 봄이 되자 유르킨 종족 가운데 남은 사람들에 대해서 원정했다. 그 전에 칭기스 칸은 그들을 공격하고 약탈한 적이 있었는데, 그들 가운데 일부가 도망쳐 탈라두인 아마사라

---

19) A: GWSAKW NAWAWR; T: GWSAKW NAWWR. 그러나 『부족지』(p.197)의 용례에 따라 '구세우르 나우르'로 읽었다. Perlee에 따르면 이곳은 Dorno Gobi Aimaq의 Gurban Hobsgol 산에 가까운 곳(東經 109도, 北緯 43도)이라고 한다(cf. 「元朝秘史に現われる地·水名を探る」, p.588).

20) 『親征錄』의 塔海와 雪也垓, 『秘史』(151절)의 Tağai Ba'atur와 Sükegei Je'ün.

21) 原缺.

22) 『秘史』(150·177절)와 『親征錄』에 따르면 카라운 캅찰(Qara'un qabchal, 哈剌温隘)과 검은 숲(Qara Tun, 黑林)은 서로 다른 곳이다. 전자는 칭기스 칸이 궁지에 몰린 옹 칸을 맞으러 간 곳이고, 후자는 두 사람이 부자의 예를 맺은 곳이다. 라시드 앗 딘은 이 두 지점을 같은 곳으로 혼동한 듯하다. 카라운은 '어두운'이라는 뜻이지만, 캅찰은 '숲'이 아니라 '협곡'을 의미한다. Perlee는 이곳을 셀렝게 강 유역으로 보았다(cf. 「元朝秘史に現われる地·水名」, p.592).

(Tâlâdûîîn Amâsara)[23]라고 불리는 곳에 머물렀다. [칭기스 칸은] 그들을 치러 가서 세체 베키와 타이추 두 사람을 추격(mûğûtğâmîshî)[24]하여 붙잡았다.

**칭기스 칸이 메르키트 종족의 수령 톡타이를 치기 위해 출정하여, 그를 격파하고 전리품을 모두 옹 칸에게 준 이야기**

'모가이(môğâî) 일', 즉 뱀해—593[/1197]년에 해당—에 칭기스 칸은 메르키트 종족의 아미르인 톡타이를 치기 위해 출정했다. 그들은 비록 몽골과는 별도[의 집단]이었지만 매우 강력했다. 전투는 카라스 무라스(Qarâs Mûrâs)[25]에 있는 모나차(Monacha)[26]라는 곳—셀렝게 강과 가까운 켈루렌 강가—에서 벌어졌다. 그들의 한 지파인 우두이트[27] 메르키트를 격멸하고 약탈했는데, [78r] 그 전투에서 빼앗은 것들은 모두 옹 칸과 그의 누케르들에게 주었다.

그 뒤 '모린 일', 즉 말해—594[/1198]년에 해당—에 옹 칸이 강력해지고 [많은] 군대와 속민들을 지휘하게 되자, 칭기스 칸과 아무런 상의도 없이 메르키트에 대한 원정을 감행하여 부쿠라 케헤르(Bûqura[28] Keher)[29]라는 곳에서 그들을 치고, 톡타이의 아들 투구즈 베키(Tögûz

---

23) 『秘史』(136·162·177절)의 Teletü amasar 또는 Telegetü amasar, 『親征錄』의 帖列徒之隘. 텔레투/텔레게투는 지명이고 amasar는 '어귀, 입구'라는 뜻이다. 『集史』의 Tâlâdûîîn Amâsara에서 -îîn은 몽골어의 소유격 어미인 -yin을 소리나는 대로 옮긴 것이다. Perlee에 따르면 오논 강과 켈루렌 강 유역의 지역(cf. 「元朝秘史に現われる地·水名」, p.594).

24) "추적하여 격멸하다"는 뜻을 지닌 투르크어. 本田實信, 「モンゴル·トルコ語起の術語」, pp.446~447 참조.

25) A·T·L2 등 모든 사본에는 QRAS MWRAS로 표기되어 있는데, Mûrâs는 Mûrân의 오기로 보아야 할 것이다. 『親征錄』에는 哈剌哈河로 되어 있어, 아마 Qalqâ Mûrân을 誤寫한 것이 아닐까 추측된다.

26) 『元史』 권1 「太祖本紀」와 『親征錄』의 莫那察(Monacha) 山.

27) A·T: AWDWWT.

28) A: BWQW; T: BWQRH; L2: BWQR. A본도 뒤에서는 Bûqura로 표기했다.

Bîkî)[30]를 죽였으며, 톡타이의 두 딸인 쿠툭타이(Qûtûqtâî)와 찰라운(Chalâûn)[31]을 사로잡아 데리고 왔다. 또한 톡타이의 두 형제인 쿠두(Qûtû)[32]와 칠라운(Chîlâûn)[33]을 가축과 노복들과 함께 끌고 왔다. 그러나 그것들 가운데 어떤 것도 칭기스 칸에게는 주지 않았다. 톡타이는 도주하여 바르쿠진(Barqûjîn)이라고 부르는 곳으로 갔는데, 그곳은 셀렝게 강 아래 있으며 몽골리아 동쪽에 있다. 바로 이 바르쿠진[34]에 살기 때문에 몽골인들이 바르쿠트(Barqût)[35]라는 이름으로 부르는 한 종족이 그곳에 있고, 그들은 지금까지 이러한 이름으로 불린다.

**칭기스 칸과 옹 칸이 연합하여 나이만의 군주인 부이룩 칸을 원정한 이야기**

'코닌 일', 즉 양해—595[/1199]년에 해당—에 칭기스 칸은 옹 칸과 연합하여 나이만의 부이룩 칸을 치기 위해 출정했다. 당시 나이만의 군주는 타양 칸이었고 그는 부이룩 칸의 형이었지만, 부이룩 칸은 형에게 복종하지 않고 독자적으로 군대와 지역을 보유했으며, 서로 사이가 매우 나빴다. 나이만의 대부분의 군주들은 '쿠쉴룩 칸'이나 '부이룩 칸'이라는 칭호로 불렸는데, '쿠쉴룩'은 거대하고 강력하며 권위적이라는 뜻이다.

---

29) 『親征錄』에서 捕兀剌(Bu'ura)는 초원(keher)이 아니라 川으로 나와 있으나, 『秘史』에는 Bu'ura Ke'er로 적혀 있다.

30) 원문은 TGWZ BYK. 『秘史』(157절)의 Tögüs Beki, 『親征錄』의 土居思別吉.

31) A·T: CYLAWN. 이는 칠라운(Chîlâûn)으로 음독해야 옳겠지만, 두 딸의 이름이 『秘史』(157절)에는 Qutuğtai와 Cha'alun, 『親征錄』에는 忽都台과 察勒渾로 기록된 것으로 보아 CLAWN(Chalâûn)의 誤寫일 가능성이 크다. 83v에서는 Chalağûn으로 표기되어 있다.

32) A: TWDR; L·T: TWQTA. 그러나 이는 QWTW 또는 QWTA의 誤寫로 보아야 할 것이다. 그의 이름은 뒤의 용례에 따라 쿠투가 아니라 쿠두로 통일했다.

33) 『秘史』(157절)의 Qutu와 Chila'un, 『親征錄』의 和都와 赤剌溫. 두 자료에는 두 사람이 톡타이의 아들로 되어 있다.

34) A·T: BWRQWJYN.

35) 원문은 BWRQWT.

나이만 사람들이 믿는 바에 따르면 쿠쉴룩은 마귀나 정령보다도 힘이 강해 그들의 젖을 짜내어 쿠미즈를 만들 정도이며, 다른 동물이나 맹수에 대해서도 마찬가지였다고 한다. 나이만의 아미르들이 "그런 것은 죄악이다"라고 말해서 〔젖을 짜는 행위를〕 금지했고, 그런 까닭으로 〔쿠쉴룩은〕 젖을 짜지 않았다.

타양 칸의 이름은 원래 타이 부카였는데, 키타이의 군주들이 그를 '타이왕'(Tâîwâng)—'칸의 아들'이라는 뜻—으로 삼았다. 그들의 용례에 따르면 '칸'이라는 칭호는 중간 등급이었다. 몽골인들은 키타이 말을 이해하지 못했고 또 다른 언어를 사용했기 때문에, '타양'이라 불러서 널리 알려진 것이다. 그들의 부친의 이름은 이난치 빌게 부구 칸(Înânch Bilge Bögû[36] Khân)이었다. '이난치'는 믿는다는 뜻이고, '빌게'는 큰 이름이며, '부구[37] 칸'은 위구르인들이 추종하는 대군주의 칭호이다. 타양 칸의 아들인 쿠쉴룩 칸이 후계자가 되었는데, 그들에 관한 이야기는 뒤에 자세히 나올 것이다.

간단히 말해 칭기스 칸과 옹 칸은 부이룩 칸을 향해서 출정했다. 그에게 속한 한 종족이 알타이 부근의 키질 바시(Qîzîl Bâsh)라는 곳에 있었는데, 그 종족을 급습해서 약탈했다. 부이룩 칸은 패배하여 키르기즈 지방에 속하는 켐 켐치우트[38]로 갔다. 그의 아미르들 가운데 한 사람인 이디 투클룩(Yîdî Tûqlûq)[39]이 前哨로 나왔다. 투르크어로 '이디 투클룩'은 7개의 깃발을 가진 사람이라는 뜻이다. 칭기스 칸의 전초가 그들을 보고 몰아내자, 그들은 산 쪽으로 도망쳤다. 산 위에 이르렀을 때 그들의 아미

---

36) A: BKWR; T·L2: BKW.

37) A·T: BWGW.

38) 예니세이 강 상류역을 가리키며, 지금도 투바공화국에는 Hemchik이라는 강이 있다.

39) 『부족지』(p.223)에서는 '예티 투클룩'(Îtî Tûqlûq)으로 표기했다.

르인 이디 투클룩의 말 허리띠가 풀어져, 그는 안장과 함께 땅에 굴러 떨어졌다. 그를 붙잡아 칭기스 칸에게로 데리고 갔다.

그해 겨울 그 부근에는 부이룩 칸 휘하의 아미르 한 사람이 주둔했는데, 그의 이름은 쿡세우 사브락이었다. '쿡세우'란 기침과 가슴의 통증으로 말미암아 목소리가 쉰 사람을 뜻하며, '사브락'은 지명으로 그가 〔그곳 출신이기 때문에〕 그렇게 불린 것이다. 칭기스 칸과 옹 칸은 그 아미르와 나이만 지방에 있는 바이타락 벨치레(Bâîtarâq Bîlchîre)[40]라는 곳에서 한 차례 전투를 벌였다. 그곳을 바이타락 벨치레라고 부르는 까닭은 다음과 같다.

옛날에 나이만의 군주가 옹구트 군주의 딸을 부인으로 맞았는데, 그녀의 이름이 바이타락이었다. 그녀가 바로 그곳에 도착했을 때, 며느리를 맞는 잔치를 열었다. '벨치레'는 목초가 있는 초원을 말한다. 이 두 단어를 결합하여 그곳의 이름으로 삼은 것이다. 몽골인들은 그 이름〔의 뜻〕을 잘 이해하지 못해서 '바이타락'을 '바드타락'(Bâdtarâq)이라고 부른다. 〔78v〕

**칭기스 칸과 옹 칸이 연합하여 부이룩 칸 휘하의 군사령관인 쿡세우 사브락을 치기 위해 출정한 일, 옹 칸이 속임수를 써서 칭기스 칸을 〔버리고〕 도망친 일, 쿡세우 사브락이 옹 칸의 형제들을 추격하여 그의 말 떼와 가축을 모두 약탈하고 몰고 간 일 등에 관한 이야기**

칭기스 칸과 옹 칸은 쿡세우 사브락과 전투를 하기 위해 상술한 지점에 모였다. 그들은 〔이미〕 한 차례 전투를 벌인 바 있는데, 이제 다시 한번

---

40) A·T·L2본 모두 Bâîtarâq이 Bâîbarâq로 잘못 표기되어 있다. 『親征錄』의 拜荅剌邊只兒, 『秘史』(177절)의 Baidaraq Belchir. Perlee에 따르면 현재도 그 지명이 그대로 보존되어 있으며, 위치는 東經 99도, 北緯 47도에 해당된다고 한다(cf. 「元朝秘史に現われる地·水名」, p.582).

전투를 벌이기 위해 군대를 정비했다. 밤이 찾아와서 동이 트면 전투를 하기로 결정하고, 병사들은 圓環(jerge)[41]의 형태를 취한 채 잠에 들었다. 옹 칸은 자기 군대가 주둔하는 자리에 불을 밝히고는 밤중에 ……[42] 이라고 부르는 산을 넘어서 가버렸다. 날이 밝자 칭기스 칸과 함께 왔던 자무카 세첸—니르운에 속하는 대아미르이고 자지라트 종족 출신이며 항상 기만과 악의를 품고 있던 인물—은 옹 칸의 깃발을 알아보고 그에게로 달려가서 말하기를, "칸이여! 칸이여! 나의 형과 아우들은 마치 하영지에서 동영지로 가려는 참새들과 비슷하다는 것을 아는가요?"라고 했다. 〔이 말은〕 곧 "나의 친족인 칭기스 칸은 도망가려고만 하지만, 나는 당신의 참새라고 항상 말해 왔습니다"라는 뜻이다. 이런 식으로 그는 〔칭기스 칸을〕 비웃고 험담했다.[43] 웁치리타이 쿠린 바하두르(Ûbchîrîtay Kûrîn Bahâdur)는 이 말을 듣고 "친구와 형제들 사이에 이런 기만적인 말을 하는 것은 옳지 않다"고 말했다. 그는 옹 칸 휘하의 대아미르였는데, '웁치리타이'는 그 고장에서 나오는 '붉은 과일'이며, 부인들은 粉대신 그것을 얼굴에 문지른다. 쿠린 바하두르의 얼굴이 원래 붉었기 때문에 그를 이 과일에 비유하여 그 같은 이름으로 부른 것이다. 전하는 바에 따르면, 칭기스칸은 그 과일에서 즙을 짜 자기 수염에 바르는 습관을 갖고 있었다고 한다.[44]

옹 칸이 그 같은 기만술을 써서 이탈하여 〔다른〕 지방으로 가는 도중

---

41) 이에 관해서는 『부족지』, p.335 참조.

42) A본 결락. T본에는 BKTKWKSW로 표기되어 있으나, 음독할 수 없다. 『秘史』(159·177절)의 Qara Se'ül, 『親征錄』의 哈薛兀里이 이에 해당하는데, 모두 강의 이름으로 나와 있다. 옹 칸은 밤중에 軍營에 불을 피워 놓은 뒤 카라 세울 강을 거슬러 이동해 버렸다.

43) 이 부분만으로는 자무카의 眞意를 이해하기 어렵다. 『秘史』(160절)와 『親征錄』에서 관련된 부분과 비교해 보면 이해가 된다. 즉, 자무카는 칭기스 칸이 한 곳에 머물지 못하고 다른 곳으로 가버리는 (즉, 신의 없는) 철새와 같다면, 자신은 끝까지 자리를 지키는 새와 같다는 뜻으로 한 말이었다.

44) 『부족지』, p.211 참조.

에, 메르키트의 군주인 톡타이의 동생 쿠두와 톡타이의 아들 칠라운[45]—앞에서 언급했듯이 옹 칸은 그들을 복속시킨 바 있었다—두 사람은 옹 칸이 없는 틈을 타서 다시 반란을 일으키고, 자기들의 군대와 영지를 수습했다. 칭기스 칸이 옹 칸의 이 같은 비열한 행동을 목격하고는 "옹 칸은 나를 재난과 화염 속에 던지고 혼자서 도망치려 했다"고 말했다. 그런 까닭으로 칭기스 칸도 귀환하여 사리 케헤르라는 곳으로 왔다. 옹 칸은 타탈 토쿨라(Tâ'tâl Tôqûla)[46]라는 곳으로 왔고, 그의 동생들인 닐카 셍군과 자아 감보 두 사람은 자기 기병과 종복들을 데리고 뒤쫓아 와 이데루 알타이(Îderû Altâî)[47]라는 곳에 이르렀다. 그곳에는 강이 하나 있었고 숲이 울창했다. 쿡세우 사브락은 군대를 데리고 즉시 추격하여 그곳에 있던 그들을 급습하고, 그들의 모든 재산과 가축을 약탈했다. 또한 그는 거기서 옹 칸의 울루스가 있는 변경으로 가서, 달라두 아마사라(Dalâdû Âmâsara)[48]에 있던 그의 속민(îl)과 기병과 추종자와 가축들을 모두 몰고 돌아가 버렸다. 닐카 셍군과 자아 감보는 목숨을 지키기 위해 옹 칸에게로 왔고, 옹 칸은 즉시 자기 아들인 셍군에게 군대를 주어 적을 추격하라고 보냈다. 그리고 칭기스 칸에게 사신을 보내어 상황을 알리며 그의 도움을 요청했다.

---

45) 앞에서는 톡타이의 동생이라고 했다.

46) A·T: TA'TAL TWQWLH. 『親征錄』에는 土兀剌河로 기록되어 있어, TWQWLH는 톨라 강을 가리키는 것으로 보이나, TA'TAL이 무엇인지는 분명치 않다.

47) 『秘史』(161절)의 Eder Altai, 『親征錄』의 也迭兒按臺.

48) 앞에서는 '탈라두인 아마사라' 라고 표기했다.

**옹 칸이 칭기스 칸에게 구원을 요청하여 자신의 〔재산과〕[49] 가축을 끌고 가버린 나이만의 군대에서 보호해 달라고 한 일, 칭기스 칸이 네 명의 대아미르를 보내어 재산을 다시 빼앗아 옹 칸에게 돌려 준 일에 관한 이야기**

옹 칸이 다시 곤경에 처하자 사신을 칭기스 칸에게 보내어 "나이만 종족과 군대가 나를 약탈했다. 내 자식[50]에게 4마리의 준마(külûg)—즉, 칭기스 칸 휘하에 있는 네 명의 용맹한 아미르들—를 청하노라. 그들이 나의 군대와 재산을 다시 되찾아 주기를 희망한다"고 말했다. 그래서 칭기스 칸은 보르추 노얀(Bôrchû Nôyân),[51] 무칼리 구양, 보로굴[52] 노얀, 칠라우칸 바하두르 등 네 명을 군대와 함께 즉시 옹 칸을 도우러 파견했다. 그들이 도착했을 때는 〔79r〕 이미 나이만의 군대가 셍군을 격파한 뒤였다. 옹 칸 휘하의 두 아미르, 즉 티긴 쿠리(Tîgîn Qûrî)와 이투르겐 얀다쿠(Îtûrgân Yandaqû)[53]를 죽이고, 셍군이 타고 있던 말의 허벅지에 상처를 입혀 그가 거의 〔말에서〕 떨어져 붙잡힐 뻔했다. 그들이 패주해서 올 때 네 명의 아미르들이 도착했던 것이다.

보르추 노얀은 출정할 때 "저는 전투용 말(asb-i jebelekû)[54]을 안 가지고 있습니다"라고 하면서, 칭기스 칸이 갖고 있던 유명한 말들 가운데 제

---

49) A본에는 없으나 다른 사본에는 buna라는 단어가 보인다.

50) 즉, 칭기스 칸.

51) 『부족지』의 보코르친 노얀과 동일.

52) A·T: BWRAQWL.

53) A: ?DQW; T: YDQW. YNDQW가 올바른 표기일 것이다. 『親征錄』에는 "迪吉火力亦禿兒干盞塔兀二人"이라는 구절이 보이는데, 王國維는 迪吉火力亦禿兒干와 盞塔兀로 끊어서 읽었으나, 迪吉火力(Digit Quri)와 亦禿兒干盞塔兀(Itürgen Janta'u)로 읽는 것이 옳을 듯하다. Yandaqû는 Janta'u에 해당하는 셈이다. Cf. *Histoire des campagnes de Gengis Khan: Cheng-wou Ts'in-tseng lou* (Leiden: Brill, 1951), p.296 · pp.378~380.

54) A: JBLKW; T: JBLKY. 몽골어에서 jebele-라는 동사는 '싸우다, 전투하다'를 뜻한다. 『秘史』 147절에는 칭기스 칸이 타고 다니던 말 가운데 "jebelekü aman cağan qula"(입이 하얀 전투용 말)이라는 것이 언급되어 있다.

베키 부라(Jebekî Bûra)라는 이름을 가진 말을 청했다. 이 〔말의〕 특징에 대해서는 장차 여러 군데에서 언급할 것이다. 칭기스 칸은 그 말을 그에게 주면서 "네가 잘 빨리 달리게 하고 싶을 때는 너의 채찍으로 갈기를 쓰다듬어 주어라! 〔채찍으로〕 때리지 말아라!"라고 말했다. 셍군의 말이 상처를 입어 그가 거의 붙잡힐 지경이 된 것을 본 보르추는 그를 향해 말을 달려 구해 주고, 자기 말을 셍군에게 주었다. 〔보르추는〕 제베키 부라 말에 올라타 채찍으로 수없이 때렸지만, 말은 달리지 않았다. 셍군은 그〔=보르추〕를 그곳에 남겨 둔 채 떠나가 버렸다. 그런데 그에게 갑자기 칭기스 칸의 말이 생각나 채찍으로 그 말의 갈기를 쓰다듬어 주니 바람처럼 질주하여 셍군과 군대가 있는 곳에 도착했다. 그들은 함께 누케르들을 뒤에 배치하고 군대를 정비한 뒤 적을 향해 공격하여 패주시켰다. 옹 칸의 군대와 부족과 재산과 가축을 되찾아 그들에게 주고는, 승승장구하며 무사히 칭기스 칸 어전으로 돌아왔다.

옹 칸은 그 같은 도움에 매우 기뻐하고 수많은 감사를 표하면서 "작년에 나는 또 한 번 적들에게 패배하여 굶주리고 헐벗은 채 나의 자식인 칭기스 칸에게 왔었다. 그는 나를 보살피고 배를 채워 주었으며, 나의 헐벗은 사람들을 입혀 주었다. 이 많은 빚에 대해 내가 어떻게 감사를 표시할 수 있을까. 나의 좋은 자식인 너에게"라고 말했다. 전하는 바에 따르면 그 뒤 어느 하루는 옹 칸이 보르추에게 은사를 내리려고 그를 찾았다. 〔마침〕 그는 侍衛(kezîk)에 들어 있었고 칭기스 칸의 활통(kîsh)[55]을 차고 있었다. 그가 "옹 칸이 저를 찾았습니다"라고 말하자 〔칭기스 칸은〕 "가보라!"고 말했다. 그는 활통을 풀고 그것을 다른 사람에게 주고는 갔

---

55) 英譯本은 이를 sable(칼)이라고 번역했으나 잘못이다. 侍衛 가운데에는 '箭筒士'(qorchi)들이 포함되어 있었다.

다. 옹 칸은 그에게 옷을 입혀 주고 황금으로 된 '뭉쿠르'(munqûr) 10개를 하사했다. '뭉쿠르'는 원래 그들이 매우 커다란 잔을 가리킬 때 쓰는 용어(muṣṭaliḥ)로 '질페'(jîlpe)보다도 더 큰 잔이었는데, 요즈음 우리는 그 용어의 본래의 뜻을 알지 못하기 때문에 '뭉쿠르'를 작은 잔이라고 말한다. 보르추는 그 잔들을 들고 칭기스 칸의 어전으로 와서, 무릎을 꿇고 그것을 보여 주면서 말하기를 "제가 죄를 지었습니다"라고 했다. "왜 그러느냐?"고 묻자, "저는 이것 때문에 칭기스 칸의 활통을 풀어 놓고 옹 칸에게로 갔습니다. 만일 시위의 순번이 있는 도중에 무슨 일이 일어났다면, 또는 누군가 당신을 해치려고 했다면, 그 죄는 저에게 있는 것입니다"라고 대답했다. 칭기스 칸은 이 말에 기뻐하며 그에게 은사를 내려 주고, "이 잔들은 네 것이므로 갖고 가거라!"라고 말했다. 이 사건이 있은 뒤 그해 겨울, 바르쿠진으로 도주했던 메르키트의 군주 톡타이가 다시 밖으로 나왔다는 소식이 전해졌다. 칭기스 칸은 주치 카사르와 상의한 결과 그 〔소문〕에는 근거가 없다는 것을 알았고, 그 소식에 주의를 기울이지 않았다.

### 칭기스 칸과 옹 칸이 사리 케헤르에서 쿠릴타이를 개최하고, 타이치우트와 전쟁을 하기 위해 출정한 이야기

그 뒤 '비친 일', 즉 원숭이해—596〔/1200〕년에 해당—봄, 사리 케헤르라고 부르는 곳 부근에서 칭기스 칸과 옹 칸이 함께 만나 회합을 열고 쿠릴타이를 개최했다. 전하는 바에 따르면, 두 사람이 쿠릴타이를 위해서 모일 때 옹 칸은 칭기스 칸을 잡으려는 의도를 갖고 있었다고 한다. 연회 자리에서 바아린 종족에 속하는 우수 노얀(Usû Nôyân)[56]이 의심을 품고

56) 『秘史』의 Usun Ebügen.

장화 속에 단검을 넣은 뒤, 옹 칸과 칭기스 칸 사이에 앉아 고기를 먹으면서 살펴보기도 하고 이야기를 하기도 했다. 그 때문에 옹 칸은 그들이 자신의 배신 행위를 눈치챘으며 그를 잡는 것이 불가능하다는 사실을 알았다. 이런 까닭으로 칭기스 칸은 〔후일〕 바아린의 만호를 우수 노얀에게 주었다. 〔79v〕

그 쿠릴타이가 있은 뒤 그들은 함께 타이치우트를 공격하러 출정했다. 당시 타이치우트의 수령과 대인은 앙쿠 후쿠추, 쿠릴, 쿠두다르[57] 등이었다. 이 밖에 다른 아미르들로는 그들보다 지위가 더 낮은 형제와 친족들, 즉 타르쿠타이 키릴툭과 그와 같은 사람들이 있었다. '타르쿠타이'는 이름이고, '키릴툭'은 시기심〔이 많은 사람〕을 뜻한다. 메르키트의 군주 톡타이는 바르쿠진[58] 쪽으로 도망쳤는데, 그때 자신의 형제들인 쿠두(Qûdû)와 오르창(Ôrchâng)[59]을 타이치우트에게 보내어 그들을 돕도록 했다.

그 무리들이 몽골리아에 있는 초원인 오난에 모두 집결했다. 칭기스 칸과 옹 칸은 그들을 향해 달려가 전투를 벌였다. 타이치우트 종족들은 패배하여 도주하기 시작했다. 칭기스 칸의 군대는 타르쿠타이 키릴툭과 쿠두다르를 추격하여 울렝구트 투라스(Ölengût Tûrâs)[60]라고 부르는 곳

---

57) A본에는 처음에 나오는 인물의 이름이 ANKA QHAQWJW로 되어 있고, T본에는 ANKA QWHAJW로 되어 있다. 『親征錄』에는 "沆忽阿忽出(Hangqu Aquchu), 忽憐(Quril), 忽都荅兒別吉(Qududar Beki)"라는 사람들이 보인다. 앞의 두 인물은 『부족지』(pp.311~312)에 언급된 앙쿠 후쿠추(Angqû Hûqûchû)와 쿠릴 바하두르(Qûrîl Bahâdur)를 가리키는 것이 분명하며, 마지막 인물은 쿠두다르(Qûdûdâr), 즉 『秘史』 148절에 나오는 타이치우트 부족의 Qudu'udar에 해당하는 것으로 보인다.

58) A·T: BWRQWJYN.

59) 『秘史』(141·144·148절)에는 칭기스 칸과 대적했던 인물로 Qodun(또는 Qodon) Orchang이라는 사람이 보인다. 『親征錄』에도 忽敦忽兒章(Qodun Qorchang)이라고 되어 있다. 혹시 라시드 앗 딘이 이 사람의 이름을 2인으로 오인하여 '쿠두와 오르창'이라고 한 것인지도 모른다. 오르창은 『부족지』(p.173)에서 '오르잔'(Ôrjân)으로 표기했다.

까지 쫓아가, 그 두 사람을 거기서 죽였다. 앙쿠 후쿠추,[61] 그리고 톡타이 베키의 형제인 쿠두와 오르창은 함께 도망쳐 바르쿠진으로 들어갔고, 쿠릴은 나이만 종족 속으로 가버렸다. '앙쿠 후쿠추'[62]는 '많은 분노'를 뜻한다.[63] 전하는 바에 따르면 그가 바로 처음에 칭기스 칸과 타이치우트 사이에 반목과 적대를 일으킨 장본인이었다고 한다.

**카타킨과 살지우트 종족이 연합해서 서약을 하고, 칭기스 칸 및 옹 칸과 전투를 벌였다가 패주한 이야기**

카타킨과 살지우트 종족은 과거에 칭기스칸과 적대 관계를 갖고 있었다. [그렇게 되기] 몇 해 전 칭기스 칸은 자무카 세첸과 연맹을 맺고 그들에게 사신을 보내어 서로 연합하자고 한 적이 있었다. 과거에 몽골인들은 대부분 운문으로 꾸미고 은밀한 말로 이루어진 전갈을 보내는 관행을 갖고 있었고, 사신들 또한 그런 방식으로 말을 만들어서 전달했다. [칭기스 칸이 보낸] 사신도 그런 내용의 말을 전했기 때문에 그들은 [그 말의 뜻을] 이해하지 못했다. 그런데 총명한 젊은이가 있어 [그 뜻을] 깨닫고 "이 말의 뜻은 간단합니다. 칭기스 칸의 [80r] 전갈은 이렇습니다. '우리와 [친족 관계도] 없는 몽골의 종족들도 우리와 우호하고 연합하니, 서로 친족지간인 우리도 역시 연합하고 우호를 맺고 복락을 누리자!'는 것입니다"라고 말했다. [그러나] 그들은 극도의 증오와 적개심으로 말미암아 [제안을] 받아들이지 않았다. 그들은 사신에 대해 예우를

---

60) A·T: ALNGWT TWRAS. 『親征錄』의 月良兀禿剌思(Ölengü Turas)에 해당.

61) A·T: ANGQW HAQWJW.

62) 원문에는 ANGQW HWJW로 표기.

63) '많은 분노'는 bisiyâr khashm을 옮긴 것이다. 露譯本은 이를 bisiyâr ḥasham으로 읽어 "많은 侍從을 거느린 사람"으로 번역했으나 잘못이다.

표시하지 않았을 뿐 아니라, 가마에서 양의 내장—그 속에 피를 넣고 끓여서 만든 순대(suqṭû)[64]와 같은 것—을 들어올려 그의 얼굴에 팽개치면서 욕설을 퍼붓고 모욕을 주어 되돌려보냈다. 이런 이유로 적개와 증오가 생겨났던 것이다. 이에 앞서 그들은 몇 차례 칭기스 칸과 전쟁을 한 적이 있었는데, 타이치우트 종족과 연합했고, 특히 타이치우트의 한 지파인 카단 타이시의 자식들—토다, 쿠릴, 타르쿠타이 키릴툭 등—과 연맹했다. 그들에게 복속하고 헌신하면서, 적개심과 증오심을 갖고 칭기스 칸과 전쟁을 벌였다.

앞에서 설명했던 것처럼 그때 타이치우트 종족들 대부분은 죽음을 당하고 일부는 도망쳤기 때문에, 이들 카타킨과 살지우트 종족은 집결했다. 두르벤, 타타르, 쿵크라트 등이 그들과 연합하여 함께 서약했는데, 몽골인들 사이에서 그보다 더 큰 서약은 없었다.[65] 그 서약은 다음과 같다. 즉, 준마와 황소와 숫양과 수캐[66]를 함께 칼로 도살하고, "오, 하늘과 땅의 주여! 우리가 이렇게 서약하는 것을 들으소서! 이것들은 동물의 근본이자 수컷들입니다. 만일 우리가 자신의 말을 지키지 않고 약속을 어긴다면, 바로 이 동물들처럼 될 것입니다"라고 말하는 것이다. 이런 방식으로 서로 단합해서 칭기스 칸·옹 칸과 전쟁하기로 서약을 했다. 그들이 출정하려고 할 때 알치[67] 〔노얀〕의 부친이자 쿵크라트 종족 출신의 데이 세첸이 은밀히 칭기스 칸에게 전갈을 보내어, "적들이 이 같은 서약을 하고 연합해서 당신이 있는 쪽으로 향했습니다"라고 말했다. 칭기

---

64) 『부족지』에서는 suqṭû가 아니라 sarkhuṭûî라는 단어를 사용했다. 이 두 단어의 의미 차이에 대해서는 『부족지』, p.306을 참조하시오.

65) 이른바 '알쿠이 샘(Alqui Bulaq, 阿雷泉)에서의 맹약'을 가리킨다.

66) 원문은 aîqir wa gâv wa bûqâ wa sag-i nar이다.

67) A·T: ÂLCW.

스 칸은 〔이 사실을〕 알자 적을 막기 위해 옹 칸과 함께 오난 근처에 있는 쿠툰 나우르(Qûtûn Nâû'ûr)[68]에 진영을 쳤다. 부이르 나우르(Bûîr Nâû'ûr)[69]라고 부르는 곳에서 그들과 맞닥뜨려 대치했다. 양측은 전열을 정비하고 격렬한 전투를 벌였는데, 결국 칭기스 칸이 승리를 거두고 적은 패배하고 말았다.

### 자아 감보가 자기 형인 옹 칸과 대립한 일, 몇몇 사람들과 상의하여 나이만의 군주에게로 간 일에 관한 이야기

그 뒤 그해 겨울 옹 칸은 켈루렌 쪽으로 먼저 이동하여 쿠바 카야(Qûba Qaya)[70] 길을 따라왔고, 다른 사람들도 그의 뒤를 따라 이동하기 시작하여 隊伍를 갖추어 오고 있었다.[71] 그의 동생인 자아 감보는 그의 아미르들인 알툰 아슉(Altûn Ashûq), 일 쿠투르(Îl Qûtûr),[72] 일 쿵쿠르(Îl Qûngqûr), 쿨 부리(Qûl Bôrî)[73] 등에게 다음과 같은 말을 전달해 보냈다. "나의 형은 우울한 성격의 소유자여서 한 곳에 머물지 못한다. 또한 그는 성질이 나빠서 형제들을 모두 망쳐 놓고 그들로 하여금 카라키타이

---

68) qûtûn은 몽골어에서 '별'을 뜻하는 qodun을, nâû'ûr는 '호수'를 뜻하는 na'ur를 옮긴 말이다. 『親征錄』의 虎圖澤.

69) 『親征錄』의 盃亦烈川.

70) 『秘史』의 Quba Qaya, 『親征錄』의 忽八海牙山. Perlee는 이곳이 몽골의 샤머니즘 관계 서적에 언급되는 Quba dobu와 동일한 지점(東經 109도, 北緯 49도)이라고 한다. Cf. 「元朝秘史に現われる地·水名」, p.587.

71) 원문은 be-jerge mî-âmadand. jerge란 앞에서도 설명했듯이 '序列, 順序, 班列' 등을 뜻하는 몽골어이며, 여기서는 '隊伍'로 옮겼다.

72) A·T본은 여기서 YL QWRY로 표기했고, 뒤에서는 YL QWTWY 또는 YL QWTW 등으로 표기해 혼란이 보인다. 아마 YL QWTWR의 오사일 것이다.

73) 『親征錄』에는 渾八力(Qul Bari), 按敦阿述(Altun Ashuq), 燕火脫兒(El Qotor), 延晃火兒(El Qongqor), 『秘史』(152절)에는 Altun Ashuq, El Qutur, Qulbari, Arin Taidz라는 네 명의 이름이 보인다.

지방으로 〔도망〕가게 만들었다. 이런 태도와 성질로 말미암아 부민들(ûlûs)을 편안히 살게 내버려두지 못하니, 우리가 그를 어떻게 〔처리〕해야 하겠는가?"

알툰 아슉은 그 말을 비밀로 하지 않고 옹 칸에게 고자질(aîğâq)했다. 옹 칸은 일 쿠투르와 일 쿵쿠르를 체포하라고 명령했고, 그들을 결박한 상태로 즉시 자기 집으로 끌고 온 뒤에 결박을 풀어 주었다. 그는 일 쿠투르에게 "우리가 탕구트 지방으로 〔도망〕갔을 때 무엇이라고 말했는가? 그곳에서 너희는 분명히 말을 했고 어길 수 없는 약속을 했다. 내가 이렇게 하는 너를 어떻게 생각하겠는가?"라고 하면서, 그의 얼굴에 침을 뱉었다. 그의 행동에 따라 그 자리에 있던 아미르들도 모두 그의 얼굴에 침을 뱉었다. 그러자 알툰 아슉은 "나는 이 회의에 참석했지만, 자신의 군주를 해칠 생각도 없고 그에 대한 봉사를 저버리는 것도 남자답지 못하다고 생각합니다"라고 말했다.

그 뒤 자아 감보는 이러한 이유로 말미암아 옹 칸 휘하에 있던 네 명의 대아미르들—일 쿠투르, 일 쿵쿠르, 나린 토그릴(Nârîn Ṭoğrîl), 알린 타이시(Alîn Tâîshî)[74]—과 연합하여, 옹 칸의 적이었던 나이만의 군주 쪽으로 가버렸다. 〔80v〕 자아 감보는 가는 도중에 나이만의 군주에게 사신을 보내어 "알툰[75] 아슉이 나의 형인 옹 칸에게 나를 고발했습니다. 그에게 나를 마치 상하고 썩은 肝처럼 〔보이게〕 만들었습니다. 그런 까닭에 나는 그로부터 마음이 멀어져, 진실한 마음으로 당신에게 온 것입니다"라고 했다. 그리고는 그들 모두 나이만의 군주 타양 칸에게로 갔고, 옹 칸은 그들과 결별했다. 〔옹 칸은〕 쿠바 카야라는 곳에서 겨울을 보냈고,

---

74) 『親征錄』에는 燕火脫兒(El Qotor), 延晃火兒(El Qongqor), 納憐脫憐(Narin To'oril), 太石(Tayishi)라는 네 명의 이름이 보인다.

75) A·T: ALTAN.

칭기스 칸은 키타이의 변경에 있는 체케체르(Châkâchar)[76]라는 곳에서 겨울을 보냈다.

**메르키트의 아미르들 가운데 하나인 알락 우두르**(Alâq Ûdûr) **및 그와 함께 했던 타이치우트와 타타르의 일부 아미르들에 대해서 칭기스 칸이 출정하여 그들을 패배시킨 일에 관한 이야기**

그 뒤 칭기스 칸은 메르키트와 타이치우트와 타타르의 일부 아미르들을 공격하려고 했는데, 그들의 이름은 메르키트의 알락 우두르, 타이치우트의 키르칸 타이시(Qîrqân Tâîshî), 타타르의 차우쿠르(Châûqûr)[77]와 킬테구르(Kiltegür)였다.[78] 그들은 모두 종족들의 수령이었고 그 당시에는 중요한 인물들이었으며, 한 군데에 모여 있었다. 〔칭기스 칸은〕 원정에 나섰다. 상술한 알락 우두르는 당시 동급자와 명사들 중에서도 선임자였으며, 절대적인 권력을 지닌 군주가 되려는 야망을 품은 여러 사람 가운데 하나였다. 당시 바야우트 종족에는 안목 있고 현명한 노인이 하나 있었는데, "키야트 유르킨 종족에 속하는 세체 베키는 군주가 되려는 야망을 갖고 있지만 그는 성공하지 못할 것이다. 자무카 세첸은 자신의 목적을 성취하기 위해 항상 사람을 곤경에 빠뜨리고 여러 가지 계략과 기만을 하지만, 그 또한 성공하지 못할 것이다. 주치 바라(Jôchî Bara), 즉 칭기스 칸의 동생인 주치 카사르도 똑같은 야망을 갖고 있고 자신의 완

---

76) 『秘史』의 Chekcher Ündür, 『親征錄』의 徹徹兒山. Perlee에 따르면 켈루렌 강이 부이르 호수로 들어가는 부근에 있다고 한다(cf. 「元朝秘史に現われる地·水名」, pp.594~595).

77) A·T: JAWQWR; L2: JAQWR.

78) 『親征錄』에 거명된 阿剌兀都兒(Alaq Udur), 乞兒哈太石(Qirqa Tayishi), 察忽(Chaqu), 斤帖木兒가 이 네 명에 해당한다. Pelliot는 斤帖木兒를 斤帖兀兒(Gilteü'r)의 誤記이고, KLBKR(A·T본 모두 이렇게 표기되어 있다)는 KLTKR의 誤寫로 보았다. *Campagnes*, pp.430~431. 사실 L2본에는 KLTKAR로 표기되어 있다.

력과 재주와 궁술에 의존하지만, 그도 역시 성공하지 못한다. 메르키트 종족의 알락 우두르도 수령이 되려는 욕망을 품고 용맹과 권위를 자랑했지만, 그 또한 목적을 이루지 못할 것이다. 〔그러나〕 이 테무진, 즉 칭기스 칸은 수령과 군주가 될 만한 외모와 태도와 자질을 갖고 있으니, 그는 반드시 군주의 자리에 오를 것이다"라고 말했다. 그는 이 말을 운문과 기교를 섞어 몽골 노래(ayâlǧû)[79]로 불렀는데, 결국 그가 말한 대로 이루어져, 칭기스 칸은 군주가 되어서 자기 형제들을 제외한 나머지 그들 모든 종족을 죽였다. 이들 각각에 대한 설명은 적절한 곳에서 나올 것이다. 다만 여기서는 알락 우두르에 대해서 이야기하기 때문에 이 일화를 인용한 것이니, 다시 본론으로 되돌아가도록 하자.

칭기스 칸이 이들 무리에 대해 원정을 나서 달란 네무르게스(Ṭâlân Nemûrges)[80]라는 곳에서 그들과 만나 전투를 벌였다. 그들을 격멸시키고 약탈했는데, 일부 족속들이 도망쳤다가 다시 어떤 곳에 집결했다. 주치 카사르는 당시 칭기스 칸과 헤어졌는데, 〔제브케[81]가 그와 함께 있었다. 쿵크라트 종족은 칭기스 칸에게로 와서 그에게 복속하려는 생각을 갖고 있었는데, 제브케가 주치 카사르에게〕[82] 쿵크라트 〔종족〕을 쫓아내라고 부추겼고, 그들은 〔칭기스 칸에게〕 오기로 한 것을 후회하고 그를 신뢰하지 않았다. 이로 말미암아 칭기스 칸은 주치 카사르에게 분노하며 책임을 그에게 돌렸다.

---

79) 몽골어에서 나온 ayâlǧû에 대해서는 Doerfer, I, pp.195~196 참조.

80) Perlee에 따르면 칼카 강의 지류인 Nömrög 강 유역을 가리킨다고 한다(東經 119도, 北緯 47도). Cf. 「元朝秘史に現われる地·水名」, p.590.

81) A·T·L2 사본은 모두 JBH라고 표기했으나 JBKH의 誤寫로 보아야 할 것이다. 『親征錄』에 따르면 주치 카사르가 그 휘하에 있던 哲不哥(Jebke)의 계략에 따라 옹기라트부를 약탈했다고 한다.

82) A사본에는 이 부분이 빠져 있다. 아마 필사자가 부주의해 한 행을 누락시킨 듯하다. T·L2본에 의거해서 보충했다.

**쿵크라트 종족이 자지라트 종족 출신의 자무카 세첸에게로 간 일, 이키레스·카타킨 및 다른 종족들과 연합하여 그를 구르 칸으로 추대한 일, 그들이 칭기스 칸을 공격하려 했으나 이를 눈치챈 그에 의해 격멸된 것에 관한 이야기**

그 뒤 '다키쿠 일', 즉 닭해—597년 주마다 알 아발〔/1201년 2~3〕월에 시작—, 쿵크라트는 〔주치 카사르의〕 공격으로 곤경에 빠져[83] 자무카 세첸에게로 가서 이키레스·코룰라스·두르벤·카타킨·살지우트 등과 함께 상의한 뒤, 켐(Kem) 강[84]이라는 곳에서 회합을 열고 자무카를 구르 칸(Gûr Khân)으로 추대했다. '구르 칸'의 뜻은 '술탄들과 말릭들의 제왕'이다. 〔81r〕 그는 구르 칸이 되자 칭기스 칸과 전쟁을 하기 위해 출정할 생각을 했다. 그들이 했던 이 같은 협의와 말을 코리다이(Qôrîdâî)라는 사람이 들었는데, 마침 그때 코룰라스 종족 출신으로 메르키타이(Merkîtâî)라는 이름을 가진 그의 사위가 중요한 일로 그의 집에 와 있었다. 그러한 사정을 그에게 말해 주자, 메르키타이는 코리다이에게 "당신은 가서 이 소식을 칭기스 칸에게 전해 주어야 한다!"고 말했다. 그는 자기 말들 중에서 귀 위에 혹이 나 있는 회색 말 하나를 주면서 타고 가라고 했다. 코리다이는 "만일 나를 보낼 거라면 너의 믿음직한 회색 말을 달라!"고 했으나, 〔메르키타이는〕 그것을 주지 않았다.

코리다이는 앞서 말한 말을 타고 달렸는데, 도중에 한 쿠리엔—圓環形으로 진을 친 군대—에 이르렀다. 그 쿠리엔의 수령은 쿨란 바하두르(Qûlân Bahâdur)로, 분명히 타이치우트에 소속된 호인(Hôîn) 종족, 즉 삼림 종족 출신이었다. 그가 그곳에 도착했을 때는 밤이었다. 코룰라스 종족 출신으로 카라 메르키타이(Qarâ Merkîtâî)라는 사람이 그 쿠리엔 안

83) 원문은 "sar-gardân shode"인데, 노역본은 이를 "수령을 잃고"로 잘못 옮겼다.

84) 『親征錄』의 揵河.

에서 몇 명의 누케르들과 함께 초병(jîsâûl)[85]을 서고 있었다. 그들이 그를 붙잡았는데, 〔그가 누군인지를〕 알아보았다. 카라 메르키타이는 칭기스 칸 쪽으로 기울고 있었기 때문에 돕기 위해 그에게 황백색 준마를 주고 달리게 했다. 그리고 말하기를 "만일 당신이 적에게서 도망치기를 원한다면 이 말로는 그렇게 할 수 있을 것이오. 아무도 당신을 따라잡지 못할 것이오. 만일 누군가가 당신에게서 도망친다면, 당신은 〔이 말을 타고 그를〕 따라잡을 수 있을 것이오. 이 말을 완전히 믿고 타고 가시오!"라고 했다.[86] 코리다이가 그곳을 떠나 달리는데, 도중에 자무카에게 흰색 천막 하나를 가져가던 한 족속과 마주쳤다. 그들은 그를 잡으려고 했지만 어찌나 빨리 〔말을 달렸는지〕 그들의 눈에서 사라져 버렸다. 그가 칭기스 칸에게 도착하여 그 이야기를 전하니, 칭기스 칸은 즉시 그들을 치러 출정했다. 이디 코로칸(Yîdî Qôroqân)[87]이라는 곳에서 자무카와 전투를 벌여 그를 격파했고, 쿵크라트 종족도 거기서 〔칭기스 칸에게〕 복속했다.[88]

그 뒤 '노카이 일', 즉 개해—회력 598년 주마다 알 아발〔/1202년

---

85) 몽골어 jisağul/jisa'ul에 대해서는 Kowalewski, p.2337 참조.

86) 이와 똑같은 일화가 『부족지』, p.276에도 나오지만, 거기에는 카라 메르키타이라는 사람의 이름이 공백으로 나와 있다. 라시드 앗 딘이 『부족지』를 기술할 때 확인하지 못했던 그의 이름을 여기서 추가한 것임이 분명하다.

87) 『親征錄』에는 "海剌兒帖尼火羅罕(Qayilar Teni Qoroqan)之野"로 되어 있다. Yîdî Qôroqân에서 yîdî는 투르크어에서 '七'을, qôroqân은 몽골어에서 '川'을 뜻한다.

88) 『親征錄』은 이와 약간 다른 내용을 전한다. 諸部族이 자무카를 구르 칸으로 추대하고 칭기스 칸을 공격하려는 결정을 했을 때, 그 무리 가운데 타카이카(塔海哈, Taqaiqa)라는 사람이 있었는데, 마침 칭기스 칸의 휘하에 있던 주리야트(照烈) 출신의 차우르(抄吾兒, Cha'ur)가 그를 방문하러 갔다가 소식을 들었다. 차우르가 돌아오다가 코룰라스(火魯剌) 출신의 이수게이(也速該, Yisügei)를 만나서 이 이야기를 전하자, 이수게이는 자신의 家人 코리타이(火力台, Qoritai)를 그와 동행시켜 칭기스 칸에게로 보냈다. 두 사람은 도중에 쿨란 바투르(忽蘭拔都, Qulan Batur)와 카라 메르키타이(哈剌蔑力吉台, Qara Merkitai)의 군영에서 붙잡혔으나 면식이 있던 사람의 도움으로 도망쳐서 무사히 칭기스 칸에게로 갈 수 있었고, 칭기스 칸은 즉시 군대를 정비하여 그들을 공격해 격파했다고 한다.

1~2]월에 시작—봄에 칭기스 칸은 알치 타타르와 차간 타타르를 치기 위해 올쿠이 실지울지트(Ôlqûî Siljîûljît)[89]라는 강가에서 출정하면서 명령(yâsâq)을 내리기를, "어느 누구도 약탈물을 취하느라 정신을 팔아서는 안 된다. 전투가 끝나고 적을 없앤 뒤에, 약탈물을 거두어 그 모두를 공평하게 각자에게 나눌 것이다"라고 했고, 모두 이에 대해서 합의했다. [그러나] 네쿤 타이시의 아들 알탄, 쿠틀라 카안의 아들 쿠차르, 칭기스 칸의 숙부인 다리타이 옷치긴 등은 자신들의 말을 지키지 못하고, 일이 다 완료되기도 전에 약탈물을 취하는 데 몰두했다. 칭기스 칸이 그것을 불쾌히 여겨 쿠빌라이와 제베를 보내 약탈물들을 그들에게서 다시 빼앗았다. 그로 말미암아 그들은 분노했고 마음이 변하여, 은밀히 옹 칸 쪽으로 기울어졌다. 결국 그들도 [칭기스 칸과 옹 칸 사이에 불화를 일으킨] 한 원인이 되었지만, 끝내는 모두 다 죽음을 당했다.

**나이만 군주의 형제인 부이룩 칸과 메르키트 군주인 톡타이 베키 및 타타르와 카타킨을 비롯한 다른 종족들이 연합하여 대군을 이끌고 칭기스 칸을 향해 원정했다가, 눈보라가 몰아치는 산지에서 파멸을 맞이한 이야기**

그 뒤 상술한 개해 가을에 나이만 군주의 형제인 부이룩 칸, 메르키트 군주인 톡타이 베키, 두르벤·타타르·카타킨·살지우트 등의 종족들의 수령인 아쿠추 바하두르(Aqûchû Bahâdur),[90] 오이라트 종족의 군주인 쿠투카 베키—이들은 여러 차례 칭기스 칸과 옹 칸과 전쟁을 했다가 도망쳐 상술한 부이룩 칸에게 피신했다가 그와 연합했던 무리—등이 모두

89) A·T 두 사본 모두 여기서는 Ôlqûî Siljîûljût로 했으나 뒤에서는 Ôlqûî Siljîûljît로 표기했다. 『秘史』 153절의 Olqui Shilügeljid에 따라 Ôlqûî Siljîûljît로 통일했다. 『親征錄』의 兀魯回失連眞河. 위치는 켈루렌 강 유역(東經 111도, 北緯 48도)으로 보인다. Cf. 「元朝秘史に現われる地·水名」, p.592.

90) A·T: AQWTW. AQWJW의 誤記이며, 『秘史』에 나오는 A'uchu Batur와 같은 인물이다.

연합하여 대군을 규합하고, 칭기스 칸과 옹 칸을 공격하기 위해 출정했다. 칭기스 칸과 옹 칸은 자신들의 전초병(qarâûl)을 쿠이 체케체르(Kûî Chekecher)와 치우르카이(Chîûrqâî)[91]라는 곳에 배치했다. 전초병들 가운데 한 사람이 앞서 말한 곳에서 돌아와 나이만의 군대가 도착했다는 소식을 전했다. 칭기스 칸과 옹 칸은 올쿠이 실지울지트라는 곳에서 이동하여 장벽(ôngûh)[92] 쪽으로 갔다. 그곳은 타차르 아카(Tâchâr Âqâ)의 목지였으며, 카라운 지둔의 경계에 있었다. 이 장벽은 이스칸다르의 성벽과 같으며, 키타이의 변경에 세워져 있었다.

옹 칸의 아들인 셍군은 〔군대〕 옆에 있었는데, 어떤 숲에 이르렀다. 〔81v〕 그 숲을 지나가면 장벽에 이른다. 〔그런데〕 그가 아직 도착하지도 않았는데 〔그들의 접근을 알아챈〕 부이룩 칸은 "저들은 몽골 종족이다. 우리 모두 한꺼번에 그들을 공격하자!"고 말했다. 그는 나이만의 병사들 가운데 한 무리, 그리고 그와 함께 있던 몽골 종족들 가운데 카타킨 종족의 아쿠추 바하두르와 메르키트 종족 톡타이 베키의 형제인 쿠두 등을 前衛(manqala)로 보냈다. 전위가 셍군이 있는 곳에 이르러 전투가 막 시작되려는 차에, 전투도 하지 않고 돌아가 버렸다. 셍군도 전진하여 장벽에 들어갔다. 그들은 눈보라를 부르기 위해 자다術(jadâlamîshî)을 부렸는데, '자다術'이란 주문을 외우고 여러 종류의 돌을 물에 넣으면 폭우가 쏟아지게 하는 것을 뜻한다. 〔그런데〕 그 눈보라가 그들에게로 거꾸로

---

91) A: JKCR W JYWRQAY; T: KWY CKJR W CYWRQAY. 『親征錄』에는 "於揑干貴因都徹徹兒赤忽兒黑諸山"이라는 구절이 보인다. 이를 『秘史』 142절과 비교해 보면 Enegen Güyiletü, Chekcher, Chiqurqu라는 세 산의 이름에 조응하는 것을 알 수 있다. T본의 KWY CKJR는 앞의 두 산 이름을 나타내려 한 것일지도 모른다. 이 산들은 켈루렌 강이 부유르 호수로 들어가는 河口 부근에 있는 것으로 보인다.

92) 『親征錄』에서는 이것을 塞라고 했고, 뒤에서는 阿蘭塞라고 했다. 阿蘭은 『集史』에서 언급한 '아랄'에 해당하는 것으로 보인다.

불었기 때문에, 그들은 후퇴해서 그 산에서 빠져 나오려고 했다. 그들은 쿠이텐(Kûîtân)[93]이라 부르는 곳에 진을 쳤다. 그곳에서 나이만의 부이룩 칸 및 그와 연합했던 앞에서 말한 몽골 종족들의 손과 발이 혹독한 추위로 감각을 잃고, 극심한 눈보라와 어둠으로 말미암아 수많은 사람과 가축들이 산꼭대기에서 굴러 떨어져 죽었다는 것은 유명한 일화이다.

칭기스 칸과 옹 칸은 '아랄'(arâl)—섬을 뜻한다—옆에 자리를 잡았다. 그 당시 자무카는 그를 구르 칸으로 추대했던 무리와 함께 부이룩 칸과 한편이 되었는데, 그들의 상황이 이렇게 되자 다시 한번 칭기스 칸 쪽으로 기울어, 그를 군주로 추대했던 그 종족들의 집을 약탈하고 칭기스 칸에게로 왔다. 칭기스 칸과 옹 칸은 장벽을 지나 아브지에 쿠테게르[94]라는 동영지에서 겨울을 보냈다. 옛날에 그곳은 쿵크라트 종족의 동영지였고, 쿠빌라이 카안과 아릭 부케가 싸울 때는 그곳에서 전투를 벌인 적이 있었다. 또한 그곳은 물이 없는 사막(chôl)이어서 그곳의 주민들은 눈〔雪〕으로 〔물의〕 수요를 충당한다. 그해 겨울 칭기스 칸은 〔82r〕「53v」[95] 자신의 큰아들 주치를 위해 셍군의 자매인 차우르 베키를 청했고, 옹 칸은 셍군의 아들인 투스 부카(Tûs Bûqâ)[96]를 위해 칭기스 칸의 딸인 코친 베키를 청했다. 그러나 이 혼사는 성사되지 못했고, 그로 말미암아 그들 사이에 약간의 틈이 벌어지기 시작했다.

---

93) 오논 강과 켈루렌 강 사이의 지역으로, 지금도 똑같은 지명이 남아 있다(東經 111도, 北緯 48도). Cf. 「元朝秘史に現われる地·水名」, p.587.

94) A·T: ABJYH KWTKWR. 이 지점에 대해서는 『부족지』, p.197 참조. 거기서는 이곳이 옹 칸의 하영지 가운데 하나로 기록되어 있다.

95) B본은 여기서부터 다시 시작된다.

96) A: BWS BWQA; B·T: TWS BWQA. 『秘史』 165절의 Tusaqa, 『親征錄』의 禿撒合.

**자무카가 옹 칸의 아들 셍군에게 가서 그로 하여금 칭기스 칸과 적대하게 한 일, 그들과 다른 종족들이 연합하여 칭기스 칸과 칼랄진 엘레트라는 곳에서 전투를 벌인 일에 관한 이야기**

자무카 세첸은 원래 칭기스 칸에 대해서 적개심과 악의를 품었고 속임수와 악행에 능한 사람이었기 때문에, 그 기회를 이용하여 셍군에게로 가서 "나의 형 칭기스 칸은 당신의 적인 타양 칸과 의기 투합하여 그에게 계속 사신을 보내고 있다"고 말하며, 열심을 다해서 이러한 생각을 셍군의 마음속에 심어 넣었다. 그 역시 어리석게도 그것을 사실이라고 믿고, 그와 이렇게 합의했다. "칭기스 칸이 출정할 때〔를 이용하여〕 우리의 군대를 사방에서 불러 그를 치도록 하자!"

칭기스 칸의 숙부인 다리타이 옷치긴, 그의 종형제이자 쿠툴라 카안의 아들인 알탄, 네쿤 타이시의 아들인 쿠차르 등은 이미 언급했던 것처럼 타타르와의 전투에서 약속을 어기고 먼저 약탈물을 취했다가 칭기스 칸이 그들에게서 그것을 다시 빼앗아 그에게 분노했기 때문에, 그들 또한 〔자무카와 셍군 사이의〕 합의에 동참했다. 또한 망쿠트 종족의 타가이 쿨라타이(Tağâî Qûlâtâî), 니르운에 속하는 하다르킨 종족의 수령 무쿠르 쿠란(Mûqûr Qûrân)[97]도 그 무리들과 모두 연합하여 칭기스 칸을 치기로 했다.

그때 셍군은 아버지와 떨어져 엘레트(Elet)라는 곳으로 이동했다. 그는 자기 휘하에 있던 아미르인 사이칸 토단(Sâîqân Tôdân)[98]을 사신과 함께 아버지에게 보내어, 칭기스 칸과 그의 군대로 하여금 셍군과 〔그의〕 군대와 서로 섞여 주둔하도록 해서 〔그를 공격할〕 기회를 엿볼 수 있

---

97) 『親征錄』에는 이 두 사람의 이름이 塔海忽剌海, 〈剌〉〔哈〕荅兒斤木忽兒哈檀으로 되어 있는데, 전자는 Taqai Qulaqai, 후자는 Hadarqin Muqur Qatan으로 읽을 수 있다.

98) 『親征錄』의 塞罕脫脫干(Saiqan Tötöken).

도록 해달라고 청했다. 그리고 〔생군은〕 자무카와 상의를 했는데, 자무카는 생군을 '의형제'라고 부르며—그는 칭기스 칸과도 의형제였다—상술한 사신의 입을 통해서 이렇게 전갈을 보냈다. "당신의 친구이자 벗이라고 주장하는 이 사람, 즉 우엘룬 에케의 아들 칭기스 칸은 이렇게 배신을 도모하고 있다. 우리는 먼저 선수를 쳐서 그를 치려고 한다."

옹 칸은 이 말을 어불성설이라고 생각하고 달가워하지 않으며 "자무카는 허황한 소리나 하는 믿을 수 없는 사람이니 그의 말에 귀를 기울여서는 안 된다"라고 했다. 그러는 사이에 며칠이 지났고, 칭기스 칸은 그들에게서 더 멀리 떨어져 둔영을 쳤다.

돼지해—599〔/1203〕년에 해당—봄, 생군이 아버지에게 사신을 보내어 "멀리 보는 눈과 지혜를 지닌 사람들이 이렇게 말하는데, 왜 듣지 않는 겁니까?"라고 하면서 힘껏 설득했다. 옹칸은 이러한 주장을 듣고 다음과 같이 말했다. "그〔의 도움이 있었기에〕 우리는 사람〔처럼 지내게〕 되었다. 그는 여러 차례 우리에게 〔자신의〕 재산과 생명을 걸고 도움을 주었다. 어떻게 그를 해치려는 생각을 할 수 있단 말인가? 내가 무엇을 말하겠는가? 내가 아무리 안 된다고 말해도 너는 듣지 않는구나. 나는 늙어서 내 뼈를 한 곳에 묻을 수 있도록 하라고 말해 왔는데, 너는 지금 〔내 말을〕 듣지 않는구나. 네가 이 일을 할 수 있다고 하니, 신께서 뜻하신다면 힘써 노력(chîdâmîshî)해 보아라!" 이 말을 마친 뒤 그는 매우 슬퍼했다.

그 뒤 그들은 칭기스 칸이 머물던 목초지에 몰래 불을 질러, 그로 하여금 어떻게 그런 일이 벌어졌는지 모르게 했다. 그리고는 다음과 같이 계략을 꾸몄다. "전에 그가 우리의 딸 차우르 베키를 자기 아들인 주치를 위해서 청했으나 우리는 주지 않았다. 이제 〔사람을〕 보내 '딸을 줄 테니 와서 잔치를 벌이고 혼례 음식(bûljar)[99]을 같이 먹자!'고 말하자. 그리고 그가 오면 그를 붙잡아 버리자." 이 일을 위해 부카다이 키차트(Bûqadâî Qîchât)[100]라는 사람을 보냈다. 나이만과 일부 몽골인들의 방언에 따르면 '요리사'(bûkâûûl)〔라는 말〕은 원래 '키사트'(qîsât)라고 하지만, 몽골인들은 '키차트'(qîchât)라고 부른다. 칭기스 칸에게 전갈이 전달되자 그는 두 명의 누케르와 함께 출발했다. 도중에 쿵크라트 종족 출신으로 텝텝그리의 부친인 뭉릭 에치게의 집에 들러 거기서 묵었다. 그는 아침에 뭉릭 에치게와 상의를 했는데, 〔뭉릭은〕 "우리의 가축들은 여위었다. 그들을 살찌우자. 잔치에 참석해서 혼례 음식을 먹도록 한 사람을 보내자!"라고 말했다.

그 뒤 옹 칸과 셍군은 칭기스 칸을 향해 출정할 계획을 꾸몄으나 그는 이 사실을 알지 못했다. 옹 칸 휘하의 대아미르인 예케 체렌이라는 사람이 집으로 가서, 〔82v〕·「54r」 알락 이둔(Alâq Yîdûn)[101]이라는 이름을 가진 자기 부인에게 "〔현재〕 일어난 일을 누군가가 가서 칭기스 칸에게 알려 준다면 그는 반드시 많은 은사와 대우를 받게 될 거야!"라고 말했다. 〔그러자〕 그의 부인은 "당신이 말하는 허황된 이야기를 누가 듣고 믿지나 말아야 할 텐데!"라고 대답했다. 체렌 휘하에 있던 목동 한 사람이 가축들의 젖을 갖고 왔었는데, 그의 이름은 키실릭이었다. 그는 집 밖에 서 있다가 그 이야기를 듣고 자신의 누케르인 바다이에게 "그가 말하는 것

---

99) 『秘史』 168절에 이와 거의 동일한 내용이 보인다. 거기에서는 bu'uljar라는 단어를 사용했고, '定婚筵席' 또는 '許嫁筵席'이라고 旁譯되어 있다.

100) A: BWQDA QYDAT; B: BWQDA QYJAT; T: BWQDAY QYJAT. 『秘史』(168절)는 Buqatai와 Kiratai를 '두 사람'(qoyar)으로 기록하고 있고, 『親征錄』에는 不花台乞察(Buqatai Qicha)로 되어 있는데, 王國維는 이를 두 사람으로 읽었다. 그러나 뒤에 이어지는 설명에서 드러나듯이 라시드 앗 딘은 앞부분은 이 사신의 이름이고, 뒷부분은 '요리사'(bûkâûûl)의 몽골식 표현인 qîchât를 옮긴 것으로 이해했다.

101) 이 이름의 두 번째 부분의 표기는 불분명하나 YYDWN으로 읽을 수 있는 것으로 보이며, 『秘史』 169절의 Alaq Yid와 동일인이다.

을 들었느냐?"라고 말했다. 체렌의 아들인 나린 케헨(Nârîn Kehen)[102]이 화살을 깎고 있었다. 그는 아버지와 어머니가 주고 받은 그 말을 듣고, "아이구, 이런 혀를 자를 사람들 같으니라구! 당신들은 도대체 〔지금〕 비밀을 누설하며 무슨 이야기를 하는 겁니까?"라고 말했다. 바다이는 눈치를 채고 키실릭에게 "무슨 일이 벌어지는지 알았다"라고 말했다. 두 사람은 즉시 칭기스 칸에게 신속하게 〔소식을〕 알려 주었다. 오늘날 '타르칸'(tarkhân)으로 인정되는 무리들, 즉 호라즈미 타르칸(Khwârazmî Tarkhân), 토칸 타르칸(Tôqân Tarkhân), 사닥 타르칸(Sâdâq Tarkhân) 등은 키실릭과 바다이의 후손이며, 그때부터 지금까지 그들은 물론 그들의 종족과 족속은 그 같은 이유로 타르칸과 대아미르가 되었다.

그 뒤 칭기스 칸은 〔키실릭 등이 전해 준〕 이 말을 잘 이해했다. 그 자신은 아랄(Arâl)[103]에 머물고, 천막들은 실루울지트(Sîlûûljît)[104] 산 쪽으로 이동시켰다. 그리고 젤메[105]를 척후(qarâûl)로 삼아 산의 後面에 있는 마우 운두르(Maw Ûndûr)[106]라는 곳으로 보냈다. 옹 칸은 마우 운두르 산의 前面에, 붉은 버드나무 숲이 자라는 곳—몽골인들은 그것을 훌란 부루카트(Hûlân Bûruqât)[107]라고 부른다—으로 왔다. 알치다이[108] 노얀

---

102) A·B: BARYN KHN; T: NARYN KWHN. 『秘史』(169절)의 Narin Keyen, 『親征錄』의 納憐.

103) A·B·T 등의 사본에는 AZAL로 되어 있으나 ARAL의 誤記이다.

104) 앞에서 언급한 (올쿠이) 실지울지트와 동일한 지점일 것이다.

105) 원문의 JLMH는 Jelme로 읽어야 하는데, 露譯本과 Rawshan은 이를 JMLH로 읽어 '모든 병사들'로 잘못 이해했다. 『秘史』(170절)와 『親征錄』에도 折里麥(Jelme)로 하여금 前鋒(qara'ul)을 서게 했다는 기록이 보인다. 英譯本은 이를 Jelme로 올바로 읽었다.

106) 『秘史』(170절)의 Ma'u Ündür, 『親征錄』의 莫運都兒山. 칼카 강과 눔룩 강 부근의 지역. Cf. 「元朝秘史に現われる地·水名」, p.594.

107) 『秘史』 170절의 Hula'an Buruğad인데 傍譯에는 겨우 '地名'이라고만 되어 있으며, 『親征錄』은 忽刺阿(Hula'a)와 卜魯哈(Buruqa)를 두 개의 山이라고 기록했다. 몽골어에서 hula'an은 '붉은', buraǧa(d)는 '叢林'을 뜻한다.

108) 원문에는 AYLJŸTAY.

의 두 누케르, 즉 타이추(Tâîchû)와 치기타이 이데르(Chîgîtâî Îder)[109]는 말 떼를[110] 가축들에게서 끌고 나오는데, 〔그때〕 적을 보고 즉시 말을 달려, 아무것도 모른 채 칼랄지트(Qalâljît)[111]라는 곳에 있던 칭기스 칸에게 소식을 전했다. 칭기스 칸은 즉시 출정했다. 태양이 창 하나 〔정도의〕 높이에 떠올랐을 때, 양측 군대는 대치하며 전열을 정비했다. 칭기스 칸의 군대는 적었고 옹 칸의 군대는 많았기 때문에, 그는 아미르들에게 "우리가 어떻게 해야 하는가?"라며 상의했다.

당시 그의 휘하에 있던 아미르들 가운데 우루우트 종족의 케흐티 노얀과 망쿠트 종족의 쿠일다르 세첸이 있었는데, 〔일찍이〕 우루우트와 망쿠트 종족들이 변심하여 칭기스 칸에게서 이탈해 타이치우트 종족과 연합했을 때, 이들 두 사람은 〔칭기스 칸에게〕 적대하지 않고 그를 모시며 헌신했었다. 칭기스 칸이 상의했을 때, 케흐티 노얀은 채찍으로 말갈기를 쓰다듬으며 생각에 잠겨 주저하면서 분명한 대답을 하지 않았다.[112] 칭기스 칸의 의형제였던 쿠일다르 세첸은 "칸이여! 나의 의형제여! 내가 나가겠습니다. 적의 등 뒤에 있는 저 산꼭대기—그 이름은 쿠이텐이었다—에 나의 깃발을 꽂아 나의 용맹함을 보이겠습니다. 만일 내가 죽으면 내게 두세 명의 자식들이 있는데, 그들을 기르고 키우는 것은 칭기스 칸께서 해주십시오!"라고 말했다. 역시 망쿠트 출신의 〔다른 사람이 칭기스 칸에게〕[113] "이 모두 무슨 소용이 있겠습니까? 신을 믿고 그들을

---

109) 『親征錄』에는 太出(Tayichu)와 也迭兒(Eder)라는 두 사람이 거명되어 있다.

110) A본에서는 "몽골인들은 그것을 …… 말 떼를"까지 부분이 필사자의 오류로 15행 아래 들어 있다. 그러나 B본에서는 올바른 위치에 씌었다.

111) 앞에서 나온 칼랄진 엘레트와 동일한 장소로 보인다.

112) 『秘史』 171절에 따르면, 당시 옹 칸과 벌인 전투에서 선봉에 서는 것을 주저했던 우루우트 부족의 대표는 주르체데이였고, 케테이 노얀(『集史』의 케흐티 노얀)은 그의 아들이었다.

113) A·T본 缺落. 〔 〕 안의 부분은 B본에만 보인다. 露譯本에는 bâjikr-khân이라는 이름이 삽입되어

향해 쳐들어갑시다. 신께서 〔우리에게〕 어떤 행운을 주실지 〔봅시다〕"라고 말했다. 쿠일다르는 신의 도움을 기대하며 즉각 〔자신이〕 말한 것처럼 적진을 통과해서 자신의 깃발을 그 쿠이텐 산정에 꽂았다.

칭기스 칸과 다른 아미르들도 모두 함께 공격을 개시하여, 무엇보다도 먼저 케레이트 종족들 가운데 하나이며 옹 칸 휘하의 최정예 군대인 지르킨 종족을 패주시켰다. 그 뒤에 케레이트 종족에 속하는 퉁카이트(Tûngqâît)[114] 종족을 격파하고, 그 다음에는 옹 칸 휘하의 아미르들 가운데 대아미르인 코리 실레문 타이시(Qôrî Shîlemûn Tâîshî)[115]를 패배시켰다. 또한 옹 칸의 侍衛(tûrqâqân)와 親兵들(kezîktânân)도 거의 몰살될 위기에 처했다. 〔그때〕 셍군이 공격을 하다가 화살 한 대가 그의 얼굴에 꽂혔고, 그로 말미암아 케레이트 군대의 공격이 줄어들고 중지되었다. 그렇지 않았다면 완전히 파멸할 위기에 처했을 것이다.[116]

이 전투는 몽골 종족들 사이에서 널리 알려져 있으며 아직도 칼랄진 엘레트의 전투에 관해서는 되풀이 이야기되고 있다. 그곳은 키타이 변경에 있다. 그들의 숫자가 많았기 때문에 칭기스 칸은 〔그곳에〕 머물지 못하고 퇴각했다. 귀환할 때 그는 휘하 대부분의 군대와 떨어져 발주나(Bâljîûna)[117] 방향으로 갔다. 그곳에는 몇 개의 조그만 샘들이 있었지만,

---

있으나 근거는 제시되지 않았다.

114) A·B·T본 모두 QWNGQAYT로 되어 있으나 誤寫임이 분명하다. 퉁카이트 지파에 대해서는 『부족지』, p.201 참조.

115) A·B: QWRYN ŠYLWN TAYŠY. T본에는 QWRYN 대신 QWRY로 되어 있다. 『親征錄』의 火力失烈門太石. Cf. 『부족지』, p.212.

116) 이 문장만으로 누가 파멸되었을 것이냐는 불분명하다. 露譯本은 칭기스 칸의 군대가 전멸했을 가능성이 있는 것으로 보는데, 역자도 이에 동감이다. 칭기스 칸의 군대는 수적으로 열세에 처했었고, 비록 쿠일다르 세첸 등의 분투로 적의 선봉을 잠시 압도하긴 했으나, 셍군이 이끄는 본대에 의해 전세가 바뀌려는 순간 셍군이 얼굴에 화살을 맞아 말에서 굴러 떨어졌고, 케레이트의 군대가 그를 호위하기 위해 공격을 멈추고 퇴각했기 때문이다. 이 전투에 대해서는 『秘史』 171절의 기록도 참조하시오.

그들이나 가축에게도 〔물은〕 충분치 못했다. 그런 까닭으로 〔83r〕「54v」 그들은 진흙에서 물을 짜내어 마셨다. 그 뒤 그곳에서 나와 이제 〔곧〕 설명할 지점으로 왔다. 당시 칭기스 칸과 함께 발주나에 있던 사람들의 숫자는 적었는데, 그들을 '발준투'(bâljîûntû)라고 부른다. 이는 그곳에 그와 함께 있었고 그와 떨어지지 않았던 〔사람들을〕 의미한다.[118] 그들은 확고한 권리를 갖고 있어 다른 사람들보다 더 존귀하게 여겨졌다. 그들이 그곳에서 나오자, 다음에서 이야기하듯이 종족들과 군대의 일부가 다시 그와 합류했다.

**칭기스 칸이 쿵크라트의 아미르인 테르게 에멜(Terge Emel)에게 전갈을 보내자 그가 자신의 휘하 모든 사람들과 함께 복속한 일에 관한 이야기**

그 뒤 칭기스 칸은 칼랄진 엘레트의 전투에서 돌아와 오르 무렌(Ôr Mûrân)[119]이라고 부르는 강으로 왔는데, 그 부근에는 커다란 절벽이 있는 켈테게이 카다(Keltgâî Qadâ)[120]라는 강이 있었다. 그곳은 〔현재〕 타가차르 〔휘하〕 종족의 거처이다. 그곳에 집결하여 군대의 수를 헤아려 보니 4600명이었다. 그곳에서 두 부분으로 나누어 칼라(Qalâ')[121]라는 강으로 이동했다. 2300명은 칭기스 칸과 함께 상술한 강 한쪽을 따라,

---

117) 칼카 강으로 흘러드는 모고이트 강의 Balji Bulağ(東經 119도, 北緯 48도). Cf.「元朝秘史に現われる地·水名」, p.583.

118) '발준투'는 "발주나에 같이 있던 사람들"을 뜻한다. 『元史』 권1 「太祖本紀」(p.11)에는 "凡與飮河水者, 謂之飮渾水, 言其曾同艱難也"라는 구절이 보인다. 발주나 전투에 대해서는 F. W. Cleaves의 "The Historicity of the Baljuna Covenant"(*Harvard Journal of Asiatic Studies*, vol. 18, no. 3~4, 1955), pp.357~421 참조.

119) 『親征錄』의 斡兒弩兀(Or Na'ur).

120) 『親征錄』의 遣惑哥山岡. 遣惑哥은 遣忒哥(Keltegei)의 誤字로 보인다. 山岡은 몽골어로 '절벽'을 뜻하는 Qada에 해당할 것이다. 그러나 Keltegei Qada는 山崖의 이름이지 江名이 아니다. 그곳을 흐르는 강의 이름은 Qalqa이다.

121) A·B·T사본은 모두 QLA'라고 표기했으나 QLQA의 誤記일 가능성이 높다.

2300명으로 이루어진 또 다른 부분은 우루우트와 망쿠트 종족과 함께 〔강의〕 다른 쪽을 따라, 강의 아래쪽을 향해 진군했다.

그들은 도중에 쿵크라트 종족의 수령이자 아미르들 가운데 하나인 테르게 에멜의 천막들이 있는 곳 부근에 도착했다. 그에게 사신을 보내어 "전에 우리는 의형제이자 인척 종족(qawm-i qûdâ)이었소. 당신들은 〔우리와〕 외삼촌 관계에 있었소. 만일 동맹자(îl)가 된다면 우리도 〔당신들과〕 동맹자와 벗이 되겠소! 만일 적대한다면 우리도 적대하겠소"라고 했다. 그들이 좋은 말로 회답을 보내 동맹자가 되었다. 칭기스 칸은 그곳에서 이동하여 퉁게 나우르(Tûnge[122] Nâûûr)와 투루카 코로칸(Tûrûqâ[123] Qôrôqân)이라는 호수와 냇물이 있는 곳 가까이에 이르러, 그곳에 진을 치고 머물며 행군의 피로를 풀도록 명령했다.[124]

### 칭기스 칸이 옹 칸에게 사신을 보내 그가 빚진 은혜에 대해서 상기시켜 준 이야기

그 뒤 칭기스 칸은 일두르킨 종족 출신으로 아르카이 제운(Arqay[125] Jîûn)이라는 사람을 옹 칸에게 보낼 사신으로 지명하고, 다음과 같은 전갈을 주었다.

"지금 우리는 퉁게 나우르와 투루카 코로칸에 진을 쳤습니다. 목초가 좋아서 우리의 거세마(akhta)들은 힘을 되찾았습니다. 오, 나의 칸 아버지여! 일찍이 그대의 숙부 구르 칸이 당신에게 '너는 내 형 부이룩 칸의

---

122) A·B: QWNGH; T: TWNGH. 후자가 정확하다.

123) A·B: TWRQH; T: TWRWQH.

124) 『親征錄』에는 "遂行至董哥澤·脫兒合火兒合之地 駐軍"이라는 구절이 보인다. 董哥澤은 『集史』의 Tûnge Nâûûr, 『秘史』의 Tüngge(Qoroqan)에 해당하며, 脫兒合火兒合는 『集史』의 Tûrûqâ Qôrôqân에 해당하는 것이다.

125) A·B·T: ARTY. ARQY의 誤寫이다. 『부족지』(p.296)에는 하르카이(Harqay)로 표기되었다.

자리를 내게 〔넘겨〕주지 않았고, 나의 형제들인 타이 티무르 타이시와 부카 티무르 두 사람을 모두 없애 버렸다'라고 말했습니다. 그런 까닭으로 그는 당신을 카라운 캅찰이라는 협곡으로 몰아넣고 포위했었습니다. 당신은 거기서 몇 사람과 함께 밖으로 나왔는데, 당신을 그곳에서 빼내 준 사람이 당신과 함께 출정했던 나의 아버지 〔이수게이〕가 아니고 누구였단 말입니까? 타이치우트 종족 출신의 우두르 쿠난(Ûdûr Qûnân)과 부카치(Bûqâchî) 두 사람이 〔다른〕 몇 명을 데리고 당신과 함께 갔는데, 그곳을 떠나 카라 부카(Qarâ Bûqâ)라는 초원을 지나고 ……[126]이라는 지점을 통과했습니다. 또 툴라탄 툴랑구이(Tûlâtân Tûlângûî)라는 곳을 지나고 협곡(qabchâl)의 꼭대기를 지나서, 구세우르 나우르라는 곳으로 갔습니다.[127] 거기서 구르 칸을 찾아보았는데, 구르 칸은 쿠르반 텔레수트(Qûrbân Telâsût)[128]라는 곳에 있어, 그곳에서 그를 몰아내어 패주시켰습니다. 그가 스무 명과 도망쳤는지 아니면 서른 명이었는지는 알려지지 않았지만, 그는 카신 지방으로 갔고 그 뒤에는 결코 나오지 못해 모습을 드러내지 않았습니다. 나의 좋으신 아버지께서 이런 방식으로 구르 칸에게서 나라를 되찾아 당신에게 주었습니다. 그런 이유는 당신은 나의 아버지와 의형제였고, 내가 당신을 '칸 아버지'(khân pedar)라고 부르는 것도 바로 그 때문입니다. 당신이 내게 빚진 여러 은덕 가운데 이것이 첫 번째입니다."

---

126) 原缺. 다음 주를 참조하시오.

127) 『親征錄』에는 "哈剌不花(Qara Buqa) 山谷의 위를 지나고, 또 阿不札不花哥兀(Abji'a *Buqağa'ur) 山을 나오고, 또 禿烈壇禿零古(Tulatan Tülenggü)와 盞速壇盞零古(Jasutan Jalinggŭu)와 闊章隘(*Kölgün Qabchal)와 曲笑兒澤(Güse'ür Na'ur)을 지나서"라는 구절이 보인다.

128) 『秘史』(177절)의 Ğurban Telesüd, 『親征錄』의 荅剌速(Darasu)野. Perlee에 따르면 이곳은 현재 오르콘 강의 구르반 데엘이라는 이름으로 전해진다고 한다(東經 101도, 北緯 47도). Cf. 「元朝秘史に現われる地·水名」, p.587.

또 하나는 〔이러하다〕.

"오, 나의 칸 아버지여! 당신 휘하의 사람들이 모두 구름 아래 숨어 가려져 버리고, 해가 지는 곳에서 당신에게서 사라졌을 때, 〔83v〕「55r」 나는 커다란 목소리로 키타이 지방 가운데 있던 의형제 자아 감보에게 소리를 지르고 모자를 벗어서 흔들며 '달라미시'(dalâmîshî)—즉, '손뼉을 친다는 뜻'[129]—를 했습니다. 그렇게 해서 의형제 자아 감보를 오도록 했습니다. 그를 불러오자 나의 적들은 복수를 하기 위해 매복했습니다. 또 한번은 메르키트 종족의 군대가 의형제 자아 감보를 쫓아낸 적이 있는데, 나는 관대함을 보여 그를 구해 주었습니다. 의형제 자아 감보를 자우쿠트(Jâûqût)—즉, 키타이 지방[130]—〔지방〕 가운데에서 꺼내 오고 메르키트의 손에서 구원해 준 사람이 무엇 때문에 그를 죽이겠습니까? 또한 나는 당신을 위해서 내 형을 죽이고 동생을 파멸시켰습니다. 만일 그들이 누군가 물으신다면, 나의 형인 세체 베키와 나의 동생인 타이추 쿠리(Tâîchû Qûrî)[131]가 그들입니다. 〔당신이〕 내게 빚진 또 하나의 은덕이 바로 이것입니다."

"오, 나의 칸 아버지여! 또 있습니다. 당신은 마치 구름 속에 있던 태양이 모습을 드러내듯이 내게로 왔고, 마치 불처럼 서서히 서서히 밖으로 나와서 내게 왔습니다. 나는 당신의 배고픔을 반나절도 지나지 않아서 모두 배부르게 했습니다. 나는 당신의 헐벗음을 한 달도 지나지 않아서 모두 입혀 주었습니다. 만일 누군가가 '이것이 무슨 뜻이냐?'고 묻는

---

129) dâlâmîshî의 뜻에 대해서는 本田實信의 「モンゴル・トルコ語起源の術語」, pp.432~433 참조.

130) 『秘史』 281절에는 jaqud라는 단어가 나오고 이에 대해 '金人每'(금나라 사람들)라는 傍譯이 붙어 있다. 『集史』의 jâûqût가 『秘史』의 jaqud(jaqun의 복수형)임에는 의심의 여지가 없으나, 그 語源은 불명확하다. 이에 관한 자세한 논의는 Pelliot의 *Notes on Marco Polo*(3 vols., Paris: Librairie Adrien-Maisonneuve, 1959~1973), I, pp.227~239 참조.

131) 『親征錄』의 太丑乞魯.

다면, 이렇게 말하십시오. '나는 무리착 세울(Mûrîchâq Sûl)이라는 곳 뒤에 있는 카티클릭(Qâtîklîq)—즉, 백양나무 숲—에서[132] 전투를 벌여 메르키트 종족을 약탈하고, 그들의 가축과 천막과 오르두와 좋은 옷들을 모두 빼앗아 당신에게 주었습니다. 내가 설명했던 것처럼 당신의 배고픔은 반나절도 안 되어 사라졌고, 당신의 헐벗음은 한 달도 안 되어 사라졌습니다. 이것이 당신이 〔내게〕 진 세 번째 은덕입니다."

또 하나는 〔이러하다〕.

"메르키트 종족이 부쿠라 케헤르(Bûqura Keher)[133]에 있을 때, 나는 사태를 파악하고 정탐하기 위해 사신을 톡타이 베키에게로 보냈습니다. 그런데 당신은 기회가 생기자 내게 알리지도 않고 또 나를 기다리지도 않은 채, 나보다 먼저 출정하여 거기서 톡타이 베키의 부인들과 그의 형제를 잡았습니다. 즉, 쿠툭타이 카툰(Qûtûqtâî Khâtûn)을 잡고 찰라군 카툰(Chalağûn Khâtûn)[134]도 잡았으며, 톡타이의 형제인 쿠두와 아들 칠라운 두 사람을 모두 잡아 오고, 우두이트[135] 메르키트 종족의 울루스 전부를 차지하고는 내게 아무것도 주지 않았습니다. 그 뒤 우리가 나이만에 대해서 출정하여 바이타락 벨치레[136]라는 곳에서 전열을 정비했을 때, 당신에게 끌려 와 복속했던 쿠두와 칠라운이 군대와 재산을 가지고 도망쳤습니다. 그러자 쿡세우 사브락이 선두(bâshlâmîshî)[137]에 서서 나이만의 군대가 도착했고, 〔당신의〕 울루스를 약탈했습니다. 그런 상황에서

---

132) A: QANYLYQ; B: QANYKLYQ; T: QA??LYQ. 이것은 QATYKLYQ로 읽어야 할 것이다. 『秘史』 177절에는 Qadiqliq Niru'un에 있는 Mürüche Se'ül이라는 곳에서 메르키트와 전투를 벌였다는 기록이 보인다. 『集史』의 '카티클릭'과 '무리착 세울'이 각각 이 두 지명을 나타낸 것은 분명하다.

133) A·B·T: BWQRA KHRH.

134) 앞에서는 '찰라운'으로 표기했다.

135) A·B·T: AWDYWT.

136) BAYDRAQ BYLJYRH.

137) A·B본은 bâshlâmîshî(指揮)인데, T본은 tâplâmâmîshî로 되어 있다. 여기서는 전자를 취했다.

나는 보르추[138]와 무칼리와 보로굴과 칠라운(Chîlâûn)[139] 이 네 명을 보내어 당신의 울루스를 되찾아 주었습니다. 이것이 내게 진 〔네 번째〕 은덕입니다."

또 하나는 〔이러하다〕.

"거기서 우리는 카라(Qarâ) 강—훌란 빌타쿠우트(Hûlân Bîltâqû'ût)가 있고, 그 근처에 조르칼 쿤(Jôrqâl Qûn)이라는 산이 있다[140]—이라는 곳에 도착했습니다. 거기서 우리는 맹서하면서 '毒牙와 이빨을 가진 뱀이 우리 사이에 毒牙와 이빨을 드러내 놓을 때, 우리는 우리의 말과 입과 이빨과 이야기로 말하기 전까지는 서로 헤어지지 말자!'고 말했습니다. 이는 곧 '누군가가 의도적이든 아니든 간에 어떤 말을 우리 사이에 했을 때, 우리는 서로 만나서 그것을 확인하기 전까지는 믿지 말고 각자의 마음 변치 말며 서로 떨어지지 말자'〔는 뜻이었습니다〕. 그런데 지금 우리 사이에 〔누군가가〕 의도적으로 한 말을 서로 만나 확인하지도 않은 채, 당신은 그것을 믿고 그것을 근거로 삼아 〔내게서〕 떨어져 나갔습니다." [141]

---

138) A · B: BWRJY.

139) 앞에서는 '칠라우칸 바하두르'라고 했다.

140) 『秘史』 177절에는 옹 칸과 칭기스 칸이 Jorqal Qun의 Hula'anu'ud Bolda'ud라는 곳에서 서로 언약을 맺은 일이 기록되어 있다. 『親征錄』에는 "예전에 내가 哈兒哈(Qalqa) 山谷에서 나와 그대와 忽剌阿班荅兀(Qula'a Balda'u)의 卓兒完忽奴(Jorqal Qun) 山에서 서로 만나 말하지 않았습니까?"라는 기사가 보인다. 위치는 칼카 강과 눔룩 강 부근으로 추정된다.

141) 『秘史』 177절에도 이와 비슷한 내용이 보인다. "나의 칸 아버지여, 우리들이 어떻게 합의했지요? 조르칼 쿤의 훌라아누우드 볼다우드에서 우리가 약속하지 않았던가요?

이빨 있는 뱀에게
부추김을 받아도
그 부추김에 빠지지 말자!
이빨로 입으로 확인하고 나서 믿자!

고 하지 않았나요? 이제 나의 칸 아버지가 이빨로 입으로 확인하고 헤어졌습니다.

어금니가 있는 뱀에게

또 하나는 〔이러하다〕.

"오, 나의 칸 아버지여! 그 뒤 나는 추르쿠(Chûrqû) 산[142]으로 마치 매(songqôr)처럼 날아갔습니다. 나는 부이르 나우르를 지나, 푸르고 잿빛 나는 색깔의 다리를 가진 학들을 당신을 위해 잡았습니다. 만일 그것이 무엇인가 하고 당신이 말한다면, 그것은 두르벤과 타타르 종족입니다. 그 다음에 나는 회색(kôkshîn) 매가 되어 쿠케 나우르를 지나, 푸른색 다리를 가진 학들을 당신을 위해 사로잡아 주었습니다. 그것들이 누구였는가 하고 당신이 말한다면, 그것은 카타킨과 살지우트와 쿵크라트 종족들입니다. 이제 당신은 바로 그들의 도움을 받아 나를 위협하고 있습니다. 이것이 당신이 내게 빚진 또 하나의 은덕입니다."

또 하나는 〔이러하다〕.

"오, 나의 칸 아버지여! 당신은 내게 어떠한 은덕을 베풀었나요? 또 당신은 내게 무슨 유용함을 주었나요? 나는 당신에게 이 모든 은덕을 베풀었고, 이 같은 유용함을 주었습니다. 오, 나의 칸 아버지여! 왜 나를 두렵게 하는 겁니까? 왜 당신은 자유롭고 편안하게 지내지 않는가요? 당신의 며느리들과 아들들이 좋은 잠을 자도록 내버려두지 않는 겁니까? 당

---

이간질당해도
이간에 속지 말자!
입으로 혀로 확인하고 나서 믿자!

고 약속하지 않았던가요? 이제 나의 칸 아버지가 입으로 혀로 확인하고 갈라섰습니다."(유원수 역, 『몽골비사』, p.136).

그런데 Cleaves 교수는 "이빨로 입으로 확인하고 헤어졌습니다"와 "입으로 혀로 확인하고 갈라섰습니다"라는 두 구절을 의문형으로 해석하여 "…… 헤어졌습니까?", "갈라섰습니까?"로 옮겼는데(*The Secret History of the Mongols*, Cambridge, Mass., Harvard University Press, 1982, p.103), 文意로 보아 옹 칸의 배신을 질책하는 칭기스 칸의 힐문이기 때문에 의문형으로 이해하는 쪽이 더 옳을 듯하다.

142) 『秘史』 142절의 Chiqurqu 山, 『親征錄』의 赤忽兒黑(Chiqurqu) 山과 동일한 곳. 라시드 앗 딘은 앞에서 Chûrqû를 Chîûrqâî라고 표기했었다.

신의 아들인 나는 내 몫이 적다고 더 많이 바라지도 않았고, 〔그것이〕 나쁘다고 〔84r〕「55v」 더 좋은 것을 바란다고 말한 적도 없었습니다. 〔수레의〕 두 바퀴에서 하나의 바퀴가 부서지면 이동할 수 없습니다. 만일 수레에 매인 소가 병 들고 수레꾼이 홀로 남아, 〔소를 수레에서〕 풀어서 내놓으면 도둑이 그것을 훔쳐 갈 것입니다. 만일 풀어 놓지 않고 수레에 매놓으면 그것은 병 들어 죽을 것입니다. 만일 수레의 두 바퀴 가운데 하나가 부서지면 소가 그것을 끌려고 해도 끌지 못할 것입니다. 〔바퀴가 부서진 수레를〕 언덕 위로 억지로 끌고 올라간다면 소 목에는 상처가 생기고 그로 말미암아 날뛰고 헛되이 힘을 소모해 쇠진해질 것입니다. 마치 수레의 그 두 바퀴처럼, 나는 바로 당신 수레의 한 바퀴였습니다."

칭기스 칸이 옹 칸에게 보낸 전갈은 이러했다. 그가 알탄과 쿠차르에게 보낸 또 다른 전갈을 다음과 같다.

"너희 둘은 나를 죽여 검은 흙에 던져 버리거나, 아니면 땅 속에 묻어 버리려고 생각했다. 전에 나는 처음으로 바르탄 바하두르의 자식들과 세체와 타이추에게 '우리의 거처인 오난 무렌에 어떻게 주인이 없을 수 있겠는가?'라고 말하며 온 힘을 다해서 노력했다. 나는 너희들에게 '군주와 칸이 되시오!'라고 말했지만, 너희들은 받아들이지 않았다. 나는 난처해졌고, 너 쿠차르에게 '너는 네쿤 타이시의 아들이니 우리들 가운데에서는 네가 칸이 되라!'고 말했으나, 〔너는〕 그렇게 하지 않았다. 그리고 너 알탄에게도 '너는 쿠툴라 카안의 아들이다. 그가 군주였으니 이제 너도 군주가 되라!'고 말했지만, 역시 〔너도〕 그렇게 하지 않았다. 너희가 내게 애써서 '네가 칸이 되라!'고 말했고, 나는 너희들의 말에 따라 칸이 되었다. 나는 '조상들의 거처가 사라지지 않도록 하겠다. 그들의 관례와 규범(yôsûn)을 폐기하거나 바꾸지 않겠다'고 말했다. 또한 나는 많은 지방과 군대의 군주가 되었으니 추종자들의 약속도 필요하다고 생각했다. 〔즉〕 많은 수의 가축과 가옥과 〔다른〕 사람의 부인과 아이들을 내가 빼앗으면 너희들에게 줄 것이며, 너희들을 위해 초원의 사냥감을 구축(ûtrâmîshî)해서 포위망(jerge)을 만들고 산에 있는 사냥감을 너희 쪽으로 몰아 줄 것이다. 너희 알탄과 쿠차르 두 사람은 三河에 〔다른〕 사람들이 둔영을 치지 않게 하라."

〔칭기스 칸은〕 또 이렇게 말했다.

"토그릴(Ṭoğrîl)에게 전하라. '나의 동생, 토그릴이여! 너는 나의 조상들의 門前의 노예였다. 내가 너를 동생이라 부르는 것은 너의 부친의 조부인 녹타 보올(Nôgta Bô'ôl)[143]이 차라카 링쿰과 툼비나 카안 두 사람에게 약탈당해 왔고, 녹타 보올의 아들이 수게이 보올(Sû'gay Bô'ôl)[144]이며, 수게이 보올의 아들이 쿠케추 키르사(Kôkechû Qirsâ')〔이고, 그의 아들이〕 예케 쿵타르(Îke Qûngtar)[145]이고, 그의 아들이 토그릴이기 때문이다.[146] 너는 누구의 울루스를 빼앗으려 하는가? 만일 네가 나의 울루스를 빼앗는다면, 알탄과 쿠차르 두 사람이 너에게 〔그 울루스를〕 주지 않을 것이다. 우리들 중에서 〔아침에〕 먼저 일어나는 사람이 칸 아버지가 마시던 푸른 술잔[147]으로 마시곤 했는데, 너희들이 늦었기 때문에 내가

---

143) A · B · T: NWGTH BW'WL. BW'WL은 몽골어의 bo'ol(노비)을 옮긴 것이 분명하다. 앞의 단어는 『秘史』 180절에 나오는 Oğda bo'ol이라는 인물과 동일인이므로 AWGTH, 즉 Ôgta/Oğda의 誤寫일 가능성도 배제할 수 없다. 그러나 위구르 문자에서 語頭의 NW와 AW는 점 하나의 차이에 불과하기 때문에, 『秘史』의 Oğda가 Noğda의 誤讀일 가능성도 있다. 이러한 혼동은 종족명 Unjin/Nunjin의 경우에도 보인다. 『親征錄』에는 토그릴의 조부의 이름이 塔塔으로 표기되어 있다.

144) A · B · T: SW'GY BW'L.

145) A · B: YKH QWNGTR; T: YKH QWNGQTR. T본은 YKH QWNGTQR의 오사일 가능성이 있고, 그렇다면 '예케 쿵타카르'로 읽을 수 있다.

146) 『秘史』 180절에 따르면 Oğda의 아들은 Sübegei, 그의 아들은 Kököchü Kirsa'an, 그의 아들은 Yegei Qongtağar, 그의 아들은 To'oril이다. 한편, 『親征錄』에는 塔塔(Toqta?)의 아들이 雪也哥(Sü'egei)이고, 그의 아들이 闊闊出黑兒思安(Kököchü Kirsa'an)이며, 그의 아들이 折該晃脫合兒(Jegei Qongtağar)이고, 그의 아들이 脫憐(To'oril)로 되어 있다.

너희보다 일찍 일어나 〔그 잔으로〕 또 마시니 너희들 모두 〔나를〕 질투했었다. 너희들은 이제 푸른 술잔을 전부 차지했으니 〔얼마든지〕 마시거라. 나의 동생인 너 토그릴이여, 〔그래 봐야〕 얼마나 마시겠는가? 이제 알탄과 쿠차르, 너희 둘은 나의 좋은 아버지의 누케르가 되어[148] 〔같이〕 지냈다. 과거에 일어난 일들이 자우트 쿠리[149] 덕택에 그렇게 된 것이라고 〔사람들이〕 말하지 않게 하라. 너희들이 잘못을 저질렀을 때 〔사람들이〕 나를 회상하도록 만들지 말라.[150] 나의 카안[151] 아버지는 〔성격이〕 급해서 싫증을 잘 내고 오래가지 않는다. 나 같은 사람에게 싫증을 느꼈으니, 너희들에게도 싫증을 낼 것이다. 너희가 그를 모시고 있으니, 금년에는 목숨을 부지할지 모르겠지만 내년 겨울에는 그렇지 못할 수도 있을 것이다."[152]

또 하나는 〔이러하다〕.

"오, 나의 칸 아버지여! 사신들을 보내도록 하시오. 보낼 때는 알툰 아

---

147) A: kâse-i chûn; B: kâse-i chûng; T·L2: kâse-i chûng kabud. kâse는 페르시아어로 '잔'이고, kabud는 '푸른'이며, chûn/chûng은 한자어 鐘을 옮긴 것으로 보인다. 『秘史』 179절에는 이것이 kökö chung으로 표기되었고 青鐘(푸른 잔)이라고 傍譯되어 있으며, 『親征錄』에도 青鐘이라고 기재되어 있다. 青鐘의 의미에 대해서는 小澤重男, 『元朝秘史全釋續攷 上』, pp.148~149를 참조하시오. 여기서 옹 칸의 '푸른 잔'에 관한 일화는 L2본에 의거한 것이다. A·B·T본에서 해당되는 부분은 짧게 축약되어 있는 반면, L2본의 기사는 자세하고 정확하며, 『秘史』나 『親征錄』에 기록된 내용과도 거의 일치한다.

148) 원문의 nôkechemîshî는 몽골어 nökör의 동사형 nököche-에 투르크어 명사형 접미사 -mishi가 붙은 형태로, '누케르가 되다'는 뜻이다.

149) 일찍이 금나라가 칭기스 칸에게 하사했던 관칭호.

150) 이 문장에 대한 번역은 露譯本이나 英譯本 모두 약간씩 다르다. 정확한 의미를 파악하기 위해서는 『秘史』 179절을 참조하시오.

151) 여기서 옹 칸을 '칸'이 아니라 '카안'(qân)이라고 칭한 것은 매우 특이하다.

152) 露譯本은 "이제 너희가 그와 함께 있으니, 금년에는 그와 함께 지내야 할 것이다. 내년 겨울에도 역시 지내도록 하라"고 옮겼으나, 원문의 "be-sar burdan"은 英譯本에서처럼 "목숨을 부지하다"는 뜻으로 이해해야 할 것이다.

숙[153]과 쿨 부리[154] 두 사람을 보내시오. 그렇지 않으면 둘 가운데 하나를 보내시오. 그리고 전투하던 날 무칼리 바하두르의 검은 거세마와 안장과 은제 고삐가 〔그곳에〕 남았는데, 그것도 그들과 함께 보내시오. 만일 의형제 셍군도 빌게 베키(Bîlge Bîkî)와 토단(Tôdân)[155] 두 사람을 보내지 않는다면, 그들 중 하나를 보내도록 하시오. 의형제 자무카도 두 사람의 사신을 보내도록 하시오. 줄라(Jûla)와 카치운(Qâchîûn)도 각자 두 사람의 사신을 보내시오. 그리고 아칙(Âchiq)과 시룬(Shîrûn) 두 사람[156]도 사신들을 보내시오. 또 알라 부카(Alâ Bûqâ)와 다이르(Ṭâîr)[157]도 두 사람의 사신을 보내시오. 알탄과 쿠차르 두 사람도 사신들을 보내시오. 그 사신들이 왔을 때, 만일 내가 낮은 길로 가고 있으면, 강 위쪽의 부이르 나우르에서 나를 찾도록 하시오. 만일 내가 뒷길로 가고 있으면 카바카 칼타르칸(Qabaqâh Qâltarqân)[158] 길로 나가서 三河를 따라 내려갈 것이니 그곳에서 나를 찾아오시오."

그 사신들이 도착해서 그 말을 옹 칸에게 전해 주자, 옹 칸은 "그가 〔말한 것이〕 맞다. 〔우리는〕 그에게 부당하게 했다. 그러나 그 대답은 내 아들 셍군이 해줄 것이다"라고 말했다.

---

153) A·B·T: ALTAN AŠWQ.

154) A·B·T: QWLBARY.

155) A·B·T: QWDAN. 『親征錄』에도 必力哥別吉(Bilge Beki)와 脫端(Todan) 두 사람이 언급되어 있다. QWDAN은 TWDAN의 誤寫로 보는 것이 옳을 것이다. 『秘史』(181절)에는 Bilge Beki와 Tödöyen으로 나와 있다.

156) 그러나 『秘史』 181절은 Achiğ Shirun을 한 사람의 이름으로 적고 있다. 『親征錄』의 阿赤失蘭.

157) 『親征錄』의 阿剌不花(Ala Buqa)와 帶亦兒(Dayir).

158) A·B: QBQAY QALTRQAN; T: QBQAH QALTRQAN. 『親征錄』에는 哈八剌漢荅兒哈(Qabala Qaltarqa)라는 山名으로 나와 있다.

### 생군이 칭기스 칸의 사신들에게 준 대답

생군은 이렇게 말했다. "그가 언제 나를 '의형제'라고 불렀던가. 그는 〔나를〕 '무당 톱토아'(tôptôa bôe)[159]라고 부르지 않았던가. 그가 언제 나의 아버지를 '칸 아버지'라 불렀던가. 그를 '살인자 노인'(kîdîshî ebûgân)[160]이라고 부르지 않았던가. 내가 언제 전쟁을 하자며 사신을 보냈던가. 〔그러나 이제 그가 사신을 보냈으니〕 만일 그가 승리한다면 우리의 울루스는 그의 것이 될 것이고, 만일 우리가 이긴다면 그의 울루스는 우리 것이 될 것이다."

〔84v〕「56r」 그는 이렇게 말하고는 자신의 대아미르들, 즉 빌게 베키와 토단 두 사람에게 "출정하자! 깃발들을 올리고 북을 울리자! 거세마를 데리고 와 출정하자! 칭기스 칸을 치기 위해 진군하자!"고 말했다.

〔칭기스 칸이〕 사신을 옹 칸에게 보냈을 때, 그는 쿵크라트 종족 가운데 가장 큰 부분을 모두 복속시키고 발주나 쪽으로 갔는데, 이키레스 종족에 속하는 보투가 코롤라스 종족에게 쫓겨 패주해 왔다. 그는 그곳에서 칭기스 칸과 연맹하고 함께 머물며 발주나의 물을 마셨다. 그때 주치 카사르가 칭기스 칸에게서 떨어졌는데, 카라운 지둔이라는 곳에서 그의 부인과 자식들이 옹 칸에 의해 약탈되어, 그는 도망쳐 〔칭기스 칸에게〕 오고 있었다. 식량이 떨어져 그는 〔동물의〕 시체와 부츠(chârûq)를 끓여서 먹었다. 먹을 것 중에는 숫양의 목을 갖고 있었는데,[161] 발주나에 〔머물던〕 칭기스 칸에게 왔던 것이다. 옹 칸은 그 전에 칭기스 칸과 칼랄진

---

159) A·B: TWBTWH BWH; T: TWPTWH. 이는 아마 TWQTWH BWH의 誤寫일 것이다. 『秘史』 181절에는 toğto'a bö'e ('주술사 톡토아'), 『親征錄』에는 覡(무당)이라고 되어 있다.

160) 『秘史』(181절)에는 kidu'ach ebügen ('살인자 老人'), 『親征錄』에는 老奴(늙은 종)로 되어 있다.

161) 원문의 gardan-i qûchî는 "숫양의 목"으로 해석해야 할 것이다. 그러나 露譯本은 "〔이런〕 음식을 먹어서 그는 쇠진해졌다"로 번역했다.

엘레트에서 전투를 한 뒤 키트 쿨카트 엘레트(Qît Qûlqât Elet)[162]로 왔다.

칭기스 칸의 숙부인 다리타이 옷치긴, 칭기스 칸의 숙부인 쿠툴라 카안의 아들 알탄 제운,[163] 칭기스 칸의 숙부인 네쿤 타이시의 아들 쿠차르[164] 베키, 자지라트 종족의 자무카, 바아린 종족, 녹타 보올의 일족인 수게이[165]와 토그릴, 망쿠트 종족 출신으로 타가이 케헤린(Tağâî Keherîn)이라고 불리던 타가이 쿨라카이(Tağâî Qûlâqâî),[166] 타타르 종족의 아미르인 쿠투 티무르(Qûtû Timûr) 등 모두가 연맹하고 상의하기를, "옹 칸에 대해 야습을 감행하여 우리들 스스로 군주가 되자. 옹 칸이나 칭기스 칸 누구와도 연합하지 말고 관심을 두지 말자!"고 말했다. 그들의 이러한 상의 [내용]이 옹 칸에게 전해지자, 그는 그들을 공격하기 위해 출정해서 그들을 약탈했다. 이런 까닭에 다리타이 옷치긴과 바아린 종족들에 속하는 …… 종족, 케레이트 종족들에 속하는 사카이트 종족, 눈친(Nûnchîn)[167] 종족 등이 칭기스 칸에게 귀순하고 연합했다. 알탄 제운, 쿠차르 베키, 타타르 출신의 쿠투 티무르 등은 나이만의 타양 칸에게 가버렸다. [85r] 「56v」

---

162) 『親征錄』에는 只感忽盧로 되어 있으나, 『集史』의 지명과는 음의 차이가 확연하다.

163) 『親征錄』의 按彈折溫(Altan Je'ün).

164) A · B: QWČQR; T: QWCR.

165) A · B · T: SWLGAY. SWAGAY의 誤寫이다. 『親征錄』에는 梭哥台(Sö'egetei).

166) 『親征錄』의는 塔海忽剌海(Taqai Qulaqai).

167) 『부족지』, p.98 · p.193 참조.

**칭기스 칸이 오난 강에서 옹 칸과 전쟁을 하기 위해 출정해서 옹 칸을 격파한 일, 〔옹 칸이〕 나이만 지방에서 타양 칸의 아미르인 코리 수바추(Qôrî Sûbâchû)[168]의 손에 살해된 일, 셍군이 칼라치 종족들의 아미르인 킬리치 카라(Qilîch Qarâ)[169]라는 사람에게 살해된 일, 칭기스 칸이 즉위한 일 등에 관한 이야기**

칭기스 칸은 앞에서 말한 돼지해—599〔/1203〕년에 해당—여름에 발주나 물을 마시고 그해 가을에는 그곳에서 나와 오난 강 원두에서 추종자들을 집결시킨 뒤, 옹 칸을 치기 위해 출정했다. 주리야트 종족의 칼리우다르(Qâlîûdar)와 우랑카트 종족의 차우르간(Châûûrğân)[170] 두 사람—주치 카사르의 누케르이자 속민으로 알려져 있었다—을 주치 카사르의 전갈이라고 하며 옹 칸에게 사신으로 보내, "주치 카사르가 우리를 보냈다"고 하면서 이렇게 말했다.

"내 마음은 나의 형에게 물려 버렸습니다. 그의 눈[171]을 누가 〔마주〕 볼 수 있겠습니까? 아무리 出路를 찾아보았지만, 그와 재회할 수 있는 어떤 길도 찾을 수 없었습니다. 나의 처와 자식들이 나의 칸 아버지에게 있습니다. 나뭇가지와 풀로 된 집에서 진흙과 돌로 된 베개를 베고 벗이나 동료도 없이 혼자 자며 지냈던 것이 꽤 되었습니다. 나는 칸 아버지를 믿어 왔기 때문에 이 사신들을 은밀히 칸 아버지에게 보내서 나의 종족

---

168) 『秘史』 188~189절의 Qori Sübechi, 『親征錄』의 火里速八赤.

169) 『親征錄』의 黑鄰赤哈剌.

170) 그의 이름은 『부족지』(p.264 · p.332)에서 Châûrğâ Îlâğân 또는 Châûrğâ Îlâğânân 등으로 표기되었다.

171) 露譯本은 이를 khashm(분노)으로, 英譯本은 ḥasham(retinue)으로 읽었으나, chashm(眼)으로 읽어야 마땅하다. 『秘史』 183절에는 주치 카사르가 옹 칸에게 전한 말 가운데 "〔칭기스 칸을〕 보고도 그의 모습을 놓쳤습니다"라는 구절이 나온다. 즉, 이는 주치 카사르가 길을 잃어 자기 형 칭기스 칸을 찾을 수 없다는 뜻이지만, 『集史』의 인용문은 그 原義를 변화시켰다.

과 군대와 처와 자식들을 〔되돌려 줄 것을〕 청하는 바입니다. 내가 가족들과 만나면 〔칸 아버지께〕 복속하고 성심으로 귀부하겠습니다."

그 사신들이 주치 카사르에게 속해 있다는 것은 잘 알려졌었고 옹 칸도 오래 전부터 그들을 알고 있었기 때문에, 칭기스 칸이 계책을 부려 그들을 보냈고 그렇게 〔말하라고〕 일러주었으리라고는 전혀 의심하지 않았다. 또한 당시 칭기스 칸은 매우 곤경에 처해 있었고 주치 카사르도 방랑하며 돌아다니고 있었기 때문에, 〔옹 칸은〕 그 말이 진실일 것이라고 확신했고, 그 내용에 대해 기뻐하며 사신들을 후대하여 돌려보냈다. 그는 자기 누케르들 가운데 이투르겐(Itürgen)이라는 사람을 그들과 함께 보냈다. 〔주치 카사르와의〕 서약을 위해, 아교를 추출해 낼 때 사용하는 〔짐승의〕 뿔[172] 속에 약간의 피를 넣어, 그들의 손에 들려 보냈다. 왜냐하면 몽골인들은 서로 서약을 할 때 피를 마시는 관습이 있었기 때문이다.

그들 세 사람이 함께 출발하여 길을 가고 있었는데, 칭기스 칸은 저쪽에서 군대와 함께 옹 칸을 공격하기 위해 오고 있었다. 갑자기 칼리우다르의 눈에 칭기스 칸의 깃발이 들어왔고, 그는 이투르겐도 그것을 보고 도망치지나 않을까 걱정했다. 그에게 좋은 말이 있었기 때문이다. 그는 즉시 말에서 내려 말의 앞발을 들어올리고는, 돌멩이가 말발굽에 끼어 절룩거린다는 핑계를 대며, 이투르겐을 말에서 내리게 했다. 그리고 "내가 말발굽〔에 낀 돌을〕 빼낼 수 있도록 내 말의 앞발을 잘 잡고 있거라!" 라고 말했다. 이투르겐은 말의 앞발을 손으로 붙잡았고, 그가 거기에 정신을 팔고 있는 동안 〔칼리우다르는〕 핀으로 〔발굽을〕 깨끗이 해주었다.

---

172) 원문의 shâkhî는 '나뭇가지, 나무껍질' 또는 '(동물의) 뿔', 어느 쪽으로나 해석할 수 있다. 英譯本은 전자를, 露譯本은 후자를 취했는데, 역자는 후자 쪽이 더 적절한 것으로 보인다. 왜냐하면, 먼저 서약을 하기 위한 피를 나무껍질에 담는다는 것이 어색하고, 나아가 일반적으로 아교는 동물의 뼈에서 추출하는 것이기 때문이다. 『親征錄』에는 "以煮漆器盛血, 與之盟"이라는 구절이 보인다.

〔이때〕 갑자기 칭기스 칸이 군대와 함께 도착하여 이투르겐에게 〔몇 마디〕 말을 한 뒤에 그를 주치 카사르에게 보냈다. 왜냐하면 〔주치 카사르도〕 그 전투에서 재산과 가축을 다 빼앗겨 〔말 없이〕 도보로 뒤쳐져 있었기 때문이다.

칭기스 칸은 그 두 사람의 사신을 향도(qulâûzî)[173]로 앞세우고, 밤에도 멈추지 않은 채 제지르 운두르(Jejîr Ûndûr)[174]라는 곳까지 진군했다. 그는 옹 칸이 있는 곳에 이르러 전투를 벌였는데, 옹 칸을 격파하고 케레이트의 군대와 왕국을 모두 빼앗았다. 옹 칸과 그의 아들 셍군은 패배하여 소수의 사람들과 함께 도망쳤다. 옹 칸은 도망치면서 이렇게 말했다. "나는 떨어져야 마땅한 사람에게서 떨어졌도다. 나는 멀어져야 마땅한 사람에게서 멀어졌도다. 내가 이 모든 역경, 재난, 비탄, 고통, 방황, 절망을 겪는 것은 얼굴이 부은 한 사람 때문이로다!" 그의 이 말은 자신의 아들인 셍군을 가리키는 것이었는데, 〔셍군의〕 얼굴과 뺨이 부어 있었기 때문이다. 그는 너무나 화가 났기 때문에, 〔셍군의〕 이름을 가리키지 않고 이런 식으로 불렀다.

그렇게 패배를 당하고 도주를 하다가 나이만 지방에 있는 ……[175]이라는 곳에 이르렀다. 〔그때〕 나이만의 군주인 타양 칸 휘하에 있던 두 명의 아미르들—한 명은 이름이 코리 수바추이고, 또 한 명은 테틱샬[176]이었다—이 그 부근에서 前哨(qarâûl)를 서고 있었는데, 그를 붙잡아 죽이고

---

173) 원문은 QLAWZY는 '길 안내, 향도, 지도자' 등을 뜻하는 투르크어(cf. J. Th. Zenker, *Türkisch-Arabisch-Persisches Handwörterbuch*, Hildesheim, G. Olms, 1967, p.706)인데, 露譯本과 英譯本에서는 이 말을 빼놓고 번역했다.

174) 『秘史』 185절의 Jeje'er Ündür, 『親征錄』의 徹徹兒運都山. Perlee에 따르면 Bayan Olan의 남쪽에 해당하는 지점이라고 한다(東經 109도, 北緯 47도). Cf. 「元朝秘史に現われる地·水名」, p.588.

175) 原缺. 『秘史』(188절)에는 "Didig Saqal의 Nekün Usun", 『親征錄』에는 揑烏柳河라고 되어 있다. 『부족지』(p.209)에는 "네쿤 우순"(Nekûn Ûsûn)이라고 되어 있다.

176) A·B·T: TATYK ŠAL. 이상 두 사람의 이름에 대해서는 『부족지』, pp.209~210을 참조하시오.

그의 머리를 자신들의 군주인 타양 칸에게 가지고 갔다. 타양 칸은 그런 행동에 대해 못마땅해 하며, 〔85v〕「57r」 "이처럼 연로하고 강력한 군주를 왜 죽였는가? 산 채로 데리고 왔어야 마땅했다"고 말했다. 그리고 그 옹 칸의 머리를 銀으로 입히고, 그것에 대해 한동안 공경심과 경외심을 보이며 자기 보좌 위에 놓아두라고 지시했다. 이에 대해서는 케레이트와 나이만 지파에 관한 부분에서 설명한 바이다.[177]

옹 칸의 아들인 셍군은 자기 아버지가 도망치다가 죽음을 당했던 그 때 자기도 도망쳐 밖으로 나가려고 했다. 그는 몽골리아 지방의 변경, 즉 사막의 가장자리에 있는 이식 발가순(Îshîq Balqasûn)[178]이라는 마을을 지나고, 부리 티베트(Bûrî Tibet) 지방으로 들어갔다. 그 지방 일부를 약탈했고 한동안 그곳에 머물면서 파괴를 일삼다가, 티베트 종족들과 주민들이 모여서 그를 어떤 곳에 포위하고 잡으려고 했다. 그는 거기서 빠져 나와 그 종족들의 손아귀에서 벗어나기 위해 도망쳤다. 호탄과 카쉬가르 지방의 변경에 있는 어떤 지점에 이르렀는데, 그곳의 이름은 '쿠산의 체르케시메'[179]였다. 종족의 아미르들 가운데 한 사람인 킬리치 카라 —그는 그곳의 태수이자 아미르였다—가 그를 붙잡아 죽였다. 전하는 바에 따르면 그 뒤에 그 아미르는 생포한 셍군의 부인과 아이를 칭기스 칸에게 보내고 그에게 귀순했다고 한다. 이것이 케레이트 종족들의 최

---

177) 『부족지』, pp.209~210 참조.

178) 『부족지』에서는 "Îsâq이라는 도시"로 기록되었다. 만일 Îshîq이 옳다고 하더라도 천산 북방의 이식쿨(Issiq Köl) 호수 부근을 가리키는 것은 아니라, 『親征錄』에 나와 있듯이 티베트인들이 거주하던 亦卽納(Ichina)를 부정확하게 옮긴 것으로 보는 편이 타당할 듯하다.

179) A·B: KWSANW CARKAŠMH. 이곳은 『親征錄』에 西域의 曲先(Kusan, 즉 Kucha)에 있는 徹兒哥思蠻之地에 해당하며, 아마 몽골어에서 Kusan-u Cherkeshme(n)—즉, '쿠산의 체르케시메'—를 하나의 지명인 것처럼 그대로 옮긴 것으로 추정된다. 『부족지』(p.211)의 CHAR KHH(Chahâr Kaha)는 CARKAŠMH의 誤寫일 가능성이 높다.

후이자 그 일족의 국가의 종말이다. 평화를 바라는 사람들에게 평화가 계속되기를!

**칭기스 칸이 강력한 군주 옹 칸을 격멸한 뒤 군주의 지위가 그에게 확고해지자 칸의 자리에 즉위한 이야기**

칭기스 칸이 옹 칸의 군대를 공격하여 그와 그의 아들을 패주시키자, 케레이트 종족들은 그에게 복속했고, 그는 그 나라와 울루스를 장악했다. 그해, 즉 '통쿠즈 일'—회력 599[/1203]년에 해당한다—겨울에 테멘 케헤레(Temân Kehere)[180]라는 곳에서 사냥하고, 승전을 올리고 귀환하며 기쁘고 편안한 마음으로 축복받은 자신의 오르두들에 도착했다. 그가 이처럼 커다란 승리를 거두었기 때문에 군주의 대업이 그에게 확정되었고, 주변에서 종족들이 그에게 귀순해 들어왔다. 거대한 회의를 열고 크나큰 은총에 감사하면서 준엄하고 자비로운 법령들(yâsâqhâ)을 선포하고, 상서롭게 칸의 자리에 앉았다. [86r] 「57v」

칭기스 칸의 역사를 '타울라이 일', 즉 토끼해—회력 591년 라비 알 아발[/1195년 2~3]월에 시작—의 처음부터 '통쿠즈 일', 즉 돼지해—599년 주마다 알 아히르[/1203년 2~3]월에 시작—의 마지막까지, 9년의 기간에 대해 자세하게 기록했다. [이제부터] 상술한 이 기간 동안 칭기스 칸과 동시대에 있었던 군주들, 칼리프들, 술탄들, 왕들, 아타벡들의 역사에 대해서 간략하게 서술하고, [그 다음에] 이 기간 이후의 칭기스 칸의 역사에 대해서 다시 시작하도록 하겠다. 지고한 신의 도움과 그의 인도하심에 힘입어!

---

180) 『秘史』(190절)의 Teme'en Keher, 『親征錄』의 帖木垓(Temegei)川. 칼카 강의 서북방에 위치(cf. 「元朝秘史に現われる地·水名」, p.594).

**'타울라이 일', 즉 토끼해—〔86v〕「58r」 회력 591년 라비 알 아발〔/1195년 2~3〕월에 시작—의 처음부터 '통쿠즈 일', 즉 돼지해—599년 주마다 알 아히르〔/1203년 2~3〕월에 시작—의 마지막까지, 즉 9년 동안 칭기스 칸과 동시대에 있었던 키타이와 마친과 카라키타이와 투르키스탄과 마와라안나흐르의 군주들의 역사, 이란 땅과 시리아와 이집트와 마그리브 지방의 칼리프들과 술탄들과 말릭들과 아타벡들의 역사, 그리고 상술한 기간 동안에 이 나라들 안에서 일어난 기이한 사건들에 관한 간략한 서술**

### 이 기간 동안 키타이의 군주들의 역사

시준(Shîzûn)[181]: 〔재위〕 29년 가운데 〔위의 기간〕 이전이 23년. 6년〔이 일치〕.

힌준(Hînzûn)[182]: 〔재위 기간〕 전부가 1년.

찬준(Chanzûn)[183]: 〔재위〕 19년 가운데 2년〔이 일치〕.

### 이 기간 동안 마친의 군주들의 역사

광준(Gûângzûn)[184]: 〔재위〕 4년 가운데 〔위의 기간〕 이전이 3년. 1년〔이 일치〕.

닝준(Nîngzûn)[185]: 〔재위〕 32년 가운데 8년〔이 일치〕.[186]

---

181) 金의 제5대 황제 世宗(1161~1189).

182) 顯宗(1184~1185). 世宗의 아들인데 실제로 즉위하지는 못했고, 부친을 대신하여 1년간 北京의 留守를 역임했다.

183) 金의 6대 황제 章宗(1190~1208). 顯宗의 아들.

184) 南宋의 3대 황제 光宗(1190~1194).

185) 남송의 4대 황제 寧宗(1195~1124).

186) A·B본에는 "〔재위〕 30년, 〔이전이〕 2년, 〔겹치는 기간이〕 8년"으로 되어 있으나, T·L2본에는 "〔재

**이 기간 동안 카라키타이와 〈마친과〉[187] 투르키스탄과 마와라안나흐르의 군주들의 역사**

원래의 사본(nuṣḥa-i aṣl)에 기재되어 있지 않았다.

**이 기간 동안 이란 땅과 시리아와 이집트와 룸 등지의 칼리프들, 술탄들, 말릭들, 아타벡들의 역사**

칼리프들의 역사

바그다드에서 이 기간 동안 압바스조의 칼리프는 안 나시르 리딘 알라였다. 후지스탄을 정복한 뒤 그는 이라키 아잠 지방을 점령하기 위해 자신의 재상인 무아이드 앗 딘 이븐 알 카삽(Mû'ayyid ad-Dîn b. al-Qaṣṣab)을 파견했다. 그가 훌완(Ḥulwân)[188]에 도착했을 때 자한 파흘라반의 아들인 쿠틀룩 이난치가 그에게 왔다. 재상은 그를 환대하고 함께 하마단으로 갔다. 호라즘 샤의 군대가 그곳에 있었는데, 그들의 지휘관은 미얀축(Mîyanchûq)[189]이었다. 재상이 군대와 함께 도착하자 그들은 라이 쪽으로 되돌아갔고, 하마단은 재상에게 복속했다. 그는 쿠틀룩 이난치와 함께 호라즘 사람들을 추격해 갔고, 그들은 구르간(Gurgân)[190]까지 패주했다. 칼리프의 군대는 담간(Damğân)[191]과 비스탐에서 되돌아가

---

위〕 32년, 〔겹치는 기간이〕 8년"으로 되어 있다. 그러나 A·B본은 뒤에서 그의 재위를 32년으로 고쳐 썼다.

187) A·B본에는 '마친'이라는 단어가 있으나 T·L2본에는 보이지 않는다. 앞에서 마친의 군주들에 대해 언급했으므로 T·L2본처럼 '마친'은 빼는 것이 옳을 것이다.

188) 바그다드에서 동북방으로 직선 거리 130km 떨어진 곳에 위치. 北緯 34도 19분, 東經 45도 12분.

189) A·B: MYAJWQ.

190) 이란 중북부의 도시. Asterabad라고도 불렸으며, 카스피 해 동남쪽으로 흘러드는 Qareh라는 지류의 연안에 있고, 해안에서 37km 떨어진 지점.

191) 이란 북부의 엘부르즈 산맥 남쪽에 위치한 도시. 구르간 남방으로 직선 거리 75km.

라이를 점령했다. 그 지방에서 호라즘 군대가 사라지자, 쿠틀룩 이난치와 이라키 아잠의 아미르들은 재상에게 적대하면서 라이로 들어가 반란을 일으켰다. 재상은 라이를 포위했다. 쿠틀룩 이난치는 아바(Âba)[192]로 향했으나, 재상의 감관(shaḥna)이 길을 내주지 않자, 거기서 군대를 이끌고 카라지(Karaj)[193]로 향했다. 재상은 그의 뒤를 추격하여 전투를 벌였고, 쿠틀룩 이난치는 패주하고 말았다. 재상은 하마단으로 왔으나 〔87r〕「58v」……년[194] 샤왈월 초하루에 사망했다. 뒤이어 호라즘 샤가 도착하여 무덤에서 시신을 꺼내 불태워 버리고, 전투에서 그를 죽였다고 하면서 머리는 호라즘으로 보냈다.

술탄들의 역사

호라즘과 일부 이라크·후라산__ 술탄 테키시 호라즘 샤는 술탄국의 정사를 책임지고 있었다. 상술한 기간의 첫해에 그는 위구르의 가이르 부구 칸(Ğâîr Bôgû Khân)[195]에게 원정하여 전투를 벌였는데, 술탄이 패배하여 호라즘으로 왔다. 593년 라비 알 아히르〔/1197년 2~3〕월에 후계자였던 그의 아들 말릭 샤가 사망하자 테키시는 깊이 애도한 뒤, 〔말릭 샤의〕 큰아들인 힌두 칸(Hindû Khân)을 호라즘으로 불러들이고, 쿠틉 앗 딘 무함마드(Quṭb ad-Dîn Muḥammad)를 그의 후계자로 삼았다. 그들 사이에 적대가 아주 심해져서 그가 술탄이 되자 힌두 칸은 적들에게

---

192) 이란 중부 지방에 위치. 하마단과 테헤란의 중간 지점. 뒤에서는 Âva라고 표기됨.

193) 테헤란 서북방 30km 정도 되는 지점에 위치한 도시.

194) 재상 무아이드의 사망 연도는 사본들에 공백으로 남아 있으나, Ibn al-Athîr에 따르면 591년 샤반월 15일(1196년 7월 14일)에 사망했다고 한다. 이에 관한 자세한 사정은 Rashid/Thackston, I, p.194를 참조하시오.

195) 원문에는 ĞAYR BGW XAN이지만 뒤에서는 BWGW라고 표기되어 이를 따랐다. 투르크-몽골어의 Bögü를 옮긴 것이다.

로 도망쳤다.

간단히 말해 쿠틉 앗 딘은 후라산의 정사를 유능하게 처리했고, 594〔/1197~1198〕년 〔테키시는〕 그를 가이르 부구 칸과 전쟁하러 보냈는데, 전투가 벌어지자 부구 칸이 도주했고 쿠틉 앗 딘 무함마드는 그와 아미르들을 모두 포로로 잡아 〔자기〕 아버지에게 보냈다. 호라즘 샤는 그의 목숨을 살려 주고 아미르의 지위에 임명했다. 이해 라비 알 아발월, 〔호라즘 샤는〕 그를 대신해서 이라크에 있던 미얀축이 거리상으로 멀기 때문에 반란을 생각한다는 이야기를 듣고, 그를 없애기 위해 라이로 출발했다. 미얀축이 소식을 듣고 도주했는데, 술탄의 군대는 그의 뒤를 쫓아 마르딘(Mârdîn)[196] 경계까지 도망쳐 성채 안에 숨었다. 그들은 그를 포위하고 마침내 붙잡아서 호라즘 샤에게로 데리고 왔다. 여러 대인들의 중재로 그를 살려 주고, 반란을 일으킨 것을 보상하기 위해 나머지 여생을 변방의 요새에서 보내라고 명령했다.

또한 술탄은 이스파한을 점령하여 자신의 아들인 타즈 앗 딘 알리샤(Tâj ad-Dîn 'Alîshâh)에게 주고, 알라무트(Alamût) 성채[197]를 포위하기 위해 그곳을 떠났다. 그는 라이의 샤피이(Shâfi'î) 학파의 대표인 사드르 앗 딘 무함마드 와잔(Ṣadr ad-Dîn Muḥammad Wazzân)을 그 성채 안에서 살해했고, 재상인 니잠 앗 딘 마수드 이븐 알리(Niẓâm ad-Dîn Mas'ûd b. 'Alî)를 칼로 베었다. 596년 주마다 알 아히르〔/1200년 3~4〕월에 테키시는 쿠틉 앗 딘 무함마드에게 쿠히스탄(Qûhistân)[198]을 공격하라고 명령했다. 그는 가서 투르시즈(Turshîz)[199] 성채를 4개월 동안 포위했다.

---

196) 英譯本에서는 Ibn al-Athîr의 기록에 따라 마잔다란으로 수정했다. 마르딘은 이란 동남부, 유프라테스 강이 발원하는 산지에 위치한 도시.

197) 이란 중북부 엘부르즈 산중에 있는 성채로, '암살자단'의 근거지가 있던 곳으로 유명하다.

198) 니샤푸르 남방에서 아프가니스탄 변경 지역에 이르는 山地.

술탄은 이단자(mullâḥida)들을 치기 위해 호라즘에서 왔다. 그가 샤흐리스타나(Shahrîstâna)[200] 근처에 왔을 때, 차히 아랍(Châh-i 'Arab)이라는 마을에서 596년 라마단월 19[/1200년 7월 3]일에 디프테리아에 걸려 사망했다. 상황을 알리기 위해 즉시 그의 아들인 쿠툽 앗 딘 무함마드에게 전령을 보냈고, 그는 전속력으로 샤흐리스타나로 왔다. 장례 절차를 마친 뒤 그를 술탄의 자리에 앉히고, 그에게 알라 앗 딘('Ala ad-Dîn)이라는 칭호와 산자르(Sanjar)라는 이름을 주었다. 3년에 걸친 그의 역사는 [다음에 서술할] 구르의 술탄들의 역사 속에 포함될 것이다. 지고한 신께서 뜻하신다면!

구르, 가즈나, 후라산 일부, 힌두와 신드_ 술탄 기야쓰 앗 딘과 술탄 시합 앗 딘이 권좌에 있었다. 술탄 기야쓰 앗 딘은 호라즘 샤가 죽었다는 소식을 듣고 사흘 동안 음악(nawbat)[201]을 금하고 애도를 표했다. 힌두 칸 이븐 말릭 샤 이븐 호라즘 샤는 자신의 숙부인 술탄 알라 앗 딘 무함마드를 두려워하여 술탄 기야쓰 앗 딘에게 청원하면서 그의 도움을 구했고, 기야쓰 앗 딘은 그에게 돕겠다는 약속을 했다. 술탄 알라 앗 딘은 투르크인 차기르(Chağir)를 메르브의 아미르로 임명하여 파견했다. 술탄 기야쓰 앗 딘은 탈리칸(Ṭâliqân)[202]의 태수인 무함마드 이븐 체릭(Muḥammad b. Cherîk)[203]을 보내 차기르에게 "설교와 주전을 나의 이름으로 하라!"면서 협박과 약속의 전갈을 주었다. 그는 "기야쓰 앗 딘에게서 나의 안전을 보장받는다면 나는 그에게 복속할 것이다"고 대답했다.

---

199) 니샤푸르 남방으로 직선 거리 85km 지점에 있는 Turbat-i Haidaiye에 해당한다.

200) 니사에서 북방으로 5km 되는 지점에 위치.

201) Steingass(p.1431)에 따르면 nawbat는 '왕궁에서 정해진 시간에 음악을 연주하는 악단'을 뜻한다.

202) 아프가니스탄 동북부 산중에 위치한 지명.

203) 露譯本은 그의 이름에서 Cherîk을 Khazang으로 읽었다.

기야쓰 앗 딘은 호라즘 샤가 더 이상 힘과 세력을 갖지 못하다는 사실을 알고 있었기 때문에 후라산 왕국을 탐냈고, 그래서 함께 후라산을 취하자고 하면서 힌두 〔지방〕에서 시합 앗 딘을 불렀다. 그가 도착하기도 전에 이미 기야쓰 앗 딘은 판즈디흐(Panjdîh)와 마루축(Marûchûq)[204]을 장악했고, 두 형제는 597년 주마다 알 아히르〔/1201년 3~4〕월에 군대를 이끌고 후라산 지방을 점령하기 위해 진군했다. 차기르는 약속을 믿고 메르브 시를 그들에게 맡겼다. 그들은 〔그곳을〕 힌두 칸 이븐 말릭 샤에게 주고, 거기서 사락스로 가서 〔그곳을〕 평화적인 방법으로 취한 뒤 자신들의 사촌인 젱기(Zengî)에게 맡겼다. 또한 니사와 바바르드(Bâvard)[205]를 그에게 봉읍으로 주었다. 투스를 〔87v〕「59r」 점령하고 니샤푸르에 있는 알리샤 이븐 호라즘 샤에게 사람을 보내어 〔그〕 지방을 포기하라고 했다.

알리샤는 그곳에 있던 호라즘 군대와 함께 그들을 물리치기로 합의하고 성벽을 견고하게 하면서 전투 준비에 몰두했다. 술탄 기야쓰 앗 딘은 몸소 자신의 아들인 마흐무드와 함께 출정하여 전투에 참가했다. 술탄 기야쓰 앗 딘이 성벽을 〔손으로〕 가리키자 몇 개의 망루가 성벽과 함께 무너졌다. 구르인들은 그것을 〔신의〕 기적과 도움으로 여기며 "알라는 위대하다"(takbîr)[206]고 소리쳤다. 호라즘인들은 겁을 먹고 대모스크로 숨었지만 니샤푸르인들은 그들을 도시 밖으로 쫓아냈다. 구르인들은 그들 모두를 약탈하고 알리샤를 포로로 잡아 기야쓰 앗 딘에게로 끌고 왔

---

204) 판즈디흐와 마루축은 Murghab 강변에 위치한 지명으로, 전자는 투르크메니스탄 영내에, 후자는 아프가니스탄 영내에 있다. Panjdîh는 "다섯 마을"이라는 뜻이고, Marûchûq은 "작은 Marû"라는 뜻이다. Marû는 Merv라는 이름으로도 유명하다.

205) 앞에서 나온 Abîvard와 동일한 지명.

206) "Allâhu akbar"를 외치는 것을 takbîr라고 한다.

다. 그의 유모가 그곳에 있었는데, 기야쓰 앗 딘에게 "왕자들을 이렇게 대하는 것이오?"라고 말했다. 기야쓰 앗 딘은 "아닙니다. 이렇게 하는 겁니다" 하면서, 알리샤의 손을 잡고 그를 자기 옆에 있는 자리에 앉혔다. 니샤푸르를 자신의 사촌이자 사위인 지야 앗 딘 무함마드 이븐 알리(Ẓiyâ' ad-Dîn Muḥammad b. 'Alî)에게 위임하고, 알리샤를 동생인 시합 앗 딘에게 맡긴 뒤, 자신은 헤라트로 갔다.

시합 앗 딘은 쿠히스탄을 공격하여 살육과 약탈을 거리낌없이 했다. 쿠히스탄의 태수는 기야쓰 앗 딘에게 전갈을 보내 "우리 사이에 협약을 맺었는데 무엇 때문에 당신의 동생이 우리 고장을 괴롭히는 것이오?"라고 했다. 술탄 기야쓰 앗 딘은 동생에게 〔사신을〕 보내 "무엇 때문에 우리 친구들의 고장을 침해하는 것인가? 거기서 물러나라!"고 말했다. 시합 앗 딘은 이를 거부했다. 사신이 "기야쓰 앗 딘의 지시를 실행에 옮길까요?"라고 묻자, 시합 앗 딘은 "그렇게 하라!"고 대답했다. 〔그러자〕 사신은 칼을 꺼내 천막〔을 묶은〕 끈을 잘라 버렸다. 그래서 그는 하는 수 없이 떠났지만 〔형에 대한〕 분노로 말미암아 가즈닌(Ğaznîn)[207]에 머물지 않고 힌두 쪽으로 가버렸다.

598〔/1201~1202〕년 술탄 알라 앗 딘 무함마드 호라즘 샤가 〔후라산으로〕 와서 〔전에〕 구르의 술탄들이 그의 휘하 사람들에게서 빼앗았던 후라산의 지방들을 다시 탈환했다. 그 사정은 다음과 같다.

술탄 시합 앗 딘이 힌두로 가버린 뒤 술탄 알라 앗 딘은 술탄 기야쓰 앗 딘을 질책하며 다음과 같은 내용의 말을 전했다. "나의 희망은 당신이 내 부친의 후계자가 되어 카라키타이를 막아내는 데 도움을 주고, 그래서 그들에게서 나의 고장을 탈환했으면 하는 것이었소. 당신이 그렇

207) 아프가니스탄 동부의 도시로 Ghazna라고도 불린다. 카불에서 서남방으로 직선 거리 125km에 위치.

게 하지 않았기 때문에, 나의 소망은 당신이 적어도 나의 고장을 침범하지 않고 나의 고장에서 떠나가 주었으면 하는 것이오. 〔만일〕 그럴 생각이 없다면 전투 일시를 정하시오!"

결국 호라즘 샤는 이리저리 애를 많이 쓴 결과 호라산의 일부를 되찾았고 헤라트를 포위했다. 술탄 시합 앗 딘이 헤라트가 포위되었다는 소식을 전해 듣자 호라즘을 치기 위해 후라산으로 왔다. 술탄 무함마드는 그에 앞서 호라즘으로 가서 도로를 물에 잠기게 만들었다. 시합 앗 딘은 그 물을 다 치운 뒤에 호라즘으로 가서 대규모 전투를 벌였다. 마침내 시합 앗 딘이 승리를 거두었고, 호라즘인들이 패배했다. 그 일이 있은 뒤, 599년 주마다 알 아발〔/1203년 1~2〕월에 술탄 기야쓰 앗 딘 아불 파트흐 무함마드 이븐 삼 구리(Sulṭân Ğiyâth ad-Dîn Abû al-Fatḥ Muḥammad b. Sâm Ğûrî)가 사망했다. 그에게는 무함마드라는 아들이 하나 있었다. 이 소식이 투스에 있던 그의 형제 시합 앗 딘에게 전해지자, 그는 헤라트로 가서 장례를 치렀다.

술탄 호라즘 샤는 마와라안나흐르를 지배하던 카라키타이에게 도망쳐 도움을 요청했다. 그들에게서 많은 군대가 구르인들을 치기 위해 왔는데, 그들의 수령은 타라즈 〔출신〕의 타양구(Tâyângû-i Ṭarâz)였다. 아프라시압(Afrâsîyâb)[208]의 후손이자 사마르칸트의 지배자였던 술탄 우쓰만(Sulṭân 'Uthmân)도 그들과 함께 있었다. 술탄 시합 앗 딘은 전투를 해봤자 얻을 것이 없다는 것을 깨닫고 밤중에 불들을 지펴 놓고 철수했다. 술탄 무함마드가 그들을 추격하여 하자라습(Hazârasb)[209] 변경에 이르

---

208) 이란 민족의 서사시라고 칭하는 『帝王史記』(Shâh-nâma)에 등장하는 영웅의 이름. 아무다리아 북방에 거주하는 유목민 투란(Tûrân) 민족의 군주로 남방에 있는 이란 민족과의 전쟁을 주도했던 전설적인 인물이다.

209) 아무다리아 하안에 위치한 도시로, 현재 우즈베키스탄 서부에 있다.

자, 구르인들이 돌아서서 전투를 벌였으나 결국 패배하고 말았다. 시합 앗 딘은 몇몇 사람과 함께 뛰어나와 자기 손으로 네 마리의 코끼리를 죽였는데, 〔카라〕키타이인들이 그에게서 〔두 마리를〕[210] 빼앗았다. 구르인들이 안드후드(Andkhûd)[211]에 이르렀을 때 카라키타이의 군대도 그들을 쫓아와 〔전투가 벌어졌다. 양측 군대에서 많은 사망자가 생겨났고, 술탄은 100명〔의 병사들〕을 데리고 안드후드 성채로 들어갔다. 카라키타이의 군대가 그곳으로 와서〕[212] 성벽에 구멍 하나를 뚫었다. 결국 코끼리 한 마리를 그들에게 더 준다는 조건으로 평화를 맺었고, 〔이렇게 해서〕 그들은 떠나갔으며, 시합 앗 딘은 그 위기에서 목숨을 건져 아홉 명과 함께 탈리칸으로 왔다. 그곳의 태수인 후세인 하르밀(Ḥusayn Kharmîl)이 천막과 양식을 보내 주었고, 그는 후세인 하르밀을 데리고 가즈닌으로 향했다.

구르인들의 패전 소식이 퍼지자 시합 앗 딘의 옛 노복이었던 타즈 앗 딘 울두즈(Tâj ad-Dîn Ûldûz)가 가즈닌 성채를 빼앗으려고 했지만 城主는 그를 들여보내지 않았다. 헛소문으로 말미암아 칼라치 종족들과 다른 말썽꾼들이 많은 패악을 저질렀다. 술탄 시합 앗 딘은 가즈닌에 도착하여 울두즈를 처형하라고 지시했으나, 아미르들이 그를 용서하라고 중재에 나섰다. 아이박 발바르(Aybak Bâlbar)가 물탄(Mûltân)[213]으로 가서 술탄의 代官을 죽이고 그 지방을 손에 넣고는 "술탄은 죽었다. 이제부터는 내가 술탄이다!"라고 말했다. 〔88r〕「59v」 술탄 시합 앗 딘은 힌두로

---

210) 露譯本은 "두 사람의 키타이인"이라고 했으나, Ibn al-Athîr의 글과 비교하여 "두 마리의 코끼리"라고 한 英譯本(Rashid/Thackston, I, p.197)이 정확하다.

211) 오늘날 아프가니스탄 중북부에 있는 Andkhûy.

212) A본에는 〔 〕 안의 내용이 필사자의 오류로 2행 아래 들어 있으나, B본에는 제대로 필사되어 있다.

213) 현재 파키스탄 중동부에 위치한 도시. 인더스 하반에 있다.

가서 그를 누케르들과 함께 붙잡아 죽이고 다시 도읍으로 돌아왔다.

룸__ 술탄 술레이만 이븐 킬리치 아르슬란(Sulṭân Sulaymân b. Qilîch Arslân)이 있었다. 597년 라마단[/1201년 6~7]월에 말라티야 시를 며칠 동안 포위한 뒤 자신의 형제인 무이즈 앗 딘 카이사르 샤(Mu'Izz ad-Dîn Qayṣar Shâh)에게서 빼앗았다. 그는 그곳에서 아르잔 알 룸(Arzan ar-Rûm)[214]으로 갔는데, 예전부터 그곳의 왕이었던 무함마드 이븐 살툭의 아들이 평화를 맺기 위해 영접을 나왔다. 술탄은 그를 체포하여 포박한 뒤, 아르잔 알 룸을 무력으로 탈취함으로써, 그 종족의 왕국은 끝나고 말았다. 평화를 바라는 사람들에게 평화가 계속되기를!

### 말릭들과 아타벡들의 역사

마잔다란과 페르시아__자한 파흘라반의 아들 쿠틀룩 이난치가 상술한 이 기간의 처음에 군대의 지휘자이자 국왕이었다. 그가 죽자 자한 파흘라반의 아미르들과 노복들이 모여 쿡체(Kûkche)라는 사람을 수령으로 세우고, 라이 및 그 부근을 점령한 뒤 이스파한을 취하려고 했다. 칼리프의 군대가 도착했다는 소식을 듣자 그들은 [칼리프측] 군대의 지휘관이었던 사이프 앗 딘 토그릴(Sayf ad-Dîn Ṭoğrîl)[215]에게 사신을 보내 칼리프에게 복속하겠다는 의사를 표명했다. 토그릴이 하마단에 도착하자 쿡체는 영접을 나가, 그를 대동하여 이스파한으로 와서 그곳을 점령했다. 사신 한 명을 칼리프의 도읍으로 보내 라이, 이스파한, 쿰(Qûm),[216] 카샨(Kâshân),[217] 아바(Ava), 사바(Sâva)[218]에서부터 마즈다칸(Mazdaqân)[219]

---

214) 현재 터키 동부의 도시 Erzurum.

215) 토그릴은 ṬĞRL 또는 ṬĞRYL 등으로 표기되었다.

216) 테헤란 남쪽으로 직선 거리 125km 정도에 위치한 이란 중부의 도시.

217) 아프가니스탄 동북부, 탈리칸에서 동남방으로 직선 거리 36km 지점에 위치.

에 이르기까지의 지방을 존귀한 디반에 귀속시키는 대신 그가 통치하게 해 달라고 요청했다. 그의 요청이 받아들여져 칙령장과 예복을 보냈다. 단기간에 그의 처지는 강화되었고 군대도 많아졌다.

아제르바이잔_ …….[220]

디야르바크르_ 살라흐 앗 딘 유수프의 형제인 말릭 아딜(Malik 'Âdil)이 있었다. 카라크(Karak)[221]에서 자신의 조카인 말릭 알 아프달(Malik al-Afḍal)이 있는 다마스쿠스로 와서, 디야르바크르를 방어하는 책임을 맡았다. 그에 관한 모든 이야기, 그리고 디야르바크르에 있던 다른 통치자들에 관한 이야기는 뒤이어 시리아와 이집트의 역사에 관한 부분에서 서술할 것이다. 왜냐하면 〔이야기가〕 서로 얽혀 있어 만일 〔여기서〕 별도로 하나씩 서술한다면 중복이 많아질 수밖에 없고 이해도 잘 안 될 것이기 때문이다.

시리아와 이집트_ 앞에서 설명했던 것처럼 살라흐 앗 딘 유수프의 자식들 사이에 협약을 맺어 예루살렘과 팔레스타인—시리아 〔지방 가운데〕 이집트에 속하는—지방은 말릭 알 아지즈 우쓰만(Malik al-'Azîz 'Uthmân)에게 속하고, 다마스쿠스와 타바리야와 구르 지방 등지는 말릭 아프달에게, 또 자발라와 라다키야와 해안 지역은 말릭 자히르[222]에게 속했으며, 그들의 숙부였던 말릭 아딜의 이집트 안의 봉읍지는 그대로 유지되었다.

얼마 뒤 말릭 아지즈가 협약을 깨고 이집트에서 군대를 이끌고 시리

218) 아바와 사바는 테헤란에서 서남방으로 100여 km 떨어진 곳에 있으며, 쿰에서 서북방으로 50km 정도에 있다. Âveh와 Sâveh라고도 표기한다.

219) 이란 중부의 사바 서쪽에 있는 도시.

220) 原缺.

221) 현재 요르단 서부, 사해 동쪽에 위치한 도시(Al-Karak).

222) 원문에는 말릭 자히르가 아니라 말릭 아프달로 되어 있으나, 앞의 서술에 따라 교정했다.

아로 와서 다마스쿠스를 자기 형제에게서 다시 빼앗으려고 했다. 이를 막기 위해 아프달과 아딜은 연합했고, 〔아지즈는〕 대적할 만한 힘이 없었기 때문에 이집트로 돌아갔다. 이들 두 사람은 이집트를 아지즈에게서 빼앗아 이집트는 아프달이, 다마스쿠스는 아딜이 차지하기로 합의했다. 이렇게 결정하고 군대를 이끌고 이집트로 갔는데, 쿠르드인들로 구성된 한 부대가 그들과 함께 있었다. 아딜은 비밀리에 아지즈에게 전갈을 보내 군대를 모아서 방비를 강화하라고 하는 한편, 아프달에게는 "이집트 점령을 서두르는 것은 좋은 방책이 아니다. 왜냐하면 적인 프랑크가 배후에 있기 때문이다"라고 충고했다. 〔이렇게 해서〕 지연시킨 뒤 마침내 그들 사이에 다음과 같은 협약을 체결케 했다. 즉 예루살렘, 팔레스타인 전부, 타바리야, 요르단(Urdan)은 아프달이 〔기왕에〕 갖고 있던 지역에 병합시키고, 아딜은 아지즈와 함께 이집트에 머물며 그의 봉읍지를 그대로 유지한다는 것이었다.

아프달은 다마스쿠스로 왔고, 아딜은 아지즈와 함께 이집트로 갔다. 593년 라잡〔/1197년 5~6〕월에 말릭 아딜과 말릭 아지즈는 군대를 이끌고 이집트에서 시리아로 와서 다마스쿠스를 포위했다. 〔그러나〕 아미르들이 아프달을 미혹에 빠뜨려 왕국을 그의 손에서 빼앗고 그를 사르하드(Ṣarkhad) 성채로 보내 〔감금시켜〕 버렸다. 이집트는 아지즈의 것이 되고 다마스쿠스는 아딜의 것이 되었다. 아프달은 에티오피아[223] 출신 한 사람을 바그다드의 칼리프인 나시르에게 보내, 다음과 같은 두 행의 시로 도움을 청했다.

223) 원문은 ḤBS로 되어 있어 露譯本처럼 '연금, 감옥' 등으로 해석할 수도 있으나, 英譯本처럼 ḤBŠ로 읽어 '에티오피아 사람'으로 볼 수도 있다.

詩

나의 주군이여, 아부 바크르와 그의 교우인

우쓰만이 분노하여 검을 알리에게 휘둘렀으니,

이 이름의 글자가 어떻게 되는가를 보시오,

처음에 있는 것이 마지막에 있다면.[224]

595년 무하람월 20〔/1198년 11월 22〕일, 이집트의 군주인 말릭 아지즈 우쓰만이 사망했다. 아미르들이 모여서 아프달을 추대하니, 그가 라비 알 아발월 5〔/1199년 1월 5〕일에 이집트 변경에 〔88v〕「60r」 도착했다. 이집트에 있던 그의 형제들과 아미르들과 대인들이 영접을 나갔고, 그의 형제인 말릭 알 무아이드 마수드(Malik al-Mû'ayyid Mas'ûd)와 파흐르 앗 딘 체르케스(Fakhr ad-Dîn Cherkes) 두 사람이 영빈례를 준비했지만, 그는 형제의 집으로 갔다. 파흐르 앗 딘 체르케스는 대아미르였는데, 이로 말미암아 의심을 품고 도망쳤다. 그는 예루살렘으로 가서 그곳을 차지했는데, 〔칼리프〕 나시르의 종복들 가운데 아프달과 관계가 나빴던 사람들, 예를 들어 카라차 자르드구시(Qarâcha Zardgûsh), 사라 송코르(Sarâ Songqôr), 나불루스(Nâbulus)[225]의 城主인 마이문 카이사리(Maymûn Qayṣarî) 등이 그의 주위에 모여들었고, 모두 완전한 〔의견의〕 일치를 보았다.

그는 말릭 아딜에게 전갈을 보내 "오라! 우리가 너를 돕겠다. 이집트를 취하자!"라고 했다. 그는 마르딘을 포위하는 데 몰두했는데, 그의 욕심은

224) 알리의 이름('Alî)의 첫 음인 a를 마지막에 붙이면 'alaya, 즉 '나에게로'라는 뜻이다. 다시 말해 칼을 휘둘렀던 우쓰만도 서력 656년 정적에 의해 암살된 것을 비유해서 말한 것이다.

225) 요르단 강 西岸에 위치한 지명으로 현재 이스라엘 영내. 구약 시대에는 '세켐'(Sechem)이라는 이름으로도 알려진 곳이다.

그곳을 자신이 차지하고 이집트가 자기 손에서 빠져 나가지 않게 하려는 것이었다. 아프달은 상술한 해 라비 알 아발월 7[/1199년 1월 7]일에 카이로 시로 들어왔는데, 체르케스는 도주했고 [칼리프] 나시르 휘하의 아미르들 가운데 한 무리가 그와 연합했다는 소식을 들었다. 그는 나시르 추종자들 가운데 일부 이집트에 있던—예를 들어 샤키르(Shaqîr), 아이벡 아프타스(Aîbeg Afṭas), 일베기(Îlbegî) 등 모두 용맹한 사람들—사람들을 붙잡아 투옥시켰다. 아프달은 이집트에 자리를 잡았다. 왕국의 총독(mudabbir)은 사이프 앗 딘 바르카지(Sayf ad-Dîn Bârkaj)였다.

시리아 지방의 군주들이 아프달에게 전갈을 보내어 그에게 다마스쿠스를 점령하라고 종용했다. 아프달은 그것을 업수이 여기고 무시해 버렸다. 이 소식이 아딜에게 전해지자 그는 자신의 아들인 카밀(Kâmil)을 마르딘에 남겨 둔 채 서둘러 다마스쿠스로 왔다. 그가 나시르 휘하의 대인들을 예루살렘에서 불러들이자, 그들은 출발했고 그의 아들인 말릭 카밀도 도착하여 아딜은 그들의 든든한 지원을 받았다. 사태가 어려워질 것처럼 보이자 아프달은 이집트로 갔고, 그 형제 자히르는 알레포로 갔으며, 그의 추종자인 시르쿠흐는 힘스로 갔다.

596[/1199~1200]년 말릭 아딜은 이집트를 치려고 출정했다. 아프달은 소수의 군대를 데리고 맞으러 나와 전투를 벌였으나 패배하고, 사르하드 성채로 가서 마야파르킨, 하니(Ḥânî),[226] 자발주르(Jabaljûr)[227] 등지를 장악했다. 말릭 아딜은 이집트에 머물며 설교와 주전을 말릭 만수르(Malik Manṣûr)[228]의 이름에서 자신의 이름으로 바꾸도록 했다. 아프달

---

226) 디야르바크르에 위치.

227) 원문은 ḤYLWR 또는 JYLWR로 표기됨.

228) 아유브 왕조의 군주(재위 595/1198~596/1200). 英譯本은 설교와 주전을 말릭 만수르와 말릭 아딜 두 사람의 이름으로 하라고 번역했으나 잘못이다.

은 자기 형제인 말릭 자히르—알레포의 영주—의 도움으로 다마스쿠스를 탈환하려고 왔지만 목적을 이루지 못했다. 두 형제는 다시 말릭 아딜과 협정을 맺고, 만비즈와 아파미야(Afâmiya)와 카파르탑(Kafarṭâb)과 마아라(Ma'arra)의 두 군데 교외는 알레포에 귀속되어 자히르가 차지하고, 수마이샤트(Sumayshâṭ)와 사루즈(Sarûj)와 라스 알 아인(Râ's al-'Aîn)[229]과 함린(Ḥamlîn)은 아프달이 차지하기로 했다.

이 기간에 모술의 영주인 아르슬란 샤는 군대를 모아 아딜의 소유였던 하란(Ḥarân)[230]과 루하(Ruhâ)[231]를 차지하러 갔다. 신자르(Sinjâr)[232]와 니시빈(Niṣîbîn)[233]의 영주이자 마르딘의 영주였던 쿠틉 앗 딘 무함마드도 그와 함께 있었다. 그가 하란에 도착했을 때 날씨가 더워져 수많은 병사들이 질병으로 사망했다. 하란에 있던 말릭 아딜의 아들인 파이즈(Fâ'îz)는 사람을 보내 협약을 요청했다. 누르 앗 딘 아르슬란 샤는 〔말릭〕 아딜과 말릭 자히르와 〔말릭〕 아프달 사이에 협약을 맺었다는 소식을 듣고, 〔자신도〕 협약을 맺고 철군하여 각자 자기 거처로 돌아갔다.

599년 무하람〔/1202년 9~10〕월에 말릭 아딜은 자기 아들인 말릭 아쉬라프 무사(Malik Ashraf Mûsa)를 군대와 함께 마르딘 성채로 보냈다. 〔성을〕 공략하기 어려워지자, 그는 알레포의 영주이자 자신의 숙부였던 말릭 자히르에게 전갈을 보내서 협약을 맺도록 중재를 부탁했다. 말릭 아딜은 마르딘의 영주가 15만 디나르(dînâr-i amîrî)를 보내고 설교와 주

---

229) 시리아 북부에 터키와 접경해 있는 곳.

230) 터키 동남부에 위치. Urfa에서 동남쪽으로 38km 떨어진 곳이며, 로마제국 시대에는 Carrhae라는 이름으로 알려졌었다.

231) Urfa, Edessa 등으로도 불린 도시로, 터키 동남부에 위치.

232) 이라크 서북부에 시리아와 변경에 위치한 지명. 모술에서 서쪽으로 약 100km 정도 떨어진 곳.

233) Nusaybin이라는 이름으로도 알려졌으며, 터키 동남부에 위치. 마르딘에서 동남남 방향으로 51km 되는 지점.

전을 자신의 이름으로 한다는 조건으로 협약을 수락했다. 같은 해에 말릭 자히르는 나즘(Najm) 성채를 자기 형제인 아프달의 수중에서 빼앗았고, 말릭 아딜은 사루즈와 함린과 라스 알 아인을 그에게서 다시 빼앗아, 그에게는 수마이샤트만 남았다.

마그리브__야쿱 이븐 유수프 이븐 압둘 무민(Ya'qûb b. Yûsuf b. 'Abd al-Mû'min)이 국왕이었다. 그와 프랑크인들 사이에 여러 차례 격렬한 전쟁이 벌어졌다. 595년 라비 알 아히르월 18[/1199년 2월 17]일에 살레(Salâ) 시[234]에서 사망했다. 그의 아들 마흐무드(Maḥmûd)가 뒤를 이었다. 그의 부친에게 반란을 일으켰던 마흐디야(Mahdiyya) 시의 주민들이 그에게 복속했고, 그는 왕국을 확고히 장악했다.

파르스__…….[235]

키르만__오구즈[족]의 아미르들 가운데 하나인 말릭 디나르가 있었다. 상술한 기간의 첫해에 해당하는 591년 둘 카다[/1195년 10~11]월에 정신병으로 사망했다. 그 전에 밤(Bam)의 태수였던 그의 아들 알라 앗 딘 파루흐샤('Ala ad-Dîn Farukhshâh)가 후계자가 되었다. 구즈인들의 수령인 사이프 앗 딘 알프 아르슬란(Sayf ad-Dîn Alp Arslân)이 그의 휘하에서 떠나갔다. 파루흐샤가 592년 라잡[/1196년 6]월에 죽자 구즈인들이 많은 것들을 파괴했다.

그 뒤 타바스(Ṭabas)의 監官인 일리트(Îlît)라는 사람이 추종자들과 함께 와서, 키르만에서 호라즘 샤의 이름으로 설교를 행했다. 그 뒤 주잔(Zûzan)의 아타벡 누스라트(Nuṣrat)가 국왕이 되고, 자신의 代官인 호자

---

234) A·B: MHDYH SLA; T: MDYNH SLA. T본이 옳다. Sale는 대서양에 연한 모로코 해안 지역에 위치한 도시. Wadi Bou Regreg 河口, Rabat 맞은편에 있다.

235) 原缺.

라디 앗 딘(Khwâja Raḍî ad-Dîn)을 궁정으로 파견했다. 그 뒤 후삼 앗 딘 우마르 호라즈미(Ḥusâm ad-Dîn 'Umar Khwârazmî)가 태수가 되었다. 호라즘 샤가 사망했을 때 구즈인들은 〔89r〕「60v」 다시 도시로 왔다. 후삼 앗 딘이 사망하자 그의 아들이 〔그 자리에〕 앉았으나, 〔주민들은〕 그를 탐탁하게 여기지 않아 시에서 추방했다. 이크(Îk)[236]의 무바리즈와 그의 형제가 구즈인들을 막기 위해 왔다. 그들의 수령인 알프 아르슬란은 패배하여 파르스로 갔다. 이크의 국왕들이 파르스와의 적대 관계 때문에 자기 고장으로 돌아가자, 알프 아르슬란은 되돌아왔다. 〔그러나〕 이크의 니잠 앗 딘이 다시 이크에서 와서 태수가 되었다. 그 뒤 말릭 디나르의 아들인 아잠 샤('Aẓam Shâh)—그 전에 후라산에 갔었다—가 다시 돌아와 구즈〔인들〕과 연합했다. 시민들은 이크의 니잠 앗 딘을 붙잡아 그들에게 넘겼다. 아잠 샤는 국왕이 되었고, 파르스에서 군대가 와 니잠 앗 딘을 요구하자 그들에게 그를 넘겨주었다.

시스탄_ …….[237]

### 상술한 기간 동안 벌어진 기이한 사건들

…….[238]

〔이상에서〕 '타울라이 일', 즉 토끼해—회력 591년 라비 알 아발〔/1195년 2~3〕월에 시작—의 처음부터 '통쿠즈 일', 즉 돼지해—599년 주마다 알 아히르〔/1203년 2~3〕월에 시작—의 마지막까지, 즉 9년 동안—그 마지막 해에 칭기스 칸은 마흔아홉 살이었다—칭기스 칸과

236) Shabankara에 있는 성채의 이름.

237) 原缺.

238) 原缺.

동시대에 있던 동방에서 서방까지의 각 지방과 왕국들의 말릭들과 술탄들과 칼리프들과 제왕들과 아타벡들의 역사를 간략하게 기록했다. 그 후의 칭기스 칸의 역사에 대해서 다시 자세히 설명하도록 하자. 지고한 신께서 도우신다면!

## 【제4절】

'쿨루카나 일', 즉 쥐해—600년 주마다 알 아히르[/1204년 2~3]월에 시작—의 시작부터 '모린 일', 즉 말해—606년 샤반[/1210년 1~2]월에 시작—마지막에 이르기까지의 7년 동안, 칭기스 칸의 역사. 그 마지막 해에 칭기스 칸은 56살이었다.

이 기간 동안 그는 타양 칸과 전쟁을 했고 그를 죽였다. 9개의 하얀 발을 가진 깃발을 세웠고, 그에게 '칭기스 칸'이라는 칭호가 붙었다. 여러 차례 탕구트로 출정했고, 메르키트의 군주인 톡타이, 타양 칸의 아들인 쿠쉴룩과의 전쟁에 몰두했으며, 위구르의 군주를 귀순하라고 소환했다.

### 웅구트의 군주가 칭기스 칸에게 타양 칸의 의도를 알려 준 이야기 [89v] 「61r」

'쿨루카나 일', 즉 쥐해—600년 주마다 알 아히르[/1204년 2~3]월에 시작—봄, [나이만의] 군주 타양 칸은 조카난(Jôqânân)[1]이라는 사신을 웅구트 종족의 군주인 알라쿠시 티긴 쿠리에게 보내어, "전하는 바에 따르면 변경에 새로운 군주—그는 칭기스 칸을 가리켰다—가 나타났다고 하는데, 내가 분명히 알기로 하늘에는 태양과 달이 둘 있지만, 지상에서 어떻게 두 사람의 군주가 한 왕국에 있을 수 있겠는가. 그대는 나의 오른손이 되어 군대로써 [나를] 지원하여 그의 활통(kîsh),[2] 즉 그의 직위(manṣab)를 빼앗아 버리자"라고 말했다. 알라쿠시는 자신의 심복들 가운데 토르비 다시(Tôrbî Dâsh)[3]라는 사람을 칭기스 칸에게 보내어 상

---

1) 『親征錄』의 月忽難(Yoqunan), 閻復의 「高唐王忠獻王碑」의 卓忽難(Joqunan). 그러나 『秘史』 190절의 Yuqunan은 알라쿠시가 칭기스 칸에게 보낸 사신으로 기록되어 있다.

2) 이 역시 英譯本에서는 'sable'이라고 번역했다. 『秘史』 189절도 타양 칸이 "몽골인들에게 가서 그들의 활통(qor)을 빼앗아 오자!"고 말했다는 구절이 보인다.

3) 『親征錄』의 朶兒必塔失. 그러나 『秘史』 190절의 Torbi Tash는 타양 칸이 알라쿠시에게 보낸 사신으로 기록되어 있다.

황을 알려 주고, 가장 최상의 방법을 택해 귀순했다. 이 이야기는 적절한 곳에서 이야기할 것이다. 完!

**칭기스 칸이 타양 칸과 전쟁을 하기 위해 출정한 것과 타양 칸이 패배당한 것에 관한 이야기**

비록 칭기스 칸은 타양 칸이 적대한다는 것을 〔전부터〕 알았지만, 사신 토르비 다시의 말을 통해 상술한 이야기를 새롭게 듣고 〔그의 적개심을〕 깨닫자, 그는 앞에서 말한 쥐해 봄에 테메게인 툴쿤추트(Temegîhîn Tûlkûnchût)[4]라는 곳에서 쿠릴타이를 열었다. 아미르들은 한결같이 "우리의 말들이 여위었으니, 살찌게 한 뒤 가을에 출정합시다"라고 말했다. 칭기스 칸의 숙부[5]인 옷치긴 노얀이 "오, 누케르들이여! 어째서 말의 수척함을 구실로 삼는가? 우리가 그런 말을 들었으니 출정하자. 어떻게 타양 칸으로 하여금 우리를 잡게 하겠는가. 우리가 〔먼저 그를〕 잡자! 그리고 〔사람들로 하여금〕 '그들이 이곳에서 타양 칸을 잡았다'고 말하게 하자. 우리는 명성을 얻을 것이다. 그러니 우리가 그를 잡든 아니면 그가 우리를 잡든, 그것은 위대한 신께서 알아서 하실 것이니, 우리는 반드시 출정하도록 하자"고 말했다. 그 뒤 칭기스 칸의 형제인 벨구테이가 칭기스 칸에게 이렇게 말했다. "만일 나이만 종족이 당신의 활통을 빼앗는다면, 우리의 뼈들을 한 곳에 〔모아서〕 헤아리지 않을 것이다. 그들은 거대한 울루스와 수많은 가축을 갖고 있기 때문에 〔우리를〕 지배하려고 한다. 거대한 울루스와 수많은 가축으로 그가 무엇을 할 수 있겠는가? 만일 우리가 먼저 손을 쓴다면 그의 활통을 빼앗는 것이 무엇이

4) 『秘史』 190절에는 Teme'en Ke'er와 Tülkin Che'üd라는 지명이 보인다. Temegîhîn Tûlkûnchût는 Temege-yin Tülkünchüt('테메게의 툴쿤추트')를 옮긴 것으로 보인다.

5) 원문에는 '숙부'라고 되어 있지만 '동생'이 되어야 옳다. cf. 『元史』 卷上 「太祖紀」, p.12.

힘들겠는가?"

칭기스 칸은 그의 말에 흡족해 하며 보름날에 타양 칸과 칼라(Qalâ')라는 강에 있는 켈테게이 카다(Kâltâgâî Qadâ)라는 곳[6]에서 전투하기 위해 출정했다. 한동안 그곳에 주둔했지만 전투가 벌어지지 않았다. 다시 한 번 그 쥐해의 가을에 모두 모이자, 먼저 쿠빌라이[7]와 제베를 선봉으로 파견했다. 타양 칸은 캉가이(Qanggăî) 지방 부근의 알타이(Altâî) 강[8]에 있었다. 〔칭기스 칸이 보낸〕 선발대(pîsh-ravân)가 귀환했다. 메르키트의 군주 톡타이, 그곳으로 도망쳤던 케레이트의 아미르인 알린 타이시, 오이라트 종족〔과〕 그들의 수령 〔쿠투카 베키〕 등은 〔몽골의〕 말이 여윈 것을 보았다. 타양 칸과 아미르들, 두르벤·타타르·카타킨·살지우트 종족들이 모두 타양 칸에게 모여 있었다.

그런데 배에 안장을 묶은 회색 말 한 마리가 칭기스 칸의 군대에서 도망쳐 나이만 군대 속으로 가버린 일이 발생했다. 그들은 말이 여윈 것을 보고, 타양 칸은 아미르들과 상의하여 말하기를 "몽골인들의 말이 여위었다. 개싸움(jang-i sag)을 하면서, 우리는 천천히 뒤로 물러나 그들이

---

6) 『秘史』 191절에는 칭기스 칸이 Abjiğa Köteger에서 이동하여, Qalqa 강에 있는 Or Nu'u라는 산의 Keltegei Qada에 진을 친 것으로 기록되어 있다. 또한 『親征錄』에도 哈勒合(Qalqa) 河의 建忒該(Keltegei) 山(qada)이라는 지명이 보이는 것으로 미루어, 『集史』의 Qalâ'는 Qalqâ의 誤寫가 아닌가 추정된다.

7) A·B: QWTYLAY; T: QWBYLAY.

8) A본은 "Qanqâî 부근의 강", B본은 "Qanqâî 부근의 Altâî 강", T본은 "Qanggătâî 지방 부근의 Altâî 강"이라고 되어 있다. 『親征錄』에 따르면 "太陽可汗이 按臺(Altai)에서 와, 沆海(Qanggăi) 山의 哈只兒兀孫(Qajir Usun) 河에 둔영을 쳤다"는 기록이 보인다. 『秘史』 194절에도 타양 칸이 Qanggăi의 Qachir Usun에 있었다고 되어 있다. 캉가이 산맥과 알타이 산맥 사이에는 상당한 거리가 있어 "캉가이 부근의 알타이 강"이라는 구절을 받아들이기 힘든 점도 있으나, 『元史』 권4 「世祖 一」(p.65)에 "阿里不哥僭號于和林城西按坦河"라는 문장이라든가, 라시드 앗 딘이 뒤에서 아릭 부케가 "Altâi에 있는 夏營地"에서 즉위했다는 기록(Rashid/Boyle, p.251)을 한 것으로 볼 때, 캉가이 부근에도 '알탄' 또는 '알타이'라는 이름의 강이 있었던 것으로 보인다.

우리를 뒤따라오도록 만들어서, 그들의 말들은 더욱 지치고 우리의 말들은 바락(barâq)[9]이 되도록 하자. 그 뒤에 맞서서 전투를 벌이도록 하자"고 했다. 이 말에 대해서 타양 칸의 대아미르들 가운데 하나인 코리 수바추라는 사람은 "당신의 부친 이난치 카안은 자신의 등과 말의 엉덩이를 어떤 사람에게도 보여 준 적이 없었는데, 당신은 금세 두려워하는군요. 이럴 것 같으면 구르베수 카툰을 불러 오는 것이 낫겠소"라고 대답했다. 그녀는 〔타양 칸이〕 아끼는 부인이었다. 그 아미르는 이 말을 내뱉고는 화가 머리 끝까지 올라가 버렸다. 그런 까닭으로 말미암아 타양 칸은 〔할 수 없이〕 전투를 했다.

칭기스 칸은 주치 카사르에게 "너는 '콜'(qôl),[10] 즉 중군을 지휘하라!"고 지시하고, 자신은 군대를 정열(yâsâmîshî)시켰다. 자무카 세첸이 멀리서 칭기스 칸의 戰列을 보고는 누케르들에게 얼굴을 돌리며 말하기를, "〔나의〕 의형제, 즉 칭기스 칸의 대형과 전열은 남다르다. 나이만 종족은 송아지의 껍질조차 다른 사람에게 남겨 주지 않으니, 누가 그들에게서 도움을 받겠는가?"라고 하면서, 〔타양 칸의 군대에서〕 떨어져 밖으로 나가 전투에서 도망쳤다.

그날 커다란 전투가 벌어졌다. 밤이 가까워졌을 때 타양 칸의 군대가 패배하고 전투에서 물러났다. 타양 칸은 깊은 상처를 많이 입었고, 그의 몸 여러 곳이 심하게 찢겨 가파른 산기슭으로 피신했다. 코리 수바추와 몇 명의 다른 아미르들이 그와 함께 있었는데, 그들이 아무리 〔90r〕「61v」 그를 일으켜 전투에 임하게 하려고 노력했지만, 그는 심한 상처 때문에 움직일 수 없었다. 그 뒤 코리 수바추는 다른 아미르들에게 "당

9) barâq은 털이 많고 사나운 개의 이름이다. 이에 대해서는 『부족지』, p.111의 주 21)을 참조하시오.
10) 몽골어의 ğol은 '중앙, 중군'을 뜻한다. 좌익은 je'ün ğar, 우익은 bara'un ğar라 불렸다.

신들은 내가 그에게 한마디 할 때까지 참으시오. 내가 확신하건대, 그 말은 그를 자극하여 일으킬 수 있을 것이오!"라고 말했다. 그리고는 이렇게 말했다. "타양 칸이여! 우리는 산기슭을 올라가는 산염소와 같습니다. 일어나서 싸웁시다!" 〔그러나〕 이 말에도 불구하고 그는 아무런 힘을 내지 못하고 일어서지 않았다. 다시 한번 그가 말했다. "오, 타양 칸이여! 당신의 카툰들 모두, 특히 당신이 사랑하는 구르베수가 〔예쁘게〕 단장하고 오르두들을 가지런히 한 채 당신을 기다리고 있소. 일어나서 갑시다!" 그는 이 말도 들었지만 역시 움직일 수 없었다. 〔그러자〕 코리 수바추는 아미르들에게 "만일 그에게 조금만이라도 인내심이 있다면 몸을 움직이거나 대답이라도 했을 것이다. 이제 그가 죽는 것을 우리가 보기 전에, 우리가 죽는 것을 그가 보도록 나가서 전투를 합시다"라고 말했다.

그들은 산기슭에서 내려와 격렬한 전투를 벌였고 〔모두〕 죽음을 당했다. 칭기스 칸은 그들을 산 채로 손에 넣고자 했지만, 그들은 이를 단호히 거부하고 죽음을 당했다. 이에 칭기스 칸은 놀라며 그 단호함과 충성심에 탄복하면서 "저런 누케르들을 갖고 있는 사람에게 무슨 걱정이 있겠는가!"라고 말했다. 밤이 되었을 때 타양 칸의 군대는 패배했고 칭기스 칸은 그들을 추격했다. 패배한 사람들은 극도의 두려움으로 말미암아 험한 산지로 들어갔다. 나쿠 쿤(Nâqû Qûn)[11]이라는 가파르고 거친 산에서 밤중에 수많은 나이만 병사들이 미끄러지고 굴러떨어져 죽었다. 이 일화는 몽골인들 사이에 아주 유명하다. 그 전투에서 두르벤, 타타르, 카타킨, 살지우트 종족들이 모두 귀순하여 칭기스 칸의 어전으로 왔다. 메르키트는 오지 않고 도망쳤다. 타양 칸의 아들인 쿠쉴룩은 도망쳐 자기 숙부인 부이룩 칸에게로 갔다. 〔90v〕「62r」

11) 『親征錄』의 納忽(Naqu) 崖, 『秘史』의 Naqu Qun. qun은 몽골어로 '절벽'을 뜻한다.

### 칭기스 칸이 메르키트 종족에게 원정하여 그들을 패배시킨 이야기

그 뒤, 같은 해인 쥐해—회력 600[/1204]년—겨울, 칭기스 칸은 메르키트의 군주인 톡타이 베키와 전쟁하기 위해 출정했다. 그들 가운데 여러 종족들이 타양 칸과 연합했었고, 그가 패배한 뒤에 도망쳤었다. 도중에 그는 먼저 메르키트에 속하는 한 종족을 [만났는데,] 우와즈(Ûwaz)[12] 메르키트라고 불렸고 그들의 수령은 다이르 우순(Dâîr Ûsûn)이었다. 그들은 타르 무렌(Târ Mûrân)[13]이라는 강 상류에 진을 쳤는데, "우리는 전투할 생각이 없다"고 하면서, 다이르 우순은 자신의 딸 쿨란 카툰을 데리고 칭기스 칸의 어전으로 와서 배알(hûljâmîshî)[14]했다. "그들에게는 칭기스 칸을 모실 때 사용할 말이나 가축들이 없습니다"라고 하자, 칭기스 칸은 그들을 백호들로 나누고 그들 위에 監官을 임명하여 유수진(ağrûqhâ)에 배치하라고 명령했다.

칭기스 칸이 출정한 사이에 그들은 다시 반란을 일으켜 유수진들을 약탈했다. 유수진에 남아 있던 사람들이 모두 모여 [그들과] 전투를 벌여, 그들이 빼앗아 간 것은 모두 되찾았고, 그 종족은 도망쳐 가버렸다. 칭기스 칸이 출정하여 우두이트 메르키트 종족을 다이칼 코르간(Dâîqâl Qôrğân)[15]이라 불리는 성채(qal'a) 안에 포위하고 모두를 포로로 잡은 뒤 돌아왔다. 톡타이는 자기 아들들과 함께 타양 칸의 형제이며 독자적인

---

12) A: AWRAR; B·T: AWWAZ. 후자가 옳다. 『부족지』(p.171)에서는 AWHZ로 표기했다.

13) A: AR MWRAN. B·T: TAR MWRAN. 『親征錄』에는 "迭兒惡河源의 不剌納矮胡之地"라는 기사가 보인다.

14) ûljâmîshî라고도 표기되는 이 단어에 대해서는 本田實信, 「モンゴル・トルコ語起源の術語」, pp.411~414; Doerfer, I, pp.169~173을 참조하시오. hûljâ/ûljâ는 '전리품'을 뜻하는 몽골어 olja를 옮긴 말이다.

15) A·B: RAJWN; T: DAYQAL QWRĞAN. 『親征錄』에는 泰寒塞, 『秘史』 198절에 있는 taiqal qorğa가 이에 해당하므로 T본의 표기가 정확하다. 『秘史』에는 이 두 단어가 각각 '山頂'과 '寨子'라는 對譯이 붙어 있어 일반 명사로 이해되고 있다.

왕국과 군대를 갖고 있던 부이룩 칸에게 도주했다. 우와즈 메르키트 종족—그 수령은 다이르 우순이었다—이 다시 반란을 일으켜, 셀렝게 강 부근의 쿠루 캅찰(Qûrû Qabchâl)[16]이라는 성채로 들어가 그곳에 자리를 잡았다. 칭기스 칸은 보로굴 노얀, 칠라우칸 바하두르의 형제인 침바이(Chîmbâî),[17] 두 사람에게 우익의 군대를 주어 그들을 처리하는 일을 위임했다. 그들은 그곳으로 가서 성채에 피신해 있던 그 종족을 모두 붙잡았다.

**칭기스 칸이 탕구트라고 불리는 카신 지방으로 출정하여 정복한 이야기**

'후케르 일', 즉 소해—회력 601년 주마다 알 아발〔/1204년 12~1205년 1〕월에 시작—가 상서롭게 시작되었다. 칭기스 칸은 군대를 정비하라고 지시하고, 탕구트라고 불리는 카신 지방을 향해서 출정했다. 그들이 그 지방으로 갔을 때, 먼저 리킬리(Lîkilî)[18]라고 불리는 매우 견고한 성채에 이르렀다. 성채를 포위하고 짧은 기간 안에 함락시킨 뒤, 성벽과 보루를 모두 허물어 버렸다. 거기서 킹로스(Kînglôs)[19]라는 매우 커다란 도시로 갔다. 그것 또한 정복하고 약탈했다. 그들은 탕구트 지방의 일부 다른 곳들을 정복·약탈하고 그 부근에 있던 가축들을 빼앗아 모두 끌고 왔다. 매우 많은 전리품과 무수한 가축과 낙타들을 데리고 귀환하여 칭기스 칸의 어전으로 돌아왔다.

---

16) 『親征錄』의 "薛良格(Selengge) 河의 哈剌溫(Qala'un) 隘(qabchal)"이 이에 해당한다.

17) 『秘史』에는 칠라운의 형 Čimbai; 『親征錄』에는 赤老溫拔都의 弟 闖拜로 기록되어 있다.

18) A·B: LYBLKY; T: LYKY. LYKLY의 誤寫로 추정된다. 『부족지』(p.234)에는 Lîkî로 표기되었다. 『親征錄』에는 '力吉里(Likili)'로 나온다.

19) A·B·T: KLNKLWŠY. 아마 KYNKLWS의 誤寫일 것이다. Cf. 『부족지』(p.234)의 Asâ Kînglôs; 『親征錄』과 『元史』의 經落思.

**칭기스 칸이 대쿠릴타이를 열어 9개의 다리를 지닌 흰 깃발〔九游白纛〕을 세우고 '칭기스 칸'이라는 칭호를 받은 것, 그리고 나이만의 부이룩 칸에게 출정하여 부이룩 칸을 사로잡은 것에 관한 이야기**

상서로움과 축복으로 '파르스 일', 즉 호랑이해—회력 602년 라잡〔/1206년 2~3〕월[20]에 시작—가 찾아왔다. 초봄에 칭기스 칸은 〔91r〕「62v」 9개의 다리를 지닌 흰 깃발을 세우고, 많은 사람들과 함께 장엄하게 쿠릴타이를 열어, 축복을 받으며 보좌에 앉았다. 이 칭호를 정한 사람은 콩코탄 종족 출신인 뭉릭 에치게의 아들 쿠케추(Kôkechû)—텝 텡그리(Tep Tengrî)라고도 부른다—였다. '칭'의 뜻은 '강하고 단단하다'는 것이며, '칭기스'는 그 복수형이다. 카라키타이 대군주들의 칭호인 구르 칸이 '강하고 위대하다'는 뜻을 갖는 것과 비슷하다.

그 회의가 끝나고 쿠릴타이가 종료되자 그들은 부이룩 칸에 대해서 원정을 나섰다. 그는 울룩 탁(Uluğ Ṭâq) 부근의 수자우(Sûjâûû) 강이라는 곳[21]에서 사냥(qûshlâmîshî)을 하고 있었는데, 낌새를 차리지 못했다. 칭기스 칸과 그의 군대는 항거할 수 없는 운명처럼 그들 위를 덮쳐, 그를 죽이고 그의 왕국과 가옥, 부인과 자식, 말 떼와 가축을 빼앗았다. 그의 조카인 쿠쉴룩 칸은 자기 부친 타양 칸이 살해되었을 때 〔도망쳐 숙부인 부이룩 칸에게로 왔었고, 메르키트의 군주 톡타이 베키도 앞에서 설명한 것처럼 그에게로 왔었다. 이들 두 사람은 도망쳐〕[22] 나이만 지방의 변경인 에르디시(Erdîsh)라는 곳에 〔피신해〕 있었는데, 그들의 최후 정황

---

20) A본에는 '라잡'이라는 月名이 빠졌으나, B·T본에는 나와 있다.

21) 『親征錄』의 "兀魯塔(Uluğ Tağ) 山의 莎合(Soqoq) 水", 『秘史』 158절의 "Uluğ tağ의 Soqoğ Usun". 이곳은 몽골리아의 서북부에 있으며, 지금도 Soğoğ라는 강이 있다고 한다(東經 90도, 北緯 48도). Cf. 「元朝秘史に現われる地·水名」, p.581.

22) 이 부분은 A·B본에는 누락되어 있어, T본에 근거하여 옮겼다.

에 대해서는 뒤에서 이야기할 것이다. 존귀한 신께서 뜻하신다면!

### 몽골인들이 카신이라고 부른 탕구트 지방을 정복한 이야기

탕구트 지방이 반란을 일으켜 물자를 보내지 않고 〔명령을〕 받들지 않았기 때문에, 토끼해—603년 라잡〔/1207년 2〕월에 해당—가을에 칭기스 칸은 다시 한번 그곳으로 출정했다. 그때 그 지방 전체를 정복하여 승리를 거두고 당당히 귀환했다.

### 키르키즈의 아미르들과 그 지방이 귀순한 이야기

상술한 토끼해에 칭기스 칸은 두 사람의 사신—한 사람의 이름은 알탄(Altân)이고, 또 하나는 부라(Bûra)[23]—을 키르키즈의 아미르들과 지배자들에게 파견했다. 그들은 먼저 ……[24]이라는 지방에 도착하여 그곳의 아미르인 ……[25]에게 말했다. 그 뒤 이티 오론(Îtî Ôrôn)[26]이라는 또 다른 지방으로 갔는데, 그곳의 아미르는 우루스 이날(Ûrûs Înâl)[27]이라 불렸다. 그 두 사람의 아미르는 사신들을 극진히 환대했다. 그들은 자기 휘하에 있던 일릭 티무르(Ilîg Timûr)라는 사람과 아트 키락(At Qîrâq)[28]이라는 또 한 사람을 그 사신들과 함께 보내면서, 흰색 송골매(songqôr)를 바

---

23) 『親征錄』에는 두 사신의 이름이 按彈(Altan)과 不兀剌(Bu'ura)로 나와 있다.

24) 原缺.

25) 原缺.

26) A·B·T본 모두 YTY AFRWN로 되어 있으나 YTY AWRWN의 誤寫이다. 투르크어로 yeti/yiti는 '일곱'을, oron은 '장소, 지점'을 의미한다.

27) 『親征錄』의 斡羅思亦難(Oros Inal). 그와 함께 阿里替也兒(『秘史』의 Al Di'er)라는 部將의 이름이 언급되고 있는데, 앞에서 결락된 또 한 명의 아미르의 이름이 그가 아닐까 추측된다.

28) A·B: AYQ?RAQ. T본의 ATQYRAQ이 옳을 것이다. 『親征錄』에는 亦力哥帖木兒(Ilig Temür)와 阿忒黑拉(At Qira)라는 두 명의 사신이 언급되어 있다.

치고 칭기스 칸에게 귀순했다.

**거듭 전쟁을 벌이고 반란을 일으켰던 메르키트의 군주 톡타이 베키를 사로잡아 살해한 이야기**

칭기스 칸은 탕구트와 키르키즈 지방에서 승리하고 돌아왔고, 그 지방의 아미르들도 복속했기 때문에, 용해—604년 라잡[/1208년 1~2]월에 시작—에 자신의 집으로 돌아와 거기서 여름 전부를 보냈다. 겨울에는 톡타이 베키와 쿠쉴룩—두 사람 모두 부이룩 칸과 전쟁을 벌였을 때 도망쳐 에르디시 지방으로 갔었다—을 치기 위해 상서롭게 출정했다. 도중에 군대의 전초병과 선봉대가 갑자기 쿠투카 베키를 수령으로 하는 오이라트 종족과 마주쳤다. 그 종족은 전쟁과 적대를 할 만한 힘이 없었기 때문에 귀순해 와서 칭기스 칸 군대를 위해 향도 역할을 했다. 그들은 메르키트의 군주 톡타이 베키와 타양 칸의 아들 쿠쉴룩 칸을 급습하여 두 사람을 모두 격파하고, 그들의 재산과 말 떼와 가축을 모두 약탈했다. 톡타이는 전투에서 죽었고, 쿠쉴룩은 소수의 사람들과 함께 빠져 나가 카라키타이 지방의 구르 칸에게 피신하여 한동안 그곳에 머물렀다. 구르 칸은 그를 위무해 주었고 '아들'이라 불렀다. 얼마 후 [91v] 「63r」 자신의 딸을 그에게 주었는데, 그의 최후 상황에 대해서는 뒤에서 이야기하도록 하겠다.

**위구르 종족이 귀순하여 칭기스 칸이 그들의 군주 이디쿠트에게 은사를 내린 이야기**

'모가이 일', 즉 뱀해—605년 샤반[/1209년 2~3]월에 시작—의 봄, 위구르의 군주 이디쿠트는 칭기스 칸의 위용과 관용에 관한 소문을 들었다. 당시 위구르인들은 구르 칸에게 공납을 바쳤고, [구르 칸의] 대아미르 가운데 하나인 샤우감(shawgam)[29]이라는 사람이 監官의 직무를 수행하며 그들을 장악했다. 이디쿠트는 칭기스 칸 쪽으로 기울어 감관 샤우감을 죽이고, 칭기스 칸의 어전에 사신들을 보내기로 결정했다.

그 소식이 칭기스 칸의 귀에 들어오자 두 명의 사신을 이디쿠트에게 보냈다. 한 사람의 이름은 알프 우누크(Alp Ûnûk)이고, 또 한 사람의 이름은 다르바이(Darbâî)였다.[30] 그들이 도착하자 이디쿠트는 매우 기뻐하며 그들을 공손히 환대하고 여러 방식으로 위무해 주었다. 그리고 그들과 함께 자기 휘하에서 두 명의 사신을 칭기스 칸의 어전으로 보내—한 명은 부쿠시 이시 아이구치(Bûkûsh Îsh Aîğûchî)이고, 또 한 명은 알긴 티무르 투툭(Alğîn Tîmûr Tûtûq)이었다[31]—그들의 입을 통해서 다음과 같이 아뢰었다.

"오고 가는 사람들에게서 세상을 장악하고 지배하는 군주의 용맹과 위용에 대해 들었습니다. 저희는 카라키타이의 군주 구르 칸에게 반란을 일으켰습니다. 〔이제〕 사신들을 보내 구르 칸의 정황을 비롯하여 많든 적든 제가 아는 다른 모든 것들을 아뢰고 성심을 다해 힘을 〔다하겠습니다〕. 제가 이런 생각을 하고 있는 참에 칭기스 칸의 사신들이 먼저 도착했습니다. 마치 하늘에 구름이 걷혀 맑게 개고 그 속에 있던 밝은 태

---

29) 실제로 이는 이름이 아니라 '少監'이라는 관직명을 나타낸다.

30) A·B: DWRBAY; T: DRBAY. 후자가 옳다. 『秘史』 238절에 따르면 칭기스 칸이 보낸 두 사신의 이름은 Adqiraq와 Darbai였고, 『親征錄』에는 按力也不奴(또는 安魯不也)와 兒兒拜(또는 荅兒班)였다.

31) 『親征錄』에는 두 사신의 이름이 別吉思(Bekish)와 阿鄰帖木兒(Alin Temür)로 나와 있다. 『集史』의 Bûkûsh는 別吉思에 해당되고, Îsh Aîğûrchî는 官名으로 보인다. îsh는 투르크어에서 '사무, 일'을 나타내고, aîğuchî—A본에는 AYĞWRCY로 되어 있으나 B·T본에는 AYĞWCY로 표기—는 '言官'이라는 뜻이다. 즉, ish aiğuchi는 국가의 중요한 사무를 보고하는 임무를 수행하는 관리인 셈이다. Alğîn Tîmûr 역시 阿鄰帖木兒에 상응하는 이름이며, Tûtûq은 tutuq(都督)이라는 官名을 나타낸 것이다.

양이 밖으로 나온 듯했고, 강 위에 얼어붙었던 얼음들이 깨져 맑고 깨끗한 물이 보이는 것과 같다고 생각하면서, 마음속에는 커다란 기쁨이 가득 찼습니다. 그래서 저는 이 위구르 지방을 모두 바치고 칭기스 칸의 종이자 아들이 되고자 합니다." 그는 이런 내용의 청원을 올렸다.

이에 앞서서 이야기한 바와 같이 톡타이 베키는 전투에서 활에 맞아 사망했고, 그의 형제인 쿠두와 아들들인 칠라운과 마자르와 쿨투칸 메르겐(Qûltûqân Mergân)[32]—〔이는〕 명사수라는 뜻이고 그가 그러했기 때문에 그를 '메르겐'이라고 불렀다—, 간단히 말해 이들 네 명은 전투에서 목숨을 건졌다. 그들은 톡타이의 시체를 수습하고자 했지만 적당한 기회를 찾지 못했기 때문에 서둘러 그의 머리를 갖고 에르디시에서 도망쳐 위구르 지방으로 왔다. 그들은 에부겐(Ebûgân)이라는 이름을 가진 사신을 이디쿠트에게로 보냈는데 이디쿠트는 그 사신을 죽였다. 그로 말미암아 잠 무렌(Jam Mûrân)[33]이라는 강에서 전투가 벌어졌지만 패배하여 이들 네 사람은 쿠쉴룩과 함께 거기서 도망쳐 다른 변경 지역으로 갔는데, 이에 관해서는 뒤에서 설명할 것이다. 이디쿠트는 그들이 칭기스 칸의 적이라는 사실을 알았고, 그 때문에 그들을 〔그곳에〕 머물지 못하도록 하고 전투를 해서 쫓아냈다. 그리고 그 사실을 알리기 위해 자기 휘하에 있는 네 명의 누케르들—그들의 이름은 아르슬란 우게(Arslân Ûgâ), 차룩 우게(Chârûq Ûgâ), 풀라드 티긴(Pûlâd Tîgîn), 이날 카야 숭치(Înâl Qayâ Sûngchî)[34]—을 칭기스 칸의 어전으로 보냈다. 〔칭기스 칸

---

32) A·B: NWRGAN; T: QWLTWQAN MRGAN. T본이 정확하다. 몽골어에서 '명사수'는 mergen이라 불렀다. 『親征錄』에는 火都, 赤剌溫, 馬札兒, 禿薛라는 네 명의 이름이 거명되었다.

33) 『親征錄』의 嶄河.

34) 『親征錄』에는 이들 사신의 이름이 阿思蘭斡乞(Arslan Üge), 孛羅赤斤(Bolad Chigin), 亦難海牙(Inanchi Qaya), 倉赤(Changchi)로 기록되어 있다.

은] 이에 대해서 흡족하게 생각했다.

앞에서 [설명한 것]에 의거해서, 앞에서 말한 두 사람의 사신이 칭기스 칸의 사신들과 함께 도착해 그 말을 아뢰자, 칭기스 칸은 은사를 내려 "만일 이디쿠트가 진실로 힘을 다 바칠 마음을 갖고 있다면, 그가 창고 안에 가지고 있는 것을 자신이 직접 갖고 오도록 하라!"는 칙령(yarlîğ)을 내렸다. 이 임무를 수행하기 위해 다시 한번 알프 우누크와 다르바이를 돌려보냈다. 그들이 그곳에 도착하자 이디쿠트는 창고의 문을 열고 [그 안에 있던] 화폐와 물품들 가운데 적당하다고 생각되는 것들을 골라서 칭기스 칸의 어전으로 향했다.

칭기스 칸이 두 번째로 사신을 이디쿠트에게 보낸 것은 '모린 일', 즉 말해—606[/1210]년에 해당—였고, 그는 [그해] 여름 자신의 오르두에 머물렀다. [92r] 「63v」 이디쿠트는 [칭기스 칸에게 오기 위해] 여전히 준비를 하는 중이었고, 아직 도착하지 않았다. 가을이 왔고, 칭기스 칸은 카신이라 불리는 탕구트로 출정했다. 에리카이(Erîqay)[35]라는 도시에 도착해서, 탕구트 왕국을 정비하라고 지시했다. 탕구트의 군주는 딸을 그에게 주었고, [칭기스 칸은] 당당하게 귀환했다. 그가 상서롭게 귀환했을 때 이디쿠트가 도착했고, 카를룩의 군주인 아르슬란 칸(Arslân Khân)도 귀부해 왔다. '코닌 일', 즉 양해—607[/1211]년에 해당—봄이었다. 그런 까닭으로 이디쿠트에 관한 모든 이야기는 아르슬란 칸의 이야기와 함께 뒤에서 나올 것이다. 사람들에게 평안이 있기를!

[이상에서] '쿨루카나 일', 즉 쥐해—회력 606년 주마다 알 아히르 [/1204년 2~3]월에 시작—의 시작부터 '모린 일', 즉 말해—606년 샤

---

35) 寧夏를 가리킨다. 이에 관한 자세한 내용은 이 책(A본 115v)을 참조하시오. Cf. 『부족지』, p.234 주 174).

반〔/1210년 1~2〕월에 시작—마지막에 이르기까지의 7년 동안—그 마지막 해에 칭기스 칸은 쉰여섯 살이었다—의 칭기스 칸의 역사에 대해서 자세히 서술했다. 이제 이 7년 동안 칭기스 칸과 동시대에 동방에서 서방에 이르기까지 여러 지방에 있던 술탄, 칼리프, 군주, 말릭, 아타벡들의 역사에 대해서 서술해 보도록 하자. 그 뒤 다시 이 기간 후의 칭기스 칸의 역사에 대해서 설명하도록 하자. 존귀한 신께서 뜻하신다면!

**'쿨루카나 일', 즉 쥐해—회력 600년 주마다 알 아히르〔/1204년 2~3〕월에 시작—의 시작부터 '모린 일', 즉 말해—606년 샤반〔/1210년 1~2〕월에 시작—의 마지막에 이르기까지의 7년 동안, 키타이와 마친과 카라키타이와 투르키스탄과 마와라안나흐르의 군주들의 역사, 이란 땅과 시리아와 이집트와 마그리브와 룸과 기타 지방에 있던 칼리프들과 술탄들과 말릭들과 아타벡들의 역사, 그리고 상술한 기간 동안에 이 나라들 안에서 일어난 기이한 사건들에 관한 간략한 서술**

**상술한 기간 동안 키타이에 있었던 군주들의 역사**

찬준(Chanzûn)[36]: 〔재위〕 19년 가운데 2년은 이전이고 10년은 이후이며, 7년〔이 일치하는 기간〕.

**상술한 기간 동안 마친에 있었던 군주들의 역사**

닝준(Nîngzûn)[37]: 〔재위〕 32년 가운데 8년[38]은 이전이고 17년은 이후이

36) 金의 6대 황제 章宗(1190~1208).
37) 남송의 4대 황제 寧宗(1195~1124).
38) A본에는 7년이라고 되어 있으나, B·T본의 8년이 옳다.

며, 7년〔이 일치〕.

### 상술한 기간 동안 투르키스탄과 마와라안나흐르에 있었던 군주들의 역사

앞에서 설명한 구르 칸.

### 이 기간 동안 있었던 아타벡, 말릭, 술탄, 칼리프들의 역사 〔92v〕

#### 바그다드의 칼리프들의 역사 「64r」

압바스조의 칼리프인 안 나시르 리딘 알라[39)]

#### 술탄들의 역사

호라즘과 일부 후라산 및 이라크_ 술탄 알라 앗 딘 무함마드 이븐 호라즘 샤가 있었다. 그의 부친의 사망과 그의 조카인 힌두 칸과의 갈등으로 말미암아, 앞 장에서 이야기한 것처럼 구르의 술탄들이 그를 공격하여 후라산 지방의 대부분을 그의 아들과 代官들에게서 빼앗았다. 그들 사이에 전투들이 벌어졌고, 그의 세력은 어느 정도 약화되었다. 〔상술한〕 이 기간 동안 구르의 술탄들의 상황은 악화되었고 술탄 시합 앗 딘은 사망했는데, 이에 대해서는 뒤에서 설명할 예정이다. 〔반면〕 술탄 무함마드의 처지는 호전되고 강화되어 〔후라산을〕 정복하기 위해 나섰다. 헤라트의 총독이던 이즈 앗 딘 후세인 하르밀('Izz ad-Dîn Ḥusayn Kharmîl)은 다른 아미르들보다 먼저 그에게 복속을 표시하고 먼저 헤라트로 오라는 전갈을 보냈다. 술탄은 카라키타이가 선수를 쳐서 발흐와 그 주변 지역을 손에 넣지 않을까 두려워하여, 처음부터 그 지역으로 향했다. 그가 헤

39) A본에는 공백이나 B·T본에는 그의 이름이 적혀 있다.

라트에 도착하자 이즈 앗 딘 후세인 하르밀은 영접하러 나왔고, 도시를 그에게 헌납했다. 구르〔의 술탄〕 기야쓰 앗 딘의 아들인 기야쓰 앗 딘 마흐무드(Ğiyâth ad-Dîn Maḥmûd)의 아미르들은 반대했으나 술탄의 군대가 그들을 몰아내고 흩어 놓았다. 술탄이 발흐에 도착하자 성채들의 태수들은 그를 배알하러 와서 성채와 창고들의 열쇠를 바쳤다. 〔이렇게 해서〕 후라산은 다시 한번 그에게 복속하게 되었다. 이 기간 동안 그는 마잔다란을 손에 넣었고 키르만을 정복했다. 또한 킵착에 대한 성전(ğazâ)에서 승리하고 돌아왔다. 606〔/1209~1210〕년 마와라안나흐르의 왕국들은 모두 그에게 복속했다. 그는 자신의 딸을 사마르칸트의 술탄 우쓰만에게 주었다.

룸_ 술탄 루큰 앗 딘 술레이만 킬리치 아르슬란이 있었다. 그의 조카가 앙카라(Anqara)의 성주였는데, 성채 안에 盤踞하고 있었다. 술탄 루큰 앗 딘이 아무리 그 성채를 포위했지만, 손에 넣을 수가 없었다. 마침내 그는 그것 대신 다른 성채를 조카에게 주기로 하고 그 〔성채〕를 정해 주었다. 〔그때 비로소 조카는〕 성채를 내주고 갔다. 루큰 앗 딘은 그를 추격하러 한 무리의 사람들을 보내 그는 물론 그의 형제들과 자식들을 모두 살해했다. 그 약속을 파기하고 배신한 비행을 저질렀기 때문에 루큰 앗 딘은 닷새 뒤에 복통(qawlanj)에 걸려 이레째 되는 날 죽고 말았다. 그의 아들 킬리치 아르슬란(Qilîch Arslân)이 그를 계승했다.

602년 라잡〔/1206년 2~3〕월에 기야쓰 앗 딘 카이 후스로우 이븐 킬리치 아르슬란(Ğiyâth ad-Dîn Kay Khusraw b. Qilîch Arslân)이 자신의 조카인 킬리치 이븐 술레이만(Qilîch b. Sulaymân)에게서 정권을 빼앗았는데, 그 이유는 다음과 같다. 그 전에 기야쓰 앗 딘이 코냐를 장악했는데 루큰 앗 딘이 무력으로 그곳을 빼앗는 바람에, 그는 시리아로 도주하여 말릭 자히르에게 도움을 청했다. 〔그러나〕 그곳에서 받아들여지지 않자 그는 콘스탄티노플(Qunsṭanṭîniyah)로 향했고, 그곳의 군주가 그를 환대하여 봉읍지를 주었다. 그는 그곳에 머물며 대주교[40]의 딸과 혼인했다. 프랑크인들이 콘스탄티노플을 장악했을 때, 기야쓰 앗 딘은 그 대주교가 소유하던 성채로 도망쳐 그곳에 머물렀다. 그의 형제인 루큰 앗 딘이 사망하자, 아미르들은 킬리치(Qilîch)라는 이름을 가진 그의 아들에게 서약을 했다. 〔그런데〕 고위 아미르들(umarâ'-i aûj) 가운데 하나가 반대하며 기야쓰 앗 딘에게 전갈을 보내 "만일 당신이 온다면, 당신을 위해 나라를 빼앗아 주겠소!"라고 말했다. 기야쓰 앗 딘이 와서 대군과 함께 코냐를 공격했다. 루큰 앗 딘의 아들이 그곳에 있었는데 밖으로 나와 전투를 벌였고, 기야쓰 앗 딘이 패배하고 말았다. 그때 악크사라의 주민들은 태수를 쫓아냈는데, 기야쓰 앗 딘을 추대했다. 코냐의 주민들은 "그는 우리의 태수였기 때문에 우리가 〔그를 모셔 오는 것이〕 더 마땅하다"고 하면서, 다른 사람들을 코냐에서 쫓아내고 그를 통치자로 앉혔으며, 그의 조카와 누케르들을 붙잡아 감금해 버렸다. 기야쓰 앗 딘의 형제인 카이사르 샤(Qayṣar Shâh)는 말라티아의 영주였는데, 〔93r〕「64v」 루큰 앗 딘에게 그곳을 강제로 빼앗기고 시리아에 있었다. 그는 말릭 아딜의 사위가 되어 루하에 머물렀는데, 자기 형제 〔기야쓰 앗 딘〕에 관한 소문을 듣자 그에게 왔다. 〔그러나〕 받아들여지지 않자 그는 다시 루하로 돌아갔다. 말릭 아프달은 사모샤트(Samshâṭ)[41]에 있었고, 하르트비르트(Khartbirt)[42]의 영주는 그의 이름으로 설교를 했다.

구르, 가즈나, 일부 힌두스탄_ 술탄 시합 앗 딘이 있었다. 그는 602년

40) 원문에는 baṭâr⟨r⟩iqa-i buzurg. 앞의 단어는 patriarch를 옮긴 말이다.
41) 터키 동남부 유프라테스 상류역에 위치한 곳. 역사적으로는 Samosata라는 이름으로 널리 알려졌다.
42) A: XRBYRT; B·T: XRTBRT. 터키 동부 디야르바크르 지방에 있는 곳.

무하람[/1205년 8~9]월에 코카르(Kokar)족과 전투를 벌였는데, 그 이유는 다음과 같다. 시합 앗 딘이 호라즘 변경에서, 술탄 무함마드 호라즘 샤를 지원하러 온 카라키타이 군대에게 패해, 그가 사망했다는 소문이 주변에 퍼졌다. 사린딥(Sarindîb)에 있는 주디(Jûdî) 山[43]의 영주로서 무슬림으로 개종했던 라이 발(Ray Bal)이 다시 이교도가 되었다. 또한 코카르족 역시 똑같이 엉뚱한 소문 때문에 불복하며 길에서 도적질을 일삼았다. 시합 앗 딘이 자신의 노예이자 물탄을 장악했던 아이박 살(Aîbak Sâl)[44]을 잡아서 죽인 뒤, 무함마드 이븐 아비 알리(Muḥammad b. Abî 'Alî)를 라호르(Lahâûûr)와 물탄에 〔자신의〕 代官으로 파견했다. 그리고 〔자신이〕 구즈(Ğuzz)와 키타이〔에 대한 원정을〕 준비할 수 있도록, 그에게 그곳의 2년간의 세금을 보내라고 했지만, 그는 "코카르의 자식들이 길로 나가 도적질을 하고 있습니다. 그들 때문에 라호르와 물탄에서 도저히 세금을 〔거두어〕 보낼 수 없습니다"라는 회답을 보내 왔다.

시합 앗 딘은 자신의 종이자 힌두스탄 군대의 지휘관인 쿠틉 앗 딘 아이박(Quṭb ad-Dîn Aîbak)을 보내어 약속과 위협을 했으나 그들은 응답하지 않았다. 힌두와 신드 지방 여러 곳에서 그들에 대한 불평이 〔쏟아져〕 들어왔다. 술탄은 키타이에 대한 원정을 미루고 602년 라비 알 아발〔/1205년 10~11〕월에 그들에 대한 원정을 감행했다. 그들이 젤룸(Jîlum)[45]과 수라다(Sûrada) 사이에 수많은 군대를 데리고 있다는 것을 듣고, 그는 서둘러 진격하여 라비 알 아히르월 25[/1205년 12월 9]일에

---

43) 인더스 강과 젤룸 강 사이에 있는 낮은 산지. 파키스탄의 펀자브 지방 북부에 있으며, 岩鹽이 많이 나오기 때문에 Salt Range라는 이름으로 유명하다.

44) A·B: LYKNAL; T: AYBK NAL. AYBK SAL의 誤記로 보인다(Juzjânî, *Tabaqât-i Nâṣirî*, tr. by H. G. Raverty, New Delhi: Oriental Books Reprint Corp., 1970, p.476 · p.482 참조).

45) A·B: JLYM; T: JYLM.

그들과 만나 새벽부터 정오까지 격전을 벌였다. [그때] 갑자기 쿠틉 앗 딘이 군대와 함께 도착하여 그들을 공격했고, 그들은 대패하고 수많은 전사자를 냈다. 힌두인들은 근처에 있던 큰 산으로 가서 수많은 불을 지폈다. 무슬림들이 다가가자 그들은 모두 자기 몸을 불 속에 던져 분신해 버렸다. 지고한 신께서는 이렇게 말씀하셨다.

이승과 저승을 잃는 자, 그것은 분명한 손실이로다.[46]

이슬람의 군대는 힌두 노예 다섯 명을 1디나르에 팔아 버릴 정도로 많은 전리품을 거두었다.

코카르의 아들은 자신의 형제들과 그 휘하에 있던 사람들이 불에 탔을 때 도망쳤다. 그러나 주디의 영주 라이 발은 쿠틉 앗 딘 아이박에게 피신하여 간절히 탄원했고, 그는 이에 응답하여 술탄에게 그[의 목숨]을 살려 주도록 청했다. 술탄은 라잡월 제15[/1206년 2월 25]일까지 라호르에 있다가 그 후에 가즈나로 왔다. 그는 바미얀(Bâmiyân)[47]의 영주 바하 앗 딘 삼(Bahâ' ad-Dîn Sâm)을 파견하여, 사마르칸트 원정에 필요한 군대를 징발토록 했다. 샤반월 첫날[/1206년 3월 13일]에 그는 젤룸의 여울목을 건너 인더스(Sind) 강가에 있는 다미약(Damyak)이라는 곳에 천막을 쳤는데, 그 [천막의] 반이 물 위에 걸칠 정도였다. [술탄이] 코카르의 무리들을 공격해서 수많은 사람들을 죽이고 포로로 잡아갔었기 때문에, 두세 명의 힌두인들이 그를 죽이려고 왔다. 낮잠을 잘 시간에 갑자기 그들이 물 속에서 얼굴을 드러냈다. 그는 천막 안에 있었는데, 그들은

---

46) 『코란』 22:11.

47) A: NAYBAN; B·T: BAMYAN.

거의 스무 군데나 그를 찔렀다. 얼마 후 사람들이 안에 들어가 보니 그는 카펫 위에 살해된 채 쓰러져 있었고, 그것이 힌두 암살자들의 짓이라는 사실을 알게 되었다. 아미르들과 대신들은 재상 무아이드 알 물크(Mû'ayyid al-Mulk) 앞에 모여 후계자가 정해질 때가지 재물과 왕국을 수호하기로 맹서했다. 그리고 그의 상처를 꿰맨 뒤 병이 났다는 핑계로 가마에 실어서, 2천 마리의 나귀에 실린 재물과 함께 가즈나로 보냈다.

술탄의 죽음이 알려지자 아미르들 사이에 반목이 벌어졌다. 일부는 바미얀의 영주 바하 앗 딘 삼에게로 기울어졌고, 일부는 술탄 기야쓰 앗 딘의 아들인 기야쓰 앗 딘 마흐무드(Ğiyâth ad-Dîn Maḥmûd)에게로 기울어졌다. 가즈나 출신의 법학자들 가운데 못된 사람들이 그들의 종복들에게 "인류의 스승 마울라나 파흐르 앗 딘 라지(Mawlânâ Fakhr ad-Dîn Râzî)가 호라즘 샤와 내통해서 그에게 사람을 보냈고, 〔호라즘 샤는〕 그의 권고에 따라 술탄 시합 앗 딘을 살해했다"라고 말했다. 〔이 말을 들은〕 그들이 마울라나 파흐르 앗 딘을 죽이려고 하자 그는 재상 무아이드 알 물크에게 피신했다. 〔재상은〕 좋은 방책을 마련하여 그의 목숨을 구하고, 그를 그들의 위해에서 안전한 먼 곳으로 보냈다.

바미얀의 영주 바하 앗 딘 삼의 처지는 다음과 같았다.

그의 아버지 샴스 앗 딘 무함마드 이븐 마수드(Shams ad-Dîn Muḥammad b. Mas'ûd)는 술탄 기야쓰 앗 딘과 〔93v〕「65r」 시합 앗 딘의 사촌이었는데, 그들은 자기 자매를 그에게 부인으로 주고 바미얀을 봉읍지로 주었다. 그의 지위는 그들의 도움으로 강화되었다. 그 부인에게서 아들이 하나 태어났는데, 이름을 '삼'(Sâm)이라고 지어 주었다. 그가 사망하자 투르크인 부인에게서 태어난 그의 큰아들 압바스('Abbâs)가 그의 자리를 계승했다. 술탄들은 이를 달갑지 않게 여겨 그를 내치고, 자기들 자매의 아들인 삼을 〔세우고〕 '바하 앗 딘'이라는 칭호를 주었다. 바미얀도 그에게 봉읍지로 주어서 그의 위세는 강화되었고 재물도 많이 모았다. 시합 앗 딘이 사망했을 때 일부 구르인들은 그가 가즈나의 태수가 되어야 한다고 생각했지만, 투르크인 종복들은 술탄 기야쓰 앗 딘의 아들인 기야쓰 앗 딘 마흐무드에게로 기울었다. 구르인들이 그를 부르러 사람을 보냈고, 그가 가즈닌에서 이틀거리 떨어진 곳에 왔을 때 극심한 두통에 걸렸다. 그는 이 병으로 말미암아 자기가 죽으리라는 것을 확신하고, 자신의 아들들인 알라 앗 딘('Ala ad-Dîn)과 잘랄 앗 딘(Jalâl ad-Dîn)을 불러들여, "가즈닌으로 가라! 그리고 후계자는 알라 앗 딘이 되어야 한다. 기야쓰 앗 딘 마흐무드와 평화를 맺되, 구르와 후라산은 그에게 속하도록 하고 가즈닌과 힌두는 알라 앗 딘에게 귀속하도록 하라!"고 말했다.

힌두에서는 시합 앗 딘이 사망했을 때 그의 아미르들이 소집되었다. 아이박의 후계자였던 총명한 노예가 하나 있었는데, 그를 권좌에 앉혔다. 그는 주변 지역에서 '힌두스탄의 술탄 샴스 앗 딘(Sulṭân Shams ad-Dîn)'으로 널리 알려졌다. 카바차(Qabâcha)는 신드, 라호르, 물탄 방면을 정복했고, 자불리스탄(Zâbûlistân)[48]과 가즈닌은 혼란과 반란이 있은 뒤 타즈 앗 딘 울두즈가 장악했다. 헤라트와 피루즈쿠흐는 술탄 기야쓰 앗 딘의 아들인 아미르 마흐무드가 지배했다. 헤라트의 태수였던 이즈 앗 딘 하르밀은 설명했던 바와 같이 술탄 무함마드 호라즘 샤에게 복속하는 쪽으로 기울었다. 이 같은 차이로 말미암아 구르의 술탄들은 종말과 몰락을 겪은 반면, 술탄 호라즘 샤는 욱일승천했다.

말릭과 아타벡의 역사

마잔다란과 페르시아_ 쿡체가 라이와 하마단을 지배했다. 자한 파흘라

48) 아프가니스탄의 Hellmand 강 상류역의 산간 지역을 가리키는 명칭.

반에게는 아이트가미시(Aîtğamîsh)[49]라는 또 다른 노예가 있었는데, 군대를 모아서 쿡체와 전투를 벌였다. 쿡체가 전사하고 아이트가미시가 그 지방을 차지했다. 자한 파흘라반의 손자인 우즈벡(Ûzbeg)에게 '말릭'이라는 호칭을 주고 국정은 자신이 좌우했다.

아제르바이잔과 디야르바크르_ 아타벡 누르 앗 딘 아르슬란 샤가 모술의 태수였고, 그의 사촌인 쿠틉 앗 딘 무함마드가 신자르의 태수였으며, 무자파르 앗 딘 쿡부리 이븐 자인 앗 딘 알리(Muẓaffar ad-Dîn Kûkböri b. Zayn ad-Dîn 'Alî)가 이르빌(Irbîl)[50]의 태수였다. 누르 앗 딘과 쿠틉 앗 딘 사이에 반목이 생겨나, 이집트의 군주인 말릭 아딜이 쿠틉 앗 딘에게 사신을 보내어 지원해 주었다. 그는 아딜에게 복속하고 〔아딜의〕 이름으로 설교를 했다. 누르 앗 딘이 이를 듣고 니시빈으로 가서 그 도시를 빼앗고 성채를 포위했다. 그는 이르빌의 태수인 무자파르 앗 딘이 모술 교외(a'mâl)를 공격하고 니네베(Nînevî)[51] 시를 약탈했다는 소식을 듣고, 철군하여 아르빌로 갔다. 그가 舊모술(Mawṣil-i Kuhna)이라고 불리는 도시에 도착했을 때, 무자파르 앗 딘에 관해 보고된 내용이 실제보다 더 과장되었다는 것을 알고, 탈 아파르(Tall A'far)[52]를 치러 갔다. 아딜의 아들인 말릭 아쉬라프 무사가 쿠틉 앗 딘을 지원하기 위해 하란에서 라스 알 아인에 왔다는 소식이 전해졌다. 신자르의 태수, 이르빌의 〔태수〕 무자파르 앗 딘, 카이파(Kayfâ)와 아미드(Âmid)[53]와 같은 성채들의 영주, 자지라의 영주, 다라(Dârâ)[54]의 영주 등이 연합해서 니시빈에 모여

---

49) A·B: AYDĞMYS; T: AYTĞMYS. A·B본도 뒤에서는 AYTĞMYS로 표기했다.

50) Arbil이라고도 불리며, 그리스어로는 Arbela라고 불렸다. 모술 동쪽으로 77km 되는 지점에 위치.

51) 이라크 북부의 모술에서 티그리스 강을 마주하며 동쪽에 위치한 곳. 고대 아시리아 제국의 중심지였다.

52) 신자르와 모술 중간에 있는 지명.

53) 로마 시대에는 Amida라 불렸는데, 오늘날 터키 동부의 디야르바크르가 이에 해당한다.

모술 교외로 진군했다. 누르 앗 딘은 탈 아파르에서 카파르 자마르(Kafar Jamâr)로 와서 상술한 무리들과 전투를 벌였다. 누르 앗 딘의 군대는 도주했고, 그는 네 명〔의 부하〕와 함께 모술로 왔는데, 〔그의〕 군대도 뒤따라왔다. 아쉬라프는 무리들과 함께 카파르 자마르로 와서 약탈했고, 그 뒤 〔양측은〕 누르 앗 딘이 원래대로 탈 아파르를 넘겨주기로 협약을 맺었다.

시리아와 이집트[55]_ 말릭 아딜이 군주로 있었다. 그의 형제와 아들과 일족은 앞 장에서 설명한 것처럼 각각 그 지방의 영지들을 갖고 있었다. 상술한 기간 동안 그들의 정황과 관련하여 새로운 사실들은 〔94r〕「65v」 디야르바크르의 말릭들의 역사에 관한 부분에서 〔이미〕 서술했다.

마그리브_ 마흐무드 이븐 야쿱 이븐 유수프 이븐 압둘 무민 말릭(Maḥmûd b. Ya'qûb b. Yûsuf b. 'Abd al-Mû'min Malik)이 있었으며, 그의 지위는 확고했다.

콘스탄티노플_ 〔이곳은〕 룸 안에 있다. 상술한 기간 동안 프랑크인들이 〔이곳을〕 장악했다. 그들은 과거 케사르(Qayṣara)의 후손인 룸의 국왕들 가운데 한 사람을 정벌하여 옛날의 왕족은 절망적인 상황이 되었는데, 그 이유는 다음과 같다. 룸의 국왕이 프랑크의 강력한 국왕들 가운데 하나인 프랑스(Afransîs) 왕의 자매와 결혼하여 그녀에게서 아들이 하나 태어났다. 얼마 뒤 룸 국왕의 형제, 즉 그 아들의 숙부가 자기 형제인 룸의 국왕을 붙잡아 장님으로 만든 뒤 감옥에 넣었다. 그의 아들은 도망쳐 자기 외삼촌에게로 갔다.

그때 대부분의 프랑크 군대가 집결하여 예루살렘을 정복하기 위해 이

54) 이란 동부의 쿠히스탄 지방에 있으며, Tabas의 남방, Birjand의 동남방에 있다.

55) A본에는 '시리아와 이집트'라는 구절이 빠져 있다.

집트와 시리아로 향했다. 이 소식을 들은 그들은 〔궁지에 몰린〕 아버지와 아들을 돕기 위해 콘스탄티노플로 향했다. 그곳에 도착하자 그 아들의 숙부는 군대를 이끌고 밖으로 나와 전투를 벌였다. 그러나 룸 사람들이 패배하여 흩어졌고, 국왕은 도시 안으로 들어가 피신했다. 프랑크인들은 〔도시를〕 포위했다. 도시 안에는 그 아들을 지지하던 무리가 있었는데, 그들이 도시에 불을 질렀고 사람들은 그것을 끄는 데 정신이 팔렸다. 〔그 사이에〕 그들은 성문 하나를 열어 주었고 프랑크인들은 도시로 들어갔다.

룸의 국왕은 도망쳤다. 프랑크인들은 그 아들을 군주의 자리에 앉히고 그 아버지를 풀어 주었다. 〔그러나〕 그 아들에게 술탄의 지위는 이름뿐이었다. 프랑크인들은 그와 도시 주민들에게 얼마나 무거운 세금을 부과했는지 룸 사람들은 그것을 감당할 수 없을 정도였다. 교회들 안에 보관되어 있거나 메시아가 달린 커다란 십자가 위에 또는 성경 위에 장식된 금을 모두 모아 주었지만 그래도 그들의 요구를 충당하지는 못했다. 견딜 수 없는 상황이 되자 룸 사람들은 그 아들을 죽이고 프랑크인들을 도시 밖으로 쫓아낸 뒤 성문을 닫아 걸고 전투 준비에 몰두했다.

프랑크인들은 도시를 포위하고 여러 차례 격렬한 전투를 벌였다. 룸 사람들은 룸의 영주인 술탄 킬리치 아르슬란에게 사람을 보내 도움을 요청했다. 그가 〔도움을〕 줄 수 없었기 때문에 룸 사람들은 곤경에 처했다. 콘스탄티노플은 엄청나게 큰 도시였고, 거의 3만 명 정도의 프랑크인들이 그 안에 거주했는데, 그들이 외부에 있던 프랑크인들과 내통하여 도시 안에 불을 질러 한 구역이 모두 불타 버렸다. 그 뒤 그들이 성문들을 열어 주자 프랑크의 군대가 진입하여 성문을 닫고는 사흘 동안 살육과 약탈을 저질렀다. 한 무리의 룸 사람들이 커다란 교회로 들어갔는데, 프랑크인들이 그곳을 공격했다. 주교와 신부와 수도사들이 성경과 십자가를 들고 나와 중재하려고 했지만, 그들은 이에 개의치 않고 모든 사람들을 한꺼번에 죽이고 교회를 약탈해 버렸다.

세 명의 프랑크 국왕들이 있었다. 하나는 라다키야의 영주인 둑스(Dûqs)[56]인데, 해군의 지휘권은 그에게 있었다. 그는 늙었고 앞을 보지 못해서 말을 탈 때는 다른 사람이 그의 말고삐를 끌어 주곤 했다. 〔프랑크인들은〕 콘스탄티노플을 공격하기 위해 그의 함선들을 타고 왔다. 두 번째 〔국왕〕의 이름은 마르키쉬(Markîsh)[57]로, 프랑스 국왕의 지휘관이었다. 세 번째는 콘다플란드(Kondâfland)[58]라고 불렸는데, 그의 군대가 가장 많았다.

이들이 콘스탄티노플을 정복했을 때, 그 세 사람 가운데 누가 그 도시의 지배자가 될지를 결정하기 위해 제비를 뽑았다. 〔세〕 차례에 걸쳐서 콘다플란드의 이름이 나왔기 때문에, 그가 도시와 속령들의 지배자가 되었다. 둑스에게는 바다의 섬들을 주었고, 프랑스의 마르키쉬에게는 灣(khalîj)의 동쪽에 있는 라딕(Lâdiq)[59]이나 이즈닉(Iznîq)[60]같은 지방을 주었다. 이 〔지역들〕 가운데 콘다플란드는 콘스탄티노플을 〔계속〕 지배할 수 있었지만, 다른 곳들은 외래인들이 그들에게서 다시 지배권을 빼앗았기 때문에 계속 지배할 수 없었다.

파르스_아타벡 사아드 이븐 젱기가 있었다. 그는 자신의 조카인 무함마드 이븐 자이단(Muḥammad b. Zaydân)을 군대와 함께 키르만으로 보냈다. 602년 샤왈〔/1206년 5~6〕월에 그 지방과 성채들을 정복했다.

---

56) A·T: DhWQS; B: DhWQŠ. dux(또는 duke)를 나타낸 말.

57) marquis를 나타낸 말.

58) Comte de Flandres를 나타낸 말.

59) Lâdiqîyah라고도 불리며, 고대의 Laodicea. 현재 터키 서남부의 Denizli에 해당한다.

60) 터키 서부의 도시 Iznik.

키르만_ 상술한 말릭 무함마드 이븐 자이단이 있었다. 그는 상술한 기간의 마지막까지 지배했고, 〔그 후로〕 3년을 더 있었다.

**상술한 기간 동안에 일어난 기이한 사건들의 역사**

600〔/1203~1204〕년 시리아, 이집트, 룸 지방, 사칼리야(Saqâliyah),[61] 키프로스(Qibros) 등지에 커다란 지진이 일어나 이라크와 모술의 변경에까지 미칠 정도였다. 시리아에서는 많은 피해가 생겼다. 또한 이 시기에 그루지아 사람들(Garjîyan)이 아제르바이잔으로 와서 많은 살육과 약탈을 저지른 뒤, 거기서 아흘라트(Akhlaṭ)[62]로 가서 말라지기르드(Malâzigird)[63]에까지 이르렀다. 〔94v〕「66r」 아무도 그들을 가로막지 못했고, 그들은 여러 지방을 약탈하고 살육하고 포로를 끌고 갔다. 결국 아흘라트의 영주가 군대를 모아 아르잔 알 룸의 영주인 킬리치 아르슬란의 아들에게로 갔다. 그는 자신의 군대를 아흘라트의 영주를 돕기 위해 보냈고, 이들이 그루지아인들에게로 가서 격렬한 전투를 벌였다. 그 전투에서 그루지아의 아미르와 그 휘하의 많은 병사들이 죽음을 당했고, 살아남은 사람들은 도망쳤다. 무슬림들은 많은 전리품과 무수한 포로를 잡아 승전해서 돌아왔다.

신께서 진실을 아시노라!

상술한 7년 동안 칭기스 칸과 동시대에, 동쪽에서 서쪽까지 여러 지방

61) 시칠리아 섬을 가리킴.
62) 터키 동부의 Van 호 서북 연안에 위치한 곳.
63) 아흘라트에서 북으로 45km 되는 지점에 있으며, 1071년 셀주크의 Alp Arslan이 비잔틴군에 대해 대승을 거둔 곳으로도 유명하다. Manzikert라고도 불린다.

과 왕국에 있었던 군주들과 칼리프들과 술탄들과 말릭들과 아타벡의 역사에 대해서, 또 〔그 기간 동안 일어난〕 기이한 일들에 대해서 간략하게 서술했다. 다시 이 7년 후의 칭기스 칸의 역사에 대해서 자세하게 기록해 보도록 하자. 지고한 신께서 뜻하신다면!

## 【제5절】

타이에 대한 원정을 감행하고 키타이 군주인 알탄 칸과 전쟁을 시작한 '코닌 일',
즉 양해—607년 샤반(/1211년 1~2)월에 시작—의 처음부터, '파르스 일',
즉 호랑이해—614년 둘 카다(/1218년 1~2)월에 시작—의 마지막까지 8년 동안 칭기스 칸의 역사

칭기스 칸은 이 〔기간 중〕 마지막 해에 예순네 살이었다. 상술한 기간 동안 그는 먼저 키타이에 관한 문제를 처리했고, 〔거기서〕 돌아와서는 쿠쉴룩에 관한 문제와 메르키트의 군주인 쿠투의 문제를 처리했다. 그리고 키르키즈나 투마트 또는 다른 종족들처럼 귀순한 뒤에 반란을 일으킨 무리들을 모두 붙잡아 죽였다.

**카를룩의 군주와 이디쿠트가 귀순한 이야기**

양해, 즉 607(/1211)년 봄, 카를룩의 아르슬란 칸이 칭기스 칸의 어전으로 와서 귀부하여 켈루렌이라는 곳에서 그를 배알했다. 그리고 그의 뒤를 이어 같은 곳에서 〔칭기스 칸의〕 어전에 위구르인들의 군주가 와서 배알하고, "만일 〔칭기스 칸께서〕 은사를 내리셔서 이 종을 높여 주신다면, 멀리서 〔폐하의 명성을〕 듣고 가까이 온 것을 〔치하하여〕 붉은색 외투와 황금 혁대 고리를 제가 갖도록 해주십시오. 또한 칭기스 칸의 네 아들 다음에 저를 다섯째 아들이 되게 해주십시오"라고 청원했다. 칭기스 칸은 그가 딸을 청하고 있다는 것을 깨닫고, "딸을 주도록 하라. 또한 다섯째 아들이 되라"고 말했다.

**칭기스 칸이 키타이와 카라키타이와 주르체 방면에 대한 원정을 시작한 것, 몽골인들이 자우쿠트라고 부르는 그 왕국의 대부분의 지방을 점령한 것에 관한 이야기**

양해의 봄, 즉 607년 샤반(/1211년 1~2)월, 칭기스 칸이 키타이 지방에

대한 원정을 지시했을 때, 먼저 쿵크라트 종족 출신의 토쿠차르(Tôğû-châr)[1]라는 사람—그를 '달란 투르칵투[2] 토쿠차르'라고도 부른다[3]—을 2천 명과 함께 아래쪽(jânib-i jîr)에 전초로 보냈는데, 이는 〔칭기스 칸이〕 키타이 지방에 원정하는 동안 몽골, 케레이트, 나이만 등 대부분 〔이미〕 복속시켰던 종족들에게서 자신의 배후가 안전할 수 있도록, 또 〔자신의〕 오르두들도 안전을 유지할 수 있도록, 나아가 분산된 그 종족이 다시 연합하여 반란을 도모하지 못하도록 하기 위함이었다. 이 같은 예방 조치를 취한 뒤 그는 군대를 정비하여 상술한 해 가을에 상서로움으로 키타이, 카라키타이, 주르체 등의 지방을 정복하기 위해 출정했다.

몽골인들은 그 지방들을 '자우쿠트'라고 부르고, 〔95r〕「66v」 키타이 주민들의 용어로는 키타이를 '한지'(Khânzhî)[4]라고 부른다. 그 지방과 마친과의 경계는 카라무렌 건너편에서부터 바다에까지 이어진다. 키타이 사람들은 마친을 '만지'(Manzî)[5]라고 부른다. 〔키타이 지방의〕 또 다른 경계는 주르체 지방과 접하고 있다. 주르체라는 말은 몽골인들의 표현이고, 키타이 언어로는 그것을 '누지'(Nûzî)[6]라고 부른다. 또 다른 경계는 카라키타이 지방과 평원과 접해 있다. 그〔곳의〕 종족들은 모두 유목민이다. 그들은 유목민들과 접해 있으며, 언어와 외모와 풍습도 비슷하다. 키타이 언어로는 〔카라〕키타이의 주민들을 '치단야르'(Chîdanyâr)[7]

---

1) A·B: ṬWĞAJAR; T: ṬWĞWJAR. A·B본도 뒤에서는 ṬWĞWHAR로 표기했다. 『親征錄』의 脫忽察兒(Toquchar)와 동일 인물.

2) A·B·T사본에는 TWRQAN이라고 되어 있으나, TWRQAQ이나 TWRQAQTW의 誤寫로 보인다.

3) 이 말의 뜻은 '70명의 衛士를 지닌 토쿠차르'이다. 이에 대해서는 『부족지』, p.270을 참조하시오.

4) A·B: XANAZhY; T: XANZhY. 당시 북중국을 가리키던 말인 '漢地'를 옮긴 말이므로 후자가 정확하다.

5) 북중국 사람들이 남송 주민들을 낮추어 부르던 '蠻子'라는 말을 옮긴 것이다.

6) '女直' 또는 '女眞'을 옮긴 말이다.

라고 부른다. 또 다른 경계는 거듭 칭기스 칸에게 복속했던 지방들과 접해 있는데, 각자 독자적인 명칭과 군주를 갖고 있다. 그들의 외모와 풍습은 키타이나 힌두와 비슷하며, 다양한 종교를 갖고 있다. 예를 들어 한 종족은 치아를 금박으로 씌워 놓는데, 음식을 먹을 때는 그 금박을 벗겼다가 다 먹은 뒤에는 다시 치아에 씌워 놓는 습관을 지니고 있다.[8] 현재 그들의 군주의 아들은 칭기스 칸의 어전에서 요리사(bâûrchî)로서 그를 모시고 있다.

상술한 지방들 가운데 일부는 티베트 지방에, 또 일부는 카라장 지방과 접해 있다. 키타이 사람들은 카라장을 '다이류'(Dâîlîû)[9]라고 부르는데, '커다란 지방'이라는 뜻이다. 그 나라는 매우 넓으며 지금은 카안에게 복속(îl-i qân)되어 있다. 그들 가운데 일부의 〔피부〕색은 키타이 사람들과 비슷하게 희지만, 또 일부는 그들과 비슷하게 검은색이기도 하다. 힌두와 카시미르 〔사람들〕의 언어로는 그 지방을 '칸다르'(Kandar)[10]라고 부르고, 키타이 지방을 '친'(Chîn), 마친 지방을 '마하친'(Mahâchîn), 즉 '커다란 친'이라고 부른다.[11] 우리 지방이 힌두와 가깝고 그곳으로 상

---

7) A: JYDWNYAR; B: JYDNYAR; T: ČYDNYAR. 특히 T본의 모음 부호는 Chîdanyâr로 읽도록 표기되어 있다. Chîdan은 '契丹'을 옮긴 것이 분명하나, yâr가 무엇을 나타내는지는 알 수 없다.

8) 이러한 특징 때문에 이 나라는 『동방견문록』(p.324)에 '차르단단'(Çardandan), 중국측 기록에 '金齒' 등으로 기록되고 있다.

9) A · B · T: RAYLYW. 이는 DAYLYW의 誤寫로 보인다. Dâîlîû는 운남 지방의 왕국인 '大理'를 옮긴 말로 보인다. Blochet는 이를 Daikiu(大國)의 誤寫로 보았으나, Pelliot는 이를 비판하며 Dâîlîû가 Dailigu(大理國)를 옮기려 한 것이 아닌가 추정한 바 있다. Cf. *Notes on Marco Polo*, I, p.177.

10) Pelliot에 따르면 Kandar는 Gandhâra라는 말에서 기원한 것으로, 네 가지의 다른 지역이 Gandhâr라는 이름으로 불렸다고 한다. 즉, (1) Cambay 灣에 있는 Ghandhâr 港, (2) 인더스 상류의 간다라 지방, (3) 아프가니스탄 서부의 Candahar, (4) 大理國(즉, Qarajang)의 별칭이 그것이다. Cf. *Notes on Marco Polo*, I, p.177.

11) maha는 산스크리트어로 '크다'를 의미한다. 唐代의 문헌에 보이는 摩訶支那, 莫訶支那 등은 이를 옮긴 말이다. 이에 대한 자세한 논의는 Pelliot, *Notes on Marco Polo*, I, pp.272~273을 참조하시오.

인들의 왕래가 많기 때문에, 이 지방에서도 그 고장을 힌두인들의 용례에 따라 친과 마친이라고 부르지만, 그들 본래의 말로는 마하친이다.

각 시대마다 존재했던 카라키타이, 주르체, 키타이, 마친의 군주들 모두에 대해서는 이 축복받은 역사서에 〔뒤이어〕 별도로 덧붙일 키타이와 마친의 역사에서 자세하게 언급할 것이다. 여기서는 그 지방들의 상황과 명칭들에 관한 설명을하기 위해 이 정도로 간략하게 설명했다. 이제 다시 칭기스 칸이 키타이 방면을 향해서 출정한 이야기로 돌아가 보도록 하자.

칭기스 칸이 그 변경으로 출정했을 때, 먼저 '탈'(Tal)[12] 강에 도착하여 타이수(Taysû)와 바우티(Bâûtî) 등의 시를 정복했다. 거기서 진군하여 우샤푸(Ûshâfû),[13] 창주(Changjîû),[14] 쿤주(Qûnjîû),[15] 푸주(Fûjîû)[16]를 점령하고, 칭기스 칸의 아들들인 주치와 차가타이와 우구데이 셋은 운나우이(Ûnâûî),[17] 퉁징(Tûngjîng),[18] 누주(Nûjîû),[19] 숙주(Sûqjîû),[20] 융주(Yûngjîû)[21] 등의 도시를 빼앗았다. 시긴(Sîgîn)[22]이라는 매우 큰 도시가 있다. 그곳에는 장려한 건물들이 많고 70만 〔호의〕 고장들로 이루어졌

---

12) 원문은 TL. 『親征錄』에 따르면 칭기스 칸이 북중국 원정에 나서서 먼저 '大水濼'이라는 곳에 이르렀다고 하는데, 『集史』의 'TL 강'은 이를 나타낸 것으로 보인다. '水濼'이 모두 강을 나타내는 말이니 TL이 '大'를 표현한 것이라면, 혹시 TY(Tay)의 誤寫일지도 모르겠다.

13) 원문은 NWSAWFW인데, AWSAFW W('烏沙堡……')의 誤寫가 아닐까 추정된다.

14) 昌州.

15) 桓州.

16) 撫州.

17) 雲內.

18) 東勝.

19) MWJYW 또는 AWJYW의 誤寫가 아닐까 추정된다. 『親征錄』의 武州와 상응하는 것으로 보인다.

20) 『元史』 권1 「太祖本紀」(p.15)의 朔州.

21) 寧州를 가리킬지도 모르며, FWNGJYW(豊州)의 誤寫일 가능성도 있다.

22) 西京, 즉 현재의 山西省 大同.

다고 하는 그 〔휘하의〕 지방과 함께 주르체 종족에게 속해 있는데, 그것들을 모두 손에 넣었다. 그들은 그 주위를 돌아다녀 보지도 않은 채 진군했다.

그해 가을에는 주르체의 도시들 가운데에서도 매우 큰 도시인 퉁깅(Tûngîng)[23] 시 방면으로 제베를 출정시켰다. 제베는 그곳에 도착한 뒤 포위하지 않고 철수하여 서서히 물러갔다. 군대가 철수해서 멀리 갔다는 소식이 고을마다 전해졌고, 그가 50파르상까지 갔을 때 도시의 주민들은 "군대가 갔다"고 하며 안심했다. 그는 자신의 유수진들을 머물게 한 채 준마와 바락(barâq) 말을 골라 밤낮을 가리지 않고 신속하게 말을 몰아, 아무런 소식도 낌새도 모르게 갑자기 도시에 도착하여 그곳을 함락시켜 버렸다. 칭기스 칸은 파우주이(Fâûjîûî)[24]라는 도시에 진영을 치고 포위에 들어갔다. 주르체의 아미르들인 기우깅 나르두(Gîûgîng[25] Nârdû[26]), 주타이 우나(Jîûtâî Ûna), 와누 나르두(Wânû Nârdû), 감군(Gamgûn)[27] 등 만호장들이 대군을 이끌고 선봉(bâshlâmîshî)에 나서, 카라운 지둔 근처에 있는 후네겐 다반(Hûnegân Dâbân)[28]—현재 카안의 군대가 그곳에 하영지(yâylâmîshî)를 치고 있다—에 주둔했다. 키타이

---

23) 東京, 즉 현재 遼寧省 遼陽.

24) A·B: QAWJYWY; T: FAWJWY. 후자가 맞으며 撫州를 옮긴 것이다. 『秘史』 247절에는 Wujiu로 나와 있다.

25) 여기서는 GYWGYN이라고 되어 있으나 뒤에서는 모두 GYWGYNG이라고 표기되어 있어, 후자의 표기로 통일한다.

26) A·B: FARDW; T: NARDW.

27) 金國 아미르들의 명단을 정확하게 판독하는 것은 무척 어렵다. 『親征錄』에는 "金人以招討九斤·監軍萬奴等, 領大軍設備於野狐嶺"이라는 구절이 있는데, '기우깅'은 '九斤'에, '주타이'는 '招討'에, '와누'는 '萬奴'에, '감군'은 '監軍'에 각각 해당하는 것으로 보인다. '나르두'(nârdû)는 관직명으로 보이는데, 무엇을 나타낸 것인지 분명치 않다.

28) 몽골어 hünegen은 '여우'이고 daba'an은 '고개'이므로, Hünegen Daba'an은 '野狐嶺'을 나타낸다(cf. 『秘史』 247절).

군대의 수령인 쿠샤 삼진(Qûsha Samjîn)[29]은 주르체 군대의 수령인 기우깅과 협의하여 "칭기스 칸의 군대가 파우주이 시를 약탈하고 약탈물을 분배하고 말들에게 풀을 먹이느라 정신이 없어 주의를 소홀히 하고 있다. 만일 우리가 그들을 급습한다면 격파할 수 있을 것이다"라고 말했다. 기우깅은 "이곳은 매우 험하다. 함께 연합해서 수많은 보병과 기병의 지원을 받아 진격하자!"고 대답했다. 그들은 이런 식으로 상의한 뒤에 출정했다.

군대가 음식을 만들어서 먹느라고 정신이 없는 바로 그때 칭기스 칸에게 〔금군이 침공한다는〕 소식이 전해지자, 솥들을 쏟아 버리고 즉각 출정하여 쿤지우인(Qûnjîûîn)[30]이라는 곳에서 〔두〕 부대로 나뉘어 적이 오기를 기다렸다. 그때 키타이의 알탄 칸 군대의 수령은 기우깅이었고, 당시 키타이와 카라키타이와 주르체의 군주는 주르체 종족들 출신이었다. 이 주르체 종족들 이전에 키타이의 군주들은 카라키타이와 키타이 종족들 출신이었는데, 이들에 관해서는 키타이의 역사에 관한 부분에서 언급할 예정이니 그곳을 보면 자세히 〔95v〕「67r」 알게 될 것이다. 칭기스 칸과 싸웠던 이 군주는 주르체 종족과 지방 출신이며, 다이킴 완얀 아쿠다(Dâî-Kim Wanyân Âqûda)[31]의 후손이다. 〔아쿠다는〕 이름이고, 나머지는 칭호(laqab)이다. 몽골인들은 아쿠다를 하쿠타이(Haqûtay)라고

---

29) 원문에는 BAQWSA로 되어 있으나, BA는 衍字일 가능성이 높다. 『親征錄』의 參政胡沙이 이에 해당하며, samjîn은 參政을, qûsha는 胡沙를 옮긴 것이다.

30) 『親征錄』에 따르면 칭기스 칸은 金軍이 온다는 소식을 접하고 貛兒觜으로 가서 적을 막았다. 그러나 Qûnjîûîn과 貛兒觜 사이에는 音價上의 차이가 커서 동일한 지점을 가리키는 것이라고 단언하기는 어렵다.

31) B본에는 AQWDA라는 단어를 두 번 연속 표기했으나 하나는 빠져야 하고, T본에는 'WANYAN'이 아니라 'WAN'이라고만 되어 있다. A본에 따르면 '大金 完顔 阿骨打'를 音寫한 것으로 볼 수 있지만, B본에 따른다면 露譯本과 英譯本처럼 'Dai-Kim-Wang Aquda'로 읽었어야 할 것이다.

부르며, 그의 후손들 가운데 군주였던 사람들을 모두 알탄 칸이라고 불렀다. 칭기스 칸과 우구데이 카안과 전쟁을 했던 이 마지막 알탄 칸의 이름은 키타이 언어로 수세(Sûse)였다.[32] 그의 종말에 관한 이야기는 뒤에서 설명할 것이니, 여기서는 이 정도로 언급하고 다시 본론으로 돌아가기로 하자.

칭기스 칸이 군대를 두 부분으로 나누어 적이 도착하기를 기다리며 전열을 정비하고 있었는데, 알탄 칸의 군대는 매우 많았다. 그들의 지휘관은 앞에서 말한 기우깅이었는데, 그는 밍안(Mîngân)[33]이라는 아미르를 불러 "너는 과거에 몽골인들 사이에 있었기 때문에 칭기스 칸을 알아볼 수 있을 것이다. 가서 그에게 말하라. '우리가 무엇을 잘못했기에 이렇게 군대를 이끌고 출정했는가?' 만일 그가 거칠게 대답한다면 너는 그에게 욕을 해주어라"라고 말했다. 밍안은 기우깅의 말에 따라 칭기스 칸에게로 와서 전갈을 전했다. 칭기스 칸은 "그를 체포하고 전투가 끝난 뒤 그를 심문할 수 있도록 감시하라!"고 명령했다. 이윽고 〔양측의〕 군대가 서로 부딪쳐 전투에 들어갔다. 몽골군은 수적인 열세에도 불구하고 즉시 키타이와 카라키타이와 주르체의 군대를 격파했고, 얼마나 많은 사람을 죽였는지 그 부근의 평원이 온통 악취로 진동할 정도였다. 〔몽골군은〕 패주자들을 추격해 가서 그들의 후위(gejîge)[34] 군대—그 후위군의 지휘관은 쿠사(Qûsa)[35]라는 사람이었다—와 키우카부(Qîûqâbû)[36]라는 곳에서 맞닥뜨렸다. 그들을 다시 격파하고 패주시켰다. 이 전투는

---

32) 앞에 A본 50v의 주석을 참조하시오.

33) 한문 사료의 明安.

34) A · B: GJYLH; T: GJYGH.

35) 원문은 NWSH이나 胡沙를 옮긴 말이기 때문에 QWSH의 誤寫로 보아야 할 것이다.

36) 원문은 QBWQABW이나, 이는 會河堡를 옮긴 말이기 때문에 QYWQABW가 되어야 옳을 것이다.

매우 중대했고 유명해져서, 칭기스 칸이 후네겐 다반[37]에서 싸운 격전은 몽골인들 사이에서는 아직도 널리 회자된다.

키타이와 주르체의 유명한 사람들이 그 전투에서 사망했고, 칭기스 칸은 그곳에서 개선하여 돌아왔다. 칭기스 칸은 붙잡혀 있던 밍안의 말에 대해서 물었다. "내가 너에게 무엇을 잘못했기에 여러 사람들 앞에서 나를 모욕한 것이냐?" 〔이에 대해〕 밍안은 "일찍부터 당신께 와서 복속하려고 생각했습니다. 〔그런데〕 그들이 나를 의심하여 보내 주지 않을까 두려웠습니다. 기우깅이 당신께 그런 말을 전하기 위해 누군가를 보내려고 했을 때, 나는 그것을 구실로 당신께 오기 위해서 자원한 것입니다. 만일 그런 상황이 아니었다면 제가 어떻게 올 수 있었겠습니까?"라고 말했다. 칭기스 칸은 그〔의 말〕에 흡족해 하며 그를 풀어 주었다.

그 뒤 대도시들 가운데 하나인 순티주이(Sûntîjûî)[38] 시를 장악하고 파괴했다. 거기서 타인푸(Tâînfû)[39]라는 대도시로 갔는데, 그 지방에는 과수원과 정원이 많고 술(sharâb)도 풍부했다. 〔몽골군이〕 도착했을 때 그곳에는 강하고 많은 군대가 있어 접근하지 못하고 되돌아왔다. 톨루이와 치쿠 쿠레겐—쿵크라트 출신인 알치 노얀의 아들—두 사람을 군대와 함께 파견해서, 그들과 전투를 벌여 격파했다. 〔몽골군은〕 도시의 성벽에 올라가 주(Jû)라는 성채를 점령하고 돌아왔는데, 〔그 도시들은〕 다시 반란을 일으켰다.[40] 가을에 칭기스 칸이 몸소 출정하여 그 도시를 점

---

37) A: HWNGAN DAYAN; B: HWTGAN DAPAN; T: HWNGAN DASAN.

38) 宣德州. 『秘史』 247절에는 Söndiiwu(宣德府)로 표기되어 있는데, 『集史』의 '순티주이'는 宣德州를 음사한 것으로 보인다.

39) 德興府.

40) 『親征錄』에도 이와 동일한 내용("四太子也可那顔·赤渠駙馬率兵, 盡克德興境內諸堡而還, 後金人復收之")이 보이지만, Jû라는 성채에 대한 언급은 찾아볼 수 없다. 약간 어색하긴 하지만 원문을 "nâm Ânjû ast"로 읽을 수 있다면, Ânjû라는 지명을 생각해 볼 수도 있을 것이다.

령하고 파괴하고, 알탄 칸의 도시들 가운데 대도시인 후일리(Khûîlî)[41]로 갔다. 알탄 칸의 아미르들 가운데 중요한 아미르가 대군과 함께 그곳에 있었다. 그를 기우기 충시(Gîûgî Chûngshî)라고 불렀는데, '기우기'는 이름이고 '충시'는 만호장이라는 뜻이다.[42] 그와 전투를 벌여 그 아미르를 격파하고, 참치말(Chamchmâl)[43]이라는 협곡까지 추격했다. '참치말'은 협곡(darband)이라는 뜻으로, 암석을 깎아서 만든 곳이다. 〔칭기스 칸은〕 많은 사람을 죽였다. 알탄 칸의 군대는 협곡이 있는 모든 곳에 보루를 쌓고 〔수비를〕 강화했으며, 군대를 배치하여 지키고 있었다.

칭기스 칸은 두 명의 아미르—한 명은 카타이(Qatâî)이고 또 한 명은 부차(Bûcha)이며, 모두 쿵크라트 종족 출신[44]—를 군대와 함께 보내 그 계곡의 꼭대기를 지키게 하고, 자신은 그 협곡 아래쪽에 있는 시킹기우(Sîkînggîû)[45]라는 이름의 다른 협곡으로 갔다. 이 소식을 들은 알탄 칸은 칭기스 칸이 그곳을 통과하여 평원으로 진입하지 못하도록 하기 위해 자신의 아미르들 가운데 누둔(Nûdûn)[46]이라는 아미르를 많은 군대와 함께 신속히 파견했다. 그 아미르가 그곳에 도착했을 때 칭기스 칸은 〔이미〕 협곡 밖으로 나온 뒤였다. 그는 제베를 군대와 함께 마지막 협곡인 참치말로 보내 그곳을 장악하도록 했다. 또한 협곡을 수비하기 위해 남겼던 카타이 노얀과 부차도 그와 합세했다. 그 뒤 칭기스 칸은 카타이

---

41) 懷來를 옮긴 말.

42) '기우기'는 高琪를 옮긴 것이고, '충시'는 總師를 옮긴 말로 보인다.

43) 원문의 표기는 JMJMAL(Chamchmâl)로 읽을 수밖에 없으나, 이는 Chabchiyal(居庸關)을 옮긴 말이 분명하므로 JMJYAL의 誤寫일 가능성이 높다. m과 b는 모두 脣音이므로 뒤바뀌는 경우가 많다. 露譯本과 英譯本은 모두 JMJAL로 읽었다.

44) 이 두 장군의 이름은 『親征錄』에 怯台(Ketei)와 薄察(Bucha)로 표기되어 있다.

45) 紫荊口를 가리킨다.

46) A: TWDWN; B·T: NWDWN. 『親征錄』의 奧屯을 가리키므로 QWDWN이나 AWDWN의 誤寫인 듯하다.

노얀과 5천 명의 기병을 파견하여 중타이(Jûngṭâî)[47]라고 불리는 도시로 가는 길을 〔96r〕「67v」 장악하도록 하고, 자신은 출정하여 조주(Jôjû)[48]라고 불리는 도시—'조주의 비단'(lâd-i Jôjûî)[49]은 이곳의 산물이다—의 성문 앞에 진을 쳤다. 그곳을 20일간 포위한 뒤 점령했다.

그 뒤 주치와 차가타이와 우구데이를 우익으로, 〔즉〕 산 주변으로 보내서 그 길을 따라 있는 지방들을 정복하도록 했다. 보주(Bôjîû)[50]에서 후이밍주(Khûîmîngjû)[51]에 이르기까지 모든 도시와 성채들을 점령했다. 두 개의 큰 도시가 있었는데, 하나는 몽골인들이 발가순(Balğâsûn)이라고 부르고 키타이 언어로는 징진푸(Jîngjînfû)[52]라고 부르는 매우 큰 도시이고, 그것보다 작은 또 한 도시는 우주이(Ûjîûî)[53]라고 부른다. 이 두 도시를 모두 정복했다. 그곳을 거쳐서 카라무렌—대단히 큰 강이며 티베트 지방에서 발원하여 키타이의 여러 지방을 경유해 바다로 흘러 들어가며 어느 곳에서도 건널 수 없다—으로 갔다가, 거기서 되돌려 도중에 퉁민푸(Tûngminfû) 시와 ……[54]푸 시를 약탈했다. 칭기스 칸은 주치 카사르, 쿵크라트 출신의 알치 노얀, 자신의 막내아들 주르체테이, 쿵크라트 출신의 부차 등 네 사람을 좌익으로, 즉 해안으로 보내서 정복하도록

---

47) 金國의 수도 中都를 가리킨다. 『부족지』(p.299)에는 Jûngdû라고 표기되었다.

48) 涿州를 가리킨다.

49) 涿州의 비단의 명성에 대해서는 마르코 폴로도 언급한 바 있다(『동방견문록』, p.297). lâd의 의미는 Steingass, p.1111 참조.

50) 保州.

51) 懷孟州. 실은 懷州와 孟州.

52) 眞定府.

53) 威州를 가리킨다.

54) 原缺. 표기상으로는 앞의 도시는 東平府를 옮긴 것처럼 보인다. 그러나 『親征錄』에 따르면 칭기스 칸의 세 아들이 이끄는 우익군은 太行山脈을 따라 南進하면서 여러 지방을 정복하고 黃河에 이르렀다가 平陽·太原 두 곳을 약탈하고 돌아왔다고 한다.

했다. 그들은 출정하여 기주(Kîjîû)[55]와 란주(Lanjîû)[56] 등의 도시를 점령하고 파괴하고, 도중에 있는 성채들을 모두 정복하고 귀환했다. 칭기스 칸은 자신이 직접 톨루이—예케 노얀이라고도 부른다—를 데리고 중앙, 즉 가운데 길로 출정했다. 퉁핑푸(Tungpingfû)[57]와 타이밍푸(Tâîmîngfû)[58]라는 두 개의 큰 도시를 치지 않고, 그곳에 진을 치지 않았다. 그가 갔던 모든 촌락과 도시와 읍들을 모두 정복하고 파괴한 뒤에 돌아왔다.

이에 앞서 그는 무칼리 구양을 미주(Mîjû)[59]라고 불리는 큰 도시로 돌려보냈다. 그는 그 도시를 정복하고 중두 시 근교에서 칭기스 칸의 행차를 기다리도록 했다. 이전에 몽골인들은 이 〔도시〕를 칸발릭(Khânbâlîq)이라 불렀는데, 오늘날 카안이 그 도시를 번영케 했으며, 그 이름은 '다이두'(Dâîdû)이다. 알탄 칸의 수도 가운데 하나가 그곳에 있었고 매우 큰 도시였으며, 강력하고 수많은 군대가 그곳에 주둔했었다. 칭기스 칸이 상서로운 기운으로 그곳에 도착하자 무칼리 구양은 그의 어전으로 왔다. 칭기스 칸이 키타이 방면으로 원정을 시작해서부터 상술한 도시의 근교에 도착한 그때까지 만 2년의 시간이 흘렀다. 양해, 즉 607〔/1211〕년과 원숭이해, 즉 608〔/1212〕년이었다. 그 기간 동안 이미 언급한 이 모든 도시와 지방과 성채들을 정복했다.

---

55) 『元史』 권1 「太祖本紀」의 薊州.

56) 원문은 LYJYW이나 LNJYW의 誤寫로 보인다. 『元史』 권1 「太祖本紀」의 灤州에 해당. 『親征錄』에는 좌익군이 '洙·沂等城'을 공격하여 쳐부수었다는 기사만 보인다.

57) 사본들에는 Tangpangfû 또는 Tangpingfû로 읽도록 모음 표시가 되어 있으나, 東平府를 나타낸 것이기 때문에 '퉁핑푸'라고 읽었다.

58) 大名府. 『親征錄』에는 칭기스 칸이 이끄는 中軍이 "東平과 大名을 버려 두고 공격하지 않았다"는 기사가 보인다.

59) 密州.

**칭기스 칸이 중두 시 교외에 진을 치고 알탄 칸이 〔그에게〕 복속의 표시로 자신의 딸을 보낸 것, 알탄 칸이 철수하여 남깅(Nâmgîng)[60]으로 간 것, 〔칭기스 칸의〕 군대가 중두를 포위하여 정복한 것에 관한 이야기**

그 뒤 '타키쿠 일', 즉 닭해—609년 라마단〔/1213년 1~2〕월에 시작—봄의 마지막 달에 칭기스 칸은 앞서 언급한 중두 시 교외에 진을 쳤다. 알탄 칸은 그 도시 안에 있었다. 그는 다른 아미르들이 참석한 가운데 자신의 아미르이자 군대의 지휘관인 기우깅—그의 칭호는 全軍의 아미르라는 뜻을 지닌 융샤이(yûngshâî)[61]였고, 앞에서 언급했던 것처럼 그는 칭기스 칸과 한 차례 전투를 벌였던 바로 그 아미르였다—과 상의하여 "몽골군은 모두 병에 걸렸다. 만일 우리가 그들과 지금 전투를 벌인다면 어떻겠는가?"라고 말했다.[62] 재상의 지위에 있는 융군 칭상(Yûngûn Chîngsâng)[63]이라 불리는 또 다른 아미르가 이렇게 말했다.

"우리가 징집한 군인들은 평원 〔각지〕에 처자식들을 남겨 두었으니, 그들이 어떤 생각을 하는지 누가 알 수 있겠습니까? 만일 우리가 패배한다면 그들은 모두 흩어져 버릴 것이고, 만일 우리가 몽골인들을 격파한다면 우리의 군인들은 모두 자기 처자식에게로 달려갈 것입니다. 조상들의 사직과 존귀한 황위를 〔성공이〕 의심스런 그런 것에 걸 수 있단 말입니까? 사태를 잘 판단해야 합니다. 지금 최상의 방책은 사신을 보내 복속하는 것입니다. 어떻게 해서든지 그들을 나라 밖으로 내보낸 뒤에 다른 방책을 강구합시다."

알탄 칸은 이 말에 동의하고 사신을 칭기스 칸에게 보냈다. 그리고 자

---

60) 南京을 옮긴 말로, 황하 이남의 開封(汴京)을 가리킨다.

61) 元帥를 옮긴 말.

62) 그러나 『親征錄』에 따르면 금국 황제와 협의했던 아미르의 이름은 丞相 高琪(『集史』의 '기우기')였다.

63) 『親征錄』에는 丞相 完顔福興. '융군 칭상'은 完顔丞相을 옮긴 말이다.

신의 딸인 공주 카툰(Gônjû Khâtûn)[64]을 칭기스 칸에게 보내고, 재상의 지위를 갖고 있는 중요한 아미르 한 명—그의 이름은 부킹 칭상(Fûkîng Chîngsâng)[65]이었다—을 딸과 대동케 했다. 그들이 그곳에 도착하여 전갈을 전해 주고 딸을 건네주자, 칭기스 칸은 그들의 복속을 받아들여 돌아갔다. 〔96v〕「68r」 그 아미르는 칭기스 칸을 모시고 참치말을 지나 마지(Mâjî)[66]라는 곳까지 환송해 주고는 거기서 돌아갔다.

그해에 넉달 뒤 알탄 칸은 남깅에 거처를 정하기 위해 그곳으로 갔다. 그 도시는 카라무렌 강가에 있었고, 둘레가 40파르상에 이르는 매우 커다란 도시라고 전해진다. 옛날에 키타이 군주들의 수도였으며, 세 겹의 매우 견고한 성벽으로 둘러싸여 있고, 무수한 강과 과수원과 정원들이 있다. 그는 중두 시를 방어하기 위해 〔자기〕 아들을 남겨 두었고, 두 명의 대아미르, 즉 푸킹(Fûkîng)[67]과 신충 칭상(Sînchûng[68] Chîngsâng)을 그의 누케르로 삼아 주었다. 알탄 칸이 조주에 이르렀을 때, 그의 뒤를 따라온 카라키타이의 군대가 링킨케 킬순(Lîngkînke Kîlsûn)[69]이라는 곳에서 알탄 칸과 만났다. 그가 전에 그들에게 나누어 주었던 무기들을 빼앗으라고 명령하자, 그들은 "무슨 까닭이냐?"고 〔명령을〕 거역했다. 이런 이유로 그들은 그 군대의 지휘관 센구네(Sengûne)[70]라는 사람을 죽

64) 사실 그녀는 宣宗 자신이 아니라 前任 군주인 衛紹王의 딸 岐國公主였다. '공주 카툰'은 '公主皇后'(『金史』 권14 「宣宗 上」, p.304)에 대응되는 말이다.

65) 福興丞相(完顔福興)을 옮긴 말이다. A·B본에는 Bûkîng Chîng으로 표기되어 있고, T본에는 Bûkîng Chîngyâng으로 되어 있으나, 뒤에서의 표기에 따라 Fûkîng Chîngsâng으로 고쳐 읽었다.

66) 『親征錄』의 野麻池.

67) 원문은 YWKYNG이나 BWKYNG의 誤寫일 것이다. 完顔福興을 가리킨다.

68) A·B: SWNJWNG; T: SWJW. 뒤에서는 SYNJWNG으로 표기했고, 『親征錄』의 左相 秦忠, 『元史』 권1 「太祖本紀」의 參政 抹撚盡忠을 옮긴 것이니, '신충'이라고 하는 것이 옳을 것이다.

69) Lîngkîn은 『親征錄』의 良鄕을 가리키는 것으로 보이나, 지명의 나머지 부분은 분명치 않다.

70) 『親征錄』의 素溫.

였다. 그들은 이렇게 반란을 일으키고 세 사람—한 명은 진다(Jînda), 또 한 명은 비자르(Bîzâr),[71] 또 한 명은 빌라르(Bîlâr)[72]—을 자신들의 수령으로 추대하고 돌아가 버렸다.

알탄 칸 휘하에 있던 아미르로 전군의 뒤를 따라오던 푸킹 칭상은 이 소식을 듣고 〔강을〕 건너는 곳이 있는 다리로 군대를 보내 카라키타이인들이 다리를 건너지 못하게 하라고 했다. 카라키타이 군대는 알탄 칸에게 복속하며 그 부근에 주둔하던 타타르 종족[73]들과 만나 그들과 연합했다. 그리고 다리를 지키던 그 군대의 후방을 치기 위해 1천 명의 사람을 건너게 했다. 그들은 급습을 감행하여 일부 〔병사들〕은 죽이고 다른 일부에게서는 말과 무기와 양식(âzûq)[74]을 빼앗아 자기 병사들에게 주었다. 그들은 다리를 건너 중두 근교에서 방목되던 알탄 칸의 아들과 그의 아미르들의 말 떼와 가축 전부를 몰아서 자기 병사들을 배불리 먹였다.

그러는 동안 류가(Lîûga)[75]라는 카라키타이인이 키타이 지방이 반란에 휩싸인 것을 보고, 〔97r〕「68v」 카라키타이 종족들의 목지와 이웃한 주르체의 지방들과 큰 도시들—그 지방들을 퉁깅(Tûnggîng)[76]과 캄핑(Qampîng)[77]이라 부른다—을 장악하고 자신의 이름을 '리왕'(Lîwâng)[78]이라 했으니, 이는 한 왕국의 군주라는 뜻이다. 카라키타이의 아미르들 가운데 진다와 비자르는 이쪽에서 칭기스 칸에게 복속하기 위해 사신들

---

71) 원문은 BYZA이나 뒤에 나오는 BYZAR라는 표기에 따랐다.

72) 이 세 사람의 이름은 『親征錄』에 斫荅, 比涉兒, 札剌兒로 기록되어 있다.

73) 『親征錄』에는 '타타르 종족'이 아니라 '裨將 塔塔兒'라고 하여 斫荅 휘하에 있던 장군의 이름으로 기록되어 있다.

74) 투르크어 azuq/azuqa에 대해서는 Doerfer, II, pp.56~57을 참조하시오.

75) (耶律)留哥.

76) 東京.

77) 咸平.

78) 遼王.

을 보냈다. 그러나 알탄 칸의 아들과 아미르들이 중두 시에 있었기 때문에, 자신들이 직접 그들〔이 있는 곳〕을 거쳐 칭기스 칸에게로 올 수 없어 중두 저쪽에 머물렀다. 자신의 이름을 '리왕'이라 부른 그 사람도 또한 칭기스 칸에게 복속하기 위해 사신을 보내고, 자신은 그 사신의 뒤를 따라 칭기스 칸을 찾아와 배알했다. 칭기스 칸은 그에게 은사를 베풀어 '융샤이'(yûngshâî)라는 칭호를 주었는데, 그것은 키타이 언어로 만호장이라는 뜻이다. 〔칭기스 칸은〕 그에게 기우왕(Gîûwâng)과 징푸(Jîngfû)[79]라는 두 지방과 도시를 주고, 그 부근을 방어하라고 보냈다. 알탄 칸이 남깅으로 갈 때 푸주 타이시(Fûjîû[80] Tâîshî)[81]라는 대아미르를 키타이 지방의 代官으로 임명했었는데, 고발자들이 그를 모함하여 해임되고 말았다. 그 역시 칭기스 칸 쪽으로 기울어 그의 어전으로 왔다. 그는 자신이 오기 전에 테케(Teke)[82]라는 자기 아들을 근위(kezîk)로 보냈다. 그가 다시 반란을 일으켜 자신의 칭호를 '퉁깅왕'(Tûnggîngwâng)[83]이라 했는데, 키타이 언어로 그것은 한 왕국의 군주라는 뜻이다.

이 모든 사건들은 칭기스 칸이 키타이와 주르체 지방 대부분을 정복하고 돌아간 뒤 알탄 칸이 다시 반란을 일으키자, 아미르들과 백성들은 주저하면서 때로는 이쪽으로 때로는 저쪽으로 기울었기 때문에 발생한 것이다. 대부분의 고장과 지방들이 마치 여러 족속의 국왕들이 〔난립한〕

---

79) 『親征錄』에는 廣甯府라는 지명만 보인다. Gîûwâng과 Jîngfû는 廣(Guang)과 甯府(Ningfu)를 두 개의 지명으로 보았을 수도 있고, 아니면 Gîûwâng은 廣甯府를, 그리고 Jîngfû는 錦府를 옮긴 것일 수도 있다.

80) T: NWJYW.

81) 이는 蒲鮮萬奴를 가리킨다. 『親征錄』에는 招討也奴라고 기록되어 있다. Fûjîû Tâîshî가 무엇을 옮긴 것인지는 불분명하다.

82) 鐵哥.

83) 이는 '東京王'을 옮긴 듯한데, 『親征錄』에 따르면 그는 '東夏王'이라는 칭호를 취했다.

시대처럼 황폐해졌기 때문에, 아미르들은 각자 지방마다 태수나 군주로 자립했다. 알탄 칸이 중두를 방어하기 위해 자기 아들과 푸킹과 신충을 남겨 둔 지 5개월이 지난 뒤, 〔그 아들은〕 도시를 아미르들에게 맡기고 아버지가 있는 남깅으로 가버렸다.

칭기스 칸은 살지우트 종족 출신의 사무카 바하두르(Sâmûqa Bahâdur)와 이미 복속해서 重用된 주르체 종족 출신의 밍안에게 몽골 군대와 함께 파견하여, 그들로 하여금 중두 근교를 경유하라고 했다. 그래서 알탄 칸에게서 도주하여 〔칭기스 칸에게〕 사신을 보냈던 카라키타이 군대가 중두를 거쳐 나올 수 있도록, 또 〔중두〕 안에 있던 군대도 밖으로 나올 수 있도록 하라고 했다. 그들은 가서 그 군대를 밖으로 나오게 한 뒤 함께 중두를 포위했다. 그 전에 알탄 칸은 중두 시 안에 병사들과 백성들의 식량(tağâr)과 기력이 소진되었다는 소식을 듣고 융샤이라는 이름을 가진 만호장에게 세 명의 다른 아미르들—그들의 이름은 쿵수(Kûngsû), 림감사이(Rîmgâmsâî), 리핑(Lîfîng)이었다[84]—과 함께 식량을 중두로 운반해 오도록 하고, 1인당 3카피즈(qafîz)—키타이 언어로는 그것을 삼(sam)이라고 한다[85]—씩 운반하라는 명령(yâsâq)을 내렸으며, 심지어 만호장 융샤이도 〔빠지지 말고 직접〕 운반하라고 했다. 그들이 식량을 갖고 올 때 융샤이는 순조주이사이(Sûnjôjûîsâî)[86]라는 도시와 성채를 지나는 길로

---

84) 『親征錄』에는 檢點 慶壽과 元帥 李英 두 사람의 이름만 기록되어 있다. Kûngsû가 慶壽를, Lîfîng이 李英을 옮긴 것은 거의 분명하나, Rîmgâmsâî가 누구인지는 확인할 수 없다.

85) qafîz라는 아랍어는 곡식의 무게를 측정하는 단위이다. 원문에는 'sam'으로 읽도록 모음 표시가 되어 있다. 『親征錄』에는 각 사람이 糧 三斗를 갖고 오도록 했고, 李英 자신도 짐을 지어 무리들을 독려했다는 기사가 보인다. 露譯本과 英譯本은 이것이 升(sing)을 나타낸 것이 아닌가 추정하나, 斗와 升의 차이, 그리고 sing과 sam/sim 사이의 음가상의 차이를 감안할 때 단언하기는 어려운 듯하다.

86) 이것이 『親征錄』의 涿州 旋風寨(Zhuozhou Xuanfengzhai)를 나타낸 것은 분명하다. sûn(旋), jôjûî(涿州), sâî(寨) 정도는 추정할 수 있으나, 지명의 순서가 바뀌었다.

갔고, 다른 아미르들은 다른 길로 갔다. 싱기(Sîngî)[87]라는 곳에서 칭기스 칸의 군대가 그들과 맞닥뜨려 〔셋 가운데〕 두 집단이 운반하던 모든 것을 빼앗았다. 식량과 사료가 중두 시로 도착하지 않자 그곳 주민들은 극도의 빈곤으로 말미암아 인육을 먹거나 사망했다. 알탄 칸이 자기 아들과 함께 중두 시에 남겨 두었던 푸킹 칭상은 비통에 빠져 독약을 먹고 죽었으며, 신충[88]이라는 아미르는 그의 유언을 지키기 위해 도망쳐서 알탄 칸이 있는 남깅 지방으로 갔다. 또한 칭기스 칸이 사무카 바하두르와 함께 파견했던 밍안이라는 사람은 중두 시에 입성하여, "우리는 칭기스 칸의 축복에 의해 중두 시를 정복했습니다"라고 하면서 사신을 칭기스 칸에게 보냈다.

그때 칭기스 칸은 쿤주(Qûnjîû)[89]라는 곳에 있었는데, 타타르 종족 출신의 쿠투쿠 노얀— '시기'(Shîgî)라는 칭호를 갖고 있었고, 그가 아기였을 때 칭기스 칸이 그를 길에서 주워 와 자기 부인에게 주고 기르도록 했었다—과 웅구르 바우르치(Ônggûr Bâûrchî)와 하르카이 카사르(Harqay Qasâr) 등 세 사람을 보내서 중두 시 안에 있던 알탄 칸의 재고와 재물을 갖고 오도록 했다. 알탄 칸이 그 도시에서 떠나갈 때 카일류(Qâîlîû)와 쿠이(Qûî)[90]라는 두 아미르를 〔자신이〕 신뢰하는 대리인으로 재산과 재고와 물자를 관리하도록 남겨 두었다. 이 관직은 키타이 언어로 '류슈'(lîûshû)[91]라고 불린다. 이 두 사람과 다른 아미르들은 금실로 짠 의복과 보물(tansûq)들을 갖고 상술한 아미르들을 배알했다. 웅구르 바우르치와

---

87) 『親征錄』의 青戈.

88) A · B · T: SWNGJWNG.

89) 桓州.

90) 『親征錄』에는 中都의 留守로 合荅와 國和라는 두 사람이 거명되어 있다.

91) '留守'를 나타낸 말.

하르카이 카사르는 〔97v〕「69r」〔그것을〕 받아들였지만, 쿠투쿠 노얀은 거절했다. 그 뒤 이 아미르들이 모든 재물을 거두어, 알탄 칸의 재고관들 가운데 카다(Qadâ)[92]라는 한 아미르와 함께 〔칭기스 칸에게〕 보내어 보였다. 칭기스 칸은 쿠투쿠 노얀에게 "카다가 너에게 무엇을 주었는가, 안 주었는가?"라고 물었다. 그는 "주었지만 받지 않았습니다"라고 말했다. "어째서인가?"라고 하자, 그는 이렇게 대답했다. "우리가 도시를 정복하지 못했을 때는 한 조각의 끈에서 작은 모자에 이르기까지 모든 것이 알탄 칸의 소유였지만, 도시를 점령한 지금 그 모든 것들은 칭기스 칸의 것이라고 나는 생각했습니다. 그의 물건을 어찌 감히 숨기거나 훔쳐서 누군가에게 줄 수 있단 말입니까? 이런 까닭에 나는 아무것도 취하지 않았습니다" 칭기스 칸은 "쿠투쿠는 큰 도리(yôsûn)를 알고 있다"고 하면서 그것의 倍로 은사를 내려 주고, 옹구르 바우르치와 하르카이 카사르를 질책했다.

재고관인 그 아미르는 중샤이(Jûngshâî)[93]라는 자신의 손자를 칭기스 칸에게 헌납(ôljâmîshî)하고 돌아가, 퉁주(Tûngjîû) 시깅사이(Sigîngsâî)라는 도시로 갔다. 알탄 칸 휘하의 일부 주르체 아미르들—장쿠(Jangkû), 장쿠깅(Jângkûgîng), 중가(Jûngâ), 아슐링(Ashûling) 등[94]—은 평원 한가운데에 있는 신안(Shînân)[95]이라는 대도시 안에 주둔하며 수비를 강화했다. 그가 그곳에도 갔지만 그들은 복속하지 않았다.[96]

---

92) 合荅.

93) 『親征錄』의 崇山.

94) 이들 네 명의 이름은 『親征錄』에 기록된 張復, 張鑽柄, 衆哥, 也思(元帥)에 각각 대응하는 것으로 보인다.

95) 『親征錄』의 信安.

96) 露譯本은 이와 반대로 "복속했다"고 했는데, 誤譯이다.

**칭기스 칸이 사무카 바하두르를 군대와 함께 키타이 지방을 정복하러 보내고, 그 후 톨룬[97] 체르비를 파견한 것에 관한 이야기**

그 뒤 개해—610[/1214]년에 해당—에 칭기스 칸은 쿠아울(Kûâûâûl)[98]이라는 곳에 있었다. 앞에서 말한 사무카 바하두르를 몽골의 1만 병사들과 함께 알탄 칸이 있는 쪽으로 출정시켰다. 탕구트 지방으로 가는 길로 나가서 킹잔푸(Kîngjânpû)[99]라는 도시에 도착했다. 그곳은 매우 크고 군주가 머무는 곳이며, 그곳의 기후는 매우 덥다. 그 부근에는 마치 철문과도 같은 협곡이 있는데, 퉁칸(Tûngqân)[100]이라고 부른다. 그곳의 도시와 성채들, 그리고 슈주(Shûjîû)[101] 지방을 모두 정복하고 파괴했다. 그리고 알탄 칸이 있는 남깅 부근의 피우잉(Fîûîng)[102]이라는 곳에 도착했다. 쿠티부(Qûtîbû)[103] 시를 약탈하고 돌아가, 셈주(Semjîû)[104]에 이르렀다. 카라무렌을 건너서 피킹(Pîkîng)[105]이라고 불리는 큰 도시에 왔다. 알탄 칸 휘하의 두 아미르—한 사람의 이름은 아판드(Apand)[106]이고 다른 사람의 이름은 핀시 살리(Fînsh Ṣâlî)[107]라고 한다[108]—가 시내에 있었는데,

---

97) A본의 Tôlûî, B본의 Qôlûn은 모두 Tôlûn의 誤寫.

98) 『親征錄』의 魚兒濼.

99) 京兆府를 옮긴 말로, 지금의 西安이다. 『동방견문록』의 Quengianfu가 이에 해당한다.

100) A·B: YWNGQAN; T: TWNGQAN. 潼關을 옮긴 말이다.

101) 『親征錄』에는 三合拔都(사무카 바하두르)가 西夏를 거쳐 京兆를 약탈하고, 潼關을 나서서 嵩·汝 등의 郡을 공격해 쳐부수었다는 기록이 보인다. 露譯本과 英譯本은 모두 Shûjîû를 汝州로 보았는데, Shûnjîû(嵩州)의 誤寫일 가능성도 있다.

102) 『親征錄』의 杏花營을 옮긴 것으로 보이나, 분명치 않다.

103) 정확한 讀音이 어려우며 한자명도 확인할 수 없다.

104) T: SYMJW. 陝州를 옮긴 말.

105) 원문은 TYKYNG으로 보이나, PYKYNG(北京)의 誤寫로 보아야 할 것이다.

106) T: APNDR.

107) T: FYNŠR ṢALY.

108) 北京을 수비하던 금나라의 장군은 元帥 邪荅忽와 監軍 斜烈이었다. 『集史』에 거명된 두 사람의 이름은 이들에 해당하는 것으로 보인다.

밖으로 나와 복속했다. 사무카가 이런 일들을 마친 뒤 칭기스 칸의 어전으로 왔다.

그 뒤 칭기스 칸은 뭉릭 에치게의 아들인 톨룬[109] 체르비에게 몽골군과 키타이군을 주어서 키타이 방면으로 파견했다. 그가 출정하여 먼저 차간 발가순(Chağân Balğâsûn)—키타이 언어로는 징진푸(Jîngzînfû)라고 한다[110]—을 약탈하고 그곳의 주민들을 복속시켰다. 그리고 큰 도시인 퉁핀푸(Tûngpînfû)[111]를 정복하기 위해 그곳의 강물을 위에서 막았지만, 〔주민들은〕 항복하지 않았다. 그러나 그 부근의 모든 지방을 점령하고 돌아왔다. 그 뒤 알탄 칸의 다른 군대가 다시 그 지방을 장악했다.

**복속했던 주르체의 아미르 친기(Chîngî)[112]가 반란을 일으켜 칭기스 칸이 무칼리 구양을 보내 다시 그를 정복하도록 한 이야기**

그 뒤 '쿨루카나 일', 즉 쥐해—611〔/1216〕년에 해당—에 친기가 반란을 일으켰다는 소식이 칭기스 칸에게 전해졌다. 그는 킴주(Kîmjîû)[113] 출신이고 그 전에 복속했던 주르체의 아미르들 가운데 한 명으로, 주르체의 여러 지방들 중에서 캄티(Kamtî), 판시(Fânshî), 쿡잉(Kûkâîng)[114] 등지를 칭기스 칸에게서 받았던 사람이다. 그는 자신을 류시왕(Lîûshîwâng)[115]

---

109) A·B본은 여기서도 TWLWY로 되어 있으나, T본에는 TWLWN으로 정확하게 표기했다.

110) '징진푸'는 眞定府를 옮긴 말이고, '차간발가순'은 몽골어로 '흰 도시'를 뜻한다. 『동방견문록』에서는 이 도시를 가리켜 '악크발룩크'(Achbaluch)라고 했는데, 이 또한 투르크어로 '흰 도시'를 뜻한다.

111) 원문은 Tûngînfû처럼 보이나, 東平府를 옮긴 말이기 때문에 Tûngpînfû로 읽어야 옳을 것이다.

112) T: JNGJY. 『親征錄』에 따르면 錦州를 수비하던 장군 張鯨.

113) 錦州.

114) 이 세 지명이 정확히 어디를 가리키는지는 단언하기 어렵다. 다만 張鯨이 錦州·廣甯府를 들어 칭기스 칸에게 투항했다는 『親征錄』의 기사로 보아, Kamtî와 Kûkâîng이 이 두 지명에 해당하지 않을까 추정된다. Fânshî는 확인되지 않는다.

115) 遼西王.

이라고 부르고, 키타이 용어로 군주를 뜻하는 '타이칸양(Ṭâîqânyang)'[116] 이라는 칭호를 취하여, 자신의 위세와 한도를 크게 벗어났다. 〔칭기스 칸은〕 그를 붙잡고 그 지방을 다시 정복하기 위해 무칼리 구양을 임명하여 좌익 군대와 함께 파견했다.

**칭기스 칸이 키타이 지방에서 돌아와 자신의 오르두들 부근에 진영을 친 이야기**

〔98r〕「69v」 칭기스 칸은 앞서 말한 3~4년 사이에 키타이의 왕국들 가운데 앞에서 말한 지방과 성채와 고장들을 앞에서 설명한 방식으로 정복한 뒤, 승리를 구가하며 그곳에서 귀환했다. 상술한 바로 '쿨루카나 일'에 개선하여 자신의 오르두들〔이 있는 곳〕에 진영을 쳤다.

**칭기스 칸이 수베테이 바하두르를 군대와 함께 메르키트 종족을 치기 위해 보내서 그 종족의 운명이 최후를 맞은 이야기**

칭기스 칸이 앞에서 언급한 것처럼 키타이 지방에 대한 정복을 마치고 돌아왔을 때, 메르키트 종족—이미 지적했던 바와 같이 〔칭기스 칸은〕 그들과 여러 차례 전투를 벌였고, 그들의 군주인 톡타이 베키와 그의 몇몇 아들과 동생들을 죽였으며, 그 군대의 대부분을 궤산시킨 바 있다—에 속한 톡타이 베키의 형제인 쿠두, 그의 세 아들인 칠라운과 마자르와 메르겐[117] 등이 다시 도주하여 나이만 지방의 변경에 험준한 산지와 험

---

116) Ṭâîqânyang은 '大漢王'을 옮긴 것으로 보인다. 『親征錄』에 따르면 錦州 출신의 張鯨이 錦州·廣甯府等郡을 들어 칭기스 칸에게 투항했다가 다시 반란을 일으키고, 스스로 遼西王을 칭하며 大漢이라 改元했다고 한다.

117) 원문에는 TRGAN으로 되어 있지만 MRGAN의 誤寫임이 분명하다. 라시드 앗 딘은 『부족지』의 한 곳(pp.173~174)에서는 톡타이 베키에게 투구즈, 투사, 쿠두, 칠라운, 치북크, 쿨투칸 메르겐 등 여섯 명의 아들이 있었다고 했고, 또 다른 곳(p.175)에서는 칠라운, 마자르, 투세켄이라는 아들들의 이름을 들었다. 『秘史』 198절에는 투구스 베키, 쿠투, 칠라운, 갈 등 네 명의 아들의 이름이, 『元史』에는 쿠투, 칠라운, 마자르, 투세켄 등 네 명의 이름이 언급되어 있다. 이처럼 사료마다 톡타이

난한 도로상에 있는 지점에서 무리를 모아 일을 도모하려 한다는 소식을 들었다. 그들에 대해 어떻게 대처할까 생각한 그는 소해, 즉 612[/1217]년에 쿠두 및 그의 형제들을 치기 위해 수베테이 바하두르를 군대와 함께 보냈다. 그리고 병사들을 위해 많은 수레를 준비하고 [그것을] 쇠못으로 단단하게 하여, 돌 위에서도 쉽게 부서지지 않도록 하라고 명령했다.[118]

또한 그가 키타이를 원정할 때 2천 명의 군사와 함께 후방에 척후로 남겨 두어 유수진들과 오르두들을 보살피도록 해서 한동안 [그곳에] 머물러 있던 쿵크라트 종족 출신의 토가차르 바하두르(Ṭôğâchâr Bahâdur)[119]에게 수베테이 바하두르와 합류하여 출정하라고 명령했다. 그들은 함께 출정하여 몽골리아 지방 안에 있는 잠 무렌 부근에서 쿠두와 전투를 벌여 메르키트 종족을 격파하고 모두를 죽였다. 그래서 그들 가운데 [톡타이 베키의] 막내아들이며 명사수였던 메르겐[120]을 제외하고는 아무도 남지 않았다. 그를 붙잡아 주치에게로 데리고 왔는데, 활솜씨가 워낙 출중했기 때문에 [주치는] 칭기스 칸의 어전으로 사신을 보내 그의 목숨을 살려 달라고 청했다. 칭기스 칸은 그들로 말미암아 여러 차례 고통을 받았었기 때문에 [메르겐이] 다시 반란을 일으키도록 해서는 안 된다고 생각하여, 주치에게 이렇게 대답해 주었다. "나는 너를 위하여 이 같은 나라와 군대를 쌓아 주었다. 그를 어떻게 하려고 하는가?" 이로 말미암아 [주치는] 그도 죽였고, 그 종족의 자취는 아무것도 남지 않았다.

---

베키 아들들의 이름이 엇갈리기는 하지만, 여기서 지적된 MRGAN이 쿨투칸 메르겐과 동일인이라는 것은 의심할 수 없다.

118) 『親征錄』에서는 이를 '鐵裏車輪'이라고 했다. 메르키트를 치기 위해 '쇠수레'(temür telegetü)를 동원한 원정에 대해서는 『秘史』 199절을 참조하시오.

119) 『親征錄』의 脫忽察兒(Toquchar). 『集史』에는 '토가차르'와 '토구차르'가 혼용되어 있다.

120) 원문은 TRGAN.

**칭기스 칸이 타이툴라 소카르(Tâîtûla Sôqar)[121]를 수령으로 하는 투마트 종족을 치기 위해 보로굴 노얀을 파견해서 투마트를 격파했지만 보로굴이 죽음을 당한 이야기**

같은 소해에 칭기스 칸은 그 전에 복속한 바 있던 투마트 종족의 수령 타이툴라 소카르[122]가 자신이 키타이 방면의 원정 때문에 〔몽골리아에〕 없는 틈을 타서 다시 반란을 일으켰다는 소식을 들었다. 그 종족은 독자적인 군대를 이루었고, 호전적이며 반역적이었다. 〔칭기스 칸은〕 두르벤 노얀(Dôrbân Nôyân)과 바아린 종족 출신의 나야 노얀을 임명하여 그들과 전투를 하기 위해 출정하라고 명령했다. 나야 노얀이 병을 핑계대고 〔사람들이〕 이를 고하자, 칭기스 칸은 한동안 생각하다가 그들 대신에 보로굴 노얀을 임명했다.[123]

보로굴 노얀이 이를 듣고 나서 아미르들에게 "자네들이 군주께 나를 언급했는가, 아니면 그분이 혼자서 생각하신 것인가?"라고 묻자, 그들은 "그분 혼자서 생각하신 것"이라고 대답했다. 그는 "칭기스 칸의 홍복을 위해서 내가 간다. 그러나 다른 사람의 피를 대신해서 내가 가는 것이다"라고 말하고는, 자신의 처자식을 군주에게 맡기고 출정했다. 그는 투마트 종족을 정복하고 없애 버렸지만 전투 도중에 죽음을 당하고 말았다. 칭기스 칸은 보로굴 노얀이 했던 말을 듣고, 그가 세운 공로를 회상하면서 그의 죽음을 크게 가슴 아파하며 그의 자식들에게 〔98v〕「70r」 자애를 베풀었다. 그리고 "그가 남긴 사람들은 내게 마치 간장과 같이

---

121) 『親征錄』에는 吐麻部의 영주 帶都剌莎兒合(Daidula Sorqa)로 표기되어 있고, 『秘史』 240절에는 Tumad 부족의 Daiduqul Soqor로 되어 있다.

122) 원문에는 SWQAR.

123) 『親征錄』에는 나야 노얀에 대한 언급 없이 博羅渾 那顏(Boroğul Noyan)과 都魯伯(Dörbei)을 출정시켰는데, 보로굴이 사망했다는 기록만 보인다. 『秘史』 240절에 따르면 보로굴 노얀이 투마드 부족을 원정하러 갔다가 살해된 뒤, Dörbed 부족 출신의 Dörbei Doqsin이 파견되었다.

〔소중하다〕. 슬퍼해서는 안 된다. 그들을 내가 돌보아 줄 것이다"라고 말했다. 그 뒤 그의 자식들을 우대하고 존경하며 여러 가지 은사를 내려 주고, 항상 그들의 처지에 관심을 보였다.

**칭기스 칸이 무칼리에게 '구양'이라는 칭호를 주어 은사를 베푼 것, 키타이 고장을 정복하기 위해 군대와 함께 그를 파견한 것에 관한 이야기**

'파르스 일', 즉 호랑이해—614년 둘 카다〔1218년 1~2〕월에 시작—에 칭기스 칸은 무칼리에게 '구양'(gûyâng)이라는 칭호를 주었는데, 그 이유는 이에 앞서 그를 주르체 지방의 변경으로 보냈을 때 주르체 종족들이 그를 '구양'—'한 지역의 군주'라는 뜻—이라고 불렀기 때문이다. 그를 다시 한번 그 지방으로 보내며 "이 칭호는 상서로운 것이다"라고 하면서, 그에게 이 칭호를 정해 주고 웅구트의 1만 군대를 주었다. 그리고 쿠시쿨(Qûshîqûl)[124] 1개 천호(hazâra), 우루우트 종족의 4개 천호, 보투 쿠레겐을 수령으로 하는 이키레스의 2개 천호, 쿠일다르의 아들 뭉케 칼자[125]를 수령으로 하는 망쿠트의 1개 천호, 알치 노얀을 수령으로 하는 쿵크라트의 3개 천호, 무칼리 구양의 형제인 다이순을 수령으로 하는 잘라이르의 2개 천호가 있었다. 몽골 외에도 카라키타이와 주르체의 군대가 있었는데, 그들의 수령은 우야르 왕샤이(Ûyâr Wângshâî)[126]와 투간 왕샤이(Tûğân Wângshâî)[127]였고, 〔칭기스 칸은〕 모인 사람들을 그들에게 맡겼으며, 또 그들이 성심으로 힘을 다 바쳤기 때문에 각각을 만호장으로 임명했었다.

---

124) 『親征錄』에는 火朱勒部라고 하여 부족의 이름으로 되어 있다.

125) 『親征錄』의 木哥漢札(Mö〔ng〕ke Qalja).

126) 『親征錄』의 烏葉兒(Uyar) 元帥.

127) 『親征錄』의 禿花(Tuqa) 元帥.

이 모든 군대를 무칼리 구양에게 위탁했다. 또 정복한 키타이와 주르체의 여러 지방들을 그에게 맡겨 그곳을 방어하도록 하고, 복속되지 않은 곳에 대해서는 힘이 닿는 한 정복하라고 명령했다. 알탄 칸은 남깅 시에 있었는데, 아직도 키타이 지방 가운데 일부를 장악했고 많은 군대를 지니고 있었다. 그의 상황과 최후에 대한 설명은 우구데이 카안기에 나올 것이다. 왜냐하면 키타이 왕국 전체와 알탄 칸이 그의 치세에 정복되었기 때문이다. 칭기스 칸은 그 지방을 무칼리 구양에게 위임하면서, 자신은 우익과 좌익 및 기타 군대 전부와 함께 투르키스탄과 이란 땅으로 향하려고 했다. 그는 먼저 나이만의 쿠쉴룩과 각지에서 반항을 일삼는 다른 종족들을 처리한 뒤에 〔투르키스탄과 이란 땅에 대한〕 원정을 감행하는 것이 좋은 방책이라고 여겼다.

**쿠쉴룩이 카라키타이의 구르 칸에게 피신한 것, 쿠쉴룩이 구르 칸을 배신한 것, 쿠쉴룩이 살해되어 나이만 군주들의 국가가 몽골인들의 손에 의해 완전히 절단된 것에 관한 이야기**

상술한 호랑이해에 제베 노얀이 이끄는 칭기스 칸의 군대가 쿠쉴룩 칸을 바닥샨 산지의 변경에 있는 사릭 콜(Sârîq Qôl)[128] 계곡에서 잡아 죽였는데, 그 정황은 다음과 같다.

그의 아버지 타양 칸이 살해되었을 때, 그는 도망쳐 자신의 숙부인 부이룩 칸에게로 갔다. 부이룩이 살해되자 그는 메르키트의 군주인 톡타이와 함께 도망쳤다. 칭기스 칸이 다시 몸소 그들을 공격하여 톡타이가 죽자, 쿠쉴룩은 또다시 도주해서 비시발릭 길을 경유하여 쿠차(Kûchâ) 지방으

128) 『親征錄』에는 撒里桓으로 표기되어 있는데, 사릭 콜은 현재 중국 신강의 서남단에 위치한 타시쿠르간에 해당된다.

로 갔는데, 이것에 관해서는 앞에서 언급한 바 있다. 그 뒤 용해—604년 라잡〔/1208년 1~2〕월에 시작—에 거기서 카라키타이의 군주인 구르칸에게로 갔다. 상술한 용해에서 그가 바닥샨 변경에서 살해될 때까지의 기간은 11년이었다. 칭기스 칸이 쿠쉴룩의 부친인 타양 칸과 전쟁을 하여 그를 죽이고 쿠쉴룩이 도망친 쥐해, 즉 600〔/1204〕년부터 쿠차 지방에 올 때까지가 4년이었기 때문에, 다 합하면 15년이 되는 셈이다.

전하는 바에 따르면 쿠쉴룩이 구르 칸의 오르두에 도착했을 때,[129) 〔99r〕「70v」 자기 측근들 〔가운데 한 사람〕을 자신의 이름으로 〔위장케〕 하고, 자신은 '쿠텔치'(kôtâlchî)[130)이라고 하면서 문간에 앉았다. 그들이 구르 칸 앞으로 갔을 때, 구르베수가 밖으로 나와 쿠쉴룩을 보고는 "왜 그를 들여보내지 않는가?"라고 말했다. 그를 들어오게 하자 그의 아미르들은 당황했다. 구르베수는 구르 칸의 큰부인이었는데, '쿵쿠'(Qûnqû)[131)라는 딸이 하나 있었다. 그녀〔=구르베수〕는 즉시 쿠쉴룩에게 애정을 품었고, 사흘 뒤에 그 딸은 그와 혼인했다. 그녀는 〔실질적인〕 통치자였기 때문에 〔자기 딸에게〕 보그탁(boğtâq)[132)〔이라는 모자〕를 쓰지 않도록 하고, 보그탁 대신 키타이 여자들의 관례에 따라 니크세(nîkse)[133)를 쓰도록 했다. 그리고 쿠쉴룩에게 기독교(tarsâî)를 버리고

---

129) A본에는 "chûn Kûshlûg Gûrkhân be-ôrdû-yi Gûrkhân resîd"라고 되어 있으나 처음에 나오는 Gûrkhân은 衍字로 보아야 할 것이며, B본에는 올바르게 표기되어 있다.

130) 몽골어 kötölchi(n)을 옮긴 말로 보인다. 『秘史』(14 · 56 · 80 · 90 · 188절)에서 kötöl-이라는 동사는 '이끌다, 인도하다'는 뜻으로 사용되었으며, 여기서 파생된 명사형 kötöchi(n)은 '侍從, 家人'(198 · 228 · 278절), kötöl은 '從馬'(66 · 99 · 195 · 247절)의 뜻으로 사용되었다. kötölchi는 kötöchi와 같은 의미를 지닌 단어가 아닐까 추정되며, 더 자세한 용례에 대해서는 Doerfer, I, pp.459~461을 참조하시오.

131) '皇后'를 옮긴 말이 아닐까 추정된다.

132) B본에는 AWTAQ로 되어 있으나 BĞTAQ의 誤寫이다. 이는 혼인한 몽골의 부인들이 쓰던 높은 모자 boqtaq을 가리킨다. Cf. Doerfer, I, pp.210~212.

불교(but-parastî)를 믿도록 강요했다.

간단히 말해 쿠쉴룩은 구르 칸에게 피신했던 것이다. 〔구르 칸은〕 대군주로서 투르키스탄과 마와라안나흐르의 모든 지방을 지배했고, 많은 군대와 물자와 말 떼와 추종자들을 소유했다. 또한 술탄 무함마드 호라즘 샤의 조상들은 모두 합해 금 3만 디나르를 바치기로 하는 협약을 받아들여 매년 〔그 액수를〕 보냈고, 자식들에게는 그 〔협약〕을 준수하고 결코 그와 다툼을 벌이지 말라는 遺志를 남겼다. 왜냐하면 그는 견고한 방벽〔과 같고〕 그 뒤에는 강력한 적들, 즉 몽골과 나이만과 기타 유력한 투르크 종족들이 있었기 때문이다. 구르 칸은 그를 환영하며 극진히 우대했고, 얼마 뒤에는 자신의 딸을 그에게 주고 그를 자신의 근신으로 삼았다.

얼마 후 술탄 무함마드 호라즘 샤의 세력이 강해져서, 구르와 가즈나에 있는 술탄들의 왕국과 후라산과 이라크 지방들을 정복하고, 투르키스탄 일부도 빼앗아 힘과 위세를 크게 떨쳤다. 그러자 이교도가 부과한 세금(kharâj)을 감내하는 것이나, 구르 칸이 정한 공납 바치는 것을 거부했다. 그는 주변의 군대를 소집하여 마와라안나흐르 지방을 정복하기 위해 부하라로 출정했다. 주변의 국왕들, 특히 사마르칸트의 군주이며 아프라시압의 후손인 술탄 우쓰만(Sulṭân 'Uthmân)[134]에게 우호적인 전갈을 보내고 그럴듯한 약속을 해주어 그들의 지원을 구했다. 그들은 〔카라키타이의 지배가〕 오랫동안 계속되어 구르 칸을 혐오했기 때문에, 술탄 무함마드의 선동에 부응하여 그와 연합했다. 그는 또한 은밀히 쿠쉴룩에게도 전갈을 보내 그를 유인했다.

---

133) 意味 不明.

134) A: Sulṭân Muḥammad; B·T: Sulṭân 'Uthmân. 후자 쪽이 맞다. 라시드 앗 딘은 앞에서 사마르칸트의 군주이자 아프라시압의 후손으로 Sulṭân 'Uthmân이라는 인물을 거명했다.

쿠쉴룩은 구르 칸의 상황이 동요되는 것을 지켜보고, 또 동부 변경에 있던 대아미르들이 반란을 일으켜 세계의 군주 칭기스 칸의 보호 아래 의탁하는 것을 보았다. 그도 또한 구르 칸의 아미르들 가운데 다수가 그와 한마음이었고, 그의 아버지인 타양 칸의 아미르들과 그들의 옛 종복들이 아직도 곳곳에 있다는 소식을 들었기 때문에, 설익은 생각이 그를 괴롭혔다. 그는 아버지가 남긴 나머지 군대들을 모은다면 옛날처럼 〔나라를 다시〕 정비(yâsâmîshî)할 수 있을 것이며, 〔아버지가 남긴〕 그 군대와 자신과 한마음이 된 구르 칸 군대의 도움을 받아, 구르 칸의 왕국을 빼앗고 강력한 힘을 갖게 되어 큰일을 이룰 수 있을 것이라고 생각했던 것이다.

그 같은 유혹과 사악한 생각에 따라 그는 곤경에 처한 구르 칸을 배반하고, 그런 생각으로 〔구르〕 칸에게 말했다. "나의 울루스와 종족에게서 떨어져 있은 지가 꽤 되었습니다. 칭기스 칸은 키타이 지방과 그 부근에 대한 전쟁으로 바쁩니다. 내가 듣기로는 나의 종족·군대들 가운데 다수가 에밀(Îmil)[135]과 카얄릭(Qayâlîq)[136]과 비시발릭 부근에 흩어져 돌아다닌다고 합니다. 그들이 나의 소식을 들으면 어디 있던 간에 모여서 자신들의 적을 공격할 것입니다. 만일 구르 칸께서 제게 허락해 주신다면 그들을 소집해서 이모저모로 구르 칸을 돕도록 하겠습니다. 제가 살아 있는 한 〔구르 칸에게〕 복종과 충성을 다 바치고 명령에 따르겠습니다." 구르 칸은 단순한 마음으로 그의 말을 신뢰하고 그에게 허락을 내려 주었

---

135) 현재 신강성 서북부의 塔城(Tarbaghatai) 동쪽에 있는 額敏(Emin)이 이에 해당한다. 알라 쿨 호수로 흘러드는 강의 이름이기도 하다.

136) 현재 카자흐스탄 동남부 Kopal 부근의 지명. 일리 강 右岸에 있는 Qaratal 지방의 Chingildi (Dungene) 부근에 그 유적지가 남아 있다. 루브룩의 여행기에는 Cailac이라고 표기되었다. Cf. P. Jackson, *The Mission of Friar William of Rubruck*(London: The Hakluyt Society, 1990), p.148, note 1.

다. 쿠쉴룩은 그에게서 떨어져 나와 제멋대로 행동했다. 그가 나타났다는 소식이 투르키스탄에 퍼지자 칭기스 칸이 내리치는 칼을 피해 도망갔던 그의 부친 휘하의 군대와 종족들 나머지가 그를 향해 모여들었다. 그는 여러 곳을 약탈하여 약탈물을 거두어서, 그를 따르는 무리가 늘어났고 〔많은〕 군대와 물자를 장악했다. 그 뒤 그는 구르 칸이 있는 곳으로 향해서 그의 고장과 지역들을 공격하고 수중에 넣었다. 구르 칸은 늙고 병들었기 때문에 어찌할 방도가 없었다.

쿠쉴룩은 술탄 무함마드가 구르 칸을 치려한다는 소식을 듣고 더욱 오만해졌다. 양측은 계속 사신들을 보내어, 술탄은 서쪽에서 구르 칸을 〔공격하고〕 쿠쉴룩은 동쪽에서 구르 칸을 〔공격하여〕, 구르 칸을 〔99v〕「71r」 중간에서 없애기로 결정했다. 만일 술탄이 〔그를〕 먼저 잡으면 구르 칸의 왕국 가운데 알말릭(Almâlîq)[137]과 호탄과 카쉬가르까지를 술탄이 차지하고, 만일 쿠쉴룩이 먼저 그를 수중에 넣으면 그 왕국 가운데 파나카트(Fanâkat) 강[138]까지를 차지하기로 했다. 양측은 이러한 조건에 합의했는데, 쿠쉴룩이 기선을 잡았다. 〔당시〕 구르 칸의 군대는 멀리 있었는데, 그는 서둘러 달려가 발라사쿤(Balâsaqûn)[139]이라는 곳에서 구르 칸과 만났다. 〔구르 칸은〕 가까운 곳에 있던 일부 〔소수의〕 군대를 데리고 쿠쉴룩과 전투를 벌였는데, 쿠쉴룩이 패배했다. 그는 철수해서 군대의 전열을 다시 정비했다. 술탄 무함마드 호라즘 샤도 사마르칸트의 술탄 우쓰만과 함께 구르 칸에게로 향했다. 타라즈(Ṭarâz)[140] 지방에 도착했을

137) 현재 신강 서북부의 伊寧(Kulja) 부근에 그 폐허가 남아 있다.

138) Banâkat라고도 불리며 Angren 강이 시르다리아 右岸으로 흘러드는 곳에 있다. 몽골군에 의해 파괴되었지만 티무르가 이곳을 재건한 뒤 자신의 아들 이름을 따서 Shâhrukhîya라고 명명했다. Cf. Barthold, *Turkestan*, p.169.

139) 카라한 왕조 시대의 중요한 도시였는데, 그 위치는 카자흐스탄 동남부 Chu 강 계곡에 있는 Tokmak 부근으로 추정.

때 구르 칸의 군대의 수령인 타양구(Tâyangû)가 대군과 함께 그곳에 있었다. 양측이 전투를 벌여 타양구가 술탄 무함마드에게 붙잡히고 그의 군대는 패배했다. 쿠쉴룩은 구르 칸[의 세력]이 쇠잔해졌다는 소식을 듣고 전투 준비를 갖춘 뒤 전속력으로 달려갔다. 마침 그의 군대가 흩어졌을 때 그를 덮쳐서 제압해 버렸다. 구르 칸은 달리 방도를 찾을 수 없었기 때문에 그에게 굴복하려고 했다. 쿠쉴룩은 이를 받아들이지 않고, [여전히] 그를 아버지처럼 여기며 겉으로는 경의를 표하며 대했다. [그러나] 기만적인 방법으로 그가 영유하던 투르키스탄 왕국 전부와 군주의 지위를 차지해 버렸다. 구르 칸은 2년 뒤 비통함으로 사망했고, 35년[141] 동안 행운과 성공을 누리며 비축했던 재물과 물자와 군대와 기물들이 모두 쿠쉴룩의 손에 들어갔다. 몇 년 동안 그는 그 지위에 있었다.

처음에 ……[142] 종족 출신의 딸과 혼인했는데, 그 딸이 그를 우상 숭배로 개종시켰다. 카라키타이 왕국 내에서 군주로서의 그의 지위가 확고해지자 백성들에게 오만과 불의를 저지르고 억압과 학정을 무도하게 펼치기 시작했다. 매년 그쪽의 무슬림들이 사는 지방으로 군대를 보내 곡물을 먹어치우고 불태웠다. 몇 년 동안 추수를 잃어버리자 곡식이 극에 달할 만큼 부족해 사람들은 궁지에 몰려 그의 명령에 복종했다. 그래서 군대가 그러한 도시들에 가면 병사 하나하나가 각 戶主(kad-khûdâî)들

140) Talas라고도 불리며, 현재 카자흐스탄 동남부의 Aulie-Ata 부근의 지점.

141) 원문은 se qarn wa panj sâl. 露譯本은 이를 305년으로, 英譯本은 "thrice thirty and five years", 즉 95년으로 옮겼으나 옳지 못하다. qarn에는 'century'라는 뜻 외에 'decade'라는 뜻도 있다(Steingass, p.966). 35년은 구르 칸의 재위 기간을 가리키는 것으로 보인다. 『遼史』에 따르면 西遼의 마지막 군주 直魯古의 재위는 34년이었다고 하는데, 실제로 1178년에 즉위하여 1213에 사망했기 때문에 35년으로 계산해도 틀리지는 않는다. Cf. K. A. Wittfogel & Feng Chia-sheng, *History of Chinese society: Liao, 907~1125*(Philadelphia: American Philosophical Society, 1949), pp.646~653.

142) 原缺.

의 집에 투숙했다. 불의와 사악함이 무슬림들 사이에 만연했고, 우상을 숭배하는 다신교도들은 원하는 것이 무엇이든 저질렀으며, 어느 누구도 그것을 금할 수 없었다.

거기서 그는 호탄으로 가서, 그 지방의 주민들을 붙잡고 무함마드의 종교를 버리도록 강요했다. 그리고 삼위일체의 기독교를 따르던가 아니면 불교도가 되어 키타이 주민들의 복장을 입던가, 강제로 두 가지 가운데 하나를 선택하라고 했다. 또한 그는 논변과 입증의 우월함을 통해서 이슬람의 장로들을 굴복시키기 위해, 학자와 수도자의 옷을 입고 있는 사람들은 모두 벌판으로 나오라고 도시에 선포했다. 호탄의 이맘들은 명령에 따라 모두 밖으로 나왔다. 그 족속의 지도자인 이맘 알라 앗 딘 무함마드 호타니(Imâm 'Ala' ad-Dîn Muḥammad Khotanî)가 일어나 쿠쉴룩에게 다가갔다. 그의 언어는 진실을 말했기 때문에 날카로워졌고, [두 사람은] 종교에 관해 토론하기 시작했다. 목소리가 점점 더 커졌고, 진실이 허구를, 그리고 지식이 무지를 눌렀다. 이맘 알라 앗 딘이 쿠쉴룩을 압도했고, 쿠쉴룩은 당혹감과 두려움에 휩싸였다. 분노가 극에 달한 그는 사도 [무함마드]에게 적합하지 않은 욕을 해댔다. 이맘 무함마드는 "오, 신앙의 적이여! 너의 입에 흙이 있을진저!"라고 말했다. 쿠쉴룩은 그를 붙잡아 온갖 고통스런 고문을 했지만 그는 그것을 참아냈다. 갖가지 시련을 가한 뒤 그를 자신[이 가르치던] 신학교의 문에 십자로 못박았다.[143] 그의 죽음으로 말미암아 무슬림들의 상황은 곧바로 도탄에 빠졌고, 그 이교도들에게서 학정과 사악함의 손길이 무슬림들에게 공공연히 펼쳐졌다. 사람들은 손을 들어 기도를 올렸고, 억압받는 이들의 기도

---

143) 이맘 알라 앗 딘 무함마드 호타니의 죽음에 관한 『集史』의 기록은 주베이니의 『征服者史』에서 취한 것으로 보인다. Cf. Juvayni/Boyle, pp.70~73.

의 화살이 갑자기 응답의 과녁에 맞아, 세계 정복자 칭기스 칸 군대의 손에 의해 그 포학한 이교도가 제거된 것이다. 그것은 다음과 같이 이루어졌다.

앞에서 설명한 것처럼 칭기스 칸이 키타이 원정을 끝냈을 때 키타이 방면과 동방을 방어하도록 무칼리 구양에게 많은 군대를 주어 임명하고, 자신은 서쪽 변경으로 향했다. 쿠쉴룩을 제거하기 위해 제베에게 대군을 주어 선봉으로 보냈는데, 그때 쿠쉴룩은 카쉬가르 시에 있었다. 몽골군이 전투를 미처 시작하기도 전에 쿠쉴룩은 도주해 버렸고, 제베 노얀은 누케르들과 함께 시내에서 선포하기를, 자신의 종교가 무엇이든 누구나 조상들의 관습을 지킬 수 있다고 했다. 무슬림들의 집에 머물던 쿠쉴룩의 병사들은 모두 〔100r〕「71v」 죽음을 당했다. 몽골군은 쿠쉴룩을 추격하여 그가 어디에 있든 그곳에 머물지 못하게 했다. 결국 그는 바닥샨 변경의 산중에서 길을 잘못 들어, 〔몽골군은〕 사릭 콜이라 불리는 계곡에서 그를 붙잡아 죽이고 돌아왔다. 바닥샨 주민들은 수많은 화폐와 보석을 노략물로 취했다. 이 일화가 말해 주는 진실되고 분명한 사실은 무함마드의 종교를 억압하는 사람은 누구라도 곧바로 패망하지만, 이슬람의 율법을 보호하고 육성하는 사람은 비록 그가 그것을 따르지 않는다고 할지라도 그의 행운과 성장은 날로 증대되고 그의 시대는 한없이 지속될 것이라는 점이다.

쿠쉴룩에게는 아시스(Asîs)라는 자매가 한 명 있었다. 그녀에게는 자식들이 있었는데, 한 명은 요시무트(Yôshimût)이고 또 한 명은 울제이 에부겐 아바치(Ôljâî Ebûgân Abâchî)였다. 이 아바치에게는 2천 명이 있었고, 부주 에부겐(Bûjû Ebûgân)이라는 형제가 있었지만 사망했다. 또한 그에게는 자우쿠(Jâûqû)라는 아들이 하나 있었는데, 호자(Khwâja)의 아들인 투크메(Tôkme)와 함께 있었다. 그의 어머니는 나이만 종족 출신이었다. 또한 아림차누스 샬(Arîmchânûs Shâl), 타루 샬(Târû Shâl), 이날 샬(Înâl Shâl), 퉁게 샬(Tûnge Shâl)이라는 네 형제가 있는데, 쿠쉴룩의 일족이다. '샬'의 뜻은 '군주의 자식'이다. 이 나이만[인들]은 쿠리엔을 이루고 있는데, 그들을 '이디 티무르'(Yîdî Tîmûr)라고 불렀다. 카우수르미시(Qâûsûrmîsh)와 쿠스투르미시(Kûstûrmîsh)[144]는 이 네 형제 가운데 한 사람의 자식들이다.

'코닌 일', 즉 양해—회력 607년 샤반[/1211년 1~2]월에 시작—의 처음부터 '파르스 일', 즉 호랑이해—614년 둘 카다[/1218년 2]월에 시작—의 마지막까지 8년 동안 칭기스 칸의 역사에 대해서 자세히 서술했다. 이 기간의 마지막에 칭기스 칸의 나이는 예순네 살이었다. 이제 상술한 기간 동안 칭기스 칸과 동시대에 활동했던 칼리프들, 술탄들, 군주들, 말릭들, 아타벡들의 역사에 대해서 간략한 서술을 시작해 보도록 하자. 그리고 난 뒤에 다시 칭기스 칸의 역사로 돌아가기로 한다. 고귀하고 유일하신 신께서 뜻하신다면!

**'코닌 일', 즉 양해—회력 607년 샤반[/1211년 1~2]월에 시작—의 처음부터 '파르스 일', 즉 호랑이해—614년 둘 카다[/1218년 2]월에 시작—의 마지막까지 8년 동안 칭기스 칸과 동시대에 활동했던 키타이와 마친의 군주들, 카라키타이와 투르키스탄과 마와라안나흐르의 군주들, 이란 땅과 시리아와 이집트와 룸과 마그리브 등지의 칼리프들과 술탄들과 말릭들과 아타벡들의 역사. 그리고 이 기간 동안 일어난 기이한 사건들에 대한 간략한 설명**

---

144) A본에는 QAWSWZMYS, KWSTWZMYS로 표기되었다.

**상술한 기간 동안 키타이의 군주들의 역사**

찬준(Chanzûn)[145]: 〔재위〕 19년 가운데 〔위의 기간〕 이전이 9년이고 이후가 2년. 8년〔이 일치〕.

**상술한 기간 동안 마친의 군주들의 역사**

닝준(Nîngzûn)[146]: 〔재위〕 32년 가운데 〔위의 기간〕 이전이 15년이고 이후가 9년. 8년〔이 일치〕. 〔100v〕「72r」

**상술한 기간 동안 카라키타이와 투르키스탄과 마와라안나흐르의 군주들의 역사**

앞에서 말한 구르 칸이 있었다. 설명한 바와 같이 이 기간 동안 나이만의 타양 칸의 아들인 쿠쉴룩이 그의 딸과 혼인했는데, 그를 배신하고 그에게서 왕국을 빼앗았다. 구르 칸은 상심하여 비통해 하다가 사망했다. 같은 기간 동안 쿠쉴룩 또한 살해되었고, 그 왕국도 칭기스 칸에게 귀속되었다.

**상술한 기간 동안 칼리프들과 술탄들과 말릭들과 아타벡들의 역사**

바그다드의 칼리프들의 역사

압바스조의 칼리프는 안 나시르 리딘 알라였다. 상술한 이 기간 동안 販賣稅—오늘날의 '商稅'(tamğa)와 같은 것이다—를 백성들에게서 폐지시켜 주었다. 그것을 통해 많은 세금을 거두어들였는데, 〔이를 폐지한〕

---

145) 金의 6대 황제 章宗(1190~1208).

146) 남송의 4대 황제 寧宗(1195~1124).

까닭은 다음과 같다. 그의 딸 아비(Abî)[147]가 사망하자, 〔그녀를 위한〕 위로품을 준비하기 위해 소 한 마리를 샀다. 그것을 계산할 때 상세에 대해 언급하자, 칼리프는 "앞으로 어떤 사람에게서 절대로 상세를 받지 말라!"고 명령했다. 그는 바그다드에 수많은 구호소를 건설했다. 그리고 이 구호소들 안에 있는 빈민들은 〔라마단 기간 중에도〕 금식을 하지 말라고 바그다드의 〔동서〕 양편에 〔모두〕 선포하라고 명령했다. 그는 그곳에 양고기와 빵과 카틱(qâtiq)[148]과 糖菓를 공급해 주었다.

술탄들의 역사

호라즘과 이라크와 후라산과 가즈나_ 술탄 무함마드 호라즘 샤가 있었다. 그 지방의 술탄들이 모두 없어졌기 때문에 그가 독자적인 군주가 되어 그의 위상은 절정에 이르렀다. 투르키스탄과 마와라안나흐르의 일부 지방들도 그의 영역 안에 들어왔다. 그의 정황에 관해서는 〔다음과 같은〕 몇몇 이야기가 있다.

그가 바그다드 쪽으로 출정한 이야기_

……[149]년 그는 평안의 도시인 바그다드를 치기 위해 출정했다. 그 전에 그와 칼리프 나시르 사이에 반목이 일어났고 모욕을 갚으려는 생각을 품었기 때문에, 술탄은 그런 이유로 왕국의 이맘들, 특히 마울라나 우스

---

147) 英譯本은 이 구절을 dokhtar-i sharâbî로 읽어 'the daughter of a wine-seller'로 해석했고, Rawshan도 그런 식으로 읽었다. 반면 露譯本은 dokhtaresh Âbî로 읽어서 "그의 딸 아비"라고 옮겼는데, 후자 쪽이 더 정확하다. 칼리프 안 나시르 딸의 죽음이 계기가 되어 商稅가 폐지된 일화는 1330년에 씌어진 Ḥamdullâh Mustawfî Qazvînî의 *Târîkh-i Guzîda*(ed. 'Abd al-Ḥusayn Navâ'î, Tehran: Amîr-i Kabîr, 1960), pp.366~367에도 보인다.

148) 동물의 젖을 발효시켜 만든 일종의 요구르트. Cf. L. Z. Budagov, *Sravnitel'ny slovar' turetsko-tatarskikh narechii*(2 vols., St. Peterburg: Tip. Imp. Akademii Nauk, 1869~1871), II, p.5.

149) A·B본에는 공백이나, T본에는 아라비아 숫자로 "613"이 씌어 있는데, 후대의 加筆로 보인다.

타드 알 바시르 파흐르 앗 딘(Mawlânâ Ustâd al-Bashîr Fakhr ad-Dîn)에게서 다음과 같은 '의견서'(fatwa)를 받아냈다. 즉, 압바스 가문은 칼리프의 지위를 차지할 권리가 없고, 칼리프의 지위에 대한 권한은 〔알리의 손자인〕 후세인 일족의 사이드(sayyid)들에게 분명하고도 확실하게 귀속되었기 때문에, 힘을 가진 강자라면 누구라도 후세인 가문의 사이드들 가운데 적절한 사람 하나를 칼리프에 앉혀야 마땅하고, 그래서 정당성을 회복시켜 주어야 할 것이며, 특히 압바스 가문이 성전을 수행하는 데 게을렀기 때문에 더욱 그러하다는 것이다. 〔이 의견서에 의거하여 술탄은〕 大사이드들 가운데 한 사람이었던 사이드 알라 알 물크 티르미디(Sayyid 'Ala' al-Mulk Tirmidî)를 칼리프로 지목했다. 그는 이런 생각을 갖고 출발했다.

그가 담간에 왔을 때, 파르스 〔지방〕의 아타벡 사아드(Atâbeg Sa'd)가 이라크를 정복하기 위해 라이로 왔다는 소식을 들었다. 술탄은 한 무리의 기병을 이끌고 前哨로 서둘러 가, 하일리 부주르그(Khayl-i Buzurg)라는 곳에서 아타벡 사아드와 만났다. 전열을 정비하자마자 파르스의 군대가 패배하고 아타벡 사아드는 포로가 되었다. 술탄은 그를 죽이려 했으나, 아타벡은 주잔(Jûjân)의 말릭이었던 하와프(Khawâf)를 중재자로 내세워, 자신의 목숨을 살려 주면 이스타흐르(Iṣṭakhr)와 아쉬카나반(Ashkanavan)[150] 등의 성채와 함께 파르스 〔지방〕 稅收의 2/3를 주고, 큰 아들인 젱기를 인질로 남겨 두겠다고 약속했다. 그래서 그는 돌아가도 좋다는 허락을 받았고, 술탄 일행은 하마단 쪽으로 향했다.

아타벡 우즈벡(Atâbeg Ûzbeg)은 이라크 왕국을 차지하기 위해 〔101r〕

---

150) 이란 중남부 Fars 지방에 있는 지명들. 두 곳 모두 아케메니스 왕조의 수도가 있던 페르세폴리스 북방에 있다.

「72v」 아제르바이잔에서 하마단으로 왔지만 패배했다. 병사들은 그를 추격하고자 했지만 술탄은 "한 해에 두 사람의 군주를 잡는 것은 상서로운 일이 아니다. 가도록 내버려두어라!"라고 말했다. 술탄은 바그다드로 향했는데, 초가을 밤중에 아사다바드의 언덕 중간에서 혹독한 눈보라가 시작되어 수많은 사람들과 대부분의 가축들이 죽음을 당했다. 그것은 술탄이 겪은 최초의 시련이었다. 그는 하는 수 없이 계획을 취소하고, 며칠간 이라크에 머물면서 그 지방의 중요한 사항들을 처리했다.

호라즘 샤가 칭기스 칸의 사신들과
상인들을 경솔하게 살해하고 그로 말미암아 분란을 일으킨 이야기_

술탄이 이라크에서 돌아왔을 때 오트라르의 아미르인 가이르 칸(Ğâîr Khân)[151]에게서 사신이 도착하여 칭기스 칸에게 속한 상인들에 관한 소식을 알려 왔다. 술탄은 방책이나 생각도 없이 법학자들의 의견에만 의존하여, 그의 왕국의 영역 안에 은신처를 찾는 그 무슬림들을 즉각 살해하고 그들의 물건을 전리품이라는 명목으로 빼앗으라는 명령을 내렸다.

사람의 운명에 암운이 닥치면,
그가 하는 모든 것, 되는 일이 없도다.

그 사건의 정황은 다음과 같았다.

호라즘 샤의 치세 말년에 사람들은 비할 바 없는 평안과 복락을 누렸고, 반란의 불길은 소멸되었다. 도로에는 도적과 강도가 사라져, 상인들

151) 여기서는 QAYR XAN이라고 되어 있지만, 뒤에는 ĞAYR XAN으로 표기되기 때문에 그 철자에 따랐다. 주베이니의 『征服者史』에도 ĞAYR XAN으로 되어 있다.

은 왕국의 어느 곳이라도 이익을 낼 것 같은 지방이 있다면 그 같은 이익을 얻기 위해 그쪽으로 갔다. 몽골 종족들은 도시들에서는 멀리 떨어진 초원민이었기 때문에 여러 종류의 직물과 의복과 카펫 등은 그들에게 특히 귀했고, 그들과의 교역이 가져다 주는 이익에 대한 소문은 매우 널리 퍼졌다.

그런 까닭에 부하라에서 세 명의 상인[152]이 金絲 織物(zar-baft), 잔다니치(zandanîchî),[153] 면포(karbâs) 등을 비롯해 그 밖에도 그 종족들에게 필요하고 알맞다고 보이는 각종 물품들을 갖고 그 지방으로 향했다. 그때 〔칭기스 칸은〕 키타이와 투르키스탄 대부분의 지방에서 폭군들과 압제자들을 쓸어내고 도로에는 초병(qarâûl)들을 설치하여 상인들이 안전하게 통행할 수 있도록 했으며, 그들이 소유한 직물과 면포들 가운데 적당한 것이 있다고 생각되면 그 주인과 함께 칭기스 칸의 어전으로 보내도록 했다. 〔그들은〕 세 상인들을 그곳으로 보냈다. 그들이 그곳에 도착했을 때 그 중 한 사람이 자신〔이 갖고 온〕 옷들을 보이면서, 그 가격이 10디나르나 20디나르인 것들을 모두 2발리시(bâlish)[154]나 3발리시로 불렀다. 칭기스 칸은 터무니없는 그 말을 듣고 분노가 치밀어 "이 사람은 우리에게는 옷이 전혀 없는 줄 아는군!"이라고 말하며, 창고 안에 있던 값비싼 옷들을 그에게 내다 보이라고 했다. 그리고 나서 그의 옷들의 목

---

152) 주베이니의 『征服者史』에는 이들의 이름이 Aḥmad Khojendî, Amîr Ḥusayn의 아들, Aḥmad Bâlikchî로 기록되어 있다. Cf. Juvayni/Boyle, p.77(Persian text, I, p.59).

153) 부하라 북방 14마일쯤 되는 곳에 있는 Zandân이라는 마을에서 생산된 직물. Cf. Barthold, *Turkestan*, p.113; Steingass, *Persian-English Dictionary*, p.625.

154) bâlish는 銀塊를 가리킨다. 투르크어로는 yastuq(루브룩은 이를 iascot라고 불렀다)이라 불렀고, 중국에서는 錠이라고 했다. 1錠=50兩(貫)=500錢이었다. 몽골제국 시대에 통용되던 화폐 단위들과 그 比價에 대해서는 森安孝夫, 「シルクロードのウイグル商人」, 『岩波講座 世界歷史』 卷11: 中央ユーラシアの統合(東京, 1997), pp.99~101 참조.

록을 적어 빼앗고 그를 억류했다. 또한 그의 동료들에게 옷들을 갖고 오라고 했는데, 〔칭기스 칸이〕 아무리 말해도 그들은 옷의 가격을 부르지 않고 "우리는 이 직물들을 군주의 이름으로 가지고 왔습니다"라고 했다. 칭기스 칸은 그들의 말에 기분이 좋아져 "금실로 짠 옷들은 모두 금 1발리시를 주고, 잔다니치〔와〕 면포 두 벌에 은 1발리시를 주라"고 했다. 그리고 다른 동료를 불러서 그가 빼앗긴 옷들에 대해서도 똑같은 값을 쳐주고, 그들에게 여러 가지 은사를 내려 주었다. 그때 〔몽골인들은〕 무슬림들을 극도의 존경과 경외로 대했고, 존경과 축복의 뜻으로 그들을 희고 깨끗한 천막 안에 머물게 했다. 그들이 돌아갈 때 〔칭기스 칸은〕 "카툰·왕자·아미르들은 각자 자기 휘하에서 두세 사람을 〔선발하여〕 금·은 발리시를 주고, 그들과 함께 술탄〔이 통치하는〕 지방으로 가서 교역을 하여 그 지방의 보배들과 진귀품들을 구해 오도록 하라!"고 지시했다. 그 명령에 따라 각자 자기 종족에서 한두 사람을 임명하여 〔모두〕 450명의 무슬림들이 모였다.

칭기스 칸은 마흐무드 호라즈미(Maḥmûd Khwârazmî)와 알리 호자이 부하리('Alî Khwâja-i Bukhârî)와 유수프 칸카 오트라리(Yûsuf Kankâ Otrârî)를 〔자신의〕 사신으로 그 상인들과 동행케 해서 호라즘 샤에게로 보내, 다음과 같은 전갈을 주었다.

"그 지방의 상인들이 내게로 왔소. 당신이 들을 것처럼 나는 그들을 되돌려보냈소. 나도 一群의 상인들을 그들과 동행시켜 그 지방으로 보내, 그 지방의 귀중품들을 이곳으로 가지고 오고, 또 그 지역의 물품들을 구해 오라고 했소. 그대(shomâ) 왕조의 강고함과 가문의 위대함은 충분히 알려졌고, 그대(tô)[155] 왕국의 광대함과 통치의 확고함은 지상 대부분

155) 페르시아어에서 shomâ와 tô는 독일어의 Sie와 du에 해당하며, 라시드 앗 딘은 칭기스 칸이 호라즘

의 지방에서 귀족이든 평민이든 〔모두에게〕 분명하오. 그대는 내게 귀한 자식이자 아끼는 무슬림이오. 〔이제〕 내게 가까운 변경에서 적들이 〔101v〕「73r」 일소되었고 모두 복속했으니, 〔우리〕 양측의 이웃 관계는 견고하오. 지혜와 용기에 근거하여 양측은 협력의 길을 걸어야 할 것이오. 사건이 생길 경우에는 반드시 서로 도움과 지원을 주도록 하고, 도로의 위험에서 마음을 놓게 해줍시다. 그래서 왕래를 통해 세상의 번영을 가져다 주는 상인들이 마음놓고 올 수 있도록 합시다. 〔우리의〕 연맹을 통해 이후로는 불안을 일으키는 근원이 사라지고 분쟁과 반란을 부추기는 요인이 끊어지도록 합시다."

사신들과 상인들이 오트라르 시에 도착했을 때, 그곳의 아미르는 술탄의 모친인 테르켄 카툰의 친척 이날축(Înâlchûq)이었고, 가이르 칸이라는 칭호를 갖고 있었다. 그 상인들 가운데 과거에 그와 안면이 있던 힌두인이 한 명 있었는데, 익숙한 습관대로 그를 '이날축'이라고 불렀고, 또 자기 칸, 〔즉 칭기스 칸〕의 위대함에 지나치게 자신만만해져서 그를 예우로 대하지 않았다. 이로 말미암아 가이르 칸은 분노했고, 또 그들의 물건에 탐욕이 생겨서, 그들을 감금하고 상황을 알리기 위해 사신을 이라크에 있는 술탄에게 보냈다. 호라즘 샤는 칭기스 칸의 권고를 무시하고, 생각 없이 그들을 살해하고 물건을 빼앗으라는 명령을 내렸다. 그는 그들의 피와 물건에 대한 적법한 대가를 자기 생명으로 치르리라는 사실을 알지 못했다.

---

국왕을 부르는 호칭으로 이 두 단어를 혼용한다. 그러나 라시드 앗 딘의 근거가 된 주베이니의 글에는 이러한 호칭들이 보이지 않고, "그쪽"(an ṭarâf) 또는 "그 지방"(an diyâr)과 같은 단어들이 사용되었다. Juvayni/Qazvini, I, p.60.

詩

현명한 사람이라면 누구라도, 사태의 결말을 보아야 하리라.

네가 어떤 일에 몸을 담그든, 빠져 나올 것을 살펴야 하리라.

가이르 칸의 명령에 따라 그들은 살해되었다. 아니 차라리 그것은 세상의 황폐와 인류의 파멸을 가져왔다. 〔그러나〕 지시가 도착하기 전에 그들 가운데 한 사람이 기지로써 감옥에서 탈출하여 동굴에 숨었다가 동료들의 운명을 알게 되었다. 그는 길을 떠나 칭기스 칸의 어전으로 서둘러 가서, 다른 사람들에게 무슨 일이 벌어졌는지를 고했다.

이 이야기가 칭기스 칸의 마음에 얼마나 충격을 주었는지, 그는 자제할 수도 평정을 찾을 수도 없었다. 분노가 극에 달한 그는 홀로 언덕 위로 올라가 혁대를 목에 걸치고 모자를 벗은 뒤 얼굴을 땅에 댔다. 그는 사흘 밤낮을 신께 간구하고 울면서 "위대한 주님! 오, 투르크와 타직의 창조주여! 이 분란을 일으킨 것은 제가 아닙니다. 당신의 은총으로 제게 복수할 힘을 주소서!"라고 말했다. 그 뒤 그는 〔기도에 대한〕 응답을 받았다고 스스로 느끼고 기분이 좋아져서 내려왔다. 그리고 전투에 필요한 준비를 하기로 결심했다.

쿠쉴룩의 문제가 눈앞에 있었기 때문에 먼저 그를 처리하기 위해 군대를 보냈고, 이미 서술한 것처럼 그를 없앴다. 그리고 사신들을 술탄에게로 파견하여 아무런 이유도 없이 그가 저지른 배신 행위에 대해 언급하면서, 그를 향해 군대를 출정시켰으니 전쟁 준비를 하라고 알렸다. 호라즘 샤는 자만심에 가득 차서 결과를 생각치 않았기 때문에 재난과 재앙의 고통에 빠졌다. "결과를 보아야 위험에서 안전을 얻을 수 있으리라!"[156]

### 술탄 무함마드가 칭기스 칸의 군대가 진군한다는 소식을 듣고, 변경에 있던 군대[157]와 함께 전투할 것을 고집하다가 당황하여 되돌아간 이야기_

칭기스 칸의 군대가 이동한다는 소식을 들은 술탄 무함마드 호라즘 샤는 이라크를 자기 아들인 루큰 앗 딘에게 맡기고, 하마단에서 후라산으로 갔다. 니샤푸르에서 한 달을 머문 뒤 부하라로 향했고, 부하라에서 며칠 동안 오락과 연회를 즐기다가 사마르칸트 쪽으로 갔다. 거기서 많은 군대를 이끌고 잔드로 가서 거기서 투르키스탄의 경계, 즉 자기 나라의 변경까지 갔다. 그때 키르키즈·투마트 종족들을 치기 위해서, 또 쿠쉴룩과 메르키트 군주의 아들인 쿠두—그는 패주한 뒤에 무리를 규합했다—를 잡기 위해 파견된 바 있던 칭기스 칸의 군대는 그 종족들 가운데 도주한 무리를 추격하여 투르키스탄의 변경에 있는 ……[158]라는 곳에 이르렀다. 호라즘 샤의 초병들이 "몽골군이 이곳 변경 가까운 곳에 있다"고 소식을 전하자 술탄은 그들을 추격하러 나섰다. 몽골인들 가운데 일부가 〔102r〕「73v」 전하는 말에 따르면 그 군대는 칭기스 칸이 수베테이 바하두르와 쿵크라트 종족 출신인 토가차르를 지휘관으로 임명하여 쿠두를 치러 보냈던 군대였으며, 상술한 지점에서 쿠두와 전투를 벌여 많은 군대와 함께 그를 죽였다고 한다.

이 소식이 술탄 무함마드에게 전해지자 그는 그들을 치러 출정했다. 〔도중에〕 전쟁터에서 죽은 사람들 가운데 부상자 한 명을 보고 그를 심문한 뒤, 몽골군을 추격하여 달려갔다. 그 다음날 새벽 무렵 킬리(Qīlī)와 카임치(Qaymch)라는 두 강[159] 사이에서 그들과 만나 전열을 정비했다.

---

156) 원문은 아랍어.

157) A: QWJR; T: FWJY. 후자가 옳다.

158) 原缺.

〔그러나〕 몽골군은 전투에서 물러났고, "우리는 칭기스 칸에게서 술탄 호라즘 샤와 전쟁해도 좋다는 허락을 받지 못했다. 우리는 다른 일로 온 것이다"라고 말했다. 술탄은 이 말을 듣지 않고 말고삐를 전쟁터에서 되돌리지 않았다. 몽골인들도 전투에 임하여 양측의 우익은 각각 상대방과 마주했다. 일부 몽골인들이 중군을 향해 돌격했고 술탄이 포로가 될 위험에 처하자, 그의 아들인 술탄 잘랄 앗 딘(Jalâl ad-Dîn)이 나서, 山도 막아내기 힘든 그 공격을 물리치고 아버지를 사지에서 빼냈다.

詩
무엇이 포효하는 수사자보다 더 용맹한가?
아버지 앞에서 허리띠를 동여매는 자로다.

그날 술탄 잘랄 앗 딘은 저녁때까지 싸움을 계속했고, 양쪽 군대는 해가 진 뒤에야 자기 진영으로 돌아가 쉬었다. 몽골군은 불을 피워 놓은 채 이동해서 돌아가 버렸다. 그들은 칭기스 칸의 어전에 도착하여 술탄 잘랄 앗 딘이 보여 준 용기와 용맹에 대해서 아뢰었다.

칭기스 칸은 두 나라 사이에 가로놓인 것이 없고 중간에 있던 군주들도 제거되었다는 사실을 깨닫고, 군대를 정비하고 준비시켜 술탄의 왕국을 공격할 계획을 세웠다. 비록 그 분란을 일으킨 쪽은 술탄이었지만, 칭기스 칸은 과거의 관례에 따라 그를 공격하기를 원치 않았고, 모든 방법을 동원해서 우호의 길과 선린의 도리를 지키려고 했다. 그런데 급기

---

159) 이 두 강의 이름에 대해서는 Juvayni/Boyle, pp.370~371을 참조하시오. '킬리'를 『元史』 권121 「速不台傳」(p.2976)에 나오는 灰里河와 동일시하는 견해가 있으나 수긍하기 힘들다. 왜냐하면 그곳은 수베테이가 중앙 아시아에서 이란 지방으로 도주한 무함마드 샤를 추적하는 과정에서 전투를 벌인 곳이기 때문이다.

야 술탄이 도발과 모욕을 불러일으키고 복수를 불가피하게 만든 [다음 과 같은] 몇 가지 행동들을 하자, 비로소 그에 대한 공격을 행동으로 옮겼다. 첫째, 단합과 협약을 맺기 위해 상인·사신단을 파견하여 우호적인 전갈을 전해 주었는데, 그들을 사려분별 없이 살해하고 그들의 말에 대해서는 아무런 주의를 기울이지 않았다는 점이다. 둘째, [칭기스 칸은] 할 수 없이, 또 부득이하게 그와 싸울 수밖에 없었다는 점이다. 셋째, 쿠쉴룩이 칭기스 칸 군대에 의해 죽임을 당한 뒤 그의 수중에 있던 투르키스탄의 지방들을 술탄이 모두 차지했다는 점이다. 이러한 사정들이 원망과 적대를 불러일으켜, 응징과 보복을 하게 한 원인이다.

간단히 말해서 술탄은 그 전투가 있은 뒤 다시 사마르칸트로 왔다. 당혹과 주저함이 그를 엄습했고, 마음속의 불안이 겉으로 드러났다. 이제 적의 힘과 위력을 목격한 그는 [이 같은] 분란을 일으킨 원인이 무엇인지를 알았다. 경악과 비탄이 매순간 그를 사로잡았고, 그의 말과 행동에는 후회의 빛이 역력했다. 공포에 짓눌리는 바람에 올바른 의견의 문이 닫히고, 수면과 휴식도 사라져 버렸다. "나는 신의 명령과 예정에 굴복했노라!"는 말처럼, 그의 마음은 거부할 수 없는 운명에 맡겨졌다. 점성사들도 별의 운행이 높은 극점 단계에서 암흑 단계와 단절의 성좌에 이르렀으며, 운행 자리에는 상서로움이 사라지고 불길함이 나타나기 때문에, 이 불길함이 지나갈 때까지는 적과 대립하는 어떠한 행동도 취하지 않도록 주의해야 한다고 말했다. 점성사들의 이 말도 그의 처지를 더욱 악화시킨 여러 요인 중의 하나였다.

그는 말고삐를 돌려, 40만 명에 가까운 군대의 대부분을 투르키스탄과 마와라안나흐르에 남겨 두었다. 2만 명은 오트라르에 있는 가이르 칸에게, 1만 명은 파나카트에 있는 쿠틀룩 칸(Qutluğ Khân)에게 [맡기고], 軍馬官(amîrâkhur)인 아미르 이흐티야르 앗 딘 쿠쉬키(Ikhtiyâr ad-Dîn

Kûshkî), 이난치 칸이라는 칭호를 지닌 알리 하집('Alî Ḥâjjib), 하미드 누르 타양구(Ḥamîd Nûr Tâyangû) 및 다른 아미르들에게는 3만 명〔의 병사들〕과 함께 부하라에 남도록 했다. 또한 자신의 외삼촌인 토간착(Ṭoğânchâq), 구르의 아미르들인 하르밀(Kharmîl)과 하르주르(Kharzûr), 이즈 앗 딘 케르트의 아들, 후삼 앗 딘 마수드(Ḥusâm ad-Dîn Mas'ûd) 및 다른 사람들에게는 11만 명과 함께 사마르칸트에 주둔토록 했다. 파흐르 앗 딘 하바시(Fakhr ad-Dîn Ḥabash)와 시지스탄의 군대는 티르미드에, 마흐무드 한(Maḥmûd Khân)은 사락스에, 그의 사촌은 발흐에, 아스랄 파흘라반(Asral Pahlavân)은 잔드에, 다갈축 말릭(Dağalchûq Malik)은 후탈란(Khuttalan)[160]에, 바르타이시(Barṭâîsî)는 쿤두즈에, 아슬라바〔102v〕「74r」 칸(Aslaba Khân)은 야르칸드(Yârkand)에 주둔시켰다.

〔술탄은〕 사마르칸트의 성벽과 성채를 축성하라고 지시했다. 하루는 해자를 지나면서 "만일 우리를 공격하려는 병사들이 각자 자기 채찍을 이곳에 던진다면 금세 채워지고 말 것이다"라고 말했다. 이 말에 백성과 병사들의 마음은 철렁 내려앉았다. 술탄은 나흐샤브(Nakhshab)[161]로 가는 길을 달려가면서 가는 곳마다 "대처할 방법은 각자가 강구하라. 몽골군에게 대항한다는 것은 불가능하다"고 말했다. 또한 그는 사람을 보내어 자기 어머니 테르켄 카툰과 妃嬪(ḥaram)들을 호라즘에서 마잔다란으로 데리고 오도록 했다. 그는 나라의 중신들 모두와 이 사태에 대처하기 위해 어떤 방도를 취해야 하는지에 대해서 협의했다. 〔그러나〕 매순간 끔찍한 소식들이 계속 도착했고, 사태는 극도의 혼란으로 빠져들었다.

경험이 많은 사람들, 특히 그의 아들 잘랄 앗 딘은 이렇게 말했다.

---

160) Khuttal이라고도 불리며, 아무다리아 상류의 Panj와 Wakhsh라는 두 강 사이의 지역.
161) Nasaf라고도 불렸으며, 현재 우즈베키스탄에 있는 Karshi가 이에 해당한다.

"마와라안나흐르 지방의 사태는 손을 쓸 수 없을 정도가 되어 버렸습니다. 후라산과 이라크를 잃지 않도록 노력하지 않으면 안 됩니다. 각 도시에 배치한 군대들을 다시 소환하여 완전히 철수하고 아무다리아를 해자로 삼아야 합니다. 그것이 안 될 경우에는 힌두스탄 지방으로 피신해야 합니다."

술탄 무함마드는 이 소극적인 의견을 받아들여 이 주장에 따라 발흐로 왔다. 그때 〔술탄의〕 아들 루큰 앗 딘이 이라크에서 선물 및 상납품과 함께 보낸 이마드 알 물크 사비('Imad al-Mulk Sâwî)가 그곳에 도착했다. 〔술탄은〕 그를 각별히 후대했고, 그는 술탄을 이라크로 초치하면서 "이라크에 있는 군대를 소집하고, 전략과 물자를 최대한 활용해서 사태를 해결합시다"라고 말했다.

술탄 잘랄 앗 딘은 그 말에 반대하면서 이렇게 말했다.

"가능한 한 군사들을 끌어 모아서 그들을 향해 다시 돌진하는 것이 옳소. 만일 술탄이 마음을 정하지 못한다면 하루빨리 이라크로 가게 합시다. 그리고 군대는 내게 주어 변경으로 출전해서 승리를 거둘 수 있도록 해주시오. 능력과 힘이 닿는 한 노력해서 창조주나 피조물에게 떳떳해집시다. 만일 우리가 성공을 거두지 못한다고 해도 비난하는 화살의 표적이 되지는 않을 것이며, 우리를 향해 조롱의 요설이 뻗어 나오지는 않을 것입니다. 그래서 사람들이 '지금까지 우리에게서 세금(mâl wa kharâj)을 거두었는데, 이제 우리를 내팽개친다!'고 말하지 않도록 합시다."

그는 온 힘을 다해 몇 차례에 걸쳐 이런 주장을 거듭했지만, 부친의 허락이 필수라는 사실을 알았다. 그러나 술탄 무함마드는 극도의 당혹과 경악으로 말미암아 허락을 하지 않고, 아들의 현명한 견해를 겨우 유치한 놀이로만 여겼다. 오직 〔자신의〕 행운의 별이 침체에 빠졌을 뿐이라는 생각에 매달렸다. 이후 시기의 그의 모든 정황에 대해서는 칭기스 칸의 역사에 뒤이어 서술할 것이다. 지고한 신께서 뜻하신다면!

룸_ 술탄 기야쓰 앗 딘 카이 후스로우가 있었다. 이 기간 동안 안타키야(Anṭâkiya)[162] 시를 룸 사람들에게서 평화적인 방법으로 정복했다. 이에 앞서 그 [도시]를 포위하고 성벽에 있는 몇 개의 보루를 부수며 거의 점령하기 직전이었기 때문에, 도시의 주민들은 안타키야와 이웃한 키프로스 섬에 있던 프랑크인들에게 도움을 청해, 그곳에서 군대가 왔다. 기야쓰 앗 딘은 철군했고, 프랑크인들은 시내로 들어갔다. 기야쓰 앗 딘은 자기 나라에서 그곳으로 아무것도 갖고 가지 못하도록 막기 위해, 군대의 일부를 안타키야와 자기 나라 사이에 있는 산지에 주둔시켰다. 이로 말미암아 얼마가 지난 뒤 시내에서는 기아가 발생했고, 도시 주민들은 프랑크인들에게 "우리가 고통받고 있으니 무슬림들을 물리쳐 달라"고 말했다. [그러나 프랑크인들이 그렇게 하지 못하자] 그런 까닭에 도시 주민들과 프랑크인들 사이에 반목이 생겨났고, 시민들은 [오히려] 무슬림들에게 지원을 요청하여 함께 연합해서 프랑크인들과 전투를 벌였다. 프랑크인들은 성채 안으로 피신했고, 무슬림들은 코냐로 사람을 보내어 기야쓰 앗 딘을 불렀다. 그는 군대와 함께 신속하게 달려왔고, 도착한 다음날 도시를 점령하고 성채를 포위하여, [마침내] 그것을 함락시키고 프랑크인들을 사로잡았다.

### 말릭들과 아타벡들의 역사

마잔다란_ 샤 후삼 앗 딘(Shâh Ḥusam ad-Dîn)이 있었는데, [상술한] 기간에 사망했다. 그에게는 세 아들이 있었는데, 큰아들이 계승하여 둘째를 나라 밖으로 추방했다. 그는 호라즘 샤의 형제인 알리 샤에게 접근하

---

162) 즉, 안티오크.

여 그의 도움을 요청했다. 알리 샤는 호라즘 샤의 지시에 따라 군대를 끌고 마잔다란으로 갔다. 그가 구르간을 통과할 무렵 군주였던 큰아들이 사망하고, 막내아들이 그의 뒤를 계승했다. 알리 샤가 와서 마잔다란을 약탈하자, 〔103r〕「74v」 군주가 된 그 아들은 쿠라(Kûrâ) 성채로 갔다. 〔알리 샤의 군대는 그곳을〕 포위하고 힘을 쏟았지만 아무리 해도 함락시킬 수가 없었다. 그러나 〔다른〕 지방은 모두 정복했고, 둘째 아들은 그들의 후원으로 총독이 되어 호라즘 샤의 이름으로 설교와 주전을 했다.

이라크_ 자한 파흘라반의 종복이던 아이트가미시와 멩글리(Menglî)가 있었다. 아이트가미시는 바그다드로 가서 한동안 〔칼리프를 모셨다〕. 칼리프는 그를 우대해서 이스파한과 하마단의 총독으로 〔임명하여〕 보냈다. 그는 바르잠(Barjam)의 영토로 와서 바그다드의 군대가 도착하기를 기다렸는데, 칼리프는 술레이만 이븐 바르잠(Sulaymân b. Barjam)을 투르크만의 아미르로 내보내고, 그의 동생을 그 자리에 대신 임명했다. 이 때문에 술레이만은 멩글리에게 신속하게 군대를 보내 달라고 알렸다. 〔사람들은〕 술레이만을 돕기 위해 갑자기 아이트가미시를 붙잡아 〔죽이고〕 그의 머리를 멩글리에게로 보냈다. 이런 까닭으로 멩글리의 처지가 강화되었고 군대가 그의 주위에 모여들어, 그는 이라크 지방 전부를 점령했다. 자한 파흘라반의 아들로 아제르바이잔의 총독이던 아타벡 우즈벡과의 사이에 적대감이 있었기 때문에, 칼리프는 아타벡 우즈벡에게 전갈을 보내 그에게 멩글리와 싸우라고 부추기며 〔그를〕 돕겠다고 약속했다. 또한 〔칼리프는〕 이스마일리파 성채들의 영주인 잘랄 앗 딘 무함마드(Jalâl ad-Dîn Muḥammad)에게 그를 도와 주라고 지시하며, 만일 멩글리를 없애면 그의 영역의 일부는 아타벡이, 일부는 칼리프가, 또 다른 일부는 잘랄 앗 딘 무함마드가 차지하기로 약속했다.

칼리프는 무자파르 앗 딘 쿡부리를 이르빌과 샤흐라주르(Shahrazûr)

의 영주로 임명하여 군대와 함께 보냈다. 그들은 멩글리를 치기 위해 하마단으로 갔는데, 그는 구르즈의 변경에 있는 한 산으로 피신했다. 병사들이 산을 에워싸자 멩글리는 밤중에 도주했고, 그의 군대는 흩어져 버렸다. 칼리프의 군대는 그 지방을 점령하고 약속한 대로 나누어 가졌다. 아타벡 우즈벡은 자신의 몫을 동생의 종복인 오굴미시(Ôğûlmîsh)라는 사람에게 맡겼는데, 그것은 그가 그 전투에서 용감하게 싸웠기 때문이다. 병사들은 저마다 자기 고장으로 돌아갔고, 멩글리는 패배하여 사바로 왔다. 사바의 감관은 그의 친구였기 때문에 그에게서 시내로 들어가도 좋다는 허락을 받고자 했다. 감관은 그를 시내로 들여 자기 집에 머물게 하고 무기를 빼앗은 뒤, 그를 포박해 오굴미시에게로 보내려고 했다. 멩글리는 〔차라리 감관이〕 자기를 죽이지 오굴미시에게 보내지는 말아 달라고 청했다. 이에 감관은 멩글리의 머리를 취하여 아타벡 우즈벡에게 보냈고, 그는 그것을 바그다드로 보냈다.

詩

그대는 아는가, 일이 꼬일 때면
아무도 그대에게 어떤 일도 해줄 수 없다는 것을.

아제르바이잔_ 앞에서 말한 아타벡 우즈벡이 있었다. 그의 정황에 관한 이야기의 일부는 이미 설명한 바이다.

디야르바크르_ 모술의 영주는 이즈 앗 딘 마수드 이븐 누르 앗 딘 아르슬란 샤 이븐 이즈 앗 딘 마수드 이븐 쿠틉 앗 딘 마우두드 이븐 이마드 앗 딘 젱기 이븐 악크 송코르('Izz ad-Dîn Mas'ûd b. Nûr ad-Dîn Arslân Shâh b. 'Izz ad-Dîn Mas'ûd b. Quṭb ad-Dîn Mawdûd 〈bûd〉[163] b. 'Imâd ad-Dîn Zengî b. Âq Sonqôr)였다. 그는 〔상술한〕 기간에 사망했는데, 자

신의 아들이었던 열 살짜리 아르슬란 샤(Arslân Shâh)를 후계자로 임명했고, 바드르 앗 딘 룰루(Badr ad-Dîn Lûlû)로 하여금 자신과 자신의 부친을 위해서 일했던 것과 똑같은 방식으로 〔아르슬란 샤를 도와〕 왕국을 경영하고 관리하도록 정해 주었다. 〔이즈 앗 딘 마수드가〕 밤중에 사망하자 바드르 앗 딘은 밤에 말릭들에게 사신을 보내 〔충성의〕 서약을 다시 확인하고, 칼리프에게는 〔아르슬란 샤를〕 인정하는 칙서를 하사해 달라고 했다. 새벽까지 모든 일들을 마무리짓고 장례식에 임석했다. 사신들은 임무를 마치고 신속하게 돌아왔다. 누르 앗 딘 〔아르슬란 샤〕의 지배권을 인정하고, 바드르 앗 딘에게는 왕국의 운영을 위촉하는 칙서가 바그다드에서 왔다.

누르 앗 딘은 대부분의 기간 동안 병들어 있었고, 아크르(Aqr)와 슈쉬(Shûsh)의 성채들을 소유했던 그의 숙부 이마드 앗 딘 젱기가 모술의 영지를 차지하려고 했다. 아르빌의 무자파르 앗 딘이 그와 연합하여 학카르(Hakkâr)와 주잔을 빼앗았다. 바드르 앗 딘이 여러 차례 충고하는 내용의 전갈을 보냈지만, 그들은 듣지 않았다. 바드르 앗 딘은 말릭 아딜의 아들인 말릭 아쉬라프에게 도움을 청했고, 그는 연맹 〔제의〕에 동의하여 그를 돕기 위해 군대를 파견했다. 바드르 앗 딘은 이마드 앗 딘과 전투하기 위해 출정했고, 아르빌의 무자파르 앗 딘은 이마드 앗 딘을 지원하기 위해 군대를 보냈다. 전투가 벌어져 바드르 앗 딘이 이마드 앗 딘을 패배시켰는데, 바그다드에서 사신들이 도착하여 그들 사이에 평화를 맺게 했다.

평화를 맺은 뒤 누르 앗 딘 아르슬란 샤(Nûr ad-Dîn Arslân Shâh)가 사

---

163) Mawdûd 다음에 bûd라는 단어가 삽입되어 있으나 衍字이다. 사본 Bağdat 282에는 올바로 필사되어 있다.

망했다. 세 살이었던 그의 동생 나시르 앗 딘 마흐무드(Nâṣir ad-Dîn Maḥmûd)를 군주의 자리에 앉혔는데, 그가 어린애였기 때문에 이마드 앗 딘의 탐욕은 더욱 커져 모술을 치기 위해 출병했다. 이런 상황에서 바드르 앗 딘은 말릭 아쉬라프에게 도움을 청하기 위해 자기 아들을 군대와 함께 보냈다. 그는 자기 형제였던 카밀(Kâmil)에게 도움을 청하러 이집트로 갔다. 이에 앞서서 바드르 앗 딘을 돕기 위해 파견되었던 말릭 아쉬라프의 군대—그 지휘관은 이즈 앗 딘 아이박('Izz ad-Dîn Aîbak)이었다—는 〔103v〕「75r」 니시빈에 주둔하고 있었다. 바드르 앗 딘은 그들을 불러들여 연합한 뒤 티그리스를 건너 모술에서 3파르상 떨어진 곳에서 〔적군과〕 만났다. 이즈 앗 딘 아이박은 그들의 좌익을 공격하여, 거기에 있던 이마드 앗 딘 젱기를 격파했다. 중군에 있던 무자파르 앗 딘은 바드르 앗 딘의 좌익을 공격하여 격파했다. 바드르 앗 딘은 모술로 왔고, 무자파르 앗 딘은 아르빌로 갔다. 사신들이 그들 사이를 오갔고, 평화를 맺었다. 말릭 아쉬라프는 신자르를 빼앗고 바드르 앗 딘을 돕기 위해 모술에 도착했다. 그와 함께 있던 아미드의 영주 나시르 앗 딘 무함마드는 아르빌을 공격했다.

칼리프의 사신들이 도착하여 그들 사이에 평화를 체결했고, 모두 다 자신들의 고장으로 갔다. 마야파르킨의 영주는 말릭 아우하드 나즘 앗 딘 아유브 이븐 알 아딜(Malik Awḥad Najm ad-Dîn Ayyûb b. al-'Âdil)이었는데, 무시(Mush) 시를 장악하고 아흘라트를 공격했다. 그곳의 영주와 전투를 벌여 패배하자 소수의 사람들과 함께 마야파르킨으로 왔다. 그의 아버지가 지원군을 보내자 아흘라트의 영주인 발반(Balbân)과 전투를 벌였다. 발반은 패배하여 아흘라트로 가서, 아르잔 알 룸의 영주인 무기쓰 앗 딘(Muğîth ad-Dîn)에게 도움을 청했다. 그는 자신이 직접 와서 기회를 이용하여 발반을 파멸시켰다. 그는 아흘라트를 취하려고 했지만, 아흘라트의 주민들은 나즘 앗 딘에게 사람을 보내 〔와 달라고〕 청했다. 그가 도착하자 〔주민들은〕 왕국을 그에게 위탁했다. 그는 그 부근 대부분의 지방을 점령했는데, 〔주민들이〕 다시 그에게 반기를 들자 이번에는 무력으로 도시를 점령하고 학살과 약탈을 저지른 뒤 그곳에 주둔했다.

〔시리아와 이집트〕_ 말릭 아딜이 있었고, 그의 아들들은 왕국의 각 지역에 머물렀다. 그는 614〔/1217~1218〕년에 각지에서 지원을 요청하여 악카('Akka)[164]에 집결해 있던 프랑크인들을 물리치기 위해, 또 예루살렘을 수복하기 위해서 예루살렘으로 왔다. 거기에서 그는 요르단으로 군대를 이끌고 가 프랑크인들과 대치하며 진영을 쳤다. 프랑크인〔의 군세〕가 우세하다는 것을 알고 퇴각하여 다마스쿠스 쪽을 향해 마르즈 수파르(Marj Ṣufar)까지 갔다. 프랑크인들은 바이산(Baysân)에서부터 바니아스(Bânîâs)[165]까지 약탈하고 철저하게 파괴했다.

아딜은 다마스쿠스의 영주였던 자기 아들 말릭 무아잠 이사(Malik Mu'aẓẓam 'Îsa)에게 많은 군대를 주어 나블루스로 보내서, 프랑크인들이 예루살렘에 오지 못하게 하라고 했다. 프랑크인들은 악카 평원을 떠나 투르(Ṭûr) 성채를 포위하러 가서 17일간 포위했다. 그들 가운데 한 아미르가 활에 맞아 죽음으로써 그들은 패주했다. 아딜은 그 성채를 파괴했지만, 악카가 가까웠기 때문에 방어하는 것은 어려웠다. 프랑크인들은 악카에서 바다를 건너 이집트의 다미에타(Damiyâṭ)에 상륙했다. 그들과 다미에타 사이에는 나일 강이 가로놓여 있었는데, 나일 강의 일부는 大海로 흘러든다. 그들은 그곳에 진을 치고 자신들 주위에 깊은 참호를 판

---

164) Acre라고도 표기하며, 이스라엘 서북부에 있는 지중해 연안 도시.

165) 시리아에 있는 지중해 연안 도시.

뒤 그곳에서 선박을 건조했다.

아딜의 아들인 말릭 카밀은 이집트의 영주였는데, 그들의 맞은편에 있는 아딜리야(‘Âdiliyya)라는 곳에 진을 쳤다. 프랑크인들은 병사들로 가득 찬 그곳의 성루를 한동안 공격하여 힘으로 빼앗았다. 〔무슬림군은〕 그들의 배가 오가지 못하게 하기 위해 사슬을 끊었다. 말릭 카밀은 프랑크인들의 왕래를 막기 위해, 사슬 대신 대단히 단단한 그물 사슬을 묶어 놓았다. 격렬한 전투가 벌어졌고, 카밀은 몇 척의 배를 빼앗아 암초에 부딪치게 해서 침몰시켰다. 간단히 말해 전투는 며칠 동안 계속되었다. 나일 강이 중간에 있었기 때문에 다미에타인들은 프랑크를 두려워하지 않았고, 성문을 연 채 장사하는 데 바빴다.

마그리브_ …….[166)]

파르스_ 아타벡 무자파르 앗 딘 사아드 이븐 젱기가 있었는데, 그의 정황에 관한 이야기의 일부는 호라즘 샤의 역사에서 언급한 바 있다. 그는 〔호라즘 샤와〕 협약을 맺은 뒤 술탄이 있는 곳에서 파르스로 왔다. 이러한 사정을 들은 그의 아들 아타벡 아부 바크르(Atâbeg Abû Bakr)는 동의하지 않고 싸우러 왔다. 그는 탕기 파루크(Tang-i Fârûq)의 성문 앞에 매복하고 있다가 철퇴를 들고 자기 아버지를 공격했다. 그렇게 공격하다가 말에서 떨어져 붙잡히고 말았다. 그의 아버지는 그를 포박하여 사피다르(Sapîdâr) 성채로 보냈다. 〔그렇게 해서〕 그는 술탄 호라즘 샤와의 협약을 준수했다.

키르만_ 아타벡 사아드의 조카가 총독이었는데, 반란을 일으켰다. 얼마 후 주잔의 말릭인 하와프가 술탄 호라즘 샤를 대리하여 그 지방의 총독이 되었으며, 매우 위중하고 강력해졌다. 신은 번영케 하는 분이로다!

---

166) 原缺.

시스탄_ ......[167]

**상술한 기간 동안 일어난 기이한 사건들의 역사**

〔104r〕「75v」 .......[168]

'코닌 일', 즉 양해—607년 샤반〔/1211년 1~2〕월에 시작—의 처음부터, '파르스 일', 즉 호랑이해—614년 둘 카다〔/1218년 1~2〕월에 시작—의 마지막까지, 8년 동안 칭기스 칸과 동시대에 있었던 여러 지방의 군주들, 칼리프들, 술탄들, 말릭들, 아타벡들의 역사를 간략하게 서술했기 때문에, 이제 다시 이 기간 이후의 칭기스 칸의 역사에 대해서 다시 돌아가 자세하게 서술하도록 하자. 고귀한 신께서 뜻하신다면!

---

167) 原缺.

168) 原缺.

## 【제6절】

'타울라이 일', 즉 토끼해—회력 615년 둘 카다(/1219년 1~2)월에 시작—의 처음부터, '카카이 일', 즉 돼지해—624년 사파르(/1227년 1~2)월에 시작—의 마지막까지, 9년 동안의 칭기스 칸의 역사

〔칭기스 칸은〕 상술한 연도의 처음에 투르키스탄과 마와라안나흐르 지방과 이란 땅의 왕국들에 대한 원정을 시작하여 6년 동안 그 왕국들에 관한 일을 처리한 뒤, 7년째 되던 해인 닭해—622년 사파르(/1225년 2~3)월에 시작—……[1] 계절에 자신의 오르두들〔이 있는 곳으〕로 귀환했다. 그는 탕구트 지방이 다시 반란을 일으켰다는 소식을 듣고 그곳으로 출정하여 정복했다. 상술한 돼지해 가을 중간달—라마단에 해당—15(/1227년 8월 29)일에 사망했다.[2] 그가 일흔세 살에 사망하긴 했지만 滿으로 차지 않았기 때문에 그의 수명은 만 72년이었다. 이에 대해서 몽골인들은 일치된 견해를 보인다.

### 칭기스 칸이 세계 정복의 기치를 술탄 무함마드 호라즘 샤의 왕국 쪽으로 돌린 이야기

토끼해는 615년 둘 카다(/1219년 1~2)월부터 시작되기 때문에 그 대부분은 616년[3]과 일치한다. 쿠쉴룩이 일으킨 반란의 먼지가 가라앉고, 도로에서는 저항과 반란이 깨끗이 일소되었다. 칭기스 칸은 아들들과 만호장·천호장·백호장들을 정하여 정비하고, 집회를 열어 쿠릴타이를 개최했다. 그들 사이에 〔통용될〕 새로운 규정과 규범(yôsûn)과 법령

---

1) 原缺.

2) 『元史』 권1 「太祖紀」(p.25)에 따르면, 그는 1227년 秋七月壬午(8. 18)에 병이 들어 己丑(8. 25)에 사망한 것으로 되어 있다.

3) 1219년 3월 19일부터 1220년 3월 7일까지.

(yâsâq)을 정해 준 뒤, 호라즘 샤의 지방을 치기 위해 출정했다. 용해에 에르디쉬 강으로 가는 도중에 夏營하면서 사신들을 술탄 무함마드에게 보내어 그가 있는 쪽으로의 원정을 결정했고, 〔그것은〕 〔104v〕 「76r」 앞에서 서술했던 것처럼 과거에 술탄이 상인들을 살해하고 다른 일을 저지른 것에 대한 응징이라는 사실을 통고했다. 가을에 진군을 명령하여 도중에 있는 모든 지방들을 점령했다. 그가 카얄릭 부근에 이르렀을 때, 그곳에 있던 아미르들의 우두머리인 아르슬란 칸이 어전에 귀순하여 은사를 받았다. 그들은 몽골군에 대한 지원 부대로 출성했다. 비시발릭에서 위구르의 이디쿠트가 자기 가축들을 데리고, 또 알말릭에서는 수크낙 티긴(Sûqnâq Tigîn)이 자기 군대와 함께 어전으로 왔다.

**칭기스 칸이 오트라르 시에 도착하고, 그것이 몽골군의 수중에 함락된 이야기**

앞서 말한 용해의 가을 마지막에 칭기스 칸은 대군을 이끌고 오트라르 시에 도착했고, 성채가 마주보이는 곳에 그의 천막을 쳤다. 술탄은 대군을 가이르 칸에게 주었었는데, 侍從長(khâṣṣ ḥâjib)인 카라차(Qarâcha)에게 〔다시〕 1만 기병을 주어 지원군으로 파견했다. 그들은 성채와 도시의 성벽을 견고하게 정비하고 무기들을 집결시켰다. 칭기스 칸은 차가타이와 우구데이에게 수만 명의 병사와 함께 도시를 포위하라고 명령하고, 주치에게는 약간의 군대를 주어 잔드와 양기켄트(Yangîkent)[4] 쪽으로 보냈다. 또 일군의 아미르들은 호젠트(Khojend)[5]와 파나카트로 보냈다. 이렇게 각 방향으로 군대를 정한 뒤 자신은 톨루이 칸과 함께 부하라를

---

4) 『親征錄』의 養吉干. Yanikent 또는 Shahrkent라고도 표기하며, 시르다리아 하류에 위치. Kazalinsk에서 15마일 떨어진 Jân Qal'a 성채에서 3마일 되는 지점 시르다리아 남쪽에 있다. Barthold, *Turkestan*, p.178.

5) 우즈베키스탄 동북부 페르가나 계곡에 있는 도시.

공격하러 갔다. 부하라가 어떤 식으로 정복되었는지에 대한 이야기는 적절한 곳에서 나올 것이다.

오트라르에서는 5개월간 여러 곳에서 전투가 벌어졌다. 마침내 오트라르 주민들의 상황이 궁지에 몰리자, 카라차는 〔몽골군에〕 복속하고 도시를 내주는 것에 동의하고 말았다. 〔그러나〕 가이르 칸은 그 반란을 일으킨 장본인이 자신이라는 사실을 알았기 때문에, 어떤 수를 써도 자기 목숨을 지킬 수 있으리라고는 생각하지 않았고, "은총을 베푼 주군을 배신하지 않겠다"는 구실을 대면서 온 힘을 다해 협약을 거부했다. 그래서 카라차도 더 이상 〔투항하라고〕 종용하지 않고 밤중에 자신이 군대와 함께 성벽 밖으로 나왔다. 몽골군이 그를 붙잡아 왕자들 앞으로 데리고 갔다. 그들은 "너는 과거에 주군에게서 은총을 입었는데도 그를 배신했으니, 우리는 너와 한마음이 될 생각이 없다"고 말하며, 그를 누케르들 모두와 함께 죽였다. 도시를 정복하고 주민들 전부를 마치 양 떼처럼 도시 밖으로 몰아낸 뒤, 〔거기에〕 있는 것들을 모두 약탈했다.

가이르 칸은 2만 명과 함께 성채로 들어갔는데, 50명씩 나와서 〔싸우다가〕 죽음을 당했다. 한 달 동안 전투가 계속되었고, 그 대부분이 살해되었다. 가이르 칸은 〔다른〕 두 명만 남았지만 결연히 싸우면서 계속 버텼다. 몽골군이 그를 성채 안에 둘러싸자 그는 지붕으로 올라가 항복하지 않았다. 그 두 명의 누케르들 또한 살해되었고, 무기도 남지 않았다. 그러자 그는 벽돌을 던지면서 결연히 싸웠다. 몽골인들은 그를 에워싸며 진을 쳤고, 성벽과 성채를 〔부수어〕 지표면과 같이 만들었다. 칼날에 쓰러지지 않은 농민들과 각종 직인들 가운데 일부는 부하라와 사마르칸트와 그 부근으로 도주했다. 〔몽골군은〕 가이르 칸을 쿡 사라이(Kôk Sarây)[6]에서 살해하고, 그곳을 떠나 진군했다.

**왕자 주치가 잔드와 양기켄트로 가서 그곳을 정복한 이야기**

칭기스 칸의 명령에 따라 왕자 주치는 앞에서 말한 해에 울루스 이디(Ûlûs Yîdî)와 함께 잔드로 갔다.[7] 먼저 그는 시르다리아[8] 강변에 있는 잔드 부근의 수크낙(Suqnâq)[9] 마을에 도착했다. 그는 선발대 가운데에서 상인으로 오래 전부터 칭기스 칸 어전에 와서 추종자가 된 후세인 핫지(Ḥusayn Ḥâjjî)를 사신으로 보내, 그 부근의 주민들에게 전갈 내용을 통지한 뒤 지혜롭고 친근한 권고를 통해 그들이 재산과 생명을 안전하게 보존할 수 있도록 복속할 것을 종용하라고 했다. 그가 수크낙으로 갔을 때, 권고의 말과 함께 전갈 내용을 알리기도 전에 불한당·깡패·건달들이 소란을 피우고 "알라는 위대하다!"(takbîr)고 소리치면서 그를 죽였다. 그리고 〔자신들이〕 대단한 일을 한 것처럼 〔105r〕「76v」 생각했다.

이 사건에 대해 들은 주치 칸은 아침부터 저녁까지 전투를 계속할 수 있도록 전열을 정비하라고 지시했다. 드디어 전투가 시작되자 용서와 관용의 문은 닫힌 채 분노와 폭력이 분출하여, 한 사람도 남기지 않고 모두를 죽임으로써 복수했다. 그곳의 지배권은 피살된 핫지 후세인의 아들에게 주었다. 거기서 진군하여 우즈켄드와 바르칠릭켄트(Bârchlîğkent)[10]를

---

6) A·B: KWK. 그러나 T본에는 KWK SRAY로 표기되어 있으며, 이는 Kök Saray('푸른 궁전')를 옮긴 말이다.

7) Boyle이 밝힌 바와 같이 Ûlûs Yîdî 또는 Ûlûsh Îdî('울루스의 주인'이라는 뜻)는 주치가 사망한 후에 그에게 붙인 존칭이었다. 주베이니는 주치라는 이름 대신에 이 존칭을 사용했는데, 라시드 앗 딘은 이 부분을 집필할 때 주베이니의 글에 근거하면서도 이것이 주치의 별칭이라는 사실을 몰랐기 때문에, 마치 울루스 이디가 주치의 副將 가운데 한 사람인 것처럼 오해했다. Cf. Juvayni/Boyle, p.86, note 1.

8) 사본들에는 Jayḥûn(아무다리아)이라고 되어 있으나 Sayḥûn(시르다리아)이 되어야 옳을 것이다.

9) Siğnâq 또는 Suğnâq라고도 불린다. 오트라르에서 24farsakh 떨어진 곳에 있다(Barthold, *Turkestan*, p.179).

10) 『元史』 권63 「地理 六」(p.1571)의 巴耳赤邗(Barchiqan), 『親征錄』의 八兒眞(Barjin), 플라노 카르피니의 Barchin. 더 자세한 내용은 Barthold, *Turkestan*, p.179, note 3 참조.

정복한 뒤 아시나스(Ashnâs)[11]로 향했다. 〔그곳〕 군대의 대부분은 불량배와 건달들이었다. 전투에서 온 힘을 다했지만 거의 모두가 죽었다.

이 소식이 잔드에 전해지자 아미르들 가운데 아미르요 술탄에게서 그 부근을 방어하라는 지시를 받았던 쿠틀룩 칸은 밤중에 시르다리아[12]를 건너서 황야를 거쳐 호라즘 쪽으로 향했다. 잔드에서 그가 빠져 나갔다는 소식이 주치 칸에게 들어오자 그는 친 티무르(Chîn Timûr)를 사신으로 잔드에 보내 그들을 위무하고, 〔몽골군에 대해〕 적대적인 행동을 하지 말도록 지시했다. 잔드에는 수령도 총독도 전혀 없었기 때문에 각자 자기가 좋은 대로 주장을 해서 방책을 마련하지 못했고, 몽매한 평민들이 들고일어나 친 티무르를 죽이려고 했다. 그는 기지와 관용을 발휘하여 수크낙의 상황과 후세인 핫지의 죽음에 대해 알려 주면서 그들을 침묵시키고, 그들과 "나는 외지의 군대가 이곳에 주둔하지 않도록 하겠다"는 약조를 맺었다. 그들은 이 약속에 만족하여 그를 해치지 않았다.

〔그런데〕 친 티무르는 갑자기 그들에게서 떠나 주치와 울루스 이디에게로 와서 그가 목격한 상황을 전해 주었다. 그들은 그곳으로 출정하여 616년 사파르월 4〔/1219년 4월 21〕일에 도시 외곽에 진을 쳤다. 병사들은 해자를 메우고 그것을 준비하는 작업으로 바삐 움직였다. 잔드의 주민들은 성문을 닫아걸고 성벽 위로 올라가 전투를 시작했다. 그들은 한 번도 전투를 해본 적이 없었기 때문에 몽골군이 어떻게 성벽에 올라올 수 있을지 의아해 했다. 〔그러나 몽골군은〕 성벽에 사다리들을 걸쳐 놓고 사방에서 성벽 위로 올라오기 시작했고, 도시의 성문을 열었다. 그들은 도시 주민 전부를 밖으로 끌어냈는데, 양측에서 다친 사람은 한 명도

---

11) 시르다리아 서안에 있는 Asanas. 강에서는 17마일, Ber-kazan역에서는 20마일 떨어진 곳에 있다. Barthold, *Turkestan*, p.179, note 4.

12) 원문에는 '아무다리아'.

없었다. 전투가 모두 끝나자 〔몽골군은〕 친 티무르에게 욕을 해댔던 몇몇 수령들을 죽였을 뿐, 그들에게 자비의 손길을 내밀었다. 아흐레 밤낮 동안 그들을 벌판에 머물게 했고, 〔그 동안〕 도시를 모두 약탈했다.

그 뒤 부하라의 키즈다완(Qizdawân)[13] 출신으로, 칭기스 칸이 등극하기도 전에 그의 어전으로 왔던 알리 호자('Alî Khwâja)에게 그곳을 관할하도록 임명했다. 그리고 양기켄트 시가 있는 곳으로 진군하여 정복한 뒤 감관을 배치했다. 울루스 이디는 그곳에서 카라코룸(Qarâqorûm)[14]으로 향했고, 그 부근에 있던 투르크만 유목민들 가운데 1만 명을 뽑아 호라즘을 원정하러 보냈다. 타이날 노얀(Tâînâl Nôyân)이 그들을 지휘했다. 이들이 몇 군데의 숙영지를 거쳐 갔을 때, 그들에게 악운이 씌었는지 타이날이 그들의 수령으로 임명한 어떤 몽골인을 죽이고 반란을 일으키고 말았다. 타이날은 선봉으로 가고 있었는데, 이 소식을 듣자 되돌아와 〔그〕 종족 대부분을 죽였으며, 일부는 목숨을 구해서 도망쳤다. 다른 종족은 아무다리아와 메르브 방향으로 가서 그곳에 많은 사람들이 모였는데, 그 정황에 대해서는 적절한 곳에서 서술할 것이다.

### 파나카트 · 호젠트 점령과 티무르 말릭의 정황에 관한 이야기

칭기스 칸이 오트라르에 도착해서 자식들과 아미르들을 임명했을 때, 알락 노얀과 식투르와 타가이[15] 세 사람에게 5천 명을 주어 파나카트 쪽

---

13) QRDWAN 또는 QZDWAN. 부하라 근교 북방에 있는 Gizhduvan으로 추정된다. Cf. Juvayni/Boyle, p.90의 note 11.

14) 투르크만 유목민이 거주하던 지역인 것으로 보아 몽골리아의 카라코룸은 아닌 것 같다. 『征服者史』에도 역시 'Qarâqorûm'으로 표기되어 있지만, Boyle이 시사했듯이 사실은 'Qarâqûm'을 가리키는 것이 아닐까 생각된다. 만일 그렇다면 이것은 아랄 해 동북방에 있는 '카라쿰'(히바와 메르브 사이의 '카라쿰'이 아님)일 것으로 보인다. Cf. Juvayni/Boyle, p.89, note 9.

15) 원문은 TQAY.

으로 파견했다. 그들은 주변에 있던 다른 아미르들과 연합하여 그곳으로 갔다. 일레트구 말릭(Îletgû Malik)은 캉클리인들로 이루어진 군대를 데리고 대치하며 사흘 동안 전투를 벌였다. 나흘째 되던 날 도시 주민들은 평화를 원했고, 복속하러 밖으로 나왔다. 〔몽골군은〕 군인과 직인과 농민을 따로따로 구분한 뒤, 군인들 가운데 일부는 칼로, 또 일부는 활로 쏘아 죽였다. 나머지 사람들은 천호·백호·십호로 편성하고, 젊은 사람들은 징용대(ḥashar)로 밖으로 끌고 나와 호젠트로 향했다.

〔몽골군이〕 그곳에 도착하자 〔주민들은〕 성채 안으로 피신했다.[16] 그곳의 아미르는 티무르 말릭(Timûr Malik)이었는데, 매우 용맹하고 기개 있는 사람이었다. 시르다리아[17] 중간 물길이 둘로 갈라지는 곳에 높은 성채를 견고하게 하고, 1천 〔105v〕 「77r」 명의 용사들과 함께 그곳으로 갔다. 군대가 도착했지만 화살과 투석(sang-i manjanîq)이 그 성채에 미치지 못했기 때문에 곧바로 점령하지는 못했다. 호젠트의 젊은이들을 징용대로 그곳으로 몰았다. 또한 오트라르를 비롯해 정복한 촌락과 마을들에서 지원병을 불러들여 5만 명에 이르렀으며, 2만 명의 몽골인들도 집결했다. 그 모두를 십호·백호로 나누고 타직인 십호마다 몽골인 한 사람을 임명하여, 〔그곳에서〕 3파르상 떨어진 곳에 있는 산에서 걸어서 돌을 날라와 시르다리아[18]에 던져 넣었다.

티무르 말릭은 12척의 배를 건조하여, 그 위를 진흙과 식초를 섞어서 바른 모포로 덮고 작은 문을 뚫어 놓았다. 매일 새벽이면 이 가운데 6척을 사방으로 보내 격렬한 공격을 했다. 화살도 불도 나프타도 그 〔배〕에는 소용이 없었다. 강물에 돌을 쌓아 놓으면 그는 다시 물길을 뚫어 밤이

16) T본은 여기서 끝나고, 이하는 缺落되어 있다.
17) 원문에는 '아무다리아'.
18) 원문에는 '아무다리아'.

면 그들을 습격하곤 했다. 〔몽골〕군은 그의 활약으로 곤경에 처했다. 그 뒤 몽골인들은 수많은 활과 투석기를 준비하여 격렬한 전투를 벌였다. 티무르 말릭은 사태가 위급해지자, 도망칠 날을 위해 마련해 두었던 70척의 배를 밤중에 준비시켰다. 그리고 짐과 장비들을 그 안에 싣고 용맹한 사람들을 태웠다. 자신도 한 무리의 사람들과 함께 배에 타서는, 횃불들을 밝힌 채 번개처럼 강물 위를 질주했다.

이 소식을 들은 몽골인들은 강가로 달려갔다. 티무르 말릭은 어디를 가나 그들의 무리를 목격했지만, 그곳으로 배를 몰면서 한 번도 과녁을 놓치지 않는 화살을 쏘아대 그들을 멀리 물러나게 했다. 그는 마치 물 위로 부는 바람처럼 배들을 몰아서 파나카트에 도착했다. 배가 접근하지 못하도록 물 위에 설치해 놓은 사슬을 한 번에 끊어 버리고 가뿐히 통과했다. 강 양쪽에서 그와 싸움을 하던 병사들은 잔드와 바르칠릭켄트까지 따라왔다. 그의 소식을 들은 주치 칸은 군대를 시르다리아[19] 양안의 몇몇 지점에 배치하고 浮橋를 짓도록 한 다음 투석기와 弩弓을 설치토록 했다. 〔106r〕「77v」 티무르 말릭은 적군이 기다리고 있다는 소식을 듣고 바르칠릭켄트 강기슭에서 뭍으로 올라와 기마로 달렸다. 몽골인들은 그의 뒤를 추격했고, 그는 짐들을 앞으로 보낸 뒤 자신은 멈추어서 전투를 했다. 짐이 먼저 앞으로 가면 다시 그 뒤를 따라 달렸다. 며칠 동안 이런 식으로 대치하는 사이, 그의 휘하에 있던 사람들 대부분이 살해되었고 몽골인들은 계속 늘어만 갔다. 마침내 그는 짐을 빼앗기고 소수의 사람들과 함께 남았지만, 결연히 맞섰기 때문에 그를 잡을 수 없었다. 그들도 또한 죽음을 당했을 때, 그에게는 세 대의 화살을 제외하고는 아무런 무기도 남지 않았다. 그 가운데 하나는 촉도 없이 부러진 상태였고, 세 명

19) 원문에는 '아무다리아'.

의 몽골인이 그를 추격해 오고 있었다. 그는 촉이 없는 한 대의 화살을 쏘아 몽골인 한 명을 장님으로 만들고, 다른 〔두〕 사람에게는 "두 대의 화살이 남았는데 너희들과 같은 숫자이다. 나는 화살을 아껴 두겠다. 그러니 너희들은 돌아가 목숨을 보전하는 것이 더 나을 것이다"라고 말했다.

〔그〕 몽골인들은 물러갔고, 그는 호라즘으로 왔다. 그는 다시 전투 준비를 하여 무리를 이끌고 양기켄트 쪽으로 와서, 그곳에 있던 감관을 죽이고 돌아갔다. 호라즘에 머무는 것이 좋은 방책이 아니라고 판단한 그는, 샤흐리스타나(Shahristâna)[20] 길을 경유하여 술탄의 뒤를 따라가서 그와 합류했다. 술탄이 쫓겨 다니던 기간 동안 〔그를 위해〕 봉사하고 용맹을 발휘했는데, 〔술탄이〕 사망한 뒤에는 수피(ahl-i taṣawwuf)로 변장하여 시리아 쪽으로 갔다. 분란의 불꽃이 가라앉았을 때, 고향에 대한 사랑 때문에 다시 돌아왔다. 그쪽을 향해 출발하여 몇 년 동안 페르가나[21] 변경에 있던 우루스(Ûrûs)[22]라는 촌락에서 지냈는데, 그의 집과 자식들에 관한 소식을 들었다. 한번은 호젠트로 가서 아들을 보았다. 〔그 아들은〕 바투의 어전에서 은사를 받고 돌아왔다. 〔바투는〕 그에게 아버지의 재산과 재물을 물려주라고 지시했다. 그는 아들에게 다가가 "만일 네 아버지를 본다면 알아보겠느냐?"라고 물었다. 그는 "아버지가 떠났을 때 나는 젖먹이였으니 그를 알아보지 못할 것입니다. 그러나 내게 그를 알아보는 종이 하나 있습니다"라고 대답했다. 그 〔종을〕 불러오자 그는 〔티무르 말릭의〕 몸에 있는 징표들에 대해서 말했다. 그가 살펴보니 사실과 다름없었고, 〔이렇게 해서〕 그가 살아 있다는 소식이 퍼졌다. 그러나 〔그

---

20) Nisa 북방 3마일 지점.

21) A: FRĞAYH; B: FRĞANH.

22) A: AWRWS; B: AW?WŠ. 『征服者史』에는 ARS로 표기되어 있는데, Boyle은 이를 AWŠ로 읽었다. Osh는 페르가나 계곡에 있으며, 중국과 이웃한 변경 도시이다.

의 재산을] 많이 차지했던 일부 사람들은 그를 인정하지 않고 부정했다. 그런 까닭으로 카안의 어전으로 찾아가려고 생각했다. 그는 도중에 카다칸 오굴(Qadaqân Oğûl)이 있는 곳에 도착했다. [카다칸은] 그를 체포하고 과거 그의 행적 및 몽골에 저항하여 싸웠던 사실을 조사하라고 지시했다. 그는 대담하게 다음과 같은 말을 했다.

詩

바다와 산은 보았네, 내가 싸우는 것을
투란의 유명한 용사들과 함께.
나의 행동에서는 별이 나의 증언이요,
나의 용맹에서는 세상이 내 발 아래 있노라.

그가 쏜 부러진 화살에 맞아 부상을 당했던 몽골인 한 명도 그를 알아보았다. 왕자는 많은 것을 물었는데, 그가 대답할 때 예의를 지키지 않고 경의를 표하지 않았기 때문에, 왕자는 분노가 치밀어 활로 그를 쏘아 죽였다.

詩

몸을 뒤틀고 아! 하며 한번 탄식하니,
좋고 나쁜 것에 대한 걱정도 모두 끝냈도다.

**칭기스 칸이 부하라에 도착하여 그곳을 정복한 이야기**

앞에서 언급했던 것처럼 용해—이해의 봄은 616년 둘 히자[/1220년 2~3]월에 해당—의 가을 마지막에 칭기스 칸이 오트라르 시에 도착했을 때, 그는 차가타이와 우구데이에게 오트라르를 정복하도록 하고, 주치와 아미르들 각자를 군대와 함께 각지에 임명했으며, 뱀해의 봄—이 해 봄의 첫 달은 617년 둘 히자[1221년 1~2]월에 해당—에 이를 때까지 약 5개월간 앞에서 말한 왕자들과 아미르들은 각자 지정된 지방을 정복하기 위해 최선을 다했다. 그 정황에 대해서는 이미 서술한 바와 같다.

이제 칭기스 칸이 오트라르를 출발한 후부터 왕자들과 아미르들이 다시 그의 어전으로 돌아올 때까지, 또 호라즘을 정복하기 위해 다시 한번 주치와 차가타이와 우구데이를 보내고 자신은 톨루이 칸과 함께 티르미드 강을 건너 이란 땅으로 향할 때까지, [이 기간 동안] 칭기스 칸이 정복한 지방들을 모두 자세하게, 그리고 순서대로 서술하도록 하겠다. 또한 고귀한 신께서 뜻하신다면 그 뒤에 벌어진 일에 대해서도 이야기하겠다. 그 정황은 다음과 같다.

칭기스 칸이 왕자들과 아미르들에게 각 지방을 정복하라고 정해 주었을 때, 그 자신은 부하라를 치기 위해 오트라르를 출발했다. 그의 막내아들인 톨루이 칸—'예케 노얀'이라는 칭호로 불렸다—은 그를 모시고 많은 군사들과 함께 [106v] 「78r」 자르누크(Zarnûq)[23] 길을 거쳐 이동했다. 그들이 새벽에 갑자기 그 마을에 이르자 그 부근의 주민들은 엄청난 군대에 대한 두려움 때문에 [성채로] 피신했다. 칭기스 칸은 다니시만드 하집(Dânishmand Ḥâjib)을 그들에게 사신으로 보내어 일행이 도착했다는 것을 알리고 [투항을] 권고하도록 했다. [그러나] 한 무리의 선동자들이 그를 해치려고 하자, 그는 소리치며 이렇게 말했다.

"나는 다니시만드 하집이며 무슬림이다. 또한 무슬림의 자손이기도 하다. 나는 칭기스 칸의 명령을 받고 사신으로 왔으며, 당신들을 파멸의

---

23) 오트라르에서 사마르칸트를 향해 출발할 때 시르다리아 남쪽에 있는 첫 경유지. Cf. Barthold, *Turkestan*, p.407.

구덩이에서 구해 주려고 한다. 칭기스 칸은 많은 용맹한 군대를 이끌고 이곳에 도착했다. 만일 그를 거역할 생각을 품는다면, 그는 한 순간에 성채를 황야로 만들고 초원을 아무다리아처럼 피로 넘치게 할 것이다. 만일 충고를 듣고 그에게 복속한다면 당신들의 생명과 재산은 안전할 것이다."

그들은 사리에 맞는 그 말을 듣고는 복속을 표시하는 것이 상책이라고 판단했다. 지도자들이 앞으로 나와 여러 가지 糧食(nuzûl)을 지참시켜 한 무리의 사람들을 먼저 〔칭기스 칸에게〕 보냈다. 그들이 알현했을 때 〔칭기스 칸은〕 자르누크의 수령들에 관해 물어보았는데, 그들이 지체하자 분노하며 사신을 보내 대령하라고 명령했다. 그들은 즉시 어전으로 달려왔고, 여러 은사를 받고 생명을 보존했다. 그는 자르누크 주민들을 벌판으로 몰아내고 젊은이들은 부하라를 공략하기 위한 징용대로 선발하라고 지시했다. 〔그 밖의〕 다른 사람들에게는 돌아가도 좋다는 허락을 내렸다. 그리고 자르누크를 '쿠틀룩'(Qutluğ)[24]이라고 불렀다.

그 지방의 투르크만 출신 가운데 도로들을 훤하게 아는 사람이 하나 있었다. 그는 군대를 큰길이 없는 길을 통해 누르(Nûr)[25]의 변경까지 인도했다. 그 후로 줄곧 이 길은 '칸의 길'(râh-i khânî)이라고 불렀다. 선봉대에 있던 다이르 바하두르(Ṭâîr Bahâdur)는 칭기스 칸이 도착했다는 사실을 알리기 위해 사신을 파견하고 약속과 협박의 전갈을 전했다. 사신들의 왕래가 있은 뒤 누르의 주민들은 사신을 통해 온갖 양식을 어전에 보내고 복속하겠다는 의사를 표시했다. 그는 양식을 받아들인 후, "수베테이를 선봉으로 그대들에게 보내노니 도시를 그에게 넘겨주어라!"라고

---

24) 투르크어로 '복 받은 〔곳〕'이라는 뜻이다.

25) 현재 우즈베키스탄 중부에 있는 Nurata.

명령했다. 수베테이가 도착하자 〔주민들은〕 명령에 복종했다. 그들은 선발된 사람 60명을 누르의 아미르의 아들인 일 호자(Îl Khwâja)와 동행시켜 지원군으로서 다부스(Dabûs)[26] 쪽으로 보냈다. 칭기스 칸이 도착하자 그들은 그를 영접하러 나와 예우에 맞는 饋糧(tuzğû wa nuzul)[27]을 바쳤다. 칭기스 칸은 그들을 군주다운 자애로 맞으면서, "술탄이 누르에 정했던 세금이 어느 정도인가?"라고 물었다. 그들이 "1500디나르"라고 대답하자, 그는 "너희들은 그 액수를 내거라. 그 밖에 다른 것은 부과하지 않도록 하라!"고 말했다. 그들은 그것을 주었고, 살육과 약탈을 면했다.

〔칭기스 칸은〕 거기서 부하라로 향했다. 617년 무하람 초〔1220년 3월〕에 그는 부하라 시 외곽의 성문(darvâza-i qal'a)에 진영을 쳤다. 뒤이어 군대가 도착했고, 도시를 둘러싸고 진을 쳤다. 부하라의 군사는 2만 명이었으며, 지휘관은 쿡 칸(Kôk Khân)이었다. 하미드 누르 타양구(Ḥamîd Nûr[28] Tâyângû), 세빈치(Sevinch),[29] 키실리 칸(Kishlî Khân) 등 다른 아미르들도 있었다. 그들은 자기 종족을 이끌고 성채 밖으로 나왔는데, 아무다리아 강변에 도착했을 때 〔몽골〕 정찰대(yazak-i lashkar)가 그들을 공격하여 흔적도 없이 전멸시켰다. 다음날 새벽에 성문이 열리고 한 무리의 이맘들과 학자들이 어전으로 찾아왔다. 칭기스 칸은 도시와 성채를 살펴보기 위해 말을 타고 시내로 들어왔다. 모스크(jâmi')로 가서 마크수라(maqṣûra)[30] 앞에 멈추어 섰다. 그의 아들인 톨루이 칸은

---

26) 부하라와 사마르칸트 사이에 있는 도시. Dabûsiya라고도 표기하며, 현재 Qal'a-yi Dabûs라는 지명이 알려져 있다. Cf. Barthold, *Turkestan*, p.97.

27) 露譯本은 TWZĞW를 TWRĞW로 잘못 읽었다.

28) A: XMYD NWR; B: ḤMYD BWR.

29) B: Sevinch Khân.

30) 모스크에서 예배를 올릴 때 왕과 귀족들이 앉는 지정석. 불의의 습격에 대비하여 칸막이가 쳐져 있어, 일종의 로얄박스와 같다고 할 수 있다.

말에서 내려 설교단(minbar) 위로 올라갔다. 칭기스 칸이 "이곳이 술탄의 거처(sarây)인가?"라고 묻자, 〔사람들은〕 "신의 전당입니다"라고 말했다. 그가 말에서 내려 설교단을 두세 계단 오르더니 "초원에 풀이 없다. 우리 말들의 배를 채워라!"라고 지시했다. 도시의 창고를 열고 곡식을 가지고 나왔다. 코란을 넣어 두는 상자들을 여물통으로 만들고, 술을 담은 포대를 모스크 안으로 던졌다. 가무를 위해 시내의 가수들을 불러들였고, 몽골인들은 자기들 나름의 방식으로 노래를 불렀다. 사이드·이맘·셰이흐의 대표들이 마부를 대신하여 마구간 말 옆에 서서 명령을 받들기 위해 대기했다.

그 뒤 칭기스 칸은 도시 밖으로 나와 일반 시민들을 불러모았다. 그는 祭日에 기도할 때 〔사용하는〕 광장 위로 올라가 술탄의 거역과 배신 행위에 대해서 아주 자세히 설명한 뒤 이렇게 말했다. "여러분! 그대들은 큰 죄를 지었고, 대신들은 그 首魁라는 사실을 알아 두시오. 이렇게 말하는 데 어떤 증거가 있느냐고 여러분이 묻는다면, 내가 신의 징벌이라는 점을 말하겠소. 만일 여러분들이 큰 죄를 짓지 않았다면 위대한 신께서 그대들에게 〔나를〕 보내지 않았을 것이오." 그리고는 이렇게 물었다. "여러분들이 믿고 신뢰할 만한 사람이 누구인가?" 사람들은 저마다 자기가 신뢰하는 사람들〔의 이름〕을 댔다. 그는 〔그들 각각에〕 대해 몽골인 한 명과 타직인 한 명을 '바스칵'(bâsqâq)이라는 직함을 주어 임명함으로써, 군인들이 그들을 괴롭히지 못하도록 했다.

그는 이 일을 처리하고 난 뒤, 〔107r〕「78v」 부자·세도가들을 불러 은익해 둔 재물을 내놓으라고 지시하고 설교를 마쳤다. 270명이 지명되었는데, 190명은 〔그〕 도시민이었고 나머지는 외지인이었다. 명령에 따라 그들 가운데 신뢰할 만한 사람들에게 재물을 요구했고, 그들이 주는 것은 모두 취했으며, 〔심지어〕 더 가져오라고 했다. 〔칭기스 칸은 도시의〕

구역들에 불을 지르라고 명령했고, 벽돌로 지은 모스크와 몇몇 건물들을 제외한 도시의 대부분이 며칠 만에 모두 불타 버렸다. 그리고 성채를 공격하기 위해 부하라 사람들을 내몰았다. 양측이 투석기(manjanîq)들을 배치했고, 활에는 시위를 메겼다. 돌과 화살이 비처럼 쏟아졌고, [성채] 안에서는 나프타 병들을 쏘아댔다. 며칠 동안 그들에 대한 공격을 계속하니, 마침내 성채에 있던 사람들이 궁지에 몰렸다. 성채의 해자는 생물·무생물들로 땅과 같이 평평해졌고, 부하라 징용대[의 시체]로 말미암아 높아졌다. 성을 장악하고 성채에 불을 질렀다. 자신의 발을 흙에 묻히지도 않던 지체 높은 당대의 칸들과 귀족들, 술탄[을 위해 일하던] 사람들은 비참한 포로가 되어 소멸의 바다에 익사했다. 캉클리인들 가운데 채찍보다 키가 더 큰 사람은 살아남지 못했다. 3만 명 이상이 죽음을 당했고 부녀자들은 포로로 끌려 갔다. 반항자들이 시내에서 일소되자 성벽을 [부수어] 지표면과 같이 만들고, 도시민 모두를 벌판의 기도장(namâz-gâh)으로 내몰아 젊은이들을 징용대로 [선발해] 사마르칸트와 다부시야로 끌고 갔다. 칭기스 칸은 그곳에서 사마르칸트를 정복하기 위해 출발했다.

**칭기스 칸이 사마르칸트로 가서 그의 군대가 그곳을 정복한 이야기**

칭기스 칸은 앞서 말한 '모가이 일'의 봄 마지막 [달], 즉 617년 둘 히자 [/1221년 1~2]월—[그러나] 그해 [대부분은] 618[/1221년 2월~1222년 2월]년과 일치한다—에 그곳을 떠나 사마르칸트로 향했다. 술탄 무함마드 호라즘 샤는 11만 명을 [사마르칸트에] 배치해 두었는데, [그 가운데] 6만 명이 투르크인들이었으며 술탄의 대신·귀족인 칸들도 [107v] 「79r」 그들과 함께 있었다. [이 밖에] 5만 명의 타직인과 귀신 같은 형상을 한 20마리의 코끼리, 그리고 도시의 귀족과 평민들도 셀 수 없을 정도로 많았다. 성채의 성벽을 견고하게 했는데도 그 둘레에 몇 겹의 벽을 쌓았으며, 해자를 강물과 연결시켜 놓기도 했다.

칭기스 칸이 오트라르에 도착했을 때 사마르칸트 군대의 막대함과 그곳에 있는 성벽과 성채의 견고함은 세상에 널리 알려져 있었고, 성채는 두 말할 것도 없지만 사마르칸트 시를 정복하는 데만도 수년이 걸릴 것이라고 사람들은 입을 모았다. 그는 사전 조치로 먼저 그 주변을 깨끗이 일소하는 것이 좋은 방책이라고 판단했다. 그런 이유로 그는 먼저 부하라로 가서 그곳을 정복한 뒤 거기에서 모든 징용대를 사마르칸트 쪽으로 보냈고, 도중에 어느 곳이든 복속을 하면 해를 가하지 않았지만, 사리 풀(Sar-i Pul)[31]이나 다부시야(Dabûsiya)처럼 반항을 하면 군대를 남겨 두어 정복하도록 했다. 그가 사마르칸트 시에 도착했을 때, 오트라르나 다른 지방으로 보냈던 왕자들과 아미르들이 그런 곳들을 정복하고 돌아와 징발된 징용대와 함께 〔사마르칸트에〕 왔다. 쿡 사라이(Kôk Sarây)를 本營(bârgâh)을 칠 곳으로 선택하고, 〔속속〕 도착한 부하들은 도시를 포위하고 진을 쳤다.

칭기스 칸은 하루 동안 몸소 성벽과 보루를 둘러보고 그 〔도시〕와 성문을 장악할 방책을 궁리했다. 그러는 가운데 호라즘 샤가 하영지 ……[32]에 머물고 있다는 소식이 전해졌다. 그는 대아미르들 가운데 중요한 인물이었던 제베 바하두르와 수베테이에게 3만 명을 주어 술탄을 추격하러 보내고, 알락 노얀(Alâq Nôyân)과 야사우르(Yasâûûr)[33]를 바호시

---

31) Khushûfağn이라고도 표기하며, 우즈베키스탄의 Katta Kurgan에서 4마일 되는 지점에 위치. Cf. Barthold, *Turkestan*, pp.126~127.

32) 原缺.

33) A본에는 그의 이름이 표기되어 있지 않으나, B본과 Bağdat 282사본(374v)에는 보인다. 『征服者史』에 따르면 바흐시로 파견된 두 사람의 장군은 Ğadâq Nôyân과 Yasa'ur였다(Juvayni/Boyle, p.118).

(Vakhsh)[34]와 탈리칸으로 파견했다. 그 뒤 셋째 날 새벽에 수를 헤아릴 수도 없을 정도로 많은 몽골군과 징용대가 도시의 성벽을 포위했다. 알파르 칸(Alpâr Khân), 셰이흐 칸(Shaykh Khân), 발라 칸(Bâlâ Khân)을 비롯하여 기타 칸들의 무리가 전투를 하기 위해 밖으로 나왔고, 양측에서 많은 사람들이 죽었는데, 밤이 되자 각자 자기 진영으로 돌아갔다.

다음날 칭기스 칸은 직접 말에 올라 전군에게 도시의 성벽을 포위하라고 했다. 그들은 활과 칼로 도시의 군인들을 전쟁터로 나오게 했다. 도시민들은 그날의 전투 때문에 두려움을 느꼈고, 서로 상충하는 희망과 견해들이 생겨났다. 다음날 대담한 몽골인들과 주저하는 도시민들은 다시 전투를 시작했다. 갑자기 판관(qâḍî)[35]과 掌教(shaykh al-islâm)가 한 무리의 이맘들과 함께 칭기스 칸의 어전을 찾아와 약속과 믿음을 갖고 도시로 돌아갔다. 동이 틀 무렵 그들은 병사들이 입성할 수 있도록 나마즈 가흐(Namâz-gâh) 성문을 열었고, 그날 〔병사들은〕 성벽과 보루를 파괴하여 땅과 같이 평평하게 만드는 데 몰두했다. 여자와 남자들을 100명씩 〔나누어〕 몽골인들과 함께 평원으로 데리고 나왔고, 判官과 掌教와 家屬들은 나오지 않아도 좋다는 허락을 받았다. 거의 5만 명에 가까운 사람들이 그들의 보호 아래 목숨을 구했다. 〔몽골인들은〕 누구라도 숨는 사람은 피를 흘릴 것이라고 소리쳤다. 온통 약탈에 몰두했던 몽골인들은 굴 속에 숨어 있던 많은 사람들을 죽였다. 〔사람들이〕 코끼리들을 칭기스 칸 어전으로 데리고 와 먹이 〔줄 것을〕 청하니, 그것들을 벌판으로 끌고 나가 스스로 돌아다니며 먹을 수 있도록 하라고 명령했다. 코끼리들은 풀어 놓았으나 배고픔으로 말미암아 죽고 말았다.

---

34) 아프가니스탄과 타지키스탄 변경에 있는 지명. 강의 이름이기도 하다.

35) B본에는 '판관'(qâḍî)이라는 단어가 첨가되어 있다.

〔그날〕 밤 몽골인들은 도시 밖으로 나왔고, 성채의 사람들은 큰 두려움에 떨었다. 알파르 칸[36]은 용기를 내어 죽음을 불사하는 1천 명의 용사들을 데리고 성채 밖으로 나와 〔몽골〕군을 공격하고는 도주했다. 새벽이 되자 병사들은 다시 성채를 둘러쌌고, 양측에서는 〔화살과 돌이〕 쏟아졌다. 보루의 벽과 성벽을 무너뜨리고 물이 가득한 鉛渠(jûî-yi arzîz)도 파괴했다. 저녁이 되었을 때 성문을 장악했고 〔시내로〕 들어갔다. 개인과 용사들 가운데 1천 명이 모스크로 피신했고, 활과 나프타를 쏘면서 격렬한 전투를 시작했다. 몽골인들도 나프타를 던져 놓았고, 모스크와 그 안에 있던 사람들을 모두 불태워 버렸다. 그리고 성채에 있던 나머지 사람들을 벌판으로 몰고 나와, 투르크인들을 타직인들에게서 따로 떼어 놓은 뒤 그들을 모두 십호·백호로 나누어, 투르크인들에 대해서는 몽골의 관습에 따라 변발(noğule wa kâkûl)[37]을 시켰다. 나머지 3만 명이 넘는 캉클리인들—이들의 수령은 바르스마스 칸(Barsmâs Khân), 바카이 칸(Baqâî Khân), 사릭 칸(Sârîğ Khân), 울락 칸(Ûlâğ Khân) 등이었다—은 모두 처형했다. 이 밖에도 20여 명에 이르는 술탄의 아미르들이 있었는데, 그들의 이름은 칭기스 칸이 루큰 앗 딘 쿠르트(Rukn ad-Dîn Kurt)에게 보낸 칙령에 기록되어 있다.

도시와 성채를 폐허나 마찬가지로 만들고 수많은 아미르와 병사들을 죽인 뒤, 다음날 〔108r〕「79v」 남은 사람들의 수를 헤아렸다. 그 무리들 가운데 3만 명을 職人이라는 명목으로 정하여 아들·카툰·아미르들에게 나누어 주었고, 그와 같은 숫자를 징용대로 정했다. 나머지 사람들은 떠나도 좋다는 허락을 받았으나, 생명을 건진 대가로 20만 디나르가 지정

---

36) A·B: ALP XAN.

37) 두 단어 모두 nuğula와 kekül이라는 몽골어를 옮긴 것이다. Cf. Doerfer, I, pp.452~455·p.516.

되었다. 사마르칸트에서 관직을 지닌 고관들 가운데 씨카트 알 물크(Thiqat al-Mulk)와 아미르 아미드 부주르그(Amîr 'Amîd Buzurg)를 지명해 그것을 징수하도록 하고, 監官 하나를 임명했다. 징용대 가운데 일부는 후라산으로 데리고 가고, 일부는 아들들과 함께 호라즘 쪽으로 보냈다. 그 뒤 몇 차례 더 징용대를 요구했다. 그 징용대들 가운데 목숨을 보전한 사람은 거의 없었고, 그런 까닭으로 그 지방은 완전히 황폐해졌다. 칭기스 칸은 그해 여름과 가을을 사마르칸트 주변에서 보냈다.

**칭기스 칸이 제베 노얀과 수베테이 노얀을 보내 술탄 무함마드 호라즘 샤를 추격케 한 것과 이란 땅의 왕국들을 정복한 이야기**

칭기스 칸은 뱀해, 즉 617년 둘 히자[/1221년 1~2]월—[그러나] 그해 [대부분의] 달들은 [6]18[/1221년 2월 ~ 1222년 2월]년과 일치한다—여름, 즉 원정을 시작한 지 세 번째 해에 사마르칸트를 정복했을 때, 술탄 무함마드의 상황과 그의 군대의 강함과 약함에 관한 소식이 계속 전해졌다. 왜냐하면 칭기스 칸 군대의 선봉대가 [술탄 휘하의] 아미르들과 속료들을 [붙잡거나] 또는 그들이 자발적으로 복속해 왔을 때마다, 그들은 술탄이 두려워하고 있으며 놀라고 주저하면서 아주 불안해 한다는 사실을 알렸기 때문이다. 그의 아들인 잘랄 앗 딘은 그에게 "우리는 각지에 풀어 놓은 군대들을 집결시켜야만 합니다. 그래서 적과 마주하고 공격해야 합니다"라고 말했지만, 행운이 [이미] 술탄에게서 떠나갔기 때문에 그의 말을 듣지 않았다.

칭기스 칸이 사마르칸트를 공략하고 있을 때 술탄이 하영지 ……[38]에 머물고 있다는 소식을 알게 되자, 베수트 종족 출신의 제베 노얀에게 1만

38) 原缺.

명의 병사들과 함께 전초군(qarâûlî)의 임무를 맡겨 선봉으로 파견하고, 우랑카트 종족 출신의 수베테이 바하두르를 또 다른 1만 명의 병사들과 함께 지원군(gejîge)[39]의 임무를 맡겨 뒤따르게 했으며, 쿵크라트 종족 출신의 아미르들 가운데 하나인 토쿠차르 바하두르(Tôqûchâr Bahâdur)[40]에게 또 다른 1만 명의 병사를 주어 그들의 뒤를 따라가게 했다. 그리고 이렇게 말했다.

"술탄 호라즘 샤를 추격하라. 그를 어디에서 따라잡든 그가 군대와 함께 대항하고 너희들이 그들과 맞설 만한 힘이 없으면, 그곳에 머물러서 〔우리에게〕 알려라! 〔그러나〕 그의 힘이 약하다면 맞서 싸워라. 그가 취약하고 두려움에 떨고 있다는 소식이 계속 전해져 오니, 그는 반드시 너희들을 상대할 만한 힘을 갖고 있지 못할 것이다. 위대한 신의 힘에 의지하여 그를 손에 넣을 때까지는 돌아오지 말아라. 만일 너희들이 대적할 수 없는 처지에 몰리면, 소수의 인원과 함께 가파른 산지나 동굴이 있는 협곡에 은신하라. 만일 그가 마치 정령처럼 사람들의 눈에서 자신을 숨기면, 너희들은 몰아치는 바람처럼 그의 나라에서 밖으로 나와라! 누구라도 복속해 오면 그를 위무하고, 서한과 감관을 〔주도록 하라〕! 누구라도 반역하고 거역하는 자가 있다면 그를 제압하라! 〔나의〕 지시에 따라 이 일을 3년 안에 완수하고 킵착 초원을 경유해서 돌아와, 우리들의 고향인 몽골리아 지방에서 합류하도록 하라. 왜냐하면 추론해 보건대 이 정해진 기간 안에 우리도 이란 땅에서의 일을 모두 처리하고 우리 집으로 개선하리라는 것이 분명하기 때문이다. 그리고 후라산, 메르브, 헤라트, 니샤푸르, 사락스 등지의 도시들과 그 지방을 정복하기 위해 너희들

39) A · B본의 GJYLH는 GJYGH의 誤寫.

40) B: BRQWJAR. 앞에서는 '토가차르 바하두르'라고 표기했던 인물.

의 뒤를 이어 신속하게 톨루이 칸을 파견하겠다. 주치와 차가타이와 우구데이에게는 유명한 병사들을 거느리고 술탄 호라즘 샤의 수도이자 가장 중요한 도시인 호라즘을 정복하러 보내겠노라. 위대한 신의 힘으로 내가 이 몇 가지 과업을 성취하고 집으로 돌아갈 때까지 같은 시간이면 될 것이다."

그리고는 그들을 보냈다. 그 뒤 앞서 말한 아들들에게 대군을 이끌고 호라즘을 정복하라고 정해 주고, 자신은 톨루이 칸과 함께 행군의 피로로 말미암아 사마르칸트 부근에서 얼마간 휴식을 취했다.

제베와 수베테이와 토쿠차르는 3만 명의 용사들과 함께 판잡(Pânjâb)의 여울목을 건너서 술탄의 정황과 자취를 찾아 추격해 갔다. 술탄은 〔108v〕「80r」 이에 앞서 티르미드 강가에 있었는데, 부하라에서의 상황과 뒤이어 사마르칸트의 함락에 관한 소식을 듣고, 자신의 왕국에 대해 "알라는 위대하다!"고 네 차례 외치며 〔이별을 고한〕 뒤 길을 떠났다. 그의 모친의 일족 가운데 '우라니 사람들'(Ûrânîyan)이라고 불리던 투르크인들이 그와 동행했다. 그들은 그를 죽이려고 생각했는데, 그 무리 가운데 한 사람이 술탄에게 이를 알려 주었다. 그는 밤중에 잠자리를 바꾸고 천막을 떠났는데, 새벽이 되었을 때 천막은 활에 맞아 〔온통 구멍이 뚫려〕 마치 체처럼 보였다. 이로 말미암아 술탄의 두려움은 더욱 커져 서둘러 니샤푸르로 갔다. 어디를 가든지 그는 사람들에게 위협과 협박을 한 뒤 성채를 견고하게 하라고 지시했다. 그래서 사람들의 두려움은 천 배나 늘었고, 그가 니샤푸르에 도착했을 때는 숙명이 드리우는 근심에서 벗어나기 위해 술과 환락에 몰두했다.

제베와 수베테이는 먼저 발흐로 왔다. 도시의 대인들은 한 무리의 사람들에게 饋糧을 들려서 영접차 보냈다. 그들에게 감관 하나를 남겨 두고 통과했다. 거기서 길 안내를 얻어 타이시 바하두르(Tâyîshî Bahâdur)

를 선봉으로 보냈다. 그들이 하프(Khwâf)의 자바(Zâwa)[41]에 왔을 때 사료를 요구했지만, 〔주민들은 그것을〕 주지 않고 성문을 닫아걸었다. 그들은 길을 재촉하기 위해 〔그곳에〕 머물지 않고 진군했다. 자바의 주민들은 북과 쇠북을 치면서 욕설을 해댔다. 그들은 이렇게 경멸하는 것을 보고는 다시 돌아와, 성채에 사다리를 올리고 사흘만에 보루에 올라가 〔성채를〕 장악했다. 잡히는 사람은 모두 죽였는데, 지체할 만한 여유가 없었기 때문에 무거운 짐은 모두 태우고 부순 뒤 가버렸다.

이들이 도착했다는 소식이 니샤푸르에 전해지자 술탄은 사냥을 한다는 구실로 이스파라인(Isfarâîn)[42]으로 갔다가 이라크 쪽으로 향했다. 외지의 군대가 가까이 왔다는 소식을 듣자 그는 이라크로 가려던 생각을 바꾸어 카룬(Qârûn)[43] 성채로 향했고, 후비들과 자식들과 모친을 타즈 앗 딘 토간(Tâj ad-Dîn Ṭoğân)에게 보냈다. 〔자신은〕 적에게 어떻게 대처해야 할지에 관해서 이라크의 아미르들과 상의했는데, 시란 쿠흐(Shîrân Kûh)[44]에 은신하는 것이 상책으로 여겨졌다. 술탄은 그 산을 살피러 가서 "이곳은 내가 숨을 곳이 못 된다"고 말했다. 그는 하자라습 루르(Hazâraṣf Lûr)[45]의 말릭—과거의 위대한 말릭들의 후손이며 식견과

---

41) 『征服者史』(Juvayni/Qazvini, III, p.102)에는 '자바와 하프'(Zâwa wa Khwâf)로 되어 있다. 보일 교수에 따르면, Zâwa는 오늘날 동부 후라산 지방의 Turbat-i-Haidari에 해당한다고 한다. Juvayni/Boyle, p.144 · p.615 참조.

42) 후라산에서 니샤푸르의 서북방에 있으며, Siparâyin이라고도 표기한다. 이곳의 폐허는 현재 Shahr-i Bilqîs에 있다.

43) 이란 중부 하마단 지방에 있던 지명으로 추정. Cf. Juvayni/Boyle, p.382, note 64.

44) 『征服者史』(Juvayni/Qazvini, II, p.113)에도 Shîrân Kûh('사자들의 산')으로 나와 있는데, 보일은 이를 Ushturan-Kuh('낙타들의 산')으로 바꾸어 번역했다(Juvayni/Boyle, p.383). 이 산은 루리스탄 지방에 있는 산지 가운데 하나일 것이다.

45) Lûr는 이란 서부의 산지를 가리킨다. Hazâraṣf은 뒤에서 Hazârasf로도 표기했는데, Lûr 지방에 있는 지명이 아닐까 추정된다. 같은 이름을 가진 지역이 아랄 해 남쪽에 있지만, 다른 곳으로 보아야 할 것이다.

책략을 지닌 사람이었다—을 불러오라고 사신을 파견했다. 하자라습 루르의 말릭 누스라트 앗 딘(Nuṣrat ad-Dîn)이 도착했는데, 여전히 흙먼지가 묻은 채 천막으로 달려가 일곱 군데의 땅에 키스를 했다. 술탄이 그 문제에 관해 상의하니, 말릭은 이렇게 말했다.

"당장 〔이곳을〕 떠나는 것이 좋습니다. 루르와 파르스 〔지방〕 사이에 매우 높고 견고한 산이 하나 있는데, '탕기 타쿠'(Tang-i Takû)[46]라고 부릅니다. 또한 그 지방은 물산이 풍부하니 그곳을 은신처로 정합시다. 루르, 슐, 파르스, 샤반카라(Shabânkâra)[47] 등지에서 10만 명의 보병을 모아, 몽골인들이 오면 강인한 마음으로 그들을 향해 돌진하여 남자다운 전투를 치르도록 합시다."

술탄은 그의 주장이 파르스 〔지방〕의 아타벡 사아드(Atâbeg Sa'd)와 적대 관계를 조성케 하는 것이라고 생각하고 그의 견해를 쓸데없는 것으로 여기면서,[48] "내 생각은 이러하다. 바로 이 부근에 머물면서 사방으로 〔사람들을〕 보내 군대를 모으자"라고 말했다.

그가 이런 생각을 하고 있을 때 제베와 수베테이가 니샤푸르에 도착하여 그곳 대인들인 무지르 알 물크 카피 루히(Mujîr al-Mulk Kâfî Rukhkhî), 파리드 앗 딘(Farîd ad-Dîn), 디야 앗 딘 주자니(Ḍiyâ' ad-Dîn Zûjânî)—이들은 후라산의 재상이며 재무관들이었다—에게 사신들을 보내, 그들에게 칭기스 칸의 명령에 귀순할 것을 종용하면서 사료와 식량을 요구했다. 그들은 세 사람에게 餽粮을 들려 노얀들에게 보냈고, 귀

46) 보일은 Minorsky의 제안에 따라 이를 Tang-i Balu로 읽었다(Juvayni/Boyle, p.383).

47) 이란 남방의 시라즈 동북방에 있는 산간 지역.

48) 누스라트 앗 딘의 주장은 술탄의 근거지를 루리스탄 지방에서 동남쪽으로 더 이동하여 파르스 지방으로 삼아야 한다는 것이다. 술탄은 이러한 견해가 루리스탄을 戰禍에서 모면케 하고 그 피해를 파르스 지방으로 돌리려는 의도에서 나온 것이 아닌가 의심한 것이다.

순 의사를 밝혔다. 제베는 그들에게 "불과 물에 대항하지 않도록 하라. 몽골군이 나타나면 언제든지 즉각 영접하라. 너희 가속들이 안전하게 보호를 받으려 한다면 성벽의 견고함이나 숫자의 많음을 믿지 말라"고 충고했다. 그 징표로 위구르 문자로 쓴 '알 탐가'(al-tamğâ)[49] 한 통과 칭기스 칸의 칙령(yarlîğ) 사본 하나를 주었는데, [이 칙령] 내용의 뜻은 다음과 같다.

"아미르들과 대인들과 많은 백성들은 위대한 신께서 해가 뜨는 곳에서 지는 곳까지 지상의 모든 곳을 내게 주었다는 것은 알라! 누구라도 복속하면 그 자신과 처자식들과 권속들에게는 자비가 있을 것이나, 누구라도 복속하지 않고 적대와 저항을 앞세운다면 그는 처자식들과 권속들과 함께 파멸하고 말 것이다."

그들은 이런 내용의 서한을 주고 진군했다.

제베는 주베인(Juvaîn)[50] 길을 따라갔고,[51] 수베테이는 '제왕의 길'(shâh-râh)을 따라 잠(Jâm)을 거쳐 투스로 갔다. 복속하는 곳이면 어디든 살려 두었고, 반항하는 사람은 누구나 없애 버렸다. 투스 동쪽의 촌락들, 즉 누칸(Nûqân)[52]과 그 방면은 복속하여 안전을 얻었지만, 투스 시의 주민들은 거역했기 때문에 [몽골군은] 그 지방에 대해 극심한 살육과 약탈을 했다. 그들은 거기서 라다칸[53] 초원으로 갔는데, 수베테이는 그 초원을 좋아해서 그곳 주민들에게 해를 끼치지 않았다. [109r] 「80v」 그는 그곳에 감관을 하나 남겨 두고 자신은 하부샨(Khabûshân)[54]으로 왔

---

49) tamğâ는 몽골어로 印章을 뜻하며, '알 탐가'는 인장이 찍힌 공식 문서를 가리킨다.

50) 니샤푸르 서북방에 위치.

51) A본에는 이 뒤에 10개의 단어가 衍字로 삽입되어 있다.

52) 투스 근교의 중요한 촌락이었다. Cf. Juvayni/Boyle, p.146, note 12.

53) A: ZADKAN; B: RADKAN.

54) 마슈하드에서 서북방으로 직선 거리 160km 되는 지점에 위치.

다. 〔주민들이〕 경의를 표하지 않았기 때문에 많은 사람을 죽였다.

간단히 말해 그들은 어디를 가든 머물지는 않았고, 먹을 것과 입을 것 등 필요한 것들을 취하고는 진군을 계속했다. 그들은 〔이미 정해진〕 방책에 따라 낮이든 밤이든 이동하면서 술탄의 소식을 찾아 추격했다. 그들이 가는 길목에 있고 사람들이 사는 지방에서는 준마(tobchâq)와 양질의 가축들을 취해서 〔다시〕 진군했다. 후라산에는 성벽으로 둘러싸인 곳들과 견고한 도시들이 많았지만, 그들에게는 당면한 큰 문제가 있었기 때문에 그런 곳들을 포위하는 데는 관심을 두지 않았다. 수베테이는 그곳에서 이스파라인으로 왔고, 제베는 주베인 길을 따라 마잔다란으로 가서 많은 사람들, 특히 〔그 지방의〕 수도인 아물('Âmul)과 사타라바드(Satârâbâd)[55]〔의 주민들을〕 죽였다. 수베테이가 담간(Damğân)[56]에 이르자 도시의 주민들은 기르드쿠흐(Girdkûh)[57]로 피신했고, 시내에 남은 평민들과 불량배들(runûd)은 복속하지 않았다. 〔수베테이는〕 그들 가운데 한 무리를 살해하고 심난으로 와서 많은 사람들을 죽였으며, 하리 라이(Khwâr-i Rây)[58]에서도 마찬가지였다.

바로 그때 술탄은 아타벡 누스라트 앗 딘 하자라스프 루르와 함께 방책을 논의하고 있었는데, 술탄의 정찰대(yazak)가 몽골군이 도착했다는 사실을 알리기 위해 라이에서 왔다. 술탄은 "바스라가 파괴된 뒤에야"[59]

---

55) 카스피 해 동남해안 지방의 도시들.

56) 테헤란 동북방 360km 지점에 위치한 도시.

57) 담간 부근의 山名이며, 암살단의 근거지로도 유명하다.

58) 심난과 라이 사이에 있는 지명.

59) "이미 때가 지난 뒤에야"를 의미하는 관용구이다(Juvayni/Boyle, p.384).

詩

일은 제때 처리해야 하는 법,

때를 놓친 일은 돌이킬 수 없으리

라는 사실을 깨달았다.

하자라습은 몽골군의 공격을 두려워하여 루르 길로 도망쳤고, 다른 말릭들과 대신들은 각자 이곳저곳으로 도주했다. 술탄은 아들들〔과 함께〕 카룬 성채로 가다가 도중에 몽골군과 만났다. 그들이 무리지어 계속 도착했는데, 〔그 가운데〕 한 무리가 술탄이라는 것을 알지 못한 채 활을 쏘았고, 술탄을 태우고 가던 말이 몇 군데 상처를 입었다. 술탄은 뛰었다 걸었다 하면서 〔겨우〕 파멸의 심연에서 평안의 해안으로 자신의 목숨을 건졌다. 그는 카룬에 도착하여 하루 동안 그곳에 머물다가, 아미르들에게서 몇 마리의 말을 취해 길 안내와 함께 바그다드로 향했다. 곧 몽골군이 〔그곳에〕 도착했고, 그들은 술탄이 〔카룬〕 성채 안에 있는 것으로 여겨 큰 전투를 벌였는데, 술탄이 떠났다는 사실을 알고는 그를 추격하여 달려갔다.

술탄은 다시 돌아가 말머리를 사르차한(Sarchâhân) 성채로 돌렸다. 그는 거기서 길란(Gîlân)[60] 길을 따라 달렸다. 길(Gîl) 〔지방〕의 아미르들 가운데 한 사람인 술룩(Ṣu'lûk)이 그를 영접하고 머물 것을 권유하며 맞아들였다. 술탄은 7일간 머문 뒤 다시 달려 이스피다르(Ispîdâr) 지방에 도착했다. 그에게는 아무것도 남은 것이 없었고, 극도로 궁핍했다. 그는 거기서 아물의 속령인 다부이(Dâbûyi) 구역으로 왔고, 마잔다란의 아미르들은 서둘러 그에게 갔다. 간단히 말해 그가 어디에서 하루만 묵어도

60) 카스피 해 서남부 지방이며, 이란의 서북부에 해당한다.

몽골군은 그를 추격해 왔다. 그는 믿을 만하고 비밀을 지킬 수 있는 마잔다란의 대인 및 대신들과 상의했고, 그들은 며칠간 아바스쿤(Abaskûn)[61]의 여러 섬들 가운데 한 곳에 은신하는 것이 좋은 방책이라고 판단했다. 술탄은 섬으로 가서 한동안 그곳에 머물렀다. 그가 그 섬에 머문다는 소식이 퍼지자, 그는 대비하기 위해 다른 섬으로 옮겼다. 그의 이동은 몽골인들 한 무리가 도착한 것과 시기적으로 일치했는데, 이들은 제베 노얀이 술탄을 추격하기 위해 라이에서 보낸 사람들이었다. 그들은 술탄을 찾지 못하고 돌아가, 그의 후비들과 재물들이 있는 성채들을 포위하는데 집중했다. 그들은 그곳들을 함락하고 모든 것을 사마르칸트로, 즉 칭기스 칸의 어전으로 보냈다. 이 끔찍한 소식이 술탄에게 전해져, 그는 자신의 후비들이 더럽혀지고 아들들은 칼날의 먹이가 되었으며, 외지인들의 강력한 손아귀에 들어갔다는 사실을 알게 되었다. 그는 너무나 경악하고 당혹스러워 했으며, 그의 눈에서는 광명의 세상이 암흑으로 바뀌어 버렸다.

詩

술탄이 이 〔소식〕을 듣자 충격을 받아,

그의 눈앞에서 세상은 암흑으로 변했도다.

그는 신께 자신의 영혼을 위탁할 때까지 이 같은 걱정과 근심 속에서 몸부림쳤고, 고통과 재난으로 말미암아 울부짖었다.

---

61) 『征服者史』에는 "Bahr-i Abaskûn", 즉 '아바스쿤 바다'라고 되어 있고, 이는 카스피 해를 가리킨다. Barthold에 따르면 Abaskûn은 카스피 해 동남부에 있는 Gurgân에서 3일거리 떨어진 곳에 있는 항구의 이름이며, 술탄이 은신했던 섬은 아마 현재의 Ashur-Ade島로 比定할 수 있지 않을까 추정했다 (Barthold, *Turkestan*, p.426).

詩

오, 세상이여. 너는 얼마나 냉정하고 야박한가,

네가 직접 키운 것을 너 스스로 사냥하다니!

그는 그 섬에 묻혔는데, 몇 년 뒤 술탄 잘랄 앗 딘이 그의 뼈를 〔거두어〕 아르다힌(Ardahîn)[62] 성채로 갖고 오라고 명령했다.

호라즘 샤는 그 전에 이미 자기 아들들 가운데 우즐락(Ûzlâq)을 후계자로 정해 놓았었는데, 아바스쿤의 섬에서 그를 폐위하고 〔109v〕「81r」〔그 자리를〕 술탄 잘랄 앗 딘에게 준 다음, 그를 후계자로 삼았다. 아버지가 사망한 뒤 술탄 잘랄 앗 딘은 몽골군이 칭기스 칸의 명령에 의거해서 한 곳에 머물지 않고 신속하게 이동했기 때문에 후라산과 이라크 안에 없다는 소식을 들었다. 그는 마음을 놓고 망키실락(Manqishlâq)[63]으로 와 그 지방에서 짐을 싣는 데 필요한 말들을 취하고, 파발꾼을 선발대로 삼아 호라즘으로 보냈다. 호라즘에는 한때 후계자였던 그의 형제 우즐락[64] 술탄과 악크 술탄(Âq Sulṭân)을 비롯하여, 우즐락 술탄의 외삼촌인 부치 파흘라반(Bûchî Pahlavân), 쿠츠아이 티긴(Kûchâî Tigîn), 오굴 하집(Ôğûl ḥâjib), 티무르 말릭(Tîmûr Malik) 같은 고위 아미르들이 9만 명의 캉클리[65]인들과 함께 있었다. 몽골군은 아직 그곳에까지 미치지 않았다.

술탄 잘랄 앗 딘이 〔그곳에〕 도착했을 때, 〔사람들의〕 의견과 희망이

---

62) 보일 교수는 이를 Ardahn으로 읽고, 다마반드와 마잔다란 사이의 산지에 있는 성채의 이름이며, 라이에서 사흘거리 떨어진 곳에 있다고 했다. Cf. Juvayni/Boyle, p.387, note 77.

63) 카스피 해 동북부 연안에 있는 지명.

64) A·B: AWAZLAQ.

65) A: QTLY; B: QNQLY.

서로 어긋나 각 집단은 형제들 가운데 어느 한 사람을 지지했다. 아미르들은 잘랄 앗 딘의 과단성에 겁을 먹고, 그를 급습해서 없애기로 은밀히 계획을 꾸몄다. 그들 가운데 한 사람이 술탄에게 이를 알리자, 그는 기회를 엿보아 니사 길을 거쳐서 샤드야흐로 향했는데, 샤이칸(Shâyqân) 언덕의 우스투(Ustû) 부근에서 몽골군과 맞닥뜨렸다. 얼마간 그들과 싸워 몇 사람을 죽이고는 그 무리에서 빠져 나와 목숨을 건졌다. 술탄이 호라즘을 떠났을 바로 그 무렵, 몽골군이 도착했다는 소식이 전해졌다. 우즐락 술탄과 악크 술탄은 호라즘에 머물 방도가 없어 술탄의 뒤를 쫓아 나섰다. 다음날 그들은 술탄 잘랄 앗 딘과 전투를 벌였던 바로 그 집단과 마주쳤고, [몽골군은] 그들이 술탄의 자식들인지도 모르는 상태에서 그들을 죽여 버렸으며, 같이 있던 사람들도 모두 죽음을 당했다.

술탄은 샤드야흐에 도착하여 사흘 동안 길 떠날 준비로 바쁘게 보냈고, 한밤중에 신의 가호에 의지한 채 말에 올라타 길을 떠났다. 그는 부친이 임명했던 적이 있던 가즈닌으로 향했다. 그가 출발한 뒤 몽골군이 [샤드야흐에] 도착할 때까지는 불과 한 시간이었고, 그들은 술탄의 뒤를 쫓아 달려갔다. [술탄은] 성문에 도착하자 그곳에 말릭 일디릭(Malik Îldirik)을 배치했는데, 만일 군대가 [뒤따라]오면 잠시라도 그들을 막기 위해서였다. 일디릭 자신은 [몽골군을 끌어들이기 위해] 술탄이 간 곳과는 다른 길로 갔고, 몽골인들은 그곳에 도착하여 그의 자취를 쫓아갔다. 술탄은 다른 길을 통해 그날 [하루에] 40파르상을 달렸고, 일주일 만에 가즈닌에 도착했다. 그가 나타났다는 소문이 퍼지자 사방에서 부하들이 그를 찾아왔고, 사람들이 모여들었다.

이런 일들이 일어나는 동안 칭기스 칸은 여전히 사마르칸트에 있었고, [110r] 「81v」 큰아들 셋을 호라즘을 [정벌하라고] 보냈다. 이제 그 일이 어떻게 되었는지에 대해서 설명하기로 하자. [그리고 나서] 다시 칭기스 칸에 대한 이야기를 하도록 하자. 지고한 신께서 뜻하신다면!

**칭기스 칸이 자기 아들들인 주치, 차가타이, 우구데이를 호라즘 방면으로 보낸 것, 그들이 그 왕국을 정복한 것에 관한 이야기**

앞에서 언급했던 것처럼 칭기스 칸은 사마르칸트를 정복한 뒤 제베와 수베테이와 토쿠차르에게 술탄 무함마드 호라즘 샤를 추적하라면서 후라산과 이라크로 보내고, 자신은 그해 여름 휴식을 취하고 말을 살찌우기 위해 그 부근에서 하영을 했을 때, 그의 의도는 곧이어 자신이 직접 술탄을 추격하여 후라산으로 가려는 것이었다. 마와라안나흐르의 왕국들이 모두 정복되고 다른 지방들도 마찬가지로 점령되었을 때, 호라즘—원래 이름은 구르간지(Gurgânj)이고, 몽골인들은 이를 우르겐치(Ûrgânch)[66]라고 부른다—은 마치 밧줄이 끊어진 천막처럼 〔정복지〕 한가운데에 있었다. 그는 그곳도 정복하기를 원했고, 바로 그때 자신의 큰 아들들인 주치와 차가타이와 우구데이를 호라즘 〔정벌〕하는 일에 임명하고, 벌판의 자갈처럼 또 끝없는 시간의 출현처럼 많은 군대를 대동케 했다. 같은 해 가을 그들은 우익의 아미르들과 함께 그 방면으로 떠났다. 앞 장에서 언급한 것처럼 많은 군대를 '야작'(yazak)이라고 불리는 선봉대로 보냈다.

술탄 잘랄 앗 딘은 아버지가 사망한 뒤 호라즘으로 갔다가 일부 아미르들의 적의 때문에 돌아왔다. 그곳에 있던 그의 형제들과 술탄의 고위 아미르들은 〔몽골의〕 왕자들이 온다는 소문을 듣고 그의 뒤를 따라 후라산으로 향했고, 도중에 몽골인들의 손에 죽음을 당했다. 이런 까닭으로

---

66) A: GWRGANJ; B: AWRGANJ. 후자가 옳다. 그러나 『秘史』 258·263절에 따르면 몽골인들은 이 도시를 Ürünggechi라고 불렀다.

호라즘의 수도에는 술탄이 하나도 없었고, 술탄 휘하에 있던 군대의 중요 인물들 가운데에는 그의 모친 테르켄 카툰의 일족으로 후마르(Khumâr)라는 이름을 가진 투르크인, 모굴 하집(Moğûl Ḥâjib), 부카 파흘라반(Bûqâ Pahlavân),[67] '사령관'(sipahsâlâr) 알리 마르기나니('Alî Marğinanî)[68] 및 그 밖의 무리들이 있었다. 또한 도시 주민들의 수효는 표현할 수 없을 정도로 많았다. 그 같은 대도시에 지명된 지도자가 아무도 없어 재난이 닥쳤을 때 대책을 강구하고 결정할 사람이 없었기 때문에, 아미르 후마르가 〔왕실과〕 친척 관계에 있다는 사실을 근거로 그를 술탄의 자리에 앉혔다.

어느 날 갑자기 몽골군에 속하는 소수의 기병들이 성문으로 말을 달려 가축들을 내몰았다. 소견이 좁은 한 무리의 사람들이 그 병사들이 〔적군의〕 전부인 것처럼 생각하여, 말을 타고 또는 걸어서 그들에게로 향했다. 몽골인들은 마치 그물에서 뛰쳐 나온 사냥감처럼 〔도망쳐〕 거기서 1파르상 떨어진 곳에 있는 바기 후람(Bâğ-i Khurram)이라는 도시 접경까지 왔다. 〔그런데 갑자기〕 기병들이 매복지에서 밖으로 나와 이 무리들을 포위하고 거의 1만 명에 가까운 사람들을 죽였다. 〔몽골군은〕 패주한 사람들의 뒤를 쫓아 카빌란(Qâbîlân) 성문을 통해 시내로 뛰어들어 타누라(Tanûra)라는 곳까지 갔다. 해가 서쪽으로 저물자 외지의 군대는 퇴각하여 평원으로 돌아갔다. 다음날 그들은 다시 도시에 모습을 나타냈다. 술탄 군대의 지휘관인 파리둔 구리(Farîdûn Ğûrî)는 500명의 기병들과 함께 성문에서 〔적과〕 싸우기 위해 대기하고 있었다.

그러는 사이에 주치, 차가타이, 우구데이 등의 왕자들이 대군을 이끌

---

67) 『征服者史』에는 Ar Bûqâ Pahlavân으로 되어 있다(Juvayni/Qazvini, p.97 ; Juvayni/Boyle, p.124).

68) 『征服者史』에는 'Alî Dûrğînî로 되어 있지만, 『集史』 원문은 Marğinanî로 읽어야 마땅하다. 영역본과 노역본은 Marğinî로 읽었다. Marğinan은 훼르가나 계곡에 있는 도시의 이름이다.

고 도착하여, 도시를 천천히 돌아본 뒤에 말에서 내렸고, 군대는 도시를 둘러싸고 진영을 쳤다. 그 뒤 사신들을 보내 도시민들에게 복속하고 투항할 것을 권유했다. 호라즘에는 돌이 없었기 때문에 커다란 뽕나무를 잘라서 그것을 돌 대신 투석기에 사용했다. 그들은 관습에 따라 도시민들에게 매일 권고와 협박의 말을 계속 보내 왔고, 때로는 서로에게 화살을 쏘기도 했다. 그러다가 사방에서 한꺼번에 징발대가 도착하여 여기저기서 작업에 들어가기 시작했다. 먼저 해자를 메우라는 명령(yâsâ)을 내렸고, 이틀 만에 전부 메워 버렸다. 그리고 아무다리아의 강물—시내에는 그 위를 지나는 다리가 놓여 있었다—을 끊어 버리자는 데 합의를 보았다. 이 합의를 〔실행에 옮기기〕 위해 몽골군 가운데 3천 명이 투입되었는데, 도시민들이 갑자기 다리 위를 공격하여 그들을 포위한 채 모두를 죽였다. 이 승리로 말미암아 〔110v〕「82r」 도시민들은 전투에 더 열심이었고, 항전에 더욱 끈기를 가졌다. 〔그런데〕 성격과 기호의 차이 때문에 주치와 차가타이 형제 사이에 갈등이 드러났고, 서로 화목하게 지내지 못했다. 그들 사이의 대립과 갈등으로 말미암아 전투에 관한 사무가 늦어지고 경시되었으며, 군무와 법령(yâsâ)은 소홀해졌다. 그런 이유로 호라즘인들이 얼마나 많은 몽골군들을 죽였는지, 그들의 유골이 쌓여 만들어진 언덕들이 지금도 호라즘 옛 도시 주변에 남아 있다고 말할 정도이다. 이런 상황에서 7개월이 지나갔지만, 〔여전히〕 도시는 함락되지 않았다.

왕자들이 군대를 거느리고 호라즘을 정복하기 위해서 떠나 호라즘에 도착하여 그곳을 포위하고 있는 동안, 칭기스 칸은 나흐샤브로 와서 잠시 그곳에 머문 뒤 티르미드 강을 건너 발흐로 갔다. 그 도시와 지방을 정복한 뒤, 거기서 탈리칸 성채를 포위하기 위해 갔던 것이다. 그가 〔탈리칸〕 성채를 포위하기 시작하려던 바로 그때 호라즘에 있던 아들들에게서 사신이 도착하여, 호라즘을 공략하지 못한 채 수많은 병사들이 사망했으며, 그렇게 된 까닭의 일부는 주치와 차가타이 사이의 불화였다는 소식을 전해 주었다. 이 말을 들은 칭기스 칸은 분노하며, "그들의 막냇동생인 톨루이가 지휘관이 되어 그들과 그 휘하의 군대를 지휘하라! 그의 말에 따라 전투를 하라!"고 명령했다. 그는 탁월한 지혜와 능력과 총명함을 지닌 것으로 유명했다. 사신이 도착하여 칙령을 전달하자 톨루이 칸은 명령에 따라 출정했다. 그는 수완과 지모를 발휘하여 매일 형제들을 한 사람씩 찾아가 친절을 베풀며 아양을 부렸고, 훌륭한 지략을 통해 그들 사이를 화해시켰다. 또한 그는 임무에 적합한 사무 처리를 통해 군무를 정비하고 법령을 확고하게 만들었다.

그렇게 한 뒤 병사들을 모두 전투에 투입시켰고, 〔몽골군은〕 그날로 깃발을 보루 위에 꽂고 시내로 진입했다. 나프타가 담긴 병에 불을 붙여 〔시내의〕 동리들에 던졌다. 도시 주민들은 골목으로 몸을 숨겼고, 골목길과 동리에서는 전투가 벌어졌다. 몽골인들은 격렬하게 싸워 동리를 하나씩, 또 건물을 하나씩 장악하고 무너뜨리고 태웠으며, 이런 식으로 해서 일주일 만에 도시 전체를 점령했다. 사람들을 한꺼번에 벌판으로 내몰았는데, 각종 기술을 지닌 직인들 가운데 10만 명 정도는 따로 분리하여 동방에 있는 지역으로 보냈다. 젊은 여자들과 아이들은 포로로 끌고 가고, 나머지 사람들은 처형하기 위해 병사들에게 분배했다. 전하는 바에 따르면 〔병사〕 한 사람에게 24명씩 나누어 주었고, 몽골의 병사들 숫자는 5만 명이 넘었다고 한다. 간단히 말해 〔도시민〕 모두를 죽였고, 병사들은 약탈에 몰두했다. 동리와 건물들 가운데 남은 것들은 한꺼번에 파괴해 버렸다.

칭기스 칸은 셰이흐들 중의 셰이흐이자 基軸들 가운데 기축인 나즘 앗 딘 쿠브라(Najm ad-Dîn Kubra)—그에게 신의 자비가 있기를!—의 명성을 듣고 그의 명망에 대해서 알게 되자, "나는 호라즘을 살육하고 약탈할 것이다. 당대의 대인인 그 사람을 데리고 나와 내게 오도록 하라"는 전갈을 보냈고, 셰이흐—그에게 신의 자비가 있기를!—는 이렇게 대답했다. "내가 쓴맛과 단맛을 겪으며 운명이 내게 위탁한 이 사람들과 함께 호라즘에서 살아 온 지가 70년이다. 지금 재난이 닥치는 시점에서 만일 내가 도망쳐 그들 사이에서 빠져 나온다면, 남자답고 떳떳한 길에서 멀어지고 말 것이다." 그 뒤 〔사람들은〕 시체들을 뒤져보았지만 그〔의 시신〕은 찾을 수 없었다. 신의 자비가 그에게 넘치기를!

술탄을 추격하러 보낸 아미르들과 호라즘 쪽으로 보낸 왕자들의 이야기를 모두 마쳤으니, 이제 다시 칭기스 칸에 관한 이야기로 돌아가도록 하자. 그가 사마르칸트를 정복한 뒤 그들에게 무슨 일을 하라고 보냈는지, 또 어느 방향으로 이동했는지에 대해서 자세하게 말해 보도록 하자. 신께서 뜻하신다면!

**칭기스 칸이 사마르칸트 부근에서 자신의 막내아들인 톨루이 칸—예케 노얀 또는 울룩 노얀이라고 부른다—과 함께 술탄 호라즘 샤를 추격하여, 〔111r〕「82v」 그 도중에 있는 지방들, 즉 나흐샤브, 티르미드, 발흐, 탈리칸 및 그 부근을 정복하고, 예케 노얀을 후라산 방면으로 보내어 그 왕국들을 정복한 이야기**

여러 차례 언급했던 것처럼 칭기스 칸은 '모가이 일', 즉 뱀해—617년 둘히자〔/1221년 1~2〕월에 시작하지만 그 〔대부분의〕 달들은 618〔/1221년 2월~1222년 2월〕년과 일치한다—에 사마르칸트 성채를 포위했고, 초여름에 제베 노얀과 수베테이 노얀과 토쿠차르를 술탄 호라즘 샤를 추격하러 파견했다. 같은 해 여름에는 사마르칸트를 정복했고, 승리를 거둔 뒤 초가을에는 왕자들을 호라즘 방면으로 보냈다. 그 자신은 가을에 톨루이 칸과 함께 사마르칸트를 떠나 나흐샤브 초원으로 왔다가, 그곳을 떠나 몽골인들이 '티무르 카할카'(鐵門)라고 부르는 길을 거쳐 티르미드를 공략하기 위해 출정했다. 그 지방에는 키시(Kish), 나흐샤브 등이 속한다. 후라산을 정복하기 위해 거기에서 먼저 톨루이 칸에게 대군을 주어 보냈는데, 열 명 가운데 한 명을 선발하여 그와 함께 가도록 했다. 그 자신은 티르미드를 공략했다.

그곳에 도착한 〔칭기스 칸은〕 사신들을 보내어 그들에게 복속하고 성벽과 성채를 허물라고 요구했다. 그곳 주민들은 성벽의 반이 아무다리아에 접해 있는 성채의 견고함에 의지하여, 또한 자신들의 용맹과 위세를 자신하여 복속하기를 거부하고 격렬한 전투를 벌였다. 〔몽골군은〕 11일째 되던 날 도시〔의 성문〕을 힘으로 열고 사람들을 모두 벌판으로 내몰아, 일정한 수를 병사들에게 분배한 뒤 모두를 죽여 버렸다. 어떤 노파는 〔병사들에게〕 "나를 죽이지 않으면 진주를 주겠소!"라고 말했다. 하지만 그들이 그것을 찾으려고 하자 "삼켜 버렸소!"라고 말했다. 하지만 그들은 즉시 그녀의 배를 갈라서 그 진주를 꺼냈고, 이런 까닭으로 죽은 사람들 모두의 배를 갈랐다.

〔칭기스 칸은〕 그곳을 떠나 캉구르트(Kangurt) 지방과 슈만(Shumân) 변경으로 갔다.[69] 그 〔부근의〕 지역들을 정복하고, 살육과 약탈과 파괴와 방화로 초토화시켰다. 군대를 보내 바다샨과 거기에 속한 곳들을 정복하고, 일부에 대해서는 관용을, 일부에 대해서는 폭력을 가했다. 그 지방에서는 반란자나 거역자들의 흔적이 완전히 없어지고 그 방면의 모든 왕국들이 완전히 정복되어 마음을 놓았기 때문에, 〔칭기스 칸은〕 아무다

---

69) 원문은 KNGRT와 SMAN. Juvayni/Boyle(p.129)에 따르면 Kangurt는 타지키스탄 영내 Baljuan 서쪽에 있는 지명이고, Shumân은 오늘날 타지키스탄의 수도 Dushanbe와 같은 지점이라고 한다.

리아를 건넜다. 그때는 앞에서 말한 해의 겨울이었고, 〔그해가〕 끝나 갈 무렵이었다.

그는 '모가이 일', 즉 뱀해—617년 둘 히자〔/1221년 1~2〕월에 시작—초에 티르미드 여울목을 통해서 아무다리아를 건너 후라산 지방에서 가장 큰 〔도시인〕 발흐 쪽으로 향했다.[70] 그때는 제베와 수베테이가 〔아무다리아를〕 건너서 술탄을 추격하러 간 지 ……[71]의 기간〔이 지난 뒤〕였다. 칭기스 칸은 발흐 〔성채〕 앞에 진을 쳤다. 그곳 수령들은 여러 가지 양식과 선물을 갖고 그에게로 와서 귀순과 복속 의사를 표시했다. 그 뒤 〔사람의〕 수를 세야 한다는 명목으로 발흐의 주민들을 모두 한꺼번에 벌판으로 데리고 나왔다. 익숙한 관습대로 그들을 병사들에게 분배한 뒤 모두 다 죽여 버렸다. 도시의 성벽과 보루를 파괴하고, 가옥과 동리들에 불을 질러 모두 폐허로 만들었다.

칭기스 칸은 거기서 탈리칸 성채로 진군해 그곳을 포위하고 점령했다. 거기서 〔또 다른〕 탈리칸으로 향했는데, 누스라트 쿠흐(Nuṣrat Kûh)라고 불리는 그곳은 매우 견고했고, 용맹한 전사들이 수없이 많았다. 아무리 사신들을 보내 그들에게 복속을 권유해도 받아들이지 않았다. 7개월 동안 그곳을 포위했지만 성채가 워낙 견고해서 정복되지 않았다. 칭기스 칸이 탈리칸을 포위하던 그해 봄, 주치와 차가타이와 우구데이 등 왕자들은 호라즘을 장악하려고 분투했고, 톨루이는 티무르 카할카 길을 경유해서 나왔다. 〔칭기스 칸은〕 우익과 좌익의 군대를 정해 주고 자신은 중군으로 마루축(Marûchûq)[72]과 바그(Bağ)와 바그슈르(Bağshûr)[73] 길을

70) 英譯本은 여기서부터 꽤 많은 부분을 번역에서 누락시켰는데, 이는 Karîmî본에 근거했기 때문이다.

71) 原缺.

72) '작은 메르브'라는 뜻으로, 투르크메니스탄과 접한 아프간 영내의 Murghab 강가에 위치.

73) Bağ와 Bağshûr는 동일한 지점이다. 마루축 서쪽에 있으며, 현재 Qal'a-yi Maur에 해당한다

경유하면서 그 지방 모두를 정복하고 메르브를 점령했다. 거기에서부터 니샤푸르에 이르기까지의 모든 속주와 지역들, 예를 들어 〔111v〕「83r」 아비바르드, 니사, 야지르(Yâzir), 투스, 자자름, 주베인, 바이하크(Bayhaq), 하프, 산간(Sangân),[74] 사락스, 주라바드(Zûrâbad) 등 하나하나가 그 지방에서는 모두 큰 도시들이 정복된 것이다. 〔칭기스 칸은〕 니샤푸르 또한 점령했고, 상술한 해의 봄 마지막에는 모든 도시들과 지방을 장악했다.

칭기스 칸은 탈리칸에서 사신을 보내어 아들인 톨루이 칸에게 더워지기 전에 돌아오라고 했다. 〔톨루이 칸은〕 명령에 따라 귀환했는데, 도중에 쿠히스탄 지방을 공격했다. 축추란(Chûqchurân)[75] 강을 건너서 헤라트 시와 그 지방을 장악하고, 그곳을 떠나 칭기스 칸과 합류했다. 그가 도착할 즈음 칭기스 칸은 격렬한 전투를 통해서 탈리칸 성채를 점령하고 그것을 파괴했다. 톨루이 칸은 도착하여 그를 알현했다. 얼마 뒤 차가타이와 우구데이가 호라즘에서 돌아와 역시 그를 알현했다. 주치는 호라즘에서 자신의 유수진들이 있는 곳으로 갔다.

탈리칸 성채의 전투에서는 무에투켄(Mûâtûkân)—칭기스 칸이 가장 사랑하는 손자였고, 차가타이는 그를 자신의 후계자로 정했었다—이 石弩의 화살에 맞아 그 상처 때문에 사망했다.[76] 이런 이유로 칭기스 칸은 그곳 정복을 서두르라고 했고, 그곳이 함락되자 살아 있는 것은 모두 다,

---

(Minorsky, *Ḥudûd*, p.327).

74) Turbat-i Haidari와 Khaf 사이에 위치.

75) A본의 표기는 불명확하나 B본에는 JWQJRAN으로 되어 있다. 이것은 『親征錄』에 나오는 搠搠蘭이라는 강과 동일한 것으로 보인다. 露譯本은 이를 Chukcharan으로 읽고, Har-i Rûd 강의 지류로 추정했다.

76) 『征服者史』에 따르면 무에투켄이 사망한 것은 탈리칸이 아니라 바미얀 전투에서였다(Juvayni/Boyle, p.132).

여하한 인간이든 어떤 종류의 가축·짐승·조류든 가리지 않고 모두 죽이고, 포로나 전리품은 하나도 취하지 말며, 〔그곳을〕 사막(chôl)으로 만들어 이후로는 건물을 짓지 말고 어떤 인간도 그곳에 살지 못하도록 하라는 명령(yâsâ)을 내렸다. 〔사람들은〕 그곳을 '마우 쿠르칸'(Mâûû Qurqân)[77]이라고 불렀고, 오늘날까지 아무도 그곳에 살지 않으며, 아무 쓸모도 없게 되어 있다. 또한 〔칭기스 칸은〕 어느 누구도 이 사실을 차가타이에게 알려서는 안 된다는 명령도 내렸다. 그리고 그가 도착하여 아들을 찾자, 어느어느 곳으로 갔다고 〔거짓〕 변명을 둘러댔다. 그 뒤 어느 날 아들들이 모두 모였을 때 칭기스 칸은 그들을 불러들인 뒤 화를 내면서, 차가타이를 향해 "너는 나의 말과 명령(yâsâq)을 듣지 않는다"고 말했다. 차가타이는 두려워하며 무릎을 꿇고 "만일 제가 당신의 말을 어기면 저를 죽이소서!"라고 말했다. 그러자 칭기스 칸은 "너의 아들 무에투켄이 전투에서 죽음을 당했다. 내가 명령하건대, 울지 마라. 너는 나의 이 말을 어기지 말라!"고 했다. 그는 비통한 마음을 누르며 울지 않고, 먹고 마시는 일에 몰두했다. 잠시 후 그는 소변을 보겠다면서 벌판으로 나가 몰래 울었다. 그래서 마음을 약간 누그러뜨린 뒤에 눈물을 닦고 〔자리로〕 돌아왔다.

그 뒤 칭기스 칸은 아들들과 군대와 함께 탈리칸 언덕에서 하영을 했다. 그때 술탄 잘랄 앗 딘은 가즈닌에 있었고, 메르브의 태수였던 칸 말릭(Khân Malik)[78]은 4만 명의 기병을 데리고 그와 합류했다. 술탄은 그의 딸과 혼인했고, 투르크만의 아미르들 가운데 하나인 사이프 앗 딘 오그락(Sayf ad-Dîn Oğrâq)도 4만 명과 함께 술탄과 합류했다. 구르[79]의

---

77) 몽골-투르크어로 Ma'u Qurqan, 즉 '황폐한 성채'라는 뜻이다.

78) 『征服者史』에는 그의 이름이 Amîn Malik으로 나와 있다.

79) A·B: AWĞWR. 그러나 『征服者史』(Juvayni/Qazvini, II, p.135)에 따라 ĞWR로 읽어야 할 것이다.

아미르들 또한 사방에서 그와 합세했다.

### 칸 말릭의 이야기

이 내용은 다음과 같다.

칭기스 칸은 제베와 수베테이를 보내 술탄 무함마드를 추격하라고 하고, 그들의 뒤를 이어 토쿠차르 바하두르를 보냈다. 칸 말릭은 술탄의 처지가 극히 곤경에 빠졌기 때문에 메르브에 남는 것은 좋은 방책이 아니라고 판단하고, 자신이 병사와 권속들과 함께 구르와 가르차(Ğarcha) 변경으로 가서, 사신을 칭기스 칸의 어전으로 보내어 복속하겠다는 의향을 표시했다. 칭기스 칸은 그에게 〔완전히 복속할 때까지〕 약간의 시간을 주고, 제베와 수베테이와 다른 군대들에게는 그〔가 통치하는〕 지방과 종족〔이 있는 곳〕에 가더라도 해를 가하지 말라고 명령했다. 이런 까닭으로 제베와 수베테이는 그의 지방에 이르러서도 피해를 주지 않고 통과했다. 〔그러나〕 그들의 뒤를 따라온 토쿠차르[80]는 법령을 어기고 마치 다른 지방과 지점들에서 했던 것처럼 그 지방에 대해서도 해[81]를 가했고, 그곳의 산지 주민들과 전투를 하다가 죽음을 당했다.

칸 말릭은 칭기스 칸에게 사신을 보내어 이렇게 말했다.

"저는 호라즘의 술탄에게 충고를 했지만, 그는 듣지 않았습니다. 그의 불운함은 그로 하여금 당신에게 대항케 했고, 그래서 그 같은 결과를 맞이한 것입니다. 〔당신의〕 노예인 저는 전에 〔사신을〕 보내 복속의 뜻을 표시하고 충심으로 봉사하겠다고 말하며 술탄을 저버렸습니다. 지금 제베 노얀이 와서 〔저희를〕 괴롭히지 않고 지나갔고, 그의 뒤를 이어 수베

---

80) A : QWJAR. 그러나 B본에는 TWQWJAR로 補正되어 있다.

81) A본에는 MTRŠ로 되어 있으나, B본처럼 MTRḌ(muta'arriḍ)가 되어야 옳을 것이다.

테이 노얀도 마찬가지로 해를 가하지 않고 지나갔습니다. 그들의 뒤를 이어 토쿠차르가 〔112r〕「83v」 왔습니다. 산지 주민이 '우리는 복속했습니다'라고 아무리 말해도 그는 듣지 않고 많은 농민들(târiqchîyân)[82]과 백성들을 몰아내고, 사람들과 전투를 벌여 죽음을 당했습니다. 칭기스 칸 나라의 좋은 사람들은 어디로 갔길래 이렇게 무지한 사람에게 중책을 맡겨서 보낸 것입니까?"

그는 선물을 바치는 관례에 따라 사신에게 몇 가지 의복을 보냈다. 〔칸 말릭이〕 토쿠차르의 일 때문에 우려하던 바로 그때, 술탄 잘랄 앗 딘이 부친이 사망한 후 가즈닌—과거에 그가 지명되었던 곳—으로 왔고, 사방 각지에서 병사들이 그에게 모여들었다는 소식을 들은 칸 말릭은 은밀히 술탄 잘랄 앗 딘에게 "당신께 가고 싶습니다"라는 전갈을 보냈다.

바로 그때 칭기스 칸은 가즈닌, 가르지스탄, 자불(Zâbul), 카불 등지의 도로를 경계하고 수비하기 위해 시기 쿠투쿠를 테케축(Tekâchük), 물가르(Mûlǧâr), 우케르 칼자(Ûkâr Qaljâ), 쿠투스 칼자(Qûtûs[83] Qaljâ)[84]를 비롯한 몇 명의 아미르들, 3만 명의 병사들과 함께 그 방면으로 파견했다. 그래서 그 주변 지역을 힘 닿는 데까지 정복하고 초병(qarâûl)이 되어, 〔칭기스 칸〕 자신과 그의 아들 톨루이 칸이 아무런 걱정 없이 후라산의 왕국들을 정복할 수 있도록 하라고 했다.

칸 말릭은 시기 쿠투쿠와 그의 군대가 주둔하던 지방과 가까운 곳에 있었고, 그에게 복속을 표시했다. 〔그러나〕 은밀히 술탄 잘랄 앗 딘에게 사람을 보내 "술탄이 파르반(Parvân)[85]에 주둔하면 제가 어전으로 가겠

---

82) târiqchî의 복수형. tariq은 '경작지'를 의미하는 투르크어이고, tariqchi는 '경작민'을 뜻한다. 몽골어로는 tariyachi라고도 한다. Cf. Clauson, *Etymological Dictionary*, p.541.

83) 원문은 QWTWR. 아마 QWTWZ의 誤寫일 것이다.

84) 우케르 칼자와 쿠투스 칼자 형제는 바아린 종족 출신이다(『부족지』, p.325).

습니다"라고 말했다. 또한 그 부근에 있던 캉클리인들이 대다수를 이루던 집단에게도 마찬가지로 전갈을 보내어 상술한 지점으로 오도록 했으며, 그 자신도 갑자기 그곳을 향해 떠났다.

〔그때〕 시기 쿠투쿠의 전초대에서 칸 말릭이 추종자와 권속들을 데리고 술탄 잘랄 앗 딘에게로 갔다는 소식이 도착했다. 시기 쿠투쿠는 즉시 군대를 데리고 그를 추격하여 떠났고, 밤중에 그를 만났다. 그를 공격할 기회였으나 조심하기 위해 진을 치고 날이 밝기를 기다렸다. 칸 말릭은 그날 밤에 도망쳐 동틀 무렵에는 약속한 장소인 파르반으로 가서 술탄과 합류했다. 캉클리인들과 다른 병사들도 약속한 대로 모두 그곳에 도착했으므로 엄청나게 많은 군대가 집결했다. 이보다 며칠 전, 시기 쿠투쿠 노얀[86]과 함께 있던 테케축과 물가르[87]가 몇 명의 다른 아미르들과 함께 발리얀(Valîyân) 성채를 포위하고 거의 함락할 단계에 있었다. 술탄 잘랄 앗 딘은 輜重을 파르반에 남겨 두고 군대를 이끌고 그들을 공격했다. 몽골군 전초대에서 1천 명이 살해되었다. 몽골군의 숫자는 적었기 때문에 그들은 강을 건너 강 건너편에 진영을 쳤다. 양측이 활에 시위를 메기고 서로 쏘아댔다. 몽골군은 밤중에 이동하여 쿠투쿠 노얀에게로 갔다가, 다시 그와 함께 칸 말릭을 추격해 왔다. 그래서 칸 말릭이 술탄에게 도착했을 때 몽골군도 그의 뒤를 따라 도착했다. 술탄은 말을 타고 얼마간 갔다가 그들에게로 다시 왔고, 〔양측은〕 서로 만나자 전열을 정비했다. 술탄은 우익을 칸 말릭에게 위임하고, 좌익은 사이프 앗 딘 말릭 오그락에게 맡기고, 자신은 중군을 맡았다. 그는 전군에게 말에서 내려

---

85) 『親征錄』의 八魯灣(Parman) 川이 이에 해당하며, 바미얀과 가즈나 사이에 있는 Parvân을 가리키는 것으로 보인다.

86) A: YAN; B: NWYAN.

87) A·B: MLĞWR.

말고삐(chîlbûr)[88]를 단단히 잡고 용감하게 싸우라고 명령했다.

다음날 몽골인들은 기병 한 사람이 펠트나 다른 것으로 사람 모양의 형상을 만들어 자신의 副馬에 앉히고, 뒤에서 잡고 있으라는 명령을 내렸다. 밤중에 그것을 정렬하고 다음날 전열을 가다듬었다. 술탄의 군대는 그 군대를 보고는 몽골군에게 지원대가 왔다고 생각하고 도망치려고 했다. 술탄이 그들에게 "우리 군대는 많으니 전열을 정비하자! 우익과 좌익이 그들을 포위하자!"고 큰 소리로 외치자, 병사들은 안정을 찾았다. 술탄은 병사들과 함께 큰북과 작은북을 치면서 동시에 공격을 했다. 술탄의 군대는 대단히 많아서 포위망을 만들어 몽골인들을 그 안에 가두었다. 쿠투쿠 노얀은 〔전에〕 "우리가 전투를 하면, 퇴각할 때를 위해 나의 깃발을 잘 보라!"고 말했었다. 〔그런데〕 그들은 이미 포위망에 갇혀서 거의 견딜 수 없었기 때문에 패주하고 말았다. 그 지방의 벌판에는 동굴과 협곡이 무척 많았기 때문에 몽골인들은 말에서 굴러 떨어졌다. 술탄의 군대는 좋은 톱착 말을 갖고 있었기 때문에 그들이 있는 곳으로 와서 〔몽골군들을〕 죽였다. 몽골군 가운데 많은 사람들이 이 전투에서 목숨을 잃었다. 칭기스 칸은 이 소식을 듣고 매우 화가 났지만 그것을 표시하지 않고, "쿠투쿠는 항상 승리에만 익숙해 한 번도 〔112v〕「84r」 운명의 가혹함을 맛본 적이 없었다. 이번에 그가 매운맛을 보았으니 정신을 차렸을 것이다. 이것이 그에게 좋은 경험이 되어 〔앞으로는〕 조심할 것이다"라고 말하고는 즉시 전열을 정비했다. 뒤이어 시기 쿠투쿠와 함께 있던 아미르들이 남아서 뿔뿔이 흩어졌던 병사들을 이끌고 도착했다.

술탄 잘랄 앗 딘은 그 전투에서 물러나 자기 거처로 돌아갔고, 그 군대는 몽골인들에게서 많은 전리품을 거두었다. 그런 가운데 칸 말릭과 사

---

88) Cf. Doerfer, I, pp.309~310.

이프 앗 딘 오그락이 〔전리품을〕 분배할 때 아라비아 말 한 필을 두고 갈등을 벌여, 칸 말릭이 채찍으로 오그락의 머리를 후려쳤다. 술탄은 캉클리인들을 신뢰하지 않았기 때문에 〔이 문제를〕 추궁하지 않았고, 사이프 앗 딘은 분노했다. 그는 그날 〔그곳에〕 머물다가 밤중에 말을 타고 화를 내면서 키르만과 상쿠란(Sanqurân) 산지 쪽으로 가버렸다. 이로 말미암아 술탄의 세력은 꺾였다. 나아가 그는 〔칭기스 칸이〕 많은 군대를 데리고 오고 있다는 소식을 들었다. 그는 두려움 때문에 올바른 판단을 할 수가 없었다. 대처할 방도가 없자 그는 가즈닌으로 향했고, 〔거기서〕 인더스 강을 건너려고 생각했다.

쿠투쿠 노얀이 칭기스 칸의 어전으로 왔을 때, 그는 각 사람의 功過를 아뢰었다. 〔그의〕 아미르들 가운데 바아린 종족 출신인 우케르 칼자와 쿠투스 칼자[89]가 있었는데, 그는 그들이 천성적으로 허풍과 농담을 좋아한다고 잘못을 지적하면서, "농담과 허풍과 익살에 뛰어난 사람들은 자기들이 재주가 있다고 생각하지만, 그런 사람은 정작 용맹이 필요한 날에는 아무것도 하지 못하며, 말 밖에는 다른 아무것도 없다"고 말했다. 몽골어로 '칼자'는 '익살쟁이'를 뜻한다.

### 칭기스 칸이 잘랄 앗 딘을 추격한 것과 술탄이 인더스 강변에서 패배한 것, 그리고 그가 강을 건너간 것에 관한 이야기[90]

시기 쿠투쿠가 칭기스 칸의 어전으로 와서 상황을 아뢰었을 때, 탈리칸 성채는 이미 함락한 뒤였고, 차가타이와 우구데이는 호라즘에서 승리를 거두고 돌아와 있었으며, 톨루이 칸은 후라산에서 개선했다. 병사들과

89) A · B 원문에는 두 사람의 이름에 들어가 있는 Qaljâ가 모두 Qaljqâ로 표기되어 있다.

90) 英譯本은 이 부분부터 번역이 다시 시작된다.

함께 모두 탈리칸 언덕에서 하영하며 휴식을 취했고, 가축들은 살이 올랐다. [시기 쿠투쿠에게서] 그 소식을 듣자마자 칭기스 칸은 모두 출정하라고 명령했다. 엄청나게 많은 군대가 말해에 탈리칸 지방에서 술탄 잘랄 앗 딘을 치기 위해 출정했다. [하루에] 이틀거리를 이동하며[91] 서둘렀기 때문에 음식을 해먹을 시간조차 없었다. 시기 쿠투쿠와 술탄이 전투했던 지점에 이르렀을 때, 칭기스 칸은 시기 쿠투쿠에게 "너희들은 어떻게 진을 쳤고, 술탄은 어떻게 했느냐?"라고 물었다. 그들이 대답하자 칭기스 칸은 술탄과 그들의 책략을 힐난하고, "너희는 전투할 지점도 모르는가?"라고 하면서 두 아미르들을 책망했다.

가즈닌에 도착했을 때 술탄이 인더스 강을 건너기 위해 이곳을 떠난 지 보름이 되었다는 소식을 들은 칭기스 칸은 바바 얄라바치(Bâbâ Yalavâch)를 그곳 감관으로 정해 준 다음 전속력을 다해 술탄을 추격하러 갔다. 술탄은 강을 건너기 위해 강가에 배들을 준비해 두었었다. [술탄의] 정찰대(yazak)로 후미(qafâ')에 있던 오르칸(Ôrkhân)은 몽골의 전초병들과 대치하여 그들을 격파했다. 술탄이 새벽에 강을 건너려고 한다는 사실을 안 칭기스 칸은 선수를 쳐서 밤중에 말을 달려 새벽녘에는 그의 앞과 뒤를 막아 버렸다. 군대가 사방에서 그를 둘러쌌고, 인더스 강이 활시위라면 마치 활처럼 그것을 몇 겹으로 포위했다.

태양이 떠올랐을 즈음, 술탄은 자신이 물과 불 사이의 [위기에] 처해 있다는 사실을 알았다. 칭기스 칸은 술탄을 활로 쏘지 말고 최대한의 노력을 기울여 생포하라고 명령했다. 우케르 칼자와 쿠투스[92] 칼자를 보내 그들을 강가에서 몰아내라고 했고, 그 두 사람은 술탄 군대의 측면을 꺾

---

91) 원문은 dô kûcha이다. 일반적으로 kûch는 '(유목적) 이동'을 뜻하기 때문에, dô kûcha는 '두 번의 이동거리'를 의미하는 것으로 해석할 수 있다.

92) 원문은 QWTW.

기 위해 애를 썼다. 그 뒤 몽골군은 공격을 감행하여 칸 말릭이 맡았던 우익을 쳐서 많은 사람들을 죽였다. 칸 말릭은 페샤와르(Purshâûr)[93] 방면으로 패주했지만, 몽골군은 길목을 장악하고 그를 포위하여 〔113r〕「84v」 살해했다. 그들은 좌익도 격파했다.

중군에 있던 술탄은 700명[94]의 전사들과 함께 자리를 굳게 지키며 새벽부터 정오까지 많은 군대와 맞서서 싸웠다. 그는 죽을 각오를 하며 〔적의〕 좌익과 우익을 밀어냈고, 중군에게도 공격했다. 활로 그를 쏘아도 좋다는 명령이 없었기 때문에 그를 둘러싼 포위망을 더욱 좁혀 들어갔다. 그는 있는 힘을 다해 용맹한 전투를 벌였지만, 산과 대적하고 바다와 부딪친다는 것이 無望하다는 사실을 깨달았다. 그는 원기를 회복한 말에 올라타 몽골군을 향해 공격하며 그들을 뒤로 물러나게 했다. 그와 동시에 뒤로 돌아서 고삐를 움켜잡고 방패를 등 뒤에 걸쳤다. 그리고 자신의 傘蓋와 깃발을 치켜세우고는 채찍으로 말을 후려쳐, 마치 번개처럼 강을 건너서 맞은편으로 간 뒤 칼을 강물에 씻었다. 칭기스 칸은 매우 놀라 입을 다물지 못했고, 아들들에게 그를 가리키며 이렇게 말했다. "그런 아버지에게서 저런 아들이 나오다니!

詩

세상에 누구도 이런 사람을 보지 못했노라,

과거의 유명한 용사들 중에서도 〔이런 사람을〕 듣지 못했노라.

이 같은 전쟁터와 심연에서 스스로 〔구원의〕 해안으로 빠져 나올 수

93) 원문은 PRSAWWR.

94) A: haft(7); B: haft ṣad(700). Cf. Juvayni/Boyle, p.410.

있었으니, 그는 〔앞으로〕 수많은 일과 반란을 일으킬 것이다." 몽골군이 〔그가 강을 건너는 것을〕 보고 그를 추격하여 물로 뛰어들려고 했으나 칭기스 칸은 이를 그만두게 했다.

믿을 만한 역사서에 따르면, 술탄은 〔113v〕「85r」〔적과〕 대항할 수 없다는 것을 알았을 때 먼저 자신의 부인과 자식들과 비빈들이 포로가 되어 욕을 당하지 않게 하기 위해 물에 빠뜨려 죽이고, 재물들도 물에 던져 버린 뒤 물에 뛰어들어 건너갔다고 한다. 술탄의 병사들은 모두 죽음을 당했다. 전하는 말에 따르면 그의 다른 아들들은 젖먹이에 이르기까지 모두 살해되었고, 후궁에 있던 어린 여자들도 약탈해 갔다고 한다. 술탄의 재물들은 대부분 금과 은과 보석들이었기 때문에 〔술탄은〕 그 모두를 인더스 강에 던져 버리라고 명령했었다. 그 뒤 칭기스 칸은 잠수부들에게 명령하여 강으로 들어가서 가능한 것들을 모두 건져 올리라고 했다. 그들은 전리품을 모은 뒤 당시의 관습에 따라 진영을 쳤다.

**칭기스 칸이 술탄 잘랄 앗 딘을 추격하러 발라 노얀을 힌두 방면으로 보낸 이야기**

그 뒤 칭기스 칸은 잘라이르 종족 출신인 발라 노얀과 ……[95] 종족 출신인 두르베이 노얀 두 사람을 대군과 함께 힌두 지방으로 보내서 술탄 잘랄 앗 딘을 찾도록 했다. 그들은 힌두 중앙부까지 갔지만, 그의 아무런 종적도 찾을 수 없어 되돌아왔다. 그들은 술탄의 아미르들 가운데 하나인 카마르 앗 딘 키르마니(Qamar ad-Dîn Kirmânî)가 통치하고 있었으며, 힌두 지방에 속했던 비흐(Bîh) 성채를 정복하고 많은 사람을 죽인 뒤, 물탄으로 향했다. 물탄에는 돌이 없었기 때문에 그들은 뗏목들을 만들어

95) 原缺.

〔그 안에〕 투석기에 쓸 돌을 가득 채운 뒤 물에 띄워 물탄으로 운반했다. 그곳에 도착해 투석기를 투입하여 거의 점령할 뻔했으나, 더위 때문에 머물 수가 없었다. 그들은 물탄, 라호르(Lûhâûûr), 페샤와르(Purshâûr), 말릭푸르(Malikfûr) 등지에서 살육과 약탈을 한 뒤 돌아와, 인더스 강을 건너서 칭기스 칸의 어전으로 왔다.

**칭기스 칸이 인더스 강가에서 귀환하여 파르반[96]이라는 곳에 머물며 그 인근 지역에 대해서 살육과 약탈을 한 이야기**

칭기스 칸은 술탄 잘랄 앗 딘이 강을 건너자 발라 노얀과 두르베이 노얀에게 그를 추격하라고 하고, 자신은 '코닌 일', 〔즉 양해〕 봄—620년 무하람〔/1223년 2~3〕월에 해당—에 인더스 강 상류 쪽으로 돌아갔다. 그리고 우구데이를 〔강〕 하류 쪽으로 파견하여 그 지방을 정복하도록 했다. 그는 가즈닌을 살육·약탈하여 장인과 직인들을 동쪽 지방으로 보냈다. 다른 사람들은 모두 죽이고, 도시를 파괴했다. 〔우구데이는〕 칭기스 칸의 어전으로 사신을 보내 "만일 명령하신다면 출정하여 시스탄을 포위하겠습니다"라고 말했다. 칭기스 칸은 "날씨가 더워졌으니 돌아오라. 그곳을 포위하기 위해서는 다른 군대를 보내겠다"라고 말했다. 우구데이는 가름시르(Garmsîr)[97]를 거쳐서 돌아왔다.

칭기스 칸은 그해 여름을 몽골인들이 파르반이라고 부르는 평원에 머물면서 발라 노얀을 기다렸다. 그리고 그 부근에 있는 지방들을 모두 정복하고 약탈했다. 발라 노얀과 두르베이 노얀이 도착하자 그곳에서 이동했으며, 쿠나운 쿠르간(Kûnâûn Qûrğân)[98] 성채에 도착했을 때 우구데

---

96) A: NWYAN; B: PYRWAN. PRWAN이 정확하다.

97) A: GẒMBR; B: GRMSYR.

98) 『親征錄』의 可溫寨. 可溫은 Kûnâûn에, 寨는 Qûrğân에 해당한다.

이가 그곳에서 어전에 합류했다. 그해 겨울은 부야 카부르(Bûya Kabûr) 부근에서 머물렀는데, 그곳 태수인 살라르 아흐마드(Sâlâr Aḥmad)가 복속을 결심하고 군대에서 필요한 사료와 장비들을 힘닿는 데까지 준비해 왔다. [그때] 나쁜 공기로 말미암아 병사들이 병에 걸렸다. 칭기스 칸은 각 가구에서 한 사람에 4만(mann)의 쌀을 깨끗이 하라고 명령을 내렸고,[99] 그들은 명령에 복종했다.

그 뒤 칭기스 칸은 술탄 무함마드의 일을 처리하고, 그의 아들 술탄 잘랄 앗 딘의 일도 처리하고 나서—한 사람은 죽고, 또 한 사람은 방랑자가 되었다—술탄의 영역들 가운데 아란(Arrân),[100] 아제르바이잔, 이라크, 시르반(Shîrvân)[101]을 정복하러 제베와 수베테이를 보냈다. 그것에 관해 마음을 놓은 그는 정복한 모든 도시들에 [114r] 「85v」 감관들[102]을 배치했다. 병사들이 건강을 회복하자, 그는 힌두를 거쳐 탕구트 지방으로 나가는 [길로] 귀환하기로 결정하고 몇 개의 여정을 갔는데, 탕구트가 다시 반란을 일으켰다는 소식이 전해졌다. 이런 이유로, 또한 가는 도중에 산지는 험하고 숲은 우거졌으며 기후도 맞지 않았고 물도 해로웠기 때문에 되돌아서 페샤와르[103]로 와, [처음 원정 올 때] 왔던 것과 같은 길

---

99) 이 부분의 원문은 "yâsâ dâd ke dar har khâne be-har yek sar chahâr mann-i birinj pâk konand"이다. 英譯本과 露譯本이 모두 '쌀을 깨끗이 하다'가 아니라 '깨끗한(搗精한) 쌀'로 옮겼지만, 옳지 않은 것으로 보인다. 『征服者史』에 나오는 이와 동일한 부분에 대해서 Boyle 교수는 "쌀을 깨끗이 하다(scour)"로 옮겼다. 한편, 『征服者史』에는 "각 가구에서 포로 한 사람이 400mann의 쌀을 깨끗이 하라는 명령을 내렸다"로 되어 있다. 1mann은 3kg 정도이기 때문에 400mann은 1200kg이 되는 셈이고, 이는 한 사람이 搗精하기에는 너무 많은 양으로 보인다. 라시드 앗 딘이 『征服者史』에 나오는 400mann을 4mann으로 고쳐서 기록한 것도 이 때문이었을 것이다.

100) 카스피 해 서안에 Kura 강과 Araks(Aras 또는 Araxes) 강이 합류하는 지점 부근의 평야 지대. 아제르바이잔과 아르메니아에 속해 있다. Mughan 평원이라고도 불린다.

101) Kura 강 북부 지방으로 아제르바이잔에 속한다.

102) 원문에는 shaḥnagân(shaḥna의 복수형)이라는 단어가 사용되었는데, 『親征錄』에는 "各城에 達魯花赤을 두어 監治케 했다"고 기록되어 있다.

을 거쳐 아들들과 노얀들 모두와 함께 귀환했다.

**칭기스 칸이 타직 지방을 정복한 뒤 옛 둔영으로 향한 것과 그 도중에 생긴 일들에 관한 이야기**

칭기스 칸은 타직 지방을 정복한 뒤 '비친 일', 즉 원숭이해—621년 무하람[/1224년 1~2]월에 시작—에 페샤와르를 출발하여 원래의 거주지와 옛 영지로 돌아가기로 결정했다. 이와 관련하여 그가 서두른 까닭은 [자신의] 오랜 부재로 말미암아 탕구트인들의 생각이 흔들려 반란을 일으켰다는 소식을 들었기 때문이었다. 그는 바미얀 산지의 길을 경유하면서, 바글란 부근에 남겨 두었던 유수진을 이동하라고 명령했다. 그는 아무다리아를 건너 그해 겨울은 사마르칸트 부근에서 머물렀다.

거기서 출발하여 술탄 무함마드의 모친인 테르켄 카툰과 그의 후비들을 먼저 이동시키라고 명령하고, 병사들이 그들을 지나쳐 가는 동안 왕국[의 멸망을 애도하는] 곡소리를 크게 하도록 했다. 그곳을 떠나 파나카트 강에 도착했을 때 주치를 제외한 아들들이 모두 아버지 앞으로 모였고, 거기서 쿠릴타이를 개최했다. 그 뒤 그곳을 떠나 한 곳 한 곳을 거치며 천천히 쉬어 가서, [마침내] 원래의 목지와 거주지에 도착 했다.

칭기스 칸의 이야기를 여기까지 했으니, 이제는 제베와 수베테이에 관한 나머지 이야기를 시작해 보도록 하자.

술탄 무함마드가 아바스쿤의 섬에서 사망한 뒤 술탄 잘랄 앗 딘은 호라즘으로 갔다가 아미르들과 형제들과의 불화 때문에 되돌아갔다. 도중에 그는 무리 무리 추격해 오는 몽골군과 마주쳐 전투를 했고, 니샤푸르로 갔다가 거기서 가즈닌으로 향했다. 그의 형제들인 우즐락 술탄과 악

103) 원문은 FRWSAWR.

크 술탄은 몽골군이 호라즘 변경에 도착했다는 소식에 겁을 먹고 아미르들과 함께 술탄의 뒤를 따라갔지만, 술탄과 마주쳤던 바로 그 〔몽골〕 군대에 의해 죽음을 당했다. 그들 두 아미르들은 킵착 〔지방〕의 데르벤드 길을 거쳐 원래의 목지로 돌아와 군주의 어전으로 올 때까지 무슨 일을 했고, 또 어느 지역을 정복했는가.

**제베와 수베테이가 이라크와 아제르바이잔과 아란 지방으로 와 이 지역에서 살육과 약탈을 한 뒤, 킵착 〔지방〕의 데르벤드 길을 거쳐 몽골리아로 돌아간 이야기**

술탄 잘랄 앗 딘이 니샤푸르에서 도망쳐 가즈닌으로 갔을 때, 제베와 수베테이는 칭기스 칸에게 사신을 보내어 "술탄 무함마드는 죽었고, 그의 아들 잘랄 앗 딘은 도망쳐서 그쪽으로 갔습니다. 지금 저희는 그들에 대해서 마음을 놓고 있습니다. 칭기스 칸께서 정해 주신 명령에 따라, 신의 뜻에 따라, 또 위대한 주님의 힘과 칭기스 칸의 축복에 의해 저희는 몽골리아 쪽으로 갈 수 있을 것입니다"라고 했다. 그 뒤에도 긴급한 문제를 처리하기 위해 번번이 사신들을 보냈는데, 〔당시 그〕 지방들은 여전히 불안한 상태였기 때문에, 한번 사신이 갈 때면 적어도 300~400명의 기병들이 반드시 〔동반해서〕 갔었다.

간단히 말해 그들은 이라크 지방을 정복하기 시작했고, 먼저 하르(Khwâr)[104)]와 심난을 장악하고 그곳을 떠나 라이 시로 가서 살육과 약탈을 했다. 또한 쿰으로 가서 그곳 주민들을 모두 죽이고, 어린아이들은 포로로 끌고 갔다. 그곳을 떠나 하마단으로 갔는데, 사이드 마지드 앗 딘 알라 앗 다울라(Sayyid Majd ad-Dîn 'Ala' ad-Dawla)가 귀순하여 말과 직

104) 심난과 라이 중간의 지명.

물들을 선물로 보내고 감관[의 주둔]을 받아들였다. [114v] 「86r」 그들은 벡 티긴 살라히(Beg Tîgîn[105] Salâḥî)와 쿠츠 부카 칸(Kûch Bûqâ Khân)을 지휘관으로 하는 술탄의 군대 다수가 수자스(Sujâs)[106]에 모였다는 소식을 듣고 이들에게로 가서 모두를 없애 버렸다. 거기서 잔잔(Zanjân)[107]으로 가 다른 도시들의 두 배[나 되는 사람들]을 살육하고, 그 지방에 아무것도 남겨 두지 않았다. 다시 카즈빈으로 가서 카라우나(qarâûna)와 격렬한 전투를 했고, 힘으로 도시를 빼앗았다. 카즈빈 사람들은 흔히 그랬던 것처럼 시내에서도 단검을 들고 계속 싸워 양측에서 5만 명에 가까운 사람들이 죽음을 당했다. 이라크 지방과 속령의 대부분을 살육하고 약탈했다.

겨울이 오자 그들은 라이 부근에서 큰 전투를 치렀는데, 그때 칭기스 칸은 나흐샤브와 티르미드 근방에 있었다. 그해에 추위가 매우 심하여 그들은 아제르바이잔 쪽으로 향했고, 도중에 가는 곳마다 똑같은 방식에 따라 살육과 약탈을 했다. 그들이 타브리즈에 도착했을 때, 그곳 태수는 자한 파흘라반의 아들 아타벡 우즈벡이었다. 그는 은신한 채 사람을 보내어 우호를 청했고, 수많은 재물과 가축을 보냈다. 그들은 화의를 맺고 돌아가, 아란에서 겨울을 보내기 위해 그곳으로 향했다. 도중에 그루지아가 있었는데, 1만 명의 그루지아 사람들이 이들을 맞아 전투를 했다. [그 결과] 그루지아 사람들이 패배하여 대부분이 죽었다. 그들은 그루지아 부근의 도로가 좁고 삼림이 울창한 것을 알았기 때문에 다시 마라가로 되돌아갔다. 그들이 다시 타브리즈로 왔을 때는 그곳의 총독인

---

105) 원문은 BTYKYN이지만 『征服者史』(Juvayni/Qazvini, p.147)에 따라 BKTYKYN으로 읽었다. 『征服者史』에는 그의 이름이 Beg Tigîn Silâḥdâr로 나와 있다.

106) Sujâs는 술타니야 서쪽 몇 마일 떨어진 곳에 있는 지명.

107) 테헤란에서 타브리즈로 갈 때 카즈빈을 거쳐 이르는 도시. 테헤란 서북방으로 직선 거리 약 280km.

샴스 앗 딘 투그라이(Shams ad-Dîn Ṭuğrâî)가 많은 재물을 보내 와, 〔이에〕 만족하고 지나쳐 갔다.

그들은 마라게를 포위했는데, 당시 그곳 태수는 여자였고 루인디즈에 주재했기 때문에 시내에는 〔몽골군에〕 대항하고 방책을 세워 전투를 수행할 만한 사람이 아무도 없었다. 몽골인들은 성벽을 공격하기 위해 무슬림 포로들을 앞장세웠고, 돌아서는 사람은 누구나 죽여 버렸다. 며칠간 이런 식으로 전투를 하다가 마침내 함락시킨 다음 귀천을 불문하고 모두 죽였다. 운반하기 쉬운 것들은 모두 가져가고 나머지는 불태우거나 파괴해 버렸다. 그들은 디야르바크르와 이르빌로 향했으나, 무자파르 앗 딘 쿡부리의 군대가 많다는 소문을 듣고 돌아갔다.

호라즘 샤의 신하들 가운데 한 사람이었던 자말 앗 딘 아이바(Jamâl ad-Dîn Ayba)가 한 무리의 다른 사람들과 반란을 일으켜 하마단의 감관을 살해하고, 알라 앗 다울라가 〔몽골에〕 복속했다고 해서 그를 루르 〔지방〕에 속하는 기리트(Girît) 성채[108]에 감금했다. 〔이에〕 그들은 하마단 방면으로 갔다. 자말 앗 딘 아이바는 그 전에 복속했지만 아무 소용이 없었고, 〔몽골군은〕 그와 누케르들을 순교시켰다. 그들은 도시를 포위하고 학살을 감행했다. 618년 라잡〔/1221년 8~9〕월의 일이었다. 하마단을 파괴한 뒤 나흐치반(Nakhchivân)[109]으로 향하여 그곳을 점령하고 살육과 약탈을 했다. 마지막에 아타벡 하무시(Atâbeg Khâmûsh)가 복속했고, 그에게 '알 탐가'와 목제 牌子(pâîza)를 주었다. 거기서 아란으로 갔는데, 먼저 사라우(Sarâû)를 장악하고 살육과 약탈을 한 뒤 아르다빌에 대해서도 마찬가지로 했다. 거기서 바일라칸(Baylaqân)[110] 시로 가 무력으로 점

---

108) 북부 루리스탄의 Khurramabad 시 남쪽에 있는 지명(Juvayni/Boyle, p.148 참조).

109) 현재 아르메니아 공화국 영내에 있는 Nahichevan.

110) 아란 평원에 있는 도시. 현재 그 폐허가 Shusha 동남쪽에 Mil-i Baailaqân이라는 이름으로 남아

령한 뒤 노소를 불문하고 죽였다. 그 뒤 아란 지방에서 가장 큰 도시인 간자(Ganja)[111]를 공격하여 그것 역시 점령하고 모두 파괴해 버렸다.

그들은 거기서 그루지아로 향했다. 〔그곳〕 사람들은 군대를 정비하여 전쟁 준비를 했다. 서로 마주했을 때 제베는 5천 명을 데리고 구석에 숨어 있었고, 수베테이는 군대를 이끌고 앞으로 나갔다. 최초의 접전이 시작되자 몽골인들은 곧 등을 돌려 후퇴했고, 그루지아 사람들은 그들을 추격했다. 제베가 매복했다. 나와 그들을 포위하고, 한 순간에 3만 명의 그루지아인들을 죽였다. 거기서 데르벤드와 시르반으로 향하며, 도중에 있는 샤마히(Shamâkhî) 시를 포위하고 살육을 한 다음 많은 사람들을 포로로 끌고 갔다. 데르벤드를 통과하기가 어려워지자 그들은 시르반의 군주에게 〔사신을 보내〕 "몇 사람을 보내어 우리와 평화를 맺자"고 말했다. 그는 자기 종족의 대인들 가운데 열 사람을 보냈는데, 그 가운데 한 사람을 죽이고 다른 사람들에게는 "만일 우리에게 이 데르벤드를 통과하는 길을 일러주면 살려 주겠지만, 그렇지 않으면 너희들도 죽이겠다"고 했다. 그들은 목숨이 두려워 길 안내를 했고, 〔그래서〕 통과했다.

그들이 알란(Alân)[112] 지방에 이르렀는데, 그곳에는 사람들이 무척 많았다. 〔알란인들은〕 킵착인들과 연합하여 몽골군과 전투를 벌였고, 어느 쪽도 승리하지 못했다. 그래서 몽골인들은 킵착인들에게 〔115r〕「86v」 전갈을 보내, "우리와 너희들은 한 족속이고 같은 부류이다. 알란인들은 우리와 다르니, 우리와 너희들이 협약을 맺고 서로를 공격하지 말자. 금이든 옷이든 원하는 것은 모두 너희에게 주겠다. 그들을 우리에게 맡겨라!"라고 하면서, 풍부한 물자를 보내 주었다. 〔이렇게 해서〕 킵착인들은

---

있다.

111) 현재 아제르바이잔 공화국 서부의 Gjandzha.

112) Alan인들은 오늘날의 Osset인들에 해당하며, 카스피 해 서북 연안에 거주하던 이란계 민족.

돌아갔고, 몽골인들은 알란인에게 승리를 거두어 힘이 미치는 데까지 살육과 약탈을 저질렀다. 킵착인들은 협약을 믿고 편안한 마음으로 자기네 고장에서 흩어졌는데, 몽골인들이 갑자기 그들을 덮쳐 잡히는 대로 죽이고, 〔그들에게〕 주었던 것의 배로 빼앗았다. 살아남은 일부 킵착인들은 러시아(Rûs) 지방으로 도망쳤고, 몽골인들은 모두 초원인 그 지방에서 동영했다.

그들이 그곳을 떠나 콘스탄티노플 灣에 연접한 해안에 있는 수닥(Sûdâq)[113] 시로 가서, 그 도시를 점령하자 그곳 주민들을 흩어졌다. 그 뒤 러시아 지방과 그곳에 있던 킵착인들을 공격했다. 그들은 준비를 하고 수많은 병사들을 모았다. 몽골인들은 그들의 숫자가 많은 것을 보고 퇴각했다. 킵착인과 러시아인들(Ûrûs)은 〔몽골군이〕 두려움 때문에 퇴각했다고 생각하고 12일거리를 추격해 갔다. 그런데 갑자기 몽골군이 다시 뒤로 돌아 그들을 공격하고, 그들이 집결하기도 전에 무리들을 죽였다. 일주일간 전투가 벌어져 마침내 킵착인과 러시아인들이 패배했다. 몽골은 그들을 추격했고 도시들을 파괴하여, 그들 지방의 대부분에서 인적이 사라졌다. 〔몽골군은〕 그곳을 떠나 타직 지방을 거쳐 칭기스 칸의 어전으로 왔다.

### 칭기스 칸이 타직 지방에서 원래의 목지와 거처로 되돌아와 자신의 오르두들에 주둔한 이야기

칭기스 칸은 타직 지방을 정복한 뒤 '비친 일', 즉 원숭이해—621〔/1221〕년에 해당—에 귀환하여 도중에 여름과 겨울을 보냈다. 그가 자신의 오르두들 부근에 왔을 때, 열한[114] 살이었던 쿠빌라이 카안과 아홉 살이었

113) 크리미아 반도의 동남해안 지방에 위치한 Soldaia. Kaffa 서쪽에 있다.

던 훌레구 칸이 마중 나왔다. 마침 그때 나이만 지방 변경의 아이만 후이(Aîmân Hûî)—일리(Hîla)[115] 강 건너편에 있는 이밀 쿠친(Îmîl Qûchîn) 근처이며 위구르 지방에 가까웠다—에서 쿠빌라이 카안은 토끼를 잡고 훌레구 칸은 영양을 잡았다. 몽골인들은 어린아이가 처음으로 사냥을 해서 〔짐승을 잡으면〕 그의 엄지손가락에 살코기와 비계를 발라 주는 것, 즉 '자미시'(jâmîshî)[116]를 해주는 관습이 있었다. 칭기스 칸은 몸소 '자미시'를 해주었는데, 쿠빌라이 카안은 칭기스 칸의 엄지손가락을 아주 부드럽게 잡았고 훌레구 칸은 강하게 잡았다. 칭기스 칸은 "이놈(ğâtâr)이 내 손가락을 부러뜨리겠네!"라고 말했다.

그곳을 떠나 부카 수지쿠(Bûqâ Sûjîqû)라는 곳에 둔영했다. 황금색 大帳을 치라고 명령하고 집회를 열어 커다란 연회를 개최했다. 그곳 땅이 부드러워서 먼지가 일어나자, 그는 각자 돌을 가져오게 하여 자신의 오르두들 부근에 돌들을 모두 던져 놓으라고 명령했다. 그러나 그의 동생인 옷치 노얀(Ôtchî Nôyân)만 돌 대신 나무를 던졌고, 그래서 그의 죄를 물었다. 바로 그곳에서 며칠간 사냥을 했는데, 옷치 노얀은 右翼의 圈狩(jerge-i râst)로 가지 않고 약간 뒤처졌다. 그가 저지른 이 두 가지 잘못으로 말미암아 그를 일주일 동안 오르두 안에 들어오지 못하도록 했다.

---

114) A: YNZDH; B: YZDH. 그러나 『元史』 권4 「世祖 一」(p.57)에는 쿠빌라이가 乙亥(1215)年 八月生으로 되어 있다.

115) 현재 신강 서북부에서 발하시 호로 흘러가는 Ili 강.

116) jâ+mîshî로 이루어진 이 단어에 대해서 露譯本은 jâ-를 투르크어의 jağ- 또는 yağ-라는 동사의 축약형으로 보았고, 本田實信 또한 이를 따른다(「モンゴル・トルコ語起源の術語」, pp.451~453). 그러나 yağ는 '기름, 비계'를 뜻하는 명사이며, '기름칠하다'라는 동사는 yağla-이다. 따라서 jâ-를 yağ- 또는 yağla-와 관련지어 설명하는 방식은 받아들일 수 없다. 더구나 『集史』에는 yağlâmîshî라는 단어가 별도로 사용되고 있다. Doerfer는 jâmîshî라는 단어가 투르크어에서 '가리키다, 지목하다'를 뜻하는 jiğa-의 축약형 ja-에 -mishi 접미사가 결합한 형태로 보았다(I, pp.279~280). 그러나 이 단어가 본문에서 보이듯이 어떻게 '기름칠하다'라는 뜻으로 바뀌었는지에 대해서는 석연한 설명이 요구된다.

그가 "만일 내가 앞으로 〔다시〕 잘못을 저지르면 〔저를 처벌하는 것을〕 주저(sahrâmîshî)[117]하지 마십시오!"라고 아뢰자, 그를 용서해 주고 출입을 허락했다. 그는 '다키쿠 일', 즉 닭해—622년 사파르〔/1225년 2~3〕월에 시작—봄에 자신의 오르두들이 있는 곳으로 돌아왔다. 그해 여름에는 집에 있었고 세세한 법령들(yâsâqhâ-i bârîk)을 지시했는데, 탕구트가 다시 반란을 일으켰다는 소식을 듣고는 군대를 정비하여 그곳으로 출정하라고 명령했다.

### 칭기스 칸이 마지막으로 탕구트 지방으로 가서 그곳의 군주와 전투를 벌인 이야기

〔115v〕「87r」 '다키쿠[118] 일', 즉 닭해—622〔/1225〕년에 해당—가을에 칭기스 칸은 탕구트라고 불리는 카신 지방을 공격하러 출정했다. 그는 차가타이에게 군대의 한 익을 지휘하며 오르두들의 후위에 있으라고 명령했다. 주치가 사망했기 때문에 우구데이가 부친을 모셨으며, 톨루이 칸은 소르칵타니[119] 베키에게 發疹(âbila)이 생겨 며칠간 뒤처져 있다가 그 뒤에 칭기스 칸의 어전으로 갔다. 그 기간에 우구데이의 아들인 구육과 쿠텐을 돌려보냈는데, 그들은 "〔칭기스 칸께서 저희들에게〕 은총과 은사로써 무엇을 주실건가요?"라고 묻자, 그는 "내게는 아무것도 없다. 있는 것은 모두 톨루이에게 속하는 것이다. 왜냐하면 그는 가옥(khâne)과 大牧地(yûrt-i buzurg)의 주인이고, 그가 관할할 것이다"라고 대답했다. 톨루이 칸은 옷과 여러 가지 물건들을 그〔들〕에게 주었다. 칭기스 칸

---

117) sahrâ-는 '망설이다, 의심하다'를 뜻하는 sağara-/sa'ara-에서 나왔다. Cf. Doerfer, I, pp.348~349; 本田實信, 「モンゴル・トルコ語起源の術語」, pp.435~436.

118) A: DAQWQW; B: DAQYQW.

119) A: QWQTNY; B: SYWRQWQTNY.

은 헤라트의 감관인 쿠투착(Qûtûchâq)의 祖父를 구육 칸에게 주면서, "네가 병이 들었으니 그가 너를 위해 음식을 준비할 것이다"라고 말했다.

그는 탕구트 지방에 도착하여 대부분의 도시들을 정복했다. 감주(Qamjû),[120] 사주(Sajû),[121] 카주(Qâjû),[122] 우루카이(Urûqay),[123] 두르메게이(Dömegâî)[124] 등의 도시들을 포위하고 거기에 불을 질렀다. [한창] 불타고 있을 때, 그 지방의 군주인 시두르쿠(Shîdûrqû)[125]라는 인물—탕구트어로는 그를 리완(Lîwân)[126]이라고 부르며, 그가 거처로 삼던 그 큰 도시의 이름은 탕구트어로는 이르카이(Îrqay)였고 몽골어로는 이르카야(Îrqayâ)였다[127]—이 50만 명과 함께 몽골군과 전투를 하러 나왔다. 칭기스 칸은 전투에서 그와 맞섰다. 그 부근에는 카라무렌에서 흘러나온 수많은 호수들이 있었는데, 모두 얼어붙었다. 칭기스 칸은 그 얼음 위에 서서 [병사들에게] 적을 향해 활을 쏘아 얼음 위로 오지 못하게 하고 실수

---

120) 甘州.

121) 沙州.

122) 河州.

123) A·B·L2본 모두 ARWMY처럼 보이지만 ARWQY로 읽어야 옳다. 이곳은 『元史』의 兀剌海, 『聖武親征錄』의 斡羅孩, 『秘史』의 Uraqai에 해당한다. Cf. Pelliot, *Notes on Marco Polo*, I, p.315. 村上正二는 이곳이 카라호토(Qara Khoto)의 유적지에 해당하며, 漢代에 居延海라고 불렸던 Etsin Gol 下流 델타의 東端에 있는 것이라고 보았다. Cf. 村上正二, 『モンゴル秘史』(3권, 東京: 平凡社, 1970~1976), 권3, p.269. 그러나 『中國歷史地圖集』 第7冊(譚其驤 主編, 上海: 地圖出版社, 1982), p.21에는 그 지점을 현재 내몽골자치구의 五原에서 황하를 건너면 바로 북쪽에 표시하고 있다.

124) A·B·L2본은 모두 DRŠGAY로 표기하고 있으나, DRMGAY의 誤寫로 보아야 할 것이다. 즉, Dörmegei는 당시 西夏의 陪都인 靈州를 가리킨다. Sağang Sechen의 『蒙古源流』에는 Türmegei로 표기되었다. Cf. 村上正二, 『モンゴル秘史』, 권3, pp.269~270; 『中國歷史地圖集』 第7冊, p.21.

125) 『부족지』(p.233)에서는 Shâdurğû로 표기했다.

126) A: KYWAN; B: LYWAN. Lîwân은 '李王'을 옮긴 것으로 추정되며, '탕구트', 즉 西夏의 王姓은 李氏였다.

127) 당시 西夏의 主都였던 中興府, 즉 寧夏를 가리키며, 현재 寧夏回族自治區의 수도인 銀川市에 해당한다. 앞에서는 Erîqay라고 표기했으며, 마르코 폴로에는 Egrigaia, 『秘史』(265절)에는 Eriqaya로 표기되었다.

하지 말라고 명령했다. 〔탕구트인들이〕 그렇게 건너다가 얼마나 많이 죽었는지, 전하는 바에 따르면 세 시신의 머리를 세워 두었다고 한다. 몽골인들 사이에서는 1만 명이[128] 죽으면 한 시신의 머리를 세워 두는 관습이 있다. 그 뒤 시두르쿠는 패배하여 다시 도시로 돌아갔다. 칭기스 칸은 "그가 이렇게 〔격렬한〕 전투에서 패배했으니 이제는 힘이 남아 있지 않을 것이다"라고 말하고, 그에게 〔더 이상〕 주의를 기울이지 않은 채 그 도시를 지나서 다른 도시·지방들을 취하고 키타이 방면으로 갔다.

〔칭기스 칸은〕 '노카이 일', 즉 개해―623〔/1126〕년에 해당―초봄에 옹군 달란 쿠둑(Ônğûn[129] Ṭâlân Qûdûq)이라는 곳에서 자신의 상황에 대해 생각했다. 왜냐하면 그는 죽음이 가까웠다는 사실을 나타내는 꿈을 꾸었기 때문이다. 왕자들 가운데 주치 카사르의 아들인 이숭게[130]가 있었는데, 그에게 "내 아들들인 우구데이와 톨루이는 멀리에 있는가 가까이에 있는가?"라고 물었다. 그들은 자기 軍陣(jerge-i lashkar) 안에 있었다. 〔이숭게는〕 "2~3파르상 정도의 거리에 있습니다"라고 말했다. 〔칭기스 칸은〕 즉시 사람을 보내 그들을 찾아서 데리고 오라고 했다. 다음날 새벽, 식사를 할 때 그는 아미르들과 임석한 사람들에게 "내 아들들과 상의하고 밀담을 나누어야 할 것이 있어, 잠시 조용히 〔아들들과〕 비밀을 서로 이야기하면서 그 문제에 관해 논의했으면 좋겠다. 우리가 따로 있을 수 있도록 자네들은 잠시 물러나 주겠는가?"라고 말했다.

128) A본에는 몇 행 앞에 "몽골인들과 전투하러 나왔다"라는 부분에서부터 여기까지가 필사자의 잘못으로 누락되어 있다. B본에 근거하여 번역했다.

129) A: AWTQWN; B: AWNĞWN.

130) 원문은 YYSWGA이나 YYSWNGA가 되어야 옳다.

**칭기스 칸이 임석했던 자식들과 밀담을 나누고 유언을 남긴 이야기**

아미르들과 사람들이 물러나자 칭기스 칸은 아들들과 함께 조용히 자리를 잡고, 그들에게 여러 가지 훈계와 충고를 해주었다.

"오, 아들들이여! 내가 세상을 하직하고 마지막 여행을 할 때가 가까워 왔음을 알라! 나는 창조주의 힘과 하늘의 도움으로, 그 중심에서 어느 방향으로 가든 1년이나 걸리는 거리인 광대한 왕국을 너희 자식들을 위해 정복하여 완성시켰노라. 이제 나의 遺志는 너희들이 적을 물리치고 친구를 치켜세워 주며, 한마음 한뜻이 되어 편안하고 풍요롭게 인생을 보내고 왕권을 향유할 수 있도록 하는 것이다."

그는 우구데이 카안을 후계자로 지명하고 유촉을 모두 마친 뒤, 이렇게 충고했다.

"너희들은 각자의 왕국과 울루스로 가라. 왜냐하면 왕국이 소홀히 방치되어 있기 때문이다. 나는 집 안에서 죽음을 맞이하고 싶지 않으며, 나의 명성과 영예를 위해 〔저승으로〕 가겠노라. 너희들은 내가 죽은 뒤 법령(yâsâq)를 바꾸지 말라. 차가타이가 여기에 〔116r〕「87v」 없지만, 그에게 내가 떠난 뒤 내 말을 바꾸어 왕국 안에 분쟁을 일으키지 말도록 〔감독하게〕 하라.[131] 너희들은 가거라!"

그는 조용한 곳에서 이런 말들을 모두 마친 뒤 그들 두 사람에게 작별을 고했다. 그는 그들을 각자의 왕국과 울루스로 돌려보내고, 자신은 군대와 함께 낭기야스 방면으로 향했다.

---

131) 칭기스 칸은 차가타이에게 '법령'(yâsâ)을 수호하고 집행할 의무를 준 것으로 알려져 있다. Cf. Juvayni/Boyle, p.40.

**칭기스 칸이 낭기야스 방면으로 향했다가 병이 시작된 것, 탕구트의 군주가 복속을 청하러 와서 도시를 내줄 때까지 시간을 달라고 요청한 것에 관한 이야기**

칭기스 칸은 유언을 모두 마치고 아들들을 보낸 뒤 낭기야스 방면으로 향했는데, 그 도시의 군주들이 차례로 찾아와 복속했다. 주르체와 낭기야스와 탕구트 지방들의 경계 중간에 있는 류판샨(Lîûpanshân)[132]에 도착했을 때, 주르체의 군주가 "칭기스 칸이 왔다"는 소식을 듣고 사신들에게 선물을 들려 파견해서—그 가운데에는 호화스런 큰 진주들이 담긴 접시도 하나 포함되어 있었다—"우리는 복속하겠습니다"라고 말했다. 칭기스 칸은 "귀에 구멍을 뚫은 사람에게는 모두 진주를 주라!"고 명령했다. 그곳에 있던 사람들 가운데 〔귀에 구멍이〕 없던 사람들은 귀에 구멍을 뚫었고, 그는 그 모두에게 〔진주를〕 주었다. 그렇게 하고도 여전히 〔진주가〕 남자, 그는 "분배하는 날이다. 사람들이 주을 수 있도록 전부 뿌려라!"라고 했다. 그는 자신의 죽음이 가까웠다는 사실을 알았기 때문에 그런 것에 관심을 보이지 않은 것이다. 그 진주들 가운데 상당수는 흙 속으로 사라져 버렸기 때문에, 사람들은 오랫동안 그곳을 뒤져 흙 속에서 〔진주를〕 찾아내곤 했다.

그 뒤 탕구트의 군주인 시두르쿠는 "나는 몇 차례 칭기스 칸에게 반란을 일으켰고, 그럴 때마다 그는 나의 나라를 상대로 살육과 약탈을 했다. 이후로는 저항하거나 〔116v〕「88r」 다투는 것이 좋은 방책이 아니니, 칭기스 칸의 어전으로 가야겠다"고 하면서 사신들을 보냈다. 그는 평화와 협약과 서약을 청하면서 "저는 두렵습니다. 저를 자식으로 받아들여 주십시오!"라고 말했다. 칭기스 칸은 그의 청원을 받아들였다. 그는 선물

132) '六盤山'을 옮긴 말이 분명하다. 이는 현재 陝西, 甘肅, 寧夏回族自治區의 交界 지역에 있는 산지이다.

을 준비하고 도시의 주민들을 밖으로 데리고 나올 때까지 한 달의 시간 여유를 원했다. 〔칭기스 칸은〕 그에게 여유를 주었고, 그는 배알하러 오기를 희망했다. 칭기스 칸은 "내게 병이 생겼으니 내가 나아질 때까지 기다리라!"고 하며, 톨룬[133] 체르비에게 "그의 近侍官(mulâzim)이자 儀典官(shîqâ'ûl) — '賓客官'(mihmândâr)을 뜻한다—이 되라!"고 말했다. 이렇게 해서 〔톨룬 체르비는〕 그에게 가서 그를 近侍했다.

**칭기스 칸의 죽음, 탕구트 군주과 그 도시 주민들의 몰살, 아미르들이 그의 관을 모시고 비밀리에 오르두들로 귀환한 것, 사망 사실 공표, 그리고 장례와 매장에 관한 이야기**

칭기스 칸은 그 병으로 말미암아 자신이 죽으리라는 것을 확신하고 아미르들에게 "나의 죽음을 알리지 말라. 적이 알지 못하도록 하기 위해 절대로 곡을 하거나 애도하지 말라. 탕구트의 군주와 백성들이 기간에 맞추어 밖으로 나오면 그들을 모두 없애 버려라!"라고 유언했다. 돼지해 가을 가운뎃달 보름—624년 라마단〔/1227년 8~9〕월에 해당—에 그는 보좌와 왕국을 명망 높은 후손들(ûrûğ)에게 남겨 주고 덧없는 세상을 떠났다. 아미르들은 그의 명령에 따라 〔이 사실을〕 은폐했다가 그 종족이 밖으로 나오자 그들 모두를 죽인 뒤, 그의 관을 모시고 귀환했다. 그것을 오르두들에 운반할 때까지 도중에 마주치는 모든 피조물들을 죽였다. 부근에 있던 왕자들과 카툰들과 아미르들이 모두 모여 장례를 치렀다. 〔117r〕「88v」

몽골리아에는 부르칸 칼둔이라고 불리는 큰 산이 하나 있다. 그 산의 정상에서 많은 강들이 발원하며, 그 강들에는 수많은 나무들이 있어 울

---

133) 원문은 TWLWY이지만, TWLWN의 誤寫이다.

창한 삼림을 이룬다. 타이치우트 종족들은 그 삼림에 거주했었다. 칭기스 칸은 그곳을 자신의 매장지로 선택하고, "우리와 후손들의 매장지는 이곳이 될 것이다"라고 말했다. 칭기스 칸의 하영지와 동영지는 그 부근에 있었고, 그는 오난 강 하류에 있는 벨룩 볼닥(Belûk Boldâq)[134]에서 태어났으며, 거기에서 부르칸 칼둔까지는 엿새 거리이다. 우카이 카르주(Ûqâî Karjû)의 후손들로 이루어진 오이라트의 1개 천호가 그곳에 자리잡고 그 땅을 지키고 있다. 그 강들을 자세히 설명하면 다음과 같다.

| | |
|---|---|
| 中南方에서 | 켈루렌(Kelûrân) |
| 東方에서 | 오난(Ônan) |
| 大東北方에서 | 키락투(Qîrâqtû) |
| 大北方에서 | 키르카주(Qîrqajû) |
| 大北方에서 | 치쿠(Chîkû) |
| 西北方에서 | 킬코(Qilqô) |
| 中西南方에서 | 카라(Qarâ) |
| 中西南方에서 | 부라지투(Bûrâjîtû) |
| 西南方에서 | 돌라(Dôla) |

〔한번은〕 칭기스 칸이 사냥을 갔는데, 이 지방의 어떤 곳에 나무 한 그루가 있었다. 그 아래 멈추었는데, 그의 마음에 기쁨이 가득 찼다. 그는 "이곳은 내가 묻힐 만한 곳이다. 이를 잘 표시해 두어라!"라고 말했다. 그의 이 말을 들었던 사람들이 장례를 치를 때 다시 〔일화를〕 말하자, 왕

134) 『秘史』에 따르면 그의 출생지는 Deli'ün Boldağ이다. 따라서 BLWK(Belûk)는 DLWN(Delûn)의 誤寫일 가능성이 크다.

자들과 아미르들은 그의 명령에 따라 그곳을 선정했다. 전하는 바에 따르면 그를 묻은 바로 그해에 그 평원에서 수많은 나무와 풀이 자라나, 지금은 울창한 숲이 되어 그 안을 지나갈 수도 없으며, 처음의 그 나무와 그가 묻힌 곳을 다시는 알 수 없게 되었다고 한다. 오래된 禁區지기(qôrûqchî)들조차 그곳으로 가는 길을 찾을 수 없을 정도이다.

칭기스 칸의 자식들 가운데 가장 막내인 톨루이 칸과 그의 자식들인 뭉케 카안, 쿠빌라이 카안, 아릭 부케, 그리고 그들의 또 다른 자손들, 즉 그 지방에서 사망한 사람들은 그곳에 묻혔다. 칭기스 칸의 다른 자식들, 즉 주치, 차가타이, 우구데이 및 그들의 자식들과 후손들은 다른 곳을 〔매장지로〕 갖고 있다. 그 大禁區(ğorûq-i buzurg)를 지키는 禁區지기들은 우량카트 종족의 아미르들이다. 또한 칭기스 칸의 四大 오르두(chahâr ôrdû-yi buzurg)의 각 오르두마다 하루씩 장례를 지냈다. 소식이 멀고 가까운 곳들에 퍼지자, 카툰들과 왕자들이 사방에서 며칠씩 걸려 그곳으로 와서 애도를 표했다. 어떤 족속은 3개월 가까이 걸릴 정도로 멀리 떨어져 있었기 때문에, 연이어 도착해서 장례의 관습에 따라 애도했다. "그를 제외하고는 모두 사멸할 것이니, 그는 심판이시며, 너희는 그에게 돌아갈 것이다."[135] 그의 벗에게 찬미를, 그리고 그의 선지자와 그 순결한 가족에게 기도를!

왕국의 보호자, 세상의 군주, 대지와 시간의 제왕, 이란과 투란의 통치자들의 주군, 자애로운 은총과 축복의 근원, 이슬람과 신앙의 규범의 표상, 종교를 보호하는 다리우스, 정의를 펼치는 잠시드, 군주의 관습의 소생자, 위엄의 기치의 고양자, 정의의 시행자, 넘치는 자비의 바다, 통치 왕국의 주인, 칭기스 칸의 보좌의 상속자, 그의 일족의 보호자, 알라 종

135) 『코란』 28:88.

교의 조력자, 즉 마흐무드 가잔 칸의 〔통치의〕 그림자를 신께서 영광되게 높여 주시고, 대지와 시간과 세상 끝까지 모든 피조물 위에 영원케 하시며, 그의 왕국의 사무가 항상 정비되게 하소서! "알라께서는 아멘이라고 하는 종에게 자비를 베푸시노라!"

칭기스 칸의 역사에 대해서 '타울라이 일', 즉 토끼해—615년 둘 카다〔/1219년 1~2〕월에 시작—의 처음부터 '카카이 일', 즉 돼지해—624년 사파르〔/1227년 1~2〕월에 시작—의 마지막에 이르기까지 9년 동안에 있었던 일을 〔서술하면서,〕 이 기간 가운데 처음에는 투르키스탄과 이란 땅으로 원정하여 6년 만에 그 일을 모두 마치고 7년째 되던 닭해—622년 사파르〔/1225년 2~3〕월에 시작—의 봄에 오르두들에 도착했다. 반란을 일으킨 탕구트 지방으로 다시 〔117v〕「89r」 출정하여, 원정한 지 3년째 되던 돼지해의 가을 중간 달에 사망했다는 사실을 모두 설명했다. 이제 전례에 따라 이 9년 동안 그와 동시대인들에 대해서 말해 보도록 하자. 고귀한 신께서 뜻하신다면!

## '타울라이 일', 즉 토끼해—615년 둘 카다〔/1219년 1~2〕월에 시작—의 처음부터 '카카이 일', 즉 돼지해—624년 사파르〔/1227년 1~2〕월에 시작—의 마지막에 이르기까지 이 최후의 9년 동안 칭기스 칸과 동시대에 살았던 키타이와 마친의 군주들, 이란 땅과 시리아와 이집트와 마그리브와 기타 지역의 칼리프들, 술탄들, 말릭들, 아타벡들의 역사, 그리고 이 기간 동안 벌어진 기이한 사건들에 관한 간략한 서술

### 상술한 기간 동안 키타이 군주들의 역사

찬준(Chanzûn).[136] 킴샨(Kîmshân).[137] 슈우수(Shûûsû).[138]

**상술한 기간 동안 마친의 군주들의 역사**

닝준(Nîngzûn).[139]

**상술한 기간 동안 칼리프들, 술탄들, 아타벡들의 역사**

바그다드의 칼리프들의 역사

상술한 기간 동안 압바스조의 칼리프는 안 나시르 리딘 알라였는데, 칼리프로서의 그의 사무는 정비되고 확고했다.

술탄들의 역사

호라즘, 후라산, 이라크, 가즈나, 마와라안나흐르, 투르키스탄_ 술탄 무함마드 호라즘 샤가 지배했었다. 상술한 이 9년의 처음부터 세 번째 해에 마잔다란의 아바스쿤의 섬에서 사망할 때까지, 그의 정황에 대해서는 칭기스 칸의 역사에 관한 부분에서 이야기했다. 그때부터 그의 아들 술탄 잘랄 앗 딘이 인더스 강을 건널 때까지, 〔즉 상술한 기간의 네 번째 해까지 역시 그 역사에서 설명했다. 그런데 그 뒤에 일어난 일은 다음과 같다.

술탄 잘랄 앗 딘은 강을 건너〕[140] 칭기스 칸 군대의 손아귀에서 벗어났다. 그는 그 숲 속에 하루 이틀간 머물렀고, 마침내 물에 빠져 목숨을 잃지 않은 50명 가까운 사람들이 그와 합류했다. 그들은 2파르상 떨어진

136) 章宗(1190~1208).

137) 衛紹王(1209~1212)의 兒名인 興勝.

138) 哀宗의 이름인 守緖.

139) 南宋의 寧宗(1195~1124).

140) 〔 〕안의 부분은 A·B사본에는 모두 누락되어 있으나, Bağdat 282사본(380r)에 나와 있어 이를 보충했으며, Rawshan의 간본(p.545)에도 들어 있다.

곳에서 기병·보병의 힌두 불한당들이 도적질과 토색질에 여념이 없다는 소식을 들었다. 술탄은 동료들에게 각자 나무막대기를 하나씩 잘라 밤중에 그들을 습격하라고 명령했다. 그래서 그들 대부분을 죽이고 그들의 가축과 무기를 빼앗았다. 각지에 있던 또 다른 무리가 그들과 합류했는데, 일부는 말을 타고 일부는 소를 타고 있었다. "거의 4천 명에 가까운 힌두인들이 이 부근에 있다"는 소식이 들어와, 술탄은 120명을 데리고 그들에게 달려가 대부분을 칼로 쳐죽이고 그 전리품으로 자기 군대를 정비했다.

술탄이 몽골에 의해 패배했다가 다시 재기했다는 소식이 힌두에 전해지자, 팔랄라(Palâla) 산과 니칼라(Nîkâla) 산[141]에서 1천 명의 기병이 모여 술탄을 공격하러 〔118r〕「89v」 왔고, 술탄은 휘하의 기병 500명을 데리고 그들에게로 가서 전투를 벌여 그 대부분을 없애 버렸다. 일부는 그에게로 와서 군대는 거의 3천 명이 되었다. 그 뒤 그는 델리(Dehlî)로 향했고, 그 부근에 도착했을 때 술탄 샴스 앗 딘(Sulṭân Shams ad-Dîn)에게 사신을 보내어, "과거에 〔우리들의〕 선린 관계는 확고했다. 양측이 어려울 때나 좋을 때나 서로 도와서 남자답게 행동해야 할 것이다"라고 하면서, 며칠간 머물 수 있을 만한 장소를 정해 달라고 요청했다. 술탄의 폭력과 강압은 세상에 널리 알려져 있었기 때문에 술탄 샴스 앗 딘은 며칠간 대답에 관해 숙고했다. 그는 그 결과의 위중함을 알았고, 또 술탄 〔잘랄 앗 딘〕의 지배를 두려워하여, 마침내 사신을 파견하고[142] 대인 한 명

---

141) 원문은 PLALH와 PKALH. 그러나 뒤에서는 PLALH와 NYKALH로 표기되어 있고, 『征服者史』에도 BLALH(Balâla)와 NKALH(Nikâla)로 되어 있다. Cf. Juvayni/Qazvini, II, p.144.

142) A본을 비롯하여 여러 사본에는 "rasûl-râ nîst karde"로 되어 있다. 그러나 문맥상으로 볼 때 "rasûl-râ ferestâd"(사신을 보냈다)라고 해야 옳을 듯하다. 『征服者史』(Juvayni/Boyle, p.414)에도 술탄 샴스 앗 딘이 사신(îlchî)에게 양식과 선물을 들려서 파견한 것으로 되어 있다.

을 적절한 양식과 선물을 갖추어 보내면서, "이 지방의 기후는 술탄의 건강에 적합하지 않습니다. 만일 〔저의 제의를〕 받아들이신다면, 술탄께서 델리 부근에 있는 정해진 한 지점으로 가 그곳을 반도들의 수중에서 빼앗고, 〔그렇게 해서〕 그곳을 술탄께 바치겠습니다"라고 변명을 늘어놓았다.

술탄은 이 말을 듣고 팔랄라와 니칼라로 돌아왔다. 그곳에서 한 무리의 병사들이 그와 연합하여, 그의 휘하에 있는 기병들의 숫자는 거의 1만 명에 가까웠다. 그곳에서 타즈 앗 딘 말릭 할라즈(Tâj ad-Dîn Malik Khalaj)를 군대와 함께 주디(Jûdî) 산으로 보내, 그곳을 공격·약탈하고 수많은 전리품을 가지고 왔다. 또한 그는 코카르(Kôkâr)의 군주(râî)인 상긴(Sangîn)에게 사람을 보내어 그의 딸과 혼인을 하겠다고 청했다. 〔상긴은〕 이를 받아들여 자기 아들을 군대와 함께 술탄에게로 보냈다. 술탄은 그 아들에게 쿠틀룩 칸(Qutluğ[143] Khân)이라는 칭호를 주었다. 또한 신드 지방의 태수로 있던 쿠바차(Qubâcha)라는 이름을 가진 아미르가 하나 있었는데, 술탄이 되려는 야심을 가져 코카르의 군주인 상긴과의 사이에 반목과 분쟁이 벌어졌다. 〔쿠바차는〕 우차(Ûcha) 시에서 1파르상 떨어진 곳, 인더스 하반에 군영을 두었는데, 20만 명의 병사가 있었다. 술탄은 우즈벡(Ûzbeg)이라는 사람에게 군대를 주어 그를 공격하러 보냈다. 우즈벡은 7천 명을 데리고 그를 야습했고, 쿠바차의 군대는 첫번째 공격에서 패배하여 흩어져 버렸다. 쿠바차는 한 척의 배에 올라타 섬 안에 있는 아카르(Akar)와 바카르(Bakar)라는 성채로 갔다. 우즈벡은 쿠바차의 군영에 주둔하면서 술탄에게 소식을 보내 오도록 했다. 〔술탄은〕 와서 그의 천막에 머물렀고, 쿠바차는 아카르와 바카르에

143) A: QTLYĞ; B: QTLĞ.

서 도망쳐 물탄으로 향했다.

날이 더워지자 술탄은 팔랄라와 니칼라 부근에 있는 주디 산의 하영지로 향했다. 도중에 있는 바스람(Basrâm)[144] 성채를 포위했는데, 그 전투에서 화살이 술탄의 손에 꽂혔다. 성채를 점령한 뒤 그 주민들을 죽였다. 그는 거기서 되돌아 물탄 근방을 경유했다. 또한 사신을 쿠바차에게 보내 '말발굽의 값'(na'l-bahâ)[145]을 요구했다. 쿠바차는 전투하러 밖으로 나왔고, 얼마 후 술탄은 패배하여 우차로 왔다. 그곳 주민들이 싸우러 나왔는데, 술탄은 도시에 불을 지르고 사두산(Sadûsân)[146] 방면으로 가버렸다.

파흐르 앗 딘 살라리(Fakhr ad-Dîn Sâlârî)는 쿠바차에 의해 그곳의 태수로 임명된 사람이었고, 군대의 지휘관은 라친 키타이(Lâchîn Khitâî)였다. 라친은 술탄 [군대]의 선봉이던 오르칸(Ôrkhân)을 맞아 싸우러 나왔다가 죽음을 당했고, 오르칸은 도시를 포위했다. 술탄이 도착하자 파흐르 앗 딘 살라리는 劍과 壽衣를 들고 밖으로 나와 [복속했고], 술탄은 시내로 들어가 한 달을 머물렀다. 그는 파흐르 앗 딘을 위로하고, 그에게 사두산을 통치하라고 정해 준 뒤 담릴라(Damrîla)와 디발(Dîval) 방면으로 갔다. 그 지방의 태수인 차티사르(Chatîsar)[147]는 도망쳐서 섬으로 갔다. 술탄은 그 부근에 둔영을 치고, 카스 칸(Khâṣṣ Khân)에게 군대를 주어 나흐르발라(Nahrvâla)를 공격하러 보내 그곳에서 많은 낙타를 끌고

---

144) 『征服者史』(Juvayni/Qazvini, II, p.147)에는 BSRAWR로 표기. Boyle은 이를 Parasravar로 옮겼다. 펀자브 지방의 Sialkot 구역에 있는 Pasrur에 해당한다.

145) 군주가 어느 지방을 지날 때 그곳 지배자에게 '말발굽의 값'이라는 명목으로 요구하는 일종의 공납을 뜻한다(Cf. Juvayni/Boyle, p.415, note 14).

146) 인더스 강변 Sahwan 부근의 지명으로 추정된다.

147) A: ḤNSR; B: JNSR. 그러나 이는 라즈푸트 지방의 군주 Malik Sinân ad-Dîn Chatîsar를 가리키므로 ČTSR로 읽어야 할 것이다(Juvayni/Boyle, p.416, note 19).

왔다. 술탄은 디발에서 성채가 있는 지점에 대모스크(masjid-i jâmi‘)를 지었다.

이러는 사이에 그의 형제인 기야쓰 앗 딘이 이라크에 자리를 잡았지만, 그 지방에 있는 군대 대부분은 술탄 잘랄 앗 딘을 위해 봉사하려는 생각을 품고 있다는 소식이 이라크 방면에서 전해져 왔다. 바락 하집(Barâq Ḥâjib)은 키르만의 구바시르(Guvâshîr) 시를 포위했고, 술탄은 그곳을 떠나 마크란(Makrân)[148]으로 이동했다. 기후가 나빠서 도중에 많은 사람들이 사망했다. 술탄이 도착했다는 소식이 바락 하집에게 전해지자, 그는 양식을 보내며 환영의 뜻을 표시했다. 그는 〔술탄이〕 도착하자 자신의 딸을 받아 달라고 청했고, 〔술탄은〕 그녀와 혼인했다. 구바시르 성채의 수비 대장(kûtwâl)이 내려와 성의 열쇠를 술탄에게 바쳤다. 술탄은 620〔/1223~1224〕년에 성채로 가서 〔118v〕「90r」 혼례를 치렀다. 2~3일 뒤 그는 사냥을 하고 〔말의〕 사료를 구하기 위해 말을 타고 나섰는데, 바락 하집은 발의 痛風을 구실로 뒤에 처졌다. 도중에 사람들이 술탄에게 그가 꾀병을 부려 뒤에 남았다는 소식을 전해 주자, 〔술탄은〕 그가 뒤처진 이유가 반역을 꾀하기 위함이라는 사실을 알았다. 그는 측근한 사람을 그에게 보내어, "곧 이라크로 가려는 결정을 내리려 하니 바락 하집에게 사냥터로 오라고 하라. 왜냐하면 그는 경험이 많고, 특히 이라크의 사정에 밝으니, 그와 상의해서 그의 동의 여하에 따라 추진할 것이기 때문이다"라고 말했다.

〔이에 대해서〕 바락 하집은 대답으로 "제가 뒤에 남은 것은 통풍 때문입니다. 술탄께서는 가능한 한 빨리 이라크로의 출정을 결정하시는 것이 좋은 방법입니다. 왜냐하면 구바시르는 왕국의 보좌가 머물 만한 곳

---

148) Mukrân이라고도 표기되며, 키르만의 서남방, 즉 현재 파키스탄의 발루치스탄 지방을 가리킨다.

이 아니고, 그의 권속과 추종자들을 수용하기에도 충분히 넓지 못하기 때문입니다. 〔그러나〕 이 성채와 영지에 태수가 없어서는 안 될 것이며, 저보다 더 적절한 사람은 없습니다. 왜냐하면 저는 〔술탄의〕 오랜 종복이며 어전에서 모시면서 백발이 되었고, 또한 이 영지를 칼로써 장악했기 때문입니다. 만일 술탄께서 성채로 돌아오시려고 한다면 그것은 가능하지 않을 것입니다"라고 한 다음, 사신을 되돌려보내고 술탄의 나머지 막료들을 성채 밖으로 내보낸 뒤, 성문을 닫아걸라고 명령했다. 술탄은 머물 곳도 없었고, 또 응징할 방법도 없었기 때문에 시라즈로 향했다. 그는 자신이 도착했다는 사실을 아타벡 사아드에게 알렸다.

아타벡은 자신의 아들 살구르 샤(Salğur Shâh)를 500명의 기병과 함께 마중 보내서 "제가 직접 오지 못한 까닭은 앞으로 어떤 사람에 대해서도 마중을 나가지 않겠다는 맹서를 했고, 그것을 깰 수 없기 때문입니다"라고 사과의 말을 전했다. 술탄은 그의 사과를 받아들이고 살구르 샤를 극진하게 후대했다. 그가 시라즈 변경에 있는 파사(Pasâ) 시에 도착했을 때, 아타벡은 그 같은 손님에게 적절한 여러 양식과 술탄에게 적합한 선물들, 즉 금, 보석, 의복, 가축, 직물, 무기, 천막, 음료용 및 취사용 도구들, 온갖 일을 처리할 수 있는 투르크·타직·아비시니아·힌두인 노예들을 갖추어서 보냈다. 그는 또한 〔술탄과〕 회견하기를 희망했고, 아타벡 가문이라는 조개 안에서 길러 온 고귀한 진주, 〔즉 그의 딸〕을 술탄과 혼인시켜 그 혼인 관계를 통해 양측의 후원 연대가 견고해지기를 바랐다. 〔술탄은〕 며칠간 그 부근에 머물다가 이스파한을 향해 출발했다.

이스파한 근처에 있는 타흐티 수르흐(Takht-i Surkh)라고 불리는 곳에는 야즈드(Yazd)[149] 출신인 아타벡 삼(Atâbeg Sâm)〔의 아들〕 아타벡 알

---

149) 이란 중부의 도시. 이스파한에서 동남쪽으로 260km 정도에 위치.

라 앗 다울라(Atâbeg 'Alâ' ad-Dawla)가 있었는데, 그는 부이드 가문 출신으로 마이부드(Maybud)에 자리를 잡았던 알라 앗 다울라 가르샤습 이븐 알리 이븐 파라마르즈 이븐 알라 앗 다울라 마디('Alâ' ad-Dawla Garshâsf b. 'Alî b. Farâmarz b. 'Alâ' ad-Dawla Mâḍî)의 외손자였다. 그는 군주에게 적합한 양식과 선물을 갖고 술탄에게로 왔다. 그는 매우 연로한 사람이었기 때문에 술탄은 그를 '아버지'라고 부르며 자기 옆에 앉히고, 그에게 '아타 칸'(Atâ Khân)이라는 칭호를 주었다. [아타벡은] 그에게 1천 명의 투르크 노예들을 주어 모시게 했는데, 모두 날렵한 기병이며 용사들이었다. 그 뒤에 그는 대부분의 시간을 500명의 기병들과 함께 직접 술탄을 모셨다. 술탄은 그를 이스파한의 아미르이자 태수로 임명했다. [술탄의] 궁정 안에서 그[의 지위]는 매우 중요해, 왕국의 고위 관청인 디반(dîvân)에서 그를 "아버지, 가장 고귀한 분, 카간, 위대한 분"이라고 칭하여 쓰곤 했다. 그의 삼촌과 사촌들이었던 야즈드의 아타벡들이 명성과 존경을 얻은 것도 또한 그의 덕택이었다. 그의 영지의 도읍은 마이부드시였고, 그곳에서 63년간 있었는데, 얼마 동안은 야즈드에서 아타벡을 지내기도 했다. 그의 생애는 여든네 살이었고, 624[/1226~1227]년에 이스파한의 성문에서 순교했다. 신의 자비가 있기를!

간단히 말해 술탄이 왕국의 도읍인 이스파한에 도착했을 때 그의 형제인 기야쓰 앗 딘이 대신들 및 군 지휘관들과 함께 라이에 있다는 소식을 들었다. 그는 서둘러 약간의 기병들을 선발하여 몽골의 관습처럼 흰색 깃발들을 치켜세우고 그들을 급습했다. 두려움을 느낀 기야쓰 앗 딘과 군대의 일부 아미르들이 흩어져 버리자, 술탄은 동정심을 갖고 그의 어머니에게 사람을 보내어 "지금은 반란들이 터져 나와 적들이 사방에서 득세하니 서로 다툴 때가 아닙니다"라고 했다. [이로 말미암아] 기야쓰 앗 딘은 신뢰를 갖게 되었고, 자신의 측근들과 함께 형인 술탄에게로 왔다. 〔술탄은〕 그를 위무하고 아미르들 모두에게 각자 직위를 정해 주었다. 세리들을 파견하고 모두에게 공문과 칙령을 발행해 주었다. 그의 존재로 말미암아 〔119r〕「90v」 왕국은 다시 안정을 찾았다. 누르 앗 딘 문시(Nûr ad-Dîn Munshî)는 그의 왕국의 비서관이자 통치관이었는데, 그는 술탄을 위한 찬시(qaṣîda)를 하나 지었다. 그것은 다음과 같이 시작한다.

오라, 영혼이여! 세상이 다시 즐겁고 푸르렀도다.
大(uluğ) 술탄 잘랄 앗 딘, 위대한 군주의 영광에 힘입어.

그는 621〔/1224〕년 초에 슈슈타르(Shûshtar)에서 겨울을 지내기 위해 그곳으로 향했다. 선발대로 일치 바하두르(Îlchî Bahâdur)와 2천 명의 기병을 보냈는데, 도중에 술레이만 샤(Sulaymân Shâh)가 그의 어전으로 와서, 자신의 자매를 술탄에게 바쳤다. 그는 한 달 정도 니샤푸르 시에 머물렀는데, 그곳은 과거에는 컸지만 〔지금은〕 흔적도 거의 없다. 루르의 아미르들과 대인들이 어전으로 왔다. 말들이 살찌자 그는 바그다드로 향했는데, 칼리프였던 안 나시르 리딘 알라가 적을 방어하는 문제에 관해 그에게 도움을 줄 수 있으리라고 생각했기 때문이다. 그는 자신이 도착했다는 사실과 의중을 알리기 위해 사신을 보냈다. 칼리프는 〔술탄의〕 부친과 조부에게서 받은 치욕을 잊지 않았기 때문에, 자신의 종복들 가운데 쿠시 티무르(Qûsh Timûr)에게 2만 명을 주어 파견해서 술탄을 자신의 왕국에서 쫓아내도록 했다. 그리고 이르빌 쪽으로는 비둘기를 날려 보내, 무자파르 앗 딘 쿡부리도 1만 명의 기병과 함께 출정하여 술탄을 없애 버리라고 했다.

쿠시 티무르는 자신의 병력이 많고 술탄의 병력이 적은 것에 자만하여 이르빌의 군대가 도착하기도 전에 진군했다. 술탄은 가까이 와서 쿠시 티무르에게 전갈을 보내 이렇게 말했다.

"나의 의도는 이곳에 피신하여 칼리프의 그늘 아래서 보호를 받으려는 데 있다. 적들이 강력한 힘을 발휘하여 여러 지방과 백성들을 장악했는데, 그들과 맞설 만한 군대는 어디에도 없다. 만일 내가 칼리프의 도움을 얻고 그의 후원을 받을 수만 있다면, 그 강적들을 물리치는 것이 바로 나의 임무이다."

쿠시 티무르는 이 말에 주의를 기울이지 않고 전열을 정비했고, 술탄도 싸울 수밖에 도리가 없었다. 그의 군대는 바그다드 군대의 1/10도 안 되었다. 그는 전열을 가다듬고 〔군대의〕 일부를 매복시킨 뒤, 스스로 500명의 기병을 이끌고 두세 차례 〔적의〕 중군과 좌·우익을 공격하고는 뒤로 돌아섰다. 그들은 〔술탄이〕 패주한다고 생각하고 그의 뒤를 추격했다. 그러나 그들이 매복지에 다다르자 매복해 있던 술탄의 군대가 밖으로 나와 그들의 후위를 공격했다. 쿠시 티무르는 피살되고 군대는 패배하여 바그다드로 갔다. 바그다드의 권위는 무너져 버렸다. 술탄은 다쿠크(Daqûq)[150] 길을 따라 가서, 그 주변을 불지르고 약탈하며 티크리트를 통과했다.

정탐꾼이 도착해서 무자파르 앗 딘 쿡부리가 이르빌 군대와 함께 오고 있으며, 그가 선봉을 먼저 보내 매복했다가 술탄을 급습하려는 계략을 꾸미고 있다는 소식을 전했다. 술탄은 일부 기병들과 함께 산으로 올라가 〔적의〕 군대가 지나갈 때까지 기회를 기다렸다. 그 뒤 그는 일부 용맹한 기병들과 함께 공격을 감행하여 무자파르 앗 딘을 습격하고, 그를

150) 티크리트에서 동북방으로 75km 되는 지점에 있으며, 여기서 동북방으로 40km 정도 가면 키르쿠크이다.

포로로 잡았다. 술탄은 용서와 관용을 보였고, 무자파르 앗 딘은 자신의 행동에 대해 크게 부끄러워하며 사죄했고 참회의 뜻을 표시했다. 그리고 "오늘에 이르기까지 술탄의 좋은 성품과 관용과 인내에 대해서 알지 못했습니다"라고 말했다. 술탄은 그 사과를 제왕다운 언사로 받아들이고, [오히려] 그가 통치하는 동안 도적들의 소요와 악행을 진압했다면서 크게 칭찬해 주었다. 그리고 그에게 여러 가지 의복과 예복을 하사해 주며 돌아가도 좋다는 허락을 내렸다. 무자파르 앗 딘은 도시로 돌아가서, [술탄을 위해] 많은 봉사를 하고 여러 행동으로 그의 신뢰를 얻으려고 했다.

술탄은 그 지방에서 아제르바이잔과 아란의 변경으로 향했다. 당시 자한 파흘라반의 아들인 아타벡 우즈벡이 타브리즈의 태수였는데, 그는 正妻(mankûkha)인 말리카 카툰(Malika Khatûn)—셀주크의 술탄 토그릴의 딸—을 시내에 남겨 두고 알린자(Alînja) 성채로 도망쳤다. 술탄은 622[/1225]년 타브리즈 근교에 진을 치고 포위에 들어갔다. 어느 날 말리카는 보루 위로 올라갔다가 술탄을 보고는 연정을 품었고, 그의 부인이 되기를 희망했다. 그녀는 남편이 자기와 이혼했다고 주장했지만, 판관인 카왐 앗 딘 핫다디(Qawâm ad-Dîn Ḥaddâdî)—신께서 그에게 자비를!—는 그것이 거짓이라는 사실을 알고 들어 주지 않았다. [그러나] 판관 이즈 앗 딘 카즈비니('Izz ad-Dîn Qazvînî)는 "만일 나를 판관으로 임명해 준다면 그 혼인을 이루게 해주겠소!"라고 말했다. 그는 판관으로 임명되어 말리카를 술탄의 부인으로 [119v] 「91r」 허락했다. 도시는 술탄에게 위임되었고, 그는 시내로 들어왔다. 도시의 주민들은 환영의 관례에 따라 그를 거처로 인도했다. 이 소식이 아타벡 우즈벡에게 전해지자 그는 즉시 분노로 말미암아 숨을 거두었고, [이로써] 아타벡의 왕국은 종말을 고하고 말았다.

사방에서 시종과 종복들이 술탄에게로 모여들었다. 술탄은 3만 명을 데리고 그루지아 지방으로 갔는데, 과거에 그들이 나흐치반과 마란드(Marand)[151]에 속하는 일부 지방을 약탈한 것에 대해 복수를 하기 위함이었다. 어느 날 아침 그는 가르니(Garnî)[152] 협곡에서 그루지아인들을 공격했는데, 그들은 간밤에 술에 취해 아무것도 모른 채 자고 있었다. 이슬람의 군대가 그들에 대해서 완전한 승리를 거두고, 그들의 지도자인 샬바(Shalva)와 이바니(Ivânî)를 그 밖의 다른 그루지아 귀족들과 함께 사슬에 묶어 끌고 왔다. 샬바는 거대한 몸집에 힘이 강했다. 그를 술탄 앞으로 끌고 왔다. 〔술탄이〕 "'나의 시퍼런 칼날과 불 같은 창 끝의 맛을 볼 둘 피카르(Dhû al-Fiqâr)[153]의 주인은 어디에 있는가?' 라고 〔큰〕 소리 치던 너의 용력은 다 어디 갔느냐?"라고 묻자, 그는 "술탄의 홍복 때문에 이렇게 되었습니다"라고 말하고, 그 자리에서 종교를 받아들여 무슬림이 되었다.

술탄은 승리를 거두고 왕국의 수도인 타브리즈에 도착했다. 그는 그루지아를 정복할 때 샬바와 이바니가 도움이 될 수 있도록 그들을 우대했고, 마란드와 살마스(Salmâs)[154]와 우르미야(Ûrmîya)와 우쉬누야(Ûshnûya)[155]를 그들에게 주었다. 그는 기병과 보병으로 이루어진 수많은 병사들을 준비시켰다. 샬바와 이바니는 눈치껏 〔달콤한〕 말들과 갖가지 제안을 하면서 거짓 약속으로 술탄을 미혹에 빠뜨렸다. 그는 그들의 말에 따라 그루지아를 공격하러 갔다. 그들은 비밀리에 그루지아 군대

151) 타브리즈 서북방 60km, 우르미야 호수 동북쪽에 위치한 곳.

152) 원문은 GRBY처럼 보이나 보일 교수의 견해에 따라 GRNY로 읽었다. Garnî는 아르메니아의 수도 Erevan 근처에 있는 지명이다.

153) 제4대 칼리프 알리의 劍을 가리키는 말.

154) 우르미야 호수 서북안에서 서쪽으로 20여 km 떨어진 곳에 위치.

155) 우르미야 호수 서남안에서 약 27km 떨어진 곳에 위치한 Oshnûye.

를 불러 매복시켜 놓았다. 어떤 사람이 술탄에게 〔이를〕 알리자, 술탄은 사실을 확인한 뒤 그들을 죽여 버렸다. 그리고 그 무리들을 치러 가 어느 날 아침에 그들을 공격하여 대부분을 죽였는데, 일부는 도망쳤다. 술탄은 로리(Lôrî)[156] 시로 갔으나 〔그곳을〕 평화롭게 남겨 두었으며, 알리아바드('Alîâbâd) 성채를 공격하지 않고 통과했다. 그는 티플리스(Tiflîs)[157]와 그 지방 전부를 장악했다. 몇몇 교회들을 파괴하고 그 자리에 모스크를 세웠다.

〔이때〕 몽골군이 술탄 잘랄 앗 딘을 공격하기 위해서 아무다리아를 건너 후라산으로 왔다는 소식이 전령들에 의해 갑자기 전달되었다. 술탄은 이라크로 향했다. 그가 이스파한에 도착했을 때, 10만 명이 넘는 기병과 보병이 이스파한에서 나와 그들이 있는 곳으로 왔다. 그는 군대를 정비하고, 신뢰할 수 없는 동생 기야쓰 앗 딘에게는 좌익을 맡겼다. 우익은 ……[158]에게 맡기고, 자신은 중군을 맡았다. 상대편에서는 바이주 노얀(Bâîjû[159] Nôyân), 나쿠 노얀(Nâqû[160] Nôyân), 에센 토간(Esân Ṭôğân), 나이마스(Nâîmâs), 타이날(Tâyinâl) 등이 몽골군을 이끌고 맞서러 나왔다. 이스파한 근교의 신(Ṣîn) 성문 앞에서 전투가 벌어졌는데, 기야쓰 앗 딘은 형에게 앙심을 품고 일치 파흘라반(Îlchî Pahlavân)과 함께 말머리를 돌려 루리스탄으로 도망쳤다. 군대가 서로 공격을 하자 몽골의 우익이 술탄의 좌익을 압도하여 루리스탄까지 추격했다. 술탄의 우익은 몽골의 좌익을 압도하여 하리 라이(Khwâr-i Rayy)까지 추격했다. 어느 누

---

156) 현재 아르메니아 공화국의 수도 Yerevan에서 서북쪽으로 Kars를 향해 가는 도중에 나오는 지명으로 추정된다. Cf. Juvayni/Boyle, p.429, note 15.

157) 현재 그루지아 공화국의 수도.

158) 原缺.

159) A: BAJW; B: BAJY.

160) A: BAQW; B: NAQW.

구도 서로의 소식을 알 수 없었다. 군대들이 서로 격돌했고, 술탄이 중군에 남아서 그의 깃발을 이동시키자 사방에서 그를 에워쌌다.

'아타 칸'이라는 칭호로 불리던 마이부드의 아타벡 루큰 앗 딘 아불 파트흐 알라 앗 다울라(Rukn ad-Dîn Abû al-Fatḥ 'Alâ' ad-Dawlâ)는 그 전투에서 순교했다. 술탄은 격렬한 전투를 통해 포위망에서 벗어나 루리스탄 방면으로 향하다가 어떤 협곡에 자리를 잡았다. 패주해서 흩어졌던 사람들이 그에게 합류했다. 이스파한의 주민들 가운데 일부는 술탄이 전사했다고 생각하여 전쟁터에 있는 시신들 가운데에서 그를 찾아보았고, 또 일부는 그가 포로가 되어 끌려 갔다고 생각했다. 그런데 갑자기 술탄이 오고 있다는 소식이 전령들에 의해 전해졌다. 도시의 주민들은 그를 맞으러 나갔고, 기뻐했다. 〔시내에〕 자리를 잡은 그는 〔자신의〕 대부분의 신하들에게 분노하면서, 전투하던 날 잘못을 범한 칸들과 지휘관들의 얼굴에 부인들의 베일을 씌우고 시가지와 구역들을 돌게 하라고 명령했다. 아미르의 무리에 속하지 않는 사람들 가운데 그날 용맹을 보인 사람들에게는 모두 '칸' 또는 '말릭'이라는 칭호를 주고 의복과 예복을 하사했으며, 궁전에 들이도록 했다. 이 사건은 624년 라마단〔/1227년 8~9〕월에 일어났다. 그 뒤 술탄은 타브리즈 방면으로 가서 그루지아에 출정할 준비를 했다.

### 술탄 기야쓰 앗 딘의 이야기__

〔120r〕「91v」 그는 술탄 무함마드 호라즘 샤의 둘째 아들이었다. 아버지가 사망하고 그의 형 잘랄 앗 딘이 패주한 뒤, 그는 머물던 카룬 성채에서 나와 일찍이 그의 부친이 〔봉읍으로〕 정해 준 바 있던 키르만으로 갔다. 가바시르의 수비대장이 그를 후대하지 않자 그곳을 떠나 이라크로 왔다. 그의 형은 힌두로 갔다. 이라크에서 부친의 군대 가운데 흩어진 무

리들이 그에게 모였고, 그들은 각지의 지원을 얻었다. 바락 하집과 오굴 말릭도 그에게 합류했다. 그들은 아타벡 사아드를 치고 파르스 왕국을 파괴하기 위해 출정하여, 왕국의 수도인 시라즈를 공격했다. 아타벡 사아드는 사냥을 핑계로 〔시라즈를 떠나〕 사피드(Sapîd) 성채로 갔고, 그들은 파르스 왕국에서 거둘 수 있는 가축을 모두 끌고 돌아갔다.

바락 하집과 재상 타즈 앗 딘 카림 앗 샤르크(Tâj ad-Dîn Karîm ash-Sharq) 사이에 언쟁이 벌어졌고, 바락 하집은 분노하여 자신의 군대를 이끌고 힌두로 갔다. 그는 도중에 키르만을 정복하고, 그곳에 자리를 잡았다. 기야쓰 앗 딘이 다시 한번 파르스를 원정하자, 아타벡은 도시를 버리고 떠나갔다. 그의 군대는 약탈을 감행한 뒤 거기서 후지스탄으로 가, 그곳 태수인 무자파르 앗 딘과 협정을 맺고 돌아갔다. 그 뒤 그는 라이에서 군대를 모으느라 분망했는데, 갑자기 잘랄 앗 딘이 도착한 것이다.

호라즘 샤의 아들 술탄 루큰 앗 딘의 이야기__

이는 다음과 같다.

그의 아버지가 이라크에서 귀환할 때 그를 자신의 후계자로 삼아 그곳에 남겨 두었는데, 이라크의 아미르들이 반란을 일으키자 그의 부친은 원군을 보내어 그들 모두를 붙잡았다. 세력을 회복한 그가 그들을 사면하고 관직과 봉읍지를 정해 주자, 모두들 그의 지지자가 되었다. 이마드 알 물크 사비('Imad al-Mulk Sâvî)는 그의 재상이자 왕국의 관리자였다. 술탄 〔호라즘 샤〕가 마와라안나흐르에서 돌아왔을 때 그를 보내어 술탄을 이라크로 인도하도록 했고, 루큰 앗 딘은 영접을 나갔다. 일이 제대로 되지 않자 술탄은 아바스쿤의 섬으로 갔고, 루큰 앗 딘은 몇 명의 근신들과 함께 키르만으로 갔다. 주잔의 말릭인 하와프 휘하에 있던 군대와 추종자들 한 무리가 그에게 모였고, 그는 시내로 들어가 주잔의 말릭의 재고를 병사들에게 나누어 주고는 이라크로 향했다. 그가 이스파한에 도착하자 판관 루큰 앗 딘은 겁을 먹고 사임해 버렸다. 술탄도 시내에 머무는 것이 현명치 못하다고 판단하고 성문 앞으로 갔다. 시민들은 판관의 동의를 받아 소동을 일으키면서 지붕 위에서 활을 쏘고 돌을 던져댔다.[161] 거의 1천 명에 가까운 사람들이 살해되거나 다쳤다. 이런 이유로 술탄은 라이로 갔다. 그곳에 얼마간 머물다가 나이마스와 타이날이 이끄는 몽골군이 도착하자 피루즈쿠흐 성채로 갔다. [몽골군은] 6개월 동안 포위한 뒤 그를 끌어내렸다. 그러나 아무리 그에게 무릎을 꿇라고 요구해도 그가 말을 듣지 않자, 결국 그를 추종자들과 성채의 주민들과 함께 순교시켜 버렸다.

룸__술탄 이즈 앗 딘 카이카부스 이븐 킬리치 아르슬란(Sulṭân 'Izz ad-Dîn Kaykâwus b. Qilîch Arslân)이 있었다. 상술한 기간에 폐병으로 사망했다. 그의 아들이 어렸기 때문에 감옥에 갇혀 있던 그의 형제 알라 앗 딘 카이코바드('Alâ' ad-Dîn Kayqobâd)를 데리고 나와 군주의 자리에 앉혔다. 아르잔 알 룸의 영주인 그의 숙부는 적대적이었는데, 아흘라트의 영주인 말릭 아쉬라프가 그들 사이에 협약을 맺게 해주었다.

모술__술탄 바드르 앗 딘 룰루는 중요한 군주였다. 그는 이 기간 동안 수스(Sûs) 성채를 포위했는데, 그 이유는 그곳의 영주가 아크르 성채의 영주인 이마드 앗 딘 젱기 이븐 아르슬란 샤에게서 [도망쳐] 타브리즈의 아타벡 우즈벡에게로 갔기 때문이다. 아타벡 우즈벡은 그에게 봉읍지를 주고 자신의 신하로 삼았다. 바드르 앗 딘은 그들 무리를 얼마간 포위했으나 함락시킬 수 없자, [그곳에] 군대를 남겨 두고 자신은 모술로 왔다. 성채의 주민들은 궁지에 몰렸고, [바드르 앗 딘의 군대에] 투항했다.

---

161) 앞의 "시내에 머무는 것이"부터 여기까지가 A본에는 빠져 있어 B본에서 보충했다.

마잔다란의 말릭들과 아타벡들의 역사

샤(Shâh)__…….[162)]

타브리즈__자한 파흘라반의 아들 아타벡 우즈벡이 있었다. 그의 정황과 종말은 술탄 잘랄 앗 딘의 역사에서 설명했기 때문에 반복하지 않겠다. 〔120v〕「92r」

디야르바크르__이르빌의 태수는 무자파르 앗 딘 쿡부리였다. 그가 술탄 잘랄 앗 딘과 전투한 것, 포로가 되었다가 풀려난 것에 대해서는 설명한 바이다. 신자르의 태수는 쿠툽 앗 딘 무함마드 이븐 이마드 앗 딘 이븐 젱기 이븐 쿠툽 앗 딘 마우두드 이븐 악크 송코르(Quṭb ad-Dîn Muḥammad b. 'Imâd ad-Dîn b. Zengî b. Quṭb ad-Dîn Mawdûd b. Âqsonqor)였다. 그가 사망하자 그의 아들에게 '샤힌샤'(Shâhinshâh)라는 칭호를 주고 그 자리에 앉혔다. 그곳의 다른 도시들에는 말릭 아딜의 아들들이 있었다.

시리아__말릭 아딜의 자식들 가운데 말릭 무아잠(Malik Mu'aẓẓam)이 있었다.

시라즈__아타벡 무자파르 앗 딘 사아드 이븐 젱기가 있었다. 그에 관한 이야기는 술탄 잘랄 앗 딘과 기야쓰 앗 딘의 역사에서 했다.

키르만__말릭 슈자 앗 딘(Malik Shujâ' ad-Dîn)이 있었다. 바락 하집이 힌두로 갈 때 그 지방을 지나갔다. 키르만 사람들은 그의 후궁과 종복들 가운데 키타이 노예들을 차지하기 위해서 그를 공격했다. 그가 "나는 지나가는 사람이고 당신들과는 아무 관계가 없소"라고 아무리 말했지만 듣지 않았다. 그도 자신의 무리들과 함께 용감하게 싸웠고, 그들을 많이 죽였다. 그는 말릭 슈자 앗 딘도 죽이고 도시를 점령했다. 또 술탄 잘랄

---

162) 原缺.

앗 딘이 도착할 때까지 성채를 포위했다. 이미 설명한 것처럼 그는 〔술탄에 대해서〕 계략과 휼계를 꾸며 성채를 다시 손에 넣고 독자적인 태수가 된 것이다.

시스탄__말릭(Malik) …….[163]

**상술한 기간 동안 벌어진 기이한 사건들**

〔추후에〕 알려지면 글로써 기록하도록 하겠다.

몽골의 역사에 관한 서책들과 문서들에 기록된 칭기스 칸의 역사를 더러는 간략하게, 또 더러는 상세하게 기록했다. 나는 이미 설명한 그 모든 내용과 관련해서, 그의 전 생애에 걸쳐서 일어난 사건들 모두를 연대순으로 간단하게 다시 서술하고자 한다. 그렇게 한다면 그 사건들과 정황들을 모두 요약 형태로 신속하게 알고자 하거나, 그가 몇 년을 살았으며 언제 출생하고 언제 사망했는지를 확인하고자 하거나, 또는 각각의 기간과 연도에 그가 무슨 일을 했는가를 알고자 하는 사람들은 다시 〔본문을〕 찾아볼 필요가 없을 것이다. 그 내용은 다음에 서술하는 바와 같다. 〔121r〕「92v」

---

163) 原缺.

## 【제 7 절】

칭기스 칸의 역사: 편년체의 간략한 기술

칭기스 칸의 향년이 투르크식 〔나이로〕 일흔두 살이었다는 것은 몽골인들 사이에서 〔널리〕 받아들여지는 사실이다. 그는 돼지해인 '카카이 일'에 태어났고, 역시 '카카이 일'에 탕구트 지방에서 사망했다. 그의 관은 그해 윤달(shûn ay)[1) ] 15일, 즉 회력 624년 라마단월 14〔/1227년 8월 28〕일에 자신의 오르두들로 보내졌고, 〔사망〕 소식이 공포되었다. 천문학적인 방법으로 역산해 보면, 그가 태어난 해인 '카카이 일'〔의 시작〕은 549년 둘 카다〔/1155년 1~2〕월에 해당한다는 사실을 알 수 있다. 따라서 그는 태음력으로 계산하면 일흔다섯 살에 사망한 셈이다. 이러한 차이는 투르크식 기년이 태양력을 취하므로 태음력은 30년마다 약 1년이 모자라기 때문이다. 비록 그가 투르크 기년으로는 73번째 해에 사망했지만 한 해의 중간에 태어났고, 또 한 해의 중간에 사망했기 때문에, 태어난 해도 사망한 해도 〔만 1년이〕 안 되는 셈이다. 이런 까닭으로 말미암아 그들은 그의 향년이 태음력으로는 75년이지만 태양력으로는 72년이라고—왜냐하면 태양력으로 73년이지만 달 수가 부족한 해들이 있기 때문에—확신한다.

**이 기간 동안 그의 행적에 대해 알려진 것들에 관한 편년체의 간략한 서술.**
**이 기간의 일부는 그의 유년기로 부친 이수게이 바하두르가 생존해 있었고,**
**또 일부는 그가 고난에 처했던 시기로, 이 두 기간을 모두 합하면 40년이다.**

---

1) 투르크어 shûn은 중국어 閏을 옮긴 것이다. Cf. Doerfer, III, pp.327~328.

유년기: 부친이 생존해 있던 기간 13년

이 13년의 처음, 즉 그가 태어난 해인 '카카이 일'〔의 시작〕은 회력 549년 둘 카다〔/1155년 1~2〕월의 시작에 해당하고, 마지막도 역시 돼지해인 '카카이 일'〔로 그 시작〕은 562년 라비 알 아히르〔/1167년 1~2〕월에 해당한다. 이 기간 동안 그의 부친 이수게이 바하두르는 생존해 있었고, 자기 종족의 군주이자 축복받은 주군이자 용맹함의 소유자였다. 키야트 종족들 대부분, 이들의 친족이었던 니르운, 기타 몽골인들이 그에게 복속했었다. 그 당시 칭기스 칸은 어렸고 부친과 떨어지지 않았었다. 그의 정황에 관해서는 자세한 내용이 거의 알려져 있지 않기 때문에 〔여기서 더 이상〕 서술하지 않겠다.

부친 사망 후 고난과 부침을 겪은 기간 27년

이 27년이란 기간의 처음은 쥐해인 '쿨루카나 일'—563년 라비 알 아히르〔/1155년 1~2〕월에 시작—이고, 그 마지막은 〔121v〕 호랑이해인 '파르스 일'—590년 사파르〔/1194년 1~2〕월에 시작—이다. 이 기간의 처음에 이수게이 바하두르가 사망하고 칭기스 칸은 어려서 그를 여의었기 때문에, 몽골의 많은 아미르들과 종족들과 부친의 친족들은 그를 배신했고, 앞에서 설명했던 이유로 말미암아[2] 「93r」 그에게서 등을 돌렸다. 그는 곤경에 빠졌고, 수많은 어려움과 고통을 겪었다. 그 뒤 지고한 신께서 그에게 힘을 주시어 그의 상황이 호전되었고, 〔마침내〕 군주와 칸의 자리에 이른 것이다. 이 기간 동안 그의 정황은 어려웠기 때문에 그것을 해마다 자세하게 기록하지 않고, 다만 그 전체의 이야기를 간략하게 적

---

2) "호랑이해인 '파르스 일'"부터 여기까지는 A본에 누락되어, B·L2본 등에 의거하여 보충했다. Cf. Rawshan, p.562.

었으니, 다음과 같다.

그의 부친인 이수게이 노얀 바하두르가 몽골 종족들의 군주였을 때, 그는 형과 아우들, 그리고 이들의 조상에게서 갈라져 나온 지파들 가운데 많은 사람들을 전쟁을 통해서 힘으로 누르고 복속시켜, 많은 병사와 복속민을 거느렸다. 그러나 그가 사망하자 그 종족들 가운데 다수가 타이치우트 쪽으로 기울어, 칭기스 칸을 버리고 그들에게로 가버렸다. 코룰라스 종족 출신인 그의 모친 우엘룬 에케[3]는 애써서 그 일부를 만류했다. 그 기간 동안 칭기스 칸은 타이치우트 종족, 다른 형과 아우들, 주리야트·메르키트·타타르 등의 종족 등에게 여러 종류의 피해를 입었고, 각 종족들은 여러 차례 그를 포로로 잡기도 했으나, 그는 이러저러한 까닭과 방식으로 그들의 손에서 풀려났다. 그의 행운과 운명이 확고해졌고, 점차 그의 처지가 강고해졌다. 그는 먼저 타이치우트와 전투를 벌여 그들을 쳤다. 그들은 여러 차례 대립을 벌이다가 마침내 그 종족 대부분을 없애 버렸고, 일부는 그에게 복속했다. 니르운에 속하는 다른 종족들과 타타르·메르키트 등 모든 적들이 서서히 압도되었고, 그의 군대의 숫자도 많아졌다. 마침내 상술한 이 27년의 기간 마지막에 이르러 그는 막강한 세력을 이루었다. 이것이 이 기간 동안 그의 상황에 대한 간략한 설명이다. 그의 처지가 강력해진 뒤의 시기에 대해서는 해마다 자세하게 알려졌으니, 그것은 다음과 같다.

#### 해마다 자세하게 알려진 기간에 일어난 이야기들

이것은 두 기간으로 이루어졌다. 하나는 그가 칭기스 칸이라는 칭호를 취하기 전의 시기이고, 또 하나는 그 뒤의 시기이다. 이 두 기간을 합하

---

3) 우엘룬 에케는 코룰라스가 아니라 올쿠누트 종족 출신이다.

면 33년이다.

칭기스 칸이라는 칭호를 취하기 전의 기간 11년

이 11년의 시작은 토끼해인 '타울라이 일'—회력 591년 라비 알 아발〔/1195년 2~3〕월에 시작—이고, 그 마지막은 소해인 '후케르 일'—601년 주마다 알 아히르〔/1205년 2~3〕월에 시작—이다. 그 내용은 다음과 같다.

토끼해인 '타울라이 일' : 591년 라비 알 아발〔/1195년 2~3〕월에 시작_ 이해에 칭기스 칸은 마흔한 살이었다. 그는 케레이트의 군주 옹 칸의 동생인 자아 감보와 통카이트 종족—케레이트의 한 지파로 그와 연맹하여 옹 칸에게 대항하는 반란을 일으켰었다—과의 전쟁에서 귀환하여, 평소의 목지(yûrt-i ma'hûd) 안에 있는 자신의 오르두들에 자리잡고 연회와 쾌락을 누렸다.

용해인 '루 일'[4]: 592년 라비 알 아발〔/1196년 2~3〕월에 시작_ 이해에 칭기스 칸의 처지와 위세는 극도로 확고해져 자리를 잡았다. 대군주이자 명망이 높던 케레이트의 군주 옹 칸이 무력해지고 궁지에 몰려 그에게 와서 도움과 지원을 청했다. 〔이렇게 된 이유는 다음과 같다.〕 〔122r〕「93v」 왕국과 울루스를 두고 벌어진 싸움으로 말미암아 그는 형제들과 숙부들을 죽였다. 에르케 카라라는 이름을 가진 그의 한 동생이 도망쳐 나이만의 군주인 이난치 칸에게 탄원을 했고, 이난치 칸은 군대를 보내 옹 칸을 쫓아낸 뒤 그의 왕국을 동생인 에르케 카라에게 넘겨주

4) 투르크어에서 lû 또는 lûy의 어원은 '龍'(long)이다.

었다. 옹 칸은 카라 키타이의 구르 칸에게 갔는데, 거기서도 안정을 찾지 못해 돌아왔다. 〔도중에〕 그는 위구르 지방으로 나왔는데, 몇 마리의 양밖에 없었고 그 젖으로 연명했다. 그처럼 곤궁한 상태에서 그는 칭기스 칸의 어전으로 왔는데, 그 용해 봄에 구세우르 나우르[5]라는 곳에서 합류했다. 칭기스 칸은 그에게 자비를 베풀어 가축과 병사를 주었고, 그를 다시 군주의 자리에 앉혔다. 이에 앞서서 또 한번은 옹 칸의 숙부가 그의 왕국을 무력으로 빼앗은 적이 있었는데, 그는 이수게이 바하두르에게 도움을 청했다. 〔이수게이는〕 그 숙부에게서 왕국을 빼앗아 그에게 주었고, 〔두 사람은〕 서로 '의형제'라고 불렀다. 과거에 이러한 일이 있었기 때문에 그가 이번에도 〔칭기스 칸에게〕 왔던 것이다.

뱀해인 '모가이 일' : 593년 라비 알 아발〔/1197년 1~2〕월에 시작_칭기스 칸은 이해 가을에 메르키트 종족의 군주인 톡타이 베키와 전쟁을 하여 그를 죽였다. 거기서 거두어 온 전리품은 모두 옹 칸에게 주어 그를 부유하게 했다.[6]

말해인 '모린 일' : 594년 라비 알 아발〔/1198년 2~3〕월에 시작_칭기스 칸은 이해에 자신의 거처에 있었다. 옹 칸이 세력을 회복하자 그와 아무런 상의도 없이 출정하여 메르키트 종족을 공격했다. 그들의 수령인 톡타이 베키의 부인을 빼앗아 끌고 와서 취하고, 톡타이의 아들 하나를 복속시켜 속민으로 만들었다.

---

5) A·B·L2: KWSKWY NAWWR. 이것은 KWSKWR NAWWR(Güsegür Na'ur 〉 Güse'ür Na'ur)의 誤寫일 것이다.

6) A본에는 뱀해와 말해에 일어난 일들을 바꾸어서 기록했으나, 77v~78r의 내용과 비교해 보면 이것은 필사자가 혼동을 일으킨 결과라는 것이 분명해진다. B·L2본에는 올바르게 적혀 있다.

양해인 '코닌 일' : 595년 라비 알 아발[/1199년 2]월에 시작__ 이해에 칭기스 칸은 옹 칸과 함께 나이만의 군주인 타양 칸의 형제 부이룩 칸과 전쟁을 하기 위해 출정했다. 키질 바시라 불리는 곳에서 그의 종족을 공격하여 패배시키고, 켐 켐치우트 지방으로 갔다. [부이룩 칸의] 前哨였던 이디 투클룩[7]은 칭기스 칸의 전초를 피하여 산으로 올라갔으나, 말의 허리띠가 풀어져 안장과 함께 떨어져서 붙잡혔다. 그해 겨울에 [칭기스 칸은] 그들 군대의 지휘관인 쿡세우 사브락과 전투를 벌였다. [그 뒤] 쿡세우 사브락이 다시 와서 양측은 군대를 정열했고, 새벽에 전투를 시작하기로 결정했다. 옹 칸은 밤중에 자신의 병영에 불을 지르고 도주했다. 칭기스 칸은 그와 떨어져서 귀환했다. 쿡세우 사브락은 부이룩 칸의 군대와 함께 뒤를 따라와 옹 칸 형제의 천막(khâne)과 그의 군대 일부를 약탈했다. 옹 칸은 다시 한번 칭기스 칸에게 도움을 청했고, 네 명의 유명한 아미르들을 보내 구원해 달라고 했다. 칭기스 칸은 그들을 군대와 함께 파견하여 부이룩 칸을 공격하도록 했다. 옹 칸과 그의 형제와 그들 휘하의 사람들에게 속했던 것들을 모두 빼앗아 그들에게 돌려 주었다.

원숭이해인 '비친 일' : 596년 라비 알 아발[/1200년 1~2]월에 시작__ 칭기스 칸은 이해 봄에 사리 케헤르라는 곳에서 옹 칸과 협의한 뒤, 서로 연합해서 타이치우트 및 그들과 연맹한 다른 종족들과 전쟁을 하기로 [122v]「94r」 했다. [두 사람은] 출정하여 그들을 공격했다. 많은 아미르들과 종족들의 군대가 귀순해 왔다. 그 뒤 칭기스 칸과 옹 칸을 공격하기 위해서 카타킨, 살지우트, 두르벤, 타타르 및 다른 종족들이 모였다. 밀

7) A: 〈YYDY W〉 YYDY TWQLWQ.

정들(jâsûsân)이 그들에게 소식을 알리자, 두 사람은 즉시 그들 무리를 공격하러 출정하여 패배시켰다. 옹 칸의 아미르들 가운데 일부가 그에게 반심을 품었으나 그는 그들에 대비한 조치를 취했다. 칭기스 칸은 그 해 겨울 옹 칸과 떨어져 있었다. 그는 타이치우트와 타타르 및 그들과 연합한 다른 종족들과 달란 네무르게스라는 곳에서 전투를 벌여, 그들을 패배시키고 그들의 輜重과 물건들을 약탈했다.

닭해인 '타키쿠 일' : 597년 주마다 알 아발[/1201년 2~3]월에 시작__ 칭기스 칸은 이해에 이키레스, 코룰라스, 두르벤, 타타르, 카타킨, 살지우트 등의 종족이 켐 강이라는 곳에 모여 자지라트 종족 출신의 자무카 세첸이 '구르 칸'이라는 칭호를 취했다는 소식을 듣고, 그들을 치기 위해 출정했다. 이디[8] 코로칸이라는 곳에서 자무카를 패배시키고, 바로 그곳에서 쿵크라트 종족을 복속시켰다.

개해인 '노카이 일' : 598년 주마다 알 아발[/1202년 1~2]월에 시작__ 칭기스 칸은 이해에 알치 타타르와 차간 타타르 종족들에 대해서 출정했는데, 전투가 끝나기 전까지는 전리품과 약탈물을 취하지 말라는 지시를 내렸다. [그러나] 그의 숙부인 다리타이 옷치[긴], 쿠툴라 카안의 아들인 알탄, 네쿤 타이시의 아들인 쿠차르 등이 이를 어기고 전리품을 취했다. 칭기스 칸은 그것을 그들에게서 빼앗으라고 명령했고, 그들은 화가 나서 옹 칸에게로 갔다. 뒤에서 언급하겠지만, 그들은 [이렇게 해서] 반란을 일으키기 시작했다. 이해 가을에 칭기스 칸과 옹 칸은 나이만 군주의 동생인 부이룩과 그와 연합한 다른 종족들이 대군을 이끌고

---

8) A·B: YTY. 앞에서는 YDY로 표기되어 이를 따랐다.

그들을 치기 위해 출정했다는 소식을 접했다. 이들 두 사람은 그들과 전쟁하지 않고, 웅구(ôngû)의 변경과 키타이의 변경으로 갔다. 키타이와 몽골리아의 중간에는 견고한 성벽이 뻗어 있었다. 칭기스 칸이 옹 칸의 아들인 셍군의 딸을 자기 아들인 주치와 혼인시키고, 셍군은 주치의 딸을 자기 아들과 혼인시키려고 했던 것도 바로 그때였다. 그러나 양측에 이 일이 성사되지 않았기 때문에 그들 사이에 반목이 드러나기 시작했고, 옹 칸의 아들인 셍군은 칭기스 칸을 없애려는 〔자신의 의도를〕 자무카 세첸에게 은밀히 알리려고 했지만 옹 칸이 이를 말렸다.

돼지해인 '카카이 일' : 598년 주마다 알 아발〔/1203년 2~3〕월에 시작__
칭기스 칸은 이해 봄에 자신의 오르두들에 있었다. 옹 칸과 그의 아들 셍군은 계략을 부려 그에게 딸을 달라고 요청했다. 칭기스 칸이 〔이를 받아들여 그들에게〕 가는 도중에, 뭉릭 에치게가 가지 못하도록 말렸다. 그 뒤 옹 칸과 셍군은 연합하여 군대를 이끌고 갑자기 칭기스 칸에게로 향했다. 첩자가 그에게 소식을 전하자 그는 군대를 이끌고 〔가서〕 양측에 전투가 벌어졌다. 칭기스 칸이 패배하여 조그만 호수인 발주나 쪽으로 도주했다. 며칠 동안 그곳에서 진흙탕을 걸러 〔물을〕 마시며 지내다가 그 후에 다른 곳으로 갔다. 거기서 옹 칸과 셍군과 그의 아미르들에게 사신을 보내어, 여러 차례 각종 빚을 진 사실을 상기시켰으나, 그들은 화평 맺기를 거절했다. 옹 칸의 아미르들 가운데 일부는 그와 사이가 틀어져 반역을 생각하고 그에게서 떨어져 나왔으며, 〔123r〕「94v」 또 일부는 칭기스 칸과 연합하기도 했다. 그때 칭기스 칸의 동생인 주치 카사르는 그와 떨어져 있었고, 옹 칸의 군대가 그의 천막과 치중을 약탈해 갔다. 그는 배고프고 헐벗은 상태로 칭기스 칸에게 왔고, 〔칭기스 칸은〕 사신을 옹 칸에게 보내어 주치 카사르의 말이라고 하면서, "나는 형과 합류하려고 애를 썼지만 그의 종적을 찾을 수 없었습니다. 만일 나의 아버지 칸께서 저의 천막을 돌려 주신다면 귀순하겠습니다"라고 전했다. 그는 이러한 계략으로 옹 칸의 경계를 느슨하게 했고, 군대를 이끌고 가서 그를 쳤다. 그해 겨울 그는 테멘 케헤레라는 곳에서 冬營한 뒤 자신의 천막으로 돌아왔다.

이에 앞서 그는 타이치우트 종족을 비롯하여 몽골의 여타 종족들이 자신의 명령을 받도록 만들었다. 그는 또한 자신의 형과 아우들은 물론, 옹 칸과 함께 했던 다른 사람들 가운데 몽골의 아미르들을 복속시키고 그들의 군주가 되었다. 이때 그는 옛 가문 출신으로 중요한 군주였던 옹 칸을 죽임으로써 〔옹 칸의〕 권좌와 왕국과 재산과 군대를 자신의 소유로 만들었다. 이해에 그에게 '칭기지'(chîngizî)라는 이름이 주어졌다. '칭기지'라는 말은 '막강하고 위대한 군주'를 의미하는 '구르 칸'과 같은 뜻이다. 그 지방에서는 대군주들을 '구르 칸'이라고 부르는 것이 늘 실행되던 관습이었고, 이때에 이르러서는 니르운과 일부 두릴리킨에 속하는 몽골 종족들이 모여서 자무카 세첸을 구르 칸이라고 불렀는데, 그 호칭은 다른 사람들에게도 주어졌기 때문에 그들은 행운을 누리지 못했다. 이와 동일한 의미〔를 지닌 칭호를〕 몽골어로 칭기스 칸에게 준 것이다. 그때까지 그의 이름은 부친이 지어 준 테무진이었다. 점성가들과 일부 역사가들은 이를 근거로 그의 제위(帝位)의 시작을 이해부터라고 본다.

따라서 우연하게도 그의 부친이 사망한 것이 돼지해요, 그가 군주가 된 것도 돼지해이고, 그가 사망한 것 또한 돼지해인 셈이다. 몽골의 역사에서는 그의 재위 시작을 나이만의 군주인 타양 칸을 죽이고 칭기스 칸이라는 칭호를 부여받은 그해부터로 잡는다.

쥐해인 '쿨루카나 일' : 600년 주마다 알 아발[/1204년 2~3]월에 시작__ 칭기스 칸은 이해 봄 옹구트 종족의 군주인 알라쿠시 티긴이 그에게 사신을 보내어 나이만의 군주인 타양 칸이 칭기스 칸과 전쟁을 하기 위해 자신에게 지원을 요청했다는 사실을 알려 오자, 형과 아우들을 소집하여 대쿠릴타이를 개최했다. 이해 가을에 타양 칸과 전쟁을 하기 위해 출정했고, 메르키트의 군주인 톡타이를 비롯하여 카타킨·살지우트 및 그와 연합했던 다른 사람들을 모두 공격했다. 그는 이들을 모두 패배시키고 타양 칸을 죽였다.

소해인 '후케르 일' : 601년 주마다 알 아발[/1205년 1~2]월에 시작__ 칭기스 칸은 이해에 탕구트라고 불리는 카신 지방과 전쟁을 하기 위해 출정했다. 리키(Lîkî) 성채와 킹로스[9] 시를 함락하고 탕구트 지방을 약탈해 많은 포로를 끌고 왔다.

칭기스 칸이라는 칭호를 취한 뒤, 만 21년과 [그 뒤] 1년이 채 못 되는 기간을 합한 22년

이 기간의 시작은 호랑이해인 '파르스 일' — 회력 602년 라잡[/1206년 2~3]월에 시작 — 이고, 그 마지막은 칭기스 칸이 사망한 돼지해인 '카카이 일' — 624년 라잡[/1227년 6~7]월에 시작 — 이다. [123v] 「95r」

호랑이해인 '파르스 일' : 602년 라잡[/1206년 2~3]월에 시작__ 이해에 칭기스 칸은 쉰두 살이었다. 그 즈음에 그는 나이만의 군주인 타

9) 원문은 LYNGLAWŠ. 그러나 앞에서는 Kînglôs로 표기했다. 『부족지』(p.234)에는 Asâ Kînglôs, 『元史』 권1 「太祖本紀」(p.13)에는 經落思로 표기되어 있다.

양 칸을 비롯하여 그와 연합했던 한 무리의 다른 군주들을 패배시키고 죽인 뒤, 원래의 목지가 있는 오난 강 상류로 귀환했다. 그의 세력은 극도로 강해져서 9개의 발이 있는 흰 깃발을 세우고 거대한 집회를 개최하라고 지시했다. 신령한 힘과 이적의 능력을 갖고 있다는 쿠케추 텝 텡그리—뭉릭 에치게의 아들—는 그 전에 여러 차례에 걸쳐 "지고한 신께서 지상의 제위를 당신에게 줄 것이다"라고 말했었다. 그날 그는 앞으로 나와 〔자신이 주장하던〕 이적을 나타낼 것이라고 주장하며 말하기를, "각자 구르 칸이라고 주장하던 이 지역의 군주들은 이제 모두 그대에게 정복되었고, 그들의 왕국도 그대의 것이 되었다. 그러니 그대도 그것과 같은 뜻을 지닌 '칭기지'(chîngîzî), 즉 '왕중의 왕'이라는 칭호를 취해야 할 것이다. 지고한 신께서 그대의 칭호는 '칭기스 칸'(Chîngîz Khân)이어야 한다고 명령하셨다. 왜냐하면 '칭기즈'(chîngîz)는 '칭'(ching)의 복수형이고, '칭기지'는 '칭'의 강세형이기 때문이다. 따라서 이 말의 뜻은 '샤힌샤', 즉 왕중의 왕이다." 아미르들은 그의 제의에 만족하며, 그 칭호를 그에게 바쳤다. 그의 위력과 위세는 극에 달했고, 세상의 군주라고 할 만했다. 그 뒤 바로 그해에 그는 부이룩 칸과 전쟁을 하기 위해 출정했고, 사냥중이던 그를 급습하여 잡아 죽이고 그의 왕국을 빼앗았다.

토끼해인 '타울라이 일' : 603년 라잡〔/1207년 2~3〕월에 시작__ 칭기스 칸은 이해에 카신 지방이 다시 반란을 일으켰기 때문에 그곳을 공격하기 위해 출정하여 그 지방 전부를 정복했다. 또한 그는 이해에 사신을 키르키즈 쪽으로 보냈다. 그들은 귀순하고, 자기 사신들에게 흰색 매(songqôr)[10]를 들려서 칭기스 칸의 어전으로 보냈다.

---

10) A: SNQW; B: SWNQWR.

용해인 '루 일' : 604년 라잡[/1208년 1~2]월에 시작__[11]

칭기스 칸은 이해 여름에 〔자신의〕 거처에 있었다. 겨울에는 메르키트의 군주인 톡타이 베키, 또 그와 연합하여 반란을 일으키기 시작한 쿠쉴룩 —타양 칸의 아들—을 공격했는데, 전투에서 톡타이는 살해되었고 그의 형제와 자식들은 위구르 지방으로 도주했다. 쿠쉴룩은 도망쳐 투르키스탄의 영주(ḥâkim)인 카라 키타이의 구르 칸에게로 갔다.

뱀해인 '모가이 일' : 605년 샤반[/1209년 2~3]월에 시작__

칭기스 칸은 이해에 위구르의 군주인 이디쿠트를 소환했다. 〔이디쿠트〕 자신은 사신들을 보냈고, 복속 의사가 더욱 분명해졌기 때문에 사신들을 보내어 톡타이의 형제와 자식들의 상황에 관한 소식을 알려 주었다.

말해인 '모린 일' : 606년 샤반[/1210년 1~2]월에 시작__

칭기스 칸은 이해 여름에 〔자신의〕 거처에 있었다. 가을에는 다시 탕구트 지방을 공격해서 그곳을 응징(yâsâmîshî)하기 위해 출정했다. 그 지방의 군주인 시두르쿠는 딸을 그에게 바쳤다. 〔124r〕「95v」

양해인 '코닌 일' : 607년 샤반[/1211년 1~2]월에 시작__

칭기스 칸은 이해 봄에 켈루렌 지방에 있었다. 카를룩의 군주 아르슬란 칸과 위구르의 군주 이디쿠트가 그곳으로 찾아와 알현했다. 쿵크라트 종족 출신의 토쿠차르 노얀에게 2천 명의 기병을 지정해 주어 후방의 초병을 서도록 했다. 〔칭기스 칸은〕 가을에 군대를 데리고 키타이로 가서 많은 도시들을 정복했다.

---

11) A·B본에는 용해에 상응하는 회력이 적혀 있지 않아, L2본의 기록을 넣었다.

원숭이해인 '비친 일' : 608년 라마단[/1212년 2~3]월에 시작__
칭기스 칸은 이해에 각각의 아들들에게 군대를 보내, 키타이 왕국들에 속하는 도시와 지방을 포위하고 정복하도록 정해 주었고, 이들은 많은 지방들을 빼앗았다.

닭해인 '타키쿠 일' : 609년 라마단[/1213년 1~2]월에 시작__
칭기스 칸은 이해에 키타이의 수도인 중두 시의 교외에 도착했다. 알탄 칸은 아미르들과 함께 그와 전쟁을 해야 할지에 대해서 논의했는데, 화평하는 쪽이 낫다고 판단하여, 항복하기 위해 사신들을 파견했다. 자신의 딸인 공주 카툰을 칭기스 칸에게 주었고, 칭기스 칸은 그 지방에서 철수했다. 알탄 칸은 키타이 동부에 있으며 카라무렌 강가에 위치한 남깅 시로 갔다. 칭기스 칸의 군대는 중두 시를 취하고 그곳에 있던 알탄 칸의 재고와 재물을 빼앗았다. 많은 아미르들과 지방들이[12] 복속했다.

개해인 '노카이 일' : 610년 샤왈[/1214년 2~3]월에 시작__
칭기스 칸은 이해에도 키타이 지방에 있었다. 자식들과 아미르들과 군대와 함께 그 왕국들에 속하는 고장과 지방을 정복하는 일에 몰두했다.

돼지해인 '카카이 일' : 611년 샤왈[/1215년 2~3]월에 시작__
칭기스 칸은 이해에도 역시 키타이에 있었다. 군대와 함께 사무카 바하두르를 그곳의 일부 지방으로 보내 공략하도록 했다. 톨룬 체르비를 차간 발가순(Chağân Balğasûn)으로 보내어 많은 지방들을 함락시켰다.

---

12) L2본에는 "[그] 지방의 많은 아미르들"이라고 씌어 있다.

쥐해인 '쿨루카나 일' : 612년 샤왈[/1216년 1~2]월에 시작__

칭기스 칸은 이해에 무칼리 구양을 좌익 군대와 함께 파견했는데, 이는 그 당시 함락된 도시들이 다시 반란을 일으켰기 때문에 다시 빼앗기 위해서였다.

소해인 '후케르 일' : 613년 둘 카다[/1217년 1~2]월에 시작__

칭기스 칸은 이해에 키타이 지방에서 〔자신의〕 원래 목지로 향했다. 수베테이 바하두르를 메르키트 종족과 전쟁을 하기 위해 파견했는데, 그 군대를 위해서 쇠로 단단하게 만든 수레들을 준비하도록 했다. 이는 도중에 험한 산지가 있어 〔수레들이〕 부서지지 않도록 하기 위함이었다. 또한 토쿠차르 〔124v〕「96r」 바하두르와 함께 후방의 초병으로 두었던 천호를 파견했다. 이들이 출정하여 톡타이 베키의 형제인 쿠두와 〔그곳에〕 남아 있던 메르키트 군대를 모두 없애 버렸다. 〔전에〕 복속했다가 다시 반란을 일으킨 투마트 종족을 치기 위해 보로굴 노얀과 두르베이 노얀을 보냈는데, 이들은 가서 패배시켰다. 보로굴 노얀은 그 전투에서 죽음을 당했고, 칭기스 칸은 그의 〔일족 가운데〕 남은 사람들에게 자애와 은총을 베풀었다.

호랑이해인 '파르스 일' : 614년 둘 카다[/1218년 1~2]월에 시작__

칭기스 칸은 이해에 무칼리 구양을 좌익 군대 전부와 복속한 키타이 군대 일부와 함께 키타이 방면으로 보내, 〔복속했던〕 그곳의 모든 지방을 그에게 위임했다. 키타이 말로 '〔한〕 지방의 군주'라는 뜻을 가진 '구양'이라는 칭호를 그에게 정해 주었다.[13] 그리고 반란을 일으킨 키르키즈

---

13) A본에는 이 부분에서 메르키트 원정을 갔던 보로굴 노얀이 살해되었다는 내용이 약 1행 가까이 삽

지방을 다시 정복하기 위해 주치를 파견했다.

토끼해인 '타울라이 일' : 615년 둘 카다[/1219년 1~2]월에 시작__
칭기스 칸은 이해에 자신의 오르두들에서 집회를 열고 대쿠릴타이를 개최했다. 군사들을 정비케 하고, 타직 지방을 치기 위해서 출정했다.

용해인 '루 일' : 616년 둘 히자[/1220년 2~3]월에 시작__
칭기스 칸은 이해에 타직 지방을 향해 진군했다. 에르디시 강에서 하영하며 말들을 살찌웠다. 가을에는 그곳에서 이동하여 도중에 있는 도시들과 지방들을 장악했다. 그는 오트라르에 도착하자 주치와 차가타이와 우구데이에게 그곳과 그 부근에 있던 투르키스탄의 도시들을 정복하라고 하고, 자신은 톨루이와 함께 부하라로 향했다.

뱀해인 '모가이 일' : 617년[14] 둘 히자[/1221년 1~2]월에 시작__
칭기스 칸은 이해에 부하라에 둔영을 치고 [그곳을] 점령했다. 또한 사마르칸트와 그 부근에 있는 도시들을 점령했다. 왕자들은 오트라르를 빼앗고 그에게로 왔다. 주치 칸은 양기켄트와 바르친[15]과 그 부근을 장악하고 돌아왔다. 제베 노얀과 수베테이 노얀을 술탄 무함마드 호라즘 샤를 추격하러 후라산과 이라크와 아제르바이잔으로 보냈다. 주치와 차가타이와 우구데이를 호라즘을 포위하러 보내고, 자신은 아무다리아를 건널 목적으로 나흐샤브와 티르미드 부근으로 갔다. 톨루이 칸과 군대를 선봉으로 세워 후라산 지방을 정복하라고 파견했다. [톨루이는] 그해

---

입되어 있으나, 이는 물론 필사자의 오류이다. B본은 올바르게 필사했다.

14) A본에는 610년이라고 기록했으나, B본에는 617년이라고 정확하게 적었다.

15) A : RBAJYN ; B · L2 : BARJYN. 후자가 옳다.

겨울 그 대부분을 점령했고, 〔칭기스 칸〕 자신은 아무다리아를 건너서 발흐를 함락시키고 탈리칸으로 왔다.

말해인 '모린 일' : 619년 무하람〔/1222년 2~3〕월에 시작__ 칭기스 칸은 이해 봄에 탈리칸을 함락하는 데 몰두했다. 톨루이 칸은 후라산의 모든 지방과 도시들을 정복했다. 〔125r〕「96v」 칭기스 칸은 사신을 그에게 보내어 날이 더워지니 귀환하라고 했다. 그는 귀환했고, 돌아오는 길에 쿠히스탄 지방을 약탈하고 헤라트 시를 정복하여 살육과 약탈을 한 뒤, 칭기스 칸이 탈리칸 성채를 파괴했을 때 그의 어전에 도착했다. 차가타이와 우구데이 또한 그곳에 도착했는데, 주치는 자신의 유수영과 울루스〔가 있는 곳으〕로 떠났다. 바로 그해에 술탄 잘랄 앗 딘이 가즈나 방면의 인더스 강가로 가서 쿠투쿠 노얀과 전투를 벌여 그를 패배시켰다는 소식이 들어왔다. 칭기스 칸은 이해에 즉시 그의 뒤를 추격해 가서 술탄 잘랄 앗 딘이 인더스 강을 건널 때까지 쫓았고, 발라 노얀을 보내 그를 추격토록 하고 자신은 되돌아왔다.

양해인 '코닌 일' : 620년 무하람〔/1223년 2~3〕월에 시작__ 칭기스 칸은 이해 봄에 인더스 강가에서 귀환했다. 우구데이 카안을 가즈닌과 그 부근을 정복하라고 보냈고, 〔우구데이는 그곳을〕 약탈하고 살육했다. 날씨가 더워지자 그를 다시 불러들였다. 그는 바루칸(Bârûqân)[16] 평원에 있는 부친의 어전에 도착하여 여름을 보냈다. 발라 노얀이 힌두스탄에서 귀환했으며, 그 부근에 있는 도시들을 장악하고 감관을 두었다.

16) A · B: BARWQAN; L2: BWRQAN. 앞에서는 Parvân이라고 표기했다.

원숭이해인 '비친 일' : 621년 무하람[/1224년 1~2]월에 시작__
칭기스 칸은 이해에 상술한 하영지에서 귀환하다가 도중에 겨울을 보내고 자신의 오르두들로 향했는데, 천천히 이동했다.

닭해인 '타키쿠 일' : 622년 사파르[/1225년 2~3]월에 시작__
칭기스 칸은 이해 봄에 자신의 오르두들에 도착했다. 타직 지방으로 출정한 지 7년째 되는 해였다. 그해 여름은 그곳에서 보내고, 가을에는 여러 차례 그에게 복속했다가 다시 반란을 일으킨 탕구트 지방으로 출정했다. 그해 겨울 그 왕국에서 가장 큰 도시인 두르시게이(Durshgâî) 시를 포위하고 불을 질렀다. 그 왕국의 시두르쿠라는 군주가 에리카이 시—그 지방에서 가장 큰 도시들 가운데 하나—에서 50만 명의 군대를 데리고 나와 전투를 벌였는데, 30만 명이 살해되었다.

개해인 '노카이 일' : 623년 사파르[/1226년 2]월에 시작__
칭기스 칸은 이해 봄에 옹군 달란 쿠둑이라는 곳에서 갑자기 병에 걸렸다. 그는 그곳에 있던 아들 우구데이와 톨루이를 불러들여, 그들과 조용히 앉아서 유언을 했다. 우구데이 카안을 후계자로 정하고, 그들을 〔각자의〕 영지와 울루스로 보냈다. 자신은 낭기야스 방면으로 향했다. 그가 그 지방과 탕구트 지방과 주르체 〔지방〕의 변경에 있는 한 곳에 이르렀을 때, 주르체의 군주가 사신들을 진주가 담긴 접시들과 함께 보내 와, 칭기스 칸은 〔그것을〕 무리들에게 나누어 주었다. 그 뒤 탕구트의 군주는 복속하는 것이 상책이라고 판단하고, 공납품을 준비하여 도시의 주민들과 밖으로 나올 때까지 한 달의 여유를 달라고 했다. 칭기스 칸에게 병색이 〔완연히〕 나타나기 시작했다.

돼지해인 '카카이 일' : 624년 사파르[/1227년 1~2]월에 시작__ 칭기스 칸은 이해에 일흔세 살이었다. 그가 태어난 해부터 만 72년이었다. 병으로 말미암아 〔125v〕「97r」 탕구트 지방의 변경에서 사망했다. 이에 앞서 그가 자식들에게 유언을 하고 그들을 돌려보낼 때, 그가 사망하더라도 그 소식을 감추고 통곡하지 말라는 유언을 남겼다. 또한 아미르들과 군대에게는 탕구트의 군주와 백성들이 약속한 것에 따라 밖으로 나올 때까지 참고 기다린 뒤에 모두 죽이라고 했다. 또한 〔몽골〕 백성들(ûlûs)이 다 도착할 때까지는 그의 사망 소식이 여러 지방에 일찍 퍼지지 않도록 하라고 했다. 그들은 유언에 따라 그 소식을 은폐하다가, 탕구트 백성들이 밖으로 나오자 모두 칼로 베어 버렸다. 〔그 뒤에〕 그의 영구를 모시고 출발했는데, 〔도중에〕 마주친 모든 생물을 죽여서 그 소식이 여러 곳에 퍼지지 않도록 했다. 상술한 돼지해의 윤달인 회력 624년 라마단월 14[/1227년 8월 28]일에 유해를 그의 오르두들로 모시고 와서는 소식을 알렸다. 그의 4대 오르두에서 장례를 치렀고, 이전에 그가 대금구(qorûq-i bozorg)로 정했던 지점에 그를 매장했다.

"그분을 제외한 모든 만물은 소멸할 것이다. 그분은 명령을 내리시고, 너희는 그분에게로 돌아갈 것이니라." [17]

이제 칭기스 칸의 역사, 즉 그의 생애를 편년에 따라 서술했으니 〔칭기스 칸〕 紀의 여러 장들에 관한 설명을 마치도록 하자. 〔이제〕 마지막 장, 즉 제3장이 남았으니 그것을 완결 짓도록 하겠다. 지고한 신께서 뜻하신다면!

---

17) 『코란』 23:88.

# 제3장

## 聖訓 · 千戶一覽
## 성훈 · 천호일람

## 【제 1 절】[1)]

그의 칭송할 만한 성격과 품성과 습관, 때때로 그가 말하거나 지시했던 격언과 발언과 훌륭한 성훈(bîlig)들, 또한 그가 군주로 재위할 동안 일어났던 일화와 사건들 가운데, 앞의 두 장에는 포함되지 않았던 사항들. 여러 사람과 여러 서적을 통해 알려진 것이라서 흩어지고 정리되지 않은 상태이기 때문에 〔이하에서〕 별도로 기록했다.

### 그와 관련된 유익한 일화들

칭기스 칸은 〔이렇게〕 말했다.

"부모의 충고에 귀기울이지 않는 자식들, 형들의 말에 주의를 기울이지 않는 동생들, 부인을 신뢰하지 않는 남편, 남편의 지시에 따르지 않는 부인, 며느리를 괴롭히는 시어머니, 시어머니를 공경하지 않는 며느리, 어린애들을 보호(asrâmîshî)[2)]하지 않는 어른들, 연장자의 충고를 받아들이지 않는 연소자, 종들의 마음을 멀리하는 대인들, 외부인을 맞아 주지 않는 사람, 나라의 백성들을 구휼하고 강화시켜 주지 않고 법령과 규범과 현명한 방도를 받아들이지 않는 사람들이 있다면, 그러한 반목으로 말미암아 도둑과 사기꾼과 반도와 불법자들이 창궐하고 그들은 노략질을 당할 것이다. 그들의 말과 가축은 휴식을 취하지 못하고 〔전쟁시〕 선봉에 세워 타고 다니던 말들이 안식을 얻지 못해, 마침내 그 말들은 버려지고 쇠약해져 죽고 말 것이다. 이러한 종족은 혼란되고 우둔하다."

칭기스 칸의 행운이 분명히 드러나서 〔여러 종족들이〕 그의 명령을 받자, 그는 강력한 법령으로 그들을 다스려, 지혜로운 자와 용맹한 자들을 군대의 아미르로 만들고, 민첩한 자와 기민한 자들에게는 유수영을 맡

---

1) 원문은 "칭기스 칸 紀의 제3장". 이 제3장은 칭기스 칸이 생전에 했던 名言과 遺訓을 기록한 부분과 그가 子弟들에게 분봉해 준 千戶長들의 명단을 기록한 부분으로 이루어졌다. 독자들이 쉽게 이해하도록 하기 위해 각각 제1절, 제2절이라고 했다.

2) '기르다, 양육하다, 보호하다' 등을 뜻하는 동사(Tu. asra-; Mo. asara-)에서 기원한 말이다. 이에 대해서는 本田實信, 「モンゴル・トルコ語起源の術語」, pp.407~408 참조.

겨 가축 떼를 지키도록 했다. 또한 우둔한 자들에게는 작은 채찍을 주어 목동으로 내보냈다. 이런 이유로 그가 꾀하는 일은 마치 초승달처럼 날이면 〔126r〕「97v」 날마다 커져 갔고, 하늘에서는 지고한 신의 힘에 의해 도움이 내려왔으며, 대지에서는 그를 돕는 행운이 증대되어 갔다. 그의 하영지는 연회와 잔치의 자리가 되고, 동영지는 넉넉하고 편안했다. 위대한 신의 은총에 힘입어 나 〔라시드 앗 딘〕은 그 같은 사정을 깨달았고, 나 스스로 이 같은 성훈들을 〔조사하여〕 이끌어 냈다. 그 같은 〔성훈들이 있기〕 때문에 우리는 오늘에 이르기까지 평안과 연회와 열락을 누릴 수 있는 것이다. 또한 이후로 500년, 천 년, 만 년이 흐른다고 하더라도 만일 앞으로 태어나서 권좌에 오를 자손들이 모든 피조물 가운데 가장 고귀한 칭기스 칸의 규범과 법령을 준수하고 바꾸지 않는다면, 하늘도 그들의 행운을 위해 도움을 내릴 것이요, 계속 연회와 열락을 누릴 수 있을 것이다. 또한 신께서는 세상을 그들에게 은사로 내려 주실 것이며, 온 세상의 피조물들은 그들을 위해 기도할 것이다. 그들은 장수를 누릴 것이요, 이 세상의 온갖 부유를 즐길 것이다. "훌륭한 형정(刑政)이야말로 통치의 장수를 가져온다!"[3)]〔는 속담〕은 바로 이런 뜻이다.

**그는 또 이렇게 말했다.** "이후로 태어날 〔나의〕 후손들 가운데 많은 군주가 나올 것이다. 만일 그들을 위해 일하는 대인들과 용사들과 아미르들이 법령을 굳게 준수하지 않는다면, 군주의 일은 쇠퇴하고 단절되어 버릴 것이다. 그들은 칭기스 칸을 찾으려고 하겠지만 찾지 못할 것이다."

**그는 또 이렇게 말했다.** "한 해의 처음과 마지막에 와서 성훈을 듣고 다시 돌아가는 만호장과 천호장들은 군대의 지휘관을 할 만하다. 그러나

---

3) 원문은 아랍어.

자기 목지에 앉아서 성훈을 듣지 않는 사람들은 마치 깊은 물에 던져진 돌덩이와 같고, 갈대숲 속으로 날아가 사라진 화살과 같으니, 그런 사람들은 수령이 되기에 적합치 않다."

**그는 또 이렇게 말했다.** "자신의 집을 올바르게 정돈할 수 있는 사람은 누구나 나라를 올바르게 정돈할 수 있다. 또한 십호[4]를 규정된 바에 따라 다스릴 수 있는 사람이라면 누구라도 천호와 만호를 그에게 맡겨도 좋은 것이니, 그는 그것들을 능히 다스릴 수 있을 것이다."

**그는 또 이렇게 말했다.** "자신의 내면을 깨끗이 할 수 있는 사람은 누구나 왕국에서 악을 없앨 수 있다."

**그는 또 이렇게 말했다.** "자기 〔휘하〕의 십호를 다스릴 능력이 없는 아미르가 있다면 그를 부인과 자식과 함께 처벌하고, 그의 십호 가운데 한 사람을 아미르로 선발하라. 백호와 천호와 만호장의 경우도 마찬가지이다."

**그는 또 이렇게 말했다.** "현명한 세 사람이 동의하는 말이라면 어느 곳에서든지 그 말을 다시 해도 괜찮다. 그렇지 않다면 그 말에 대해서 신임할 수 없다. 너 자신의 말과 다른 사람의 말을 현명한 사람들의 말과 비교해 보도록 하라. 만일 서로 일치한다면 말해도 좋으나 그렇지 않다면 어떤 것도 말해서는 안 된다."

**그는 또 이렇게 말했다.** "대인(大人)을 찾아가는 사람은 그 대인이 질문을 하기 전에는 어떠한 말도 하지 말라. 그 질문에 따라서 적절한 답변을 하라. 만일 〔그가 묻기〕 전에 말했을 때 〔대인이〕 듣는다면 상관없다. 그렇지 않다면 〔그런 말은〕 차가운 쇠를 두드리는 것이나 마찬가지이다."

**그는 또 이렇게 말했다.** "살이 쪘을 때는 물론 반쯤 살이 쪘거나 말랐

---

4) A본에는 "har ke kas-râ"로 적혀 있으나, B본처럼 "har ke dah kas-râ"가 옳다.

을 때도 잘 달리는 말이라야 좋은 말이라고 할 만하다. 그러나 이 세 가지 〔경우〕 중에 한 경우에만 잘 달린다면, 그 말은 좋은 말이라고 할 수 없다."

**그는 또 이렇게 말했다.** "지휘관을 하는 대아미르들은 물론 모든 군사들이 사냥을 나갈 때 자기 이름들을 분명히 정하는 것처럼 전쟁에 나설 때도 각자 자신의 이름과 함성(âvâze)을 분명히 하라. 늘 지고한 신께 좋은 기도를 올리고 마음을 그분께 의탁하라. 모든 방면에 질서가 잡히기를 희망하여, 오래된 신(khudâ-i qadîm)의 힘으로 사방을 모두 장악할 수 있도록 하라."

**그는 또 〔이렇게 말했다〕.** "사람들 사이에 있을 때는 마치 잘 기른 송아지처럼 말없이 있어야 하고, 전투를 할 때는 마치 사냥터에서 먹이를 쫓는 굶주린 매처럼 앞장서야 한다."

**그는 또 〔이렇게 말했다〕.** "어떠한 말을 하더라도 그 말이 옳은지 생각해 보라. 〔한번 내뱉은 말은〕 심각하게 말했든 아니면 장난기로 말했든 다시 주워담을 수 없기 때문이다."

**그는 또 이렇게 말했다.** "남편은 스스로 모든 곳에 모습을 보이는 태양과 같은 존재가 아니다. 아내는 남편이 사냥이나 전쟁하러 나갔을 때 집을 정돈하고 장식하고 있어야 한다. 그래서 사신이나 손님이 집에 머물면, 모든 것이 정돈된 것을 볼 수 있도록 하고 좋은 음식을 만들어 손님의 필요를 만족시킬 수 있어야 한다. 그렇게 함으로써 남편의 좋은 이름이 퍼지고 그의 명성이 높아져, 집회나 모임에서 마치 산처럼 고개를 쳐들 수 있어야 한다. 남편의 미덕은 아내의 미덕을 통해서 〔126v〕「98r」 가능하다. 만일 아내가 나쁘고 못된 사람이라면, 그로 말미암아 남편도 무도하고 엉터리라고 알려질 것이다." 다음과 같은 한 줄의 유명한 격언이 있다. "집 안에서는 모든 것이 그 주인을 닮는다."

**그는 또 이렇게 말했다.** "혼란[5]이 있을 때는 카타킨 종족의 다르가이(Dârgâî)가 했던 것처럼 행동해야 한다. 한창 혼란스러웠을 때 그에게는 두 명의 누케르가 있었는데, 멀리서 두 명의 기병을 보았다. 누케르들이 말하기를, '우리는 세 명이니 그들을 공격합시다'라고 했다. 그러자 그는 '우리가 그들을 본 것처럼 그들도 우리를 보았을 것이니 공격해서는 안 된다'고 말하고는, 채찍으로 말을 치면서 도망갔다. 나중에 밝혀진 사실인데, 그 두 사람들 가운데 하나가 타타르 종족 출신의 티무르 우하(Tîmûr Ûhâ)였고, 그는 500명에 가까운 누케르들을 계곡에 매복시켜 놓은 채 자신의 모습을 내보여, 세 명의 기병들이 그를 공격해 오면 도망쳐 〔매복한〕 그곳까지 간 뒤에, 누케르들의 도움으로 그들을 잡으려고 했던 것이다. 〔다르가이는〕 이러한 의도를 알아차리고 도망쳤고, 그 부근에 20명의 누케르들이 있었는데 그들과 합류하여 모두를 데리고 밖으로 나왔다. 〔이 일화가〕 깨우쳐 주는 것은 어떤 일을 할 때는 경계와 판단이 중요하다는 사실이다."

**그는 또 이렇게 말했다.** "우리는 사냥에 나서 수많은 들소를 잡고, 군대와 함께 원정에 나서서는 수많은 적을 파멸시킨다. 지고한 신께서 우리에게 길을 열어 주실 때, 그러한 일들이 가능하다. 〔그러나 사람들이 이 점을〕 망각하고 다르게 생각한다."

**그는 또 이렇게 말했다.** "이수테이(Yîsûtâî)[6]와 같은 용사는 아무도 없을 것이며, 그와 같은 재주를 가진 사람은 어디에도 없다. 〔그러나〕 그는 행군이 가져다 주는 고통을 겪지 않았고 갈증이나 배고픔에 대해서도 알지 못하기 때문에, 그와 함께 있는 다른 누케르들이나 병사들도 자기

---

5) 원문은 bûlğâqhâ. -hâ는 페르시아어의 복수형 어미이다. bûlğâq는 투르크어에서 '내란, 반란, 혼란' 등을 의미하는 말이다. Cf. Doerfer, II, pp.317~320.

6) A: YYSWTAY; B: YYSWNTAY; L2: YYSWBBA.

처럼 고난을 견뎌 내리라고 생각하지만, 그들은 그것을 감내하지 못한다. 이런 까닭에 〔그 같은 사람은〕 군대의 지휘관으로는 적합하지 못하다. 군대의 지휘관이 될 만한 사람은 스스로 배고픔과 갈증을 체험했기 때문에 그것을 통해서 다른 사람의 상태를 알 수 있는 사람이어야 한다. 또한 행군할 때는 보조를 맞추어서 병사들이 배고픔이나 갈증을 느끼거나 가축들이 피로해지지 않도록 하는 사람이어야 한다. '너희들 가운데 가장 약한 사람의 행보에 맞추어 행군하라!'[7]는 〔속담은〕 바로 이를 두고 하는 말이다."

**그는 또 이렇게 말했다.** "오르탁 상인들(ortâqân)이 금실로 짠 옷감과 좋은 진귀한 물품들(tangsûqhâ)을 갖고 와서 그러한 상품과 직물들을 판매하는 것에 대해 대단히 자신만만한 것처럼, 군대의 아미르들도 자기 자식들에게 활쏘기와 말타기와 씨름을 잘 가르치고 이러한 것들에 관해 시험을 치게 함으로써 그들을 담대하고 용맹하게 만들어야 한다. 그래서 마치 오르탁 상인들이 자신만만한 것처럼 그들도 이러한 기술을 숙지하게 해야 할 것이다."

**그는 또 이렇게 말했다.** "우리가 가고 난 뒤에 우리의 후손들(ûrûğ)은 금실로 짠 외투를 입고, 기름지고 달콤한 음식을 먹고, 잘생긴 말들을 타고 다니며, 예쁜 부인을 들일 것이다. 그들은 〔그러한 풍요로움이〕 '우리의 부친들과 형들이 모아 놓은 것이다'라고 말하지 않을 것이고, 우리와 이 위대한 시대를 망각하고 말 것이다."

**그는 또 이렇게 말했다.** "술과 다라순(ṭarasûn)[8]에 취한 사람은 장님과 마찬가지여서 아무것도 볼 수 없고, 불러도 듣지 못하는 귀머거리가 되

---

7) 원문은 아랍어. A·B본 결락. L2본에서 보충.

8) 몽골어의 darasun. 穀酒의 일종으로 『秘史』 207절에도 언급되었다. Cf. Doerfer, I, pp.326~327.

어 그에게 말을 해도 대답을 할 수 없다. 술에 취한 사람은 죽은 것이나 다름없는 상태이기 때문에, 똑바로 앉으려고 해도 할 수 없다. 그는 마치 머리에 타격을 받아 상처를 입고 어지럽거나 혼미해진 것과 같다. 술과 다라순에 빠지면 지혜와 이성과 기술이 없어지고, 좋은 행동과 품성도 잃어버린다. 〔그런 사람은〕 악행을 저지르고 살인을 하며 다툼을 일으킨다. 〔술은〕 어떤 지식을 갖고 있고, 또 어떤 기술을 알고 있는 사람에게서 그런 것들을 빼앗아 버리고, 그가 가는 길이나 하는 일을 가로막아 버린다. 〔지식과 기술〕 이 두 가지를 잃어버리는 것은 마치 음식과 산해진미(shîlân)를 불에 집어 넣고 물에 던져 버리는 것과 같다. 술과 다라순에 탐닉하는 군주는 큰일을 할 수 없고, 성훈들과 중요한 규범들을 감당(chîdâmîshî)할 수 없다. 또한 술과 다라순에 탐닉하는 아미르는 천호와 백호와 십호의 사무를 처리(yâsâmîshî)할 수 없으며 임무를 완료하지 못한다. 시위(keshiktû)를 맡은 사람이 술마시는 데 탐닉하면 큰 어려움에 봉착(urûsdîmîshî)할 것이니, 즉 커다란 재앙을 맞을 것이다.[9] 카라추(qarâchû),[10] 즉 평민들이 〔127r〕「98v」 술과 다라순에 탐닉하면 말과 가축과 소유한 모든 것들을 잃어버리고 파산할 것이다. 하인들이 술에 탐닉하면 매일같이 고통과 혼란을 겪을 것이다. 이 술과 다라순은 〔사람을〕 취하게 하여 얼굴도 마음도 〔사물을 제대로〕 보지 못하고, 좋은 사람과 나쁜 사람을 혼동하게 만들며, 선과 악을 구별하지 못하게 한다. 〔술은〕 손을 마비시켜 〔물건을〕 잡을 수 없게 하기 때문에 손재주를 상실케

---

9) A·B·L 등의 사본에는 모두 ARWSDMYŠY(urûsdimîshî)로 표기되었다. 露譯本은 B본에 근거하여 이를 AWSDMYŠY(ûsdimîshî)로 읽고, 투르크어에서 '복수하다, 보복하다'는 뜻을 지닌 östi-에서 기원한 말로 해석했으며, 本田實信 또한 이를 따른다(「モンゴル・トルコ語起源の術語」, p.411). 그러나 B본에는 분명히 ARWSDMYŠY로 표기되었기 때문에 이러한 해석을 선뜻 받아들이는 데는 어려움이 있다. 라시드 앗 딘 자신은 이 말의 뜻을 '커다란 재앙'(balâ-î 'azîm)이라고 설명했다.

10) 몽골어로 '평민'을 뜻하며, 『秘史』 21·111·200·254절 등에 보인다.

하고, 발을 마비시켜 걸을 수 없게 하기 때문에 움직일 수 없게 하며, 마음을 취하게 하여 올바른 생각을 할 수 없게 한다. 또 그것은 감각과 사지와 분별력을 빼앗아 간다. 만일 술 마시는 것을 피할 수 없다면 한 달에 세 번 취하는 것으로 그쳐야 할 것이니, 그것을 넘는다면 비난받아 마땅하다. 만일 한 달에 두 번 취한다면 더 좋고, 한 번이라면 더 훌륭하다. 만일 아예 마시지 않는다면 그보다 더 좋은 것이 어디 있겠는가. [그러나] 취하지 않는 사람을 어디에서 찾을 수 있겠는가. 만일 그런 사람을 찾을 수 있다면 [그를] 소중히 해야 할 것이다."

**그는 또 이렇게 말했다.** 칭기스 칸이 키타이를 공격하고 알탄 칸과 전쟁을 하러 출정했을 때, 그는 자신의 습관에 따라 산꼭대기로 올라가 허리띠를 풀어 목에 걸치고 외투의 여밈을 푼 뒤에 무릎을 꿇고 이렇게 말했다. "오래된 신이시여! 알탄 칸이 먼저 분란을 일으키고 우리에게 증오를 불러일으켰다는 것을 당신은 알고 계십니다. 타타르 종족들이 오킨 바르칵과 함바카이 카안을 붙잡아 그에게로 보냈습니다. 그들은 저의 조부와 부친의 형들이었는데, [알탄 칸은] 무고한 그들을 죽였습니다. 나는 그들이 흘린 피에 대한 복수를 하려는 것입니다. 만일 당신께서 저의 이러한 생각이 정당하다고 생각한다면, 위에서 저에게 힘과 도움을 내려 주시고, 천사와 사람과 요정과 정령들에게 저를 돕고 지원하라고 명령을 내려 주십시오." 그는 간절함을 다해서 탄원을 올리며 기도를 드린 뒤에 원정에 나섰다. 그가 정의와 올바른 의도를 지녔기 때문에, 수많은 군대와 광대한 영토와 헤아릴 수 없는 강고한 성채들을 갖고 있던 위세 당당한 군주 알탄 칸에게 승리를 거두고 그에게 속한 것들과 그의 자식들을 복속시킬 수 있었다.

**그는 또 이렇게 말했다.** 언젠가 한번은 칭기스 칸이 알타이(Âltâî)라고 불리는 산에서 내려와, 오르두들의 주위를 둘러보고 노복들과 추종자들을 바라보면서 이렇게 말했다. "전통사(qôrchî)들과 시위(tûrqâq)들이 마치 울창한 숲처럼 검은색을 이루었구나. 카툰들과 며느리들과 딸들은 마치 타오르는 불처럼 형형색색으로 반짝이는구나. 내가 바라는 것은 〔내가〕 은사로 내려 준 사탕의 감미로움으로 그들의 입을 달콤하게 만들고, 금실로 짠 옷으로 그들의 앞뒤와 어깨를 장식하게 하고, 기민한 말에 태워 맑은 물을 마시게 하고, 그들의 가축에게 풍요로운 목초를 제공하고, 사람들이 오고가는 대로와 소로에서 가시와 장애물과 해로운 것들을 없애고, 목지에서 가시와 잡초들이 자라지 못하도록 하는 것이다."

**그는 또 이렇게 말했다.** "나의 후손들 가운데 정해진 법령(yâsâq)을 한 번 어기면 그를 말로써 충고하라. 만일 두 번 어긴다면 엄중하게 질책하라. 세 번 어긴다면 그를 발진 쿨주르(Bâljîn Qûljûr)[11]라는 곳으로 멀리 보내라. 그가 그곳에 갔다가 돌아온다면 반성할 것이다. 만일 뉘우치지 않는다면 그를 묶어서 감옥에 넣어라. 만일 거기서 나와 행실을 바르게 하고 정신을 차린다면 괜찮다. 그렇지 않으면 형과 아우들이 모두 모여서 상의하여 그를 처리할 방도를 찾도록 하라."

**그는 또 이렇게 말했다.** "만호와 천호와 백호의 아미르들은 휘하의 군대를 잘 정비해야 하며, 명령과 지시가 떨어지면 밤낮을 가리지 않고 출정할 수 있도록 준비를 갖추어야 한다."

**그는 또 이렇게 말했다.** "바르쿠진 투쿰과 오난-켈루렌에서 태어난 사내아이들은 교육이나 인도를 받지도 않고도 대장부답고 용맹하며 슬기롭고 총명하다. 그곳에서 태어난 여자아이들은 빗질이나 화장을 하지 않아도 우아하고 아름다우며 비할 데 없이 기민하고 영리하다."

**그는 또 이렇게 말했다.** 언젠가 무칼리 구양을 군대와 함께 낭기야스로

---

11) Thackston은 이를 Dörbäljin Qulchun이라고 옮겼다.

보내 그 지방에서 72개의 〔127v〕「99r」 성채를 빼앗았다. 그는 칭기스 칸의 어전으로 사신을 보내 그 같은 상황을 알리고, "돌아가도 좋겠습니까?"라고 물었다. 〔이에 대해 칭기스 칸은〕 "다른 성채들을 정복할 때까지 돌아와서는 안 된다"는 엄중한 칙령을 내렸다. 사신이 돌아오자 무칼리 구양은 "칭기스 칸의 어전에 가서 내 말을 아뢰었을 때 무엇을 하고 계시던가?"라고 물었다. 그는 "손가락으로 지목(basmîshî)[12]하고 계셨습니다"라고 답했다. 〔무칼리는〕 "나도 지목하셨는가?"라고 물었더니, 〔사신은〕 "그렇습니다"라고 대답했다. 〔이에 무칼리는〕 "앞으로는 흐트러지지 않고, 죽는 날까지 헌신하고 힘과 노력을 다하리라"라고 했다. 그리고 또 "손가락으로 지목한 사람들이 또 누구였는가?"라고 물었다. 〔사신은〕 "보르추, 보로굴, 쿠빌라이, 칠라운,[13] 카라차르(Qarâchâr),[14] 제데이, 바다이, 키실릭—이런 무리에게 손가락을 지목하면서 말씀하시기를, '이들은 나의 앞과 뒤에서 나를 돕고 헌신하는 자들이요 좋은 재능을 지닌 자들이고, 활을 쏠 때는 명사수요 나를 따르는 기민한 말이며, 손 안에 있는 사냥용 새요 안장에 붙어다니는 사냥용 개이니, 그들이 모두 그러하도다'라고 했습니다."

**그는 또 이렇게 말했다.** 하루는 중요한 아미르들 가운데 하나였던 발라 칼자(Balâ Qaljâ)가 그에게 물었다. "사람들은 당신에 대해서 권세와 용기를 소유한 사람이라고 말합니다. 승리와 정복을 나타내는 어떠한

---

12) 이 말은 원래 투르크어에서 '누르다, 분쇄하다'를 뜻하는 bas-에서 파생한 단어이며, 『集史』의 다른 구절에서는 그런 뜻으로 사용되었다(本田實信, 「モンゴル・トルコ語起源の術語」, pp.416~417; Doerfer, II, pp.245~246). 그러나 여기서는 '(손가락을 눌러서) 지목하다'는 뜻으로 이해해야 옳을 듯하다.

13) 원문은 JYLAĞWN.

14) A: QRAJA; B: QRAJAR. 『秘史』 120절에 언급된 바를라스부 출신의 Qarachar와 동일 인물이 아닐까 생각된다.

징표를 가지셨습니까?" 그는 이렇게 대답했다. "내가 권좌에 오르기 전에 언젠가 혼자서 길을 가고 있었다. 여섯 명이 도중에 매복했다가 나를 해칠려고 했다. 나는 그들 가까이에 이르러 칼을 뽑아들고 그들을 공격했다. 그들 또한 활을 쏘아댔는데, 화살들이 모두 빗나가 하나도 나를 맞히지 못했다. 나는 칼로 그들을 죽이고 그곳을 무사히 지날 수 있었다. 내가 돌아오는 길에 지났던 길에서 죽은 사람들을 보았는데, 그들이 타던 여섯 마리의 말들은 주인도 없이 배회했다. 나는 그 여섯 마리를 모두 끌고 돌아왔다."

**그는 또 이렇게 말했다.** "언젠가 보르추[15]와 함께 오는데, 열두 명이 허리띠를 차고 산꼭대기에 매복해서 우리를 해치려고 했다. 보르추가 내 뒤를 따랐다. 나는 그를 기다리지 않고 용기와 힘을 내어 그들을 향해 돌진했다. 그들 열두 명은 한꺼번에 활을 쏘아댔고, 내 주위로는 그들의 화살이 스쳐 지나갔다. 나는 여러 번 공격했는데, 갑자기 화살 하나가 나의 입에 꽂혀 쓰러지고 말았다. 상처가 위중해서 나는 의식을 잃었는데, 바로 그때 보르추가 도착해서 나를 보니, 나는 마치 죽어 가는 사람처럼 발을 땅에 부벼대고 〔몸은〕 공처럼 뒹굴고 있었다. 그는 즉시 물을 데워 와서, 내가 목 안을 세척하고 목구멍에 막혀 있는 핏덩이를 뱉어낼 수 있도록 했다. 떠나갔던 나의 정신이 다시 몸으로 돌아왔고, 의식과 동작을 되찾을 수 있었다. 나는 일어나서 다시 그들을 향해 돌진했다. 나의 용맹함에 놀란 그들은 겁을 먹고 그 산에서 굴러 떨어져 죽었다. 보르추와 그의 후손들이 '타르칸'(tarkhân)이라는 지위를 가진 것은, 그때 그가 그처럼 고마운 봉사를 했기 때문이다."

**그는 또 이렇게 말했다.** 칭기스 칸이 젊었을 때 아침에 잠에서 깨어나

---

15) A: BWĞWJY; B: BWRĞWJY.

면 앞머리(kâkûl)에 몇 오라기의 백발이 생겼었다. 근신들이 그에게 "오, 행운의 군주시여! 폐하의 연세는 아직 초로(初老)에 들어가지도 못했는데 어찌하여 앞머리에 백발이 생겨난다는 말입니까?"라고 물었다. 그는 "지고한 신께서 나를 만호들과 천호들의 수령과 연장자로 삼고 나의 행운의 깃발이 세워지기를 원하시기 때문에, 연장자의 징표인 백발이 내게 생기도록 하신 것이다"라고 대답했다.

**그는 또 이렇게 말했다.** 하루는 칭기스 칸이 아미르들 가운데 선임자였던 보르추 노얀에게 물었다. "남자의 즐거움과 쾌락이 무엇인가?" 그는 "자신의 푸른색 매를 어깨에 싣고 다니는 것, 겨울이면 날개를 펴서 사냥감을 포획케 하는 것, 살찐 준마를 타는 것, 초봄이면 머리가 푸른 새를 사냥하는 것, 좋은 옷을 입는 것입니다"라고 말했다. 칭기스 칸은 보로굴에게 "너도 말해 보아라!"라고 말했다. 보로굴은 "남자의 쾌락은 매와 같은 맹금류를 붉은 꿩을 향해 날려 그가 발톱을 세워 공중에서 낙하하여 낚아채도록 하는 것입니다"라고 말했다. 그 뒤 〔칭기스 칸이〕 돌라다이 쿠빌라이에게 물었더니, 그는 "남자의 쾌락은 맹금류를 날리는 것입니다"라고 말했다. 그러자 칭기스 칸은 이렇게 말했다. "너희들이 말한 것은 옳지 못하다. 남자들의 즐거움과 쾌락은 적을 분쇄하고 승리를 거두는 것, 그를 송두리채 드러내어 그가 갖고 있는 모든 것을 빼앗는 것, 〔128r〕「99v」 그들의 부인들(bôğtâq-dârân)의 눈에서 눈물이 나오고 자식들의 얼굴 위로 눈물이 흐르게 하는 것, 그들이 소유한 엉덩이가 살찐 준마들을 타고 그들의 잘생긴 부인들의 가슴과 배를 잠옷과 담요로 삼는 것, 그들의 장밋빛 뺨을 바라보며 입맞춤을 하는 것, 대추처럼 빨갛고 감미로운 입술을 빠는 것이다."

이슬람을 믿는 사람들에게 평안이 있기를!

## 【제 2 절】

만호·천호·백호의 아미르들 및 칭기스 칸의 군대에 관한 이야기

중군과 〔우〕익과 좌익에 속하는 것들, 그리고 그가 〔사망한〕 뒤에 유산으로 네 번째 아들인 톨루이 칸—그의 호칭은 예케 노얀이었다—에게 속한 것들, 다른 자식들과 형제들과 조카들과 어머니에게 주어서 그들의 소유가 된 것들. 〔이들은〕 사실 탐색을 통해서, 또 『금책』(*Altân Daftar*)에 거명되어 알려졌고, 시간적으로 또 거리상으로 너무 멀기 때문에 알려지지 않은 나머지 많은 사람들을 제외한다면 모두 12만 9천 명이다.

**'콜' (qôl)과 '바라운 카르' (barâûn qâr)와 '제운 카르' (jîûn qâr),**[1]

**즉 중군과 우익과 좌익에 속하며,**

**유산으로 예케 노얀에게 준 10만 1천 명**

중군—칭기스 칸의 친위 천호. 모두 그의 4대 오르두〔에 속하는〕 가복들이며, 그 오르두들에 속하는 사람들. 〔모두〕 1천 명

당시의 관습에 따르면 친위 천호는 아무리 커다란 천호일지라도 1천 명을 넘지 않았다. 칭기스 칸 휘하에 있던 이 천호의 아미르는 탕구트 종족 출신의 차간(Chağân)이라는 인물이었다. 칭기스 칸은 열한 살이던 그를 자식으로 받아들여 길렀고, 그를 다섯 번째 아들이라고 부르곤 했다. 그가 이 〔친위〕 천호에서 가축과 양식과 고삐와 기타 물건들을 징발할 때, 칭기스 칸의 소유물일지라도 예외로 하지 않고 징발했다. 그는 칭기스

---

1) 이 단어들은 각각 몽골어의 ğol, bara'un ğar, je'ün ğar를 옮긴 말이다.

칸이 사망한 뒤 우구데이 카안의 명령에 따라 키타이 지방으로 갔는데, 그 방면에 주둔했던 왕자들과 아미르들과 군대의 선임자 지위에 있었다. 〔우구데이는〕 그를 키타이로 파견할 때, 그를 대신하여 탕구트 종족 출신으로 〔일찍이 포로로〕 데리고 왔던 부다(Bûda)[2]라는 인물을 승진시켜 〔제1〕 백호와 친위 천호의 아미르로 임명했다. 이 부다라는 사람은 부르테 푸진의 오르두 출신이었다. 백호들과 천호들은 다음과 같다.

칭기스 칸의 大백호_처음에는 상술한 차간 노얀이었는데, 그가 키타이로 간 뒤에는 부다 노얀이었다.

일 티무르 바우르치(Îl Timûr Bâûrchî)의 백호_수니트 종족 출신. 케흐테르(Kehter)의 형제이며,[3] 부르테 푸진의 오르두 출신.

유르키 바우르치(Yûrkî Bâûrchî)의 백호_두르벤 종족 출신. 이곳에 있는 대아미르인 풀라드 아카(Pûlâd Aqâ)〔의 부친〕이며, 부르테 푸진의 오르두 출신.

울다이 코르치(Ûldâî Qôrchî)의 백호_잘라이르 종족 출신. 4대 오르두의 감관이었다.

일베게르 바우르치(Ilbegâr Bâûrchî)의 백호_케레이트 종족의 알바트 지파 출신. 부르테 푸진의 오르두 출신.

자말 호자(Jamâl Khwâja)의 백호_메르키트 종족 출신. 쿨란 카툰의 형제.

大킹키야다이(Qînqîyâdâî-yi bozorg)의 백호_이술룬 카툰의 오르두 출신.

---

2) BWRA로 읽을 수도 있다.

3) A·B본에는 Kehter 뒤에 "Chînggîz Khân"이라는 단어가 삽입되었는데, 누락되어야 옳다.

이순투(Yîsûn Tûâ)[4]의 백호__타타르 출신. 4대 케식에 속하는 아크타치들의 아미르. 부르테 푸진의 오르두에 속했었다. 〔카안의 명령을 받아〕 훌레구 칸에게 사신을 갔던 벡다시[5]는 그〔의 아들〕이다. 〔128v〕「100r」

……[6] 백호__

……[7] 백호__알려질 때 기록할 것이다.

우익과 좌익에 속하는 10만 명

※ 우익

이들의 선임자는 보르추 노얀이었다. 그의 후임자—'수투쿠순' (sutûqûsûn)[8]—는 보로굴 노얀이었다. 〔모두〕 3만 8천 명

보르추 노얀(Bôrchû[9] Nôyân)의 직속 천호__그는 아룰라트 종족 출신이며, 칭기스 칸의 아미르들 가운데 가장 지위가 높았다. 처음에 그는 케식의 아미르였는데, 그 뒤에 우익을 관할했다. 우구데이 카안 시대에 사망했고, 그의 자리는 보랄다이(Bôrâldâî)가 맡았다. 뭉케 카안 시대에 발칙(Bâlchîq)이, 쿠빌라이 카안 시대에는 보르추 노얀의 아들인 일 티무르(Îl Timûr)가 〔천호를〕 관할했다. 그 뒤에는 보랄다이의 아들인 치르카

---

4) 『부족지』(p.166)의 표기에 준하여 '이순투'라고 옮겼다.

5) 원문은 BYKTAŠ. 『부족지』(p.166)의 표기(Bîkdâsh)에 준하여 벡다시로 읽었다. 그러나 Rawshan은 Nangîyâs로 독음했다.

6) 原缺.

7) 原缺.

8) 라시드 앗 딘의 설명에 따르면 '후계자·후임자'를 뜻하는 말이다. 몽골어에서 기원한 말로 보이지만, 어원을 분명히 밝힌 바 없다. Cf. Doerfer, I, p.343.

9) 원문은 BWRCY.

이미시(Chîrqaîmîsh)가 관할했다. 〔보랄다이〕에게는 다른 자식들이 있었는데, 모두 대아미르들이었다. 그 중 하나는 우즈 티무르(Ûz Tîmûr)였으며, 바우르치들의 아미르였다. 〔카안의〕 신임이 높았고 유명했다. 이 나라에는 그의 후손들 가운데 벡클레미시(Bîklemîsh)와 그의 아들 우잔(Ûjân)이 있었다. 툴렉(Tûlek)은 수케(Sûkâî)와 연합했기 때문에 처형되었다.

보로굴 노얀(Bôrôğûl Nôyân)의 천호__그는 천호장이었으며, 보르추[10] 노얀의 '수투쿠순'이었다. 대아미르들 가운데 하나였으며, 〔칭기스〕 칸의 오랜 벗들 중의 하나였다. 후신 종족 출신이며, 〔후에는〕 보르추 노얀의 지위를 능가하여 우익에서는 그보다 더 높은 사람이 없었다. 처음에 그는 부케울(bûkâwûûl)이자 바우르치이며 케식투(kezîktû)였다. 그 뒤 만호장이 되었고, 우구데이 카안 시대에는 그의 아들 주부쿠르 쿠빌라이(Jûbûkûr Qûbîlâî)가 〔후임자〕였다. 쿠빌라이 카안 시대에는 툭치 쿠레겐(Tûqchî[11] Kûregân)이 있었는데, 켈미시 아카(Kelmîsh Aqâ)의 자매인 시린(Shîrîn)—훌레구 칸의 질녀— 을 그에게 주었다.

제데이 노얀(Jedey)의 천호__그는 망쿠트 종족 출신이었다. 그가 죽은 뒤 쿠빌라이 〔카안〕 시대에 그의 손자인 망쿠타이(Mangqûtâî)가 그의 자리를 맡아보았다. 이 제데이 노얀의 이야기과 그 친족들에 관한 이야기는 〔『부족지』의〕 망쿠트 지파에서 자세하게 설명했다. 아미르 쿠틀룩 샤 노얀(Amîr Qutluğ Shâh Nôyân)은 그의 후손이다.

킹키야타이(Kîngqîyatâî) 노얀의 천호__그는 올쿠누트 종족 출신이었다. 쿠빌라이 카안 시대에 그의 손자인 부카(Bûqâ)가 그의 자리를 맡아

10) A본에는 BAWRJY로 기록되었으나 誤寫이다.

11) A본에는 TWRJY로 기록되었으나, 『부족지』(p.289)에 따라 TWQJY로 읽었다.

보았다. 투라투 쿠레겐(Tûrâtû Kûregân)과 大이수르(Yîsûr-i Bozorg)는 그의 후손이다.

톨룬 체르비(Tôlûn Cherbî)의 천호__콩코탄 종족 출신이며, 뭉릭 에치게—칭기스 칸의 어머니인 우엘룬 에케의 남편—의 아들이었다. 쿠케추라는 이름의 다른 아들이 있었는데, 그를 텝 텡그리라고도 불렀다.

수게투 체르비(Sûgetû Cherbî)의 천호__콩코탄 종족 출신이며, 앞에서 말한 톨룬 체르비와 형제간이다. 이 나라에는 장칸 카툰(Jankân Khâtûn)의 남편인 툰세(Tûnse)라는 인물과, 카안에게로 간 아비시카(Âbishqâ) 등이 그의 후손이다. 〔129r〕「100v」

발라 노얀(Balâ Nôyân)의 천호__잘라이르 종족 출신. 쿠빌라이 카안 시대에는 마두(Mâdû)라는 사람이 그의 자리를 맡아보았다. 카안의 사신으로 이곳에 왔던 아힌(Ahin)이라는 사람은 그의 친족이다. 이곳의 노린 악타치(Nôrîn Aqtâchî)도 그의 친족이다.

아르카이 카사르 노얀(Arğâî Qasâr Nôyân)의 천호__그도 잘라이르 종족 출신이고, 앞에서 말한 발라 노얀의 형이다.[12]

토그릴(Ṭoğril)의 천호__술두스 종족 출신. 그는 수둔[13] 노얀의 친족이었다. 뭉케 카안을 모시던 대아미르 가잔 바우르치(Ğâzân Bâûrchî)[14]가 있었는데, 그가 아릭 부케를 선동했기 때문에 도중에 그를 끌고 와 처형시켜 버렸다.

수둔 노얀(Sudûn Nôyân)의 천호__술두스 종족 출신의 유명한 인물. 그의 후손인 〔카추〕[15]는 쿠빌라이 카안 시대에도 생존했으나, 매우 연로

---

12) A본의 AWQAY BLA BWDH NWYAN은 AQAY BLA NWYAN(aqâ-i Balâ Nôyân)의 誤寫로 보인다. 여기서는 L2본에 따랐다.

13) A: SNDWN.

14) A·B본 모두 Ğâzân Bâûrchî로 표기되었으나, L2본에는 Chârân Bâûrchî로 표기되었다.

하고 노망이 들어 자신의 며느리조차 알아보지 못하고 "그녀를 내게 달라!"고 말할 정도였다. 아미르 추반은 그의 후손이었다.

시기 쿠투쿠(Shîgî Qûtûqû)의 천호__ 타타르 종족 출신이었다. 타타르를 겁략했을 당시 그는 요람에서 울고 있었다. 그때 부르테 푸진에게는 아이가 없었기 때문에 칭기스 칸은 그를 기르라고 했다. 그가 성장하자 〔칭기스 칸을〕 '아버지'(atâ)라고 불렀고, 부르테 푸진을 '형수 어머니'(bârigân îke)[16]라고 불렀다. 〔그들은〕 그를 '다섯째 아들'이라고 불렀다. 우구데이 카안은 그를 '형'(aqâ)이라고 불렀고, 뭉케 카안보다 더 상좌에 앉았다. 아릭 부케가 반란을 일으켰을 때 사망했다.

두수카(Dûsûqa)의 천호__ 두르벤 종족 출신. 우룩투 노얀(Ûruqtû Nôyân)과 그의 아들 이수 부카 쿠레겐(Yîsû Bûqâ Kûregân)은 그의 후손들이었다.

망쿨 투르겐(Mangqul Tûrgân)의 천호__ 바아린 종족 출신이다. 아바카 칸의 치세에 이곳에서 카안의 어전으로 가 군대의 아미르가 된 바얀(Bâyân)은 그의 후손들 가운데 하나이다.

오이라트 종족의 천호__ 이들은 4개 천호를 이루었지만, 자세한 내용은 알려지지 않는다. 그들의 아미르이자 군주는 쿠투카 베키였는데, 그가 귀순할 때 관례에 따라 오이라트 군대 전부가 그에게 맡겨졌다. 천호장들은 그가 원하는 사람들을 〔임명〕했고, 그 뒤에도 〔칭기스 칸 일족과〕 '안다-쿠다'의 관계였던 그의 자식들이 〔천호들을〕 관할했다.

바아리타이 코르치 노얀(Bârîtay Qôrchî Nôyân)의 천호__ 바아린 종족 출신이며 망쿨 투르겐의 친족이다. 이들은 10개 천호를 이루어 '만호'

---

15) A · B 原缺. 『부족지』(p.294)에 따라 Qâchû(수둔 노얀의 아들)가 삽입되어야 한다.

16) 이 호칭에 대해서는 『부족지』(p.159)를 참조하시오.

〔라는 이름으〕로 널리 알려졌다. 이 천호장들의 이름은 알려져 있지 않은데, 그 까닭은 병사들 대부분이 옛날부터 그들 종족 출신으로 이루어졌고 관례에 따라 그들이 하나의 만호를 관할했기 때문이다.

발루간 칼자(Bâlûğân Qâljâ)의 천호_ 바룰라스[17] 종족 출신. 전하는 바에 따르면, 그들은 두르벤과 바아린 종족들과 가까웠고 서로 〔같은 뿌리에서〕 갈라져 나왔다고 한다.

타이추 쿠레겐(Ṭâîchû Kûregân)의 천호_ 올쿠누트 종족 출신이며, 칭기스 칸 모친의 형제였다. 〔칭기스 칸의〕 막내딸인 알탈루칸 아카(Altâlûqân Aqâ)를 부인으로 취했다. 칭기스 칸은 이 딸을 매우 사랑하여 '차우르 세첸'(Châûûr Sâchân)이라는 호칭으로 불렀다. 그녀에 관한 이야기는 해당하는 부분에서 나왔다.

무쿠르 쿠란(Mûqûr Qûrân)의 천호_ 하다르킨 종족 출신. 니르운 종족에 속하는 키야트 지파 출신이다. '쿠란'이라는 뜻은 '〔쇠〕줄'인데, 그가 격한 성격을 지녔기 때문에 이러한 이름을 붙여 주었다. 키가 매우 컸다. 부쿠리(Bûkûrî)는 그의 손자였다. 〔129v〕「101r」

이순 토아 타라키(Yîsûn Tôa Ṭaraqî)[18]의 천호_ 우량카트 종족 출신이며, 이순 부카 타이시의 동생이다. 칭기스 칸의 코르치였고, 코르치들의 천호장이었다. 아룩과 부카의 부친인 우겔레이 코르치는 코르치의 임무를 수행하며 〔칭기스 칸을〕 모셨다. 그는 〔칭기스 칸의〕 후원으로 중요한 인물이 되었으며, 〔후일〕 이 나라로 왔다.

카단 켑테울(Qadân Kâbtâûl)의 천호_ 수니트 종족 출신. 켑테울들의 천호장이었다.

---

17) A본에 Barûlâs 다음의 "wa Chinâs"라는 구절은 삭제되어야 한다.

18) 『부족지』(p.261)의 이순 토카 타라키.

뭉릭 에치게(Mönglîk Îchige)의 천호__콩코탄 종족 출신. 쿠케추 텝 텡그리와 톨룬[19] 체르비의 부친. 칭기스 칸 모친의 남편이었다. 그에 관한 이야기는 〔칭기스 칸〕 紀에서 설명했다.

옹구트 종족의 천호__이들은 4천 호를 이루었다. 이들의 아미르는 아이 부카(Âî Bûqâ)였다. 그 뒤로는 옹구트 종족 출신의 알라쿠시 티긴과 첸구이가 〔계승했다〕. 이 종족은 성심을 다해 〔칭기스 칸에게〕 귀순했고, 확고했다.

기우기 노얀(Giûgî Nôyân)과 뭉게투 키얀(Môngetû Qîyân)[20]의 천호__키얀의 후손들. 현재 톡타이를 모시는 키야트 종족 출신이다. 전하는 바에 따르면, 그들은 1개의 만호를 이룬다고 한다. 다른 많은 키야트 〔출신 사람들〕은 그들의 후손이다.

※ 좌익

몽골어로는 '제운 카르'라고 부른다. 이들의 선임자는 무칼리 구양이었다. 그의 '수투쿠순', 〔즉 후임자〕는 바아린 종족 출신의 나야 노얀이었다. 〔모두〕 6만 2천 명

무칼리 구양(Muqalî Gûyâng)의 천호__잘라이르 종족 출신. 그는 매우 중요한 아미르였고 헌신적으로 봉사했기 때문에, 칭기스 칸은 잘라이르 종족의 군대 전부를 그에게 맡기고 그에게 소속된 천호들로 정해 주었다. 〔그래서 그는 병사들의 숫자를 조사한 뒤〕 보고했는데, 모두 3개의 천호였다. 언젠가 칭기스 칸은 그를 키타이 변경에 위치한 카라운 지둔으로 파견했는데, 키타이 사람들이 그를 '구양'—위대하고 중요하다는

---

19) A·B본에는 TWLWY.

20) 『부족지』(p.256)의 '뭉게두 키얀'(Môngedû Qîyân).

뜻—이라는 호칭으로 불렀다. 그 뒤 칭기스 칸은 그 칭호를 그에게 정해 주었다. 그의 후손들도 구양이라고 불린다. 노무간이 귀환할 때까지 카이두에게 감금되었던 한툰 노얀은 그의 후손이었고, [이곳에 있는] 자우쿠르(Jâûqûr)와 오목(Omôq)도 그의 후손이다.

이수 부카 타이시(Yîsû Bûqâ Tâyîshî)의 천호__ 우량카트 종족 출신. 칭기스 칸의 유명한 아미르들 가운데 하나였던 젤메 우하(Jeme Ûha)[21]의 아들. 그 당시 가장 중요한 큰 인물들로는 보르추 노얀, 보로굴 노얀, 젤메 우하, 수둔 노얀이 있었다. 천호장인 카라우나 추반(Qarâûna Chûbân)도 이수 부카[22] 타이시의 조카이다. 타이시는 키타이의 칭호로, '위대한 선생'(bakhshî-yi bozorg)이라는 뜻이다. 우구데이 카안은 그에 대한 경칭으로 '타이시'라고 불렀다. 그는 항상 발에 통증이 있었기 때문에 [사람들은] 그를 수레에 태워서 오르두로 데리고 왔다.

케흐티 노얀(Kehtî Nôyân)과 부지르 노얀(Bûjîr[23] Nôyân)의 천호__ 두 사람은 형제였고, 니르운 지파에 속하는 우루우트 종족 출신이었다. 대아미르들이었고, 성심을 다해서 헌신했기 때문에 칭기스 칸은 그들의 종족 군대 전부를 그들에게 위임했다. 그들이 지정하는 사람들이 천호장이 되었다. 천호들의 이름은 자세하게 알려지지 않으나 모두 4개의 천호로 이루어졌다. 칭기스 칸은 어느 날 밤 꿈을 꾸고 나서, 케레이트 종족 출신 자감부의 딸이자 자신의 부인이었던 이바카 베키를 케흐티 노얀에게 주었다. 이에 대해서는 [칭기스 칸] 紀에서 설명한 바이다.

보투 쿠레겐(Bôtû Kûregân)의 천호__ 두릴리킨 지파에 속하는 이키레스 종족 출신. 이 종족은 쿵크라트 종족과 가까웠다. [칭기스 칸] 紀에서

---

21) A: AWDHH; B: AWHH. B본이 정확하다.

22) A본에는 '이수 투카'로 기록되었으나, '이수 부카'가 옳을 것이다.

23) A: BWRJY; B·L2: BWJYR.

설명했듯이, 그는 칭기스 칸의 딸과 혼인했다. 그는 중요한 인물이었고 성심으로 헌신했기 때문에, 칭기스 칸은 이키레스 종족 출신의 군대를 모두 그에게 위임했다. 〔칭기스 칸은〕 그가 품신한 천호장들을 임명했다. 모두 3개의 천호로 이루어졌으나 그들의 이름은 자세하게 알려져 있지 않다. 〔130r〕「101v」

예케 쿠투쿠트 노얀(Îke Qûtûqût Nôyân)의 천호＿타타르 종족 출신. 대아미르였고 중요한 인물이었다. 주마 쿠레겐(Jûma Kûregân)의 숙부였다. 그에게는 같은 부모에게서 태어난 자매가 둘 있었는데, 하나는 이술룬이고, 또 하나는 이수겐이었다. 칭기스 칸은 이 둘 모두와 혼인했고, 〔두 사람은〕 그의 4대 카툰에 속했다. 타타르에 관한 이야기는 타타르 지파에 관한 부분에서 자세히 설명했다.

알치 노얀(Âlchî Nôyân)과 후쿠 노얀(Hûqû Nôyân)과 카타이(Qatâî)와 부유르(Bûyûr)[24]와 테구데르(Tegûder)와 싱코르(Singqôr)[25]의 천호＿상술한 이 다섯 명[26]의 아미르들은 쿵크라트 종족 출신이었다. 알치와 후쿠 두 사람은 형제였고, 그들의 부친은 쿵크라트의 군주였던 데이 노얀이었다. 칭기스 칸의 큰부인인 부르테 푸진은 그들의 누이였다. 다른 네 명의 아미르들은 그들의 사촌으로, 데이 노얀의 형제인 다리타이의 아들들이었다. 우구데이 〔카안〕과 뭉케 카안과 쿠빌라이 카안의 사위들은 그들의 후손이었고, 지금도 그러하다. 왕자들보다 상좌에 앉는다. 켈미시 아카의 남편인 살주타이 쿠레겐은 그들의 후손이고, 이곳에 사신으로 왔던 에부겐 쿠레겐도 마찬가지이다. 쿵크라트의 군대 전체를 그들

24) 사본마다 이 인물의 철자를 조금씩 달리 표기했고 표점도 불분명하여 讀音의 정확성을 자신하기가 어렵다.

25) A: SYNGQW; B: SYNGQWR.

26) '여섯 명'이라고 해야 옳을 것이다.

이 관할하며, 5천 명으로 이루어졌다.

쿠율다르 세첸(Qûyûldâr Sâchân)의 천호__니르운 지파에 속하는 망쿠트 종족 출신. 그의 천호 또한 그 종족으로 이루어졌다. 그는 칭기스 칸의 '의형제'였으며, 매우 중요한 인물이었다. [칭기스 칸을 위해] 크나큰 헌신을 했다. 무칼리 구양보다 한 단계 아래 앉았으며, 한 번도 어전에서 떠난 적이 없었다. 이 나라에 있는 할리파(Khalîfa)와 메크리타이(Mekrîtâî)는 그의 후손이며, [이곳] 어전에 있는 투르칸 노얀(Tûrqân[27] Nôyân)과 같은 천호장도 역시 그 후손이다.

나야 노얀(Nâyâ Nôyân)의 천호__바아린 종족 출신. 그의 군대도 모두 이 종족으로 이루어졌다. 대아미르였고, 성심으로 복속하며 [칭기스 칸에게] 훌륭한 봉사를 다했다. 칭기스 칸은 바아린의 군대를 그에게 위임했고, 그는 자신의 희망에 따라 천호장들을 품신하여 임명하도록 했다. 그들은 모두 3개의 천호로 이루어졌다. [칭기스 칸은] 좌익 군대의 아미르인 무칼리 구양의 '수투쿠순'을 그로 하라고 명령했다.

수투 노얀(Sûtû Nôyân)의 천호__콩코탄 종족 출신. 뭉릭 에치게의 아들이며, 그들에 관한 설명은 앞에서 나왔다.

잘라이르타이 이수르(Jalâîrtâî Yîsûr)의 천호__잘라이르 종족 출신. 그는 이 나라에 왔던 이수르와는 다른 인물이다. 아르군 칸의 아들인 이순 티무르의 오르두에서 아미르로 일했으며, 카안의 어전에 사신으로 파견된 쿠르트(Kûrt)는 이 잘라이르타이 이수르의 후손이다.[28]

웅구르 노얀(Ôngûr Nôyân)의 천호__두릴리킨 지파에 속하는 바야우트 종족 출신. 칭기스 칸의 大부케울·바우르치는 베수트 종족 출신의

---

27) L2: BWRQAN.

28) 『부족지』, p.140 참조.

구추구르 노얀이었고, 그의 칭호는 '키사트'—나이만의 언어로 부케울에 해당하며 '단단하다'[29]는 뜻—였다. 그가 늙자 대신에 보로굴 노얀을 임명했고, 〔보로굴 노얀이〕 대아미르의 지위에 오르자 이 옹구르가 부케울이 되었다.[30]

우카이(Ûqay)[31]와 케르추(Kerchû)의 천호__ 잘라이르 종족 출신이며, 두 사람은 형제이다. 잘라이르 〔종족〕이 노물룬 카툰을 죽였기 때문에, 그들은 조상 때부터 칭기스 칸 선조들의 직속 노비였다. 칭기스 칸은 이 〔두 사람〕을 대아미르로 삼고자 했으나 그들은 〔제안을〕 거절하면서 "이수게이 바하두르가 우리에게 牧者가 되라고 권고했습니다"라고 말했다. 이런 까닭에 〔두 사람이〕 하나의 천호를 관할했다. 사르탁 노얀의 부친인 사파는 그들의 후손이다.

수베테이 바하두르(Sûbâdâî Bahâdur)의 천호__ 우량카트 종족 출신. 그가 죽은 뒤 아들인 쿠추가 그의 천호를 관할했다. 수베테이 노얀에 관한 이야기는 〔칭기스 칸〕紀 여러 곳에서 나왔다.

도콜쿠 체르비(Dôqolqû Cherbî)의 천호__ 아룰라트 종족 출신이며, 보르추 노얀의 동생이다. '도콜쿠'는 '말을 자꾸 되풀이한다'는 뜻이고, '체르비'는 '올바른 마음, 깨끗한 內心'을 뜻한다. 카안의 아미르들 가운데 한 사람인 야야스 투르카쿤는 그의 후손인데, 키타이 언어로 이 이름의 뜻은 '수령'이다.[32]

---

29) A·B: qadqîq konad. L2: qadîq. Rawshan은 이를 tadqîq konad로 읽었고, 露譯本도 '자세히 관찰하다'로 옮겼다. 그러나 라시드 앗 딘은 『부족지』(p.299)에서 '키사트'의 의미를 '포식하다'로 정확하게 설명했다. 따라서 여기서는 그 의미에 비교적 가까운 투르크어에서 'hard, firm, tough'를 뜻하는 qatiq로 읽으면 어떨까 생각해 보지만(Clauson, *Etymological Dictionary*, pp.597~598), 여전히 만족스럽지 못하다.

30) 『부족지』, p.299의 내용과 비교해 보시오.

31) A·B: WQY; L2: AWQY.

우다치(Ûdâchî)의 천호__삼림 우량카트 종족 출신. 이 종족〔에 속하는 사람들〕과 우다치의 후손들은 법령과 규범에 따라 부르칸 칼둔이라는 곳에 있는 대금구를 지키며, 한 번도 원정에 〔징발되어〕 나가는 적이 없다.

벨구테이 노얀(Bîlgûtâî Nôyân)의 천호__칭기스 칸의 동생이었다. 그에 관한 이야기는 칭기스 칸 紀와 그 앞의 본기 여러 곳에서 서술했다.

시쿠 쿠레겐(Shîkû Kûregân)[33]의 천호__쿵크라트 종족 출신. 알치 노얀의 아들로, 칭기스 칸의 딸인 투말룬 카툰〔과 혼인했다〕. 〔칭기스 칸은〕 쿵크라트 출신의 병사 4개 천호를 따로 떼어서 그에게 주고 티베트 지방으로 파견하여 지금도 그곳에 머문다. 이곳 코르치들의 선임자인 바야우다이(Bâyâûdâî)는 그곳에서 온 사람이다. 그 군대는 오래 전부터 그에게 소속했기 때문에, 천호장들을 자신이 임명했다. 〔130v〕「102r」

우케르 칼자(Ûkâr Qalja)와 쿠두스 칼자(Qûdûs Qalja)의 천호__바아린 종족 출신. 둘은 서로 형제간이다.

우겔레 체르비(Ôgele Cherbî)[34]의 천호__수니트 종족 출신.

테무데르 노얀(Temûdâr Nôyân)의 천호__수니트 종족 출신으로 칭기스 칸의 코르치였다. 키가 큰 아들을 하나 두었는데, 뭉케 카안을 모셨고 이름은 무바락 코르치(Mubârak Qôrchî)였다. 〔몸에〕 병이 있었기 때문에 그렇게 불렸다. 그의 후손들 가운데 순타이 노얀과 그 아들인 에멕친[35]과 부카다이 아크타치가 있다.[36]

쿠샤쿨(Qûshâqûl)과 주숙(Jûsûq)의 천호__니르운 지파에 속하는 자

---

32) 『부족지』, p.285 참조.

33) 『부족지』에서는 Chîkû Kûregân으로 표기했다.

34) 『부족지』의 우겔레이 체르비.

35) A · B: AMKAJYN.

36) 『부족지』, pp.146~147 참조.

지라트 종족 출신이며, 서로 형제간이다. 키타이와 주르체 지방을 정복할 때 칭기스 칸은 몽골인 10명마다 2명씩 차출하라고 지시했다. 그가 〔이 두 사람의〕 기민한 친위병들(turqâqân)을 보고는 그 군대들을 그들에게 주었다. 3천 명과 그곳 변경을 그들에게 위임하여 수비케 했다. '쿠샤쿨'은 '열 명에 둘을 그들에게 주었다'는 뜻이며, '쿠시'(qûsh)는 '한 쌍'을 의미한다.

뭉케 칼자(Môngkâ Qaljâ)의 천호__망쿠트 종족 출신. 쿠율다르 세첸의 아들이며, 이들에 관한 이야기는 이미 설명했다.

우야르 완시(Ûyâr Wânshî)의 천호__카라키타이 종족 출신. 귀순하여 칭기스 칸의 어전에서 중요한 인물이 되었으며, 대아미르들 가운데 하나이다. '완시'라는 말의 뜻은 '만호장'이다. 칭기스 칸 휘하에 있던 카라키타이 군대 전부, 즉 10개 천호를 그가 관할했다. 현재 그의 후손들은 카안의 어전에 있고, 중요한 아미르들이다. 천호〔장〕들을 품신하여 스스로 임명했다.

투간 완시(Ṭûqân Wânshî)의 천호__주르체 종족 출신. 이 아미르는 귀순하여 중요하고 높은 인물이 되었다. 주르체 군대 전부를 그가 관할했고 10개 천호를 이루어졌다. 천호장들을 그가 품신하여 스스로 임명했다. 그의 후손들은 현재 카안의 어전에 있고 존경을 받으며, 관례에 따라 자신들의 군대를 관할한다.

이상 앞에서 자세하게 서술한 천호들과 만호들이 칭기스 칸의 군대들 가운데 중군과 좌익과 우익에 속했으며 그에게 직속했던 것들이고, 그가 사망한 뒤에는 천막과 원래 목지의 주인인 톨루이 칸에게 속한 것들이다. 〔이것과는〕 별도로 다른 아들들과 동생들에게 주었던 것들에 관해 지금부터 〔서술을〕 시작하여, 이 두 번째 부분에서 자세하게 기록하도록 하겠다. 지고한 신께서 뜻하신다면!

예케 노얀을 제외한 다른 아들들, 조카들, 막냇동생인 옷치긴,

모친인 우엘룬 에케에게 분배해 준 사람들. 2만 8천 명

**상술한 자기 아들들에게 준 사람들. 1만 6천 명**

○ 큰아들 주치 칸에게 준 4천 명 〔131r〕「102v」

뭉케(Möngkû)의 천호__ 살지우트 종족 출신. 바투의 치세에 좌익을 그가 관할했다. 현재 톡타이의 아미르들 가운데 체르케스(Cherkes)라는 사람이 그의 후손으로, 조상의 직무를 수행한다.

킹키타이 쿠난 노얀(Kîngitâî Qûnân Nôyân)의 천호__ 킹키야트 종족 출신. 그의 아들인 후란(Hûrân)이라는 인물이 코니치 왕자의 어전에 있었는데, 그 울루스의 대아미르들 가운데 하나이다.

후시타이(Hûshîtâî)의 천호__ 후신 종족 출신. 보르추 노얀의 친족이다.

바이쿠(Bâîqû)의 천호__ ……[37] 종족 출신. '바라운 카르', 즉 우익을 그가 관할했다.

칭기스 칸은 이 네 명의 아미르를 4천 명의 병사와 함께 주치 칸에게 주었는데, 현재 톡타이와 바얀에게 속하는 군대의 대부분은 이 4천 명의 후손들이며, 지금은 〔그 숫자가〕 대단히 많다. 러시아, 체르케스, 킵착, 마자르 및 기타 군대들도 그들에게 덧붙여졌다. 형과 아우들 사이에 분란(bûlğâqhâ)이 벌어졌을 때, 일부가 또 그곳으로 갔다.

---

37) 諸寫本에 결락.

○ 둘째 아들 차가타이 칸에게 준 4천 명

톨라타이 카랄차르(Tûlâtâî Qarâlchâr)[38]의 천호__ 바룰라스 종족 출신. 그의 후손들 가운데 아바카 칸의 어전에 있던 대아미르가 한 사람 있었다. 〔칸은〕 그를 후대했고, 그는 테구데르 오굴(Tegûdâr Ôğûl)과 함께 유목했다. 그의 이름은 이질 노얀(Îjîl Nôyân)이었다.

무게 노얀(Môge Nôyân)의 천호__〔잘라이르〕[39] 종족 출신. 이수르 노얀의 아버지이다. 두아는 〔이수르 노얀에게〕 군대를 주어 후라산 변경으로 보냈는데, 발흐와 바드기스 부근에 있는 〔우리의〕 병사들과 대치하며 주둔했다. 우리는 그의 아들들 가운데 하나를 포로로 잡아 와 노루즈(Nawrûz)의 형제인 아미르 핫지(Amîr Ḥâjjî)에게 보냈다. 그는 이곳에서 죽었지만, 그곳에는 그의 다른 아들들이 있다.

……의 천호__

……의 천호__원래의 책자(nusḫa-i aṣl)에 〔기록이〕 없었다.

칭기스 칸은 이 두 명의 아미르들과 이름이 알려지지 않은 다른 아미르들을 모두 4천 명의 병사와 함께 차가타이에게 주었다. 차가타이와 그의 후손들이 소유한 군대—현재는 두아와 함께 있다—의 기원은 이 4천 명이었는데, 출생을 통해서 〔숫자가〕 증가되었다. 몽골 외의 종족이 그들에게 덧붙여졌을 가능성도 있다.

○ 셋째 아들 우구데이 카안에게 준 4천 명

일루게이(Îlûgâî)[40]의 천호__ 잘라이르 종족 출신. 언젠가 노루즈의 부친

38) L2(BWLATAY QRAJAR)에 따르면 Barûlâtâî Qarâchâr로 읽을 수도 있다.

39) 諸寫本 결락. 『부족지』(pp.141~142)에 따르면 잘라이르 부족에 속하는 인물이었다.

인 아르군 아카를 〔짐승의〕 다릿살을 주고 산 사람이 바로 그였다. 뭉케 카안이 권좌에 오를 때, 그의 아들이 "제위는 우구데이 카안의 일족에게 계승되어야 한다"고 말했다. 이 일화는 〔앞에서〕 기록한 바이다.

일렉투(Îlektû)의 천호__ 엘지기테이(Îljîgitey)의 형이며, 술두스 종족의 한 지파인 탐갈릭 뼈(ostakhwân) 출신이다. 그의 후손들 가운데 이 나라에는 투마이(Tûmâî)[41]가 있는데, 후라산에 있다. 현재 아미르 물라이(Amîr Mûlâî)[42]가 천호를 관할한다. 〔131v〕「103r」

다이르(Dâîr)의 천호__ 콩코탄 종족 출신. 뭉릭 에치게의 일족에 속한다.

……[43]의 천호__원래의 책자에 〔기록이〕 없었다.

칭기스 칸은 이 네 명의 아미르들을 4천 명의 군대 전부와 함께 우구데이 카안에게 주었다. 비록 다른 종족들이 있었지만 이들이 〔가장〕 중요했다. 〔우구데이〕 카안의 직속(khâṣṣa)인 모든 병사들은 이 4천 명의 후손들이다. 그러나 그가 군주가 되자 관례에 따라 다른 왕자들의 군대들도 그의 명령을 받들었다. 그의 아들인 구육 칸의 치세에도 마찬가지였다. 그런데 그의 후손들이 그의 말을 듣지 않고 설익은 주장을 하며 마음을 바꾸었다. 뭉케 카안이 제위에 올라 그들의 직속인 군대 전부를 분배해 버렸지만, 쿠텐에게 속한 것은 예외였다. 그런 이유로 그는 항상 뭉케 카안과 우의를 유지하며 변심하지 않았고, 오늘날에 이르기까지 그의 후손들은 카안의 어전에 확고히 서서 그들의 군대를 통솔한다. 우구데이

40) 『부족지』, p.185의 '일루게'.
41) L2: TWMNDY(Tûmanday).
42) A: MWLA; B·L2: MWLAY.
43) 諸寫本 결락.

카안 일족들의 군대는 〔이미〕 분배되어 버렸기 때문에, 카이두가 규합한 병사들은 〔우구데이 일족에게 주어진〕 원래의 군대가 아니었다. 카이두는 아릭 부케가 반란을 일으켰을 때 그와 연합했는데, 〔아릭 부케가〕 궁지에 몰려 자기 형인 쿠빌라이에게로 간 뒤, 카이두는 ……[44] 지방 변경에 있던 조부와 부친의 원래 목지로 도망쳤다. 그리고 사방에 흩어졌던 병사들이 그에게 모여들었으며, 점차 온갖 족속 〔출신〕들이 무리를 이루었다. 그 지방에 남아 있던 옛날의 군대들은 〔그 출신이 무엇이든〕 그와 연합했고, 오늘날 그의 후손들과 함께 있는 군대도 또한 이런 종류일 뿐, 칭기스 칸이 그의 조부 〔우구데이〕에게 주었던 병사들 외에는 더 이상 아무것도 주지 않았다.

○ 다섯째 아들 쿨겐(Kôlgân)에게 준 4천 명

쿠빌라이 노얀(Qûbîlâî Nôyân)의 천호__바룰라스 종족 출신.

토그릴(Ṭoğrîl)의 천호__ 네쿠즈[45] 종족 출신. 이 나라에는 차우르치(Châûrchî), 그의 아들 카라(Qarâ), 그의 손자이며 천호장인 순타이(Sûntâî)가 그의 후손이다.

토그릴(Ṭoğrîl)의 천호__역시 네쿠즈 종족 출신.

……[46]의 천호__〔원래의 책자에 기록이〕 없었다.

칭기스 칸은 이 아미르들을 4천 명의 군대와 함께 쿨겐에게 주었다. 쿨겐의 아들은 우루다이(Ûrûdâî)였다. 우루다이의 작업장(kâr-khâna)이 타브리즈에 있는데, 차우르치와 그의 후손들이 관할한다. 〔이들은〕 그의

---

44) 原缺.

45) A: BKWR.

46) 諸寫本 결락.

후손들이다.

### 막냇동생과 조카들과 모친에게 준 1만 2천 명

○ 넷째 동생, 즉 末弟 옷치긴 노안에게 준 5천 명 〔132r〕「103v」

칭기스 칸은 이 5천 명의 군대를 그에게 주었다. 2천 명은 킬키누트-오로나르(Kilkinût-Ôronar) 종족에서, 1천 명은 베수트 종족에서, 나머지는 여러 종족에서 〔충원했다〕. 그 중 일부는 자지라트 종족들이었다. 칭기스 칸이 그와 대립했던 자무카 세첸을 붙잡았을 때, 그를 자신이 직접 죽이지 않고—왜냐하면 그를 '의형제'라고 불렀기 때문이다—옷치긴 노얀에게 주어 그가 처리하도록 했었다. 옷치긴이 그를 죽였을 때 〔자무카와〕 함께 있던 자지라트 종족 출신 400명의 군대를 그의 군대에 부속시켜 주었고, 〔이렇게 해서〕 5천 명이 되었다. 칭기스 칸은 여러 동생들 가운데 그에게 특히 많은 은사를 주었다. 그러나 만년에 〔칭기스 칸이〕 타직 지방을 원정하러 갈 때 그에게 일부 군대와 함께 오르두들을 맡겼다. 그가 귀환했을 때 〔사람들이〕 그에 대해서 약간의 비방을 했기 때문에 〔칭기스 칸은 그에 대한〕 마음을 바꾸었다. 이에 관한 설명은 〔칭기스 칸〕 紀에 나왔다.

○ 주치 카사르의 자식들, 즉 칭기스 칸의 조카들인 예쿠(Yîkû), 토쿠(Tôqû), 이숭게(Yîsûnge)에게 준 1천 명

칭기스 칸은 여러 곳에 흩어졌던 이 1천 명의 군대를 자신의 조카, 즉 주치 카사르의 아들들에게 주었다. 그들의 정황과 위상과 영예는 〔칭기스 칸〕 紀에서 설명했다.

○ 카치운의 아들이자 칭기스 칸의 조카인 알치타이 노얀(Îlchîtâî Nôyân)에게 준 3천 명

칭기스 칸은 이 3천 명의 군대를 자신의 조카인 알치타이 노얀에게 주었는데, 그 일부는 나이만 종족에서, 또 일부는 〔여러〕 다른 흩어진 종족들에서 모였다. 그 군대의 중요한 아미르들로는 악크 수우다이(Âq Sû'ûdâî)와 우츠가시 구양(Ûchğâsh Gûyâng)이 있었다. 일부 다른 아미르들은 우량카트 종족 출신인데, 이름은 알려지지 않았다. 칭기스 칸은 알치타이를 여러 조카들 가운데 가장 아꼈는데, 그가 가장 현명하고 예의 바르기 때문이다. 그의 부친인 카치운은 젊어서 죽었기 때문에 명성을 날리지 못했지만, 알치타이는 매우 중요하고 유명했다.

○ 칭기스 칸의 모친 우엘룬 에케에게 준 3천 명

칭기스 칸은 어머니와 함께 있던 여러 아미르들과 병사들 가운데 코룰라스 종족과 올쿠누트 종족 출신들에서 이 3천 명을 〔뽑아〕 그녀에게 주었는데, 그들의 이름은 알려지지 않았다.

칭기스 칸이 이 아미르들과 상술한 군대를 자식들과 앞서 언급한 무리들에게 주면서, "이 아미르들을 너희들에게 주노라. 그러나 너희들은 아직 어리고 그들의 직책은 크다. 만일 그들이 죄를 짓거든 너희 마음대로 그들을 죽이지 말고 나와 의논하도록 하라. 내가 죽은 뒤에는 법령에 정해진 바에 따라 서로 〔모여서〕 상의하여 결정하도록 하라"고 말했다. 당시에 그가 이러한 충고를 해주었던 까닭은 그 같은 대아미르들이 신뢰를 갖고 성심으로 헌신할 수 있도록 하기 위해서였다. 그래서 만일 〔132v〕「104r」 그들이 죄를 지으면 상의를 통해 합의하여 그들에게 〔무슨〕 죄를 지었는지를 분명히 밝혀 주고, 그렇게 함으로써 그들에 대한

처벌이 〔단순한〕 분노나 성급함 때문이 아니라 죄를 지었기 때문이라는 점을 그들이 부인하지 못하고 고백할 수 있도록 하기 위해서였다.

칭기스 칸이 정해 준 이 군대들 외에 다른 모든 군대들은 오르두들과 직속 목지들과 함께, 막내아들인 톨루이 칸—그의 칭호는 예케 노얀이었다—이 모두 관할했고, 우익과 좌익과 중군에 속하는 중요한 아미르들의 무리—그들의 이름은 〔앞에서〕 기록했다—와 다른 군대의 아미르들—그들의 이름은 알려져 있다—모두는 〔톨루이 칸을〕 모셨다. 그가 죽은 뒤에는 관례에 따라 그의 큰부인인 소르칵타니[47] 베키와 그의 자식들인 뭉케 카안, 쿠빌라이 카안, 훌레구 칸, 아릭 부케를 모셨다.

우구데이 카안 시대에 예케 노얀의 자식들에게 속했던 군대들의 무리 가운데 일루게이[48] 노얀의 형제인 돌라다이[49] 바우르치와 수니트 종족 출신의 한 아미르를, 1천 명의 수니트 군대와 술두스 종족 출신의 2천 명과 함께, 제왕과 아미르들과 상의〔도 없이〕 자기 마음대로 자기 아들인 쿠텐에게 주었다. 소르칵타니 베키와 왕자들을 모시던 칭기스 칸의 대아미르들—예를 들어, 칭기스 칸이 다섯째 아들이라고 부르던 타타르 종족 출신의 시기 쿠투쿠, 술두스 종족 출신의 수둔 노얀, 망쿠트 종족 출신의 제데이 노얀, 잘라이르 종족 출신의 멩게세르[50] 코르치, 베수트 종족 출신의 부테친 코르치(Bûtechîn Qôrchî), 바야우트 종족 출신의 쿠빌라이 코르치, 콩코탄 종족 출신의 이수르 코르치, 그 밖에 다른 만호·천호장들—은 한꺼번에 소르칵타니 베키와 뭉케 카안과 그의 형제들

---

47) A·B: SYWRQWQTNY.

48) A·B: AYLKY; L2: AYKAY.

49) A·B: MWLADAY: L2: ṬWLADAY. 일루게이 노얀과 돌라다이 바우르치에 대해서는 『부족지』, p.141 참조.

50) A: MNKASAR; B: MNKAŠAR.

에게 〔다음과 같이〕 아뢰었다. "술두스와 수니트의 이 군대들은 우리에게 속했습니다. 그런데 지금 우구데이 카안이 자기 아들인 쿠텐에게 주려고 합니다. 칭기스 칸께서 〔그〕 부분〔의 군대〕를 오르두들에게 주었는데, 우리가 무엇 때문에 그의 명령을 어기고 넘겨준단 말입니까? 우리는 이러한 뜻을 우구데이 카안의 어전에 아뢰어 그가 어떻게 하실지 〔알았으면 좋겠습니다〕." 소르칵타니 베키는 "그대들의 말이 옳다. 그러나 우리에게는 재물들이 많으니 이것을 거절할 정도로 부족하지 않다. 우리도 카안에게 소속되었고 그는 통치자이니, 그가 명령하는 것은 모두 옳다"라고 말했다. 그녀가 이렇게 아주 현명하고 능숙하게 말하자 아미르들은 모두 잠잠해졌다.

이러한 상황이었기 때문에 쿠텐과 톨루이 칸의 자식들 사이에는 각별한 우애가 생겨났고, 〔그렇기 때문에〕 우구데이 카안의 일족과 뭉케 카안 사이에 반목이 벌어졌을 때 〔쿠텐은〕 배신하지 않았다. 따라서 뭉케 카안도 그들[51]의 군대를 분배할 때 쿠텐에게 속하는 것은 〔빼앗지 않고〕 그에게 그대로 확정해 주었다. 이에 대해서는 앞에서 설명한 바이다. 그 뒤에 쿠빌라이 카안도 마찬가지로 그의 후손들에게 〔군대의 통솔권을〕 확인해 주었고, 그들은 항상 성심으로 그를 모셨다. 오늘날 그의 일족은 모두 울제이투 카안(Ôljâîtû Qân)[52]의 어전에 있고, 과거의 관례에 따라 자신들의 군대를 관할하며, 모든 방면에서 예케 노얀의 일족과 한마음이 되어 행동한다.

예케 노얀에게 속했던 모든 군대는 그의 아들이며 당대의 카안이었던 쿠빌라이 카안에게 속했고, 지금은 모두 티무르 카안에게 속한다. 칭기

---

51) 즉, 우구데이 가문.

52) 成宗, 즉 티무르 카안.

스 칸이 동생들과 조카들, 그리고 다섯째 아들인 쿨겐과 자신의 모친인 우엘룬 에케에게 주었던 군대들도 또한 전부 〔카안의〕 어전에 예속되어 있다. 분란이 일어났을 때 비록 일부 군대들이 어쩔 수 없이 투르키스탄과 마와라안나흐르 변경에 〔떨어져〕 남았지만, 그 같은 천호들의 근원(uṣûl)은 카안의 어전에서 비롯되었다. 오늘날 그들은 출생과 번식에 의해서 처음보다 더 늘어났다.

쿠빌라이 카안이 키타이, 낭기야스, 카라장, 주르체, 탕구트, 티베트의 왕국들을 포함하는 매우 넓은 지역을 정복하던 시기에, 그는 어전에 있던 왕자들 가운데 일부를 항상 많은 군대와 함께 상술한 이들 왕국 가운데 하나를 정복하기 위해 파견하곤 했다. 그리고 〔그런 곳을〕 정복하면 왕국을 수비하기 위해 그들로 하여금 그곳에 주둔하도록 명령했다. 오늘날 그들 모두 관례에 따라 그곳에 있고, 이에 관해서는 紀의 적절한 곳에서 설명할 것이다. 수많은 군대들 가운데 다른 일부는 키타이의 변경지대, 〔133r〕「104v」 그리고 그것과 접경한 몽골리아의 목지들에 하영지와 동영지를 주었다. 병사의 숫자는 대단히 많고, 그들 모두 키타이와 주르체와 몽골리아의 평원과 산지와 동영지와 하영지에 자리잡고 주둔했다. 상술한 이 군대들 모두는 예케 노얀에게서 그의 자식들인 뭉케 카안, 쿠빌라이 카안, 훌레구 칸, 아릭 부케에게 유산으로 전해졌다.

그러나 그들의 관습은 그들의 후손들 가운데 누구라도 지고한 자리와 목지를 관장하는 사람, 〔즉 카안〕의 명령에 복종하는 것이다. 뭉케 카안이 부친의 자리와 목지를 관할했는데, 카안의 지위가 그에게 확정된 뒤 그는 이란의 왕국들을 정복하고자 했다. 칭기스 칸과 우구데이 카안의 치세에 여러 차례 아미르들과 군대를 보냈고, 마지막에는 초르마군도 군대를 대동해 보냈지만 그 전부를 정복하지는 못했다. 여전히 바그다드의 칼리프는 군주들의 기둥이었고, 룸의 술탄들, 시라즈의 아타벡들,

시리아와 이집트의 말릭들, 이단자들의 반도였다. 정복한 지방들도 취약한 상태였고, 자칫하면 통제하기 힘든 상황이었다. 〔뭉케 카안은 왕족들과〕 함께 상의한 뒤 자기 동생인 훌레구 칸—그의 외모에서 〔다른〕 여러 형제들과 왕자들과 칭기스 칸의 일족들〔보다도〕 위엄과 엄정함, 용맹과 행운을 나타냈다—을 임명했는데, 탐마(tammâ)〔의 역할〕을 수행하기 위해 이란 땅으로 파견된 군대들과, 아울러 살리 노얀(Sâlî Nôyân)과 함께 탐마의 자격으로 카시미르 지방과 바닥샨·발흐 변경 방면에 주둔하던 군대들까지도 전부 훌레구 칸의 휘하에 귀속시켰다. 또한 예케 노얀의 일족들에게 속했던 다른 군대들 전부 및 다른 왕자들이 관할하던 군대들에서 10명에 額外(khârij-i shumâra)의 2명씩 징발하되, 원래 숫자에는 아무런 감소도 없도록 했다. 〔이렇게 징발한〕 무리들을 '인주'(înjû)[53]로 훌레구 칸에게 주어 이 나라로 와서 정착하도록 한 것이다. 또한 정복한 뒤에는 〔이〕 지방과 군대들이 모두 그와 그의 자손들에게 귀속되도록 했다.

이러한 이유로 每 10명 가운데 2명을 선발할 때 각각 자기 형제들이나 자식들 가운데 兵額에 포함되지 않던 자들을 뽑아 몇 명의 노비들과 종자들을 수행시켰다. 대아미르들은 만호장과 〔천호장이 되기에 족한 자기 형제들과 자식들을 지명하여, 이들 모두를 훌레구 칸과 함께 이란으로 파견했다. 이들 아미르의 자식들은 모두 만호장,〕[54] 천호장, 백호장이 되었다. 이렇게 해서 칭기스 칸 시대에 있던 대부분의 대아미르들의 후손들과 그들의 일족은 훌레구 칸의 어전에 있게 되었다. 그들 모두 관례

---

53) 몽골어의 emchü에서 기원한 말로, 私屬 財産을 뜻한다. 그 자세한 의미에 대해서는 村上正二, 「モンゴル朝治下の封邑制の起源」, 『モンゴル帝國史研究』(東京: 東京大學出版會, 1993), pp.173~206 참조.

54) 〔 〕 안에 있는 부분은 A본에는 빠졌으나 B본에는 적혀 있다. 아마 A본의 필사자가 실수로 한 줄을 빼놓은 것 같다.

에 따라 각자의 지위를 가졌고, 지금까지 그들의 자손과 후예들 대부분은 예전과 마찬가지로 조상들의 지위에 임명되었다. 이곳에 있는 대인들의 후손들 모두, 그들의 친족은 저쪽에 있는 티무르 카안의 어전에서 또 다른 왕자들에게 중요한 인물이고 군사령관이다. 불행히도 허망한 생각을 해서 변심하고 죄를 지음으로써 아미르직을 박탈당한 사람들을 제외하고는, 〔그들은 대부분 그대로〕 존재한다.

앞서 설명한 이유로, 오늘날 아무다리아 연안에서 이집트와 시리아 변경에 이르는 지역에 있는 군대들 모두는 훌레구 칸의 '직속 인주'(înjû-i khâṣṣ)이며, 그의 일족 가운데 권좌에 오르는 사람은 누구라도 그것을 관할한다. 현재 그들은 이슬람의 제왕—그의 제위가 영원하기를!—에게 속하며, 그의 부친인 아르군 칸에게 직속했던 별도의 군대들도 그러하다. 아바카 칸의 시대에 있던 아미르들 또한 그의 희망과 결정에 따라 자기 형제들과 자식들을 누케르들과 함께 아르군 칸에게 인주로 바쳤다. 아바카 칸에게 '인주'로 주어진 것들, 아바카 칸이 유년기 이슬람의 제왕—그의 제위가 영원하기를!—과 자식들에게 '인주'로 준 것들, 각지의 상인들이 데리고 와서 판매한 몽골인 노예들 가운데 숙위(kebte'ûl)[55]로 직속 시종으로 일하는 사람들, 일부 아미르들이 상의해서 자신의 천호 가운데 額外의 사람들을 숙위로 바친 것, 이런 것들은 각각 이슬람의 제왕—그의 제위가 영원하기를!—에게 속하는 '직속 인주'이다.

현재까지 알려진 몽골 군대들의 상황은 〔앞에서〕 기록한 것과 같다. 시간이 오래되고 거리가 멀기 때문에 확인할 수 없는 것도 많을 것이다. 이후로 알려지면 그것도 첨부하도록 하겠다. 지고한 신께서 뜻하신다면!

---

55) A: KWBTWKY; B: KBTWLY. B사본의 표기가 정확하다.

# 부록

『집사』 제2권 제사본 편목

지도(몽골리아·중국·중앙아시아·서아시아)

찾아보기

『집사』에 기록된 칭기스 칸과 조상들의 계보

『몽골비사』에 기록된 칭기스 칸과 조상들의 계보

# 『집사』 제2권 諸寫本 篇目[1)]

| 寫本 | A | B | T | L2 |
|---|---|---|---|---|
| **【제1편: 열조기】** | | | | |
| 서언 | 44v | 45r | 42v | 461r |
| 〔紀一〕도분 바얀 | 45r | 45v | 43r | 461v |
| 〔紀二〕알란 코아 | 45v | 缺落 | 43v | 462r |
| 〔紀三〕보돈차르 | 47v | 缺落 | 45r | 463r |
| 〔紀四〕두툼 메넨 | 48r | 缺落 | 45v | 464r |
| 〔紀五〕카이두 칸 | 49r | 缺落 | 46r | 464v |
| 〔紀六〕바이 싱코르 | 51v | 缺落 | 47v | 466r |
| 〔紀七〕툼비나 칸 | 51v | 缺落 | 48r | 466v |
| 〔紀八〕카불 칸 | 53v | 上缺 46v | 49v | 467v |
| 〔紀九〕바르탄 바하두르 | 57v | 49r | 52r | 470v |
| 〔紀十〕이수게이 바하두르 | 58v | 50r–51r | 53r | 471r |

1) 『집사』를 정확하게 번역하기 위해서는 무엇보다도 寫本에 나오는 여러 어휘들의 정확한 讀音이 중요하다. 그런 의미에서 이 책을 번역하면서 底本이 된 A(Topkapi 1518)사본과 B(Tashkent)사본은 물론, T(Tehran)사본과 L2(London 대영박물관)사본도 함께 비교·대조하여 다음과 같은 대조표를 만들었다. 이 표는 물론 페르시아어를 읽을 수 있는 전문학자들에게나 필요하겠지만, 앞으로 『집사』 연구를 심화하기 위해 참고 자료로 첨부해 둔다.

**【제2편: 칭기스 칸 기】**

| | | | | |
|---|---|---|---|---|
| 알락 우두르 공격 | 80v | 缺落 | 74r | 489r |
| 자무카의 즉위와 공격 | 80v | 缺落 | 74v | 489v |
| 쿠이텐의 전투 | 81r | 上缺 53v | 75r | 缺 |
| 칼랄진 엘레트의 전투 | 82r | 53v | 75v | 上缺 490r |
| 쿵크라트의 귀순 | 83r | 54v | 76v | 490r |
| 옹 칸에 대한 질책 | 83r | 54v | 76v | 490v |
| 옹 칸의 격멸 | 85r | 56v | 78r | 491v |
| 칭기스 칸의 즉위 | 85v | 57r | 79r | 492r |
| 동시대의 군주들 | 86r | 57v | 79r | 492v |
| _제4절 1204~1210년 | 89r | 60v | 82r | 496r |
| 옹구트의 연락 | 89v | 60v | 82v | 496r |
| 나이만 원정 | 89v | 61r | 82v | 496r |
| 메르키트 원정 | 90v | 62r | 83r | 497r |
| 탕쿠트 원정 | 90v | 62r | 83v | 497r |
| '칭기스 칸' 즉위 | 90v | 62r | 83v | 497r |
| 탕쿠트 정복 | 91r | 62v | 84r | 497v |
| 키르키즈의 귀순 | 91r | 62v | 84r | 497v |
| 톡타이 베키 살해 | 91r | 62v | 84r | 498r |
| 위구르의 귀순 | 91v | 63r | 84v | 498r |
| 동시대의 군주들 | 92r | 63v | 85r | 498v |
| _제5절 1211~1218년 | 94v | 66r | 87v | 500r |
| 카를룩과 위구르의 귀순 | 94v | 66r | 87v | 500r |
| 북중국 원정 | 94v | 66r | 88r | 500r |
| 中都 점령 | 96r | 68r | 89v | 502r |
| 사무카를 북중국에 파견 | 97v | 69r | 90v | 503v |

| | | | | |
|---|---|---|---|---|
| 무칼리의 파견 | 97v | 69r | 91r | 503v |
| 칭기스 칸의 귀환 | 97v | 69r | 91r | 504r |
| 메르키트 원정 | 98r | 69v | 91r | 504r |
| 투마트 원정 | 98r | 69v | 91v | 504r |
| 무칼리에게 '구양' 칭호 하사 | 98v | 70r | 91v | 504v |
| 쿠쉴룩의 종말 | 98v | 70r | 92r | 504v |
| 동시대의 군주들 | 100r | 71v | 93v | 506v |
| _제6절 1219~1227년 | 104r | 75v | 97v | 511r |
| 호라즘으로 전환 | 104r | 75v | 97v | 511r |
| 오트라르에 도착 | 104v | 76r | 98r | 511r |
| 주치의 잔드 정복 | 104v | 76r | 98r | 缺 |
| 파나카트와 호젠트 정복 | 105r | 76v | 98v 中缺 | 512r |
| 부하라 정복 | 106r | 77v | 下缺 | 512v |
| 사마르칸트 정복 | 107r | 78v | | 513v |
| 호라즘 샤 추격 | 108r | 79v | | 514v |
| 三子를 호라즘에 파견 | 110r | 81v | | 516r |
| 후라산 정복 | 110v | 82v | | 517r |
| 칸 말릭의 일화 | 111v | 83r | | 缺 |
| 잘랄 앗 딘 추격 | 112v | 84r | | 521v |
| 발라 노얀 파견 | 113v | 85r | | 522r |
| 귀환 도중 파르반에 주둔 | 113v | 85r | | 522v |
| 귀환 도중 생긴 일 | 114r | 85v | | 522v |
| 제베와 수베테이의 행적 | 114v | 85v | | 523r |
| 칭기스 칸의 몽골리아 귀환 | 115r | 86v | | 524v |
| 탕쿠트 원정 | 115r | 86v | | 525r |

| | | | |
|---|---|---|---|
| 칭기스 칸의 유언 | 115v | 87r | 缺 |
| 칭기스 칸의 질병 | 116v | 87v | 525v |
| 칭기스 칸의 사망 | 116v | 88r | 525v |
| 동시대의 군주들 | 117v | 89r | 526v |
| _제7절 편년체 약술 | 121r | 92v | 530r |
| **제3장 성훈** | 125v | 97r | 535r |
| 〔千戶一覽〕 | 128r | 99v | 538r |
| | 133r | 104v | 544v |

# 【몽골리아】

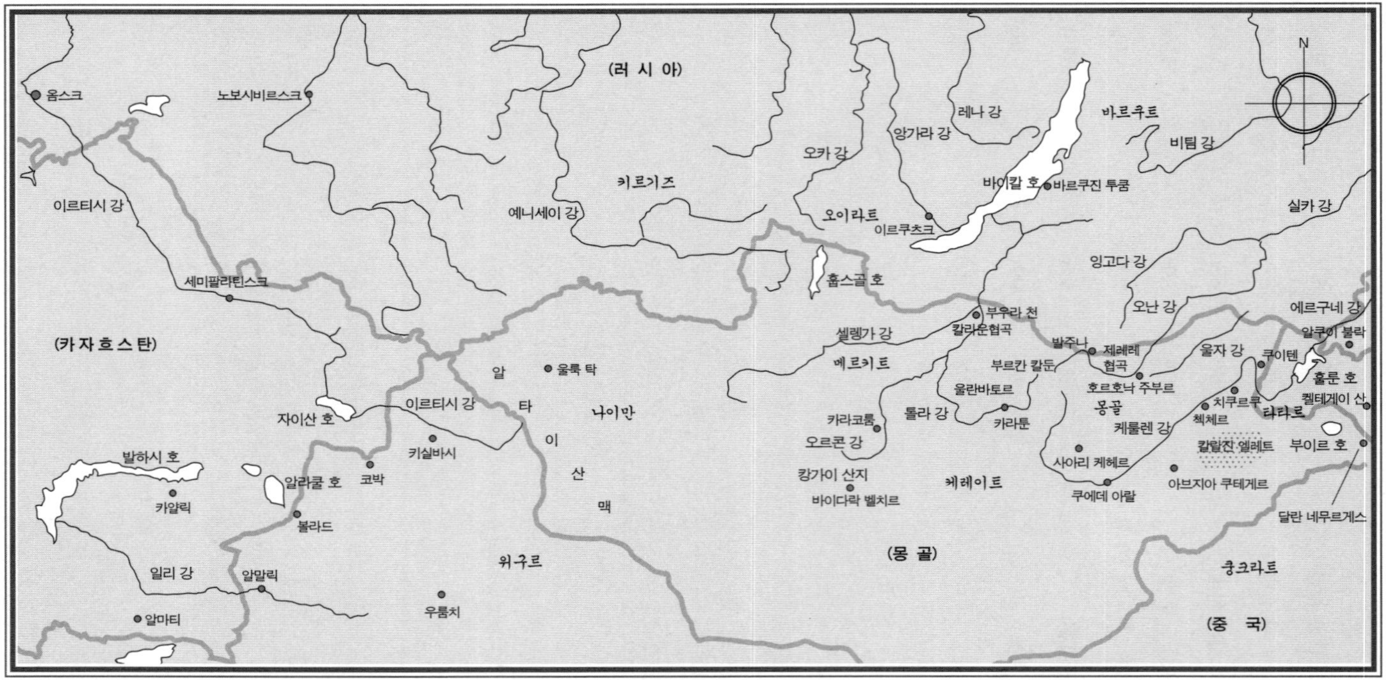

(러 시 아)
옴스크
노보시비르스크
이르티시 강
세미팔라틴스크
(카자흐스탄)
예니세이 강
키르기즈
오카 강
앙가라 강
레나 강
바르쿠트
비팀 강
바이칼 호
바르쿠진 투쿰
오이라트
이르쿠츠크
실카 강
잉고다 강
홉스골 호
오난 강
에르구네 강
부우라 천
칼라운협곡
셀렝가 강
발주나
제레레 협곡
울자 강
쿠이텐
알쿠이 불락
훌룬 호
메르키트
부르칸 칼둔
울란바토르
호르호낙 주부르
몽골
치쿠르쿠
켈테게이 산
책체르
타타르
카라툰
톨라 강
케룰렌 강
카라코룸
칼랄진 엘레트
부이르 호
오르콘 강
사아리 케헤르
캉가이 산지
케레이트
아브지아 쿠테게르
바이다락 벨치르
쿠에데 아랄
달란 네무르게스
알
타
이
산
맥
울룩 탁
나이만
자이산 호
이르티시 강
키실바시
발하시 호
알라쿨 호
코박
카얄릭
볼라드
위구르
(몽 골)
쿵크라트
일리 강
알말릭
알마티
우룸치
(중 국)

【중국】

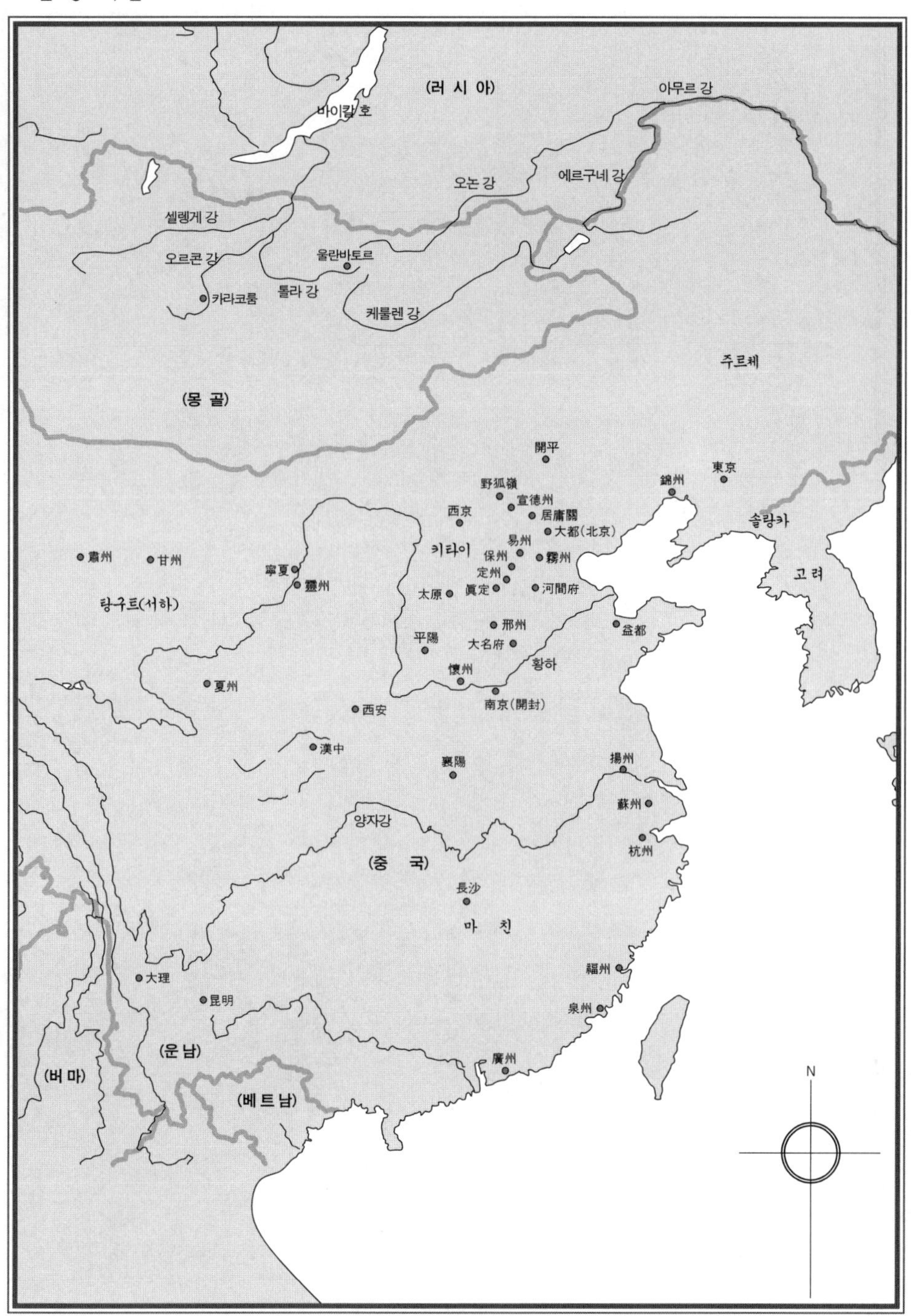

(러 시 아)
아무르 강
바이칼 호
오논 강
에르구네 강
셀렝게 강
오르콘 강
울란바토르
톨라 강
카라코룸
케룰렌 강
주르체
(몽 골)
開平
東京
野狐嶺
錦州
宣德州
西京
居庸關
솔랑카
大都(北京)
易州
키타이
保州
霸州
肅州
甘州
寧夏
定州
고 려
靈州
眞定
河間府
太原
탕구트(서하)
邢州
益都
平陽
大名府
황하
懷州
夏州
南京(開封)
西安
漢中
揚州
襄陽
蘇州
양자강
杭州
(중 국)
長沙
마 친
福州
大理
昆明
泉州
(운남)
廣州
(버마)
(베트남)
N

## 【중앙아시아】

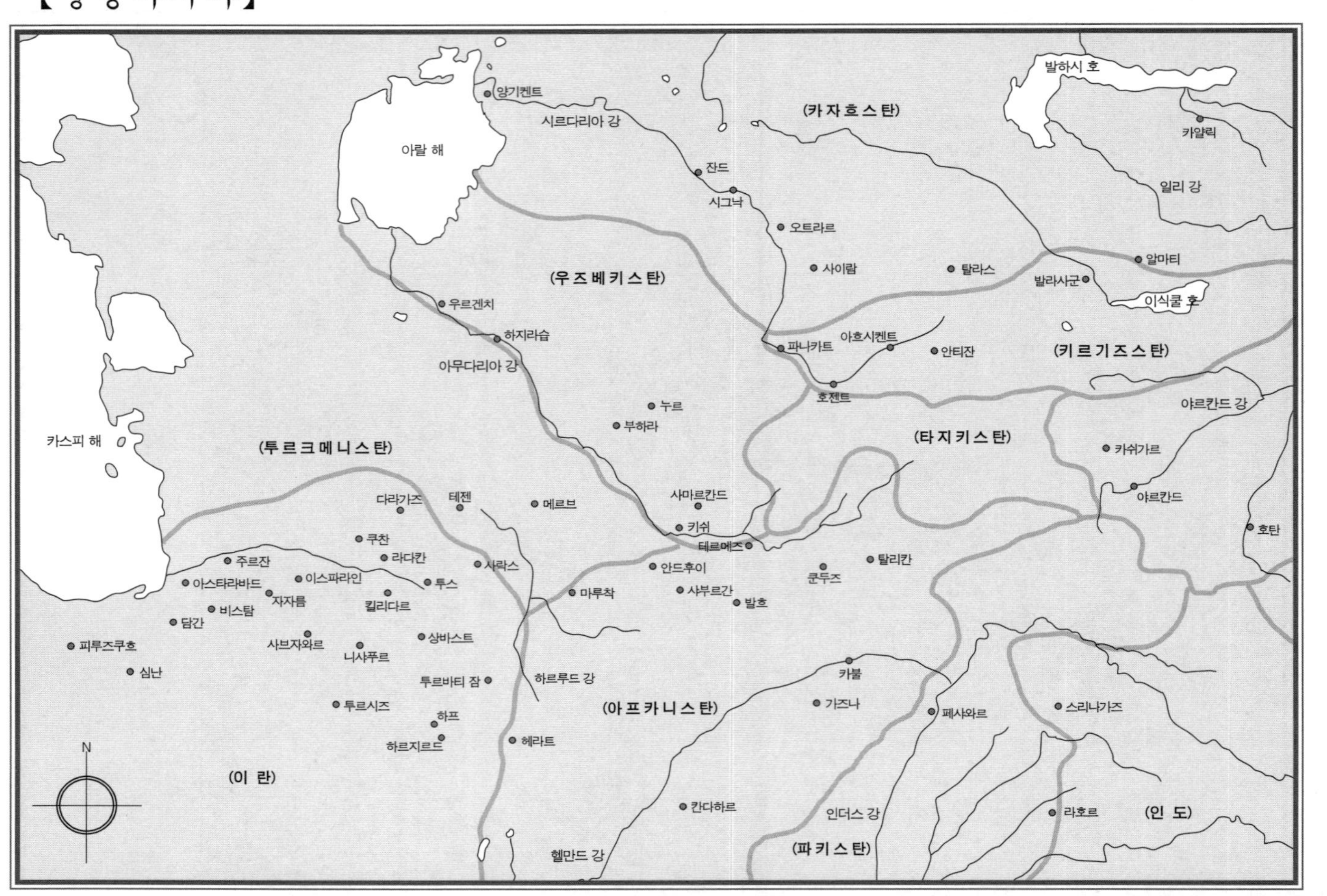

발하시 호
카얄릭
일리 강
양기켄트
시르다리아 강
(카자흐스탄)
아랄 해
잔드
시그낙
오트라르
사이람
탈라스
알마티
발라사군
이식쿨 호
(우즈베키스탄)
우르겐치
하지라습
아무다리아 강
파나카트
아흐시켄트
안티잔
(키르기즈스탄)
호젠트
야르칸드 강
누르
부하라
(타지키스탄)
카스피 해
(투르크메니스탄)
카쉬가르
야르칸드
사마르칸드
다라가즈
테젠
메르브
키쉬
호탄
쿠찬
테르메즈
라다칸
탈리칸
주르잔
사락스
안드후이
쿤두즈
아스타라바드
이스파라인
투스
자자름
마루착
샤부르간
킬리다르
발흐
비스탐
담간
사브자와르
상바스트
피루즈쿠흐
니샤푸르
카불
심난
투르바티 잠
하르루드 강
투르시즈
(아프카니스탄)
가즈나
페샤와르
스리나가즈
하프
하르지르드
헤라트
N
(이 란)
칸다하르
인더스 강
라호르
(인 도)
헬만드 강
(파키스탄)

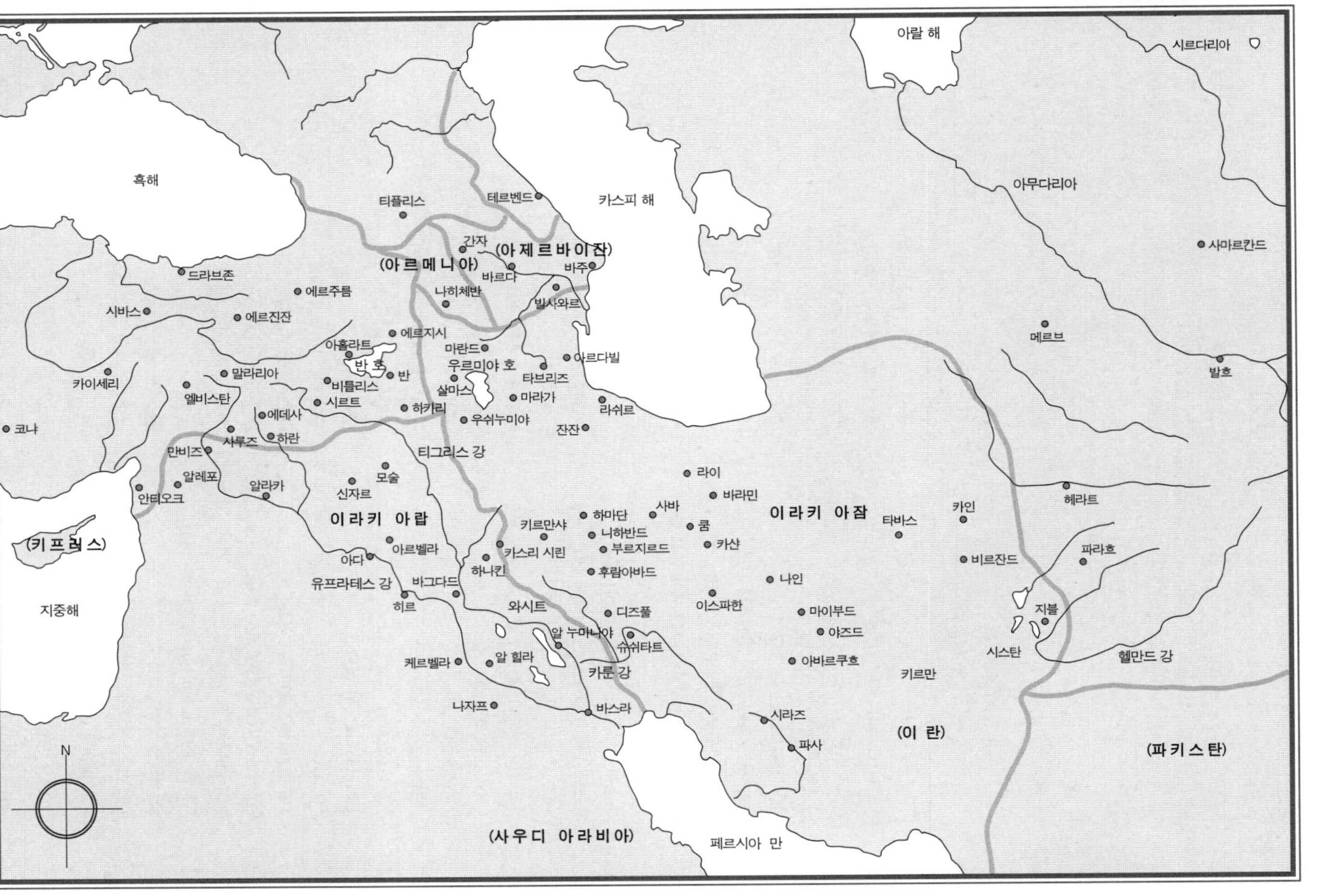
흑해
카스피 해
아랄 해
시르다리아
아무다리아
사마르칸드
메르브
발흐
헤라트
티플리스
테르벤드
간자
(아제르바이잔)
(아르메니아)
바르다
바주
나히체반
빌사와르
드라브존
에르주름
시바스
에르진잔
에르지시
아흘라트
반 호
반
마란드
우르미아 호
아르다빌
타브리즈
살마스
마라가
라쉬르
카이세리
말라리아
엘비스탄
비틀리스
시르트
하카리
우쉬누미아
잔잔
코냐
에데사
하란
사루즈
만비즈
티그리스 강
알레포
알라카
모술
신자르
안티오크
이라키 아랍
(키프로스)
아르벨라
아다
유프라테스 강
바그다드
히르
지중해
라이
바라민
하마단
사바
키르만샤
니하반드
쿰
카샨
카스리 시린
부르지르드
하나킨
후람아바드
이라키 아잠
타바스
카인
비르잔드
파라호
나인
이스파한
와시트
디즈풀
마이부드
지불
야즈드
알 누마니야
슈쉬타트
케르벨라
알 힐라
아바르쿠흐
카룬 강
키르만
시스탄
헬만드 강
나자프
바스라
시라즈
파사
(이 란)
(파키스탄)
N
(사우디 아라비아)
페르시아 만

【서아시아】

# 찾아보기

ㄴ

ㄷ

## ㅁ

**ㅂ**

### ㅅ

## ㅇ

## ㅈ

## ㅊ

## ㅋ

## ㅌ

라시드 앗 딘의 집사 2
칭기스 칸기

2003년 10월 29일 1판 1쇄
2023년 3월 31일 1판 6쇄

지은이 라시드 앗 딘
역주자 김호동

편집 류형식·강창훈·강변구
디자인 SM
제작 박흥기
마케팅 이병규·이민정·최다은·강효원
홍보 조민희

출력 블루엔
인쇄 천일문화사
제책 책다움

펴낸이 강맑실
펴낸곳 (주)사계절출판사
등록 제406-2003-034호
주소 (우)10881 경기도 파주시 회동길 252
전화 031-955-8588, 8558
전송 마케팅부 031-955-8595 편집부 031-955-8596
홈페이지 www.sakyejul.net
전자우편 skj@sakyejul.com
블로그 blog.naver.com/skjmail
페이스북 facebook.com/sakyejul
트위터 twitter.com/sakyejul

값은 뒤표지에 적혀 있습니다. 잘못 만든 책은 서점에서 바꾸어 드립니다.
사계절출판사는 성장의 의미를 생각합니다.
사계절출판사는 독자 여러분의 의견에 늘 귀기울이고 있습니다.


ISBN 89-7196-984-9 93910

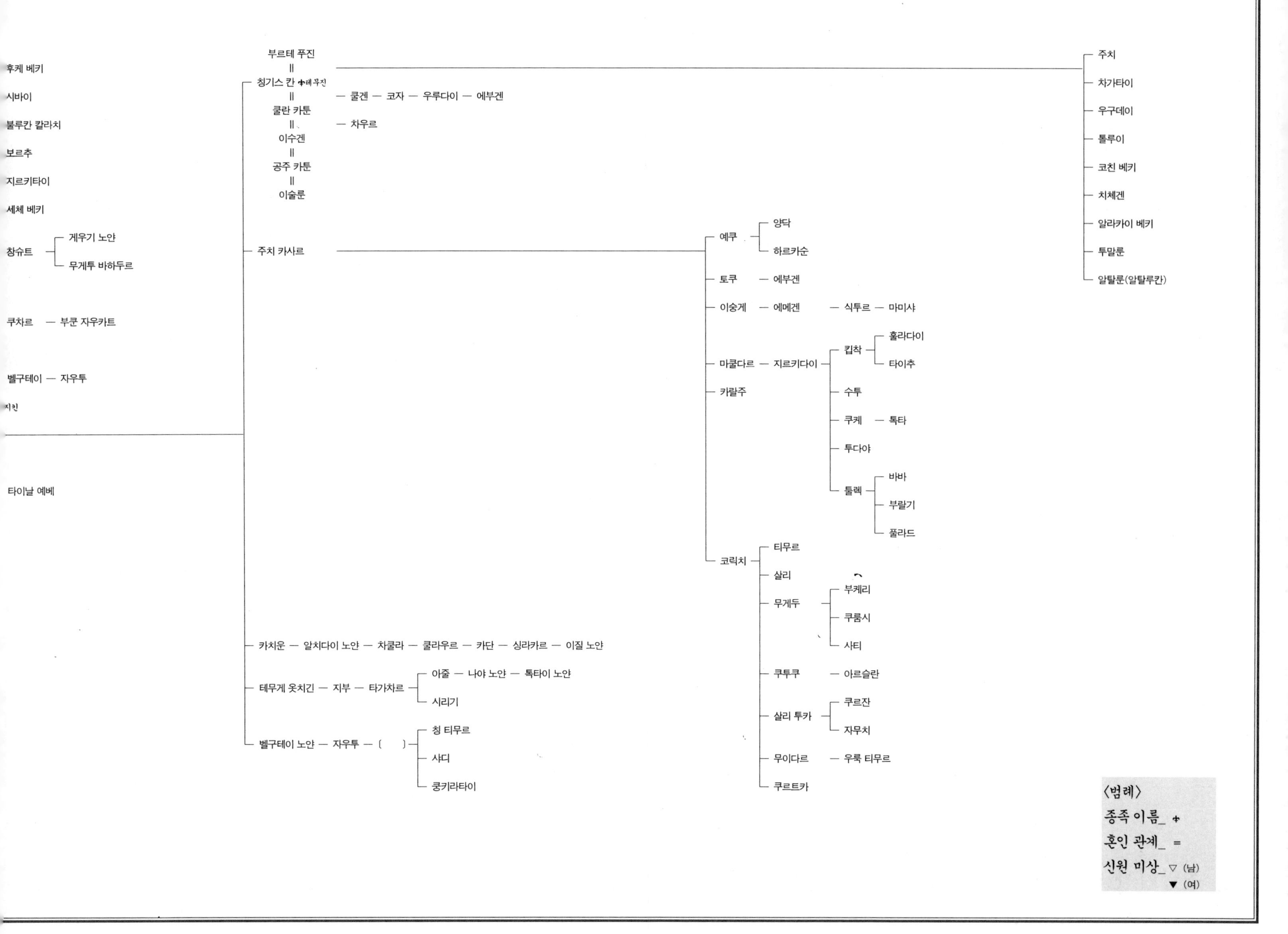

후케 베키
시바이
불루칸 칼라치
보르추
지르키타이
세체 베키
창슈트
게우기 노얀
무게투 바하두르
쿠차르
부쿤 자우카트
벨구테이
자우투
지친
타이날 예베
부르테 푸진
칭기스 칸 ✚테무진
쿨란 카툰
이수겐
공주 카툰
이술룬
쿨겐
코자
우루다이
에부겐
차우르
주치 카사르
카치운
알치다이 노얀
차쿨라
쿨라우르
카단
싱라카르
이질 노얀
테무게 옷치긴
지부
타가차르
아줄
나야 노얀
톡타이 노얀
시리기
벨구테이 노얀
자우투
칭 티무르
샤디
쿵키라타이
예쿠
양닥
하르카순
토쿠
에부겐
이숭게
에메겐
식투르
마미샤
마쿨다르
지르키다이
킵착
훌라다이
타이추
카랄주
수투
쿠케
톡타
투다야
툴렉
바바
부랄기
풀라드
코릭치
티무르
살리
무게두
부케리
쿠룸시
샤티
쿠투쿠
아르슬란
살리 투카
쿠르잔
자무치
무이다르
우룩 티무르
쿠르트카
주치
차가타이
우구데이
톨루이
코친 베키
치체겐
알라카이 베키
투말룬
알탈룬(알탈루칸)
〈범례〉
종족 이름_ ✚
혼인 관계_ =
신원 미상_ ▽ (남)
▼ (여)

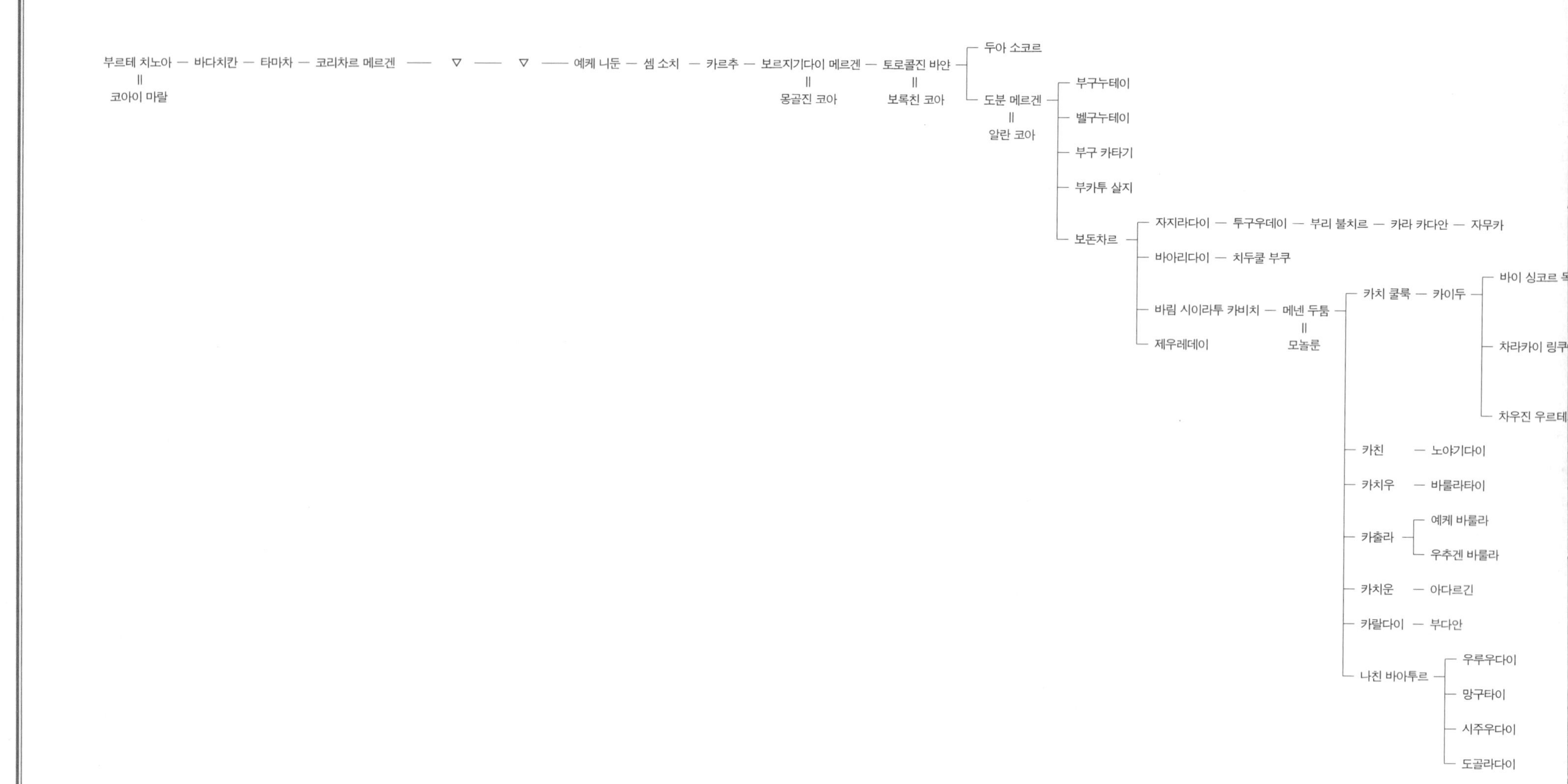


【『몽골비사』에 기록된 칭기스 칸과 조상들의 계보】

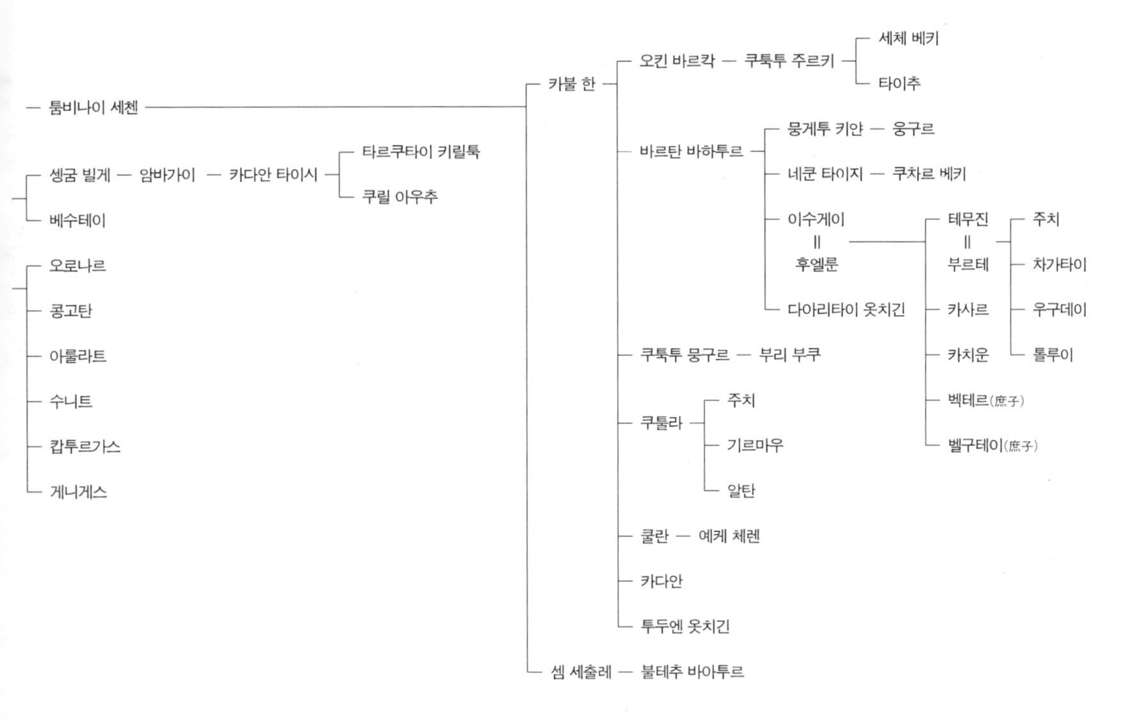


〈범례〉

혼인 관계_ =

신원 미상_ ▽ (남)

▼ (여)

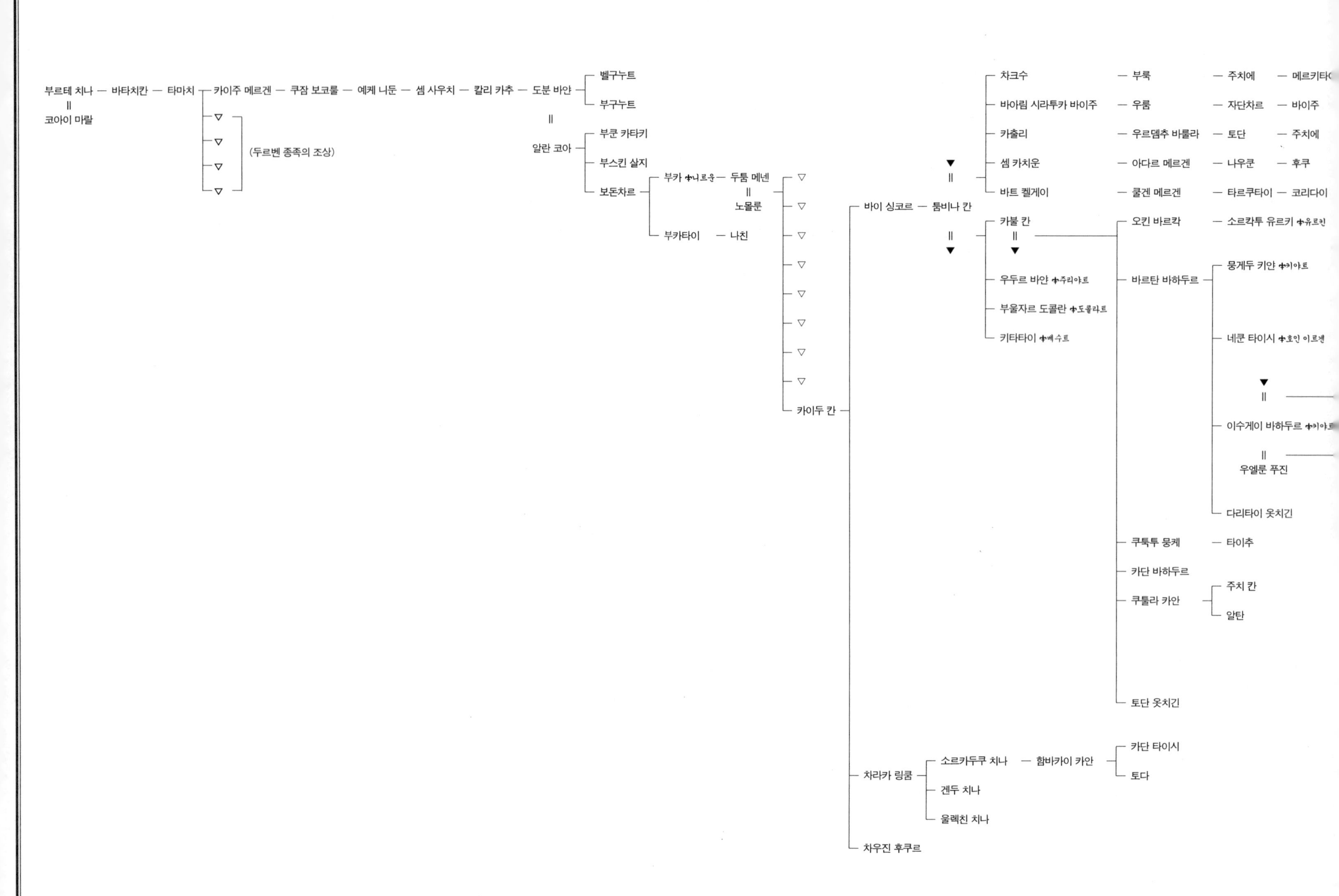


【『집사』에 기록된 칭기스 칸과 조상들의 계보】